Cross-Culture Psychology　推荐序（一）

林崇德

由约翰·W. 贝理（John W. Berry）等著的《跨文化心理学：研究与应用》（第 3 版）（常永才、高兵、杨伊生主译）一书在北京师范大学出版社出版，具有诸多的意义。

当今时代，世界多极化、经济全球化、社会信息化等趋势快速发展。一方面，这前所未有地增强了不同文化间的相互联系和相互依存，使得全球命运与共、人类整体上休戚相关。另一方面，在这一态势下，文化多样性日益凸显，不同文明间的张力甚至冲突也开始加剧。跨文化心理学正是倡导要理性地看待不同文化间人们行为的差异性，严谨揭示不同文化中人性的普同性，从而有助于人们认识到：不同国家和民族间的文化，没有高下、优劣之分，只有特色、地域和传统之别，都是普同人性的生动体现，故应成为人类发展和创新的宝贵动力与丰富资源；不同文化间的人们能够相互理解、共处和交流，从而实现同呼吸、共命运、齐发展。显然，该领域知识和思维的普及，有助于弘扬共建人类命运共同体理念，提升中华民族的国际理解素养和文化互动胜任力，从而为促进全球可持续和平发展和实现中华民族的伟大复兴做出特别的贡献。

相应地，这本经典的教材《跨文化心理学：研究与应用》（第 3 版）也显示出其学术价值来。科学心理学开拓者冯特所建立的学科体系包括实验心理学与民族心理学两部分。他认为，实验心理学更适合研究个体的直接经验，只涉及了心灵的"外围"，而要进一步探索心灵的深处，即诸如观念、情绪、意志之类的高级心理过程，则需要在民族心理学的体系中进行研究。因此他在生命的最后 20 年中所撰写的达 10 卷之多的《民族心理学》和《语言史与语言心理学》，实际上是文化心理学，侧重以语言、神话、宗教、风俗、法律等文化产物的视角，研究人类高级心理过程。被誉为"心理学中的莫扎特"的维果斯基，也早在 20 世纪 30 年代创立了关于心理发展的历史文化学派。可惜的是，现代心理学先驱的这些见解在半个多世纪后才开始为西方主流心理学界更广泛地认识和重视，其标志是 1972 年成立了"国际跨文化心理学会"。当今，文化视角的心理学探究迅速增多。我记得，国际心理科学联盟前主席鲍利克（Kurt Pawlik）2009 年在济南召开的第十二届全国心理学学术大会的主旨发言也指出，"文化"正成为当今心理学研究的基本主题词之一。的确，当代心理学日益广泛而深刻地认识到，在某种深刻的意义上，形塑人类心理状况的因素有两大方面，一方面是我们人类作为一个物种所内在具有的生物性因素，另一方面是丰富多彩的符号性文化，这种文化不仅是我们人类所构建，而且正是通过文化，我们能够共同生活。

剑桥大学出版社推出的这本《跨文化心理学：研究与应用》（第 3 版），由国际跨文化心理学会前主席约翰·W. 贝理教授领衔创作，内容涵盖了该学科的先进基础理论、多样化的研究路径、系统而前沿的研究成果和多方面的应用指南。可以说，它在理论性、系统性、严谨性、包容性、规范性和时效性诸方面，被国际学术界誉为该学科与时俱进的经典教材。显然，其中文版的出版将有助于该学科在我国的进一步发展。

本教材的翻译可望切实有助于我国文化心理学各领域的学术发展。其一，跨文化心理学不是针对某类对象，或只强调某种研究范式，或侧重某个内容领域的那种分支学科，而是特别倡导从文化视角，兼顾各种方法，以所有类型的样本为对象，对心理学各领域进行更系统的调查研究，即促使整个心理科学实现"文化革命"或"文化转向"，以克服经典西方心理学成果存在的文化局限及其应用中可能出现的文化偏差。

其二，普及文化视角心理学研究所需的专业性基础知识，尤其是文化人类学的知识。"文化"是人类学的中心概念，人类学积淀了认识文化的基础理论和深入调查文化的特别方法。更为可贵的是，作者在本教材中多处强调了跨文化心理学研究的难点，即既要努力使心理学研究具有文化适宜性，以克服经典心理学研究存在的文化性质的局限和可能偏差，又要在研究设计和数据收集时严格区分群体层面的文化数据与个体层面的心理学数据，还要在结果的分析和解释时实现二者的有机整合。但同时，本教材坚持，健全的心理学研究必须兼顾生物因素和文化因素，这就克服了现有跨文化心理学研究的常见误区，即片面强调文化，甚至坚持文化决定论。

其三，高度重视方法论，并以专章论述。一个学科的进步最重要的方面之一就是研究方法和技术的完善。本教材这方面的突出之处有二：一是兼顾量化与质性方法，着力阐明了二者的差异、互补和整合，这对当今我国心理学界有关这两类方法优劣之争会有特别的启发；二是对各类方法和技术进行了深入的基础理论分析，这有利于克服现代心理学重技术和设备而轻理论的倾向。还应指出，本书提出并始终坚持的总体理论框架是生态文化框架，这不仅符合辩证唯物主义的精神，而且体现了系统科学的方法论，还切实有助于克服心理学传统实验室研究所存在的生态效度方面的问题。

CAMBRIDGE

心理学经典教材译丛

Cross-Cultural Psychology
Research and Applications
(3rd edition)

跨文化心理学
研究与应用
（第3版）

［加］约翰·W. 贝理（John W. Berry）

［荷］伊普·H. 普尔廷戈（Ype H. Poortinga）

［荷］西格·M. 布雷戈尔曼斯
（Seger M. Breugelmans）

［荷］阿萨纳西奥斯·查西奥迪斯
（Athanasios Chasiotis）

［挪］戴维·L. 萨姆（David L. Sam） 著

常永才 高 兵 杨伊生 等 译

本书翻译由中央民族大学"双一流"建设计划和特色教材建设计划资助

北京师范大学出版集团
BEIJING NORMAL UNIVERSITY PUBLISHING GROUP
北京师范大学出版社

北京市版权局著作权合同登记图字 01-2015-2896 号
本书中文简体翻译版授权由北京师范大学出版社独家出版并限在中国大陆地区销售。未经出版者书面许可,不得以任何方式复制或发行本书的任何部分。
此版本仅限在中华人民共和国境内(不包括香港、澳门特别行政区及台湾省)销售。
本书封面贴有 Cambridge University Press 防伪标签,无标签者不得销售。

图书在版编目(CIP)数据

跨文化心理学：研究与应用(第 3 版)/(加)贝理等著；常永才
等译. —北京：北京师范大学出版社，2020.5
心理学经典教材译丛
ISBN 978-7-303-19236-6

Ⅰ.①跨… Ⅱ.①贝… ②常… Ⅲ.①文化心理学—研究
Ⅳ.①B84

中国版本图书馆 CIP 数据核字(2015)第 172814 号

营 销 中 心 电 话　010-58802181　58805532
北师大出版社高等教育与学术著作分社　http://xueda.bnup.com

KUAWENHUA XINLIXUE

出版发行：北京师范大学出版社　www.bnupg.com
　　　　　北京市西城区新街口外大街 12-3 号
　　　　　邮政编码：100088
印　　刷：保定市中画美凯印刷有限公司
经　　销：全国新华书店
开　　本：890 mm×1240 mm　1/16
印　　张：30.25
字　　数：716 千字
版　　次：2020 年 5 月第 1 版
印　　次：2020 年 5 月第 1 次印刷
定　　价：138.00 元

策划编辑：何　琳　　　　　责任编辑：何　琳
美术编辑：李向昕　　　　　装帧设计：李向昕
责任校对：陈　民　　　　　责任印制：马　洁

其四,重视心理学的中国化或本土心理学研究。我国现代心理学的基础几乎都是来自西方,这意味着,我们要重视文化自信,针对我国传统和国情,将西方心理学知识及其应用本土化,以克服其具有的文化局限和可能出现的文化偏差,同时注意克服心理学的西方中心主义和拿来主义倾向。为此,我们更要大力发掘和弘扬我国悠久历史中积淀的优秀心理学思想和实践智慧。当然,正如本书指出,我们要反对极端的文化相对主义,不能自我封闭,并要使我国本土的心理学历史遗产与国际心理学进行对话。

在此,我要指出,跨文化心理学当然不仅仅适合研究少数民族心理,但是文化多样、各具特色的民族地区无疑是从文化视角进行心理学研究的天然实验室,故有关研究在民族地区高校和科研机构较为多见。不过,总体来看,我国对各少数民族心理的研究仍较为薄弱。我国心理学的这种状况,是与我国的国情不相称的,这是因为,我国是统一的多民族国家,总人口中少数民族人口占比已达9.5%,民族自治地方面积占全国国土总面积的64.2%,55个少数民族中有34个民族跨境而居,与14个国家接壤,陆地边界线2.2万公里中有1.9万多公里在少数民族地区。显然,加强少数民族心理的研究,不仅具有特别的学术价值,而且可以为建设和谐社会、各民族团结和共同繁荣、边疆稳定和国家的长治久安提供智力服务。少数民族心理特点的研究应当基于对其民族文化和语言的把握,以避免文化偏差,并要避免对少数民族的刻板印记和污名效应。因此,我们高校心理学工作者不仅应加强对各少数民族心理的深入研究,而且要积极参与和民族地区高校与科研机构的有关合作与交流,还要重视培养少数民族心理学家。我已经培养了三位少数民族的博士。可见,我们还要有意识地运用积极心理学的眼光,重视发掘少数民族的优秀心理品质。总之,少数民族心理研究必须加强。美国著名跨文化心理学家特里安迪斯(H. C. Triandis)曾经说过:"中国人口众多,在得到中国的资料之前,心理学不可能成为一门普遍有效的科学。"[1]我可以说:"中国心理学要发展不能不考虑得到中国少数民族的资料。"

我还要指出,常永才教授等人领衔翻译此书的胆识和整个翻译团队为翻译此书所付出的艰辛,特别值得赞赏。这本教材的翻译无疑比一般心理学教材的翻译要难得多。为此,他赴加拿大在该教材领衔作者约翰·W.贝理教授实验室访学一年。尤其是在历经数年辛劳完成翻译和校对后,剑桥大学出版社又发行大部分文字和内容有改动的最新版时,他们毅然重头再译!这种学术品质的确值得赞赏。其实,常永才教授为跨文化心理学在我国发展付出的辛劳不止于此。他数次邀请约翰·W.贝理教授这位杰出的跨文化心理学家来华讲学,并陪同贝理教授到国内十余所高校(包括多所边疆地区高校)和科研机构进行交流。此外,常永才教授还积极撰文,向我国学界介绍贝理教授的跨文化心理学思想。这使我回想起17年前我参加他有关在京高校少数民族大学生心理适应教育方面博士论文答辩会的情景。他领衔翻译此书,再次体现了不畏艰难、虚心求学、善于探索的品质。

当今,在实现中华民族伟大复兴的新历史阶段,在我国作为大国重新崛起的新进程中,我

---

[1] 特里安迪斯、魏明库. 跨文化心理学的前景. 心理学报, 1983(03): 306-310.

国政府不仅大力倡导尊重文化多样性，积极与世界各种文明的交流和互鉴，而且明确指出，文化是民族的血脉，是人民的精神家园，文化自信是更基本、更深沉、更持久的力量，尤其是提出，要进一步实施中华优秀传统文化传承发展工程。显然，这是我国发展跨文化心理学并促进整个心理学实现文化转向的大好机遇。

　　借此教材中文版出版的机会，写了上面的话。是为序，并借此祝愿我国心理科学事业更加繁荣昌盛！

2019 年 8 月于北京师范大学

杨玉芳

约翰·W.贝理教授等人所著的《跨文化心理学：研究与应用》（第3版）已被译成中文，即将出版。在国内的心理学文库中又多了一部能够帮助中国学者和学生了解跨文化心理学国际前沿、系统理论和方法学的译著，值得庆贺！

跨文化心理学兴起于20世纪60年代，是心理学与人类文化学等学科交叉融合的产物。它通过比较不同文化，研究社会实践和环境对行为和经验的影响。它所代表的跨文化视角已经渗透到心理学研究的各个领域[①]，深刻改变了心理学的面貌。美国心理学会前主席布鲁纳（Jerome Bruner）在反思自己早年所倡导"认知革命"的局限性之后，其后半生不断倡导心理学需要进一步的"文化革命"。可见，跨文化心理学这一新兴分支学科具有极其重要的独特意义。

人的心理活动既有生理和生物学的基础，又受到社会、经济和文化等因素的制约；而文化多样性恰恰是人类社会的显著特征。基于西方文化情境的心理学研究结论，并不一定适用于其他文化的民族和群体。重视不同国家和地区间的比较研究，关注不同文化群体成员之间的心理异同，才能获得对人类心理行为本质的完整准确的认识，这已成为心理学界的共识。我国是一个多民族、多元文化构成的共同体，认识不同民族和文化间的差异和共性，达到共同繁荣发展，是实现中华民族伟大复兴的前提之一。国际的全球化趋势正推动和促进不同文化群体间的接触和交流。我们要高质量地参与国际事务、切实推进"一带一路"倡议，需要从跨文化的视角，了解不同国家、不同文化情境中人的心理和行为，达到相互理解和相互包

---

① 杨玉芳、孙健敏. 心理学——自然科学与社会科学的交叉. 中国科学院院刊，2012（s1）：3-12.

容。发展跨文化心理学、传播和普及跨文化心理学知识，是中国心理学界面临的一项紧迫任务。因此，约翰·W. 贝理教授等人所著的《跨文化心理学：研究与应用》（第 3 版）的翻译和出版，具有十分重要的学术和实践意义。

国内外的跨文化心理学著作已有多部。与国内现有教材和其他著作相比，约翰·W. 贝理教授等人撰写的《跨文化心理学：研究与应用》（第 3 版）这部著作有其独特的价值。

其一，学术立场健全，具有全球视野。本书作者始终坚持温和普同主义，兼顾不同文化间人的心理行为的差异性和共同性。以往跨文化研究大多偏爱揭示文化差异，这种局限性在学理上和实践上可能会导致偏误。如果不揭示不同文化间的心理共同性，那么何以使人深刻认识"人类命运共同体"这一具有重大现实意义的理念？另一方面，无论是撰稿者还是研究成果的选用，本书克服了偏重于美国或者其他个别国家的局限性，较为充分地展示了世界各地区对五大洲文化中人们心理的调研成果。

其二，兼顾学术理论和实践应用。本书不仅涵盖了跨文化心理学的学术成就，而且用大约三分之一的篇幅展示其实践应用的成果。本书撰稿者均是具有国际声誉的资深学者，运用多个学科的理论成果，深刻阐述"文化情境和人类行为之间的关系"这一跨文化心理学研究的核心命题。值得一提的是，心理学的使命是揭示人类心智和人性的本质，其繁荣和可持续发展需要这样的理论建设，而不仅仅是依靠先进的技术手段就可以实现的。

其三，高度重视方法论。一般教材通常是仅仅在导言或绪言部分简单地提及研究方法。本书没有像其他同类著作那样偏重依靠跨文化性质的逸闻趣事，而是基于大量的学术研究的项目案例。尤其是专门用一章介绍了该领域研究中常常会遇到的种种具体操作技术，诸如跨文化偏差的预防措施等，并从理论上进行了深入论述。这对本学科发展具有特别的价值，因为在众多心理学的新兴分支中，跨文化心理学以方法见长。正如资深学者卡奇茨巴西（Cigdem Kagitçibaşi）所说，在心理学中跨文化心理学是一种方法或视角，而不是一个内容领域①。值得注意的是，本书纳入文化心理学、本土心理学、进化心理学和进化生物学等路径，克服了过于侧重量化性质跨文化比较的局限。指出了量化与质性方法的得失以及二者的有效关联，既肯定质性方法的价值，又反对极端相对主义的质性研究做法。

其四，充分重视文化互动心理的研究。以往大多数跨文化心理学研究将文化视为一个封闭、静止的实体，忽视文化间的借取和交流。本书作者基于自己的学术研究和专业服务，不仅专章分析了不同文化的人们直接接触而发生的涵化心理（acculturational psychology），论述了各种形式的文化互动心理（intercultural psychology），而且还专章说明了这些知识在跨文化沟通中的应用。这些内容对全球化时代人们的学习、工作和生活无疑具有特别的价值。而这在其他教材中极为薄弱，甚至是空白。

总之，正如本书原著的出版者——剑桥大学出版社所评价的那样，《跨文化心理学：研究

---

① 卡奇茨巴西. （跨）文化心理学. 见鲍利克主编《国际心理学手册》（下）. 张厚粲主译. 上海：华东师范大学出版社，2002.

与应用》(第 3 版)是一本质量很高、内容全面、与时俱进的经典教材。本书译著的出版不仅会促进跨文化心理学在我国的发展,而且对整个心理学的健全发展都有特别意义。本书作者指出,跨文化心理学的最高目标是发展出一门通晓文化(culturally informed)、具有文化适切性(culturally relevant)和适宜性的全球心理学,以服务于全世界人民。可以说,跨文化心理学为心理学的发展增添了新的触角和视野。

本书作者贝理先生是国际跨文化心理学会的创始人之一和前主席、国际公认的杰出的跨文化心理学家。他对中国十分友好,与中国学者保持密切的联系。1997 年他在自己主编的 3 卷本《跨文化心理学手册》出版时,就邀请了我国心理学界的老前辈荆其诚先生在该书的扉页上用中文题写了"性相近 习相远",体现出他对中国传统关于文化与行为关系理念的欣赏和借鉴。2009 年,应中国心理学会张侃先生的邀请,他又作为特邀嘉宾在中国心理学会第十二届年会上作主旨发言。会后又到中国科学院心理学研究所做客,并在我国多所高校讲学和开展合作研究。

本书的翻译工作也特别值得赞赏。本书原著厚达六百多页,涉及多个学科的知识、方法和术语,其翻译工作无疑是一项异常艰巨的任务。为保证译著的质量和水平,参与翻译的学者们不懈努力,花费了将近十年的时间。其间的一个周折是,在已经完成第二版翻译之时,译者们得知本书第三版的出版,其中更新内容占到 75%。为了反映学科的最新进展,他们不辞辛苦,毅然从头翻译。为确保本书的翻译品质,中央民族大学的常永才教授和高兵教授、内蒙古师范大学的杨伊生教授等主译人员对译文进行了逐字逐句推敲。对把握不准之处,虚心向有关人士请教。整个翻译过程中,三次邀请贝理先生来华讲授有关基础知识。译者们这种严谨求实的学术精神,付出的艰苦努力,是本书翻译质量的重要保证。

相信《跨文化心理学:研究与应用》(第 3 版)这本译著的出版,会受到我国心理学界以及其他领域的读者的欢迎。它将为我们更好地适应和参与全球化的发展进程、更好地实现中华民族的"美美与共,天下大同"提供有益的知识和指引。

2019 年 8 月

《跨文化心理学：研究与应用》(第3版)的中文版面世了。这令我们各位作者很高兴，因为它为我们的劳动成果在全球的传播做出了新贡献。继译成俄语和印度尼西亚语之后，本书的汉译本又使它能够面向全世界一个人口众多的跨文化心理学师生群体。

虽然本书呈现的许多材料，包括概念和实证性质的成果，都源自西方传统的心理学研究，然而，跨文化心理学这一学科的宗旨却是致力于不断加深人们对不同文化背景下人类行为的全面理解。我们希望，本书中文版的面世将激发世界其他地区的学者去挑战、拓展并最终整合心理学知识，使之真正成为一个全人类意义上的科学和专业实践。

要实现这一目标的根本理念就是"普同主义"(着重号为原文所加，后同——译者注)，本书许多内容都以此为前提。这一理念基于这样一个假设：作为同一物种的所有人类成员都拥有相同的基本心理过程和潜能，这对于全世界的每个人都是共同的。同时它也基于这样一个假设：文化会影响这些心理过程的发展，并将其形塑成特定文化中生活所需的各种重要的实际胜任力和特质；文化还为这些能力和特质的表现提供了舞台，使其体现为符合文化规范的具体的操作和行为。

感谢本书的翻译工作者。其中，我要特别感谢常永才教授。在过去的数年里，在加拿大和中国所进行的跨文化心理学领域的研究与教学中，我们一直紧密合作。我深信，这个翻译工作将是我们合作的一个绝妙的体现，我也相信这将会促使中国跨文化心理学的进一步发展。

约翰·W. 贝理

　　本书已出过两个版本（Berry，Poortinga，Segall & Dasen，1992；2002）。此外，本书前两版的四位作者同时期还编写了另一本教材：《全球视野中的人类行为：跨文化心理学入门》（*Human Behavior in Global Perspective*：*An Introduction to Cross-cultural Psychology*，1990，1999）。后一本教材旨在满足先前很少接触心理学或人类学的学生所需。然而，对于我们这本教材的第 3 版，尚没有类似的书籍可作为它的补充阅读材料，故后一本教材中的议题和成果在本教材中有所反映。

　　自从本书第 1 版于 1992 年（第 2 版于 2002 年）面世以来，有关文化和行为现象间种种关系的研究数量不断增长，且富于多样性。其中，对文化—行为关系所进行的比较研究传统上被称为"跨文化心理学"（cross-cultural psychology）。该方面的成果大幅增长。其他方面的一些研究则偏重从各种文化内部去考察这些关系，这反映了这方面的进展，即"文化心理学"（cultural psychology）这一概念已经复苏并被重新定义。还有一方面的进展是，有关"本土心理学"（indigenous psychology）的研究兴趣已经兴起。该领域从当地文化所看重的视角研究行为，也有进展。另外一项进展关注的是，很多具有文化多元一体特点的（culturally plural）社会存在的"文化多样性"（cultural diversity）议题。这些研究旨趣，无论是文化视角、本土视角还是多样性视角，都已日益深入地进行了比较性质的研究和阐释，这导致跨文化心理学这一学科研究领域出现了某种聚合。本书的一个重要目标就是贯通这些在文献中存在的多样化的研究路径。对于心理学关于文化与行为关系研究中存在的广泛取向，我们力求做到兼容并包。然而，我们也并不只是提供某种单一的整合性观点。

　　本书始终追求的第二个重要目标是，尽可能广泛地收录在不同文化情境中进行的研究。为此，我们吸收了世界许多地方用英文出版的材料。这样广泛撒网的结果是，在这些各不相同的文化中，人们行为的形成和表现就呈现明显的差异。然而，这种全球广度也可提供这种可能，即探明基础心理过程方面的泛人类性（pan-human）规律，因为这些过程在极为多样的文化中是共享的。

虽然本书所呈现的这些各式各样的视角和研究结果来自不同的文化，但对于方法论和理论方面的种种议题，我们有自己明确的立场。这个立场，我们称为"温和的普同主义"（moderate universalism）。该立场基于这样的证据，即种种基础心理过程是泛人类地存在的，而这些过程在不同文化中发展和表现的方式则是高度多样可变的。

在本书第3版中，我们保持了以前版本的总体架构。开篇的导言勾画了本学科若干基础性的概念和工具，旨在初步呈现理解本书后面各部分内容所需的理论和方法。在第一部分，我们对来自不同文化的实证性成果进行了总体性审视，这些成果源于对人类行为若干领域的比较性研究，其范围包括个体发展、社会行为、人格、认知、情绪、语言和知觉等方面。

本书第二部分进一步探究了本学科的多方面基础，以使我们所做的研究与该领域的根基——文化人类学和生物学知识相联系。这些知识将确保本学科既称得上文化科学也是自然科学。我们的分析将体现这两种科学传统的关联和互动，这有助于确立本书的追求，即探讨文化—行为关系时，坚持一个综合的路径，而不是采取其中一种或另一种做法。本部分还有一章深入分析了第一章曾初步介绍过的理论和方法。可见，本书第一部分系统考察实证研究得来的知识，第二部分介绍了与本领域同源的两个学科的概念和成果。这样，对于有关文化—行为关系研究中的若干关键议题和争论，我们就能够进行更有深度的审视。

基于第一、第二部分的诸多观点和结论，本书第三部分各章论述的是实质性的应用研究。本部分所呈现的若干新的实证研究领域和议题，关注的都是"真实生活"中的事情，诸如，涵化、文化互动关系、沟通、工作与组织以及健康行为。本部分旨在表明，跨文化心理学不仅是实证研究和理论与方法的汇编，而且还能改善人们的生活，因为人们是在日益相互联系和复杂的文化场景中开展日常活动的。本书最后一章关注跨文化心理学将如何进一步发展，并把文化纳入其研究范围。学科该如何努力才可能更好地帮助人们理解个人和国家的发展，才可能使学科进一步国际化，从而冲破过去的局限，改变由世界一个文化地区所支配的局面。

　　我们所翻译的这本《跨文化心理学：研究与应用》(第3版)(后简称"《教材》第3版")，被公认为是该学科集大成性质的教材。我们在研读该书时体会到，它是充满魅力但又难以轻松阅读的。这是因为，与其他心理学分支学科相比，该领域本来就讲究运用多学科的理论和方法，加之我国从文化角度对心理的学术探讨较为滞后，有关基础知识普及不足。故在此我们希望与读者分享的是，我们在翻译和试用这本教材过程中的若干体会，包括我们与该教材首席主编约翰·W.贝理教授的长期交流和合作研究所得感受，以及本书第2版中对我国读者来说较为必要，但第3版省略的内容要点。

(一)

　　凡遇复杂事，纲举而目张。《教材》第3版可算大部头。故下面先谈谈其中心议题是什么，作者对此的基本立场为何。

　　贝理认为，跨文化心理学的中心议题是，文化情境和人类行为之间的关系，尤其是不同文化间人类行为(包括外显行为和内隐行为)的异同。更具体些说，该议题关注的是，一方面，从跨文化视野看，在何种程度上说人类行为具有共同性，而另一方面就特定文化群体而言，在何种意义上它们又是独特的。《教材》第3版始终贯穿这一议题，并在第一章尤其是第十二章进行了深入的论述。实际上，这也一直是跨文化心理学中争论最多的一个根本议题，因为研究者对该议题所持立场，会影响到其研究的总体取向、理论视角和方法技术的选择。故下面简要梳理《教材》第2版和第3版的有关论述①。

---

　　① 此文部分文字可见：高兵、李英源、常永才. 试论文化视角国际理解教育革新的心理学基础——基于跨文化心理学家约翰·W.贝理思想的分析. 外国教育研究，2017(1)：107-116.

对于上述议题，第 2 版教材首先评述了长期以来学界两种对立的基本主张：绝对观（absolutism）和相对观（relativism）①。绝对观假定，一种心理现象的本质在所有文化中本质上相同，例如，"听觉"就是"听觉"，"智力"就是"智力"，不管在哪儿它们都指的是同一类心理特征；对于这些特征的内在意义和外部表现，文化根本不会有什么影响。该观点重视不同文化间人们心理的共同性，却否定文化对心理的意义。应该说，该主张较适合那些更直接源于生理原因的心理变量，例如红—绿色盲之类的初级感觉过程和受神经系统调控的心因运动过程（motor），但对于较多受文化制约的那些心理变量，例如思维和价值观之类，这种主张明显武断。过去长时间里，心理学忽视文化视角的研究，这可见此观点的影响。就是早期的"正统"的跨文化心理学研究，也多是在抽样上实现了"跨"文化，忽视切实考察文化对行为的影响。

与此相反，相对观则非常强调文化的意义。该立场认为，所有的人类行为都是由文化塑造的，因此对特定文化群体心理的理解，必须结合当地人成长和生活的文化场景，尤其要"从他们自己的角度"（即根据他们自己的分类范畴和价值观）来理解人们②。其中偏激的文化相对观认为，心理机能和心理过程本身就是有机体和文化情境相互作用的结果；文化没有优劣之分，故不同文化间行为的差异，犹如梨和苹果间的差异，是不能相互比较的。应该说，一方面，相对观重视文化对心理的影响，且有利于解决实际研究中难以避免民族中心主义局限这一问题，故有其历史进步意义；但另一方面，相对观强调不同文化间的差异，忽视共同性，以至于各种相对观理论多少都具有文化决定论倾向。这实际上也否定了有效地进行跨文化比较研究的可能性。因此，一些对早期"跨"文化心理学研究不满的人，另外建构出了专门深入探究特定文化如何与心理互动的"文化心理学"。

针对上述两种主张的不足，贝理基于大量的跨文化实证研究成果，提出普同主义观（universalism）。首先，他将人的心理分为三个层次：（1）潜在的基础性的基本心理过程（process）和性能（capacity）；（2）这些潜在的基本心理过程或性能与个体成长所处的外在文化环境互动而获得实际发展，即胜任力（competency）；（3）这种胜任力在特定场景中会受到文化规范的制约而有不同的具体表现，即实际操作（performance）。因此，贝理的普同观认为：不同文化的人们都属于同一种属，故潜在的基本心理过程或性能对于全人类来说是共同的，但不同的文化经验对这些过程或性能会产生不同影响，从而使不同文化人们的心理过程或性能在实际发展和具体表现上呈现差异性，即差异是由于不同文化经验对共同心理过程发挥不同的作用而造成的。例如，跨文化心理学在世界各地的调查研究结果表明，人类都具有学习任何语言所需要的基本心理过程和性能，但最终实际上习得哪门语言（胜任力）却取决于所处的文化环境；至于具体如何运用该语言（操作）更是取决于特定文化情形的需要或允许③。可见，这种普同观辩证

① J. W. Berry, et al.. *Cross-Cultural Psychology: Research and Application* (3rd edition). Cambridge: Cambridge University Press, 2011: 230-233.

② ibid.

③ J. W. Berry. A Critique of Critical Acculturation. *International Journal of Intercultural Relations*, 2009(5): 361-371.

地吸取了前述两种观点的合理之处，严谨阐释了不同文化人们心理的差异性和共同性。

应注意的是，贝理在《教材》第3版第十章还谈到另一种跨文化的共同性，即从现实的文化多样性中看到普同性文化要素（cultural universals）。由于每一个社会要存在下去，都必须具备一些功能性前提条件，因此几乎所有文化都已发展出若干共同的基本社会要素，例如社会的组织、分层、交流和互惠模式等。他借鉴耶鲁大学人类学系所建立的"人类关系领域档案"（HRAF）说明，全世界各文化中都普遍存在79个要素范畴，包括食物与服饰、居住与建筑技术、家庭活动、性别与生命循环、经济与运输、社群的组织与治理、福利事业等方面。这就是说，我们可以从不同文化中归纳出若干共同范畴，尽管同一范畴在不同文化场景中会以不同方式体现①。

不过，当今学术界所使用的"普同主义"这一术语，一般关注的是不同文化的共同性。或许是为了与此一致，《教材》第三版进一步提出，假定存在这样一个包括相对主义到普同主义两极一体的维度，按此维度排列各种不同主张，从完全的相对主义到完全的普同主义。极端相对论者认为，不同文化间行为根本不存在共同性，而对于极端普同论者来说，文化的角色从心理学上说是微不足道的，因此对人类行为的研究根本可以不用考虑文化的意义。根据该维度上连续体的具体分布，贝理辨别出四种立场：极端相对主义，温和相对主义，温和普同主义和极端普同主义。他认为，心理学研究和实践总体应坚持温和普同主义，即人类基础性的心理过程具有共同性，文化因素影响它们的发展（方向和程度）以及实际运用（运用的意图与方法），故不同文化中的行为既存在差异性，也存在共同性（见本书第一章）。

应当注意的是，跨文化心理学的比较研究习惯偏重差异性，甚至一些人认为，若比较的结果没有发现差异，研究就没有意义。其实，揭示不同文化中人们行为的共同性，也是跨文化心理学的重要使命。这在实践上则具有特别现实意义。这就是，在人类发展日益一体化的今天，若只看到跨文化的差异性而忽视共同性，就会忽视不同文化的人们相互理解、交流和学习所需的共同基础，尤其是难以深刻认识人类是统一命运共同体这一理念。

还应注意的是，与一般国外心理学教材相比，本书的一大特色是，重视学科基础理论建设，并力求从哲学高度进行分析。这有利于克服这一现象，即心理学本来孕育于哲学，但许多心理学研究者只讲究实验仪器和研究技术，而忽视哲理修养。要认识到，心理学研究的主要对象是人，我们不能只将之作为物而测量，而应进一步重视人文哲理。

（二）

跨文化心理学为何要以文化与行为的关系为中心议题呢，或者说其主要目标何在？这些在该领域是老生常谈的问题，故《教材》第3版几乎没有论述。这里结合第2版简要说明。

一个新兴分支学科的合法出现，必然有其靶子。跨文化心理学针对的靶子是什么呢？贝理

---

① J. W. Berry, et al.. *Cross-Cultural Psychology: Research and Application*（3rd edition）. Cambridge: Cambridge University Press, 2011: 229-232.

在我院讲学时①，将之简要概括为两方面。其一，从研究者和研究取样来看，现代主流心理学存在文化局限(cultural limitation)，即大多仅局限在欧美文化场景。贝理指出，现代主流心理学大部分数据来自社会经济地位较高的欧美大学生样本，世界上大多数文化的人们被遗弃在这种心理学之外。这里的所谓"主流心理学"，贝理称之为 WASP，即在国际心理学界处于统治地位的"在西方场域、由学院派进行、运用科学方法所生产的心理学"(western academic scientific psychology)。这是因为，这种心理学发生且发达于欧美，因此在欧美尤其是美国，心理学甚至被称为"美国大学二年级学生的心理学"。

其二，从研究方法和理论看，以科学主义为马首是瞻的主流心理学曾长期存在明显的文化色盲性(cultural blindness)和民族中心主义(ethnocentrism)的问题。显然，一方面，美国开创的这种基于实验室和数理统计的心理学研究范式是去文化情境性(decultural)，即它很大程度上忽略、实际上也难以深度地分析文化在人类行为之发展和展现中可能扮演的角色。这反映了上述的绝对论。但另一方面，这种心理学实际上又具有民族中心主义。贝理指出，犹太—基督教和希腊—罗马传统及英美文化观，对西方现代心理学理论和概念有根深蒂固的影响。正如有心理学史研究者指出："西方心理学的大多数问题只有在西方历史——西方的地理的、经济的、军事的和科学的背景——的范围内才是有意义的问题。"②特别值得注意的是，这些局限会导致心理学研究成果在欧美以外的社会中理解和应用时产生文化偏差(cultural bias)。

鉴于现代心理学的上述状况，本教材第 2 版提出了跨文化心理学的三大目标。第一个也是最明显的一个目标是，关注行为的共同性，即检验现有西方心理学知识和理论的通则性(generality)。这就是说，将现有主流心理学的假设和发现，诸如个体青春期的"暴风骤雨"表现是由生理因素控制，因此是难免的之类的结论，拿到其他文化场景中去，来验证它们在当地人群体中的效度和适用性，从而克服其"文化局限"。不过，这样做还存在不足，即对于西方社会不存在，而在其他社会中被认为是很重要的某些心理现象并不特别敏感。对此，贝理提出了该学科的第二个目标，即专门探究其他文化，以发现西方文化中并不存在的特别文化和心理差异；即使在其他文化中找到了支持所研究现象具有通则性的证据，我们也要对所发现行为的新异方面保持开放心态。例如，某个文化存在神圣的成年礼，因此其青少年会更顺利地经历青春期阶段而过渡到成年。可见，该目标关注的是特定文化背景下人类行为的特殊性。第三个目标，是试图把前两个目标所得到的结果汇集，并整合到一个具有更广阔基础的心理学中，以产生在更广泛的文化中都有效，且更接近具有全球普同性的心理学知识。例如，个体青春期实际表现是其特别生理发育与其所处文化情境共同作用的结果，许多文化都有特别应对措施。显然，该目标取向体现了普同观。

---

① 贝理曾两次在中央民族大学讲授跨文化心理学的理论和方法。下文所述的贝理观点，除非特别注明，皆出自此授课内容。——译者注

② 加德纳·墨菲、约瑟夫·柯瓦奇著. 近代心理学历史导引. 林方等译. 北京：商务印书馆，1980.

（三）

显然，要实现上述三个目标，充分地克服现有主流心理学的局限，只靠单一的研究路径是不行的。这本教材的另一个显著特色是，包容各种理论视角，并公正地指出文化比较研究、文化心理学和本土心理学这三种主要视角的得失。这在本书第一、十二、十七和十八章中，体现得较为明显。

过去长时间里，该学科领域存在所谓"跨文化心理学"与"文化心理学"之争。前者近似于贝理所说的文化比较研究视角。这种视角最明显的做法是，纳入来自不同文化情境的数据，尤其是过去被忽视的非西方人群的数据，进行量化的跨文化比较，最终寻求的是文化场景与行为结果之间存在关联性。可见，该视角植根于心理机能具有普同性的假设，更倾向于前述所说普同论—相对论两极中的普同论那一端。应注意的是，属于该视角的不少研究至今机械运用在欧美设计的现成工具，跨出欧美地区进行数据收集。虽然有些学者会对源于西方的工具进行修订而使之具有文化适宜性，但是该视角研究总体上属于去文化情境的数理取向实证主义，因此，未能切实深入分析文化对行为的影响机制，难以解决上述"文化色盲"问题。

对此，一些被称为"文化心理学"视角的研究者强调，要借鉴人类学、语言学等领域的知识和方法，在深入特定群体内部并深入理解其文化的基础上，深度分析文化与心理的关联，以切实解决"文化色盲"的问题。贝理在《教材》第2版第十二章指出，这是受当代文化人类学视角转向的影响，即从将文化视为外部场景，转变为关注"特定人们心中的文化"。在坚持这种视角的研究者看来，文化是一个系统，且实质上更是一种观念体系，故考察行为须深度把握其所属文化。该视角的研究专门针对特定文化，重视质性分析。虽然该视角力求克服"文化色盲"问题，但也容易产生局限。贝理指出，该视角更倾向前述的相对观，侧重行为的跨文化差异性，忽视甚至否定其共同性；其中的不少研究者反对进行跨文化比较。笔者还感觉到，这类较有影响的研究多由西方学者进行，属于客位性（etic）视角，即其选题、基本假设、概念和理论，仍然难以充分克服西方文化传统和欧美文化中心主义的影响。

对此，在非西方社会尤其是亚洲出现了建构当地本土心理学的运动。这是对心理学中欧美统治状况的积极回应。叶浩生先生所说国际心理学"三个世界"分类法表明，发达国家尤其是美国的心理学，支配着欠发达国家心理学的内容和形式[1]。因此，一方面，现代心理学的学科知识和专业服务，无论是从其思想根源还是实践运作上看，几乎都是属于西方工业化社会的事物。这就导致心理学界长期存在这种倾向，即只有西方心理学模式才是科学的，或只有西方才有心理学，因此只需将西方心理学输入非西方社会。这就容易忽视被其他文化视为重要的现象和课题，诸如儒家文化倡导的孝道和面子。尤其对人口众多的欠发达地区严重存在的诸如贫穷、文盲之类议题，西方主流心理学过去一直没有给予应有的关注（详见《教材》第3版第十八章）。另一方面，西方心理学这种学术霸权和殖民，导致了许多非西方学者具有自我殖民性，

---

[1] 叶浩生. 多元文化论与跨文化心理学的发展. 心理科学进展，2004(1)：144-151.

在选题、研究设计、成果发表甚至研究意图等方面，一味迎合西方学术界，并因本土历史长河中积淀的心理学智慧不是"正规"方法所得，而将之视为"不科学"甚至迷信。因此，本土心理学视角主张，在非西方社会，要倡导由本土学者基于对本土场景的洞察、选择本土文化中较为重要和急需的课题进行研究。本书许多地方都探讨此视角，尤其是在第十八章进行了深入的分析。应该说，该视角对增强现代心理学发展的文化适切性、促进非西方心理学的积极自主发展、反思西方心理学现有成果的文化局限等方面，具有特别的价值。但是，它显然是一种偏向相对观的视角，多少存在否定人类行为普同性的局限。其极端者完全否定西方主流心理学的价值，主张各个文化群体都需要发展它自己的心理学，甚至试图以一个文化群体的知识为基础发展整个心理学知识。本书也注意到这种局限，尤其是反对极端相对论者的那种可能会导致数量繁多心理学种类的主张，因为这不符合该学科帮助建立具有全人类普同性心理学最终目标，也不利于不同地区心理学之间的交流。

从认识论上可以进一步说，上述各视角之争大致可归为普同观与相对观之争。尽管相对观与普同观是两种"不可通约"（incommensurable）的世界观或认识范式，但我们应使这两种范式的关注点彼此包容和调适，从而实现二者相互沟通和补充。为此，本教材作者提出了三种策略：两者联合、有机整合与划界分工。这在本教材第2、3版的第十二章的最后部分有深入论述。这种兼容并包的学术心胸，有利于跨文化心理学学科的发展壮大，不至于陷入文化心理学—跨文化心理学、主流心理学—本土心理学之类狭隘的两分法之争。

（四）

与一般心理学教材相比，本书的另一个显著特点是，重视对研究方法和技术的讨论。如上文所谈，该学科兼容并包了数个视角，其研究方法和技术必然比大多数心理学分支学科更为复杂多样。本教材的第2版专门用了一章讨论研究方法方面的问题，第3版则进一步加强了对方法的理论基础的论述。上面所谈的各视角实际上是较为宏观地涉及了方法问题。下面侧重评述该书从研究过程所谈的研究方法技术上应特别注意的若干问题。

首先是对多种方法的兼顾，尤其是正确对待两种长期以来争论不止，甚至相互贬低的范式，即所谓较"硬"的量化范式以及较"软"的质性范式。一方面，贝理指出，两者在理论基础、研究目的、假设的提出、数据的收集与分析等方面的确存在差别，前者以普同观为基础，而后者更多倾向于相对观。另一方面，他认为不应只看到二者的差别，也要重视二者的互补性，故应将二者有机地整合。这里以贝理提出，但第3版教材介绍较略的派生客位策略为例稍加说明。他反对机械地将主位与客位视角对立起来的做法，尤其是反对"强加式客位法"（imposed etics），即研究者将自身文化的观念强加给研究对象。对此，他提出派生客位（derived etics）视角：首先，进行主位视角研究，即借鉴人类学实地调查策略，对研究对象所属的文化情境进行质性研究，从而揭示人类共享的基本心理功能在该文化中的实际运作；然后进行派生出的客位研究，即在主位研究基础上，既审视所用概念和方法在拟比较的文化样本中的等效性，也确保术语和工具与当地文化情境相匹配，最后再进行有效度的跨文化比较，最终揭示普遍存在的心理特征。这方面的内容可读第 3 版第一章的有关内容。

更应注意的是，要严谨对待质性方法。我们不能因为质性方法可灵活调适，就随心所欲地进行设计或实施。其一，质性研究中研究者本人往往成为最重要的工具，要注意这会存在诸多弱点。其二，在方法设计和结果分析等方面不能拒绝对其效度的分析，因为效度是富有意义科学研究的试金石，而效度问题仍是质性研究致命的一个弱点（《教材》第 2 版第十一章）。本教材介绍了三种与文化心理学特别相关的效度，即阐释效度、生态效度和理论效度。教材提到，传统上采用文化心理学视角的质性研究中已经开始出现量化技术和跨文化比较。这暗示，质性方法可以恰当地向量化方法借鉴。还应看到，质性研究要更重视其分析数据的过程，尤其是力求明晰严谨地展示其从数据编码到得出结论的过程。本教材对此几乎未提，这方面的方法和技术可参考有关书籍。

当然，尽管在现代心理学中量化方法较为成型，但这并不意味着跨文化心理学研究可以轻而易举地加以运用。量化研究在设计和实施时要注意对拟调研文化情境的知晓，避免文化偏差。要系统审视在不同文化中进行调研时，所用的概念、工具、程序等方面是否具有跨文化的普同性和等效性（equivalence），因为等效性意味着来自不同文化的得分具有可比性，这是导致文化偏差的主要因素。数据分析，不能只靠统计分析技术，而应进一步结合相应的文化情境去解释统计数字的意义。这些内容，可进一步参考《教材》第 3 版的第十二章，第 2 版的第十一章则有更加详细的说明。

本教材特别强调的另一个问题是，在方法设计和数据分析方面，要注意区分和联系群体层面和个体层面。跨文化心理研究关注的是文化与心理的关系。文化是一种仅能在群体层面上理解的概念，即在超越个体层面上理解的概念。而心理学思维将每一个个体视为独立的数据来源。不同层面的分析所得结果的意义不同，故应对不同层面的变量进行严谨区分，否则会陷入"生态学谬误"（ecological fallacy），即我们选取已经在某一分析层面上确立了有关两种或是多种变量间的一种关联，然后假设，这可用在另一分析层面上证明某事件。例如，基于 1930 年美国人口普查结果，研究者分析了 48 个州的识字率以及新移民人口比例的关系。结果发现两者之间的相关系数为 -0.53，即如果一个州的新移民比率愈高，平均来说这个州的识字率便愈低。但当分析个体数据时，便发现相关系数是 +0.12，即平均来说新移民比本地人的识字率低。为何出现这种矛盾的结果呢？是因为新移民都倾向在识字率较高的州份定居[①]。教材提出，借鉴贝理在第一章提出的生态文化框架的理念，有助于我们在项目设计时兼顾这两个层面。运用新近兴起的多层面分析等技术，则有助于我们在数据分析时兼顾这两个层面。这方面更详细的内容参见教材第十二章。

此外，还应注意当今我国学术界日益重视的研究伦理问题。尽管该教材没有专门的章节来

① W. S. Robinson. Ecological Correlations and the Behavior of Individuals. *American Sociological Review*, Vol. 15(3): 351-357, 1950.

谈此问题，但是教材中多处明确提到这一问题，充满跨文化研究的伦理关怀。尤其是在第3版的第十八章不仅提到了新近的《世界心理学家伦理原则宣言》，而且明确指出文化心理学应特别注意的伦理问题：跨文化心理学曾为将西方以外的世界当成某种"自然实验室"而感到内疚，因为该新兴学科也曾被认为是使用了多种方法来剥削欠发达地区的人力资源，例如西方研究者为了自己的学术仅仅从文化群体中捞取数据，而没有应有的回馈；西方心理学界多是向非西方国家简单输出心理学知识和专业服务，这种做法缺乏文化适切性，没有考虑当地的文化环境或需要，故出现文化偏差和消极影响；消极对待甚至否定非西方社会本土中历史积淀的心理学遗产；国际心理学的领导权，特别是国际心理科学联盟（IUPU），仍然牢固地掌握在欧美学者手中，欠发达地区的心理学家应掌控他们自己的研究和专业议程等。可见，跨文化研究的特别伦理问题多半与文化差异和文化中心主义有关。

总之，学习跨文化心理学时要重视研究方法。如本教材所示，我们在运用量化研究模式时要重视跨文化等效性，避免文化偏差，而且要严谨对待该领域的质性方法。该领域的这种方法首先来自人类学，这就需要努力掌握人类学知识。

（五）

本教材与该领域的其他教材相比的一大特点是，重视多学科理论和方法的运用，尤其是高度肯定了人类学文化概念和方法的特别价值。鉴于我国心理学界至今忽视人类学，这里简要谈谈其价值。

请注意，本书强调的并非思辨性的欧陆传统哲学人类学，而是英美范式人类学。后者强调基于田野工作的民族志方法，系统深度描写文化和进行跨文化比较，从而全面阐释人性，并克服欧美文化中心主义。这显然与跨文化心理学的追求在深层次上是一致的。尤其是，传统上心理学所缺乏的知识，诸如对文化概念的科学认识，对异文化场景的有效进入、准确记录和阐释，质性技术的运用，以及跨文化比较的等效性等方面，都可向人类学借鉴，以克服前述的"文化局限"和"文化色盲"问题。其分支学科心理人类学和认知人类学，更是富有心理学味道，值得本学科特别关注，具体可参看本书第十章。本书第十三章中，贝理对涵化心理的研究是跨文化心理学借鉴人类学的一个经典范例。此外，笔者认为，语言不仅是文化的重要部分，也是解读人类心理秘密的重要视角，故我们还要重视语言人类学。

其实，人类学思维早已对心理学研究产生建设性的影响。现代心理学之父冯特就明确主张，高级心理过程需要在民族志体系中进行研究。被喻为"心理学中的莫扎特"的维果斯基和被誉为揭开记忆之谜的巴特莱特（F. C. Bartlett），早在八十多年前就切实借助人类学方法，进行了杰出的实验研究。当今，文化成为心理学的一个基本概念，人类学思维无疑有助于促进心理学的进一步完善。跨文化心理学家菲西（Jefferson M. Fish）对此进行了系统的论述[1]。尤其是，

---

[1]　J. M. Fish. What Anthropology Can Do for Psychology: Facing Physics Envy, Ethnocentrism, and a Belief in "Race". *American Anthropologist*, 2000(3): 552-563.

心理学新近"文化革命"的主要旗手——杰罗姆·布鲁纳常常承认自己受惠于人类学（这可见于其后期代表作《教育的文化》）[1]，并在 20 世纪 60 年代就指导学生远赴非洲进行田野工作，故国际跨文化心理学会 1972 年在中国香港成立时，他被推选为首任主席[2]。可惜，本教材只引用了他的一篇文献。顺便指出，他后半生倡导的文化心理学重视普同性，与前面所说的强调特殊性的"文化心理学"不同[3]。

应指出，我们要完整理解人类学知识。我国许多研究者应用人类学方法时只重视参与观察，其实人类学积淀的民族志报告也可作为跨文化心理学研究的特别资源。故本书第十章花较多笔墨介绍了耶鲁大学在这方面的特别贡献——"人类关系区域档案"（HRAF）。为了避免部分人类学家观点的文化决定论味道，本书另用一章（第十一章）论述生物因素对认识跨文化心理研究的意义。其实，北美人类学是兼顾人类生物性和文化性的分析，以完整认识人性。应注意的是，人类学传统上关注非西方的前现代微型社区，倾向于将文化视为疆界分明、内部连贯匀质、稳定不变、自我封闭的静态实体（static entity）。跨文化心理学研究中也存在这样的倾向。然而，当今一体化态势和技术发展所导致的文化变迁，使得即使是偏远地区村落的文化图像，也较为混杂多变。故当今人类学界将文化视为一个疆界开放、内部混杂、处于不断建构过程的动力系统，重视个体对文化发展的能动性[4]。还应说明，人类学本来关注文化，侧重群体层面分析，而心理学聚焦行为，侧重个体层面分析，故跨文化心理学借鉴人类学时，须注意二者的有效结合。

（六）

与该领域许多教材比，本书的另一大特点是重视应用研究，分别以专章论述了跨文化情境中的交际、工作、保健等专业实践主题（参见本书第三部分）。这里仅简要评述第十三、十四章分别论述的涵化（acculturation）心理[5]和文化互动（intercultural）[6]关系心理。因为，这是针对当今全球化态势所导致心理现象的新兴议题，而本学科多数教材对此缺乏应有的关注。

涵化心理研究以移民、留学生、客籍员工和都市化原住民等群体为主要对象，关注不同文

---

① 常永才等. 科学取向社会科课程革新：布鲁纳主持《人类研究课程》分析. 教育学术月刊，2016(5)：88-96.

② W. Lonner. Chronological Benchmarks in Cross-Cultural Psychology. Foreword to the Encyclopedia of Cross-Cultural Psychology. Online Readings in Psychology and Culture, 1 (2). https://doi.org/10.9707/2307-0919.1124.

③ 杰罗姆·布鲁纳著. 教育的文化. 宋文里译. 台北：远流出版事业股份有限公司，2001.

④ 常永才. 何以促进教育人类学发展：美国学者学习领域研究浅析. 比较教育研究，2007(12)：29-34.

⑤ 在我国，acculturation 在人类学和民族学等学科中译为"涵化"。此词在我国心理学界尚不多见，新近有研究者将之译为"文化适应"。为了避免与心理学中已有的 adaptation（通常译为"适应"，其主要是指较稳定的适应结果）术语混淆，本书采用"涵化"译法，因为它包括适应的过程和结果。对此概念，可进一步参见 Acculturation：The Study of Culture Contact（Herskovits，1937）。——译者注

⑥ 国内学界对此研究较弱，甚至大多将其译为"跨文化"。据 1994 年版的韦伯斯特英语百科辞典，"intercultural education"中的前缀 inter 指的是"在……之间""相互的""互惠的""共同一起"等意思。国外有学者已经指出，该术语强调的是"一种动态性的概念，指的是文化团体间的互动关系，主张相互尊重基础上的对话交流"[参见：Agostino Portera. Intercultural Education in Europe：Epistemological and Semantic Aspects. *Intercultural Education*，2008(19)：481-491.]。故本书将之译为"文化互动"。——译者注

化人们直接、长时间接触中个体心理和行为变化的这一动态过程①。西方心理学最初多采用单向—单维模型，假设这仅是弱势群体成员心理向主流文化变化，最终失去自己原有的文化，完全认同主流文化的历程。这反映了欧美文化中心论性质的"熔炉"观。对此，贝理借鉴人类学的有关理论，基于大量的调研指出，涵化本质上是双向互惠的，尽管涵化对少数族裔的影响更大，其适应往往会更困难。人类学涵化研究侧重分析的是属于群体层面的文化变迁，贝理则进一步关注个体层面的"心理涵化"。他指出，在影响涵化心理个体差异的诸多因素中，特别重要的是个体面临不同文化时所采取的涵化策略；而该策略基于两个维度：个体对自己所属文化的认同，以及个体对新卷入文化的认同；研究涵化心理应采取双向—双维模型。当今国际心理学界这方面的研究中，贝理提出的涵化概念和分析模型引用频率最高②。

应注意，由于个体的信念和态度可能来自其所属文化的集体意识，而不是来自直接接触，故与涵化不同的是，不同文化的人们不用直接接触也会发生文化互动关系，因为它们可以源于人们对两个文化接触历史经验的意识，也由于当代远程通信而产生的关联意识。因此，诸如刻板印象、态度和偏见之类的基本文化互动过程，能够在没有发生直接接触的人们中研究。

如今涵化和文化互动已成为跨文化心理学研究备受关注的主题③。贝理在这方面值得关注的成果还包括：(1)其主持的大型国际项目《族裔文化青少年国际比较研究》，对较为典型的13个国家中26个移民群体的7997名13～18岁的移民青少年进行了系统的调查分析④；(2)本书另一位作者萨姆(David L. Sam)与贝理主编的《剑桥涵化心理学手册》(*The Cambridge Handbook of Acculturation Psychology*，2016)；(3)贝理新近基于其另一项国际项目编著的《互惠性族际关系》(*Mutual Intercultural Relations*，2017)。

因为文化互动现象早已有之，但是，其广度、深度和意义在今日全球化态势下是前所未有的，以至被视为人类正进入的一种新文明模式。联合国教科文组织新近的一本出版物甚至指出，人类历史正日益像一场文化互动教育与灾难之间的竞赛，文化互动胜任力这种素养与读写算同等重要⑤。跨文化心理学对此大有可为。

综上所述，本教材运用多学科知识，基于世界范围的研究证据，不仅关注不同文化间心理的差异性，而且关注其共同性，还倡导不同文化间的积极互动。这不仅是该领域的集大成经典教材，而且对其他领域的学生和一般读者也有特别教益。对本学科感兴趣的读者，若要拓宽知识面，还可参考：(1)贝理等人以前主编的三卷本 *Handbook of Cross-Cultural Psychology*

---

① 高兵、李英源、常永才. 试论文化视角国际理解教育革新的心理学基础——基于跨文化心理学家约翰·W. 贝理思想的分析. 外国教育研究，2017(1)：102-116.

② David L. Sam. Acculturation：Conceptual Background and Core Components. In David L. Sam & John W. Berry(eds.)，*The Cambridge Handbook of Acculturation Psychology*(2nd edition). UK：Cambridge University Press，2016：1-5.

③ Floyd Rudmin. Catalogue of Acculturation Constructs：Descriptions of 126 Taxonomies，1918—2003. Online Readings in Psychology and Culture，1 (2). https：//doi. org/10. 9707/2307-0919. 1074.

④ 贝理等著. 文化过渡中的移民青少年——跨国背景下的涵化、认同与适应. 王朝晖、刘真、常永才译. 北京：中央民族大学出版社，2015，译序.

⑤ UNESCO：Intercultural Competences：Conceptual and Operational Framework. France：Paris，2013，FOREWORD.

(Allyn & Bacon，1997）；（2）贝理与萨姆新近主编的四卷本 *Cross-Cultural Psychology*（Routledge，2017）；（3）该领域最全的成果可见 *The Encyclopedia of Cross-Cultural Psychology*（John Wiley and Sons，Inc.，2011）；（4）国际跨文化心理学会（IACCP）官网刊登的该领域经典研究成果。当然，最新的研究，则可见于 *Journal of Cross-Cultural Psychology*，*Bulletin of Cross-Cultural Psychology*，*International Journal of Intercultural Relations* 和 *Culture and Psychology* 等专业刊物。

最后应指出，本书产生于西方，我们应注意作者出生环境所导致其个别观点的局限。

常永才
2020 年 1 月

Cross-Culture
Psychology   目　录

**第二部分
行为、文化和生物因素之间的关系**

第 *1* 章

导 言

本章目录

简要地说，跨文化心理学可描述为关于文化情境（context）和人类行为之间关系的研究。后者包括外显行为（可观察的动作和反应）和内隐行为（思维、信念和意义）。不过，对此宽泛定义，该领域中不同学术流派有着相当不同的阐述。我们会在后面更详细地讨论。大多数跨文化行为研究者认为，外显行为和内隐行为方面的差异都应被看作文化对共同心理机能和过程形塑的反映。换句话说，他们假定，人类不同群类间是"心智统一"（psychic unity）（Jahoda，1992）的。这也是本书各位作者的立场。而常被归为"文化心理学"（cultural psychology）流派的其他研究者则强调，心理机能在世界各地文化情境间有着本质的区别。比如，北山等人（Kitayama，Duffy & Uchida，2007，p. 139）就认为，不同文化具有不同的"存在模式"（modes of being）。有时这两种立场甚至作为两种不同的研究领域而存在。

在本书中我们采用"跨文化心理学"（cross-cultural psychology）这一标签而统合性地命名整个领域。当有必要在这个较为宽泛的领域内对不同取向进行区分时，我们则使用诸如"文化心理学""文化—比较心理学"（culture-comparative psychology）和"本土心理学"（indigenous psychology）之类更具体的术语。这些不同取向之所以可以用跨文化心理学这一共同的指称，是因为它们都共同承认这样一个假设，即文化是人类行为形成和展现的重要影响因素。该领域所有的研究者都认为，心理学研究必须是"通晓文化的"（culture-informed）；他们共同主张，所有的心理研究应该坚持此原则，即人类的行为不会在文化真空中存在。

为了理解种种不同的阐释，并形成读者自己的观点，有必要了解跨文化心理学领域各种争议的背景。作为导言，本章试图概述该领域的主要理论观点，并关注若干重要的方法论议题。这会有助于读者对后面各章的阅读。这些章节是对各个心理领域跨文化研究的评述，故阅读它们时会反复碰到相似的理论和方法论方面的议题。本章前三个部分概述的是该学科最重要的理论争议，这些争议会影响研究者如何进行跨文化研究。第四和第五部分简要讨论方法论问题，它们会经常出现在有关跨文化相似性和差异性的争论之中。

在第一部分，我们呈现对该领域的一些定义，以突出在文献中发现的侧重点；并提出在我们看来是相对全面的定义，该定义反映出我们写一本教科书的意图，即要大致涵盖跨文化心理学已发现的主题和路径。我们还会提到该学科的另一个特点，也就是跨文化心理学的最终目标。

第二部分呈现的是关于行为和文化关系存在争议的三个主题。第一个主题关注的问题是，文化应该被当作个体内部的某种存在，还是个体发展和行动所处的一系列外在条件。第二个主题涉及的是，在多大程度上，行为应被视为具有文化特定性（culture-specific）（或文化相对性），还是文化一般性或文化普同性（universal）。第三个主题是，如何用心理学术语对种种文化差异进行组织分类。这就是说，这些文化差异是否形成有意义的模式，因而可以涵盖广泛的范畴（例如，个体主义与集体主义）；或是所观察到的文化差异是极不相关的（比如，在公路上驾驶是靠左或右，与人际关系中对层次结构偏好的强弱并没有什么关系）。我们还会阐明自己关于这三个主题的立场。在后面的章节，这一立场应该会帮助读者评估我们的取向是否可能已经偏离我们的论述。

在第三部分，我们将简要描述有关上述三个主题的若干"阐释立场"，因为这些立场已经分别形成了跨文化心理学研究的若干视角。我们呈现了三种视角，即文化—比较心理学、文化心理学和本土心理学。

在第四部分，我们主要讨论方法论议题。与其他心理学领域相比，方法问题在跨文化心理学中显得更为突出。我们首先讨论的问题是，跨文化研究是在什么基础上将不同的文化加以区别以及如何对文化进行抽样。然后，我们描述研究设计和数据分析在定性路径和定量路径之间主要的方法论差异。

第五部分涉及的是如何应对数据阐释所遭遇的挑战。所论述的挑战表现在三方面：可能因缺乏等价性(equivalence)而使数据存在偏差；对调研结果的过度概括(overgeneralization)；不能从文化层面和个体层面区分出差异。

什么是跨文化心理学：　若干定义

正如心理学的其他研究领域一样，跨文化心理学也可以用各种方式来定义。这样的定义通常是精心建构，以使之能表达出提出者希望传达的基本理念。我们下面引用五个这类范例。

　　1. 心理学的跨文化研究是对不同文化情形下的心理变量进行的明确、系统的比较，从而具体说明间接导致行为差异的先前事件和过程(Eckensberger，1972，p. 100)。

　　2. 跨文化心理学是对不同文化群体成员进行的实证性研究，这些群体成员具有不同的经历，因此其行为具有可预测的显著差异。在大多数这样的研究中，被研究的群体使用不同的语言并由不同的政治组织所统治(Brislin，Lonner & Thorndike，1973，p. 5)。

　　3. 跨文化研究首要的是对文化和个体心智相互建构方式的比较研究(Matsumoto，1996，p. 5)。

　　4. 文化心理学是对文化在人类心智生活中所发挥作用的研究(Cole，1996，p. 1)。

　　5. 文化心理学"有其鲜明的研究主题(心理多样性，而不是心理统一性)；旨在重新评价人类心智一致性这一统一原则，并发展出关于心理多元观的可信理论"(Shweder，2007，p. 827)。

上述定义谈及文化条件和文化群体时，多数都出现了"文化"(culture)这一术语。目前，我们可以权且把文化界定为"一个人群共享的生活方式"。在本书的第十章，我们将考察该术语更复杂的含义。

上述五个不同定义都突出文化这一特征。第一个定义的重点在于弄清文化和行为之间的因果关系（"具体说明间接导致行为差异的先前事件和过程"）。第二个定义更强调要弄清文化经验（"……使用不同的语言"等）的种类，因为这些文化经验可能导致不同文化间人类行为的多样性。第三个定义主张，跨文化研究就是文化比较研究。第四个和第五个定义用"文化的"这个形容词取代了"跨文化的"，仅这一变化就标志着前三个定义发生的一个重要转变。其核心议题是将"文化"和"行为"视为可区分的实体是否合理。在本学科，所谓"文化的"路径强调的是，文化现象和行为现象之间共同和交互的关系。

在前三个定义所代表的文化—比较研究路径中，文化条件被视为独立于特定个体的存在。这些条件与行为模式的差异相联系，但这不一定意味着个体在基础心理机能和心理过程方面存在差异。但在最后两个定义中，不同文化群体间的行为差异也意味着心理机能和过程方面存在差异。该主张在最后一个定义中尤为强烈，使得去挑战人类"心智统一性"这一概念成为该学科（文化心理学——译者注）的目标之一。最后一个定义假定不同文化中存在不同的心理学。该立场类似于"本土心理学"路径所隐含的立场（见后文）。我们认为，跨文化心理学这一学科可以整合上述定义所代表的两个视角（Berry，1997，2000；Poortinga，1997；另参见本书第十二章）。

上述五个定义对跨文化心理学其他重要方面的关注则很有限。例如，跨文化心理学不仅关注多样性，而且重视一致性。这就是说，在若干文化中，人类心理拥有什么样的共同性，甚至在整个人类中，都普遍地存在这种共同性（Brown，1991；Lonner，1980）？这使我们进一步思考这一问题，即跨文化心理学研究在多大程度上应包括近端性（proximal）生物学变量，诸如饮食习惯和营养缺乏，远端性（distal）生物学变量，以及人类得以发展出文化能力的种系发育性（phylogenetic）根源（参见本书第十一章）。

这是一种进化观，即将文化视为人类对环境的适应。与此问题有关的其他种种情境变量（不过，它们并非总是包括在文化概念中），已经被视为跨文化研究内容的一部分，这包括生态变量（Berry，1976）。当今，人类各个群体都被视为一直处于适应自然环境过程的存在者，因此生态变量已成为显著的内容，其中侧重的是诸如经济行为（狩猎、采摘、农耕等）和人口密度之类的因素。这种"生态—文化"视角将在本章后面部分进一步讨论。

前述五个定义所忽视的研究对象，还包括现代民族国家内部多种多样族裔文化群体（ethnocultural groups），他们之间通过互动和变迁以适应共处。将这类族群心理研究（ethnic psychology）纳入跨文化心理学的正当性在于，大多数族裔群体保持着鲜明的文化特色，有时在与其他族群接触或迁出当地之后的数代人身上也是如此。这表明，该学科的综合性定义应反映出文化变化（往往由文化间的接触所致）。这一点还会在第十三章被更充分地考量。

我们在此提出本书中所使用的一般意义上的跨文化心理学定义：

> 跨文化心理学是对不同文化和族裔文化群体中个体心理机能的相似性和差异性的研究，是对心理变量和社会—文化、生态与生物变量之间关系的研究。

理论议题

议题 1：对个体而言，文化是内在的还是外在的

在何种程度上文化应被概念化为个体的一部分，即内在文化（internal culture），又在何种程度上应被视为外在于个体的系列条件，即外在文化（external culture）？当我们谈论欧洲文化和印度文化时，我们可能指的是生计方式（人们如何谋生）、社会的政治组织和/或生态及社会情境的其他方面，这是外在文化。我们也可能指的是一个文化成员的观念、人生哲学和信仰，等等，这对个人而言是内在文化。个体所处社会环境中大量的语言、宗教、知识和信念会被内化，个体出生之前就存在的其所属文化的种种特征，在濡化（enculturation）和社会化过程中成为个体的一部分。外部条件包括种种因素，诸如气候，经济模式和与富裕相对的贫穷现象，社会制度和习俗，正规教育；还包括新接触社会所导致的影响，这里指的是移民。例如，已有大量研究表明，幸福感是物质富裕的函数，后者不仅包括个人财富，也包括该社会的国民生产总值（Diener，Diener and Diener，1995；Veenhoven，1999）。

长期以来，文化人类学家和跨文化心理学家都研究行为，且都视之为自然环境和社会环境的结果；这些条件对于心理机能的运作来说是前因性（antecedent）因素。后来，人类学家中发生了一个重大的转变，即开始从主观意义角度来定义文化（Geertz，1973）。以前人们力求从外部条件去理解特定文化中人的行为模式特点。后来，人们看待文化时，代之以这样的视角，即将文化视为种种共享的意义，而这些意义是文化成员在互动过程中建构的。类似的转变可以在跨文化心理学中发现。在认知模式（Peng & Nisbett，1999）或情绪体验（Feldman-Barrett *et al.*，2007）这类跨文化差异的研究中，很少强调外部条件。

若就此问题进行提问，大多数跨文化心理学家会认为，文化应该既"外在地在那里"（out there），也"内在地在这里"（in here）。不过，实际研究时，他们却要么忽略文化的外在方面，要么忽略文化的内在方面，常强调的是手头正在收集和分析数据时所涉及的那个方面。

议题 2：相对主义与普同主义之争

在何种程度上心理机能和心理过程对人类来说是共同的，即普同主义观（universalism）；就特定文化群体来说，在何种程度上它又是独特的，即相对主义观（relativism）？这个问题也许是跨文化心理学中最受争议的议题，也是贯穿本书诸多其他理论分歧的中心所在。它也是最难应对的问题之一，因为两种立场的拥护者都能够拿出数据支持各自的观点。在此仅举一个例子，即语言和思维的相互作用。

大多数人的思维主要涉及语言。所以，这是一个看上去说得通的想法，即当语言不同时，思维也会不同。这就是著名的沃尔夫假说（Whorf's hypothesis，1956）。颜色词汇后来成为沃尔夫理论的试验场，因为有关主要颜色类别（英语中以诸如红、黄、绿、蓝等名字所示）的数目，

在不同语言间的差别很大，而同时，这些颜色名称能够与物体的物理属性（例如波长）相关联。有实验性证据大致证明，颜色分类就其知觉器官上的特性而言，具有共同性，具有跨文化一致性。然而也有研究表明，颜色名称对特定色相的分类有微妙的影响。相对主义的支持者将后一类发现视为对沃尔夫假说的支持；而普同主义支持者则指出，在颜色知觉方面存在更广泛的普遍的相似性。（详细信息请参阅本书第六章和第八章）

很长时间以来，普同主义和相对主义是作为截然对立的两种主张而存在的。普同主义假定，作为生物实体和心理实体的人类有机体的重要意义，在不同文化中是大致相同的。相比之下，相对主义则强调文化的重要性（Jahoda & Krewer，1997）。普同主义关注的焦点是，不同的生态和社会文化环境是如何影响人类共同的心理机能和过程，从而导致行为系统（repertoires）方面的差异。相对主义的重心则在于，心理机能和心理过程本身是如何因有机体和情境的相互作用而产生的，因此是内在地具有文化性。

实际上，所有研究者都明确地认识到，人类种系进化史无疑会制约人类行为（Keller，2007；Markus & Hamedani，2007），以前那种对立性的两分法已经失去概念上的独特性和重要性。现在更合理的做法是，假定存在这样一个维度，按此维度排列各种不同主张，从完全的相对主义到完全的普同主义。在前者看来，行为的跨文化共同性并不在讨论的范围之内。对于后者来说，文化的角色从心理学上说微不足道，因此对人类行为的研究可以不用考虑文化的意义。

为了说明上述维度上连续体分布的范围，我们区分出四种立场：极端相对主义、温和相对主义、适度普同主义和极端普同主义。在相对主义的极端形式中，所有的心理实在（reality）都取决于我们自己的理解或阐释（Gergen & Gergen，2000）。在这个观点看来，源于研究的所谓"事实"都是建构出的东西，在我们头脑之外，这种建构物是不能揭示出客观实在的；我们的理解和阐释总会导致种种本质上的扭曲。相对主义—普同主义维度上的这一立场仅少见于跨文化心理学之中，在本书中偶尔会触及。大多数的心理学研究者接受这样的观点，即人类行为方面存在可观察到的种种规律，而且对其阐释并非完全主观。贾霍达（Jahoda，1986）和孟罗等人（Munroe et al.，1997）已经论述过该原理。

第二种立场即温和相对主义，正如后面引文所描述："人类个体天生就具有在任何文化中都能发挥作用的机能，但是在他们发育成熟的过程中，他们实际形成的是在特定文化中发挥作用所需的心智。"（Fiske，Kitayama et al.，1998，p. 916）这种形式的相对主义强调，心理机能和过程是有机体和社会文化情境之间相互作用的产物。已有文献表明，在个体以独立性自我构念（construal of the self）为特征的社会和个体拥有相互依存自我构念的社会之间，存在一个较为重要的差别。前一种构念意味着个体将自己视为自治性的个体而与他人相区分开来；后一种构念则使个体具有这样的特征，即定义自己时，将自己看作镶嵌（embedded）于所属社会网络中（Markus & Kitayama，1991）.

第三种立场是适度普同主义。该观点强调，在不同文化中行为既存在差异性，也存在相似性，而且心理学研究和实践需要了解这两方面。然而，按照这种观点，实际表现出的行为存在文化差异，这并非就自然地意味着需要假定（不同文化个体）存在不同的心理机能和过程。普沃斯基等人（Przeworski & Teune 1970，p. 92）一个被大量引用的说法是："对特定观察而言，打嗝就是打嗝，裙带关系就是裙带关系。但在某个推理框架之内，打嗝则是'侮辱'或者'恭维'，而裙带关系就是一种'腐败'或者'责任'。"其评论说明，行为的意义取决于其发生的文化情境，但同时这种意义能够用共同的（专业）术语（即侮辱，恭维，腐败和责任）去理解。

最后一个立场是极端普同主义，这在本书第二版中被称为绝对主义（absolutism）观点（Berry，Poortinga *et al.*，2002）。其理论取向是，行为的任何重要方面不受文化因素的影响。在我们看来，这种行为是存在的，但很少且仅限于初级感觉过程和（由神经系统激发和调节的）运动（motor）过程。对测试色盲的石原氏测试项目的反应（Birch，1997）可以作为其例子。个体会根据这些项目的要求去寻找这样一条线段，即对非色盲者来说是可见的，但患有某种类型色盲的个体则看不见。石原氏测验应当说能够评估所有文化情境下的色盲。但是，对于大多数心理学测验和量表而言，仅仅对表面价值性得分进行跨文化比较则会导致严重的误解。

议题 3：心理学对文化差异的梳理

文化群体之间在行为模式上的差异（包括对测验和问卷的反应），通常并非它们本身有多大意义，而是因为它们被视为更广泛的行为或心理机能表现方面的指标。（对这类差异的）阐释可以是宽泛和包容的，也可以是更为狭窄和有限的。在本书中我们将区分各种水平的推断（inference）或各种水平的概括（generalization），因为这些推断和概括源于心理学数据。我们将遇到种种概念，诸如文化习俗或实践、行为领域、态度、特质和能力、风格、文化维度或文化综合征（syndrome），以及作为一个系统的文化。这部分的第三个主题似乎属于普同主义—相对主义争论的范畴，但仅仅是部分如此。普同主义—相对主义议题是关于不同文化中心理过程相似或差异到何种程度。文化差异的组织这一议题则是关于两种文化间行为上的各种差异，在多大程度上是相互联系的或是彼此独立的。

其中，最广泛的概括是文化作为一种系统（culture-as-a-system）的说法。如果有一套全面的参数去描述这个系统（例如，可制成流线图或组织结构图），这样就可清楚显示，什么属于该系统，什么不属于该系统，那么这样的设想将是非常有用的。［诸如"众数人格"（modal personality），即文化群体中典型成员的主要特征（Bock，1999），以及"国民性格"，即一个社会中可经常发现的一些人格特质（Peabody，1985）之类过去所建构的概念，都属于这一推断。］它们含糊不清，因而大多已被淘汰了。前不久，又出现了具有类似范围的更新的概念，例如，"心智观念"（notion of mentality）（Fiske *et al.*，1998），"惯习"（habitus，即知觉、思维和行动方面持久的、习得性图式）（Bourdieu，1998）。但在我们看来，跨文化心理学家还未建构出这样一个系统描述文化的概念，即它是综合的，且同时又适合通过实证数据而接受批判性审视。

这种概括性建构方面，不那么抽象和综合的成果是从宽泛性文化维度方面进行阐释的。个体主义—集体主义(individualism-collectivism)维度和相互依存性自我对相互独立性自我维度(interdependent self versus independent self)，是最为显著且现今盛行的维度例子。一些作者认为，这种建构会导致过于简单化了的思维图(Medin，Unsworth *et al*.，2007)。正如我们将在第十二章所讨论的跨文化差异的心理学梳理时会看到的一样，这类高水平概括的另外一个值得关注的问题是，其效度很难恰当地得以证实，且实际上也不可能被证伪。

广泛性更低水平的概括是"风格"，该概念曾用来描述认知能力的模式，即某些文化中的人们是倾向于如何解决认知问题的(请参见本书第六章认知风格部分)。风格、态度、认知能力和人格特征是这样的概念，即源于心理学不同领域，也同样可以将相似含义应用到跨文化心理学之中。与前述更为综合的文化维度相比，就这类概念以及对行为跨文化差异的解释的方式而言，结构效度困难要小些。这是因为从实际行为到基础概念间的推论距离更小，且对批判性评价更为开放。

就行为领域(即关于实际情形的分类范畴)①这一概念而言，概括原则不适用于心理机能或过程，但是适用于从技能和程序性知识角度所组织的领域(Cole，1996)。与认知风格和人格特质相比，行为的数个领域更具有描述性，而更少推断性。最后，风俗、惯例和制度是与对某个特定文化日常生活的直接观察更接近的描述性术语。这里，推论的有效性对于明确的实证检验是开放的。

不那么综合的阐释倾向于允许批判性的实证审查。如前所述，它们比较接近数据。更为综合和抽象的概念的吸引力在于，它们能够更广泛解释跨文化差异。这使得研究中寻求包容性的解释更有价值。正如我们将在各章中看到的一样，需要我们在推论的精确度(基于其具体性)与其范围(当寻求更广的概括性)之间进行权衡。

若干忠告

上述我们讨论的三个主题代表着在随后章节中我们会反复遇到的议题。它们是最重要的议题吗？已有跨文化知识的读者可能会惊讶地发现，天性和教养间的二分法问题，并没有作为主题之一被提及。关于心理机能在多大程度上受制于遗传基因以及在发展历程中如何发生变异的问题，虽然有各种理论，但无疑都引起了大量争论。不过，关于天性－教养的讨论，已经转向更具体的模式和理论；把变异看作来源于身体和灵魂，或遗传与环境的这种二分法思维已经极为落后。跨文化研究者已经将心身分殊的二元论发展为这样的一元论，即心理机能是有机体的一部分，而不能界定为独立存在。

在结束本部分前，我们应该在上述三个主题上明确我们所处的立场。在第一个主题(文化是外在或内在)上，我们的立场是文化包括两个方面。它既包括人类发展所处的外部条件，也

---

①　本书用"特质"这一术语指个人特征(诸如人格特质)，用"领域"(domain)这一术语指激发相似行为的一类情形(例如，引起害怕反应的情形，或属于一个行动领域的情形)。——原书注

包括建构性的心理意义。这里的意义和外显行为同外部条件的关系是不清楚的，如果这个关系真的存在的话。然而，我们认为，心理学变量和外部条件是能够密切联系的；有时这样的联系（例如经济方面的生计模式）具有历史渊源；有时它们本身是面对新挑战而特别采取的解决方案（比如，限制小孩观看暴力电视节目）。总之，无论在更长的历史长河中，还是在一时一地，人类的行为都是能够适应外部环境的。

在第二个主题上，相对于相对主义立场，我们更倾向于普同主义立场，尽管我们强烈抵制绝对主义。我们相信，整个人类的心理过程是共同的，各种文化能够形塑这些潜在的共同特点的实际发展和表现。正如我们在讨论许多实证研究的结果时所发现的一样，人类行为具有潜在的相似性，我们立场的基础就比较明晰了。举个例子，很显然，一旦我们理解一种语言，或者借助翻译，只要我们愿意去尊重和了解他者的观点，我们就可以相当好地理解文化"他者"的价值观、情绪和推理，也能够将我们的观点向他们传达。

对于第三个主题（文化差异的心理学梳理），甚至本书的作者之间也有不同认识。我们都不相信这一点，即跨文化差异模式存在如此大的一致性，以至可以将一种文化概念化为一种心理系统这一做法是有教益的。我们对于目前盛行的维度分析套路，诸如集体主义—个体主义维度，以及与此相关的独立自我—相互依存自我，感到相当犹豫。然而，我们作者中的几位认为，风格和特质维度是解释跨文化差异的重要焦点，而其他人则强调文化习俗和实践。

阐释立场

研究者们关于行为—文化关系方面种种议题的观点，已经倾向于汇合成具有或多或少一致性的数种立场。这里可以将之看作有关的"阐释立场"或是"阐释视角"。对此，跨文化心理学这样比较活跃的研究领域，可以用多种多样的方式（对这些立场）进行分类打包（Bouvy, Van de Vijver et al., 1994）。在此，我们提供关于文化和行为研究的三种视角，它们被称为：文化—比较心理学，文化心理学和本土心理学。

文化—比较心理学的立场

大约在20世纪开端之际，心理学已经明显成为一门学术学科。尽管在那时以前，有关我们现在的所谓文化差异就已经有一些研究和许多构想（Jahoda, 1992），跨文化心理学成为一个独立的研究领域却是大约50年后的事情，主要是基于文化—比较研究项目。该学科结合了文化人类学家对文化的兴趣和心理学的研究方法。这样的研究纳入了来自不同文化情境的数据，其意图不仅在于促进心理学的进一步发展，而且要为理解非西方人的行为做出贡献。"扩大差异研究所涉及对象的范围"被看作该领域最基本的特点（Whiting, 1954, p.524）。

文化—比较的（culture-comparative）视角植根于心理机能具有普同性这一理念。普同性在文化人类学和跨文化心理学之中已经被广泛地讨论（Brown, 1991; Lonner, 1980; Lonner &

Adamopoulos，1997；Munroe & Munroe，1997）。最广义地说，普同性来源于人类物种所共有的基本关切，比如饥饿和口渴，或是对某类社会组织的需求（Malinowski，1944）。这些特点在其他物种之中也存在。当普同性在心理水平上被定义时，人们假定，人类心理机能的运行在不同文化中的相似性要大得多。最终的假设是，任何理论上有意义的心理概念应该在任何地方都具有解释力，尽管在实际行为上表现出很大的差异。例如，就情绪概念或人格特质而言，它们若能用来意指人类心理机能的一个方面，且只有当它们在任何文化中都能够证实其效度时，我们才能说它们是具有理论意义的。

在接下来的数章中我们将看到，有关视错觉、社会和人格维度、情绪和心理语言学等方面的研究结果符合普同性的理念。我们也将看到，这样的观点已经受到其他两个视角的挑战。其中，最强烈的挑战也许是对运算素养（能够用数字）的关注。在有文字的社会中，孩子们经教育而学会计数和算术，这些技能在各种各样的日常活动中会发挥作用。运算概念指的是一项技能吗？还是一系列技能，或是需要独立的认知功能模式的素养，故没在文盲中发现呢？在第六章我们提供了研究者们已经做过的回答这一问题的种种答案。

文化—比较研究的策略主要是考虑文化成员所生活的情境，包括生态和社会文化因素（Segall，1984），并将之作为前因性条件。心理方面的变量，比如价值观和态度，还有可观察的行为，被视为这些条件的产出或结果。属于该视角研究中不那么常见的模式是，研究所关注的前因变量和结果变量间的关系，被视为是受另外一个变量（文化）的介导性调节（Lonner & Adamopoulos，1997）。比如，范·德·弗利特（Van der Vliert，2009）的研究就假设，环境温度具有中介作用。首先，他从生态学的角度将降雨量及温度考虑进来，对比严酷气候（可能是炎热或寒冷）和温带气候的差异。该研究关注文化形成的第二重要因素是经济收入，从贫穷到富裕。这两方面因素互相影响，导致三类"文化合成物"：勉强糊口的文化（严苛和贫穷），随遇而安的文化（温和与贫穷或富裕）和自我表现的文化（严苛和富裕）。

比较性的实证研究很适合针对前因条件存在差异的文化群体总体（cultural populations），以探究行为结果的差异，或是验证有关这些结果的具体预期假设（Van de Vijver & Leung，1997）。其中一个研究传统主要是聚焦于生态文化（ecocultural）变量（Berry，1976），包括生计模式（比如狩猎，采摘和农耕）和气候，见文本框 1.1。我们认为，这部分内容对于理解基于文化—比较路径的推理过程是很有帮助的。

1.1　生态文化框架

图 1.1 给出的这个框架是概念性质的图式，而不是一个可以推导出可验证性具体假设的理论模型。在解释不同文化中人类行为的相似性和差异性时，该框架可以为把握各种变量的种类及其关联性提供一个一般指南。

该框架是有关行为、文化和生态现象之间可能如何关联的考量，曾受包括马林诺夫斯基(Malinowski，1924)和里弗斯(Rivers，1924)研究在内的多种思路的影响。马林诺夫斯基的观点以功能主义(functionalism)出名，因此他(1924，序言第 30 页)认为，对一种文化特征的理解，应根据"它们在该(文化)系统中相互关联的方式以及该系统与自然环境相关联的方式"。这里提出了生态和文化的种种联系。里弗斯说："有关人类所有研究的最终目的……就是运用心理学术语形成解释……据此，就可以决定人类行为，包括个体行为和集体行为……根据所属的社会结构，每个人……发现他自己是其成员。"(p.1)这里提出了人类行为和社会文化情境的关联。下面这个框架还受到其他几位作者的影响，其姓名在本书后面的章节中也会提到(Kardiner & Linton，1945；Whiting，1974；还可参见第十章所论述的其他相关主题)。图 1.1 的整体结构改编自贝理的著述(Berry，1976)。

　　该框架的基本走向是从左到右，群体层面的变量(左侧)影响着个体心理结果(右侧)。这种基本走向是为了回应文化—比较研究者的旨趣，他们把个体和群体心理特征的相似性和差异性作为群体层面诸因素的函数来说明。很明显，一个具有充分解释力的模型本来应该有很多反馈箭头，以表示个体反过来对框架中其他变量的影响。从个体到群体的方向由两个从右到左反馈箭头表示。依据许多理论，人类在与其所生活的自然和文化情境发生关系的过程中，是积极的参与者。二者间是交互的或者辩证的关系(Boesch，1991；Eckensberger，1996)，这样的关系可以筛选或改变这些情境的性质。

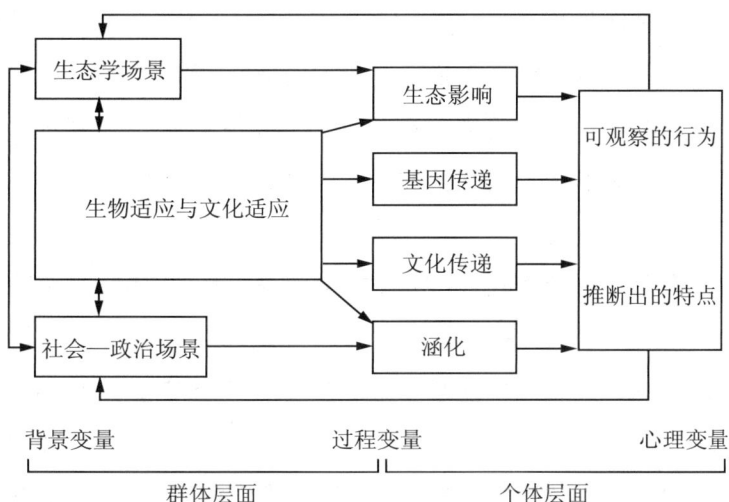

图 1.1 跨文化心理学所用变量间的关系： 一种生态文化框架

　　该图的左侧是三大影响因素。其中一个框中是生物适应与文化适应，它们将当下的人们行为模式与历史进程发展和人类物种的系统进化史连接起来。该框架假定，只有当文化和生物因素被考虑在内时，才能够理解个体行为(Boyd & Richerson，1985，2005)。其他两个框所指的是当下存在的生态情境和社会政治情境。三个框之间画有相互连接的箭头以反映影响的交互性。图示的右边是心理特性，这通常是心理学研究的重点(包括可观察到的行为和推断性特征，比如动机、能力、特质和态度等)。中部框里的变量(过程变量或中介变量)表示四种变量从群体到个体的传递或者影响。

　　生态情境是人类有机体与自然环境互动的环境,其核心特征是经济活动。就非工业化文化群体而言,其经济活动指的是对五种经济活动的依赖:狩猎、采摘、捕鱼、畜牧以及农耕。城市工业社会的生活方式中则出现了经济活动的其他维度;特别是在很多这样的社会中,社会经济地位已经与文化群体或族群特征相联系。社会政治情境指的是包括规范、信仰、态度和理念在内的许多变量,它们是该领域文献所报告的大多数跨文化研究的重点。

　　该框架还表明,(左侧的)群体总体特征通过多种方式与(右侧的)个体行为结合在一起,其中涉及四种因素:生态、生物、文化和涵化。两大背景变量与心理结果之间的关系大多以文化传递和生物传递为中介。生物传递为中介意味着个体是从亲生父母那里获得其所属群体总体基因总库的一部分。文化传递是指社会化和濡化的过程(参见第二章),即个人在社会或社区中获得文化总信息的一部分。正如我们将在第二、第三章看到的一样,文化传递和生物传递之间的区分,更多的是基于实用的而非概念上的考量。这是因为,个体的基因传递(生物传递)和父辈的信仰、规范与价值观一起向下一代传递(文化传递),二者是密切合作进行的,不能简单地看作两个独立的传递过程(在十一章中,我们会更详细地说明生物和文化间的关系)。

　　有些结果,比如食物链模式,可以看作受生态因素的中介性影响。其他的结果则是源于个体所属群体在所处社会政治情境中发生的文化接触。这种影响是在殖民扩张、国际贸易、入侵和移民等历史和当代的经验中,随着人们的文化接触而产生的。这种接触还导致了另一种过程变量,也就是涵化,它包括文化接触中双方群体的相互影响。这一过程将在本书第十三章详述。

　　值得注意的是,在两大背景变量(生物和文化变量)和心理结果(可观察的行为和推断性特征)的关系中,并不是所有的关系都是以文化传递和生物传递为中介的。一些对外在情境的反应,则最好阐释为立即性的直接反应。比如,个体在饥荒时期营养缺乏时,会采取应激性措施(导致行为成绩下降)。又比如,移民或旅居者应对新的文化过程中要遭遇新经历,对此新经历他们会有种种反应(导致新的态度或价值观的出现)。这些直接影响由此框图顶部和底部的箭头表示,绕过了上述两种形式群体中的中介变量。

　　最后应说明,图 1.1 所描述的框架不应该被僵硬死板地解释。个体可以(直接或间接地)识别、筛选、评价和修正这些影响。因此,心理结果的个体差异可能是广泛存在的,并能够对背景环境以及各类过程变量产生反向(相互)影响。

　　在过去的几十年里,该类型研究的焦点已经转向社会文化变量,尤其是价值观(Smith, Bond *et al.*, 2006)。这方面的许多研究,根据国家(作为文化的代理人)之间的差异,已进一步创立了种种价值观念维度，比如个体主义—集体主义（Hofstede，1980，2001；Triandis，1995）。价值观的差异通常被看作社会化模式之类广泛前因条件的结果。

从前面讨论所概括的三个主题来看，文化比较研究明显倾向于普同主义而非相对主义。它承认，作为外在条件和心理特点的文化存在于个体，通常假设外在情境和可观察行为间的关系就是前因—结论关系。有关价值观维度的推论或概括化意味着广泛的概括化。例如，个体主义和集体主义取向之间的对比已经与大量的行为差异相关联（Triandis，1989，1995）。我们将看到的是，概括化水平的差异在下面的其他两个流派中也存在，追求高水平概括化是一个总体趋势。

文化心理学的立场

"文化心理学"（cultural psychology）这个名称当初经过精心选择，以确定一个不同于具有比较研究传统的跨文化心理学领域（Shweder，1990）。跨文化心理学的座右铭是"人类心理的统一性"（psychic unity of humankind）。施韦德（Shweder，1990，1991）提出一个替代它的座右铭："文化和心理互补"。这表明文化和行为在本质上被视为不可分离，不同的心理会出现在不同的文化情境中。文化视角被定义为相对的，不仅强调文化群体行为外在表现的独特特征，也强调其基础过程的独特特征。一个明显的例子是关于情绪的研究。在民族志文献中，文化人类学家报道了，在西方社会没有发现过的独特的情绪（Lutz，1988；Russell，1991）。这样的调查结果暗示，情绪不是人类共同经验的自然分类，而是因文化不同而由不同的社会文化所建构。因此，北山和马库斯编辑了一本书，其目标是要明确建构一种主张，即情绪可以被概念化为"社会性的"和"根本不是自然的"（Kitayama & Markus，1994，p. 1）。

文化心理学兴起在我们上面提到过的文化人类学转向之后，即从作为外部环境的文化到"在人们心里的文化"（Geertz，1973），从关注外显行为到关注意义建构（Bruner，1990）。虽然这曾给相对论视角提供了一个新的动力，文化心理学有其早期传统的历史根源，特别是心理人类学这一文化人类学的研究领域，这个领域把精神分析的思想运用到性格和文化研究中。根据这一传统，某一文化的成员会具有一个与其他文化群体在本质上不同的典型或众数人格特征（Bock，1999 所做的综述）。

文化心理学的另一个主要影响来自心理学家维果斯基（Vygotsky，1978）。其主要观点发表在 20 世纪 20 年代，但在数十年后才翻译成英文。在他看来，"高级心智过程"在社会历史进程中随着时间的推移而发展。只有当这些过程（一个著名的例子是演绎思维，Luria，1976）在一个社会中存在后，它们才能在孩子成长过程中传递给孩子。这意味着，文化在刺激和反应之间发挥着中介作用，从而影响个人的心理过程。就像我们将在第二章的"文化作为发展情境"那部分看到的一样，科尔提出的社会文化学派（Cole，1996；Laboratory for Comparative Human Cognition，1982）进一步发展了维果斯基的观点，但是该学派对差异解释的概括化水平要低得多。在不同的活动领域，文化被认为是不同的。使用电脑技术就是一个例子，现在西方城市中的年轻人几乎是"自然地"获得电脑技术，但对于那些不太习惯用电脑的人来说，该技术是奇怪的、困难的。

正如我们现今知道的那样，文化心理学是新近才发展起来的，所以其观点还倾向于转变就不足为奇了。继"心灵和文化互相补充"的初始观点之后，存在"同一心灵，多种思想产物"（Fiske *et al.*，1998），是另一个更接近普同主义观点的口号。最近许多文化心理学研究都涉及东亚社会和美国的对比：一个人主要是将自我定义为与他人的有机联系，还是将自我定义为一个独立于他人的个体。

马库斯和北山（Markus & Kitayama，1991）将这种不同的界定称为相互依存的自我构念（interdependent construal of the self）和独立的自我构念。或许，源于文化心理学的一个最强烈的主张是，自我提升（self-enhancement）在日本是完全不存在的（Heine，Lehman，Markus & Kitayama，1999；参见本书框图4.3）。这类东西方对比的另一方面则关注认知：华人的思维据说在更大程度上是联想性的（associative）和直观的，而美国人的推理则更具有形式性特点。据报告，数个比较研究已经在证实这个假设（Nisbett，Peng *et al.*，2001；Peng & Nisbett，1999）。像这段中提到的其他的例子一样，推断文化根源时可以追溯到古代的希腊和中国哲学（Nisbett，2003），这反映了较高水平的概括（generalization）（见本书第十二章）。

目前，文化心理学的实证研究已倾向于遵循比较设计的思路（Kitayama & Cohen，2007）。但这与传统的文化比较研究不同，心理变量的差异往往被阐释为心理机能运作（psychological functioning）差异的反映，这些差异源于文化群体的心理历史，而不是外部的生态条件和社会文化条件。

总之，在文化心理学中，外显行为的差异往往被解释为潜在心理机能和过程的差异。最初，文化心理学被定义为相对论倾向的研究传统，但现在它已部分地更密切地向文化比较取向发展。虽然文化心理学家并不拒绝承认主要外部条件的重要性，但这并没显著地体现在其阐释中；文化被认为是心理的、内在于人的某种东西，而不是先在性的外部条件。最后，有关东方和西方样本之间的差异的研究结果，往往被泛化为单一的自我构念功能运作模式方面的主要区别，即是更多地与他人相互依存，还是更多地独立于他人。

本土心理学的立场

在过去的数十年里，欧洲和北美之外的心理学家已经开始进行更加适合与适切（relevant）于当地情境的研究，而不追随"西方"的研究路径（Allwood & Berry，2006；Kim & Berry，1993；Kim，Yang & Hwang，2006）。这样的研究进展总体上被称为本土心理学（indigenous psychology），可见于印度（D. Sinha，1997；Rao，Paranjpe & Dalal，2008）、西非（Nsamenang，1992）、墨西哥（Diaz-Guerrero，1993）和菲律宾（Enriquez，1990）等地区。更近期的研究的焦点正转向中东伊斯兰国家或是东亚（Kashima，2005）这类由文化甚至宗教来界定地区的种种心理（Dwairy，2006；Ramadan & Gielen，1998），不仅是针对具体的国家。

　　历史上，作为一门科学的心理学已经从西方传入非西方世界。非西方世界最初的心理学者在西方国家接受训练，其随后的研究会继续运用他们已经很熟悉的模式，常常是复制西方的研究（D. Sinha，1997）。后来，他们发现（源自西方）已有的工具、方法和理论并不那么适用，尤其是和当地情境并不相关，因而转向致力于使心理学更加适宜当地。比较大胆的尝试可能是恩里克斯（Enriquez，1990）和同事在菲律宾进行的研究。他们开始联系当地人并问他们关于行为的种种想法。一项显著的发现是，那种访谈者提问、受访者应答的经典研究情形在用于研究菲律宾农民时效果很不好；一个更有成效的方法是，访谈者和受访者以更平等的互动方式交流信息；就民族志主要方法——参与观察而言，更多的是回答者在控制互动的方向和内容，而非研究者。

　　本土心理学重点强调的是当地的心理概念，而这些概念在英语或是欧洲语言中没有对等者。比如，日本的"amae"概念，其意为需要获得依赖（Doi，1973）；印度的"nurturant-task leadership"概念，其意为培育任务型领导风格（J. Sinha，1980）；东南亚地区的"koro"（缩阳症）概念，其意为个体对自己阴茎缩回到体内的病态性恐惧（Simons & Hughes，1985）。正如我们在后面关于情绪和人格章节中会看到的，研究者在使用这种非西方的概念研究西方文化样本时，倾向于复制最初的发现，以证明西方心理学文献中所缺乏的对这类差别的心理学效度。

　　发展本土化方法最重要的原因是，西方研究者很少去关注低收入社会中的突出问题，应用心理学界的感受尤其强烈。在本书中，我们将使用"多数人口世界"（majority world）这一术语指代那些生活在贫困和文盲充斥场景中的大部分世界人口（Kagitçibaşi，2007）。心理学中与贫穷相关的变量，例如，暴力和营养不良等，很少在西方心理学包括跨文化心理学教材的主题索引中提到，而且在像"心理学文献"（psychLit）这样注册性研究数据库中也比较少见（Carr & Sloan，2003）①。

　　在心理学中，理论取向和应用取向的两类研究彼此间几乎没有关联（Schönpflug，1993）。这种鸿沟在本土心理学文献中也比较突出。关于理论的著述常常理所当然地认为要关注宽泛的概括，支持探索重大的差别。其中值得注意的是，将东方的集体主义取向与西方的个体主义对立起来（Kim & Park，2006；Yang，2003）。但在应用研究中，取向则更加实用主义，因为这类研究的大多数成果不会在具有国际读者群的杂志或者书籍中出现。那些应用广泛的干预性研究项目计划，诸如健康行为和教育等领域项目计划，总是基于西方的原则和方法。然而，至于干预的具体内容（比如植物名称和风俗习惯），则倾向于针对当地环境条件而加以调适（Leenen et al.，2008；Pick & Sirkin，2010）。

　　"本土心理学"这一术语在两方面可以说是误称。首先，相对于西方心理学，它被赋予了一种独立的地位，因而从西方心理学这一范畴中分化出来。今日出名的心理学主要是在西方发展

---

　　①　本书认为，从更加全球的视野更全面关注人类，对跨文化心理学来说是一种迫切需要的道德责任。正如前言已提到，本书专门列出第三部分论述应用议题。——原书注

起来的，是西方文化的产物。我们认为，它也可以被视为本土心理学。其次，更重要的是，如果心理学需要种种本地化的形式，那就应该有更多的本土心理学。原则上说，每一个文化或是文化区域应有一门本土心理学（无论这样的区域可以如何定义）。这是一个有争议的问题。赞成相对主义的作者倾向于承认多重心理学的必要性（Shweder，1990）。其他作者，诸如辛哈（Sinha，1997）和恩里克斯（Enriquez，1993），则一直坚定不移地认为，需要将本土研究作为过渡阶段，以明确表达出非西方的声音和趣旨（interest），但是对全人类来说，心理学最终应该是一门统一的科学。恩里克斯（Enriquez，1993）将这一策略称为"跨文化—本土性的路径"（cross-indigenous approach）；杨（Yang，2000，p. 257）认为，这些多重的心理学"总体上……要服务于一个更高的目标，即发展出一个平衡的、真正的全球心理学"。

本土心理学的传统，在一定程度上因其明确强调文化意义上具有的独特性的心理概念，更倾向于相对主义而不是普同主义。从该意义上说，本土心理学和文化心理学有着相似视角。但本土心理学还有另外一面，即克服西方心理学研究和应用中的偏差（biases）。这就是，使心理学超越西方国家局限，具有适切性，因此能够与普同主义取向兼容共存（D. Sinha，1997）。

一个与概括化相似、应注意的议题是，就文化是在个体内部还是个体外部这一区分而言，本土心理学多少有点模棱两可。在理论论述中，该领域的作者倾向于认可文化心理学视角，即文化在个体内部；但是在应用研究中，他们却更强调外在条件。此外，有关理论探究是广泛的概括，在应用研究和干预性项目中，研究者则以实用主义方式，致力于当地问题，常常是复制西方既有的项目和方法，却在内容上按照设想的愿望进行本地化调适。开展这些项目活动的主要缘起是当地贫困和文盲充斥的现实情况，而非意义的建构。他们的主要目标就是使实际行为发生变化，而不是阐述种种文化模式中存在的差异。

跨文化研究的设计

当进行实证研究时，首先必须问自己你想了解的内容及其理由。跨文化心理学研究者的兴趣是行为模式和它们是如何嵌入文化情景的。在这里我们强调两个问题：一是关于文化的抽样，即选择一个或多个群体以收集数据；二是备受争论的一个议题——文化与行为关系的概念化（conceptualization），即跨文化心理学应采用定性研究路径还是定量研究路径。

抽样

关于"一种"文化的概念，即它与其他文化的区别，在本书中有两种描述方式。其一，一种文化是指相对于局外人来说，一个群体的人们之间共同具有的人工制品（artifact）和"精神产品"（mentifacts，比如理念、信仰、规矩等）。第二种意义上的文化是指这类群体的行为系统，包括外显的和内隐的两方面。在跨文化心理学中，文化多是以国家或社会为单位，但人类所组成的许多其他群体也可被看作文化单位。比如，在涵化和文化互动关系的研究中，族裔文化群体就是一种文化，他们通常被定义为来自相同的祖先文化或同一来源国的成员。此外，工作组织有时也被认为拥有独特的文化，正如我们在第十六章中讨论的组织文化概念所示。

在区分不同文化时，可根据两个适切性特点。一是群体之间的行为差异，这在研究中是构成总体差异（即群体内部差异和群体间差异）有价值的一部分，我们称之为差异分辨（differentiation）。二是持久性（permanence）。马林诺夫斯基（Malinowski，1944）指出，一种文化在其成员个体的心理结构之外有其自身的存在，是因为它的持久性；当所有现在的成员都不再存在的时候，文化仍在那里。另一方面，诸如"青年文化"这一概念是用来指新近出现的甚至是短暂的一个群体。一个差异性和持久性低的群体在"类型区分度"方面意义不大（Schaller，Conway & Crandall，2004）。在这本书中，任何这样的分组都不是本书的所谓一种文化。

有关不同文化间的区分，更恰当的说法是，不同"文化负荷单位"（culture bearing units 或 cultunit）间的区分（Naroll，1970 a），必须匹配分组的类型。研究者预期的是，各组在所研究的心理变量方面存在差异。这意味着，如果预期的是社会性变量，民族国家很可能成为被选择的适合单元。在心理语言学的跨文化研究中，使用不同语言的人构成了适切的文化群体。布莱谢罗德等人（Bleichrodt，Drenth & Querido，1980）在西班牙和印度尼西亚的两个村庄，做了一项碘缺乏对认知水平影响的研究。这种情况下，当地供应水中含碘量的高低决定了选择的单元。理想的状况是，只有在明确哪个（些）变量是可以鉴别的后，才会提出一个研究要包括哪些文化群体这一问题。一旦一个群体被选中，就要考虑其在每一个文化群体或者亚群体（比如大学生）中是否是一个具有代表性的样本。最后必须决定的是，如何从每一种文化群体或亚群体中选择个体（Lonner & Berry，1986；Van de Vijver & Leung，1997）。

许多文化—比较的研究在学生中进行，因为他们容易被研究人员接触，并具有"测试智慧"，即知道如何完成测试和问卷调查。当把从学生样本所得的研究发现概括化地推广到学生所属的文化群体（通常是整个国家人口）时，这就隐含了一个强烈的文化同质性假定。这样的假定有可能是合理的（例如，大多数法国公民讲法语），但是也有可能实际上是一种谬误。一个国家内部可从教育水平或人口学变量的角度进行分组，许多心理学变量在这些组间呈现出系统的差异。因此，跨文化差异的大小，甚至是它们存在与否，可能取决于如何选择特定的样本去代表拟研究的文化。

要在一个文化群体中选择一个亚文化群体，以使它能够精确匹配另一文化群体中的一个亚群体，这几乎是不可能的。有研究者已经强烈警告，文化—比较研究要避免误用匹配样本（Draguns，1982；Lonner & Berry，1986）。其反对的关键在于，一个变量的匹配几乎没有例外会导致其他变量的不匹配。假设一位研究人员想挑选西欧人和在受教育程度上相匹配的尼日利亚或肯尼亚非洲人样本，受过教育的非洲人更可能比其国家的普通公民在家庭背景上有着更高的收入和社会地位，但是他们可能比这些普通公民在重视传统规范价值和习俗方面程度要差。

针对跨文化心理学常见的明显地违背研究设计规矩的做法，这里提出两点结论：其一，选择文化群体或文化负荷单元时，应以一个明确的考虑为指导，其基础是这些群体是可以分辨的。其二，除非有理由假定存在文化同质性，若用一种文化中被选取样本（例如，大学中一个或几个系科的学生）去代表一种文化，这可能导致对跨文化差异的扭曲解释。

定性路径和定量路径

在文献中，关于跨文化研究方法最重要的差异，是定性路径和定量路径的不同。前者更多地与相对主义相联系，而后者则更多地与普同主义相连。其他各种成对的术语也做出类似的区分，例如，具体的方法（idiographic）对通则性的方法（nomothetic），现象学的方法对实验的方法。在跨文化心理学中，这种区分可追溯到很久以前（Jahoda & Krewer，1997）。在许多方面，跨文化心理学定性方法植根于文化人类学所用的民族志（ethnography）（见本书第十章）。在文本框 1.2 中，我们呈现了 20 世纪 60 年代形成的比较出名的主位与客位方法之分的二分法。

1.2　主位与客位的路径

跨文化心理学在应对定性路径和定量路径之争时的一个早期尝试，反映在对主位（emic）与客位（etic）取向的区别。这两个术语是由派克（Pike，1976）首先提出的。他为此类比的是语言学中的语音学（phonetics）和音位学（phonemics）两个术语，前者是一般地研究声音及其产生的总体方面；后者研究一门特定语言所使用的种种语音。由于该思维在跨文化心理学领域中被使用，贝理（Berry，1969）总结了派克有关主位—客位视角的观点。这些总结呈现在表 1.1 中。

许多定性研究者认为，只有把极度复杂的行为放在其发生的文化背景之下，才能更好地理解它。主位视角是试图以当地文化成员的立场去研究现象及现象间的相互关系（结构），并避免研究者将自身文化的观念强加给研究对象。这种研究立场可以追溯到文化人类学。在该学科中，研究者借助参与式观察，试图用当地人自己的说法研究某一特定社群成员的规范、价值观、动机以及习俗。

客位视角的危险在于研究者的概念与观念植根于其自身文化背景，并且受其影响。"强加式客位"（imposed etics）视角（Berry，1969，p. 124）或所谓"假客位"（pseudo etics）视角（Triandis et al.，1972，p. 6）中就存在这些概念与观念。对此，有关的经验型实证分析的目标应是不断改变强加性客位法，以使之成为与被研究文化相匹配的主位视角。这样将最终导致派生客位（derived etics）视角的形成。在跨文化研究中，这种派生客位视角更有效度。

有关主位与客位区别的论述出现在众多文献中（Pelto & Pelto，1981；Ekstrand & Ekstrand，1986），这些区别可进一步细分成表 1.1 所列出的不同点。我们在寻找区分主位与客位的实证性程序时，才发现这些文献不是很有价值。贝理（Berry，1969，1989；见 Segall et al.，1999）提出一种迭代法（iterative approach）。在文化—比较方法之中，研究者典型的做法会以强加的客位开始。为了设计的文化适宜性，他们会在主位研究阶段审视他们所用的概念和方法。

在等效性概念和变量确立后(参见本章后文内容)，就可以进行有效度的比较，至少是在所研究不同文化间有效度的比较，明确进行派生的客位研究。这种扩展后的研究最终可获得大量的证据，因此就可以合理地下结论说，心理特征是普遍存在的。与此同时，在文化情境内部进行的主位性探索，应会有助于鉴别出心理功能运行中具有文化特殊性的方面。在采取相对主义视角的文化取向研究路径中，主位—客位的区分有时候遭到拒绝，被认为是不充足的。如果将心理概念视为本质上具有文化性，研究者将永远不可能从强加客位发展到派生客位，因为后者被当作不存在。

表 1.1　主位视角与客位视角

主位视角	客位视角
从行为所属文化系统内部 　　(局内人视角)去研究行为	从行为所属文化系统以外 　　(局外人主场)研究行为
只深究一种文化	研究多种文化，并作比较
研究者通过分析发现结构	研究者通过分析创建结构
评判标准与(特定文化)内在特点有关	评判标准是绝对的或普同的

(资料来源：Berry，1969)

在本书中，我们注重定性和定量两种研究方法的运用。我们认为它们是互补的，尽管这不等于说它们是可以相互替代的。评价一项研究之科学优点的最重要原则是，它应达到有助于对数据实现一种解释的程度，但与此同时还能排除其他替代性解释。这是下面讨论的指导原则。

定性研究(Qualitative)在自然的环境中进行，也称作现场研究(Singleton & Straits，2005)。它通常应用多种方法，且这些方法都更讲究互动性，这就意味着参与者(即被研究者)要"卷入"数据收集中，而不是"作为被试去接受"调查和实验处理。这类研究者要阐释所收集的数据，并批评性地反思自己在研究过程中的角色(Creswell，2009)。其数据的收集可能大多是非结构化的，受所发生事件的驱动，甚至是在数据收集的进程中研究问题和方法会发生种种变化。在研究的过程中所发生的这些变化，可能更好反映研究过程中所获得的理解。这使得定性研究比要严格遵循程序的实验研究更具有可调适性。定性研究有助于分析单一案例，以揭示有特色的模式和结构，不论是在特定个人层面还是特定文化层面(Huberman & Miles，1994)。

许多研究者倾向对定性研究持批判态度。首先，多数定性研究严重依赖于研究者的阐释。其方法中没有受规则约束的评分程序；其重心是研究者对回答者反应之心理意义的洞察(Smith，Harré & Van Langenhove，1995)。回顾跨文化心理学历史，其中有许多现在我们能看到的研究，其阐释毫无保证，看来研究者的观点确实建立在一个并不可靠的基础之上。对定性研究持批判态度的第二个理由是，确保其结果效度所需的正规程序难以发现。与量化研究相比，定性研究很少有这样的分析程序，无论是在开放地接受保证可复制性所需的独立审查程序方面（例如像实验法那样），还是在运用统计程序而确保效度方面（例如像标准化的测试或问卷那样）。当我们在十二章讨论相对主义和普同主义的认识论基础时，将再次讨论效度问题。

大多数文化—比较研究则往往遵循定量（quantitative）的路径，这是基于心理学的实验范式。因此，某种（内部或外部）文化条件成为自变量，而某个行为变量是因变量或结果变量。定量分析收集数据的方法主要包括两个有重叠的种类，一类侧重于评估工具（如心理测试和问卷调查），另一类侧重于（准）实验设计。

在精心设计的实验之中，研究者能够控制在多种不同实验条件下对参与者（被试）所实施的处理手段，而且这些参与者是被随机分配到这些条件的。在那些针对既成群体的研究之中，参与者依旧生活于其日常所属的小组，其分配是固定的。这样的研究被称为"准实验"（Shadish，Cook & Campbell，2002）。在这样的研究中，当结果的差异可以归结于一些不可控但又相关的变量，而各小组碰巧在此变量上存在差异时，那么对结果的解释就是有问题的。

当研究对象是若干文化群体时，参与者在系列变量上的差异是巨大的。社会化习俗，对某些概念的表达是否有可用的词语、受教育程度、宗教信仰以及大众媒体的接触，仅仅是变量的部分例子。此外，在跨文化的研究中，对实验处理条件的控制往往非常受限。在实验室中，研究者要实施这些处理程序，尽管会控制种种环境变量，比如激励参与者，但也是不完美的。许多文化因素要经过长时间才会展现其影响，而这些影响在参与者身上是不能直接观察到的。因此，所假定文化因素的影响本应该是构成得分差异的基础，实际上往往是事后推断。所以说，在评估跨文化比较研究时，重要的是要仔细考虑研究者所拿出的结果解释，是否可以合理排除其他可替代性的解释。

一些人曾经认为，定性和定量的研究方法是相互排斥的，但实际上二者也可以被看作互补的（Reichardt & Rallis，1994；Shadish，2000；Todd，Nerlich et al.，2004）。克雷斯维尔（2009）建议可采用混合法。此外，人们还提出了多种方法所得证据的"聚合性"（consilience）的理念，并作为一种策略去加强跨文化推论的有效性。这意味着，结论只有基于不同来源的证据、多重来源的数据和不同的研究方法时，才更具有说服力。这些研究者在这方面补充了一个重要要求：设计研究时，要明确否定那些可选择的解释。

如何应对解释中可能遭遇的挑战

早期一系列跨文化研究由波蒂厄斯（Porteus，1937）进行。他在世界各地实施了心理测试，尤其是他自己的迷宫实验。他认为，先见之明和计划这些解决迷宫难题所需的能力，是智力发挥功能的核心，并在阐释测试得分差异时将智力视为一种天生的特性。他基于测试结果得出这样的结论：在所有参与测试的群体中，卡拉哈里沙漠的桑人（即布须曼人）智力最低，其次是澳洲原住民，而西方白种人诸群体最优秀。这种阐释现在可以简单地被视为种族偏见，但要注意的是，与此相关的问题是，跨文化研究是否会在方法论基础方面遭遇挑战，以及这些挑战可能如何存在。

波蒂厄斯(Porteus，1937)研究的假设是：(1)在不同文化中，智力能通过迷宫实验形式以完全相同的方式进行测试；(2)受试者的先天智力水平可以通过迷宫实验的得分而推断；(3)个体样本之间的均分差异可以从其所属文化角度进行讨论。这三个假设中，第一个使得有必要确保这一点，即要证明测量工具的得分在不同群体之间具有可比性或等效性(equivalence)，并使之没有文化偏差(cultural bias)。第二个假设意味着，我们不仅可以用这些分数表明人们完成某一实验任务的优良程度，而且可以进一步将这些分数抽象概括为先天智力这一宽泛的概念。第三个假设意味着，我们不仅可以用个人得分表明个体层面差异，而且可以累积(某个群体的)个人得分，从而可以有意义地谈论文化层次的智力差异。虽然波蒂厄斯关于种族差异的推论是很低劣的，但我们应该看到，每个假设都使我们有必要认识到过度诠释跨文化差异是有风险的。

概念和数据的等效性

有人已提出这样的观点，即从科学意义上说，对基于测量工具的数据进行跨文化比较总是不健全的(Greenfield，1997)。如果需要实施心理评估，其所用工具应该是在拟运用的文化环境中去开发。这种观点遵循的是种种相对主义，因为这些相对论认为，心理过程和机能在不同文化中是不相同的(见文本框 1.2)。当然，我们赞同，除非测量的东西在所研究的不同文化中属于同一类事物，不然，对数据的比较是没有意义的。然而，按照普同主义框架，我们不要以先验地推理的思维排除这样的可能，即测量工具可以跨文化地测量同一概念。应该说，这本来可被视为一个经验实证性问题。如果分属不同文化的两个人的测量得分能够以相同的方式加以阐释，我们就可以说这些得分是等效的(equivalent)或可以比较的。缺乏可比性或等效性，是种种文化偏差的结果(Van de Vijver & Poortinga，1997；Van de Vijver & Tanzer，2004)。说到底，要明确论述这一点，即并非是由于数据间缺乏等效性，跨文化数据的阐释才发生歪曲。这属于研究者的职分。当我们区分出不同层面的等效性时，这个任务就更容易完成。

概念角度的等效性针对的是这样的问题，即在一项研究中，某一范畴或特质在拟比较的所有文化群体中是否都有意义(Fontaine，将发表)。直接针对该层面等效性的数据分析程序还没有。如果我们基于先验性推理就可否定该研究具有这种等效性，就要避免对其数据进行有意义的跨文化比较；如果具有这种等效性，则可能获得的经验性证据将与概念等价性假设相一致。

范·德·维杰威和梁(Van de Vijver & Leung，1997)已区分出了另外三个层面的等效性。参考对温度的测量，可以清楚地说明这些区分。如果一些温度计使用摄氏温标，而另外一些使用华氏温标，那么对这些温度计的温度读数进行直接比较是没有意义的。哪怕使用的是系统摄氏温标和开尔文温标，这种比较同样没有意义。这是因为，这两个温标虽具有相同的度量单位，但原点(温度的刻度值是零处)不同。基于这一比拟，范·德·维杰威和梁的所谓三个层面可以描述如下。

结构的等效性指的是跨文化测量的是同一特质或主题领域，但不必使用的是相同的量化尺度（这好比使用华氏温标和摄氏温标进行的测量）。

度量标准的等效性（Metric equivalence，也称作测量单位的等价性）意味着两个分数间的差异具有相同的含义，但没有考虑得分所来源的文化（这好比，用摄氏温标和开氏温标进行测量时，给定温度差异的跨度在两个温标上是相同的，但绝对温度读数是不一样的，因为这两个温标的零点不相同）。

测量等效性（Scale equivalence，也称作全分数等效性）意味着，在不同文化中，一个给定值的分数在各方面均有相同的含义，并能以相同的方式阐释（这好比，拿一支摄氏温度计和与另一摄氏温度计的温度读数进行比较）。

为了区分非等效数据和等效数据，若干统计程序已经设计出来。它们为假定满足各个水平的等效数据提供了可测试的条件，但是不能适用于不等效或存在文化偏差的数据。这些程序已经得到广泛的讨论（Matsumoto & Van de Vijver，出版中；Van de Vijver & Leung，1997；Vandenberg & Lance，2000）。

不同等效性水平之间的区分，必须与能够有效进行的比较种类相一致。如果保证结构等效性所需的种种条件具有元分析的意义，那研究者就可以有理由相信，工具在研究所包括数种文化个体身上，所测评的是相同的心理领域或心理建构物。

因此，（一个跨文化测量的）结构等效性的证据也会支持其概念等价性。如果未满足结构等效性所需的条件，任何形式的比较都会产生误导，并很难为自己的可比性辩护。如果度量标准的等效性所需的条件得到满足，不同测量场合得分的变化将具有相同的含义（例如，这在纵向研究中具有实用性）。如果数据满足了充分的等效性，那么，就是不考虑被测量个体的文化背景，（在不同文化中）所能获取的分数也具有相同的意义。然而，对于假设性构想来说，要达到这个水平是很难的。在后面的章节中，我们会重复地看到，研究人员（如之前描述例子中的波蒂厄斯）宣称其测量满足了全分数等效，但是却并没有恰当的论证。

概　括

心理学很少仅仅以获取数据为目的。其所获取的数据，是为了表征一个更为宽泛的行为领域或某种基本特质。在跨文化研究文献中，人们经常将操作成绩和胜任能力（competences）区分开来。成绩是指个体的实际行为，包括测试和问卷中的得分。能力则是指个人素质，这些个人素质能实现或抑制个人的操作成绩。我们还可以对能力和基础性心理过程做进一步区分。有时，我们可以基于以下理解来对它们进行区分：心理过程是不同文化中人们所共有的，而能力则应视为是这些心理过程在特定文化中的实现，因而很可能有差异。成绩、能力以及心理过程的这些区别表明，对研究结果的阐释，就是将结果进一步发展为不同水平的概括。

概化理论（Generalizability theory）由克龙巴赫和同事提出（Cronbach，Gleser *et al.*，1972）。他们认为，一个测量构成了一个样本，这个样本源于可能性行为的总集，这些可能性行为可能已被包括在该测量中。换句话说，就其范围而言，一个特定测量的目的在于它可以代表被概括的一系列行为。这里主要的问题是，当代表性较低时，就会有过度概化（overgeneralization）的巨大风险。例如，在波蒂厄斯迷宫实验中，毫无疑问，被测试桑人的确得分较低。然而，问题是桑人在这些迷宫实验中的成绩是否能够很好地代表桑人的智力。雷宁等人（Reuning & Wortley，1973）研究使用了一个更具文化适宜性的迷宫测试版本时，桑人能够解决难度明显高于波蒂厄斯（1937）实验的迷宫问题。在第十二章中，专门有一部分是关于跨文化差异性的心理组织，到时我们进一步讨论有关跨文化数据阐释中种种概化类型之间更形式化的区别。

差异在文化层面和个体层面的鉴别

跨文化心理学家倾向于在一个或多个文化样本中收集个体的数据，并从不同文化间的相似性和差异性的角度来阐释数据。因此，其分析会包括两个层面：个体层面和文化层面，因为不同个体是生活在其自己的文化中。对于这样的数据组，应该运用多层面分析（multilevel analysis）技术。这样做是很重要的，因为分析层面的变化会使数据的意义发生变化。例如，教育研究中很有名的代表性例子是，在口语能力测试中，女孩的平均得分高于男孩。如果在课堂情境中女生们获得了很高的平均分，那么有可能是因为其中女孩的比例大。很显然，就口语能力而言，课堂层面变量——"女生比例"和个体层面变量"口语能力"有着不同意义。与直觉相反的是，在统计学上看，课堂层面变量之间结构关系（相关性），与个体层面变量之间的关系，二者是独立（无关）的（Dansereau，Alutto & Yammarino，1984）。

就不同文化间进行大数据组性质分数的比较而言（例如，Hofstede，1980，2001；Schwartz，1992；Schwartz & Boehnke，2004），对于每个变量，研究者们倾向于用单一的得分来代表每个文化群体，通常这个群体得分是样本得分分布的平均值。这是将样本中个体的得分聚合（aggregation）而成的。与这种聚合相反的是解聚（disaggregation）。这指的是，运用群体层面的信息派生个体信息。在这种情况下，关于个体的说明来源于有关社会机构，包括管理部门和正规教育部门的数据，或者是种种社会特征，例如年龄分布和人均国民生产总值（GNP）。

在文化和个体心理功能运行这两种层面之间可能会被认为存在"同构性"（isomorphism）。这种情况指的是个体层面和文化层面的数据具有相同的结构时。但只要不存在这种情况，两者的关系就是"非同构性"（Van de Vijver，Van Hemert & Poortinga，2008a）。同构性的假设过去存在于文化与人格学派中（Bock，1999）。该学派假设，一个文化群体的总体特点可以用单一的一个人格完型结构来表示，而该结构由该群体所有成员共享（Benedict，1934）。后来这种严格的同质性观点有些缓和，但这种思维在某种程度上始终存在，表现为使用"国民性格"（Peabody，1985）和"集体表征"或"社会表征"等概念（Moscovici，1972，1982；Jahoda，1982）。

　　最近文化心理学家们提出，人类心理功能的运作本质上具有文化性质。其最有力的表达是施伟德(Shweder，1990，1991)提出的，这在前面已经提过，即"文化与心灵是相互建构的"。普同主义视角不明确地假定同构性的存在，该视角将文化情景与个体心理功能区别开来；然而，通常含蓄主张，两个层面之间存在密切关系。如果文化 A 在外向性量表上的平均分高，我们倾向于认为 A 文化的个体是外向的。明显地区分这两个层面的一个例子是，特里安迪斯、梁等人(Triandis，Leung *et al.*，1985)提出，在国家层面和个体层面，对个体主义—集体主义应给出不同的术语。在国家层面他们保持了现有的术语；而在个体层面上，他们提出了"自我中心主义"(idiocentrism)和"他人中心主义"(allocentrism)，不过，这两个术语都没有得到研究者的广泛采用。如果在不同层面间存在非同构性时，使用不同的术语是一个明智的解决方案。这可避免对在本质上不同的概念而使用相同标签这一做法所产生的问题。

　　只有当我们能够假设同构性存在时，将一个层面的分数运用于另一个层面才会有意义；否则，若是混淆不清地在意义不同的层面进行转变，则会导致无效的解释(Adamopoulos，2008)。最近，技术人员已开发出了统计技术，可用于审核不同层面数据关联性的大小(Muthén，1994；Hox，2002)。在后面的章节中，我们将会再讨论这些技术在跨文化心理学中开始出现的应用(Smith & Fischer，2008；Lucas & Diener，2008)。

　　多层面的分析需要大量样本的数据组(Selig，Card & Little，2008)。这本身有可能对未来的跨文化研究产生重大的影响。对于许多跨文化研究者来说，统计技术是新鲜的，也往往是复杂的。但无疑，研究者们将会掌握这种技术，因为这种形式的分析对于以新的方式解决跨文化心理学的一个核心议题具有广阔的前景。该议题是：理解个人行为和文化情境之间的关系。

作为一个活跃的学术领域，跨文化心理学正不断变化。种种新的发展往往是对所感知到之前失衡的反应。在一定程度上，文化—比较心理学视角是对文化人类学家(Kardiner & Linton，1945)进行心理研究中所坚持精神分析传统局限的回应。这种转变使我们有必要更加注重这一点，即外显行为的跨文化差异之下潜在的心理一致性。反过来，文化心理学和本土心理学视角可视为回应的是这样的研究局限，即普同主义会给人类心理机能运作过分强加一种共同的模具；未充分考虑非西方社会中普遍存在的议题，这一点尤其为本土心理学视角所强调。

这一章首先呈现了若干跨文化心理学的定义。我们展示的是，一个定义如何表现特定的重点或取向，在此基础上，我们提出我们自己的定义，其意图是要反映该领域的广泛取向。第二部分描述了跨文化心理学的三个统领性议题：(1)文化应被视为一种外部环境，还是应作为内在于个体的；(2)相对主义—普同主义维度；(3)在多大程度上，种种跨文化差异可以用宽泛的整合性概念或维度的形式加以有意义地概括。第三部分概述了三个用来诠释文化和行为关系的立场：文化—比较心理学、文化心理学和本土心理学。

在剩下的部分，我们阐述跨文化心理学与其他心理学领域相比更为突出的方法论议题。接着，我们进一步讨论了"文化单元"的选择，定性与定量研究方法之间的区别。在结语部分，我们指出了在跨文化数据阐释过程中所面临的三类威胁：缺乏等效性、过度概括以及未充分重视文化层面与个体层面的差别。

本章的论证总是不得不简略，尤其是很少参考各类实证性研究证据，而这些参考资料是形成各种研究传统的基础。我们在本章只是引出了主要的议题和视角，其目的是帮助读者评估后面各章将要呈现的实证性成果。

拓展阅读

Berry，J. W. ，Poortinga，Y. H. ，Pandey，J. ，Dasen，P. R. ，Saraswathi，T. S. ，Segall，M. H. ，and Kǎgitçibaşsi，C. (eds.) (1997). *Handbook of cross-cultural psychology* (2nd edn. ，Vols. I-III). Boston：Allyn & Bacon. (该手册三卷共有 31 章，大量反映了文化心理学众多领域当时的最新发展状况。)

Online readings in psychology and culture (http：//orpc. iaccp. org/). (该主页汇集了范围广泛的文稿，可在国际跨文化心理学会的官方网站上找到。)

Cole，M. (1996). *Cultural psychology：A once and future discipline*. Cambridge，Mass. ：Harvard University Press. (这是从文化主义视角撰写的一个复杂深奥的文本。Cole 试图整合生物、社会历史、心理的观点来解释行为。)

Creswell，J. W. (2009). *Research design：Qualitative，quantitative，and mixed methods approaches* (3rd edn.). Thousand Oaks，Calif. ：Sage. (该书主要以质性方法取向开始，但对量化方法持开放眼光。正如书名所示，其作者偏爱混合方法。)

Kitayama，S. ，and Cohen，D. (eds.) (2007). *Handbook of cultural psychology*. New York：Guildford Press. (该书用 36 章论述文化心理学视角。其主要优点是，囊括了美国文化心理学领域的亮点和不那么知名的主题。)

Rao，K. R. ，Paranjpe，A. ，and Dalal，A. (eds.) (2008). *Handbook of Indian psychology*. New Delhi：Cambridge University Press. (这本概述性手册信息量大，不仅展示了印度研究者及其他国家同事对共同关心主题的讨论，而且包括了具有印度本土显著特点的概念和议题。)

Van de Vijver，F. J. R. ，and Leung，K. (1997). *Methods and data analysis for crosscultural research*. Newbury Park，Calif. ：Sage. (这本书对文化比较研究方面的方法论要点和分析技术进行了较为完整的论述，还包括了对文化比较研究若干陷阱的经典论述。)

第一部分　行为的跨文化
相似性与差异性

| 模块内容 |

在导言部分初步介绍跨文化心理学的目标、概念、方法等知识后，本书第一部分试图展示该学科对心理学诸领域进行跨文化研究的成果。第一章属于背景性知识，旨在给读者在理解和批判性评价第一部分所描述的研究时提供所需的若干基础。此后各章的顺序安排如下：前两章描述的是人类在婴幼儿期、成年期和老年期的发展，接下来六章呈现有关社会行为、人格、认知、情绪、语言和知觉诸主题数十年的核心成果。这一系列主题成果力求说明的是，文化对人类行为展现所产生的多种多样的影响。为了与第一章所倡导的适度普同观一致，本部分不但探寻了行为的发展和表现所具有的文化差异，而且也揭示了各种基础性的心理过程可能存在的跨文化共性。

第 2 章

个体发展：婴儿期与童年早期

本章目录

　　本书在三个层面使用"发展"这一概念。首先是种系（phylogenetic）发展。这指的是物种之间的变异以及随着漫长的时间流逝而出现新的物种。这种形式的发展将在第十一章讨论。其次，"发展"这一术语还可以指社会中的文化变迁。发展的这一层含义我们将在第十章（届时我们将讨论人类学传统关于文化演化的主张）和第十八章（届时我们将聚焦于国家发展）讨论。本章和下一章主要讨论的则是个体一生的发展，或者叫作个体发育性发展（ontogenetic development）。在本章中，我们将聚焦于婴儿期与童年早期发展模式的跨文化相似性和差异性；在下一章中，我们将探讨儿童晚期、青少年期和成年期的发展。

文化作为发展情境

　　个体发展可被认为是生物有机体和环境影响交互作用的产物。尽管我们认为将"天性"与"教养"分开来谈的做法在很大程度上已经过时（参见第十一章和第十二章最后一部分），但是在探讨个体发展的心理学文献中，行为的生物要素和文化要素（环境一经验）孰轻孰重，已经成为区别各个心理学流派的主要基础性维度。其中，种种关于成熟的理论（Gesell，1940）把重点放在生物因素上。反之，传统的学习理论（Skinner，1957）则强调环境的作用。其他理论则更为关注有机体和环境之间的互动，例如皮亚杰（Piaget，1970a）的理论就区分出认知发展的阶段。最后，有的理论将个体发展视为处在不同文化环境中的个体在成长过程中遵循本质上不同的路径而获得的不同结果（Vygotsky，1978）。

　　应该指出的是，成熟理论和学习理论很少注意文化因素（对个体发展）的意义。在成熟理论中，发展倾向于被视为一个或多或少固定不变的生物程序的显现。对于学习心理学家而言，环境非常重要，但表现为机械的形式。成年有机体几乎是所有学习经验的总和。机械性的学习观念将环境看作由独立的和统一的刺激所组成的一个大集合。与之相反的视角是深谙文化的学习观，其强调的是文化对学习经验的组织。在本节中，我们会对那些明显关注文化意义的有关个体心理发展的概念建构进行更为详细的考察。

　　通过不同的文化传承途径，我们学习规范、信仰以及如何阅读和书写（参见下一部分）。这种基于环境的信息传递还有一个富有成果的方面，这就是环境自身因文化而发生的变化（即物质文化）（Odling-Smee，Laland & Feldman，2003）。根据这种观点，人类文化的一个重要方面就是聚集在我们周围的物质类文化制品（汽车、房屋、电脑、书籍、手机、多媒体播放器等）。因此，文化不仅是我们在社会中明确学习到的东西，而且也包括直接运用前辈所发明或建造的文化制品而构造的东西。

　　发展心理学中有些理论家（情境主义者）尤其关注这种物质化的文化知识。情境主义者将发展视为个体与其日常环境持续不断的动态互动。这种观点可以追溯到维果斯基（Vygotsky，1978）的社会文化理论，该理论聚焦于文化传承是如何发生的。在所有的发展理论中，维果斯基（见第六章中关于情境化认知部分）（Segall *et al.*，1999）的理论可能最明确、最系统地重视文化的作用。维果斯基还有一个为人所称道的观念：对种系发展的理解可以为认识儿童发展提供深刻见解（Bjorklund & Pellegrini，2002）。然而，当代研究者们引用最多的是他的社会文化观（涉及个体所属文化中发生的价值观、规范和技术方面的历史变迁）（Schaffer & Kipp，2007）。在社会层面的历史进程以及个体层面的发展方面，他高度重视人类行为的典型特征以及这些特征形成的方式。他将儿童发展看作一个社会性中介活动，在其中，通过与社会中其他更有胜任力的成员的合作式互动，儿童可以循序渐进地获得知识和新的行为方式。这其中有一个对外部操作的内部重建过程，从而使最初是个体之间的过程变为个体内部的崭新过程。

"儿童身上文化发展方面的每项功能都会出现两次：首先在社会层面，其次在个体层面；首先在人与人之间（即不同个体心理之间的），其次在儿童内部（即个体心理内部的）……所有较高级的功能最初都是作为人类个体间的实际关系而发生。"（Vygotsky，1978，p.57）这段引述清楚地表明，个体心理功能起源于社会因素。人类个体只能获得在社会文化环境中已经存在的高级心理功能。

布朗芬布伦纳是在俄国以外最早采纳维果斯基观点的发展心理学家之一。在其生态系统理论中，他将个体所处的发展场景定义为多个嵌套式（nested）结构，就如同俄罗斯套娃，一个套着另一个。发展着的儿童被嵌入四个同心圆中，范围从最直接的场景到广泛的文化。对大多数婴儿而言，最中心的情境被称作微观系统（microsystem），就是家庭，即母亲、父亲和兄弟姐妹。中观系统（mesosystem）涵盖了作为一个微观系统的家庭，以及与之相关的其他微观系统，诸如学校、邻里或者日托中心。而外观系统（exosystem）则涉及影响微观系统和中观系统的更为深远的情境，例如国内经济情况。最后，其宏观系统（macrosystem）作为生态系统的最远层面，涵盖了文化规范、社会化目标和价值观。这些层次之间相互作用，共同影响着儿童的发展。

布朗芬布伦纳的发展观强调，如果我们想要理解儿童的发展，就必须观察自然而然的日常场景中的交互活动。该观点是情境认知（contextualized cognition）学派的核心（Cole，1996）。他们在诸多研究中表明，专门知识与环境供给有关。这也帮助我们回答了一个问题，即为何有些人看起来并没有达到皮亚杰所说的认知发展的最高阶段（Piaget，1970a），即形式运算阶段。

因此，人类行为可以看成是"以文化为中介的"（culturally mediated）。最初，文化中介被认为包括了极其广泛的范围（Luria，1971，1976）。因为大体上信念、价值观和智力工具会在不同文化中存在差异，维果斯基相信这些需要个体习得的新的认知技能常常具有文化特定性，而非普同性。后来的研究表明（Cole，1996），种种差异，例如，文盲和非文盲之间的差别，并非如鲁利亚所设想的那样极其广泛（Scribner，1979；Segall et al.，1999）。尽管科尔（Cole，1992a，1996）对早期研究者们范围过大的做法进行了批评，他依旧坚持文化中介的立场。他认为，生物有机体和环境并不直接相互作用，而是通过另一个中介因素，即文化。在科尔（Cole，1992a）呈现的一幅示意图中，他不仅按照经典思维对有机体和环境进行了重要的区分，而且还进一步在自然环境和文化之间进行了同样重要的区分。科尔认为，发展是一个多层次、多时间尺度的概念：是一个物质层次、种系发生层次、文化历史层次（在其中，社会传统产生或消失）、个体发育层次以及他的所谓微观发生学（microgenetic）层次。最后一个尺度使人类具有此时此地的经验。要理解个体发展，必须理解这些层次之间的相互作用。科尔认为，发展的不同阶段并非天生就存在于儿童个体身上，而是随着时间的推移，出现于这些层次复杂的相互作用中。例如，科尔（Cole，1996）进行过一个实证研究，考察了儿童在有很多机会进行书写和口语交流的环境中如何习得基于计算机的活动所需认知技能（Engestrom，2005）。

根据这种情境化的方式，各种文化都给其儿童提供了思维和问题解决的方法。这些方法，维果斯基(Vygotsky，1978)称之为"心智调适工具"(tools of intellectual adaptation)，会被儿童通过与其社会中更具实践能力的成员们的互动而被内化。在被称之为"最近发展区"方面，即对儿童个体而言，那些与文化相关的任务本来太过复杂而难以被完成，但一个更有胜任力的专家可以指导该儿童达到一个新的理解水平。"脚手架"这一术语的使用，就是为了描述这种对儿童活动的支持性指导(Wood，Bruner & Ross，1976)。在许多文化中，儿童学习并不是通过正规教育即学校上学进行的，而是通过有指导的参与，即一种非正规的"思维方面的学徒制"(Rogoff，1990，2003)。在其中通过跟随在更有技能的伙伴旁边积极地参与文化性相关的日常事务，儿童的认知得以塑造(Rogoff *et al.*，1993)。罗果夫等人的发现清楚地表明，发展并非只有一条路径，但是指导性参与的种类差异取决于文化施加给其成员的不同需求。在具有通过制度化教育情境(诸如学校)而实施正规教学的文化中，儿童主要是通过言语解释获得抽象的文化能力或诸如读和写之类的文化技能。这种独立于场景的认知方式允许他们更灵活地应用其技能。在农业文化或前工业文化中，儿童通过参与日常生活的活动而学习；通过观察和模仿成人的行为，他们学习特定的任务。这些儿童实际上发展出更好的观察技能，并在许多方面比来自现代中产阶级的孩子更加具有社交能力(Rogoff *et al.*，1993)。

在个体完成与维果斯基文化中介认知能力概念直接相关的记忆任务方面，存在有趣的跨文化差异。非洲青少年在依靠口头传授知识回忆口头传授故事方面比美国青少年要好(Rogoff，1990)。在情境无涉的死记硬背式回忆任务以及清单式学习任务中，西方儿童的表现显著好于那些来自非工业化社会的未上过学的同龄人(Cole & Scribner，1977)。而在物体位置回忆任务中，未上过学的澳大利亚原住民儿童的表现比他们的盎格鲁一澳大利亚同龄人要好(Kearins，1981)。在澳大利亚的内陆地区，记住如何寻找水源、狩猎动物以及穿过沙漠找到回家的路是一项生存性事务。在(前工业化社会)实际生活中，快速学会大量信息是关乎生存的大事。当你的生存取决于学习相关的环境特征时，你就会很快学习它们；而西方儿童的"懒惰"只不过是这种奢侈环境的反映：能够将我们需要知晓的一切都记录在书本和电脑硬盘中(Dunbar，1996；Stroup，1985)。

许多跨文化心理学家，尤其是属于文化心理学流派的研究者都认为，当儿童学习时，维果斯基所关注的指导性参与是其学习活动的核心。其他一些认知研究视角则将儿童视为一个或多或少在孤独地、个别地实施基于发现的活动的个体。与此相对，关于儿童学习的情境性观点则更综合，强调社会中介学习的重要性。这种社会学习观点还更为有效，因为儿童被给予了更多的激励。如果他们尝试着共同解决问题，还会因为向他人解释自己的观点而学到更多，也经常会在其独自找不到解决方案时发现解决问题的方法。在所有需要学习的事情都可以被直接观察到的农业社会或者狩猎一采集型社会中，通过将儿童整合到成人世界日常活动中的非正式学徒制观念更为常见，看起来也更为合理。而在工业化的现代社会，儿童则是这样学习的，即他们被教导解决问题的方法和策略时，是在脱离了方法和策略所应用的情境中进行。对许多学龄儿童而言，这看起来或许是为学习而学习，因此可能会变得相当缺乏动机(Bernhard，1988)。因此，对改进现代学校教育而言，一个显然的启示是，应该缩减正规教育情境中的言语解释，增加儿童的伙伴协作以及对教师发起活动的积极参与（Rogoff，2003；Schaffer & Kipp，2007）。

欧美地区以外人口众多世界①研究者创立了本土心理学，他们格外强调更广阔的背景的重要性。例如，萨门安格（Nsamenang，1992）的著述涉及了影响大部分非洲社会历史的因素。他提到了导致对非洲传统和信仰习俗贬损的殖民历史，还提到了延续下来的信念和风俗如何影响了儿童保健方式以及有关儿童角色和义务的界定。例如，萨门安格描述到，关于发展阶段的概念并未受限于目前流行的人生全程，而是延伸到祖先的灵魂世界。这种心理上的客观实在，在世界的其他地区同样存在，例如，印度教中就存在（Saraswathi，1999）。在世界的大多数地区，很多儿童成长于贫穷和社会混乱之中，包括在战争中（Aptekar & Stöcklin，1997）。萨门安格（Nsamenang，1992；Nsamenang & Lo-Oh，2010）、津巴（Zimba，2002）以及辛哈（Sinha，1997）等研究者呼吁，心理学应强调发展场景的日常现实及其对儿童的影响。很显然，这样的影响不应仅限于社会性发展方面；这样的环境还会导致发育迟缓以及认知障碍。例如，格里斯、雷特尔和贝尔茨格（Griesel，Richter & Belciug，1990）通过脑电图（EEG）研究比较了农村营养不良的黑人儿童和南非发育正常的儿童，发现二者的大脑发育存在差距。这种差距在 6 到 8 岁的儿童中已经出现，（并且）对于年长儿童，差距则更大。对这些组别儿童认知成绩的测量中也发现了类似的差异（Grantham-McGregor *et al.*，2007）。

发展生境（developmental niche）这一概念尤其强调，所有个体的发展都在特定的文化场景中发生（Super & Harkness，1986），发展生境这一概念与广泛应用的、表示特定物种所占据栖息地的"生态学生境"（ecological niche）概念相对应。在这一方面，其与图 1.1 中的生态文化框架有着明显的联系。发展生境这一概念经过休珀和哈克尼斯（Super & Harkness，1997）的扩展后，所表示的已经是把儿童发展与其文化环境之间这三个特征联系起来的系统：自然和社会场景（例如，特定人们及其社会交互作用，日常生活中的危险和机遇）；儿童保健所盛行的风俗（例如，文化性质的有关规范、习俗和制度）；（儿童）照料者心理学，例如有关的信念、价值观、情感定向和为人父母的习俗，具体参见后文"族群育儿理论"（parental ethnotheories）部分。这三个亚系统围绕着处于发展中的儿童，并且对其发展产生促进、养育或束缚的作用。这些亚系统具有很多特征：深嵌在很大的生态系统中；不同亚系统通常一起发挥作用，提供一致的生境，但也会发生对儿童影响不一致的情形。而且，儿童和每一个亚系统之间都会相互适应（相互作用），因此儿童会影响每一个亚系统，也会受每一个亚系统的影响。

总之，在人类学和心理学中，对诸如家庭之类依赖于环境条件和资源的生计系统的关注由来已久（Berry，1976；Munroe & Gauvain，2009；Whiting，1963）（还可见第十章，文化的第六个定义，即关于对生态系统的不断适应，以及对文化进化的讨论，即关于对不断变迁的文化

---

① 由于缺乏一种更好的划分方法，所以我们在此采用卡奇茨巴西（Kagitçibaşi，2007）对待世界上非西方部分的方式来进行划分，尽管我们都不愿使用如此粗糙的二分法。——原书注

场景的适应)。所以,以情境化的视角看待不同文化中的人类发展,有着悠久的传统。

文化传递模式

人类和文化群体都能够繁衍。这既需要生物传递也需要文化传递(cultural transmission)。卡瓦利-斯费尔和费尔德曼(Cavalli-Sforza & Feldman,1981)使用文化传递这一概念(见图 2.1),是为了与生物传递相对应。生物传递(biological transmission)是指通过遗传机制,群体的某些特征在代际得以延续(Schönpflug,2009)。生物传递将在本书第十一章讨论。在这里,我们仅想提一下生物传递的核心特征,也就是,在受精时,物种特有的遗传物质从双亲向个体的传递。类似地,通过多种形式的文化传递,通过教育和学习的机制,文化群体可以使其行为特征在下一代中得到保持。卡瓦利-斯费尔和费尔德曼把从父母向后代的文化传递称作垂直传递,因为它包含了文化特征在代际的传承。然而,垂直传递是生物传递的唯一可能形式,而文化传递还有两种其他形式,即横向传递(从同辈)和斜向传递(从社会中父辈的其他成员)。这些形式所传递的文化既可以是来自个体自身所在的文化群体,也可以是来自其他的文化群体。它们之间的区分详见图 2.1。这三种文化传递形式包括两种过程:濡化和社会化。个体为其所属文化包围,这使个体把适当的行为纳入其总体心理机能系统,这就是濡化。社会化则指通过更专门的教导和训练而导致适应于文化的行为习得。

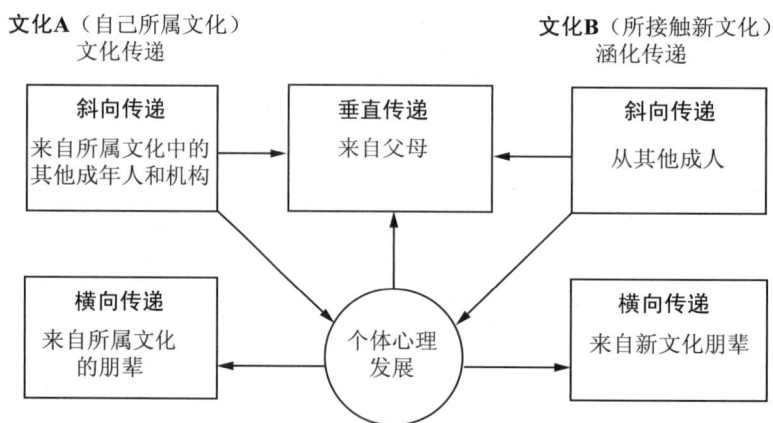

图 2.1 文化传递和涵化的方式: 垂直式、横向式和斜向式

(改编自: Berry & Cavalli-Sforza,1986)

在垂直传递中,父母把文化价值观、技能、信仰等传递给他们的后代。在这种情形中,我们难以区分文化传递和生物传递,因为我们学习的对象通常是生育我们的人。也就是说,通常情况下,生物学上的父母和文化意义的父母常常是相同的。在横向文化传递中,随着我们从出生到成年的发展,我们在与同辈日复一日的相互作用中向他们学习。在这种情形中,生物传递和文化传递不会产生混淆。在斜向文化传递中,我们向自己文化中或来自其他文化的其他成人和机构(例如正规的学校教育、社会俱乐部)学习。如果这一过程完全发生在个体所属文化或个

体的第一文化中，那么用"文化传递"这一术语来表述则是适宜的（见图 2.1 左侧）。在生态文化框架中（图 1.1），这些传递形式是作为过程变量出现的。然而，如果这一过程中与来自其他文化或第二文化的接触，那就应该用涵化这一术语（见图 2.1 右侧）。涵化指的是这样一种传递的经历，即由于个体与自己所属文化之外的人或机构进行接触或受其影响的结果，而不是个体自身文化的影响（见生态文化框架中的较低线，图 1.1）。濡化和社会化是后来发生的，或称之为次级的传递形式（见第十三章对涵化概念的回顾）。

在图 2.1 中表示这些形式的箭头都是既指向发展中的个体，又指向框架中的其他个体和群体。朋辈之间的相互影响至关重要，父母—子女之间的相互影响也是如此（Lamb，1986）。因此，表示相互作用和互相影响的双向箭头，表征着文化传递和涵化过程中发生的事情。

濡化与社会化

在上一节，我们区分了两种文化传递过程：濡化和社会化（Berry，2007a）。濡化概念产生于文化人类学，赫斯科维茨（Herskovits，1948）第一次界定和使用了这一概念。正如这一术语指出的，个体被其所属文化所包围，个体通过学习，习得了该文化认为是有必要掌握的事物。这一过程不必精心设计或具有说教性质，虽然学习现象常见，但没有特定的教学。父母、其他成人以及朋辈均会卷入濡化过程，该过程包括表现为网络形式的对发展中个体的（包括垂直、斜向和横向方式）种种影响，这些影响能够限制、塑造和引导该个体。濡化的最终结果通常是形成一个在语言、仪式和价值观等方面具有文化胜任力的个体。

社会化概念是从社会学和社会心理学发展出来的，意指通过教导而对个体进行精心塑造的过程（Berry，2007 a；Munroe & Gauvain，2009）。一般来说，跨文化心理学也采用此意。当文化传递是来自群体内部精心设计的教导时，就是我们所说的生命早期的社会化过程；当个体受到后来生活或者来自外来文化的精心设计影响时，就出现了再社会化。濡化和社会化的最终结果是，同一文化之内的行为具有相似性，而不同文化之间的行为具有差异性。因此，它们是导致个体行为在胜任力和实际表现上存在相似性和差异性的至关重要的文化机制。

濡化和社会化的过程发生于一个广大的生态和文化环境中：文化传递的形式（或风格）和内容（事物）一般被认为是适应于生态文化情境的，能够确保发展中的个体习得所有成功地生活于其环境所需要的行为技能。正因如此，文化传递在生态文化框架中被置于如此重要的位置（图 1.1）。甚至当发展中的儿童已经在生物学意义上能够自立时，他们通常继续生活在家庭和其他社会组织中，继续学习他们文化的重要特征。

但是，文化传递的过程并不必然导致精确复制，文化传递的结果会处于在精确传递（父母和后代之间几乎没有文化差异）和完全失败传递（后代在文化上不像其父母）之间连续体上的某个水平。通常，文化传递的结果会更接近这一连续体中充分传递的一端，而不是没有传递的一端。从功能上来说，传递结果处于该连续体的任何一个极端对一个社会来说都是不好的：精确的传递将不会产生创新和变化，从而不能应对新的情境，而完全失败的传递则会使代际间无法产生协调的行为(Boyd & Richerson，1985，2005)。我们将会在第 3 章关于成年中期部分，更为详尽地介绍个体发展和社会变迁之间的关系。

　　一个多世纪以来的有关文献已经报告了某一特定社会是如何富有特色地抚养其孩子的。正如我们将在第十章中所见，很多这类报告积累成这样的档案：主要由民族志报告组成，被称作人类关系区域档案(HRAF)。研究文化传递的一种路径就是运用这些档案，去发现全世界有关习俗差异的主要维度。这种方法为我们提供了涉及面广的总体情况，并使我们能够考察这些档案所包括的其他生态和文化场景中的文化传递。因此，我们能够考察濡化和社会化如何嵌合于和适应于群体所处环境的其他特征。

　　采用民族志档案所进行的文化传递研究被称作"泛文化的(holocultural)"，因为这些研究可以考察来自整个世界范围的文化的材料(Munroe & Gauvain，2009)。怀廷和蔡尔德(Whiting & Child，1953)早期进行过一个著名研究，试图通过考察社会中解释疾病的典型方式将成人人格和儿童训练(child training)联系起来。他们从人类关系区域档案中提取了 75 个社会的民族志数据，考察了五个"行为系统"(被界定为"由相同驱力激发并导致相同满足的习俗和风俗")：口唇、肛门、性、依赖和攻击。这五个行为系统中，前三个来自弗洛伊德(Freud，1938)的性心理发展理论。根据该理论，在个体发展过程中，性的满足与不同的性敏感区联系在一起，其中第一个性敏感区是嘴(口唇期)。对习俗活动的等级性评价都从三个维度进行：儿童最初的满足或放纵、社会化的年龄以及社会化的严厉程度。

　　该研究得出了两个颇具一般性的结论。第一，"全世界的儿童训练从某些方面来说都是相同的……因为已经发现它总是关注行为方面的某些普同性问题"(Whiting & Child，1953，p.63)。第二，"儿童训练在不同社会之间存在区别"(Whiting & Child，1953，p.64)。这两个结论是跨文化心理学中的两个典型的和最常见的实证性研究结果。它们与许多揭示各种文化中种种共同模式的研究结果相一致(Lonner，1980)：其一，存在若干能把人类联系起来的共同维度(文化普同性的方面)；其二，个体和群体带有其典型的地区特点，从而在这些维度上存在差别。我们在后面将会看到(在第十一和第十二章)，如果我们需要跨文化比较具有某种有效的基础，第一个结论将是必要的；如果我们要在数据中发现足够的差异，以证明文化和心理观察结果是可以从理论上进行解释的，那么第二个结论也是非常必要的。

　　在另一项经典研究中，巴里及其同事(Barry，Bacon & Child，1957；Barry，Child & Bacon，1959)的研究目标是：(1)确定儿童训练的共同维度；(2)把不同社会放在这些维度的不同位置；(3)揭示男孩和女孩在训练方面各有特色的差异；(4)将所有这些方面与生态和文化变量特征(例如经济和社会结构)联系起来，从而把社会化置于更广阔的背景下。他们的分析表明，儿童养育的不同维度倾向于形成两个变量集群。一个集群(叫作"要求顺从的压力")将对责任和服从的训练结合起来。另一集群(叫作"要求自我主张的压力")结合了成就、自立和独立训练。两个集群呈现负相关。这样就建构出一个维度，各个社会在该维度上所处的位置，从顺从训练的一端到坚持自我主张训练的另一端。最初的多个维度就以这样的方式化约成了一个维度。虽然这一新维度看起来与早期研究结果相一致时，有关个体变化范围方面存在种种差异的预期却尚未得到实证性质的验证。在下一节，当我们论述有关性别社会化习俗的跨文化模式时，我们仍将使用这种综合性的泛文化研究路径。

文化间的性别差异

有关性别(gender)差异的研究文献经常会在性与性别之间做区分。性被用来表示男女之间的生物差异，性别被用来表示有关作为男人或女人之意义的习得信念或社会建构(Best，2010)。这些标签并不是特别有用，因为我们不可能将影响性的生物和文化因素区分开来。对人类性别差异的探究是显示这方面的一个很好的案例，即错综复杂、几乎难以区分的生物因素和文化因素是如何交织在一起的(还可见第 11 章)。如今，染色体在子宫环境中的结合已经被作为具体确定儿童性特征的因素(染色体性别，XX＝女孩，XY＝男孩)；怀孕后大约 6 周，"Y"染色体就像一个交换机一样运转了，通过促使睾丸的初始发育，开始基本上将属于女性蓝图的人类胚胎转变为男性。然后，它们开始生产出巨量被称作雄性激素(androgens)的雄性荷尔蒙，其摄入量取决于胎儿神经生理组织的结构。此后，子宫的荷尔蒙环境不得不对此荷尔蒙风暴进行校准，而该校准又依赖于母体中总体的荷尔蒙平衡。母体总体的荷尔蒙结构最终会受其生存条件的影响(例如营养状况、婚姻满意度、身心健康)。至于何种环境刺激可以影响母体，则又依赖于其基因的结构。这是一个外在后生性循环(epigenetic circle)：基因决定哪些环境因素能够影响行为，而环境则决定哪些基因以何种方式在何时被激活。

上述这些荷尔蒙过程所导致的明显外表性后果，是以阴茎或者阴道(生殖器性别)的形式出现。生殖器性别是对一个孩子进行文化标识(社会性别上看是男孩还是女孩)的起点。在这些步骤的任何一步中，以及在社会环境可以将之混合之前的漫长时期，畸变都有可能出现(Beh & Diamond，2000；Diamond，1997；Imperato-McGinley，Peterson *et al.*，1979)。就随着发展过程而成为男孩或女孩的不同称呼而言，有两个方面日益明显：一是社会标识虽然重要，但却只是漫长的外生事件(epigenetic events)链条中的最后一步；二是就上述外生性连续体而言，以一个全然二分的类型学视角来看待性别，并非总是妥当的。

在跨文化研究文献中，关于社会化和行为方面的性别差异问题得到了广泛论述，据此芒罗等人(Munroe & Munroe，1975，p.116)得出结论说，在所有的社会中，行为都存在模式化的性别差异，且都按性别进行分工。这两种现象不但是普遍的，而且二者之间可能存在功能上的相关。社会化的性别差异和行为的性别差异密切相关。男女之间的行为方式存在差别并不奇怪，但还是产生了这样一个有趣的问题，即是否所有的社会都观察到男性和女性具有天生不同的行为倾向，然后就形成了他们的社会化习俗，以增强或降低这种基于生物因素的倾向。

正如上一节所讨论的那样，巴里等人(Barry *et al.*，1959)在基于人类关系区域档案(HRAF)的研究中指出，形塑男性的社会化会更强调坚持己见，而形塑女性的社会化则更强调顺从。在行为的性别差异方面，巴里等人(Barry *et al.*，1959)指出，男性更加倾向于自我主张

(self-assertive)、成就取向和支配，而女性更加倾向于注意社会交往、被动和顺从。对此解释的一个关键是，事实上这些行为差异尽管几乎是普同的，且没有反例，但其差异程度是从极大到极小。因此，一个令人满意的解释需要能够同时说明两个方面：差异方向的普同性和差异数量上的变异性。

这种解释考虑的角度是经济因素，包括劳动分工和社会化习俗。这种观点首先基于一个早期的人类学发现(Murdock，1937)，即根据性别进行劳动分工是普同性的(或几乎如此)，(劳动分工的)内容(在各种文化中)也是一致的。例如，几乎在所有的社会中，准备食物都是由女性垄断的事情。照看儿童通常也由女性负责，尽管有时男性也会分担，但没有任何一个社会的常例是由男性负担起照料儿童的主要责任。这些差异被广泛认为是由基于生物学差异的身体差异造成的，特别是由于女性总体上体力较弱，最重要的原因是，女性具有生育和照看孩子的机能。因此，男性和女性在经济活动中扮演不同的角色，其中女性主要承担靠近家园的活动，这是出于机能上的考虑。另一种观点认为，以区别对待的方式实现的社会化，使儿童最终发展为承担与其性别相联系的成人角色。因而，行为的性别差异最好应看作各有侧重的社会化的产物，而不同的社会化又可看作不同成人活动的反映，也可以看作适宜于不同成人活动而进行适当训练的反映(Barry *et al.*，1959)。

凡·列文(Van Leeuwen，1978)拓展了贝理(Berry，1976)提出的生态模型，发展了有关论点，因而能够容纳生计模式其他方面的变量以及行为性别差异的变异程度。因此，在定居的、食品积累率高的社会中，不但女性将会受到更多养育后代和顺从方面的训练，而且不同性别所受训练量的差异也是很大的。在食品积累率低的社会中，例如采集或打猎社会，较少根据性别进行劳动分工，不论是男性还是女性，几乎不需要进行顺从方面的训练。在这样的社会中(正如我们很快就会看到的，如果说不包括打猎社会，至少在采集社会中是如此)，妇女对基本生计活动的贡献本身就是生计活动的一部分。因此，男性重视妇女的工作，因此不会贬损妇女或让妇女从属于他们。

考察不同文化中劳动分工差异的一个方法是，看妇女对于生计活动的贡献程度(Schlegel & Barry，1986)。她们参与这些活动或多或少取决于活动本身的性质。例如，如果通过采集获得食物，妇女的参与程度通常较高；在民族志报告所编码的 14 个采集社会中，有 11 个(79%)社会中妇女是高贡献者。与此相反，在 16 个打猎社会中，其中的两个(13%)社会中妇女是高贡献者。如果主要的生计方式是采集或者农耕(除了精细农耕)，妇女的贡献倾向于较大，如果主要生计方式是动物饲养、精细农耕、捕鱼或打猎，妇女贡献就会较小(Schlegel & Barry，1986，p.144)。

妇女在生计活动中角色的差别有什么影响吗？施莱格尔和巴里(Schlegel & Barry，1986)发现，有两组文化特征，即适应方面和态度方面与妇女对生计的贡献相关。哪里妇女对生存的贡献较大，哪里就会盛行这类有特色的习俗，诸如一夫多妻、异族结婚、男方送彩礼、控制生育以及重视对女孩进行工作取向的训练等。在这样的条件下(女性对生存的贡献大)，女性就会比较受重视，拥有更多自由，一般也就更不可能被视为满足男性性需要和繁殖后代需要的对象。在一项对具有多样性婚配制度的 93 种不同文化数据所进行的元分析中，洛（Low，1989）还指出，与婚配制度有关的多样化社会化习俗导致了因性别而产生的差异：在多数一夫多妻制社会中，性别差异更高，男孩被预期成为更有进取心、更勇敢和更独立的人，而女孩则成为更有责任感、更顺从和更腼腆的人。随着妇女们的政治权力或经济权力的提升，这些性别差异在减少。在那些主要是一夫一妻制的文化中，女儿被预期成为较少顺从的、有着更多进取心和雄心的人。洛从进化视角对这种有趣的性别—文化互动模式进行了解释：从生物角度看，为了生儿育女，男女在投资的量上必然有所差异（Trivers，1972）。在哺乳纲动物之中，雌性在育儿投入（parental investment）方面要比雄性更高。这就导致这样的预期：既然对雄性而言，雌性成为（生儿育女方面）制约性资源，他们作为性投资较少一方将彼此竞争，这就导致了雄性内部更多同性别间的竞争。在一夫多妻制的社会中，有吸引力的（意味着社会交往的成功，见下文）男人可以娶多个妻子，但因为对其他男人而言，每一个嫁给了一位拥有多位妻子丈夫的女人都是不可得到的，大多数男人就面临着持续未婚的危险。一夫多妻制社会中这种为获得男性而具有更高的繁衍差异的状况，使得男性面临着更激烈的繁衍冲突，这种冲突又增加了男性内部的性竞争，因为在一夫多妻制的生活中，一个男人持续单身的风险要高于一夫一妻制社会中的男人。这就更可能使得这些男人为了结婚而冒险行事，即成为更具进取心和更独立自主的人。而在一夫一妻制的社会中，男女儿童的未来有着相似的繁衍前景，根据洛（Low，1989）所说，这就是为什么父母会更为相似地对待他们。

这些研究发现的基本含义是，性别是社会化的原因，同时也是其结果；性别并不仅仅是为社会因素所决定，也会影响着社会因素。例如，研究发现，与一岁女童相比，父亲对一岁男童会表现出更多禁止行为，因为相比女孩而言，这些男孩对触碰诱惑物表现出更为明显的欲望（Snow，Jacklin & Maccoby，1983）。与这种外生性别观点完全可以并存的是自我社会化这一个现代的发展概念。该概念描述的是个体间在社会情境的选择性感知和参与上所存在的差异（Maccoby，1998）。值得注意的是，社会文化因素是性别发展的至关重要的决定因素（Best & Williams，1993），但是只有用互动观才能够解释。例如，为什么同样的养育方式对男孩和女孩常常会产生不同的影响，以及为什么不同文化间看待男女的观点以及男女实际行为举止又是较为相似（Best，2010）。就性别刻板印象而言，例如，威廉姆斯和贝斯特（Williams & Best，1990）指出，25 个国家的儿童早在 5 岁的时候，就一致地将"强壮""有进取心的""严酷的"和"大胆的"之类形容词与男人联系在一起，而将"柔弱的""感激的""仁慈的"与女人联系在一起。这方面最为深刻的行为一致性则表现在照料行为和侵犯行为中。例如，一项关于 189 种文化中照料行为的数据表明（Weisner & Gallimore，1977；Best，2010），大多数时间，母亲、女性亲属或者女儿是婴儿的主要照料者，而来自男性的照料则比较少见。有关身体攻击方面，达利和威尔逊（Daly & Wilson，1988）对犯罪记录进行分析后发现，不同文化和不同时期犯杀人罪男女的比率大约是 9：1。最后再举一个关于侵犯行为跨文化差异的案例。诸如战争之类集体侵犯行为的活动，主要是男性青年聚集在一起进行的。根据密斯奎达和维纳（Mesquida & Wiener，1996，1999)的研究，这种侵犯行为或许被概念化为一种男性为了吸引或保持配偶而在同性别间进行的资源上的相互竞争。来自 12 个部落社会的数据集，以及来自联合国的 183 个国家1983—1998 年的数据集都表明，在解释一系列的群体暴力侵犯问题时，最为可靠的因素就是年轻男性的数量较多。一个地方全体居民中 15~29 岁男人与 30 岁以上男人的数字比率，看起来和以斗争伤亡数字来衡量的冲突事件频率和猛烈程度有关(Mesquida & Wiener，1996，1999)。

在这些讨论中，我们已经看到，女性行为确实与男性行为有差异。解释这些发现的一个可行方法是，将行为的能力与实际表现进行区分。若是能力之间的差异相当小，而在实际行为表现上却存在大得多的差异，这就可得出这样一种结论，即引起这些行为表现差异的基础过程可能具有动机性质(motivational)。全世界的男人和女人都能够进行相似的活动，但是他们却常常不想这么做。这种性别差异显然是通过社会化习俗受到文化因素的强烈影响，并反映了生态因素的影响。这方面数据的跨文化一致性以及社会之间的差异，二者都有助于我们理解文化习俗是如何针对两种性别而界定的，以及个体如何使自己行为符合这些文化习俗。

族群育儿理论

现在有很多"族群科学"（ethnosciences)，例如族群植物学（ethnobotany)、族群地理学(ethnogeology)，甚至还有族群心理学(ethnopsychology)和族群精神病学(ethnopsychiatry)。族群科学的概念将在第六章的地方性认知以及第十章的认知人类学部分中讨论。这些是指特定文化群体所持有的关于某一特定生活领域的知识和信念。同理，不同文化群体在生儿育女和为人父母方面也会表现出这类知识和信念，这就是已经渐为人知的"育儿信念系统"（parental belief systems)或者是"族群育儿理论"（parental ethnotheories)（Harkness & Super，1995；Sigel，Mgcillicuddy-Dleisi & Goodnow，1992)。这些理念包括父母和其他儿童照看者恰当地养育儿童的信念、价值观和习俗，其中有关的共同习俗包括，诸如给予钟爱之情和温暖，规定喂养和排泄的时间表，甚至儿童发展方面的时间表（例如，什么时候儿童应该走路、说话、骑自行车或选择朋友等）。这些信念和习俗就构成了我们已经见到过的濡化和社会化的方法，这些方法已经得到一定研究。这一相对较新的概念的优势在于，它把早期文献中的"儿童养育"习俗与儿童生长所处的生态和文化环境更紧密地联系起来。

哈克尼斯(Harkness)和休珀及他们的同事（Super et al.，1996；Super & Harkness，出版中)研究了年幼儿童睡觉规范模式的跨文化差异。族群育儿理论的确发挥着重要的作用，以至于影响到这样的琐事，即对于幼小婴儿而言，两次喂奶间隔的时候在多大程度上应该让他们独自待着（就像在荷兰那样）(Rebelsky，1967)，或者当他们表现出不高兴时就抱离婴儿床（就像在美国那样）。哈克尼斯和休珀及他们的同事通过访谈和直接观察，研究了荷兰和美国半都市化场景中的（6 个月到 4 岁零 6 个月）年幼儿童样本及他们的父母。对荷兰父母来说，强制儿童养成有规律的睡眠模式是一件很重要的事情，这是因为，如果儿童没有足够的睡眠，人们认为他们就会变得大惊小怪，而且年幼儿童需要睡眠才能生长和发展。事实上，这样的观念在荷兰的健康保护系统中也很受重视。在美国，人们认为，有规律的睡眠模式是儿童随着年龄的增长而逐渐习得的东西，而且，大体上这不是可以敦促的事情。从荷兰父母的日记中可以看出，荷兰的儿童在早年有更多的睡眠。直接观察也发现，当醒着时，荷兰儿童更多处于"安静的觉醒"状态，而美国儿童则更多处于"活跃的警觉"状态。休珀及其同事（Super et al.，1996；Super & Harkness，出版中）认为，这反映出美国母亲同她们的孩子说话较多，并经常触摸他们（Keller，Chasiotis & Runde，1992）。荷兰的族群育儿理论认为，即使是年幼的儿童也应该独自待着，他们需要组织他们的行为并使自己有事可做。这是文化期待模式的一部分，也就是儿童应该是"独立的"。通过文献综述，维勒森和范·德·维杰威（Willemsen & Van de Vijver，1997）指出，相对于非西方父母，西方父母认为儿童应该掌握各种技能的年龄要低一些。通过与荷兰母亲、居住在荷兰的土耳其移民母亲和赞比亚母亲的访谈，他们分析了多种可能导致这种现象的解释。其中一个有趣的发现是，特定的背景变量可以解释大约三分之一的跨文化差异。母亲所受教育程度和孩子的数量对结果的预测最为有效：受教育水平高的母亲提出孩子应在较小年龄掌握技能，孩子多的母亲所说到的有关年龄更大。

　　凯勒等人（Keller et al.，2007）也对不同生态文化情境中族群育儿理论的影响力进行了研究。他们发现，在更强调独立性自我构念的社会中，母亲关注孩子的自主和独立；而在强调依存性自我构念的社会中，母亲在应对孩子问题时则更为重视关系方面的内容。这样的跨文化发展研究可以帮助我们理解，母亲的这些偏好是如何慢慢灌输到婴儿的行为之中的。在凯勒及其同事（Keller et al.，2007）所进行的这些研究中，母亲们的这些社会化目标也与不同的育儿行为模式联系起来：在那些强调独立的社会场景中（例如，来自美国或者德国这类的现代或后现代工业化社会都市的中产阶级），母亲和她们的婴儿有着更加排斥的关系。这表现在面对面交流时，她们更多使用许多客观化刺激（利用玩具）进行的言语互动，以及更少存在身体接触和身体刺激。另一方面，那些来自于相互依存性生态-社会场景的母亲（例如，来自喀麦隆或印度的具有较低正规教育水平的农民），则将孩子看作嵌入一个紧密社会网络中的学徒，表现出较少的面对面互动，较少的言语交流和较少的客观化刺激，但是有着更多的身体接触和身体刺激。凯勒（Keller et al.，2007）创造了"育儿策略"这个术语，用以描述这些婴儿期的育儿目标和育儿行为之间的引人入胜的关系。在我们看来，这些显然会导致具有文化特殊性发展路径的育儿策略，是试图解释成人在文化互动中的心理和行为差异的极好概念。在第三章，我们将会进一步探讨作为成年准备阶段的儿童期。

　　这几个研究案例表明，发展的不同方面是如何受族群育儿理论这类观念的影响的。第一，父母是他们自己的孩子及其所处社会环境中孩子的观察者。第二，父母不仅在对待孩子方面，而且在他们对孩子的感知方面，很可能反映了他们所处文化环境中的有关标准和期望。第三，父母和其他照看者将通过反映他们信念的社会化习俗来影响儿童发展。进一步的发现是，父母并非经常意识到这一点，即他们通过何种方式以及在多大程度上控制了孩子的发展方向（Papoušek & Papoušek，1987）。关于这些议题的更多评论，可以参看西格尔等人（Segall *et al.*，1999）与凯勒（Keller，2007）的著作。

婴儿期与童年早期

婴儿发展的文化差异

生物学家认为，人类从解剖学和生理学上来说适宜于采摘生活方式，很可能还适宜于打猎。这种生活他们历经了数百万年。农业的发明导致了定居，后来又向工业化转变，这些不过是表示在相对短时间里，人类仅仅能够实现文化适应而主要不是生物适应的新近事件（Konner，1981，2007）。人出生时的发展水平取决于对特殊生态环境的特定适应。与其他物种不同的是，人类的神经系统在出生以后可以继续发展，这使环境有机会对其发展产生巨大的影响。高等灵长类动物和人类的感觉系统成熟较早，但运动神经（motor）系统的发展水平不高。人类婴儿运动神经系统发展较慢，应该是新近适应（可能已经发生了100万年）的结果，是随着人类发明携带婴儿的新方式而开始的，这同时解放了其双手（Konner，1981）。

各种灵长类动物开始断奶的时间各不相同（多数猴子是一岁，狒狒是两岁，而黑猩猩是四岁），但这些动物需要照料的时间占雌性从出生到性成熟间年数的比例却是常数（四分之一到三分之一）。游牧猎人的断奶时间是三到四岁（如果不再生育，该时间可能还会更晚），这与该比例是一致的。大多数定居农业社会有两到三年的生育间隔（与断奶的年龄相对应）。在最近几十年，早断奶并用奶瓶喂养的育儿方式已经盛行于世界许多地方。最要紧的是，该方式已传到欠发达的人口大国的大城市，但是人们已经清楚地了解到，不清洁的水以及低劣配制食品存在种种危险（Grantham-McGregor *et al.*，2007）。

格伯和迪安（Geber & Dean，1957）对婴儿的表现进行了首次跨文化研究，该研究已经产生了重要反响。他们测查了乌干达首都坎帕拉妇产医院的足月新生儿，这些新生儿体重都超过2.5公斤。他们发现，与西方社会的婴儿常模相比，这些婴儿的发展明显早熟。这种现象被称作非洲婴儿早熟（African Infant Precocity）[①]。现在看来，格伯和迪安的观察以及他们呈现结果的方式是有缺陷的。他们没有用统计测验确定非洲婴儿与欧美常模之间的差异，而且，如果是由同一研究者对非洲和欧美的样本进行测验，那就更好了。另外，一些更微妙的因素（例如，新生儿体重的平均差异）也会影响结果的有效性（Warren & Parkin，1974）。后来的一些研究采用了更严格的方法（Brazelton，1973）并很快就发现，早先发现的新生儿早熟在一定程度上被夸大了：有一定程度的早熟，但并非像以前所描述的那么普遍。

个体出生时的差异可能是遗传因素导致的，但显然也不能排除出生前环境的影响，也就

[①] "非洲婴儿早熟"这一说法可视为体现民族中心主义的例子。"欧美婴儿晚熟"的说法同样具有民族中心主义倾向，故现已不会出现在文献中。——原书注

是婴儿在子宫内经历的影响。出生时体重的差异可能是因为孕妇营养的差异，也可能是因为这些孕妇活动水平的差异。在很多西方社会，孕妇可以休假，这样她们可以在分娩前后几周充分休息，而在其他很多社会则不是这样。而且，从出生那一刻开始，外在的文化习俗就会产生不同的环境。例如，在西印度以及非洲的很多地方，人们倾向于对婴儿进行大面积的按摩（Hopkins，1977），而在很多西方国家，婴儿在医院出生后的大部分时间里，都不会跟母亲在一起，而是在婴儿床上。正如我们将会看到的，这些习俗可能会导致西方新生儿的动作发展迟缓（Hopkins & Westra，1990）。部分关于婴儿发展的跨文化研究，就是在各种各样的场合对个体行为（特别是心因性运动领域的行为）进行观察、描述和测量。儿科医生格塞尔和阿马图达（Gesell & Amatruda，1947）首先对该领域的观察进行了系统化，后来，很多心理学家编制了称作婴儿测验的发展量表，这样就可以进行量化测量（Bayley，1969；Brunet & Lézine，1951；Griffiths，1970）。这些量表由很多（关于具有某一特定年龄特征的可观察行为）题目组成，这些题目可用以确定婴儿的发展年龄。用发展年龄除以实际年龄（再乘100），就得到"发展商数"（DQ）。除了可以给出一般发展商数，这些量表还可以确定专门针对特定领域的局部发展商数，例如肌肉运动和眼—手协调、语言和社交性格。这些量表可用以测量从出生到三岁的婴儿。

　　由于笼统的 DQ 分数掩盖了具体项目之间的有趣差别，因此婴儿测验的使用受到了批评。休珀（Super，1976）逐一分析了贝雷量表中的所有项目后发现，肯尼亚基普西基人（Kipsigi）的婴儿很早就学会了无扶助的坐直、走路（比贝雷美国常模约早一个月）。基普西基母亲认为，这些肌肉运动发展非常重要，她们会命名这些动作并进行专门的训练。与此形成对照的是，那些几乎没有受到训练的其他肌肉运动行为，与西方常模相比却不是超前而是延迟了（例如，爬行）（Kilbride，1980）。了解这些研究结果的研究者不再言及一般的早熟，而是去研究族群育儿理论和心因运动发展之间的直接关联。这样，就出现了这方面的证据，即族群育儿理论和婴儿心因运动发展方面（有限）差异之间存在着很强的关联（Bril & Sabatier，1986；Dasen et al.，1978）。从有关非洲婴儿早熟的这场讨论中我们得到的总的教训就是，几乎没有任何证据表明，对个体发展而言，有着一个纯粹属于基因的（成熟的）影响因素，而且正如稍后我们就会看到，也同样没有任何证据表明，对个体发展而言，有着一个纯粹属于环境影响的因素。

　　早期研究中对感觉运动发展的偏重，其部分原因是，在 20 世纪后半期的大部分时间里，皮亚杰观点在发展心理学中处于中心地位（Piaget，1970 a，b）。尽管皮亚杰强调发展是有机体与环境之间的相互作用，但他对儿童个体本身的强调甚于社会环境。后来的研究重心越来越转向对儿童成长所处的社会环境的关注，或许最能体现这种转变的是对亲职性质育儿行为的研究（Bornstein，1991，1994；Bornstein & Lansford，2010）。因此，现在我们转向发展的另一方面，即父母与其婴儿的相互作用模式。一种直观的育儿亲职观认为，不应该只是训练新生儿与自然环境和社会环境相互作用，还应该训练父母应对自己婴儿的方式（Papoušek & Papoušek，1987）。

　　尽管在此我们关注的是成人的行为，但研究发现，婴儿养育行为具有明显的跨文化一致性。例如，妈妈（以及爸爸）与婴儿说话时运用了一种特殊的语调模式，这种说话的方式叫作"妈妈语"，其普遍特征是音调较高、音调变化范围较大（Fernald，1992）。详细的分析表明，音调模式还可以根据交流意图，例如寻求注意或安慰婴儿的目的（Fernald，1989）进行区分。这方面尽管存在着一些跨文化差异，但与一致性相比，这些差异可以忽略不计（Papoušek & Papoušek，1992）。

这种交流模式倾向于相互作用，凯勒及其同事们（Keller，Scholmerich & Eibl-Eibesfeldt，1988；Keller，Chasiotis & Runde，1992；Keller，Otto *et al.*，2008）的研究就说明了这一点。他们分析了美国、德国、希腊、图宾兰（Trobriand）以及亚诺玛米（Yanomami）社会的婴儿（2到6个月）与其父母的交流模式。结果发现其相互作用的模式是相似的。例如，当成人讲话时，婴儿几乎不发声，反之亦然；对于婴儿的发声，成人的回应有时是带积极情绪语气，有时是带消极情绪语气。研究者们认为，这些发现与直观的育儿习俗实践一致，这些实践体现在某些与生俱来的特征上，也正是这些特征调节着父母与儿童之间的交流行为。

这些（对许多人来说是不可思议的）相似点并非意味着父母对早期儿童的养育行为没有跨文化差异。例如，伯恩斯坦等人（Bornstein *et al.*，1992）发现，在与5到13个月的婴儿交流时，日本母亲比阿根廷、法国、美国母亲运用更多的"感情—凸显"（affect-salient）言语。这意味着，她们使用更多的不完整言语、歌曲和无意义的发声。其他文化中的母亲更多运用"信息—凸显"（information-salient）言语。这与先前的研究一致，即日本妈妈更能移情地理解婴儿的需要，并试图在婴儿能理解的水平上与婴儿交流，而西方国家母亲则鼓励儿童个体的表达。一个我们迄今无法回答但很重要的问题是，这些早期差异在多大程度上是微小的、偶然的，在多大程度上形成了一个社会使其幼儿社会化之种种一致性方式的起点。然而，卡特纳等人（Kärtner，Keller & Yovzi，2010）的新近研究表明，在喀麦隆和德国，母婴互动中具有文化特殊性的可能模式或许在婴儿生命中的第二和第三个月就已经出现了。

最近，用以描述和解释养育模式方面跨文化差异的视角被称为发展路径（developmental pathways）。这些路径受到有机体与环境（文化）的后成性（epigenetic）相互作用过程的影响。根据一些跨文化发展心理学家（Keller，2007）和社会心理学家（Kağitçibaşi，2007；Markus & Kitayama，1991）的研究，发展结果方面表现出的跨文化差异是重视自主性还是关联性（relatedness）之类基本人格维度的表现。有一种观点强调关联性甚于自主性，故基于个体在社会系统尤其是家庭中的成员身份来定义个体。该观点把孩子视为与他人相互关联的合作性能动者（co-agent），因此将和谐的关系、接受（主要是基于年龄和性别）等级制度、与人合作和遵从他人视为发展的主要标志（Greenfield，Keller *et al.*，2003）。根据凯勒（Kaller，2007）的研究，相互依存的自我构念是与以农业生计为基础的生活方式相适应的。而强调自主性甚于关联性的观点，则被假定为是与城市化、教育发达的社会经济环境相适应的。该观点认为，一个独立的个体是独立自足的、好竞争的、分离的、独特的、自立的、自信的和有主见的（Kağitçibaşi，2007；Keller，2007）。

2.1   父母育儿行为成分模型

凯勒(Keller，2007)提出的父母育儿行为成分模型(component model of parenting)假设，从物种进化史角度看，不同的育儿系统都具有一个普同性剧目单，这些系统通过种种互动机制而个别地得以调整。这些系统由六类具体的育儿行为构成，包括"基本照料""身体接触""身体刺激""物体刺激""面对面交流"和"叙事"。而实际表现出的育儿行为模式和风格，则塑造于四种互动机制，包括关注模式(排他型或共享型)、对偶发事件的及时反应、温暖程度以及对积极或消极情绪的基本取向。育儿系统和互动机制被认为基本上是相互独立的，人们可以通过不同组合而形成可替代性的策略。这种组合被认为是为了适应特定环境的要求，并能帮助孩子习得一种基于特定场景的心理。

凯勒及同事(Keller，2007)多次论述说，在生命第一年中，父母采用一种近身型(proximal)育儿方式有助于相互依存型自我构念的形成。这种方式会综合使用大量的身体接触和身体刺激，而言语性心智化行为(mentalizing)则较少。身体接触是由身体近在咫尺、怀抱和共眠等行为组成。在许多不同的传统环境即所谓"背部和臀部文化"中，婴儿(LeVine，1990)几乎都是整天被他们的母亲或者其他看护者带在身上。例如，(属于喀拉哈里沙漠中闪人族群的)阿卡俾格米人(Aka Pygmy)和西贡人(！Kung)的母亲们每天大约8 个小时都携带孩子(Barr，Konner *et al*.，1991；Hewlett，1991)，南美洲阿克人(Ache)的婴儿在白天有93％的时光都主要是在其母亲的抚触之下(Hill & Hurtado，1996)。身体接触的心理功能主要在于情感温暖的体验，这与社会凝聚力、亲密感以及归属感息息相关(MacDonald，1992)。热情友好的感受有助于孩子乐意接受父母的信息和价值观(Kochanska & Thompson，1997；Maccoby，1984)，可为个体过这样的生活做准备，即基于和谐，并尊重家庭成员间或者基本社会群体中的等级关系(Keller，Lohaus *et al*.，1999)。与此同时，身体接触式的照料方式允许母亲持续地参与为了生计的劳动，例如务农、取水和做饭，虽然带孩子或许会占用母亲从事生产其他资源活动的时间(Hill & Hurtado，1996)。

身体刺激也是以身体交流为基础，不过都是一个排他性的二元活动(an exclusive dyadic activity)。母亲通过触摸和运动为其婴儿提供动作性的、有挑战的经验而刺激他们。这种方式多种多样，西非的照料者会将整个婴儿身体在一个笔直的姿势之上举起放下，而德国的照料者则非常文雅地锻炼婴儿的胳膊或腿(Keller，Yovsi & Voelker，2002)。身体刺激与动作发展会有功能上的联系。本书正文中所说的非洲婴儿的动作早熟(Geber & Dean，1957；Super，1976)，已经被解释为这些早期刺激模式的结果(Bril，1989)。在印度，对婴儿的洗浴和按摩也被证明可以加快其发展和发育(Landers，1989；Walsh Escarce，1989)。身体刺激或许可以进一步增强身体发育，以便为有机体早期的生殖发育做准备。最后，言语环境是框架性的、重复性的，且很少精心设计的(Fivush & Fromhoff，1988)。这些谈话的典型特征是，母亲的命令和教诲发挥着主导作用，其高度重视的是社会情境、道德正直和一个特定行为的后果(Wang，Leichtman & Davies，2000)。情绪往往被视为有破坏性的，因而期待得到控制(Bond，1991；Chao，1995)。这种常见的风格已经被认定为一个相互依存型社会文化取向的典型特征(Keller，Kärtner et al.，2005)。

独立型自我被认为是远身型(distal)育儿风格的长期结果。婴儿期的远身型育儿行为主要包括面对面交流、物体刺激和精心设计的言语环境。这种面对面交流以通过相互的眼神接触和语言的频繁使用为主要特征(Keller，2007)。在面对面系统中，亲职性育儿投入包括时间付出量和双向行为交流中的关注。面对面交流要遵循假想性对话的规则，以便能够为婴儿提供偶发事件感知(contingency perception)方面的体验。通过这种对交流信号的迅捷(条件性的)回应，婴儿可以察觉到自己就是父母行动的原因。以这种方式，婴儿就可以了解他或她的唯一性和自我效能感。此外，在面对面的情况下，积极的情绪也得以传达和交流(Keller et al.，1999)。

物体刺激系统盛行于都市里受过教育的中产阶级之中，其目标是将婴儿与一般情况下由种种物体和物理环境组成的非社会性世界联系在一起。这种精心设计、引发交谈的互动方式的典型特征是经常地提问、耐心阐述以及将儿童输入信号整合的倾向，以便出现一种平等的会话模式(Reese，Haden & Fivush，1993)。这些叙事是丰富的、经过修饰的和细致的。其重点是关注婴儿个人的特征、选择和判断。情绪经常被认为是自我构念的直接表达以及对个体重要性的肯定(Markus & Kitayama，1994)。这种精心设计的阐述式交流方式已经被认定为是独立型社会文化取向的一个典型特征(Fiske，Kitayama et al.，1998；Chasiotis，Bender et al.，2010)。根据凯勒(Keller，2007)的研究，这种远身型面对面式的育儿系统，尤其显著地盛行于这样的社会情景中，即独立个体必须具有能动性，以满足充满种种独立自足的和竞争性的社会关系的需要。

母子依恋模式

婴儿与其母亲的依恋(attachment)是发展心理学的一个重要主题(Ainsworth，1967；Bowlby，1969)。鲍尔比根据动物行为学提出一个观点，即人类婴儿的行为，例如哭和笑，能促使成人给予照顾的反应。通过这种相互作用，特别是与母亲的相互作用，依恋发展起来了。这为儿童提供了一个探索世界的安全基础。安全感的重要性在隔离饲养恒河猴的那个著名实验中得到了证实(Harlow & Harlow，1962)。该实验所用的笼子中有两个装置：一个用金属丝编成，并有一个乳头供幼猴喝奶；另一个用柔软的布填充。结果发现，当把陌生的或可能产生威胁的物体放入笼中时，猴子紧紧依附的是"布妈妈"而不是"金属丝妈妈"。显然，决定依恋行为的是温暖和安全，而不是食物。该领域的理论家假定，安全的依恋形成了健康的情绪和社会发展的基础。

尽管依恋理论最初来源于现场观察，但最常用的评价方法却是一种标准化方法，即"陌生情境法"（Ainsworth，Blehar *et al.*，1978）。该程序包括一系列实验室情境，最初，儿童跟妈妈一起；过了一会，一个陌生人进来；接着妈妈离开；然后陌生人离开；然后妈妈回来。观察儿童在每一个阶段的反应。有些一岁儿童在妈妈回来时就走向妈妈，或者当感到不安时就接受妈妈的安慰，这些儿童是安全依恋型的。有些儿童回避妈妈，或表现出愤怒，这些儿童是不安全依恋型的（这还可以再分为两种或三种亚类型）（Main & Solomon，1990）。

将上述"陌生情形"作为测评程序的做法，在跨文化等效性（cross-cultural equivalence）方面是有问题的。基于西方育儿实践的临床经验，鲍尔比假定，母亲是人类婴儿的专有看护者。在鲍尔比（Bowlby，1969）系统地表述其理论之后的多年时间里，这种排外性母亲—婴儿二人关系的主张受到这类发现的挑战：在种种文化中，父亲是作为一个补充的、具有潜在重要性的照料者（Lamb，1986）。例如，在阿卡俾格米（Aka Pygmy）人中，父亲会花相当多的时间跟几个月大的婴儿在一起（Hewlett，1991）。

在过去的几十年中，来自灵长类和人类行为生态学的新证据已经表明，来自于生身父母以外的群体成员的援助，似乎对灵长类动物婴儿的生存和生长至关重要（Hrdy，1999）。根据这一合作式养育后代的假说，在人类进化过程中，这种援助对于儿童生存也是必不可少的。与这种推理一致的是，许多社会中的年幼儿童都总是在这些人的陪伴之中，包括比儿童年长的同胞哥哥姐姐、母亲的朋友或女性亲戚（Hrdy，1999，2005）。白天与孩子长时间竖直式的身体接触，不仅是许多游牧打猎社会的特征，在农业社会中也很常见。随着婴儿的成长，儿童所接触到的社会互动的跨文化差异也越来越大。在某些环境下，儿童成为扩大家庭或村庄社群的一部分，其中很多成人和其他儿童承担了照看幼儿的任务。而在另一些环境下，妈妈作为首要照看者的角色既是最重要的，也是唯一的。最近，西方城市环境中已经兴起了一种新模式：把几个月大的婴儿送到日托中心。可想而知的是，与那些几乎一直都是由母亲专门照料的一岁婴儿们相比，这些一岁婴儿对陌生情境的反应，还能以同样的方式进行解释吗？

这些文化习俗的差异会产生什么样的后果呢？鲍尔比和安斯沃思所提出的依恋理论强调一位主要照料者的重要性，这在所有的社会中通常都是母亲。为了让婴儿形成安全的依恋模式，母亲必须在婴儿需要她时随时出现。如果儿童要面对不同的其他成人照看者，特别是陌生的亲戚，可能不利于他们形成安全的依恋模式。毋庸置疑，这对建构最有利于儿童发展的儿童照看模式，特别是日托中心的儿童照看模式，具有重要的启示。然而，问题并非如此简单，因为无论是社会环境本身还是社会化的目标，在不同的文化中都是不同的。因此，正如我们早先所提到过的，有人主张区分两种不同的取向：在西方社会，社会化更多地定向于重视自我调节和自主，而在很多非西方国家，则更多地定向于强调社会相互依赖（Bornsein，1994；Bornstein & Lansford，2010）。

凯勒及其合作者(Keller，2007；Keller et al.，2004)都主张，儿童早期所经历的抚养主题与其后来自我概念的本质差异之间存在着关联性。要想提供支持这种观点的有效证据，需要在具有不同习俗的社会中进行从婴儿期到成人期的纵向研究。如果只是较短时间内研究依恋风格的关联性，以及要求成人回忆他们的早期依恋经验，只会获得更多并不可靠的证据。一个九年的追踪研究(研究结束时，儿童已经满 14 岁)发现，儿童早期教养方式和后来在投射测验中表现出的攻击性之间存在相关。有一种方法是询问成人有关的过去经历，称为成人依恋访谈(Main，Kaplan & Cassidy，1985)。访谈结果与成人照料风格之间的关系已经在一个基于多个研究而进行的元分析中发表(Van Ijzendoorn，1995)，但对这一结果的解释还存在争论(Fox，1995)。依恋模式还可进一步延伸到成年以后的生活中，其表现在照顾需要帮助的年长父母的方式上(Ho，1996；Marcoen，1995；Marcoen，Grommen & Van Ranst，2006)。

在临床心理学和发展心理学中，至少自从弗洛伊德(Freud，1938)声称生命的前六年非常重要以来，早年经历具有长期影响这一观点就受到广泛的争论。文化比较研究可能有助于解决这一争论，尽管所处的生态文化和社会政治环境经常会持续性地影响个体的一生。这就使得我们很难把生命早期所受的影响与当前环境的直接影响区分开来。有时，我们会对微妙的社会文化变量的长期影响进行猜测性推论，这样做的危险是，我们可能会忽视实际生态条件的差异。一个例证是怀廷(Whiting，1981)在多个国家对婴儿携带习俗和年平均温度之间关系进行的研究。怀廷把婴儿携带习俗分为三种类型，即摇篮、双臂和吊带。在全球地图上画一条 10 摄氏度等温线(最冷月份)，把三种携带风格置于同一地图上，结果发现携带风格与温度有显著的相关。总共 250 个社会样本中，在平均温度低于 10 摄氏度的地区，占主导地位的方式是用摇篮携带，而在较温暖的社会中，主要是用双臂和吊带携带婴儿。主要的例外是因纽特人，他们用毛皮大衣的兜帽携带婴儿(但是远离他们的身体)。我们可以推测，气候和儿童养育习俗之间的关系是出于功能的考虑。在这方面，可能是对实际的考虑产生了影响：婴儿把尿洒到衣服上，在寒冷的气候条件下是令人讨厌的，而在炎热的地方却可以很快蒸发。我们可以推测这些携带习俗会对婴儿产生长期的影响。在第三章中我们讨论作为发育期的童年期时，以及在第十一章中涉及文化传递模式时，我们将回过头来对这个话题进行讨论。

早年社会认知

其他哺乳动物的婴儿期后面紧接着就是少年期，在这一阶段它们不再依赖父母而生存。人类却是唯一具有鲜明"前青春期"性质童年期的物种，因此人类这一灵长类动物也就相应地拥有了最长的童年期(Bogin，1999)。这种长时期的不成熟状态(加之人类在老年期存在明显的后生殖阶段这一特点)导致了人类发展的许多独特方面。因为灵长类动物不成熟状态的时间长短与大脑的大小有关，而这反过来又与社会复杂程度有关(Dunbar，1995)，这段长时间的依赖期被认为是一个用以适应复杂人类社会环境的准备期(还可见第三章关于作为性格形成关键阶段的童年期部分和第十一章的适应部分）。

由于人类婴儿既依赖于给予其照料的环境，又具有与生俱来的社会互动倾向，因此在对世界进行心理化（mentalizing）的偏好方面，他们表现出了许多有趣的事例（Gergely，Nadasdy *et al*.，1995）。早在3个月时，婴儿们就开始将行动理解为目标导向的。例如，婴儿们尝试着去模仿的是其他行事者的有意图行为，而不是偶然性行为，他们还会以特定的方式将不愿意做的行动者和无能为力的行动者区分开来（Gergely，Bekkering & Kiraly，2002）。根据一些研究者（Tomasello，1999）的发现，婴儿在大约8个月的时候，在社会理解方面会发生一个"革命"。联合注意（joint attention）、用手指物和其他的交际手势首次出现，婴儿可以通过这些非语言手段来表明环境刺激。这些都是这种理解力发展的重要指标，即能理解他人有着不可观察的心理状态。联合注意是一个强大的文化工具，因为它是婴儿、照料者和物体之间建立起来的"三位一体"，可以产生对一物体的分享性社会活动。这些行为被看作成熟的心理理解能力［即"关于心理理论（theory of mind）"，参见 Premack & Woodruff，1978］的先兆。

测量这种心理理解能力的一个经典任务就是"错误地点任务"（Wimmer & Perner，1983）。该任务是，先在一个地点隐藏一个物体，然后在戏剧（通常是用木偶来表演）的演员离场后将该物体重新隐藏到另一个地点。如果这个孩子表现出他预期戏剧主角会到第一个地方去寻找这个物体，他就明白戏剧主角拥有着和自己不一样的错误信念。研究表明，儿童对这一任务的理解受到一些实质性变化的影响，尤其是在3岁至4.5岁的年龄跨度之间（Wellman，Cross & Watson，2001）。然而，值得注意的是，最近使用非语言形式的研究表明，15个月大的婴儿就能够具有期待，期待戏剧主角会去他自己相信该物体应在的位置去寻找这个物品（Onishi & Baillargeon，2005；Surian，Caldi & Sperber，2007）。这是个有趣的证据，表明心理理解能力这一重要发展甚至早于语言获得。

那么，婴儿们真正知道多少？显然，从生物学角度说，婴儿是为一个由物体和有生命的存在所组成的世界做好了准备的（Bjorklund & Pellegrini，2002）。在对无生命物体的直观理解方面，所有婴儿需要的信息就是物体的基本表征。然而，若要实现对有生命存在物的直观理解，婴儿则需要一个关于他人心理表征的表征，即元表征（metarepresentation）。完善的元表征发展取决于以诸多方式进行的重要社会活动，如模仿、对目标导向型行为的意图解读和识别、假装情景游戏（pretend play）和语言等。其中，最有可能发展的就是其反思自己表征的能力。一些研究者认为，这种能力在18个月以前是不可能具备的；当儿童到18个月后，能够在镜子中认出自己的时候，才算获得了一种关于他们自我的心理表征（Bischof-Köhler，1991）。因此，关于在1.5岁到3岁间大约18个月的这一阶段的儿童发展，"怀疑论者"和"热衷者"的主张看来是有差异的（Bischof-Köhler，1998）。根据热衷者们的观点，婴儿们在其生命的第二年中就已经有了全面的心理理论；而根据怀疑论者们的观点，该能力在第三年之前不会出现。

因此，婴儿对世界的理解可能是由多重因素所决定的。他们可能拥有一些先天固有的或者属于特定领域的知识，例如，心理理论方面的知识，然而在其他情况下，其理解可能会涉及属于更一般领域的心理机制(例如，记忆)。例如，让我们看看与个体发育中心理理论能力有关的发展概念和情境因素。就情境性的促进因素而言，与兄弟姐妹或小伙伴们进行的假装情景游戏可以促进心理理论能力，所以那些出生于更大家庭的孩子更早地表现出了心智理论方面的发展(Ruffman，Perner et al.，1998)。除了与语言习得有着明显的关联之外(Goswami，2008)，心理理论能力与抑制性控制(inhibitory control)也有着密切联系。抑制性控制是关于个体日益意识到自己心理状态的调控方面的一个重要元素，这具体可分为延迟抑制(欲望的延迟满足)和冲突抑制(以这种方式来应对那些伴有更突出反应的冲突)。在个体发育过程中，冲突抑制尤其与心理理论相关联，但直到如今，研究者们对抑制能力和心理理论发展轨迹二者的因果关系尚不清楚。不过，有一些证据表明，一种基本的抑制能力是心理理论发展的先决条件(Chasiotis，Kiessling et al.，2006；Pellicano，2007)。

从跨文化视角来看，这些研究体现出了主流发展心理学的一个基本假设，即关于人类心理的日常知识在任何地方都是一样的。这对于心理理论及其发展的这种普同性观点具有重要意义。如果能证实这一信念，即其他人是具有心智的存在，其行为方式是基于特定心智状态(需要、信念或者情绪)，那么，这样的看法就是有道理的，即心智是理性的，且能够控制情绪和意图，从而能够调控个体行动。然而，也有一些理由可以假定，心智的概念化是具有文化特殊性的。可能有这样一些文化，它们在解释个体行动时，较少地涉及内在心理状态，而更多地参照情境因素，甚至会涉及外在于身体的种种灵魂。在关于心理理论文化差异的综述中，利拉德(Lillard，1998)宣称，欧美的俗民心理学(folk psychology)模式是不具有普同性的。

若要回答俗民心理学概念是否具有普同性这一问题，方法之一是考察其发展。查斯欧迪斯等人(Chasiotis，Kiessling et al.，2006)调查了这两者的关系：其一是关于心理理论(这方面该研究测量的是对错误信念的理解)；其二是抑制性控制(抑制一个反应并激活另一个反应的能力)。这是因为，后者被看作前者的一个重要先决条件。所用的学龄前儿童的三个样本分别来自欧洲(德国)、非洲(喀麦隆)和拉丁美洲(哥斯达黎加)。在控制了年龄、性别、兄弟姐妹数量、语言理解能力、母亲受教育程度等因素之后，研究者没有发现文化具有调节作用；在冲突抑制与错误信念理解之间，每一种文化都表现出了相同的关联。进一步看，在任一文化中，延迟抑制对错误信念理解都没有表现出显著的预测作用。这些结果与那些以美国人或亚洲人为样本的研究结果是一致的(Carlson & Moses，2001；Sabbagh，Xu et al.，2006)，这预示着冲突抑制与错误信念理解之间的关系可能存在普同性。在查斯欧迪斯等人(Chasiotis，Kiessling et al.，2006)的研究中，与其他两种文化相比，喀麦隆儿童在心理理论方面的得分明显较低；他们在抑制冲突方面的分数也比较低，在延迟抑制方面的分数却比较高。这些平均分的差异，使得冲突抑制与错误信念理解之间的关系具有跨文化恒定性这一主张更为有趣，因为这些平均分差异是在确保这两个概念之间具有文化恒定性关系这一背景下观察到的。这些研究发现说明，服从和从众这些相互依存性养育目标与儿童较好的延迟抑制表现和较低的错误信念理解力有关(Chasiotis，Bender et al.，2010)。

　　本章以作为发展情境的文化概念开始，说明了这一情境的概念化，例如发展微环境的概念。紧接着我们更为详细地解释了文化传递的模式，因为它对本章的许多内容，甚至对本书的许多内容而言都是核心的。接下来，我们更细致地考察了学前期个体的其他一些发展论题，描述了作为儿童获取知识途径的濡化和社会化。此后，我们考察了儿童社会化的主要实施者即父母，探讨其育儿信念是如何导致养育行为的跨文化差异，而这些行为反过来又是如何影响儿童发展的。养育行为很有意义，因为它们可以解释成年期的跨文化差异如何在童年期就已经出现了。在最后一节，我们论述了对人类儿童而言可能是最重要的心理领域特征，即能够理解其所处社会环境中那些在心理方面发生的事情。

拓展阅读

Bornstein, M. H. (edn.) (2010). *Handbook of cultural developmental science*. New York：Taylor & Francis. （该手册记录了儿童和家长在身体、认知、情绪情感和社会性发展等方面的文化变量。）

Cole, M., and Cole, S. R. (2004). *The development of children* (5th edn.). New York：Freeman. （这是一本关于发展心理学的导论性教材，对儿童和文化场景的关系给予了充分关注。）

Keller, H. (2007). *Cultures of infancy*. Mahwah, N. J.：Erlbaum. （该书全面概述了海蒂·凯勒有关婴儿期和儿童期发展途径的文化变量，所作分析令人印象深刻。）

Nsamenang, A. B. (1992). *Human development in cultural context：A third world perspective*. Newbury Park, Calif.：Sage. （该书从非洲生态和文化的角度对发展心理学进行了介绍和反思。）

第 3 章

个体发展： 童年期、 青少年期与成年期

　　在有关个体发展的跨文化研究兴起之际，对毕生发展(life span development)研究的兴趣实际上早已急剧增加，它不仅涵盖从出生到成年，还进一步关注经由成年至生命终结(Baltes，Lindenberger & Staudinger，2006)。本章我们将超越第二章，对人生发展诸阶段的跨文化差异进行审视，它们是童年期、青少年期和成年期。在从文化角度讨论有关童年期和青少年期的种种观念之后，我们将基于证据说明，童年期的经历如何能够解释成年期的跨文化差异。在成年期部分，我们将探讨不同文化中的婚配、伴侣关系和育儿行为。最后一部分，我们将讨论成年晚期研究的两种思路：毕生发展路径和进化路径。本章结语将反思这两章所涉及的发展议题的跨文化可应用性。

童年期与青少年期

正如上一章所说，人生发展可以按阶段加以描述。我们在上一章探讨了人生的最初十年，它包含两个阶段：婴儿期和童年早期。婴儿期是指从出生到 2 岁的阶段，童年期主要是指从婴儿期之后到性成熟之前的这个阶段。作为发展阶段的青少年期是性成熟发生的时间，也可被认为是迈向成年期的质变阶段。

作为文化观念的童年期和青少年期

各地都有关于儿童和发展的理念，而且正如第二章有关族群育儿理论部分所示，各文化中此类的理念并不相同。就在西方社会内部，随着时间的推移，关于儿童是什么模样以及他们应该如何行事的观念已经发生了变化。凯塞恩（Kessen，1979）把美国儿童概念叫作"一个文化性质的发明物"。例如，其引用的资料都强调美国儿童的遵从，告诫父母不要与其孩子玩耍。凯塞恩进一步质疑，儿童是否有一个"基本性质"。阿瑞斯（Ariès，1960）质疑中世纪西欧核心家庭中情感纽带的存在，而如今情感纽带已经是这类家庭众所周知的重要特征。当时婚姻侧重的是体面和精心张罗，现今则视浪漫的爱情关系为形成伴侣关系的基础。阿瑞斯的立论是基于历史文献，他注意到，历史上人们对儿童并不表达情感。然而，其他研究者所引用的大量资料的确提到了这种情感表达，并展现了极为不同的情形，即父母和儿童之间的情感纽带那时候是存在的（Peeters，1988）。这说明，有意义的假定应该是，（不同文化间）存在若干基本的方式，儿童的这些方式从普同角度看是相同的，且儿童与成人也以这些方式进行互动（见第二章）。

跨文化研究，特别是人类学家所进行的跨文化研究，常常卷入这样一个争论：该争论始于对萨摩亚岛上人们在青少年期无忧无虑生活的描述，这些描述如今充满争议（Mead，1928；Freeman，1983）。西方人看待青少年期的典型观点强调，青少年阶段的特征是与父母冲突、情绪混乱、滥用药物之类的危险行为（Arnett，1995，1999；Dasen，2000）。然而，被称为"全人类研究"（hologeistic studies）的来自世界各地的人类学证据（Schlegel & Barry，1991）清楚地表明，尽管任何地方的青少年阶段都是个体习得新社会角色的时期，会伴随着相应的心理紧张，但它却并不总是像大多数 20 世纪西方发展心理学家和临床心理学家所宣称的那样，即暴风骤雨期和压力期。青少年期相对较短，女孩大约 2 年，男孩 2 到 4 年。当为了成人生活而接受的训练较多时，其需要的时间会长一些。在某些情况下，例如在印度农村，儿童在很小的时候就要担负起成人的工作，其青少年期所占用的时间和注意力，并没有西方社会以及印度城市中富人们所界定的那么多（Saraswathi，1999）。在一定程度上调和有关青少年期的矛盾观点的一个办法，或许是区分狭隘的和宽泛的社会化概念（Arnett，1995，1999）。与此相似的思维是，从社会文化取向看，自我构念可分为独立自主的自我和相互依存的自我（参见第二章民族育儿理论部分）。欠发达人口大国中的许多社会都使用狭隘的社会化模式。他们对青少年有着坚定的期望值，且总想限制他们的行为。这或许会减少其鲁莽行为的发生，但是也会降低其自主性和创造性。现代化社会则表现了宽泛的社会化模式，因而更少地限制孩子，且对其期待更多是在自我表现和自治方面，因而允许更多的鲁莽行为和其他形式的自我表现。这与埃里克森（Erikson，1968）的"心理延缓"观相似。

由于青少年期具有过渡性性质，不同文化阐释和管控青少年期的方式存在很多差异。各个社会都有某种成年礼仪式（initiation ritual）来标记个体发展中的这一个重要转折点。现代文化特别强调，这是一个非同寻常的发展阶段，甚至通过延长学制来延长童年期和成年期间的这段时间，而许多非工业社会的文化期待是，人们刚到十几岁时就开始工作或者结婚，青少年此后很快就承担成人的角色。在历史上，弗洛伊德的精神分析理论仅仅将青少年期视为性潜伏期的尾声，没有任何特殊功用（Freud，1938）。弗洛伊德理论的主要修正者之一埃里克森（Eric Erikson，1968），也是从毕生发展的角度来看待人生发展的先行者。他本质上是从心理社会角度而不是性本能的角度，解释精神分析学提出的人生发展阶段观。与将人生发展仅仅看作是由性成熟过程所决定的观点不同，埃里克森提出了一种转向，即更多地从社会文化视角来看待人生发展，在此过程中，同一性（身份）形成的决定性时期是从童年早期到青少年期（Marcia，1980）。

早期关于青春期的生物学观点认为，青少年期是一个不可避免的充满暴风骤雨和压力的时期。最近的神经生物学研究表明，在青少年期，若干大脑区域会进行大量的模式重塑，这些区域会影响诸如情绪调节、抑制管控和做出规划之类的执行功能。其中，负责情绪体验调节的大脑区域会比那些调节认知活动的大脑区域改变得更为迅速（Monk et al.，2003）。诸如多巴胺系统（或"愉悦"系统）重塑之类的神经变化，可能会导致更多的自我关注、奖赏寻求和冒险（Blakemore & Choudhury，2006；Steinberg，2008）。这些研究结果表明，该阶段认知成熟和情绪成熟之间存在着一些差距，这或许可以解释为什么青少年有时候可能会不是很合理地行事，虽然他们已处于其认知能力的高峰期。不过，这只是青春期故事原因的一半。其他研究表明，社会环境对解释青少年适应的可变性也很重要（Costello & Angold，2006）。

达森（Dasen，1999，2000）在以跨文化的视角回顾关于青少年期的跨文化研究文献时，注意到三种方法论路径：（1）全人类（hologeistic）视角的研究；（2）在数个社会中进行的民族志田野工作，例如，怀廷夫妇（Whiting & Whiting，1988）就主持过这样的研究；（3）来自多个非西方国家的临床心理学家和发展心理学家的报告。在试图确定什么样的社会条件能最顺利地使儿童过渡到成年时，达森认为，青少年的压力主要来自快速的社会变化，而家庭的连贯性和完整性作为一个变量可以起到缓冲作用。吉本斯（Gibbons，2000）和萨巴蒂尔（Sabatier，1999）也在跨文化研究中提出了关于青少年期的其他观点。他们针对多元文化社会中移民群体的青少年，主要进行的是大规模的跨国调研。就像彼得森（Petersen，1988）在主流发展心理学中研究青少年期一样，萨巴蒂尔提供了有关移民青少年的"种种神话的真相"：与流行的观念相反的是，一般地说，这些青少年通常不是特别容易患心理疾病，且具有积极的自尊，其受到的激励是，要在学业和职业技能学习方面取得成功。他认为，有关的另一个神话是，涵化扩大了代沟，而该神话已经被新近的研究结果推翻，至少是温和地修改了。

在青春期前阶段荷尔蒙变化的催动之下，青少年期的第一个外显信号就是急速发育。紧随其后的就是身体比例的变化：女孩的臀部和男孩的肩膀变宽，女孩增加了更多的脂肪，男孩增加了更多的肌肉。这些变化最后导致性成熟。女孩性成熟的开始可以通过月经初潮（menarche）而更容易地确定出来。测量男孩子青少年期的开始比较困难，因此现有更多证据说明，女孩青春期开始的年龄具有高度可变性。初潮年龄不仅在一个群体中有差异，在不同历史和文化情境间也有变化。在新几内亚一些采摘性群体中，月经初潮的年龄在20岁左右；在18世纪的欧洲，初潮年龄是16岁左右；而在现代欧洲，初潮的平均年龄是在12岁。这种高度的可变性不能够仅仅用遗传差异来解释，同样也不能单独用营养因素来解释（Thomas，Renaud *et al.*，2001）。这说明，人类身体发育有着一个有趣的环境可塑性（Belsky，Steinberg & Draper，1991；Ellis，2004），我们将在接下来的部分中探讨这种可变性。

作为迈向成年形成阶段的童年期

有关天性—教养的争论主要涉及的问题是，可观察的行为有多少可以用生物因素来解释，有多少可以用环境因素来解释（见第一章和第十一章）。早在1958年阿纳斯塔斯（Anastasi，1982）就指出，更相关的一个问题是，天性和教养二者之间是如何发生联系的。正如我们将在第十一章中看到的，有关社会行为的生物学理论，正在促使人们从理论上理解这些关系如何可以概念化。社会行为在行为的生物学研究中被认为是高级的。社会行为领域出现的种种理论观点都认为，生殖发展是这样一种互动过程的表观遗传性质的结果，即具有发展所需遗传给定机能的有机体与实际环境经验之间相互作用的过程。

发展心理学的跨文化研究中对这种相互作用的考察，可以把个体早年条件下的差异和后来的有特征行为模式之差异联系起来。从进化的角度来看，儿童时期的许多特征可以被认为是为成年期而做的准备（Bjorklund，1997；Chasiotis，2010）：如果环境变迁较之个体生命全程而言是缓慢的，那么适应的最佳模式就是在个体生命早期为其创造令人敏感的学习情境，为成年期做好种种准备，以使之引导以后的生命发展（Draper & Harpending，1988）。这方面的研究表明，对个人心理发展而言，童年期的前六年可被视为最重要的时段（Lamb & Sutton-Smith，1982）。每个孩子处于一个独特的抚育环境中，这个环境由典型的场景变量构成，诸如具体的出生顺序（Sulloway，1996；Toman，1971）和社会经济条件。社会学（Inglehart，1997）和跨文化心理学（Allen，Ng *et al.*，2007）中广泛进行的价值观调查表明，社会经济因素对发展条件具有重要意义。例如，已有研究发现，与成年被试现在的经济状况相比，其童年期所处的财务状况是预测其成年期所持价值观的更好指标（这可归结为"经济决定论"，是指经济状况对心理发展的影响）。接下来，我们所呈现的实证研究成果是关于童年期情境的两大构成因素，即出生顺序和童年期的社会经济地位，以及它们对青春期开始时间、育儿动机和社会价值观方面跨文化差异的解释力。

青春期开始时间

为了对个体童年期所处社会经济环境对其躯体、心理和生殖方面发展的影响进行概念化，进化视角的发展心理学提供了一个理论框架（Belsky，Steinberg & Draper，1991；Chisholm，1993）：贝尔斯基、斯滕伯格和德雷珀把儿童早年环境中的因素与后来的性行为以及生殖行为联系起来，并将资源有限、具有不安全依恋模式、有压力的家庭，与充满温暖和安全的家庭进行了对比。前一类家庭中有一个趋势，即女孩达到性成熟的年龄较早，而且不论男孩女孩，接触性行为也更早。这一模式在后来还会持续，并导致夫妻关系不稳定（高离婚率），以及对养育后代投资较少，从而为下一代的儿童造成了不安全的社会环境。其他一些研究也发现了支持这些观点的跨文化成果（Chasiotis，1999；Chasiotis，Scheffer et al.，1998）。这些主张影响广泛，其原因至少有二。第一，贝尔斯基等人提出的代际模式早就有人提出，但以前的研究归因于在代与代之间延续的社会环境因素；刘易斯（Lewis，1966）在解释这些模式时曾提及"贫困文化"（a culture of poverty）。第二，贝尔斯基等人的发现暗示，社会因素影响性成熟和月经初潮等生物过程。然而，这种影响在过去被认为与生物学原则不符合，而现在则认为社会条件的确影响身体发育过程（Gottlieb，1998；Gottlieb，Wahlsten & Lickliter，1998）。

通过一个旨在调查 1990 年德国重新统一后所发生的社会变迁对家庭发展影响的研究项目，查修迪斯及其同事（Chasiotis，1999；Chasiotis et al.，2003；Chasiotis，Scheffer et al.，1998）支持上述观点。在对来自奥斯纳布吕克（西德）和哈雷（东德）的样本的比较中，基于预测身心发展结果，他们证实了童年期出生顺序及其与所处社会经济状况相互作用的重要性。在一项研究中（Chasiotis，Scheffer et al.，1998），他们使用来自东德和西德的母女配对组合子样本，对青春期开始的时间会受童年期经历的影响这一假设进行了检测。两类母女配对样本的比较表明，看来母女间被继承下来的东西并不是青春期的时限本身，而是对青春期开始前童年环境的敏感性。对同一个研究项目其他子样本社会状况和出生顺序的考察，则产生了这一假设，即童年期情境变量也可以决定东西德样本在代际情境持续性方面的差异。他们（Chasiotis，Keller & Scheffer，2003）的一个再分析结果显示，对那些没有弟弟妹妹的妇女们（例如，独生女或者最后出生者）而言，出生顺序对有关初潮年龄的童年期变量有着显著的和主要的预期影响。相比之下，有弟弟妹妹的被试（即长女和中间出生者）则没有表现出这样的影响。在他们（Chasiotis et al.，1998）先前的研究中，东德和西德的父母与孩子之间在代际文化情境持续性方面的差异，被解释为由前德意志联邦共和国和德意志民主共和国所盛行的不同社会文化背景所导致。对研究数据的再分析表明，影响青春期开始时间的代际性场景不持续性的出现，主要是由于最小的女儿及其母亲在童年期的不同经历。看来是弟弟妹妹的缺失或存在会影响初潮年龄，而不是被试的"文化"来源。

育儿动机

尽管已有许多关于育儿行为在情境和文化方面差异的报告(Keller，2007)，但是育儿行为文化差异的动机性根源却鲜为人知。查修迪斯、霍费尔和坎波斯(Chasiotis，Hofer & Campos，2006)认为，与弟弟妹妹的互动经历应被视为育儿动机出现的一个重要因素。他们从跨文化的、发展的视角认为，弟弟妹妹的存在会激发亲社会的养育动机和照料行为。相应地，这种内隐的亲社会动机(implicit prosocial motivation)会导致个体在可意识水平上对儿童产生积极的、充满爱的情感，并最终导致为人父母的心理(还可见下面的成年期部分)。他们采用结构方程模型证明，这一发展路径对男女被试而言都是可检验的，而且在来自德国、哥斯达黎加和喀麦隆的不同文化样本中皆是如此。进一步的调查确认了这种关联，因为内隐育儿动机表现出了文化差异，并且与是否拥有弟弟妹妹这一状况有关——这在各个文化之中都不相同。为了调查这类童年期情境变量对文化差异的影响，研究者首先对内隐育儿动机对"更年幼的弟弟妹妹"这一变量进行回归分析。接下来，回归分析中出现的内隐育儿动机方面的非标准化残差结果(unstandardized residual)，被重新放入一个以文化作为预测性因素的方差分析之中。这个方差分析以内隐育儿动机的残差作为因变量，以文化作为自变量，结果表明文化的效应值显著下降。这意味着，最初文化对内隐育儿动机影响效应值中，有 62% 可以追溯到弟妹效应(sibling effect)。这一令人印象深刻的效应在喀麦隆、哥斯达黎加和德国三个补充样本中重复出现，其中"文化"的效应值减至 50%；而在来自喀麦隆、德国和中国大陆的三个样本中，该值的减少甚至接近 100%(Chasiotis & Hofer，2003；Bender & Chasiotis，2010)。

社会价值观

在先前有关内隐亲社会(育儿)动机的研究结果的基础之上，有学者进一步调查了显性的亲社会价值观是否也会受到童年期情境变量的影响。有两个研究收集了有关社会价值取向的数据(Bender & Chasiotis，2010；Chasiotis & Hofer，2003)。第一项研究运用施瓦茨价值观量表(SVS)(Schwartz，1994a)，取样于喀麦隆、哥斯达黎加和德国。结果发现，对于(由传统、顺从和安全三个子量表构成的)保守这一高位价值观类型而言，其文化差异中有 36% 可以追溯到弟妹效应。在将弟妹效应与童年期社会经济地位(例如，父亲职业)两者进行整合之后，保守类价值观被解释的方差数值甚至增加到了 55%。与此类似的是，英格尔哈特(Inglehart，1997)和艾伦等人(Allen et al.，2007)在有关经济决定论的研究中发现，现有职业与保守价值取向不相关。在第二项研究里(Bender & Chasiotis，出版中)，弟妹效应对社会价值取向的重要性得到了进一步证实。该研究取样于德国和喀麦隆，使用施瓦茨价值观量表(PVQ)(Schwartz et al.，2001)对保守类价值观进行了测量，兄弟姐妹的数量可解释保守类价值观文化差异的 67%。这些强大的弟妹效应仅仅出现于这样的量表之中：几乎都明确提及了与近亲的亲密关系(例如，施瓦茨量表对仁慈的定义是："自己私下经常接触那些人们的福利")。但是在涉及自我指导和成就之类更个性化、更自主的社会价值观量表之中，就没有出现弟妹效应（关于自传性质记忆的类似结果，参见 Bender & Chasiotis，2010）。

这些关于不同文化中童年期所处种种情境对多种心理变量影响的研究结果意味着，童年期的家庭情境是解释个体发展结果方面跨文化差异的有力工具。童年期所处的社会经济地位、出生顺序或者兄弟姐妹数量之类的情境变量，可以对不同文化中个体的身体发育、心理发展和生殖发育的路径产生可预期的相似影响。基于这些童年期情境变量对诸如青春期开始时间、内隐动机和社会价值取向这些极为多样领域文化差异之解释力，我们可以认为，通常归因于文化差异的许多心理特征，可能反映了不同文化情境间家人关系方面的系统差异。例如，被认为是由于具有文化特殊性的社会化所导致的自我构念方面的差异（Markus & Kitayama，1991），可能是至少部分地取决于一个文化样本的被试所共享的相关特征，诸如由于有（或无）兄弟姐妹而造成的系统性偏差。

成年期

成年期通常分为成年早期、成年中期和成年晚期三个阶段。它在不同文化中都代表成熟和责任（Levinson，1978，1996）。根据埃里克森关于毕生发展的心理阶段理论（Erikson，1968），成年早期关注的是独立性和亲密感的平衡，也就是不断增长的自主和对于形成亲密关系需要的二者间的平衡。研究表明，亲密感是年轻成人关注的核心［关于美国这方面的情况，可参见（Whitbourne et al.，1992），还可参见后文婚配与伴侣关系部分］。在成年中期，按照埃里克森的说法，其核心主题是生产性（generativity）。简言之，这就是，个体需要有被需要的感受（Berk，2003）。狭义地说，此处的生产性描述的是诸如教育和引导下一代等照料行为，其本身也可表述为在成年早期为人父母。更广义地说，它描述的是种种所承诺的责任，即超越自己且使更大的群体包括家庭、朋友或社会获益。因此这些生产性活动的结果可以是孩子（参见育儿部分），也可以是观点或者艺术作品（参见成年晚期部分）。直到最近，关于这种生产性的跨文化研究也一直缺乏。霍费尔等人（Hofer，Busch et al.，2008）指出，运用结构方程模型，对来自喀麦隆、哥斯达黎加和德国三种文化的成年人样本的分析表明，在内隐性的亲社会动机、生产性、明确的生产目标和生活满意度之间的关系在三种文化中都是相同的。因此，在全世界，人们似乎都在成年中期和成年晚期发展这种被需要的需要（McAdams，2001b）。最终，成年晚期涉及要正视自己的生活。成年晚期和老年期，智慧，即一种反省以及运用实践知识和成熟情感的能力，是生活满意度强有力的预测因素之一（参见成年晚期部分）。

成年早期：婚配与伴侣关系

通常，婚配（mating）制度这个术语是用于描述一个群体的性行为是如何被组织的。在人类学中，婚配制度经常用来描述婚姻制度。除了那种社会交往不稳定且较为短暂的乱交或滥交等交配制度（即两个或多个男性以两个或多个女性为伴侣）之外，人类社会一般有三种制度化的婚配制度类型：一夫一妻制、一夫多妻制和一妻多夫制。根据默多克（Murdock，1967）所编的《民族志图集》（*Ethnographic Altas*）这一包含了来自849种文化的最综合的跨文化数据集，各文化之中最常见的婚配制度是一夫多妻制。在所有已知人类文化中，83％的社会允许一个男人娶两个或更多的妻子；只有16％的社会是一夫一妻制；一妻多夫制社会甚至更少（在现在已知社会中仅有4个，占0.5％）。然而，这些制度化婚配制度的分布不应该与明显的人类性行为相互混淆。其一，合法化的一夫多妻制会导致某一社会中出现更高比例的男性生殖差异：如果更多的男人可以拥有比平均数更多的女人（以及因此所生孩子），那么，因为没有剩下潜在的结婚对象，就会有更多的男人打光棍儿。这就意味着，即使是在一个一夫多妻制是合法的社会之中，大多数男人仍将会是一夫一妻或保持单身（参见第二章中的性别差异部分）。其二，当今绝大多数社会都把一夫一妻制作为制度化的婚姻安排，因此全世界最普遍最明显的婚姻制度就是一夫一妻制。为什么制度化的一夫一妻制可能会导致更加稳定和繁荣的社会，一个有趣的原因可能是：正如我们在第二章中讨论性别差异时所提到的，一个社会若存在许多无妻的男子，这不仅是不公平的，甚至可能是危险的（Mesquida & Wiener，1996，1999）。

有关当代工业化国家婚配与伴侣关系的研究表明，这方面正发生若干变化。看起来占优势的一夫一妻制，其终身伴侣关系在下降，离婚率在上升，并且出现了一种顺序式或系列式的一夫一妻制模式，即人们在不同时间段会拥有不同的专有伴侣关系，或者在其一生中会结婚多次［关于一夫一妻制概念的探讨，参见（Reichard，2003）］。这通常被解释为现代西方个体主义生活方式特有的文化标志，在此方式中，稳定、长久的夫妻关系已经不再被珍视。从跨文化的视角来看，这是不可持续的，其原因很多。超越当代社会，站在一种历史的和跨文化的角度来看，在某些方面这种模式比较复杂，而在另外一些方面却相当简单。首先从简单的方面来看，现代西方社会中家庭成员间感情的亲密度并非显著低于大多数发展中社会；实际上，不论在什么样的教育、经济、文化背景之下，家庭成员之间感情的亲密度在全世界都是很相似的。在一项对30个国家的研究中，乔嘉斯等人（Georgas *et al.*，2006）发现，全世界的家庭关系差不多都很亲密。另一个普遍的特点是，没有孩子的夫妻离婚可能性要高得多，这也跟文化背景并没有太大的关系：无论在前工业社会还是工业化社会，所有离婚夫妇中有40％是没有孩子的（Buckle，Gallup & Rodd，1996）。为了解释西方世界看似不断上升的序列式一夫一妻制，将之与诸如19世纪维多利亚时代等更为近代的历史时期离婚率相比较也是没有用处的，因为与现在相比，那个时期的一夫一妻制所受到社会和宗教方面的强化要大得多。然而，考虑到生计方式等生态文化因素，很明显，终生保持唯一伴侣关系的做法是农耕社会的主要特征（MacDonald，1988）。通过观察当代狩猎—采集生活模式，我们可以追溯祖先觅食的方式，显然从种系发展历史看，西方这种不稳定的伴侣关系和序列式一夫一妻制，对于人类而言，是相当古老的，甚至是典型的（Shostak，1981，2000）。因此，在这里我们的主要结论是，或许全世界的人们都正在追求至少是唯一的、可能终身的伴侣关系，但是只有大约50％的人成功实现这个目标(Keller & Chasiotis，2007)。

从进化视角看，育儿投入的差异(作为我们哺乳动物的部分遗传，这在第二章文化间性别差异部分已经讨论过)可以预测男性和女性不同的择偶偏好。一个关于 37 个国家择偶意向特征的里程碑式研究(Buss，1989；Buss *et al.*，1990)发现，年轻男女择偶偏好的性别差异与刚才描述的其不同生育投资策略相似。该研究结果表明，无论男女都很重视相互吸引和爱，珍视可依靠的、善解人意的、聪明伶俐的伴侣。不过，年轻女性表示，她们对有着良好财务前景和赚钱能力的伴侣(例如，有能力照顾好她们及其后代的伴侣)更感兴趣，然而年轻男性会对外貌姣好、生理上有吸引力的女人给出相对高的评分(这大概是因为良好的外表反映了健康和生儿育女的能力)。在一个更为综合的研究中，施密特(Schmitt，2003，2005)通过来自 52 个国家的超过 16000 个被试组成的样本证实，男人比女人更为偏好性感的伴侣。还有一种研究思路是关于男女之间所偏爱的伴侣年龄的差异，以及这种偏爱在生命全程中的变化。许多社会中的大量证据(例如寻偶广告以及档案)都显示出一种相似的模式，即在青少年时期的伴侣关系中，男方通常比女方稍微年轻一些，但是这种年龄差异很快就发生了反转；随着年龄的增长，女人通常会跟比她们年龄大的男性结婚。一个明显属于进化论的解释是，男人比女人保持生育能力的时间要长得多，所以男人通常会采取一个有利于种系发育的进化策略，更偏向选择那些能够生儿育女的伴侣。

成年中期：育儿与家庭

在本节中，我们首先以个体角度来描述个体养儿育女的生物学因素，然后从更大的社会角度分析社会变迁中的家庭。

养儿育女

前面已经谈到生儿育女(后简称"育儿")投入方面的性别差异，与此相关的一个明显的生物学差异是，母亲天生就能够用自己的乳汁喂养自己的婴儿，这既很理想地适应了婴儿的需求，又可保护其免于种种传染(Liepke *et al.*，2002)。哺乳还能避孕，延迟排卵(Stern *et al.*，1986)。人类乳汁成分中脂肪低，蛋白质更低(Lawrence，1994)，这意味着婴儿应当频繁地喂养，因而可与其母亲处于密切的亲近状态。在前工业社会，平均断奶年龄在 2 到 4 岁(Dettwyler，1995；Nelson *et al.*，2000)，因此，在个体最初发展阶段，母亲必然成为基本看护人。其必要性反映在这样的事实中：在所有文化和历史中，已为人母的妇女都比其丈夫或其他男性承担更多的养育行为。怀廷(Whiting & Whiting，1975)开展的六种文化研究显示：孩子常常与母亲在一起，其时间是与父亲在一起的 3 到 12 倍。即便是在阿卡俾格米人所属的这类社会中，父亲会花费不寻常的时间量照料孩子，母亲照料孩子的时间也比父亲或其他看护者多很多(Hewlett，1991)。

还有一个普遍存在的现象是，在不同的生态文化环境中，父母会以不同方式对待孩子，并根据孩子的价值投入种种资源。这种观点引起了人们的反驳，因为他们坚信人类的行为和活动完全是有目的的，是受意识控制的。可是，有大量显著的证据表明，在不同的文化和历史时期，由于父母和婴儿的利益可能不同，育儿投入因而相异（Voland，1998）。特里弗斯（Trivers，1974）从进化的角度提出：任何后代都会尽可能多地消耗父母的资源，以使得孩子自己的生殖繁衍潜能最大化。然而，父母也不得不对他们自己、子女和其他有血缘关系的亲人的生长和发展进行通盘考量。这种亲子冲突（parent-offspring conflict）的重要议题之一就是父母对某一特定孩子投入的时间。断奶便是分析这种冲突的绝好例子，因为孩子几乎不会顺从地接受妈妈断奶的意图。比如，喀麦隆恩索地区的母亲会在乳头上涂抹辣椒或者放上些毛毛虫，以此吓退宝宝的吸奶欲求（Yovsi et al.，2003）。

　　特别是，在资源稀缺和极度贫困的条件下，母亲可能会"决定"终止怀孕甚至杀死婴孩（Daly et al.，1988；Hrdy，1999）。希芬霍夫（Schiefenhövel，1988）曾报告，在西新几内亚的艾坡地区，产妇会独自在住处外产子，并可决定是将婴儿带回村寨，还是裹上树枝树叶遗弃在灌木丛中。由于当地的小村庄只能养育有限人口，其决定显然起到了控制生育的作用。这类决定还会受到婴儿生命体征是否旺盛的影响。当一名可能注定死亡的婴儿用小脚丫蹬开裹在身上的树枝树叶时，其母亲便会打开枝叶包裹，将其带回并交给其他妇女。席伯－休斯（Scheper-Hughes，1995）报告过相似的观点和证据。他在巴西贫民区新近流动人口中观察母婴关系时发现：母亲似乎能够接受婴儿在第一年内很高的死亡率，因为这些婴儿被认为是很虚弱的，不能存活于极度贫困所导致的充满营养不良和频发疾病的逆境中。这种判断最终使得母子分离，母亲甘认"随他去吧"。当时有一名才一岁的男孩因重度营养不良而遭到母亲遗弃，本来其母亲以为是孩子"愿意"赴死，故让他"走"。席伯－休斯救活了该孩子。此后，其得到母亲精心照料，发展出不错的母子关系。正如在艾坡地区的例子中，希芬霍夫发现，孩子的生命迹象和健康程度极大地影响了母亲对他的接纳和照料。这类案例还有很多。比如在一些地区，取名仪式只能在孩子至少活过 1 岁后才举行，这意味着这时孩子能长大成人的概率很大了，而在一些逆境地区，只有婴儿表现出能顽强活下来的迹象时，母亲才会开始抚养和疼爱这个孩子（Bjorklund et al.，2002）。与此同理的是，"健康婴儿假设"（"healthy-baby-hypothesis"）（Mann，1992）提出，母亲依据孩子的健康状况来分配她们的资源。正如我们先前概述的那样，在前工业化社会，病恹恹的婴儿不会得到恰当的养育。在如今的工业化和后工业化社会，女性得到来自政府援助等更多的支援来抚养柔弱的婴孩，这远比上辈人和同时代非工业化社会的情况强很多。不过，达利和威尔逊（Daly & Wilson，1988）总结了令人信服的证据后指出，即便在现代社会，患有智力障碍或先天缺陷的婴儿受到虐待的情况要比健康婴儿多出 2 到 10 倍。曼（Mann，1992）证实，在美国，在早产和出生体重很轻的双胞胎婴儿中，即使更虚弱的孩子会对母亲做出更多的回应，母亲在游戏、亲吻、拥抱和爱抚方面也是对更健康的孩子有更多的积极行为（Keller et al.，2007）。

家庭和社会变迁

成年中期被视为组建家庭的阶段，组建家庭是该人生发展阶段的中心话题。正如第 2 章所示，家庭被认为是个体发展所需的核心情境要素。更为重要的是，家庭能维系社会进程，或者成为社会变迁的起点（Kagitçibaşi，2007）。卡奇茨巴西关于家庭变迁的理论对现代化理论发起了挑战。现代化理论认为，（人类社会）变迁的统一方向应该是朝着西方个体主义文化模式。她基于有关儿童价值观的跨文化研究（Kagitçibaşi，1982；Trommsdorff *et al.*，2005），概括了三种不同的家庭模式：自立型家庭模式、相互依存型家庭模式和心理相互依存型家庭模式。相互依存型家庭模式的原型可见于不富有的乡村农业社会，其中，孩子常常要为家庭经济做贡献，并要为其年迈的父母提供安全网络（Kagitçibaşi，2005）。在这类社会，对于家庭生计而言，人们重视养育多个孩子，且代际能够相互依存，即彼此间具有亲密感和关联感，都是相当必要的（Markus *et al.*，1991），因此育儿过程中强烈强调传统和顺从观念（Keller，2007）。在此情境中，独立自主品质没有效用（故不受重视），因为这样的孩子长大后，会以我为中心，可能会离开家庭，追求自我的价值。自立型家庭的原型模式则常出现在富裕的、接受良好教育的中产阶级核心家庭中。这在西方社会很典型。其中，由于人们可选择多种方式养老，故人们认为，没必要甚至也不愿意在经济上依赖后代。因此，养育孩子（常常仅有一个孩子）时注意独立自主、自给自足的素养，培育一种分离感和独特性（Kagitçibaşi，2007）。心理相互依存型家庭模式是前两个模式的综合体。其特征是代际在情感上的相互依存，社会化方面强调既忠于自我也忠于家庭，育儿方面则重视自治和父母的管控，从而培育出既重视自治也注重关联的自我。2005年，一项在八个社会所开展的儿童价值观研究的证据显示：随着经济发展和城镇化建设的进程，家庭模式普遍向心理相互依存型家庭转变。根据卡奇茨巴西（Kagitçibaşi，2007）的研究，在全球趋同的大势下，无论是非西方的发展中人口大国传统的相互依存型家庭模式，还是人口属于少数的西方社会中的自立型家庭模式，都正在向心理相互依存型家庭模式转变。我们将在下一节的最后部分再回过头来谈这些观点的现实意义。

成年晚期

鲍尔特斯（Baltes，1997）所提出的框架主张，生物因素和文化因素在人生全程变化中都发挥着不同的作用。这尤其适用于分析成年晚期。他所提出的三条原则界定了贯穿人生全程中生物和文化因素之间的动力学。第一，他认为，"进化性选择方面的优点随着年龄增长而衰退"。具体来说就是，"可以预测，随着年龄增长，人类基因组所包含的有害基因和机能障碍基因的表现会数量大增，越来越多"（Baltes，1997，p.367）。第二，在这种生物学影响衰退发生的同时，"对文化方面的需要或要求"却提高了。在这里，文化包括"人类在几千年来所创造的心理的、社会的、物质的和（基于知识的）象征符号性资源，也正是随着这些资源的代代相传，人类的发展才成为可能"（Baltes，1997，p.368）。因此，按照鲍尔特斯的观点，在人生全程中，植根于文化的机能是逐渐增强的。然而还有第三个原则，"文化效率"的抵消性衰退，即在此过程中，"心理的、社会的、物质的和文化方面干预措施的相对性力量（有效性）会衰退"（Baltes，1997，p.368）。换句话说，人们有效利用这些文化支持的能力会降低。举例来说，就学会同样一个东西而言，成人年龄越大，就越需要更多时间、实践以及认知方面的支持。

运用这三条原则，鲍尔特斯提出了毕生发展双加工模型。例如，在认知领域，随着年龄增长会出现"认知技巧"（这反映的是人的生物"硬件"）的衰退，其证据是信息加工速度和准确性的降低；但在人生较后时期，由于对文化的需要和文化的效力这两个抵消性原则，个体在"认知实际运用"（cognitive pragmatics）方面（这反映了基于文化的"软件"）会保持一个稳定的水平。例如，有证据表明，在人生较后时期，个体在阅读、写作、语言、专业技能以及关于自身、他人和对自己生活管理方面的知识，都能保持在稳定的水平。在本章的剩余部分，我们将会从生命全程的角度来仔细考察人类发展的最后一个年龄段。

如果我们接受关于人类发展的上述生命全程观（Baltes et al.，2006），我们还需要整合生命的后期阶段。尤其是，上年纪或衰老（senescence）方面有待解释：我们为什么变老？从历史上看，衰老是一个非常新的现象，因为我们大部分祖先英年早逝。然而，这个现象会把平均寿命和最高寿命混淆了（Hawkes et al.，2005）。现代社会中寿命的增加源于在生命进程中较早地降低了风险；它是平均年龄的增加，而不是最高年龄的增加，这在我们物种的历史上并没有改变（Austad，1997）。所以，我们为什么会变老？为什么人类女性生命的三分之一属于后生育（post-reproductive）时期（Peccei，2005）？最著名的回答是"祖母假说"（grandmother-hypothesis）这一说法（Williams，1957）：父母尤其是母亲为养育自己的孩子而需要（祖母的）支持。跨文化地看，这方面的支持大部分来源于女性亲戚和同辈女性，来源于父亲的情况很罕见（Hrdy，1999）。有证据表明，在具有多样文化的情境中，那些从未受到过父亲任何关心的孩子，其被忽视甚至死亡的风险更高（Daly et al.，1988）。即使父方的支持是间接的，其对于后代的生存也会起到关键性的作用（Hill & Hurtado，1996）。从进化的角度看，祖父母应该对孙辈的存活感兴趣，因为这样有助于提高其繁衍的成功率（Voland，Chasiotis & Schiefenhövel，2005）。沃兰德和拜斯（Voland & Beise，2002）研究祖母和外祖母对其孙辈儿童存活的不同影响。基于来自德国东弗里斯亚的教会历史资料的分析，他们发现，如果外祖母健在的话，其子孙存活的机会就更大；当只有外祖母健在时，孙辈的死亡数量要比祖母和外祖母都健在时少。

年老时累积知识的价值：内斯特效应

然而，情况比上述所说的更复杂，因为祖母辈的有益影响要取决于若干条件，比如血统方面（即祖母辈是母亲的母亲还是父亲的母亲），孙辈孩子的性别，或者婚后选择住在男方家还是女方家（Nosaka & Chasiotis，2005）。例如，沃兰德和拜斯（Voland & Beise，2002）研究发现，就奶奶和她儿子的家人是否住在同一社群而言，新生儿死亡人数的差异超过两倍。该研究结果给我们的强烈印象是，奶奶和外婆与其孙辈所建立的关系可能会有很大差异，因而其影响结果会显著不同。在解释(双方)祖母辈的不平等时，该项目的研究者将之归因于父方的不安全感。该研究也将注意力聚焦于年轻母亲被期待要赡养男方家人这一工作负担上，因为这结果会对妊娠以及儿童的健康造成不良影响。由于这些妇女年轻，故要愿意忍受不良影响。其实，不仅仅是祖母，兄弟姐妹和其他照料者，对儿童的生存都是至关重要的(Hrdy，2005)。

进一步看，若说女人变老具有进化的意义，那么对于男人又如何呢? 如果他们没有用的话，那么为什么他们也要活到老? 正如一个东弗里斯亚的谚语所说，"对老太太和老母牛，你仍然可以有所期待; 但是，老头和老马却一文不值"(Voland，Chasiotis & Schiefenhövel，2005，p.1)。考虑到老年人所累积的知识的价值，格里夫和比约克伦(Greve & Bjorklund，2009)指出，一个群体或社会的老年成员知道许多值得知道的事情。因此，许多社会机构依然保存和有效运用这类(老人)所积累的经验。研究者借用希腊神话中奥德修斯年长顾问内斯特的名字，提议将这个现象称为"内斯特效应"(Nestor-effect)。对于所有的人类社会，尤其是尚没有文字的社会，知识的保护取决于经历丰富且因此年龄较大的老年人记忆。这些知识包括: 照料(接生)、治愈(食谱，有用的植物)、应对威胁(饥荒、干旱)、技术(如何打造一把斧头，如何生火)和地理(哪里能找到泉水)。正如格里夫和比约克伦所说，老人的记忆可以视为社会所需经验的"备份"。

内斯特效应的论点假设，人类有能力保留以前的记忆(Mergler & Goldstein，1983)，因为个体的实用知识会随着年龄增长而增长，而且与年轻时有关的记忆内容不那么容易遗忘(Rubin，Wetzler & Nebes，1986)。如果说智慧["表征为对情感、动机和思维能够进行良好的平衡协调，以及对生活中的困难和不确定事件具有良好判断力，并能够提供忠告"(Staudinger & Dörner，2007，p.674)]与年龄相关联，那么，老年人无疑是智慧的重要资源。这符合有关生命全程发展的种种经典理论，尤其是埃里克森的理论(Erikson，1968)，因为该理论假定，在生产性阶段后，"完善"是最后一个阶段。

此外，前工业化社会和现代社会反复证明这一点，即财富是从老一代向年轻一代流动的(Lee，2003)。这方面的遗产还可以包括非物质商品，例如权利、债务或信用。人因变老而更需要文化支持(Baltes，1997)，但是文化的传承可能首先需要老年人，因为在很大程度上，文化依赖于作为知识与经验宝库之记忆(Boyd & Richerson，2005)。

总之，根据内斯特效应，家庭、群体或社会中的年长者可能是有价值的，这完全取决于他们的(与年龄相关的)心理特征、胜任力和才干。简言之，人类的衰老和长寿可能是一种进化性质的适应，而且一旦出现和发展，它们自身就成为文化性进化的一个因素(Greve & Bjorklund，2009; Voland，Chasiotis & Schiefenhövel，2005)。

从应用角度看个体发展的跨文化反思

在我们跨文化地讨论生命全程之旅快结尾之际，若能注意到这一点，即发展角度的跨文化心理研究也能为如何克服本学科中的民族中心主义提供启示，那么，这将会很有意义。如果童年早期情境对于个体发展很重要，那么，要为理想的儿童发展结果确定指标，至少从儿童的角度来说是可能的，甚至可能确定类似于中产阶级儿童的环境（Kağitçibaşi，2007）。就儿童的理想发展而言，卡奇茨巴西（Kağitçibaşi，2007）区分出发展性指标和环境性指标。对于一个 5 岁的儿童来说，身体健康可以从适当的营养和成长状态来评估；其所运用的词汇量应该是足够的，孩子应该能够以综合的方式叙事；在情感上，应该感觉到爱和安全，表现出低攻击水平，应该能够自主行事，并能够常接触他人。我们还可以确定环境指标：儿童应生活在干净和安全的地方，应该拥有自己的东西，也应该有一个适当的环境刺激（书籍、玩具以及会讲故事的孩子），其父母对待孩子应该有积极的取向（例如，父母的回应和对其教育的抱负）；其照料者的教育能力也很重要，因为众所周知，母亲的高教育水平有助于孩子的发育；最后，该环境应该被描述为低冲突，家庭中应该没有人滥用药物或酗酒、没有夫妻冲突和殴打妻子或虐待儿童等现象，并且儿童母亲应该有社会支持网络，以减少其被配偶虐待的可能（Figueredo，Corral-Vedugo *et al*.，2001）。如果我们接受卡奇茨巴西所认为的普遍具有跨文化效度的儿童视角，那么，这些就是本章知识的启示。

进一步说，从应用的角度来看，有关童年期经历之形成性的研究结果也有力说明，改进生活条件的社会政治举措应具有可持续性，这具有特别的重要性：如果说童年期情境是形成成人行为的准备，那么，改良的举措必须保持足够长的时间，以便使其能够有效地传递给下一代。与此思路相应，无论是历史考察（Voland，Dunbar *et al*.，1997），对当代人口的统计分析结果，还是发展心理学（Chasiotis，1999；Greenfield，Maynard & Childs，2003）的跨文化研究都指出，对于适应情境变化的行为调适来说，若要获得可观察的变化结果，大约需要 30 年的时间。

　　以上两章，我们探讨了这方面的问题，即一个群体所处的生态和文化情境诸方面的背景是如何融入个体行为之中的；我们也考察了这种情况在个人发展的历程中是何时和如何发生的。我们认为，图 1.1 所区别出的所有四种过程变量，以及图 2.1 所示的传递路径，在从背景到个体的传递过程中都具有重要作用。我们也重视文化传递的多种形式，生命早期的学习活动，以及（对有些人来说）生命全程中持续发生的涵化现象。在对不同文化中发生的文化传递的不同路径（横向传递、垂直传递、斜向传递）进行细分时，我们发现，不同文化对各种传递路径的相对侧重是存在差异的。同样，育儿风格（从遵从到自主）也是可变的，并且可被视为对生态因素的文化适应。

　　我们在讨论这些话题时，已明确了若干理论议题。第一个议题是遗传倾向和文化或生态变量之间交互作用的本质；在很大程度上这是一个未知领域，在此要提出强有力的主张可能言之过早。一个可能的结论是，世界各地的婴儿在开始其生命历程时，都有着许多相同的装置。由于社会化和婴儿照料实践方面存在文化差异，某些心理差异开始出现。这可以在图 1.1 的框架中加以理解。这个序列与此前提到的过程—能力—实际行为之区分是一致的，并且为本书中所赞成的温和普同主义提供了基础。

拓展阅读

　　Bjorklund, D. F., and Pellegrini, A. D. （2002）. *The origins of human nature*：*Evolutionary developmental psychology*. Washington, DC：American Psychological Association. （这本进化视角的发展心理学入门教材，为我们进行文化研究提供了新兴领域的全面的、有可读性的参考。）

　　Dasen, P. R., and Akkari, A. （eds.）（2008）. *Educational theories* and practices from the majority world. New Delhi：Sage.（该书以教育研究的视角提出对西方民族中心主义的很有价值的批判。）

  Kaḡitçibaşi，C.（2007）. *Family，self，and human development across cultures*：*Theory and application*(2nd edn.). Mahwah，N. J.：Erlbaum.（该书从"人口占多数的世界"的视角出发，将儿童发展和社会发展中的观点、研究成果和应用融为一体。）

  Voland，E.，Chasiotis，A.，and Schiefenhövel，W.（eds.）（2005）. *Grandmotherhood*：*The evolutionary significance of the second half of female life*. New Brunswick，N. J.：Rutgers University Press.（该书是以人类学、进化论和心理学的研究路径对老年妇女进行的跨学科概览。）

第 *4* 章

社会行为

本章目录

本章论述了跨文化心理学中最受欢迎的研究领域，即社会行为。在本章我们将首先讨论跨文化心理学和相邻学科所提出的关于社会情境和社会行为之间关系的多种观点，其目的是使读者领略本学科领域的广度，并为下一节提供分析视角。然后我们转向价值观，在当代关于社会行为跨文化研究中，这可以说是很凸显的话题。在此之后，我们讨论关于社会认知和行为方面的文化差异的研究成果，以及它们对于理解社会心理现象的普同性或相对性的启示。最后一节论述的是文化作为社会心理建构的不同观点。我们以概括性讨论结束本章。

如果你随意翻阅一项近期出版的跨文化研究成果，它很可能就是关于社会知觉、社会认知或社会行为的。但这并非一直如此。在跨文化心理学的早期，关于知觉和认知的研究更频繁。布劳沃斯等人（Brouwers *et al.*，2004）对 1970—2004 年发表在《跨文化心理学杂志》（*Journal of Cross-Cultural Psychology*）的实证研究的分析表明，随着时间的推移，关于社会心理主题的研究才呈现稳步增长趋势。这种变化也带来了自陈式研究的增加（与实验或观察研究相比），以及主要根据不同社会化形式而选择文化样本的研究的增加。因此可以很确定地说，跨文化心理学中，向社会心理方面的转向不仅影响其研究内容，还影响了研究方法和结果解释所使用的理论。就试图理解当代研究者是如何解决在第一章所提及的基本问题而言，看到这种转向很重要。至于社会行为跨文化研究为何盛行，存在多种解释。我们认为，社会心理主题研究之所以增加，有四个原因。第一，与其他主题领域相比，社会行为领域往往表现出更大的跨文化差异。对心理学各个领域（例如，心理生理学、知觉、认知）研究的一项元分析表明，社会行为存在着最大的差异（Van Hemert，2003）。此外，它是仅有的这样一个领域，即在该领域，国家层面的心理变量（例如，价值观）解释了经济和政治变量之外的额外方差。第二，跨文化心理学各应用性领域，诸如群体间关系（第十四章）、文化互动传播（第十五章）以及工作和组织心理学（第十六章），都与社会行为有关。第三，文化心理学这一新兴领域一直强烈关注的是，在其他国家，尤其是东亚国家（例如，中国、日本、韩国），验证来自传统西方社会心理学的研究结果。该领域声望鹊起，不仅使得主流社会心理学家越来越多地接触文化比较研究成果，而且社会心理现象的跨文化研究也显著增加。第四个原因也许是最重要的，即价值观越来越多地用作描述和解释跨文化差异的一个核心的复杂构念。价值观一直是跨文化理论的构成要素，但霍夫斯泰德（Hofstede，1980）的研究标志着它们的受欢迎程度明显增加。相对来说，更可能发现的文化差异，都会与诸如个体主义—集体主义之类很流行的价值观维度有关，这可以解释为什么有如此多的研究人员为社会心理领域所吸引。

本章会有选择地聚焦于若干主题和研究发现。社会心理领域研究成果极其丰富，这不允许我们仅用一章篇幅就能说明所有内容。在本书后面第三部分的各章，读者可以发现，社会行为诸方面的研究大多是在涵化、群体间关系、跨文化交际、工作与组织心理等情境中进行的。读者还可在本章的结尾处查阅拓展阅读书目，获取进一步的阅读材料。

社会情境和社会行为

在某种程度上，所有人类行为都具有文化性，这是因为从根本上说，人类是一个社会性物种（Hoorens& Poortinga，2000）。与其他物种相比，甚至与我们的近亲灵长类动物相比，人类尤其适合理解社会环境中他人所持的意图和意义（Tomasello，1999）。我们人类亲密而持久的人际关系，会促进各种共享意义的建构以及制度和人文制品的创造。因此可以推测，社会情境（人们所生活的社会世界）的组织对所观察到的行为类型有着深远的影响。然而，正如基于本书第一章对各种阐释立场的讨论而可以期待的是，关于社会行为背后基础性心理过程的跨文化相似或差异的程度，研究者们并没有形成多少共识。

第一章所描述过的普同论—相对论这一维度，特别常见于社会行为研究领域，且常作为一种二分法。支持这两个立场的证据都可以在关于社会行为的分析中找出，这主要取决于行为描述所达到的抽象水平。一方面，社会行为显然与其形成所处的特定社会文化情境有关。例如，不同文化之间的问候方式（鞠躬、握手或亲吻）差别很大，这是文化传递影响社会行为的鲜明例子。另一方面，所有文化中都有问候行为，这说明这种社会行为类型存在一些基本的共性。正如我们在第一章所概述的，我们赞成普同论视角：所有文化中都可能存在种种社会心理过程，但是它们所表现出的社会行为会强烈地受到文化情境的影响。然而，认为心理过程存在（跨文化）差异的各种相对论立场，在该领域研究中也得到了很好的反映。对社会行为差异的观察，还导致了种种主张建立本土社会心理学的观点（参见第一章；Kim & Berry，1993；Sinha，1997）。本土心理学研究试图发展出适合特定社会和地区的社会心理学。这类举措遵循了莫斯科维奇的提议："我们应该创建的社会心理学必须来源于我们自己的社会现实。"（Moscovici，1972，p.23）

目前流行的文化心理学派中，许多学者也采取了相对论的立场，但没有放弃传统西方社会心理学的理论和方法。他们用这些方法来揭示，种种社会心理过程（例如，积极关注自我的需要、归因过程、社会知觉）在西方和非西方的情境下是如何发挥不同功能的。虽然文化心理学原则上适用于各种文化，但现有研究几乎都集中于东亚和西方文化情境。研究者认为，这两种情境的特点是由两种很不相同的"自我"定义决定的（Markus & Kitayama，1991）。有些学者主张，这两种情境之间存在根深蒂固、历史悠久的心理差异。例如，文化心理学运动的主要建构者之一理查德·尼斯比特（Richard Nisbett）认为，"作为一个群体的东亚人和欧洲文化群体之间有着巨大的社会心理差异"（Nisbett，2003，p.76）。据此，我们可以看到尼斯比特所持观点，即二者间的跨文化差异不仅存在于实际行为和胜任力上，而且根植于基础性的心理过程。

社会心理领域跨文化研究的一个主要问题是，如何就社会情境对行为的影响而建构概念和进行研究。我们将在本章后面看到，目前最流行的概念化（建构的概念）就是，文化涉及的是心理内容方面的种种差异，其中特别显著的是价值观和自我构念（Breugelmans，出版中）。不过，许多其他的概念化也已经使用。在我们把文化作为价值观或自我构念进行深入讨论之前，先讨论若干替代性的概念化，为社会行为的跨文化研究给出一个更广泛的视角。

有一种已被采用的研究路径提出了一套详尽的特征集，它可以用来描述任何社会情境，且还能以区分一种文化与另一种文化。在文本框4.1中可以找到关于这个特征集的一个典型例子。

另一个有影响的路径是由菲斯克（Fiske，1991）提出的一个关于社会关系的普同性模型。该模型主张，只需要四个基本的关系结构就足以描述数量极大、形式多样的人类社会关系，以及社会动机和情绪、直觉性的社会思维和道德判断。它们是：（1）社群性共享：人们会重视群体成员身份，并具有共同的身份感、凝聚力、统一感和归属感，他们认为在某些重要方面他们是相同的；（2）按权威论等级（authority ranking）：当不平等和等级制盛行的时候，处于高等级的人们控制着人、物和资源（包括知识）；（3）平等匹配：人们是彼此独立的，但也是平等的，处于一种轮流、互惠和均衡的关系中；（4）市场定价：在种种个体关系的维系是以"市场"体制所确定的价值为中介的地方，行动的价值根据其与其他商品交换的比率来评估。菲斯克认为，这些模型是根本性的和一般的，从某种意义上说，它们是所有文化中所有人建立社会关系的基础。

4.1　社会行为的普同性特点

阿伯利和同事(Aberle *et al.*，1950)提出了一个社会存在所需的一系列功能性先决条件，并将其界定为"任何一个社会若要持续运转而必须实现的条件"。这些先决条件值得我们注意，因为它们(以不同形式)体现于每一个文化都存在的那些活动中，很可能堪称具有普同性。这些条件有以下九种：

1. 关于与(自然的和社会的)环境保持足够关系的规定：需要该条件是因为要维持足够数量的人口以"负载"社会和文化。

2. 角色的分化程度和分配：任何群体都有多种不同的事情要做，因此不得不以某种方式(例如基于继承或业绩)把这些角色分配给人们。

3. 交流：所有群体都需要拥有一种共同的、习得的、象征符号性质的交流模式，以保持一个群体内的信息流动和协作。

4. 共享的认知取向：一个社会中，人们需要奉行共同的信念、知识和逻辑思维的规则，才能在共事中相互理解。

5. 清晰表述的系列共同目标：共同奋斗的方向要达成共识，以避免个体间走向相互冲突的方向。

6. 对实现这种目标所需方式的规范性管理：要具有能够清楚表明应该如何实现这些目标的管理规则，并使人们接受。如果获得物质资料是绝大多数人的一般目标，那么谋杀和偷盗就不是实现这一目标的可接受的方法，而生产、努力工作和贸易则可能是可接受的。

7. 对情感表达的管控：与上条相似，情绪和感情也需要纳入规范化的控制之下。例如，爱与恨的表达一旦失控，就会在群体内造成严重的破裂性后果。

8. 社会化：所有新生成员都必须了解本群体生活的重要核心特征。群体中的所有个体需要交流、学习并在一定程度上接受本群体的生活方式。

9. 对破坏性行为的控制：如果社会化实践和规范性管理失败，就需要有某种"补救措施"，这样，群体就可以要求其成员表现出适当的、可接受的行为。最后，或许还需要行为矫正，甚至(通过监禁或死刑)永久性地消除某些措施。

还有一种路径是寻找种种维度，因为根据这些维度，文化或社会系统就可加以区分。在每个社会系统中，个体因所具有的地位而被期待表现出某种行为，这些行为就叫作角色。各个不同角色的占有者都会成为种种约束的对象，这些约束通过(对角色占有者)施加社会影响，甚至施加压力而使其行为符合社会规范或标准。如果你对这些术语不熟悉，可参考任何一本入门性的社会学教科书，或者西格尔等人(Segall *et al.*，1999)所编著作的第二章。这四个重要方面是构成一个社会系统至关重要的元素。各文化群体都会对这些元素加以组织，这种组织的两个主要特征是社会系统所具有的分化性和层级性。

　　分化意味着社会对角色进行了区分。有些社会区分少，而其他社会则很多。例如，在一个区分度相对较低的社会结构中，职位和角色类型仅限于若干个基本的家庭成员角色（例如父母—孩子），社会和经济方面的角色（猎人—食物加工者）。与此相反，在区分度相对较高的社会中，在特定领域会有更多的职位和角色（例如国王—贵族—市民—奴隶）。当不同的职位和角色位于一个垂直性质的结构时，社会系统就被视为是分层的。有很多关于分层现象的跨文化分析。例如，默多克（Murdock，1967）关注的是阶级差别的存在（例如世袭贵族、财富差别）。在该维度的非分层一端，其组织只有很少的地位差别，而在该维度的分层一端，其组织有很多阶层或地位差别（例如皇室、贵族、乡绅、市民、奴隶）。佩尔托（Pelto，1968）进行了类似的区分，他把不同社会置于所谓"严厉—宽松"的维度上。在分层的、严厉的社会中，履行个人所属角色的压力会导致高水平的角色义务，而在宽松的社会中，角色义务方面的压力就比较小。

　　很多经典研究中都出现了关于分化和分层这两个维度。例如，洛马克斯和伯科威茨（Lomax & Berkowitz，1972）对很多文化变量进行了因素分析后发现了两个维度，即所谓区分和综合。在麦克奈特（McNett，1970）的研究中，游牧狩猎社会和采集社会都倾向于具有较低的角色多样性和较少的角色义务，而定居农业社会一般具有更大的多样性和更多义务。很多研究发现，城市工业化社会中的角色具有更高水平的多样性，但拥有较低水平的角色义务（Boldt，1978）。由亨里奇等人（Henrich et al.，2004）进行的一项关于社会特征对亲社会行为的影响研究，可参见文本框 4.2 中的描述。

4.2　从经济学视角看社会行为

　　关于社会行为的跨文化研究不只局限于心理学。一个例子是由人类学家、经济学家和社会科学家合作的项目，其中亨里奇等人（Henrich et al.，2004）探索了 15 个小型社会中的经济价格谈判行为。这 15 个社会代表了一系列生态文化和经济情境，如热带森林园艺、稀树草原觅食、沙漠牧民和定居耕种。通过参与者在一系列经济游戏中所做的选择而评估社会行为，例如最后通牒游戏、独裁者游戏、信任游戏和公共商品游戏（参见 Camerer，2003）。

　　这样的游戏通常为参与者提供了一套在一个相互依存的情境中的有限的可能的决定。游戏中，参与者的财务结果取决于其决策的组合。一个例子是最后通牒游戏，其中一个参与者被分配了申请人的角色，另一个参与者则被分配了回答者的角色。申请人只能做一个关于固定数量金额之分配的申请。例如，一个 10 美元的金额可以分 5 美元给申请人和 5 美元给回答者，或 3 美元给申请人和 7 美元给回答者，或 9 美元给申请人和 1 美元给回答者。回答者可以接受这一提议，在这种情况下钱会根据申请分配；回答者也可以拒绝提议，在这种情况下任何参与者不能得到任何钱。个人偏好和社会规范通常是从参与者在这样的游戏中的行为推断出来。例如，若较大比例的回答者拒绝了不平等的申请（即不是 5 美元／5 美元分配法），因为申请人的钱比回答者多，那么这可以解读为人们倾向惩罚不公平的行为。通过改变不同类型游戏中相互依存的类型，行为经济学家推断出人们的偏好和所建构的社会规范，如公平、处罚、利他主义和信任。这与那些往往依赖于自我报告、主观构念测量之类的心理学方法正好相反。行为经济学方法更类似于行为主义心理学。

亨里奇等人发现了几个有趣的结果。一个结果是，在小规模社会中，行为的跨文化差异比以往对工业社会中学生样本研究所发现的差异要大得多。这足以证明跨文化心理学取样的重要性。另一个结果是，经济组织群体层面的差异和总体市场一体化程度（人们参与到市场交易的频率、结算规模和社会政治的复杂性），都能解释相当比例的行为跨文化差异。这涉及另一个发现，即实验中的行为与日常生活中的经济模式基本一致。在日常生活中，人们越是依赖于和陌生人的互动，他们越会表现出更多的亲社会行为，且会更强烈地惩罚他人的反社会行为。因此，一个社会的社会结构和经济结构对人们的社会行为可发挥重要的影响。

已经有许多研究试图弄清社会情境（即群体）对个体心理和行为的影响过程。在法国的社会心理学中，一个影响深远的例子是莫斯科维奇（Moscovici，1982）提出的社会表征概念。社会表征是包括价值观、思想和实践习俗的系统，一方面它们是一群人进行社会建构的结果；另一方面，它们又是人们理解物质世界和社会世界所运用的方法。在这个意义上，它们属于个体与文化之间的居间性因素。另一个例子是模因（memes）这一概念，它指的是文化观念、符号或习俗的单位或元素。该术语是由进化生物学家道金斯（Dawkins，1976）所发明，通过运用类似于基因传播所用的分析类型（即模因论领域），以解释一个群体中文化观念和实践的传播。其他有着进化论背景的研究人员已经尝试设想那些可以解释文化到底为何会存在的心理过程（参见 Richerson & Boyd，2005；Tooby & Cosmides，1992）。本书第十一章将引用这些论据。

有着社会心理学背景的研究者则试图从基本心理过程角度，解释文化的出现和传播。例如，鲍迈斯特（Baumeister，2005）描述了诸多基本的社会心理过程，这些过程是为了具体地塑造符合一个文化情境的行为。在由沙勒和克兰德尔主编（Schaller & Crandall，2004）的《文化的心理基础》（*The Psychological Foundations of Culture*）中，作者描述了文化差异的产生和维护是如何通过非常简单的、低级的心理过程而得到解释的。例如，阿罗和伯恩斯（Arrow & Burns 2004）所展示的实证数据描述的是，互动的人们所构成的随机群体，如何可以自发地聚合到很不相同的一系列规范配置中。这可使人联想到前面菲斯克（Fiske，1991）提出的四重关系结构模型。

总之，有充分的证据可以证明，社会行为存在跨文化差异，但对这些差异的解释并未形成多少共识。该方面文献的一个核心问题是，社会行为的差异是基本心理过程差异所致的结果

（相对论）呢，还是相同的心理过程在不同社会情境中操作的结果（普同论）。在这一部分中，我们回顾了曾被用以回答这个问题的有关文化的多种概念化思路，其中大多数思路分别在特定的时期或特定学科（例如人类学、生物学、社会心理学）受到青睐。然而，就受欢迎程度而言，其中没有一个能比得上这样的概念化思路，即将文化作为一套价值观。这点将在下节介绍。

价值观

在社会学和人类学中，社会价值观（社会所看重的事物）的研究，具有悠久的历史（Kluckhohn & Strodtbeck，1961）。心理学中关于个体价值观的研究同样历史悠久（Allport，Vernon & Lindzey，1960）。而跨文化心理学对（社会价值观和个体价值观）这两种路径的整合已经取得很大成功（Feather，1975；Hofstede，1980；Smith & Schwartz，1997）。有关价值观的跨文化研究已发挥了巨大影响，许多应用领域，诸如工作和组织心理学、跨文化交际和跨文化培训，都深受这种方法的影响。这些应用将在本书的第三部分看到。虽然跨文化研究已经表明，价值观因社会不同而不同，但是，一个社会内部人们所持有的价值观差异通常远远大于社会之间价值观的差异。当解释文化间的价值观差异时，最好要记住其文化内部差异这一变量。

价值观，不管被视为是社会集体持有的还是个人单独持有的，都是一个推断出来的构念。这意味着价值观不是直接观察到的，而是根据其在社会组织、实践习俗、符号和自我报告中的客观表现而勾画的。因此，价值观具有突出的心理色彩。在克拉克洪较早的定义中，"价值观"这一术语是指个人或群体成员集体持有的令人期望的观念，当人们要从众多行动方式和目标中进行选择时，这种观念能够产生影响（Kluckhohn，1951，p.395）。后来霍夫斯泰德把这一定义简化为：价值观就是"这样一种具有广泛意义的倾向，该倾向更偏爱事情的某些状态而不是其他状态"（Hofstede，1980，p.19）。通常认为，就其特点而言，价值观的概括性比态度更高，但比（反映在政治系统的）意识形态观的概括性要低。

心理学研究价值观的经典方法之一由洛可奇（Rokeach，1973）提出。其方法包括两组价值观：其一，终极价值观，即生存之理想化目的状态（例如，"平等""自由""幸福"）；其二，工具价值观，即实现目的状态所用的理想化行为方式（例如，表现出"勇敢的""诚实的""有礼貌的"）。洛可奇开发了洛可奇价值观调查表，其中要求被试就种种价值观对自己的重要性而进行排序。

在跨文化心理学中，价值观的重要性受到了来自霍夫斯泰德（Hofstede，1980，1983，1991）具有里程碑意义的研究的重大影响。霍夫斯泰德曾为一家大型跨国公司工作很多年，因而得以（在1968年和1972年）对50多个国家中66个国籍的雇员发放了116000多份调查问卷。他对每一个国家内的个体样本得分进行聚合，确定出3个主要因素，并计算出4个"国家层面得分"。霍夫斯泰德认为，尽管统计分析表明有3个因素，但4个维度更具心理学意义。它们是：(1)权力距离，即在组织中上司和下属之间在多大程度上存在不平等（啄食顺序）；(2)不确定性规避，即不能容忍含糊，需要正式的规则；(3)个体主义—集体主义，即关注个人自己，还是关注所属的集体；(4)男性气质—女性气质，即在多大程度上重视工作目标(收入和提升)和自己主张，又在多大程度上重视人际目标(友好气氛、与老板和睦相处)与养育后代。在之后的研究中，他又增加了第五个维度：长期取向和短期取向(Hofstede，2001)。这个维度来自华人价值观调查表，这是从华人而不是西方人的视角测量价值观而特意建构的(Chinese Culture Connection，1987)。与长期取向相关的价值观是节俭和毅力，短期价值观则与尊重传统、履行社会义务和维护面子有关。

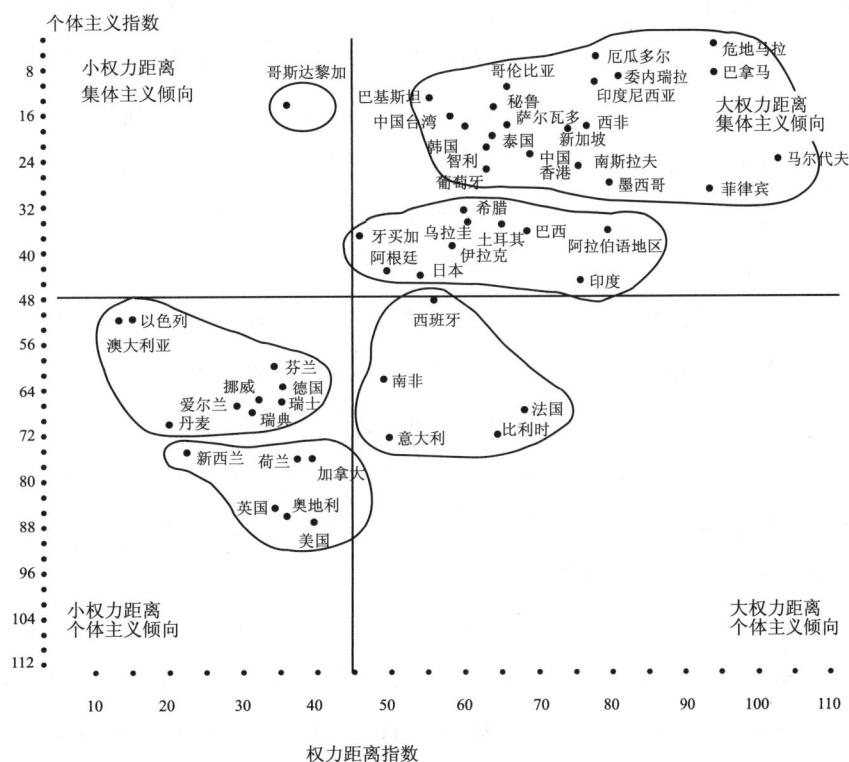

图 4.1　40 个国家和地区权力距离和个体主义测量得分的位置

(出处：　Hofstede，1980)

　　价值维度可以通过合并(个体得分)而形成由不同国家构成的各种价值观轮廓集群。例如，图 4.1 汇集了权力距离和个体主义方面的国家得分。若干"国家集群"得以揭示。右下方第四象限是"拉丁集群"(大权力距离/高个体主义)，霍夫斯泰德称之为"依存型个体主义"(Hofstede，1980，p.221)；大多数第三世界国家位于右上方第一象限("依存型集体主义")；大多数西方工业化国家位于左下方第三象限("独立型个体主义")。统计数字还揭示，这两个价值观维度之间存在明显的负相关($r=-0.67$)，而且经济发展指标(例如 GNP)与这两个维度都相关(与权力距离为 $r=-0.67$，与个体主义为 $r=+0.82$)。实际上，本部分讨论的所有研究中，得分第一的维度(即解释了最大部分跨文化差异的维度)都与 GNP 密切相关，这一点我们随后将继续讨论。

　　在所有的价值观维度中，个体主义—集体主义(I-C)维度的影响力远远超过了其他维度。这部分是因为特里安迪斯的贡献(Triandis，1995)，他致力于研究这一维度的心理学基础和重要意义。总之，个体主义和集体主义的区别是，前者主要关注个人自己，而后者主要关注个人所属的群体。这种差异可以用一些方式得以表达，例如，(1)将自我视为个体性质的还是集体性质的，是独立的还是相互依存的；(2)个人的目标优先于群体的目标(还是相反)；(3)强调交换而不是共同体关系；(4)对个人行为而言，个人态度更重要，还是社会规范相对重要。

　　I-C 这一维度影响深远，但是可能"过分夸大"了(Kağitçibaşi，1997a)，以至于从某种意义上说，I-C 已经成了解释大量跨文化心理差异所用的万金油。当然，这更多地涉及的是此维度的使用方式，而不是此维度本身的性质。通常，研究者毫不怀疑文化样本之间在 I-C 方面存在差异，故实际上不会进行以下核查：对所抽取的样本来说，价值观差异是否确实有其效度；或这些差异是否还存在可替代性解释(Matsumoto，2006)。此外，I-C 可能不是一个具有统一性的维度，而是不同类型个体主义和集体主义价值观之和。阿利克和里洛指出，"不能把 I-C 定义为一个内部同质的单一概念，而应看作由几个相互关联的，但最终能从根本上区别的 I-C 亚类型所构成"(Allik & Realo，1996，p.110)。

　　特里安迪斯(Triandis，1994b)通过引入分层性维度，区分了垂直性的 I-C 与水平性的 I-C。特里安迪斯和盖尔芬德(Triandis & Gelfand，1998)在 I-C 量表中发现了四个不同的因素，分别对应水平个体主义(例如"我宁愿依靠自己而不是他人")，垂直个体主义(例如"我要比其他人工作得更好，这非常重要")，水平集体主义(例如"如果同事得奖，我会感到自豪")，垂直集体主义(例如"尊重群体做出的决定，这非常重要")。对于个体主义和集体主义来说，其水平和垂直两方面存在负相关或弱的正相关。森格里斯等人(Singelis，et al.，1995)已经将 I-C 的这四种亚类型与不同的价值观、政治系统和社会取向联系起来。卡奇茨巴西(Kağitçibaşi，1997a)则运用另一不同的思路，将 I-C 分为两种类型方式——规范性(normative)方式和关联性(relational)方式。规范性 I-C 表示的是"个体的利益应服从于群体利益"的观点(Kağitçibaşi，1997a，p.34)，而关系性 I-C 更关注"人际距离或人际相互嵌入"(Kağitçibaşi，1997a，p.36)。这种区分是必要的，因为"紧密的关系或者分离的关系既存在于等级式的群体中，也存在于平等主义的群体中"(Kağitçibaşi，1997a，p.36)。因此，在理解 I-C 作为一个文化建构时，等级层次看起来是一个重要的补充。

　　尽管有大量的实证性证据支持对 I-C 进行任何数目的概念建构，即可以从简单地呈现不同文化中的价值观量表之差异，到进行复杂的因素分析(Kim et al.，1994；Triandis，1995)，然而，对于该构念所进行的批评性验证却相对较少(Van den Heuvel & Poortinga，1999)。菲勒曼等人(Fijneman et al.，1997a)在以集体主义或个体主义为特征的社会(中国香港、土耳其、希腊、美国和荷兰)中，从多种社会范畴(例如，父亲、姐妹、表兄弟、亲密的朋友、邻居、一个陌生的人)调查了把资源捐献给他人的意愿。结果表明，在这六个样本中，数种社交范畴的输入和输出模式之间出现了明显的相似性。而且，在所有样本中，输入和输出水平在不同社交范畴之间的差别都是基于情感的紧密程度，而且方式是相似的，这意味着，与 I-C 相比，情感紧密程度是一个更好的解释。这揭示了除了等级关系外亲密也会对 I-C 产生重要的影响，这与卡奇茨巴西所建议的一样。

欧舍曼等人（Oyserman，Coon *et al.*，2002）对有关 I-C 研究进行的元分析支持了个体主义和集体主义各自作为独立维度的观点。然而，他们也发现，有些研究结果似乎在挑战这一种做法，即将 I-C 广泛地用于跨文化差异的区分。例如，他们发现，当同时考察这两个维度时，欧裔美国人整体上比其他群体有更强的个体主义和更少的集体主义；然而，当就个体主义维度进行比较时，他们的个体主义不会强于非裔美国人或者拉丁裔美国人（Latinos），其集体主义也不比日本人或朝鲜人更弱；与西欧人相比，他们不那么集体主义。这表明，经常使用的"西方"这一标签不能切实反映重要的价值观差异。类似地，所有亚洲群体中，只有华人是个体主义较弱而集体主义较强的（群体），这表明经常使用的"亚洲"标签也未能切实反映重要的区域性价值观区别。

因此，我们可以得出这样的结论：I-C 代表了一个重要的价值观维度，但它往往被过度使用，正成为容纳所有可能存在类型的跨文化差异的泛称。其实，对于 I-C 这一构念的构思和衡量，可以有不同的方法，测量结果也可能存在相当大程度的区域差异。层级性和人际关系亲密度是影响该维度的两个因素。虽然霍夫斯泰德的概念化明显是最有影响力的价值观研究思路，但已经出现多种可能有助于理解价值观维度和跨文化差异的可替代思路。下面，我们将讨论三个思路。

施瓦茨（Schwartz，1994；Schwarz & Bilsky，1990；Schwartz & Sagiv，1995）拓展了洛克奇（Rokeach）所开创的价值观研究传统。他所主持的一个研究项目中，学生样本和教师样本范围较大，来自 54 个社会。其量表包括 56 个题目，用 9 点法（从"与本人价值观相反"的 -1，到"极其重要"的 7）等级评定技术。量表题目的翻译极受重视，而且其他语言中关于当地价值观的术语有时也包含在量表中，但结果并未发现研究当初（在西方）所设计量表之外的价值观类型。该研究数据反映了 10 种相对独立的价值观类型，见图 4.2。施瓦茨和沙吉夫（Schwartz & Sagiv，1995）曾提出，这 10 种价值观类型可从以下两个维度进行排列，它们分别位于这两个维度的两极：一个维度是自我提升（包括权力、成就与享乐主义）对自我超越（包括普同主义与仁慈）；另一个维度是保守（从众、安全与传统）对开放意识（包括自我指导与刺激）。应该指出的是，只有当数据在个体层面上分析时，这些维度才会出现。

对一个群体（文化或国家）内的个体分数进行聚合，就会获得群体层面分数。施瓦茨（Schwartz，1994b）进行过这样的聚合分析，结果发现了不同的结构，并将其命名为国家层面的七种价值观，即保守主义、情绪自主、智力自主、等级主义、平等主义、掌控感（mastery）以及和谐。以三个两极性维度对它们进行组织：保守与自主、等级与平等主义、掌控感与和谐。（注意，这七种价值观中两种形式的自主性可以形成一个集群，现在叫作自主。）施瓦茨指出，这三个维度分别涉及所有社会中都存在的三个基本问题：（1）个体如何跟群体联系在一起（他们是嵌入群体还是独立于群体）；（2）人们如何考虑他人的福利（与他人的关系之建构是垂直的还

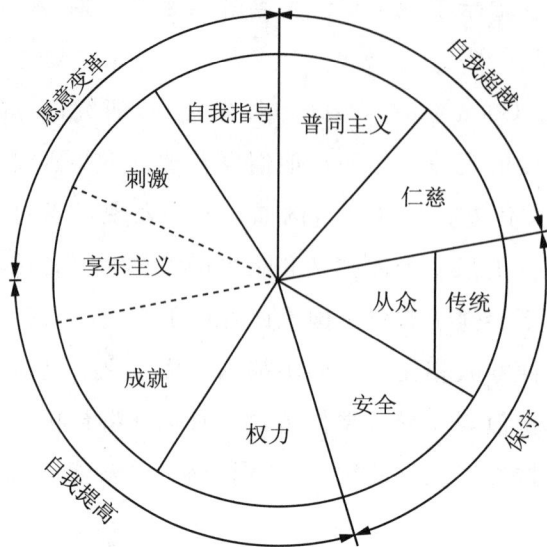

图 4.2　施瓦茨和沙吉夫所提出的 10 种国民价值观关系结构图

（Schwartz & Sagiv，1995）

是水平的）；（3）人们与自然环境和社会环境的关系（他们对环境是支配、利用还是与之共处）。费希尔等人（Fischer *et al.*，2010）的新近研究运用了跨文化心理学最近才使用的多层面方法，重新分析了施瓦茨所收集的大数据集，结果表明个体层面和文化层面的价值观结构实际上是很相似的。

　　世界价值观调查（World Values Survey，WVS）代表了社会学思路对价值观及其差异的研究（Inglehart，2000）。自 1981 年以来，该调查已经进行了四次，从涵盖全世界 88% 人口的 97 个国家中抽取个体价值观样本。它使用范围很广的题目，发现了两个基本的价值观维度：（1）"传统—世俗理性"；（2）"生存—自我表现"。传统型国家强调父母—孩子关系和尊重权威，反对离婚、堕胎、安乐死和自杀，具有高水平的民族国家自豪感和民族国家特点的世界观。世俗理性型国家则强调与此相反的价值观。注意，这与本书第二章所讨论的顺从—坚持己见维度是有联系的。第二个维度的价值观特征是，重视经济和身体的安全而不是生活的品质。这两个维度既是国家层面上因素分析的结果，同时又体现于个体层面的因素分析中。有研究者已基于这两个维度形成了世界文化地图（这可在 www. worldvaluessurvey. org /找到）。在地理上接近或共享同一社会文化历史的国家得分倾向于聚集成串。例如，西北欧在世俗和自我表现价值观上得分高，而前共产主义（东部）欧洲在世俗价值观维度上得分高，但在自我表现维度上得分低。南亚在世俗价值观上得分低，在自我表现维度上得分中等，而拉丁美洲在世俗价值观上得分低，但在自我表现维度上得分高。世界价值观调查数据的一个有意思的特点在于，它是多次重复评估的结果，有利于考察价值观的变化。例如，英格哈特和贝克（Inglehart& Baker，2000）指出，几乎所有的工业化国家都已经表现出一种从传统向世俗理性价值观的转变。当社会已经完成工业化并向知识经济体转变时，人们倾向于从生存价值观向自我表现价值观转变。

很明显，各国在这些维度方面所处的位置与国民生产总值（Gross National Product，GNP）的相关性很强。贫穷的国家在世俗和自我表现价值观上得分都低，而国民生产总值高的国家在这两方面得分都高。这一模式复制了霍夫斯泰德的发现（Hofstede，1980），一个国家的个体主义得分与其 GNP 相关很高（＋0.82）。这又带来了一个已经引起大量争议的问题：这是否意味着经济富裕会产生种种价值观（个体主义、世俗主义、自我表现）呢，还是一个国家的价值观会决定其经济发展。WVS 数据暗示的是前者，但英格哈特（Inglehart，2000）指出，文化和经济发展可能是相互作用的。可能不是一个变量影响了另一个变量，而是两个变量都受其他社会表征的影响。贝理（Berry，1994）从生态文化的视角指出，个体主义和集体主义分别跟生态系统的不同方面有关：个体主义与社会系统的绝对规模和复杂性有关（社会越大，越复杂，其个体主义表现得越多）；集体主义则更与社会规范的严厉程度以及社会给个人施加的从众压力有关（在规范越严厉、等级越森严的社会，其集体主义表现得越多）。这些关系清楚地表明，我们需要把国民生产总值及相关的变量（例如，教育水平、社会流动、社会大小和分层）纳入考虑，作为解释价值观跨文化差异的潜在因素。

最近有研究者提出，就探索价值观的路径而言，社会公理（social axioms，也译为"社会通则"）是一个有潜力的替代性思路（Leung & Bond，2004）。所谓社会公理思路，不是发掘抽象的价值观，而是更直接地调查人们对世界的种种信念，例如，"人们在不同的场合可能会有相反的行为"，"勤劳的人最终将获得更多"，"命运决定一个人的成功和失败"等。这方面的研究首先在中国香港、委内瑞拉、日本、德国和美国进行，后来的研究则包括了 41 个文化群体的样本。其结果显示，个体层面存在五个公理维度，即社会的犬儒主义、社会的复杂性、奖励勤勉、宗教虔诚度和命运控制感；其国家层面的分析产生了两个维度，社会的犬儒主义（包含了与个体层面相同建构的题目）和外部性动力因素（包含了来自个体层面的其他四个维度的题目）（Bond，Leung et al.，2004）。在个体层面和国家层面都可以发现，这些公理和其他心理变量和社会人口学变量（包括国民生产总值）之间存在着有意义的关联。在探索跨文化差异方面，社会公理思路尚未像维度那样被广泛使用，但它们可能代表着一个切实可行的建构，将抽象的价值观和具体的社会行为连接起来。

因此，我们已经看到价值观如何引起了大量的跨文化差异研究。霍夫斯泰德（Hofstede，1980）的价值维度，特别是个体主义—集体主义维度，仍然是最有影响力的，但我们也看到了多种可替代性的概念建构。大规模价值观研究的主要遗产之一是，在全球范围内描绘了社会偏好和社会观念的跨文化差异，并展示了它们与文化更"客观的"特征方面（例如，一个国家的国内生产总值）的强大相关性。有几个相关问题仍然没有答案，例如，应该精确地鉴别的价值观维度到底有多少个，以及应如何构想它们。有些维度，诸如个体主义—集体主义，已经很明显地被滥用了，因为它们已经与任何一种社会行为的跨文化差异相联系。然而，很显然，价值观的研究一直是跨文化研究的主要进展之一。

社会认知

现有的很多社会心理学文献都具有文化局限性；该学科主要是在一个社会中（即美国）进行的，它把该社会自己面对的议题作为该学科研究的主题和理论阐释的内容（Moscovici，1972，p. 19）。到 20 世纪 70 年代和 80 年代，人们已经普遍认识到，现有社会心理学具有文化局限性（Berry，1978；Bond，1988；Jahoda，1979，1986）。阿米尔和沙伦（Amir & Sharon，1987）的实证研究也表明，社会心理学的确存在文化的局限性。在以色列，他们试图复制一年中发表在美国社会心理学杂志上的六个研究。在被验证的假设中，大约有一半没有得到证实，倒是发现了一些"新的"重要结果（Amir & Sharon，1987）。人们进行了多种多样的研究来验证西方社会心理学的普同性，但这些研究大多数是在跨文化心理学领域进行的。随着 20 世纪 90 年代文化心理学学派的兴起，这一点已经得到了改变（Kitayama & Cohen，2007）。

1991 年，马库斯和北山所发表的一篇富有影响力的文章声称，与欧美文化相比，亚洲文化对"自我"的解释是不同的：

> 亚洲文化对个体性（individuality）有着不同的观念，坚持强调个体间存在相互关联；其重点在于关注他人，适应他人，并与他人和谐地相互依存。美国文化既不假设个体之间存在这种明显的关联，也不看重这种关联。相反，（在美国文化中）个体力求通过专注自我来发现和表现自己独特的内在属性，以维持自己不同于他人的独立性（Markus & Kitayama，1991，p. 224）。

尽管这显然让人联想到集体主义和个体主义的心理学描述（Triandis，1995），但马库斯和北山的观点不同，他们假定文化差异就是心理差异。因此，这就意味着，这不只是不认可存在一组普同价值观，而且还声称，心理过程本身也是根本不同的。关于自我构念跨文化差异的更多信息可以在第五章中找到。

从关于自我不同观念的角度来界定文化的做法，与其他理论思路是相当一致的。例如，施伟德（Shweder，1990）认为，心理与文化是相互建构的。根据这一观点，文化不应该被视为外在的情境，而应该是内在地与心理交织在一起的东西。在尼斯比特（Nisbett，2003）的研究中可以发现二者相关观念，其研究表明，与欧裔美国人相比，东亚人以一个更为整体性的方式（看更大面貌而不是细节，可以与矛盾共存而不是依靠形式逻辑）对世界进行感知和思考（参见第六章东西方认知观部分）。

在本部分，我们将有选择地讨论现已发现的在西方和非西方情境之间社会心理行为和认知的差异。正如我们在本章开头所述，讨论的重点主要不是现有行为的差异，而是可从中推断出的心理过程差异。

　　在基本社会行为中，从众是跨文化研究中很常见的例子。我们在所有的社会中都会发现个体对群体规范的遵从，因为没有它，社会凝聚力将会如此弱，以至于群体不能继续作为一个群体运转（文本框 4.1 说明这是其功能性的先决条件之一）。然而，从众在程度上会有所不同。有关研究经常使用阿什（Asch，1956）提出的研究范式，其中，被试需要完成一项线段判断任务，及说出三条不同长度的线段中哪条与标准线段长度相同。在进行这项任务时，被试大约有三分之一的次数遵从了别人给出的、但是明显错误的线段长度判断。之所以会得到这样的错误判断，是因为主试已经交代实验助手故意给出错误的判断。这样的方法设计不仅在工业化社会中进行，而且也已经运用到自给自足的社会中。

　　对于自给自足经济型社会，贝理（Berry，1967，1979）曾预测道，如果社会以打猎为基础，而且具有松散的社会组织形式（低社会一致性），以及具有以坚持己见为目标的社会化习俗，那么这些社会中的成员就会表现出低水平的从众；而如果社会以农业为基础，而且具有紧密严格的社会组织形式以及以顺从为目标的社会化，那么这些社会中的成员从众程度就高（高社会一致性）。他对来自 10 个文化的 17 个样本实施了一种阿什式的"独立—从众"的任务。在研究过程中，实验要求通过当地的研究助手传达给被试。结果发现，从众得分与样本在生态文化方面指标中的位置（从打猎—松—坚持到农业—紧—顺从）相关，17 个样本的相关系数为 +0.70。这表明，社会的组织形式与儿童通过社会化而习得的从众行为之间有着明确的联系。

　　有关从众研究最大的群体是在工业化社会中选取的。邦德和史密斯（Bond & Smith，1996）发现，与在自给自足社会中一样，（工业化社会中）从众的程度与文化规范的严格程度有关。然而，他们没有把从众的差异与生态学和社会组织形式联系起来，而是力图把这些从众行为差异与国家层面的价值观相联系。在持保守主义、集体主义价值观和偏爱先赋地位的社会中，从众程度高；而在重视自主、个体主义和后天获得地位的社会中，从众程度低。在该研究中很有意思的是，从众与价值观这两个心理学变量联系在了一起，而在贝理的研究中，与从众相关的是一些生态文化变量。考虑到国民生产总值和价值观之间的紧密关系，我们认为从众与价值观是相关的，可能是因为它们共处于更广阔的生态文化背景中，这类背景会促使它们作为一致的和功能性的反应，以适应在严格规范的社会中生活（Berry，1994）。

　　在基本的社会认知过程方面，已经得以在不同文化中进行研究的例子是归因。社会认知指的是个体如何看待和阐释他们所处的社会世界。由于这种解释必定要根植于个体所处的文化，因此有人认为，更适当的名字应该是"社会文化认知"（Semin & Zwier，1997）。归因是个体思考他们自己或他人行为原因的方式。基于人们生活所受的生态制约和社会控制存在差异，可以预料（不同文化）归因会存在实质性差异。然而，也许令人惊讶的是，并非所有对归因的跨文化研究都显示出文化差异的明显模式。

　　在西方的样本中，经常可以观察到的一种现象是更倾向于归因为内部性格，特别是当谈及他人的行为时，这被称为基本归因错误。这个错误在很长一段时间里被认为存在于所有的文化中，现在看来在西方样本中特别明显。例如，莫里斯和彭凯平（Morris & Peng，1994）研究了中国和美国报纸中关于犯罪的文章。他们对信息编码的依据是，对犯罪原因的解释参照的是罪犯的性格，还是外在情境或具体情形。其中美国文章比中国文章更一致地倾向于性格归因。米勒(Miller，1984)研究了美国和印度的孩子是如何形成性情方面的偏差的。她发现，随着年龄的增长，美国儿童越来越倾向于从性情方面进行解释，但印度儿童并不是如此。人们已经运用多种研究传统探索了归因的文化差异，尼斯比特等人(Choi，Nisbett & Norenzayan，1999)对这些研究进行综述后的结论是，(归因方面的)"性情主义"(dispositionism)是跨文化地广泛存在的思维模式，但东亚人更倾向于使用情境性归因思维，因为他们相信性情是可塑的，情境是重要的。似乎存在这样的普同性取向：所有文化都存在归因的基本心理过程，但它的发展和运用会根据文化情境的若干特点而有所不同。

另一个在西方人样本中常被观察到的归因偏差是自我服务偏差或自我中心偏差。在西方，人们倾向于把成功归因于自己，并把失败归因于情境。然而，许多跨文化研究并没有发现这种偏差的证据(Semin & Zwier，1997)。许多群体，诸如日本人和印度人，似乎会展示出谦逊或虚心偏差这一相反模式(Kashima & Triandis，1986)，对成功和失败的归因都会参照他人。日本人经常把他人的成功归因于内部原因，把他人的失败归因于环境，而西方样本通常表现出与此相反的模式。

在这些发现背后的一个关键问题是，为什么可以观察到这些相反的情况。这可能可以从以下事实进行解释：在一些文化中人们不会努力去争取对自我的积极评价；或者是，人们会根据那些要求谦逊行为的社会规范而行动(参见从众)。第一个解释可能会更符合(适度的)相对论立场，第二个更符合适度的普同论立场。村元(Muramoto，2003)发现，当要求日本被试对自己过去的成功和失败进行评价时，他们会表现出谦逊偏差；但他们希望亲近的人(家人和朋友)对成功给予更多的肯定，对失败给予较少的责备。这表明，谦逊可能更与自我表达的社会规范有关，而不是处于不同的心理需求。在文本框4.3中。我们可发现对社会认知跨文化差异的不同解释。

4.3　自我提升是一种普遍现象吗？

有关自我提升(self-enhancement)的争论可以作为说明这一问题的例证，即普同论和相对论在社会行为跨文化差异的阐释方面存在不同的观点。尽管该争论可以追溯到马库斯和北山(Markus & Kitayama，1991)所写的那篇富有影响力的论文，但关于积极自我关注(self-regard)需求存在普同性的研究，始于海因等人(Heine，Lehman，Markus & Kitayama，1999)的探讨。他们对多个行为领域的跨文化数据进行综述后得出结论，与美国人不同的是，日本人不需要对他们自身有积极的感觉。他们解释说，这可以作为以下观点的证据，即美国人和日本人在心理构成方面存在基本差异(参见本书第五章特定情境中的个体部分)。

　　为了反驳上述结论，塞迪基德斯等人（Sedikides，Gaertner & Togushi，2003）声称，自我提升的动机是普遍存在的，但是伴随这个动机的实际行为在不同文化中存在差异。他们认为，人们自我提升的是那些在文化上得到赞许的特质和行为；在个体主义国家，提升的是那些符合个体主义的特质和行为，而在集体主义国家，人们提升的则是那些符合集体主义的特质和行为。在对美国和日本学生的研究中，他们发现了支持其主张的证据：首先要求学生想象在一个六人业务团队中工作，其中人们在性别、社会经济背景和教育方面是相同的；然后要求他们将自己的特质和行为与团队成员作比较，比较的内容既包括个体主义题目（例如，关于独立性的题目是"当团队不符合你的需求时，就离开该团队"），也包括集体主义题目（例如，关于遵从性的题目是"无论如何都支持你的团队"）；由于先前对团队成员的描述中没有暗示差异的理由，对"比一般更好"的任何评分等级显示的都是自我提升。与他们的假设一致，他们发现美国人更多地自我提升属于个体主义方面的属性，而日本人更多地自我提升属于集体主义性质的属性。海因（Heine，2005）在回应上述质疑时，缩小了他和塞迪基德斯等人之间的观点上的差异。他说，他赞同对积极情感的需要是普遍存在的，但他否定了自我提升的动机是普遍存在的。他认为，好于平均水平的效应实际上不是关于自我提升的恰当测量法；这就解释了，为什么塞迪基德斯等人的确没发现差异，但是运用其他测量法的研究却发现差异。塞迪基德斯等人（Sedikides，Gaertner & Vevea，2005）通过对有关自我提升的研究，包括运用各种测量法的研究，做了一个元分析以进行回应，捍卫了其先前结论。海因等人（Heine，Kitayama & Hamamura，2007）质疑这个结论，声称塞迪基德斯等人的元分析在选择研究时存在偏差；而且根据一项包括更广泛研究的元分析，他们声称找到了日本缺失自我提升的证据。在最后的反驳中，塞迪基德斯等人（Sedikides，Gaertner & Vevea，2007）运用更多的研究结果重新进行元分析后，又一次声称为其普同性假设找到了证据。应该说，尽管这场辩论因双方都声称其元分析的纳入标准是正确的而陷入僵局，但是，其教益是让我们看到，有关大理论议题的争论是如何经常被归结为对一组特定的数据进行意义解释的分歧上。最近的研究似乎表明，做出有利自我评价的动机是普遍存在的，而其实际表现出的跨文化差异是由于东方文化中的谦虚规范（Kim，Chiu，Peng，Cai and Tov，2010）。

　　有关其他几个类型的社会认知和行为的研究也发现，美国和亚洲的样本之间会显示类似的差异。例如，西方个体往往表现出社会惰化，当作为群体的一分子时会比单独工作时倾向于付出较少的努力；而华人和日本人有时会表现出相反的模式，这被称为社会促进（Gabrenya et al.，1985）。另一个例子是金和马库斯的研究（Kim & Markus，1999）：他们到机场请求旅客填一个简单的调查表，并为游客提供了可以选择一支笔作为答谢的表示；可供选择的五支笔除了颜色其他方面都相同；结果东亚人比西方人更倾向于选择属于多数的颜色。对这一结果的解释

是，这表明了因样本文化具有不同的自我构念而对独特性的需求存在差异。

山岸等人（Yamagishi，Hashimoto & Schug，2008）质疑了这个解释。他们声称，导致上述差异的事实是，与美国人不同，亚洲人采用了另外的默认选择策略（default choice strategy）。根据该观点，亚洲人选择颜色属于多数的笔，因为在他们（集体主义性质）的社会情境下这是最理性的行为，而不是因为他们有不同的偏好。为证明这一点，山岸等人复制了金和马库斯（Kim & Markus，1999）的研究，只是做了些条件上的轻微变动。他们询问日本人和美国人在这些条件下会选择哪支笔：如果他们是五个人中最先选择时；如果他们是五个人中最后选择时；如果他们从商店里买这支笔时。在第一种情况，美国人也更可能选择颜色属于多数的笔，然而在最后两种情况他们均更倾向于选择颜色独特的笔。因此，文化差异可能不是植根于不同的心理过程，而是在不同的情形下的默认策略。

正如我们在本节所看到的，不同文化中的社会感知和行为之间有许多值得注意的差异，这常常是对东方（东亚）与西方（美国或欧洲）进行比较的结果。在我们所选择的主题中，研究结果的一般模式是，以前被认为是普遍的社会心理现象，并不总是能在其他文化群体中发现。关键的问题是如何解释这些发现。相对论的学者倾向于将行为差异归因于基本心理过程的差异，比如个体主义和集体主义价值观，或者相互依存和彼此独立的自我构念。这样，行为（表现）的差异是因为心理过程存在差异。普同论学者则倾向于将行为差异归因于同一心理过程所发生的不同生态情境（例如，自给自足类型）或社会情境（例如，谦虚规范）。正如我们已经指出的，本书赞成后一种解释，但是很多文化心理学派的研究者（参见第一章）赞成第一种解释。

文化作为一种社会心理建构

讨论社会心理学领域的一些议题，不得不应对这样的事实，即该领域往往将文化本身看作一种心理建构（Breugelmans，出版中）。前面我们已经看到，文化被看作一套价值观或一种特殊类型的自我构念（self-construal）。价值观和自我构念本身属于心理性质的建构；个体会拥有某些价值观和一种特别的自我建构。然而，我们也看到，这些建构经常被用来解释其他现象中的跨文化差异。在一篇有效地引发了文化心理学运动的论文中，马库斯和北山（Markus & Kitayama，1991，p.224）声称，"不同文化中的人们有着显著不同的关于自我、他人以及这两者相互依存性的阐释。这些阐释可以影响，而且在许多情况下还会决定个体经验（包括认知、情感和动机）的本质"。

一个中心问题是我们如何确定，诸如价值观和自我构念之类心理建构方面的差异实际上导致了社会认知和社会行为的差异，而不是后者的伴随物。松本和柳（Matsumoto & Yoo，2006）力求解决这个问题。他们描述了跨文化研究发展的四个阶段。在第一阶段，研究的主要目的是在其他文化中复制来自西方（美国）心理学的发现，并基于事后分析将行为差异归因于"文化"。在第二阶段，研究试图发现跨文化差异背后的种种维度，例如价值观维度。第三阶段进一步涉及切实操纵，诸如自我观念之类的心理过程，因为这些心理过程导致跨文化差异。松本和柳提出第四个阶段应是必要的。该阶段的目标应该是验证那些被认为是具有文化特点的现象（例如，价值观或自我构念）可用来揭示：（1）不同文化之间在个体水平上确实存在差异；（2）能够解释被观察到的行为差异。例如，在集体主义国家的人们应该被揭示，而不是假定具有更独立的自我概念，它应该说明社会行为在个体层面所假定的差异，如社会惰性。

第二个必须探讨的议题是价值观在个体和文化层面的不同维度。多层次模型方法的最近发展成就，已使得研究人员可以实证性地评估概念之间在个体和文化两个层面上的关系（Van de Vijver，Van Hemert & Poortinga，2008a）。这样的模型可以清楚地表明，关于文化和个体两个层面分数的一个简单方程可能是错误的。当种种建构的性质被发现在不同水平上存在差异时（即当它们是非同构时，参见本书第一章），不同层面分数之间的关系是复杂的。正如我们在价值观部分所看到的，所发现维度的差异取决于我们是从个体层面还是国家层面上进行分析。这表明，价值观在国家层面有不同的含义。当然，问题是这意味着什么。在本章之前的部分，我们提到了费希尔等人（Fischer *et al.*，2010）发现不同层面之间的维度是相似的，这与霍夫斯泰德（Hofstede，1980）、施瓦茨（Schwartz，1994a）和特里安迪斯（Triandis，1995）更早的观点相反。可以注意到的是，这些研究人员分别从个体层面和文化层面对数据进行了分析。只有使用多层次分析，这些维度才可以直接在不同层面进行比较。

第三个问题是诸如价值观之类的变量在跨文化差异上的有效性。价值观数据几乎都是采用自我报告的方式进行收集，即由被试自己标明他们所发现的具有重要性的选项。这种类型的数据对于答题风格的国家差异很敏感，这种差异与价值观的差异相关（Van Herk，Poortinga & Verhallen，2004）。因此，价值观分数差异可能反映了默许或量表使用方面的差异，而不是价值观偏好本身。我们也已经看到，价值观的跨文化差异与一个国家的国民生产总值或富裕程度有着很强的相关性。问题是这种相关性意味着什么。诸如英格哈特（Inglehart，2000）等研究者认为，价值观根据经济发展而变化。这就提出了疑问：在多大程度上，价值观可作为关于社会感知和行为的跨文化研究的解释变量。

第四个问题关注的是价值观和自我构念作为解释变量的稳定性。相对论学者倾向于强调跨文化差异的稳定性。例如，尼斯比特（Nisbett，2003）认为："我的研究使我确信，认识世界的两个完全不同的路径本身已经存在数千年……各种取向，无论是东方的还是西方的，都是一种自我提升、自我平衡（homeostatic）的系统。"但是，正如在后面第十三章会看到的，文化往往是易适应的，世界各地的众多人口现在必须努力生活在具有多种族群和文化的情境中。此外，启动（priming）研究显示，个体在处理文化需求时是灵活的。

跨文化情境中的启动研究方法往往意味着，个体得到一个任务，它会暂时地激活个体主义或集体主义的思维定势；研究者预计，它将影响个体随后在社会心理测量中的表现。例如，在一个任务中，研究者要求被试思考，是什么使他们与家人和朋友具有差异，或要求他们对诸如 I（英文"我"的主格）、me（宾格）和 mine（所有格）之类的代词打圈。这些操作应该会激活个体主义性质的思维定势。参与者若被要求思考，是什么使他们与家人和朋友相同，或圈出诸如 we（主格）、us(宾格)、our(所有格)之类关于"我们"的代词，这就会启动集体主义思维定势。欧舍曼和李(Oyserman & Lee，2008)对启动了个体主义和集体主义的 67 项研究做了元分析，其中32 项研究启动了这些建构的一个，并测量了这样的启动对社会心理学变量的影响，如价值观、关系性、自我概念、幸福观和社会认知。

　　启动研究法可以表明，通过激活心理建构，可以发现类似于不同文化群体之间的差异。这个解释若能够成立，就可以用来表明这些建构作为解释性变量的有效性(Matsumoto and Yoo，2006)，但同时，它也导致了若干对有关这些建构之稳定性的假设的严肃质疑。这就是说，如果个体主义和集体主义可以如此容易地受到简单任务的影响，那么它们在多大程度上可以被看作行为跨文化差异的稳定解释？一些研究人员认为，启动研究可以模仿文化的影响，但这并不能证明跨文化差异是以同样的方式形成的(Fischer，出版中)。菲斯克认为："仅仅是接触刺激物，这几乎不能成为在文化要素影响个体心理方面发挥调节作用的重要因素，除非我们假设全人类对所有文化的所有重要方面都拥有认知表征。"(Fiske，2002，pp. 80-81)最近的研究似乎表明，与我们所认为的价值观和自我建构研究的基础相比，跨文化差异的静态性可能会小得多。欧舍曼等人认为：

　　　　不要将文化概念化为这样的事物，即它能为思维和社会世界的组织提供固定的、且很大程度上不可改变的模式化的方式，而是应认识到，一个实地情境化(situated)的模型会允许存在这样的可能性，即受文化调谐的思维定势在很大程度上是容易适应的，并且对即时性情境线索是敏感的。(Oyserman，Sorenson，Reber& Chen，2009，p. 230)

　　我们发现，越来越多的研究对社会行为跨文化差异是从具体情境角度进行解释的。在本章之前已讨论的例子有村元(Muramoto，2003)对谦虚规范的研究，以及山岸等人(Yamagishi et al.，2008)所描述的情境依赖性默认策略。其他例子还有邹等人的研究。该研究认为，"社会认知方面关键的文化差异，是由个体对其文化共识性信念的感知方面有所不同而导致的，这会超越个体对这些信念的个人承诺差异所导致的任何影响"(Zou et al.，2009，p. 580)。邹等人在不同的研究中表明，与内部性的文化内容（例如，集体主义的价值观）相比，人们对文化共识或"常识"的感知更能预测人们的行为。这个观念与最近这方面的出版物观点很一致，它们强调的是文化作为一个情境化规范的观点(Fischer，Ferreira & Assmar et al.，2009；Gelfand，Nishii & Raver，2006)。文化作为一种规范的观念，与我们在第一章所提到的跨文化差异具有可概括习惯这一问题有关，我们将在第十二章再次提及这个话题。

　　本章已经表明，社会行为领域已经出现了大量的跨文化研究。我们力求描述一些重要的研究思路并凸显重要的议题。本章反复讨论的主题是，如何阐释所观察到的社会行为的跨文化差异。我们发现相对论与普同论之间的区别，依然倾向于两分法：相对论倾向于寻找导致行为差异的心理过程方面的差异，而普同论倾向于探索情境因素，因为它们会导致相同的心理过程却产生不同的行为。这对我们来说是一个程度的问题（参见第一章）。有关争论主要是理论上的，因为所有的研究者都同意，社会行为存在着相当大的跨文化差异。然而，这些理论分歧对于我们实践中如何应对文化问题有着重要的影响。例如，面对涵化、群体间关系、跨文化交际训练和文化多元劳动力管理等问题时，我们是相信文化差异与我们的心理构成是内在地融合的，还是主张文化差异应被视为（相似）心理过程对不同的生态和社会情境的不同反应，我们解决的路径也将会相应地不同。

　　在本章中，我们已经看到，简单的社会特征，诸如人口密度、社会分层与行为的差异是系统相关的。请注意这和第二章与第三章所涉及的各种相关性的关系，因为它往往正是通过不同形式的社会化，个体发展的社会文化差异得以出现。本章也展示了价值观是如何作为一个工具来说明全球的跨文化差异的。价值观可以被看作代表了普同论和相对论立场之间的一种居间性建构，因为价值观结构被认为是普遍的，但对价值观的认可却具有文化特殊性。价值观方法的最大威胁可能是研究人员对它抱有太大的希望。很显然，个体主义—集体主义这样的一个维度可以描述许多差异。但是，若希望它能够全面捕捉文化差异的丰富性，这就很天真了。此外还需要解决的问题是，价值观的评估，以及个人层面和群体层面变量之间关系所存在的疑惑。

　　第三部分提到了社会认知和行为差异研究的若干具体例子。虽然目前主导这个领域的仍是文化心理学思维，但它传统上一直与文化相对论有关。我们在数据中看到了支持普同论立场的充分证据。最后指出了文化作为一种社会心理建构的一些棘手问题。即使一些问题仍然没有得到解决，对跨文化研究来说，社会行为领域仍是一个充满活力和多产的领域。

在结束本章时，我们想要提及一个所有跨文化研究者所共享的观点。本章的证据表明，当前主流心理学有关社会行为的知识仍主要偏向西方文化。我们需要使用关于社会文化情境对行为影响的知识，以获得一个更丰富，甚至是一个更普同的心理学。基于西方（学生）样本就可发现可以推广到更广大的世界的观点，完全可能是错误的。

拓展阅读

Hofstede，G.（2001）. *Culture's consequences*（2nd edn.）. Thousand Oaks，Calif.：Sage.（这是关于这项经典研究的一个最新描述，它引发了许多后续的关于价值观跨文化差异的研究。）

Kitayama，S.，and Cohen，D.（eds.）（2007）. *Handbook of cultural psychology*. New York：Guilford Press.（该手册中的各个章节涵盖了社会感知、认知和行为方面的跨文化差异，并对文化心理学这一领域进行了出色的概述。）

Smith，P.B.，Bond，M.H.，and Kagitçibaşsi，C.（2006）. *Understanding social psychology across cultures：Living and working in a changing world*. London：Sage.（该书很出色地介绍了关于社会认知与行为的跨文化心理学研究）。

Triandis，H.C.（1995）. *Individualism and collectivism*. Boulder，Colo.：Westview.（该书很经典、综合地论述了个体主义和集体主义建构。）

第 5 章

人　格

本章目录

　　人格研究关注的是一个人区别于其他人的典型的情感、思维和行为。从这个意义上说，人格是有机体与其生态文化和社会文化环境终身相互作用过程的结果。由于外部因素影响，在不同文化中抚养长大的人们可能系统地表现出个体行为的典型差异。因此，不足为奇的是，人格研究的诸多传统已经扩展至跨文化研究了。

　　人格研究中处于统治地位的主题涉及的是这一问题：如何根据更持久的心理秉性来解释人的典型行为，以及这种秉性的性质是什么。从总体上看，有关研究传统可分为心理动力理论类、特质理论类和社会认知理论类。其中，心理动力说的根基最为悠久宽泛。坚持这种传统的大多数研究一般归在心理人类学（过去叫作文化与人格学派）名下，是由坚持精神分析取向的文化人类学家实施的。

在本章中，我们将首先讨论有关人格特质的研究，它是一种比较稳定的特征。有关特质的理论都强调，存在跨时间和跨情境一致性的稳定的个体秉性。我们的讨论内容包括有关该主题的跨文化研究最重要的传统，即与"大五"维度相关的五因素模型（FFM）。有关特质研究的其他传统和国民性格研究也会简要提及。第二部分着重论述了有关个体在所处生活情境中社会化历史所使用的种种研究路径。这包括自我的概念，即一个人感知和体验自己的方式。其中我们区分了两种形式的自我构念——独立型和相互依存型。前面章节已提过，这些自我概念在典型的个体主义社会和集体主义社会中有所不同。第三部分涉及的是非西方角度对人格的理解，并运用非洲、印度和日本的例子，介绍若干根植于非西方传统的有关人格的概念和理论。

在此，我们首先应该注意看一下文本框5.1，它是关于阿散提人（Ashanti）的名字与其犯罪行为倾向之间的可能关联。这是展示人格和社会文化情境间存在众多无法预料的相互联系的例子之一。该文本框可望警示的是，尽管现今已经有大量相关理论，但我们对个体行为与文化情境之间关系的理解还是有限的，且仍带有试探性。

5.1 阿散提人的人格

贾霍达（Jahoda，1954）的研究发现，阿散提人根据孩子出生在星期几而给其取名，其名字指的是这一天所属的灵魂（当地语称之为"*kra*"）。对于男孩（对女孩则没有这种观念），"*kra*"表示某种行为的秉性。人们认为，周一出生的孩子会比较安静、平和。叫"星期三"的男孩会被认为脾气急、有攻击性。贾霍达对青少年法庭中有关不良行为的记录进行分析后发现，叫"星期一"的青少年的犯罪人数比预期犯罪的人数明显要低。还有证据表明，叫星期三的人更容易对其他人实施犯罪（例如打架、攻击）。尽管这种关联是不牢固的，还需要重复研究来进一步确立这一调查结果的效度，但贾霍达的结论还是认为，"这种对应关系似乎太显著了，让人难以拒绝"（Jahoda，1945，p.195）。应进一步探讨的问题是，如何解释这些结果。这些发现是否反映了某种社会刻板印象和偏见，即对不良行为的期待，更多注意的是某些年轻人而不是另外一些年轻人？还是这些年轻人以某种方式内化了这些社会期望，从而形成了他们的人格？

人格特质维度

在这一部分中我们侧重谈人格特质。菲斯克（Fiske，1971，p.299）把特质定义为"个体所具有的持久特征，这种特征会以各式各样的强度呈现"。文献中可以找到有关特质的大量术语，例如支配性、社交性和坚韧性。从原则上说，应该能够找到一个很大的特质集，它们可以覆盖具有个体特征行为的所有主要方面。人格特质的测量通常使用自陈式或他评式人格问卷（这主要涉及某些具体特质）或人格调查表（这是涵盖一系列特质的综合工具）进行。在用以区分不同特质或特质维度的实证研究中，最重要的分析技术是多变量分析（通常是因素分析）。

"大五"人格维度

五因素模型已经成为最流行的特质维度模型。其主要假设是，只需要五个维度就足以充分概括描述所有人格特质。这五个维度［又称作"大五"（Big Five）］被认为是经得住考验的，是有生物学基础的（Costa & McCrae，1994；McCrae & Costa，1996），而且伴随着人类历史上的进化而形成（MacDonald，1998）。生物学基础的证据主要来自双生子研究，正如我们将在第 10 章看到的一样，具有同样遗传物质的同卵双生子在人格变量上的得分相近，即使他们是分开抚养长大的。然而，将人格维度和特定（模式的）基因直接相关的证据依然很少。换句话说，仅仅是生物学研究还不能告诉我们，是这种还是那种人格理论更具有效度。

FFM 模型之所以假定了五个因素，这是因为对美国各种各样人格量表所得的大量数据进行反复分析之后，总是能够发现这五个因素（Norman，1963）。在每一个因素内部，已经区分了一些不同的亚因素或方面，在此我们就不提了。在美国开发的大五人格问卷修订版（NEO-PI-R）是对大五维度进行评估最常用的量表/问卷（Costa & McCrae，1992）。该量表已被翻译成 40 多种语言。这五个因素一般如下文所述。

　　　神经质（neuroticism）：其特点是情绪不稳定、焦虑、敌意，神经质的人紧张，而情绪稳定的人安心、放松；

　　　外倾性（extraversion）：积极情绪是其核心，其若干重要特点是好交际、寻求刺激的社会情境、友好；

　　　经验（以前叫作文化）的开放性（openness to experience）：特点是有好奇心、想象力和老练；

　　　宜人性（agreeableness）：有同情心、敏捷、高雅、热情；身边有宜人性高的人会令人惬意；

　　　尽责性（conscientiousness）：其特点是坚持、行为有目标、可依赖、守纪律。

跨文化研究已主要解决两个问题。第一个问题是，我们能否确立 FFM 的普同性效度。如果这五个维度可表征个体机能运作的基本差异，那么就应该在各个地方都是可复制的；如果这五个维度只是体现美国人的特征，那么不同的文化和语言就会显示出其他的特质结构（Mccrae，Costa，Del Pilar et al.，1998）。第二个问题是，不同文化在多种维度上的得分水平是否存在差异，以及这些差异意味着什么。

基于 NEO-PI-R 的跨文化比较研究很多，其中包括大量以（会识字）样本为对象的研究（McCrae，2002；McCrae & Allik，2002；McCrae，Terracciano *et al*.，2005a，b）。总之，研究发现，原本在美国确立的 FFM 的五维度在其他地方包括非西方社会，也是存在的。对国别数据集的因素分析显示，国家间存在相似的因素。这种相似性是通过用 Tucker's phi 系数计算各国所发现因素的一致性来确立的，该系数测量的是结构等效性（见第一章等效性和偏差部分）。这些系数值（φ）往往等于 0.9 或者大于 0.9，但异常情况更多地出现在非西方国家。从大规模地对被试的研究中发现，其并不要求被试按照 NEO-PI-R 的题目进行自我陈述，而是对他们所认识的某个人进行陈述。在个体层面以及聚合个体数据后所得国别得分这一国家层面，对自我陈述与他人陈述的分析都揭示出相同的五因素结构（McCrae，Terracciano *et al*.，2005a，b）。总而言之，关于大五维度结构等效性的研究构成一个重要的发现，该发现强行约束了文化情境和人格结构之间的关联性，即使人格结构精确的复制性研究并不总是完美的。

上述结构等效方面的证据意味着，研究人员本来是能够有意义地开始解决第二个问题，即寻找大五维度得分的量化差异。与同一文化中个体间的差异相比，不同文化之间的平均差异比较小。各国在大五因素平均分数分布上的差异，通常是国家内部个体得分分布差异的九分之一（Allik，2005；McCrae & Terracciano，2008）。尽管如此，人们已进行若干研究，尝试把人格维度方面的国别差异与其他的文化特质相联系。

应注意的是，与许多其他领域相比，心理测量得分在不同层面比较的难度，在该领域的跨文化研究中更受重视。麦克雷（McCrae）和同事描述了对文化偏差的各种检验措施。例如，文化偏差包括翻译、题目的偏差以及答题方式的可能影响。值得注意的是，我们知道，默许这种应对方式会随着国民生产总值（或教育程度，或个体主义—集体主义维度得分）的变化而变化（Smith，2004；Van Herket *et al*.，2004），是不可能对 NEO-PI-R 得分有影响的，因为一半题目是以赞同的方式表示出来的，而这种方式会导致特质得分较低。翻译偏差已在使用双语的研究中得到检验（McCrae & Terracciano *et al*.，2005b）。还有一个仍然值得关注的问题是，社会期许可能会造成影响（Harzing，2006）。这可以看作得分差异的实质而有效力的来源，但同时也可能会扭曲所测评的概念的意义。

目前，获取这方面证据的各种其他思路已经被探明。麦克雷和特拉奇亚诺（McCrae & Terracciano，2008）认为，各种方法（自我陈述和他人陈述）表明，五个维度间的差异存在类似模式；除非各国分数具有标量等效性，否则不太可能出现这样的发现。埃里克和麦克雷（Allik & McCrae，2004）则探索了不同国家间差异的模式，并发现邻国间存在一定相似性。霍夫斯泰德和麦克雷（Hofstede & McCrae，2004）报告说，价值维度和大五维度间存在种种相关性；假设各种维度的含义不变，在其解释中，这些相关性说得通。

为探索有关分数差异的文化涵义而进行的分析，充分利用了各种国别数据集，这些数据来自诸如联合国和世界银行等国际机构。这些数据可能会与各个大五维度（甚至每一个维度内的各方面）的国别分数相关联。麦克雷和特拉奇亚诺（McCrae & Terracciano，2008）已经提到大五维度与癌症、预期寿命、药品滥用和精神健康指标等各种风险的相关性。虽然这些发现是尝试性的，尤其是因为这些风险也和一些其他未加控制的变量相关，但这些发现依然为有关人格的跨文化研究提供了重要原理。一些不确定性再次反映到伦特弗劳等人（Rentfrow，Gosling & Potter，2008）的一个研究中。此研究就大五人格得分和全美各州州层面大量指标的统计数字间可能存在的关系，进行了预测。结果，十三分之十二的有关宜人性维度预言符合所预期的方向，然而关于神经质方面，则只有十六分之七的预言得到支持。当然，美国不同州之间的差异可能比世界各国之间的差异要小，但是与国际数据集方面的差异比，这里的文化偏差和翻译偏差发挥的影响较小。

这些对文化层面得分差异的解释暗含两个假设：其一，分数满足完全等效性所需条件；其二，不同群体确实在外向性和宜人性等维度的水平不同。如前面所述，麦克雷和同事已经做出一定程度的努力，排除由于缺乏完全等效性而带来的影响。他们认为，这种形式的等效性，像建构效度一样，其确立只能通过多种来源的证据。如前所述，他们认为，证据主要是肯定的（McCrae，Terracciano et al.，2005a，b；McCrae & Terracciano，2008）。就第二个假设而言，根据麦克雷（McCrae，2009；Hofsted & McCrae，2004）的研究，人格维度难免受文化情境的影响。以前的有关假定是，大五维度植根于生物学。这明显是要暗示，存在跨文化不变性的是其结构性关系，而非模式或得分水平。然而，有关普同性的假设也要涉及基本人格维度的定量分析（Poortinga，Van de Vijver & Van Hemert，2002）。如果说诸如外倾性和神经质等人格特质维度会受情境影响是事实，那么这种说法并没有深究这种可能性，即文化情境的确会影响这些维度的实际发展。

基于五十个国家的他陈式数据集，麦克雷和特拉奇亚诺等人（McCrae & Terracciano et al.，2005b）分析了性别、年龄组、文化以及它们之间的交互作用对五大维度总体差异的贡献。这些影响是肯定存在的，但力度小。其中，平均而言，年龄和文化的主效应是最重要的，但对于差异的解释而言，年龄贡献率为3.1%，文化为4.0%。差异的绝大部分（大于90%）必须归因于个体间差异（包括测量误差）。也许在自陈报告中，文化会解释更大一点比例的差异；然而，文化差异的稳健性必须与分析结果的稳定性有关（国别分数是样本中受访者得分的汇总），而不是分析结果数值的大小。普尔廷戈和范赫米特（Poortinga & Van Hemert，2001）发现，对于艾森克人格问卷（EPQ量表）的测量结果而言，有关比例为14%至17%。这种发现不限于人格量表方面；对于施瓦茨所确定的价值观类型（Schwartz，1992，1994a）（参见第四章价值观部分）而言，普尔廷戈和范赫米特计算出的比例范围是6%到11%，而费舍尔和施瓦茨（Fischer & Schwartz，出版中）发现，对于相当多的人格和价值观测量，该平均数小于10%。这样的百分比代表了差异中的一个不可忽略的部分，但它们也表明，实质上，文化内个体之间比文化之间的差异性要大得多。

人格特质研究的其他传统

有关人格结构的模型还有若干种。比较有历史的是以艾森克人格问卷为主要工具的研究

(Eysenck & Eysenck，1975)。传统上，所鉴别出的人格维度有三：精神质、外倾性、神经质。后来增加了社会期许性，即做出为社会所接受和尊敬的反应的倾向性。巴雷特等人（Barrett，Petrides *et al*.，1998)的跨文化分析，收集了34个国家的数据。结果表明，总体上该数据集中，其他33个国家因素的相似性，与英国数据的结构非常相似，尤其是在外倾性和神经质方面。因此，对EPQ跨文化研究表明，普遍存在的主要人格维度是三个，而不是有关大五人格研究所发现的五个。然而，这两种人格模型也被认为是旨在形成对同一层级结构的不同抽象性结果(Markon，Kruger & Watson.，2005)。

　　大五维度与EPQ维度都是源于西方的工具，它们在其他地方的运用相当于采用了"强加的客位(imposed etics)"的做法。这种观点的有效性已经通过在非西方国家建构当地人格问卷加以调查。例如，相当一些人格研究是由关佐-拉佩尼亚（Guanzon-Lapeña)等人在菲律宾运用当地开发的工具进行的。当将种种本土建构的人格维度与FFM理论进行比较时，这些作者也发现如下结果。（Guanzon-Lapeña，Church *et al*.，1998，p.265)

　　　　我们的工具包括维度与大五人格领域所提出的维度之对比，这表明两点：（a)大五人格领域中每一个维度都被当地测量工具中的一个或多个维度所代表；（b)没有一个本土性维度具有如此独特的文化性，以至于不能被非菲律宾人识别，或可能被纳入，至少在概念上被纳入大五人格维度。

他们还说道：

　　　　然而，这并不是说，对于那些被认为是在菲律宾情境下最明显应被评估的维度，在其特点和聚焦方面没有反映出文化差异。

　　类似的发现也可见于有关"华人人格评定量表"(CPAI)的报道。这是一个白手起家开发出的综合性工具，即制作题目时完全是运用源于华人的东西。与FFM相比，有关研究鉴别出了一个新加的因素，标记为"人际关联性"(Interpersonal Relatedness，IR)。该因素包括和谐、"面子"与关系定向三方面。因此，大五维度之外所发现的因素支持了这一论点，即人格结构具有文化特殊性。随后这个IR因素也分别在夏威夷和新加坡为多个族群构成的样本所复制。这表明，人际关联性可能是人格的一个方面，但是NEO-PI-R缺乏之，故本来应该包含在综合性的人格问卷中(Cheung & Leung,1998；Cheung *et al*.，2001；Lin & Church,2004)。正如张姓研究者(Cheung,2004)所说，IR因素在华人量表中存在，而在西方量表中缺失，这可能代表了这种情况，即西方的理论和评估工具存在盲点。

　　而另一方面，上述CPAI量表没有体现开放性这一维度。在该量表修正时(CPAI-2)，开发者试图纳入这一维度。此后一直有证据大致说明这一点，即就社会行为的行为相关性而言，IR

维度对亚裔美国人预测出的差异显著大于欧洲美国人，而 NEO-PI-R 量表则更好地预测欧洲美国人（Cheung *et al.*，2008）。这表明，当地量表会更好地捕捉当地文化中突出的内容。

对描述人所用词汇的研究进一步为上述观点提供了补充性证据。在所谓"心理词典法"（psycholexical）研究路径中，这些词汇（通常是形容词）选自不同的语言（Saucier ＆ Goldberg，2001），研究者会对有关这些词汇的评分进行分析。结果表明，并不是所有的 FFM 维度都可以跨文化地得到复制。德拉德和皮博迪（De Raad ＆ Peabody，2005）所领导的对欧洲六种语言数据集的二次分析表明，有三个共同存在的维度。德拉德等人（De Raad *et al.*，2010）更广泛地对12 种语言中的 14 个命名分类系统进行了分析，其中包括了菲律宾语和韩语的数据。结果发现，五大因素中有三种因素——外倾性、宜人性和尽责性，其复制性比其余的因素更好（就一致性指数而言）。据此他们提出了一个重要问题：是否能够构建出这样一种界定清晰的人格结构，即必定具有普同性，同时又是综合的。

国民性格

到目前为止所提到的研究路径有其共同性，即主要是在个体层面上定义人格特质。我们也可以设想以文化群体为焦点的路径，即聚焦于构成国民性格（national character）的特质。这样的观点在民间盛行。我们关于美国人、日本人、中国人怎么样，都有一些观念。早期试图对此进行系统描述的是文化人类学中的一个学派，该学派叫作"文化与人格学派"或者"心理人类学"（Bock，1999；Hsu，1972）。

与这方面更近的一个例子是皮博迪（Peabody，1967；1985）所进行的研究。他区分了国民刻板印象（通常被认为是不理性、不正确的）和国民性格（被认为是对一个群体的有效度的描述）。国民性格被定义为"一个国家成员中的众数性模式化（modal）心理特征"（Peabody，1985，p. 8）。为了鉴别国民性格，皮博迪请评判者（通常是学生）对描写不同国家包括他们自己国家的人民的特征的形容词进行评分。对于国民性格概念以及对这些特征评判的效度，已经有人提出了异议。学者们通常根据第二手资料得出对其他国家的印象，这种做法是否有效，或者说，他们所得出的结果实际上会不会也是刻板印象。有研究者已论述说，这些评定反映的仅仅是民族中心主义的态度，而且国家会变迁，尤其是评判者很少拥有关于这些国家的广泛的直接体验。皮博迪（Peabody，1985）讨论了这些异议，其结论是，总体上说，这些异议缺少证据，因此应予以否认。

特拉奇亚诺等人（Terracciano *et al.*，2005；McCrae ＆ Terracciano，2006）请来自 49 个国家的样本（主要是学生）描述他们国家典型成员的人格特征。他们用了"国民性格调查"（NCS）量表，该量表有 30 个两极性题目，每极标有 2～3 个形容词或词组。这些题目用 NEO-PI-R 问卷形式实现操作化，总体上就涵盖了 FFM 中的维度。对同一个国家，研究者聚集 NCS 平均分，然后将之与 FFM 维度的平均分进行比较，结果发现，大多数情况下，这两个方面的分数没有相关性。换句话说，如果说 FFM 反映的是有关人格结构的一个正确的标准，那么，特拉奇亚诺等人的发现意味着国民性格只不过是无事实根据的刻板印象。

抨击上述发现的相关性最明显的论据是，FFM 得分并不是评估国民性格的有效标准（McGrath & Goldberg，2006）。值得注意的是，对某人自己所属群体的评估容易受到参考群体的影响，也就是说，在一个人的判断中，他/她会使用自己所属文化环境作为一种含蓄的标准（Heine, Lehmann et al.，2002）（参见本书第十二章）。特拉奇亚诺等人的这项研究可能已经动摇了人们对国民性格概念有效性的信任，但也已经触发了进一步的研究。例如，海涅等人（Heine, Buchtel & Norenzayan，2008）考量了在 NEO-PI-R 维度上自我陈述与他人陈述结果的相关性，以及刚提到国民性格得分和守时行为得分的相关性。该国民守时行为准点性的聚合得分来源于莱文等人（Levine & Norenzayan，1999）较早进行的研究，并且在更后来的研究中被用作对 FFM 中尽责性维度的估计分数。海涅等人发现，守时行为与国民性格得分呈现正相关，而与 FFM 中的尽责性维度得分则不是如此。

大石和罗斯（Oishi, Roth，2009）的研究再次得出了相似的矛盾性结果。其研究显示，自陈式调查中，尽责性方面得分高的国家反而更腐败。这似乎并不合乎逻辑，人们把自己描述成是有目标的、意志坚强的和有决心的居民，但是根据客观的观察标准，却是懒洋洋的、少创造力的、更容易被贿赂的。然而，大石和罗斯警告说，既然其他大五维度如预期地表现出与外部指标变量存在相关性，那么否定自陈式调查结果的做法还为时太早。

睿奥等人（Realo et al.，2009；Allik, Mõttus & Realo，2010）对东欧五国（白俄罗斯、爱沙尼亚、芬兰、拉脱维亚和波兰）的研究，以更直接的证据使得特拉奇亚诺（Terracciano，2005）等人的发现遭争议。该研究使用了特拉奇亚诺等人调查所用的相同工具——国民性格调查问卷（NCS），要求被试进行自陈式评估，对"典型的"国民同胞和"典型的"俄国人进行评估。结果发现，对国民性格的刻板印象是广泛地共同存在的，并表现出与自陈性人格特质存在中度的相关；这几个样本与俄罗斯国民性格具有比较相似的观点。他们对俄罗斯人国民性格的概括与俄罗斯人自陈性人格特质并不相关，但与俄罗斯人自我刻板印象相关。这可能是由于这一复杂原因，即该研究中的大多数国家在不久前和俄罗斯人有直接的交往体验。

总之，在人格特质维度方面令人印象深刻的发现，并没有产生一套研究人员赞同的一致的有关跨文化差异的维度。但同时，种种量表能有效地区分出同一文化中的个体差异，在其他文化也更可能如此。这意味着，跨文化地看，人格结构存在着相当的或者强烈的共同性。然而，研究人员既不（尚未？）知道最佳的人格结构，也不知道人格结构在不同社会是否可能会（多少有些？）不同。未来研究的发展将取决于得分水平差异能够被合理解释的程度，这样的解释是人格特质维度研究进一步成功的关键。

特定情境中的个体

有关人格的研究并不仅限于对特质的概念建构。在以学习理论为基础的种种研究传统中，个人对一个情境的反应是用其自身所体验的强化刺激历史加以解释的。当时，严格的学习理论在人格研究中并没有大的成就。很快，研究者们提出了迁移原则和泛化原则，大大超越了简单的强化机制。班杜拉(Bandura，1969，1997)强调的是榜样学习和模仿，后来又强调自我效能感。罗特(Rotter，1954)所提出的社会学习理论，则将内部和外部的控制作为个体的很一般的倾向性。米切尔(Mischel，1990)和其他人已开始寻找基于认知和情感过程的行为模式的种种一致性(如果—那么式的关系)。

对于罗特(Rotter，1954，1966)所提出的控制点，已存在大量广泛的跨文化研究。该理论认为，个体的学习历程会使其对强化的预期一般化。人们可以把一个(积极或消极的)奖赏看作有赖于个人的行为，或者看作由个人无法控制的外力所决定。换句话说，可以把控制点理解为在个人的内部或外部。成功可能是因为"技能"或"机会"，失败也是这样。人们生活中遇到的很多事情，可以被认为是自己的责任，也可能被认为超出了他们的控制。其测量最重要的工具是罗特的 I-E 量表(Rotter，1966)，它包含 23 个题目，每个题目提供了内部归因或外部归因的选择。罗特在因素分析的基础上提出，该量表体现了单一的维度。因此，用一个表示一个人在内部归因和外部归因之间的平衡之单一分数来表示控制点，应当是可能的。

对于上述问题，在美国进行了极具跨文化相关性的研究。不断重复的研究结果表明，非裔美国人比欧裔美国人更倾向于外控点(Dyal，1984)。社会经济地位低的人一般更倾向于外控点，但是，当控制了社会经济地位的差异因素后，还是发现黑人和白人的归因存在差别。总的来说，控制点代表了一个人的行为倾向，这种行为倾向似乎适合于属于某个群体的个体基于实际生活条件对行为的合理预期。控制点还与其他一系列变量有关。其中一致性最大的发现是，内部控制和学业成绩存在正相关。

罗特所假定的单一维度常常得不到重复印证，研究者运用其他工具也得不到这一维度。惠(Hui，1982)审查的九十份研究显示，控制点跨文化差异的模式没有明确的证据。更常见的发现是有两个因素，即相对对立的个人控制和社会政治控制，尽管对于非西方的农村群体来说，有关因素更加模糊(Dyal，1984；Smith，Trompenaars & Dugan，1995；Van Haaften & Van de Vijver，1996)。控制点是由当地的情境决定的，而不是宏观的、稳定的环境。这种理论与本章前面所讨论的特质理论相比，假定在形成人格的过程中，文化环境发挥了相当明确的作用。从某种意义上说，这种理论可以看作社会认知视角的先驱。根据社会认知视角，人是有机体和社会环境相互作用的产物。

米切尔(Mischel，1968)质疑有关特质的观念时论述说，不同情形下保持行为一致性这种现象很大程度上是不存在的；人格维度对未来行为的预测比较差。因而，人格研究应重视情形的可变性。可选择的另一种思路是 CAPS(认知—情感型人格系统)。CAPS 是一个一般的框架，它假定行为是以一系列认知情感单位(包括期望、目标、胜任力)作为中介的(Mendoza-Denton & Mischel，2007；Mischel & Shoda，1995)。行为模式的稳定性源于"如果……那么"性质的基本轮廓(如果情况 A，那么这个人会做 X，但如果情况 B，则他/她会做 Y)。很少有对情境模式的跨文化分析（Mendoza-Denton，Ayduk *et al.*，1997），但有研究者认为，CAPS研究路径和文化主义视角的人格研究方法高度兼容。门多萨-丹顿和米切尔（Mendoza-Denton & Mischel）提出了C-CAPS（文化性认知情感人格系统）模型，并提供了如何使文化心理学的研究结果适宜他们所倡导的方法的案例。下面我们将转向文化心理学的有关研究。

社会情境中的自我

有关人格特质维度跨文化恒定性的证据，已为种种概念化（conceptualizations）建构所否定。这些概念化做法主张，基于特质理论所研究的人格，应视为西方个体主义的一种表达方式（Hsu，1972）。霍等人认为，儒家思想主要关注的是人与人之间的关联性，而且认为人际关系优先于特定情形的需求。他们所定义的人格为："种种行为共同属性的总和，它们体现于一个人的行为中，并从一个人的行为中抽象出来，而这些行为是在不同人际关系和随时间而变化的社会情形中直接或间接地被观察的。"（Ho，Peng，Lai & Chan，2001，p.94）

（文化心理学有关研究中）一个中心论点是，人不能脱离文化情境（Shweder，1990；Shweder & Bourne，1984），人格可视为一系列关于自我的观念，自我和自我性（selfhood）都是一种文化性建构，因此可能存在着跨文化差异。虽然施韦德和伯恩的实证性证据有限（Church，2000），但是其基本理念已得到广泛认可。自我被许多研究者尤其是美国和东亚的研究者，看作一种文化产物（Heine，2008）。在本书第7章我们将看到，在情感研究中，对文化特殊性最醒目的发现来自民族志分析。看来人格研究的情况也是如此。丘奇（Church，2000）列举了若干研究例子。例如，许（Hsu，1985，p.33）的研究解释汉语中"人"这个字时认为，它意味着"个体与其人类同胞的有效互动"。罗森伯格（Rosenberger，1994）指出，日语中的"自我"一词意味着"自我的部分"，这也表示自我不能与社会领域分离。

卡奇茨巴西（Kağitçibaşi，1990，1996，2007）提出了一种关于自我的理论。她区分了关系自我（relational self）和分离自我（separated self）。关系自我构念形成于具有"在情感和物质方面相互依靠的家庭模型"的社会中。这样的社会通常是传统的农业产品经济，具有集体主义的生活方式；发生疾病时，家庭成员必须互相依靠，并在年老时提供安全保障。分离自我构念则形成于"重视独立的家庭模型"，多见于具有个体主义性质的西方城市环境中。该模式中，家庭成员能够彼此独立生活，这也不会严重影响他们的福祉。卡奇茨巴西还区分出了一种产生于"情感上相互依靠的家庭模型"的自我，叫作"自主—关联性自我"（autonomous-related self），它尤其多见于集体主义国家的城市环境。家庭成员之间尽管在物质上越来越独立，社会化更加指向自主，但在情感上依旧互相依赖。卡奇茨巴西相信，世界发展的主要方向是第三种模型，即多数情况下会考虑到个人与社会互动中的关联性和自主性。

卡奇茨巴西所做的关系性自我和自主性自我之间的区分，接近于马库斯和北山（Markus & Kitayama，1991，1998）提出的独立自我构念和相互依赖自我构念之间的两分法（参见本书第4章）。人格概念方面的这些重要的区分，可看作东西方在社会行为、认知、情感和动机方面存在差异的广泛综合性总结。在西方，人格根植于这样的关于个人的概念，即将人视为一个单独的有机体，是独立自主的，原子化的（由一系列离散的特质、能力、价值观和动机组成），寻求与他人分离并独立于他人的。在东方，关于人的基本模型关注的是相互依存性和关联性，并植根于这样的观念，即个人不是独立的实体，而是内在地与他人有关联的实体，故只有在个人被具体置于其在社会单元之内的位置时，个人作为一个"整体"才形成："其文化视角的假设是，种种心理过程，这里具体指的是人格的本质和功能运作，不仅仅是受文化影响，而且完全是由文化建构的。"(Markus & Kitayama，1998，p. 66)在欧美场景下，个人被视为一个由内部特质及其相应行为构成的独一无二的完型结构。而在东亚社会，人格是作为这样的行为被体验和理解的，即该行为是处于与他人关系中的个人所特有的。在一项人格研究中，北山等人(Kitayama，Markus *et al*.，1997，p. 1247)提出了一种自我的集体建构主义理论。根据这种理论，"很多心理倾向和心理过程同时来自集体的过程并支持这样集体的过程；在这样的过程中，关于自我的观念被以如此的方式刻画和体现，这就是，社会行为和社会情形是在各自文化情境中被界定和体验的"。

那种汇合性心理过程的观念并不新颖，特别是在"集体表征"(Jahoda，1982)的标签下早就出现了，只是因为没有详细阐述其恰当的机制，因而没有多少立足点。另一个概念是社会表征。这些概念已为莫斯科维奇(Moscovici)学派进行了较广泛的研究(1982；Wagner *et al*.，1999)。该学派强调文化群体内部的共享意义，以及文化群体间在意义和知觉上的区别。然而，北山等人进一步具体阐述了心理过程的差异，而不仅仅是社会知觉上的差异。

北山等人(Kitayama *et al*.，1997)让日本和美国的学生评定大量事件对他们自尊的影响。在之前的另一个研究中，通过类似的学生样本，形成了有关提高或降低自尊的情境的描述。美国被试设想，他们在积极情境中体验到的自尊的提高比在消极情境中体验到的自尊的降低要更多一些，在美国形成的情境描述所产生的效应比在日本形成的描述产生的效应更强烈。另一方面，日本被试报告说，他们在消极情境中体验到自尊的降低，要比在积极情境中体验到自尊的提高更多一些。这些差异是非常实质性的，因为这表明两种社会之间在自我批评和自我提高方面存在重大差异。

北山等人(Kitayama *et al*.，1997)认识到，种种差异可能是表述方面的问题，而非关于自我的不同模式。他们继续进行了第二项研究。在这项研究中，他们请另外的日本和美国学生被试做同样的评定，不过这次评定的不是对他们自己自尊的影响，而是对一个典型学生自尊的影响。"我们假设，由于要求被试估计的是典型学生的真实感觉（即自尊的变化），任何可能存在的有关文化性的公开展露规则都不会改变他们的反应。"(Kitayama *et al*.，1997，p. 1256)该研究采用这样的测量措施，得到了跟先前研究很相似的结果，因此他们有理由认为，回答问题的模式并非反映的是公开展露规则，而是自我的真实体验。

这些研究至少还有一个令人迷惑的发现。第一个研究还包括第三种样本，由曾经在美国大学学习的日本人组成。这些被试表明，对于在美国编制的情境描述来说，他们在积极情境中体验到自尊的提高，比在消极情境中体验到自尊的降低更多。只有在日本形成的情境描述中才能产生相反的倾向，这与对居住在日本的日本人研究的结果是一致的。我们认为，如此快的涵化效应是难以与自我的基本差异相调适的。

在运用文化心理学路径对人格进行的研究中，文化与自我的相互构成仍然是一个中心主题。北山等人（Kitayama，Duffy & Uchida，2007）在标题为"自我作为文化存在模式"的一章中，继续提出两种类型的存在模式。他们参考了各领域大量的研究以巩固他们的立场。部分研究已在本书第四章呈现；其他研究会在第六章（认知）和第七章（情绪）提到。

马库斯和北山（Markus & Kitayama，1991）的文章已经被多次引用。它对跨文化心理学产生了重大的影响，并为其后大量的研究奠定了基础。那么，有关不同文化间这种一概而论的差异的证据是否与它已经举例说明时一样充分？文本框5.2关注的是来源于二十句陈述测试的证据，它运用的是一种投射技术，经常作为东西方自我构念差异的支持证据而被提到。在本书第四章我们曾提到，起初研究表明，在日本和美国或加拿大被试（Heine et al.，1999）之间，有关自我提升和自尊的概念大量的差别，但随后的研究得出了更保守的结果。我们也可以参考松本（Matsumoto，1999）的综述。所综述的18个检验日本和美国被试在个人主义—集体主义维度上差异的研究中，仅仅有一个研究提供了支持日本人存在较高集体主义所需的证据（Takano & Osaka，1999）。

5.2　二十句陈述测试

在某种程度上，马库斯和北山的研究（Markus & Kitayama，1991）所依靠的实证性证据，带有后见之明的特点，故说服力不那么强。为了评估国家之间在独立自我和相互依存自我构念方面平均分的实质性差异，他们运用的是当时流行的一种方法——二十句陈述测试（简称TST）（Kuhn & McPartland，1954；Triandis，McCusker & Hui，1990）。TST是一种投射性测验，受访者在这个测验中要完成二十次"我是_____"的陈述。卡森斯（Cousins，1989）发现，对于这种测试，日本学生报告"（关于自我的）纯粹品质"（pure attributes）的比例比美国学生要大得多。这里的所谓"纯粹品质"是指关于自我的描述没有参照其他的人、情形和时间方面的修饰语，例如："我是诚实的。"然后，他们又实施了一次TST测试，所采用的是情境化格式，即要求被试在完成二十次自我描述时要针对以下情形，"在家时""在学校时"和"与亲密朋友在一起时"。这次分数的模式出现了逆转：美国学生所报告的纯粹品质，比日本学生要少得多。对此结果，卡森斯（Cousins，1989，p.129）论述道："由于缺乏情境线索提示，TST格式会使被试从个体主义的角度加以理解，想到的是无关具体情形（situation-freedom）的品质，而且这种格式本身就会助长有关自我自主性（ego-autonomy）的答案。然而从社会计量学角度看，'我是谁？'这个问题本身具有特立独行的意味，所表征的是不自然地将个人从其所生活的社会环境中剥离出来，因此必须结合情境加以充实。"

可见，卡森斯用集体主义—个体主义术语，对所收集到的描述特质的答案在频次上的差异，进行了随意的阐释，而忽视这一点，即在相对开放的测试任务中，若指导语发生微妙的变化，就会被回答者用多种方式加以理解，因此会得到种种效应性结果。同时，运用这种 TST 或类似测试技术已经得到的结果是不一致的，既要兼顾与欧裔美国人的比较（Oyserman *et al.*，2002），还要兼顾与来自其他文化的样本作对比（Van den Heuvel & Poortinga，1999；Watkinset *et al.*，1998）。

投射技术在效度方面问题比较多。莱文和同事（Levine，2003；Bresnahan，Levine *et al.*，2005）已经就 TST 的聚合效度和区分效度提出了异议。这方面他们还质疑了其他两种工具——森葛理斯自我构念量表（SSCS）和克罗斯、培根和莫里斯开发的关系型自我构念量表（RISC）。应注意的是，莱文和同事提出的批评意见不一定会得到其他研究者的赞同。例如，古第昆斯特和李（Gudykunst & Lee，2003）以及金和拉亚（Kim & Raja，2003）所提出的有关异议主要是，TST 的测量结果和论证，虽然支持了普遍流行的那种"众所周知的观点"，但几乎没有质疑莱文等人所提到的心理测量学方面的效度问题。

东西方之间存在着的更具体的差异最初被描述为自我在机能运作上基本差异的指标，现在已有若干实证性分析和文献综述提供了数种解释（Chiu & Kim，出版中）。例子包括山岸等人（Yamagishi，2008）（参见本书第四章）对规范化对策的研究，以及陈等人（Chen，Bond *et al.*，2009）有关作为自我表征战术之谦虚的研究。这些研究表明，由马库斯和北山（Markus & Kitayama，1991）以及由北山等人（Kitayama *et al.*，1997）提出的一概而论性质的解释应开放地接受修正。同时，接受文化比较和特质研究思路的文化心理学研究传统，似乎还有新发展的余地（Heine & Buchtel，2009）。目前将特质视角与社会认知视角相结合的观点很少，仅邱奇（Church，2000，2009）提出了整合性的"文化性的特质心理观"。这些努力将有助于消除各种概念化之间的障碍，并进一步推进人格和文化的研究。

若干非西方的人格概念

有关人格和个人性（personhood）[①]的观念可见于许多文化之中，如果不是所有文化的话。其中，来自非西方社会的有关人格的概念常被称作本土人格概念（indigenous personality concepts）。我们认为，这种叫法中的"本土"有些用词不当（参见本书第一章）。这是因为有关文献中处于主流地位的（西方）观点，也是在特定文化背景下形成的。主流心理学文献中，种种概念的定义和效度往往是通过研究和评估方法来证实的。可以说，这样的概念比根据印象而形成

[①]　当"人格（personality）"一词被认为过于与特征研究路径关联时，研究者有时倾向于使用"个人性（personhood）"一词。——原书注。

的概念更容易被接受，无论这种印象性的概念来源于哪里。许多跨文化心理学研究者不愿接受这样的观点：非西方传统是人类生存经验的反映，故对于基于非西方传统的人格概念，我们应给予同等的信任。我们将会谈到若干这样的概念。它们是由这样的作者建构的，他们在其所属文化中成长，且论述的就是这种文化。显然，这些理论的建构会受到西方的影响，不过其中真正的洞察是在其文化之外的人难以完成的(Sinha，1997)。

非洲的乌班图概念

乌班图(Ubuntu)人性的概念在非洲快速获得了认可。它指的是这样一种功能运行的模式，被认为具有非洲特色，来源于一句大意是"一个人通过他人的存在而存在"的格言。乌班图表征的是诸如团结、同情心之类的价值观(Mbigi，1997)，被认为是深深扎根于非洲的历史和传统，并会继续引导贫困社区的人际关系(Broodryk，2002)。像布鲁德里克(Broodryk)这样的作者，会将乌班图与他们所感知的西方社会中关于个人和社会功能的运行模式作对比。从较为宽阔的角度看，乌班图反映出与集体主义概念相似的关注点，并或多或少是与自主性和独立自我构念相对的。然而，当地研究者倾向于把乌班图描述成具有典型的非洲特色，与集体主义多少有些区别。非洲人格值得关注的一个方面是重视广阔的社会场景。这并不仅限于当前的周围环境，还包括逝者、鬼神和上帝的世界。诸如索乌(Sow，1977，1978)以及后来的南萨门昂(Nsamenang，1992，2001)和穆赫兹(Mkhize，2004)等研究者都强调，在非洲，一些无法直接观察的实在也是心理功能运作系统的一部分。

在殖民时代，西方心理学家对非洲人格的描述大多带有明显的偏见和刻板印象。当时当地任何本土的宗教信念往往被斥为"迷信"，虽然它们的神奇性不如大多数基督徒欣然接受的超自然事件那般不可思议。在20世纪60年代和70年代，非洲研究者掀起了研究非洲人格的高潮，他们主张非洲人民具有不同的身份认同，这至少可以部分看作对殖民时代盛行的关于非洲人消极形象观念的回应。

塞内加尔的精神病学者索乌(Sow，1977，1978)，提出了一种关于非洲人格和精神病理学的宽泛理论。最外层是身体，是个人的肉体包装。紧接着的是生命力原理，这种生命力仅见于人和动物，大体上相当于生理机能运行。第三层是另一种生命力原理，不过这种生命力仅见于人类，代表了人类独有的心理存在。最里面一层是永不消失的精神原理。当人入睡或进入恍惚状态时，这种精神就会离开人体；当人死亡时，它就会完全离开人体。它不会给身体以生命，而是有自己的存在，只属于祖先的世界，并在每个人身上代表着那个世界。

该人格同心圆各层总是与人的环境有关。索乌描述了人与外部世界发生关系的三个参照轴。第一条轴穿过其他三个层次，把祖先的世界与精神原理联系起来。第二条轴把心理生命力原理与个体所属的大家族联系起来，可以理解为个人所属的血统。第三条轴穿过身体层到达生命力原理，把广阔的社区与个体联系起来。这些轴代表了通常处于均衡状态的种种关系。索乌认为，非洲人对疾病、心理失调及治疗的传统解释可以根据这一本土人格理论来理解。如果这条或那条轴上的均衡被扰乱，就会发生心理失调。诊断包括发现哪条轴被扰乱，治疗就是重新建立这种均衡。需要注意的是，非洲人的传统疾病总是有外部原因，并不是因为个人历史中的内部心理现象，而是因为来自外部的侵犯性干扰。

其他有关非洲的研究者同样重视符号象征的重要性，例如贾霍达等人（Jahoda，1982；Cissé，1973）论述了马里班巴拉族人非常复杂的种种人格观念。这些研究者鉴别出了个人的 60 个成分。这些成分形成对子，每一对都有一个雄性成分和一个雌性成分，例如，思考与反思、言语与权威、将来与命运、名与姓。贾霍达看到了该观念与西方所熟知的心理学的一些相似性，也看到了重要的差异。班巴拉族人的心理形成了其世界观的一部分，在这一世界观中，各个成分之间的关系是通过象征而不是通过分析过程所建立。

南萨门昂（Nsamenang，2001）也指出，现代心理学认为个体是自主的，这不同于非洲人的观念。该观念认为，人与社区、神灵的世界以及生态环境是共同存在的。在非洲，人们强调，存在有一种不可摧毁的生命力量，这种力量在人死亡以后还继续存在于神灵的世界（Nsamenang，1992）。人性就是这种生命力量通过肉体的体现。这显然表现了对人的尊重。例如，问候变得非常重要：问候所花费的时间和精力不是浪费，而是反映了问候的社会价值。问候所具有的高价值意味着对人的高度关心。南萨门昂（Nsamenang，1992，p.75）进一步描述说，在非洲，"人并不是一个仅仅属于自己的独立者"，而是植根于他存在于其中并为之存在的社群。有的谚语反映了社群的重要性，例如，"追求社区的利益，就是寻求你自己的利益；只寻求你自己的利益，你就是寻求你自己的毁灭"。南萨门昂认为，亲属关系将继续保持至高无上的地位，除非其他社会安全系统可以取代大家庭网络。

根据穆赫兹（Mkhize，2004）的研究，在时间取向上，非洲关于实在的观念与西方不同。西方社会强调未来；而当地传统社区注重过去（与过去生活的那些人的关联性）和当前社会的关系。非洲存在种种关于外部力量（上帝，命运和祖先）的取向，以及人与自然的和谐共处的取向。其种种存在具有层级性，当地社群要包括融合其中的祖先，他们位于人类和上帝之间。人类的能动性体现于与他人和谐相处而不是个人取得成就。当地传统文化中的关系取向是趋向家庭和社群以及在群体中的地位，而不是将个体作为有明确疆界的自主性实体。

上文提及的作者与许多西方和亚洲的研究人员都能共同认识到，讨论自我概念时应将自我放在具体情境中，应重视个人性在社会环境中的嵌入性。不过，非洲作者还补充了一个维度：社会环境不仅局限于当前活着的人，还包括超越性的存在——祖先和上帝的灵魂。

印度的有关概念

帕兰杰佩（Paranjpe，1984，p.235）认为，（印度的）"jiva"的概念与（西方心理学的）人格概念相似。"'jiva'代表了与个人有关的一切，包括贯穿他整个生命周期的所有经历和行为。""jiva"可以区分出五层同心圆。最外层是身体。次外层叫作"生命的气息"，指生理过程，例如呼吸。第三层包括感觉和协调感觉机能的"心智"，与"我"以及"我的（东西）"有关的自我中心性质的感情就位于此。第四层代表了人的理性和认知方面，包括自我形象和自我表征。最里边的第五层是体验极乐世界的场所。帕兰杰佩（Paranjpe，1984，1998）认为，从上述观念中，可以发现与西方心理学人格概念的诸多相似处，例如詹姆斯和埃里克森（James & Erikson）的有关观念，但两者也存在重要的差异。"jiva"中有一个"本真自我"或宇宙的灵魂（Atman），即生命永久不变的基础。在这一点上，帕兰杰佩（Paranjpe，1984，p. 268）引述了古代印度哲学家商羯罗（Sankara）的话："在我们内心总有这样一种东西，它是有意识地感觉'我'的根基……这种内部自我（生命本源，'antar-Atman'）是一种永恒的原则，它总是一个，而且包括整体的极乐体验……宇宙的灵魂可以通过对心灵的控制而获得。"为了达到极乐世界的状态，人们必须要习得某种意识状态。上面我们所概述的帕兰杰佩的论述仅仅是古代印度的一个思想学派（吠檀多），其他古代印度学者认为还有其他不同的意识状态。例如，帕坦伽利描述了目前在印度之外有很多信徒的冥想体系——瑜伽。瑜伽练习者最希望的是，达到最高级的意识状态。约束并控制自己的心灵，使之稳定在一个目标上，戒除对快乐目标的感觉以及忍受艰难，这都是达到这一最理想状态的手段。

为了达到意识这一终极实在的终结性原则，超越时空，这是一个漫长而艰难的过程。如果达到了完全超然和内心平静的状态，人的身体就变成了偶然附带之物（就像衬衫），人就会变得无所畏惧，关心同胞和心平气和。通常人们对冲动的控制力很弱，这意味着他们总是不能摆脱现世的刺激和生命的兴衰。因此很显然，那些接受超然训练的人所遭受生活的紧张和压力就可能要少得多。

在这些思想的基础上，奈杜（Naidu，1983；Pande & Naidu，1992）把分离（anasakti）或非超然作为压力研究计划的基础。西方心理学认为，若能对自己的行动结果实现掌控，这就是理想的状态。与之相反的是，古代印度经典高度重视要超然于行为可能的后果。西方研究关注的是偶然无意的失控，而这可能导致无助和抑郁。而该印度传统则倡导，要超然到自愿放弃控制的程度，而且这被假定为对心理健康有积极的效果。该项目评估和验证非超然的方法，与西方心理测验的方法极为相似。这使得该研究成了为数不少的这类尝试之一，即把具有哲学和宗教性质的本土观念直接翻译为可以进行实验研究的人格指标。

日本的撒娇式依赖概念

撒娇式依赖（"amae"，读作 ah-mah-eh）在精神病专家杜伊（T. Doi，1973）的著作中，作为理解日本人的核心概念具有突出的地位。"amae"被描述为一种被动的爱或依赖，来源于婴儿与其母亲的关系。年幼儿童普遍希望与母亲接触，而且这对于形成成人之间新的关系也很重要。"amae"对于日本人的突出意义，是其他文化中的人们难以比拟的。杜伊发现的显著证据是，日语中不仅有专门表示"amae"的词语，还有相当多的术语与"amae"有关。杜伊认为，文化和语言是密切联系在一起的。

他认为，"amae"是日本人心理多变且含义深层的原因。这种寻求被动的爱和依赖，以及随之而来的寻求他人的溺爱的现象，使西方社会中可见的个人（以自我这一概念表示）和社会群体之间的明显界限变得模糊了。有种说法声称，"amae"还是盛行于日本的集体主义态度的原因。（日本人）表现为身心失调症状的心理健康问题以及感到害怕和忧虑，都可能根源于被隐藏了的"amae"。这类病人处于一种不能利用他人溺爱的心理状态。当一个人有遭受迫害或崇高的幻觉时，"'amae'很少能作为他体验对别人移情的中介。这种情况下他对'amae'的追求倾向于自我中心，他寻求满足的方式是成为一个具有某种他自己所立下目标的人"（Doi，1973，p.132）。在分析日本社会的动荡，特别是20世纪60年代晚期70年代早期的学生动乱时，杜依指出，更加现代化的社会弥漫着更多的"amae"，每个人都变得更加孩子气。代际的边界也迷失了，"amae"已经成为成人一样的孩子和孩子一样的成人之行为的共同成分。

　　"amae"作为人格具有文化特殊性这一观点的证据，已被广泛接受。但是，无论是在其文化渊源方面还是文化独特性方面，该概念也已遭遇挑战。伯曼（Burman，2007）部分基于他与杜伊（Doi）私下交流观点指出，"amae"的观念在某种程度上是对第二次世界大战后外界有关日本人性格蔑视性描述的反作用。她也对这种令人啼笑皆非的巧合进行了评论：这种高度日本化的概念是根据西方的理论框架塑造的，巧的是杜伊就是在西方接受训练的精神分析学家。

　　山口和有泉将"amae"定义为"假定一个人不合适的行为或要求会被接受"（Yamaguchi & Ariizumi，2006，pp.164ff.）。他们认为，其中存在不适当的成分（体现在所要求的内容）和积极成分（它是一种爱的表达）。他们区分了"amae"与依恋（attachment）和依赖性（dependence）的差异，以便进一步描述其心理学意义，即侧重情感方面和操控性（动机性）的方面。他们基于对日本、中国台湾和美国学生的比较结果的分析得出如下结论："原创性的证据表明，成长于其他文化中的人也会具有被日本人描述为'amae'的不当行为。"（Yamaguchi & Ariizumi，2006，pp.172ff.）其他一些实证研究也发现，日本人与非日本人之间存在种种相似性，但同时也经常存在大量微妙的差异（Kumagai & Kumagai，1986；Lewis & Ozaki，2009；Niiya，et al.，2006；Rothbaum，et al.，2007）。很难概括出作为特定文化的事物最终会以什么形式出现，研究所报告的差异似乎取决于研究所使用的方法。

Cross-Culture Psychology   本章小结

　　跨文化心理学中的很多研究传统都强调，个体在各种各样的情境中都要表现出一致的人格差异。在本章的第一部分，我们评述了有关的研究证据。不管如何界定人格特质，基本特质维度的相似性表明，明显具有文化特征的行为模式的差异是具有潜在的共同心理基础的。在本章的第二部分，我们呈现了其他研究者的研究结果。他们认为，不同文化中的人格构成具有本质的差别，甚至可以说，西方心理学中的所谓"人格"本质上就是一种文化特质。另外，本部分还讨论了数个起源于非西方传统的人格概念和人格特质。

　　自从 20 世纪 90 年代初以来，关于人格的跨文化研究大量增加。无论是关注人格特质的研究传统，还是先后主要基于学习理论和社会认知论的种种研究传统，都是引人注目的，这是因为它们从属于主流心理学。但是在跨文化心理学中还存在着一种研究流派，即对这类概念和研究路径的分析，这类概念和研究路径都源于各种非西方传统中对个人的反思。目前，跨文化研究在对这些不同知识体系的整合方面尚存在诸多不足之处，而且不幸的是，有关人格的研究也存在这方面的问题。

拓展阅读

　　Church，A. T.（2009）．Prospects for an integrated trait and cultural psychology. *European Journal of Personality*，23，153-182.（此文试图汇总人格研究中的特质研究传统、文化心理学取向传统和非西方本土观念。）

　　Heine，S. J.，and Buchtel，E. E.（2009）．Personality：The universal and the culturally specific. *Annual Review of Psychology*，60，369-394.（此文是以文化心理学传统反思人格特质研究的综述。）

Kitayama，S.，Duffy，S.，and Uchida，U.（2007）. Self as cultural mode of being. In S. Kitayama and D. Cohen（eds.），*Handbook of cultural psychology*（pp. 136-174）. New York：Guilford Press.（该章为根植于文化心理学的人格研究提供了一个社会心理视角。）

McCrae R. R.，and Allik，J.（eds.）（2002）. *The five-factor model of personality across cultures*. New York：Kluwer.（该书概述了有关大五人格维度的跨文化研究，其中一章是麦卡雷基于 36 个文化的数据而写。）

第 6 章

认　知

本章目录

　　在本章，我们把焦点从偏重社会方面的行为转移到偏重认知方面的行为。在第四章，我们已经讨论过社会认知，其中归因、从众和自我构念这些现象被视为社会心理在文化情境中体现的例子。在第八章，我们将再次从语言与文化联系的角度考量认知的文化性质。在本章我们运用智力、能力以及风格之类的概念，重点讨论在认识和阐释世界方面更传统的认知活动。在开始部分，我们简述有关人类在认知方面是如何相似与不同。之后的各部分将分别呈现关于认知和文化关系的四种视角。其一，我们考察的是运用一个统一观点看待认知的若干概念化建构（这反映在一般智力这一观念中）。其二，我们讨论的是认知风格，即以特别方式看待世界的一般思维偏好。其三，我们重点论述的是东西方在认知方面的比较，其中包括了近年来很多关于西方和东亚人群认知差异方面的研究。其四是情境化认知视角，即认知被视为这样一种任务，它是具体明确的，且嵌入在社会文化场景中。

　　认知是一个长期存在激烈争议的跨文化研究领域。大部分的争论可从第一章所说的关于过程—能力—表现三方面区别的角度加以理解。在认知表现方面，不同文化有着明显的差异。然而，对于不同文化群体间认知测验成绩平均水平的差异，有着两种差别极大的解释视角，要么基于生物因素，要么基于文化因素。坚持第一个视角的研究者，把这些表现方面的差异或多或少看作天生能力差异的直接反映。在群体层面上，这样的解释倾向于借助"种族"的观念；凭借一组智力试题测出的表现差异（即智商差异）被认为是认知性向方面的种族差异所致[①]。从第二个（文化）视角出发的研究者则认为，认知的表现和能力（对一些作者来说，甚至包括认知过程）镶嵌在文化中。各种文化群体在表现和能力方面的差异，可以理解为既根植于生态方面的要求，也根植于社会文化模式。这就是说，可以预料，认知活动在能力、表现以及组织方面都存在跨文化差异。

　　本书的立场属于普同主义（参见第一章议题 2 有关相对主义与普同主义的内容）。从这一立场看，我们探索与特定文化实践有关的认知差异，同时也寻求基于全人类认知过程的基础性相似点。这种思路需要我们考虑大范围的研究，从那些绝对主义立场的研究（即认为认知能力和过程本质上不受文化影响）到那些持极端相对主义立场的研究（即认为认知生活是地方性地界定和构建的，并且假定某一特定文化中存在的认知活动是该文化所独有的）。而温和的普同主义认为，基本的认知过程是世界各地所有人共有的种属性特征，文化只是影响基于这些认知过程而形成的能力和表现，即认知过程的发展、内容和运用，而不会从根本上改变这些过程。

历史遗产

　　文化和认知关系的研究有着悠久的历史（对此回顾，可参见 Segall *et al.*，1999，ch. 5）。早期的普遍说法是，"文明人"和"原始人"之间在智力机能运作方面存在"大分水岭"（great divide）。例如，列维-布留尔（Levy-Bruhl，1910）认为，非西方人群的思维过程是属于"前逻辑"（pre-logical）性质的。他声称，"无论对什么事物，原始人与我们有着截然不同的觉知方式"（1910，p. 10）。不过，他将此差异归因于环境而并非生物因素，"他们所处的社会环境与我们的不同，正是因为这种不同，他们所觉知的外部世界也有别于我们所理解的世界"（1910，p. 10）。

　　其他一些研究者将此差异归因于生物因素，尤其是"种族差异"（例如：Shuey，1958）。基因角度的解释引起了一些当代作者的共鸣，例如：拉什顿（Rushton，2000）认为，遗传因素（依据"种族差异"有着不同的分布）与认知生活有着紧密的联系，特别体现在智力方面。在他看来，生活在欧亚大陆的"高加索"和"蒙古利亚"人群属于高智力水平人群，因为迫于应对北方高纬度

---

① "种族"（race & racial）一词置于引号中是因为，使用这样的术语对人类群体分类，在本质上讲是很成问题的。——原书注

寒冷地区生存压力的问题，他们不断提高自身的智力水平（2000，p. 228）。

博厄斯（Boas，1911）和冯特（Wundt，1913）对于认知基本特征的研究较少受如此"大分水岭"观的影响。尽管这两位学者仍然采用"原始人群"与"文明人群"之分，但都认为基础性的认知过程为所有人群所共享，差异只是存在于所发展出的能力方面。这样看来，他们是温和普同主义立场的早期倡导者，这一立场也正是本书所坚持的。博厄斯强调了"文明"与"原始"人群之间思维过程的同一性，而将二者认知差异归因于一种转变，即文明人群的思维内容从社会性和情绪性方面更加转向智力方面："当同一个概念出现在原始人的头脑中时，由于情绪状态，他会把该概念和那些与它有关联的概念相联结。无论是在原始人群还是文明人群中，这一联结过程是一样的，其差异很大程度上在于我们会运用新的知觉融合对传统材料进行改造。"（Boas，1911，p. 239）

冯特也认为，人类不同群体中存在相似的认知过程，他将人类群体间的差异归因于不同群体生活所处的"一般文化条件"（general cultural conditions）的不同。他提示道："热带地区的原始人群在森林中已经找到了足够多的猎物和植物作为食物，也拥有丰富的穿戴和装饰材料。这些简便手段可满足他们的需求，因此，他们缺乏去争取任何超出这些简便手段以外的动机。"（Wundt，1913，p. 110）他的主要结论是："原始人群的智力天赋本身与文明人群大致相等。原始人群只是在一个更有限的领域内运用他们的能力；在这些有限条件下，他们感到满足，故其视野从根本上就较为狭窄。"（1913，p. 113）这些观点在当代的作品中还可找到共鸣。

无论是博厄斯还是冯特的主张总体上都属于普同观，但都支持一种早期形式的"环境决定论"。正如我们第一章所讨论的，如此简单化看待环境和行为关系的理论在很大程度已被抛弃，而代之以人类与生态系统间更具互动性和或然性关系的理念。从此生态文化的视角看，生活环境对人类发展既具有约束性同时也提供了便利的机遇，但是并不具有决定性。

这些历史议题不仅为某些当下的研究奠定了基础，同时仍存在于当代对文化和认知关系的研究中。这些议题将会频繁地出现在本章后文材料中。

一般智力

在这一部分，我们考察研究认知的各种路径，这些路径都以一种统一的观点来看待认知机能的运作。也就是说，它们把一般智力看作个体连贯一致的特征。下面先审视智力具有一个基本品质的观点，该品质被称为一般智力，以符号"g"表示。之后讨论的是一些关于一般智力的跨文化研究。最后，我们分析智力的本土概念和测量方法。

g 因素观

一般智力主要是以心理测量的证据为基础的，尤其是以不同认知能力测量结果之间正相关的一致性发现为基础。斯皮尔曼（Spearman，1927）通过假定存在一般智力因素来解释这一现象，他把它叫作 g，代表所有（有效的）认知测试共同评价的东西。他把 g 因素看作一种先天的能力。然而，其他研究者们，例如塞斯通（Thurstone，1938），则发现了若干特定的、与此不相关的因素，这些因素与一般智力因素的概念是矛盾的。卡洛儿（Carroll，1993）提出一种能组织整理大量可利用信息的方法，依据从 1927 到 1987 年研究所获得的 460 个数据集，建构了由三个层次构成的层级模型。其第一层包括有限的特定能力，第二层包括测试子集所共有的组群因素，第三层是单一的一般智力因素。

为了剖析有关群体在一般智力因素方面存在差异所做阐释上的争议，我们首先必须明确，智力测验在跨文化中实际上测得的是什么。弗农（Vernon，1969）提出过一个层级模型，在具体特点不断增强的不同层次上，将 g 因素和其他指定因素结合起来。他声称，他通过经验性检测找到了支持该模式的证据。欧文（Irvine，1979）对早期跨文化研究进行了全面的综述，也发现支持这一结论的证据：即既存在一般智力因素，也存在更多的特定因素，比如推理、语言、图形、数学和概念推理能力等。这些分析符合卡洛儿（Carroll，1993）的层级性区分。总的来说，这些证据表明，智力测试显示，智力在西方国家和非西方国家存在相似的结构。在这一章，我们还会讨论与这种解释一致的其他证据。

接下来的问题是，各种水平上分数（智力表现）的差异是否确实反映一些先天能力（过程）的不同。为了确认个体的认知过程中哪些基本潜在性特征与一般智力因素所反映的共性有关，弗农（Vernon，1979）运用了赫布（Hebb，1949）所提出的"智力 A"和"智力 B"之间的区别法。前者是遗传的机能，是个体的潜能（过程），而后者是个体与文化环境相互作用的发展结果（即一个人的实际能力）。

但是，弗农（Vernon）超越了上述区分，引入了"智力 C"的概念，以说明个体在智力测验中的真实表现。智力 B 和 C 之间的这种区别有利于分析文化的另一个作用，因为测量后天发展而成的智力（B）时，可能会由于抽样不恰当，或者是测验方法不恰当而得出的成绩 C 并不能充分代表潜在的能力（B）。许多文化因素（如语言、题目内容、动机和速度）可能导致偏差。所以，实际上测试者获得的仅仅是属于"智力 C"性质的数据。只有根据从有关认知表现的数据中推出结论，研究者才能够就智力 B 发表某种观点。很明显，有偏差或者缺乏等效性的测试会导致关于实际能力的错误解释。当推断进一步涉及相距更远的"智力 A"这一概念时，这种情况就更明显。

比较研究

对于不同群体在一系列一般智力测试中不同水平得分差异的解释，一直存在很大争议。其中一点是，对于 g 因素在多大程度上是各种测试的一部分，存在不同观点。人们已经发现，这类分歧随着测验复杂性的增加而增加，其中抽象思维测验具有很高程度的 g 因素负荷量。斯皮尔曼（Spearman，1927）早已注意到，具有较高 g 负荷的测试更倾向于显示出群体之间较大的成绩差异。詹森(Jensen，1985)详细阐述了这些观察结果后提出了"斯皮尔曼假说"(Spearman's hypothesis)，该假说预期的是具有较高 g 负荷的测试(即假定纯粹测量智力能力的测试)中预测美国"种族群体"间存在较大的成绩差异。

关于这个假设的大多数实证研究是在美国实施的，研究对象分别是"黑种人"或者"白种人"(有时被称为非裔美国人和欧裔美国人)。詹森(Jensen，1985，1998)发现，在测验的 g 负荷量与这两种惯常分类样本的平均分数差异之间存在很大的联系。在抽象思维测验中，平均分数差异大约在一个标准差的范围之内。詹森把这些现象看作两个群体间智力性能存在明显差异的证据。赫恩斯坦和默里(Herrnstein & Murray，1994)在他们的书中扩大了这样的观点。他们认为，智力分数差异的社会关联性为各种因果关系的存在提供了依据；这就是说，一个群体的智力水平较低，被视为导致其较低的社会地位、教育水平以及收入的原因。因为这些差异通常被解释为种族差异，所以认知能力的心理测量方法已经引起了争议(Neisser *et al.*，1996；Sternberg & Grigorenko，1997a)。人们已经提出很多观点来反对用种族术语解释认知差异。我们将概述四类证据来说明这一关系。

第一，其他来自美国的基于测量的实证性证据，挑战了詹森(Jensen，1985，1998)的解释。例如，汉弗莱格(Humphregs，1985)分析了名为"项目才智数据库"(Project Talent Data Bank)中的数据，该数据库是基于由超过十万的被试来完成的系列大型认知测试。他发现，g 负荷与"种族"的相关系数为 0.17，与社会经济地位差异的相关系数是 0.86。他还对社会经济地位低和高的被试以及非裔美国人和欧裔美国人的分数分别进行分析。他指出，种种成绩差异是由于不利的环境因素(低社会经济地位/SES)所致，该因素对所有个体有相同程度的影响，与"种族"无关。

第二，具有更高级认知复杂性的测试可能包含更多文化特殊性的因素。赫尔姆斯-洛伦茨等人(Helms-Lorenz，Van de Vijver & Poortinga，2003)审视了斯皮尔曼假说。他们对第二代移民以及荷兰小学生(6～12 岁)实施了认知测试。他们剖析了测试的三种特征：一、先前研究中测试的认知复杂性；二、由心理学专业学生对测试的文化负荷量(cultural loadings)进行评判(这些学生评估测试所包含文化要素的程度)；三、言语负荷则通过子测试中的单词数来实现可操作化。通过对测试有关第一基本的要素负荷、理论复杂性测量以及文化负荷量评判这三者的因素分析，他们揭示出两种实际上并不相关的因素，这两个因素分别代表的是认知复杂性(g)和文化复杂性(c)。他们认为："我们的结果与以斯皮尔曼假说为依据的文献中所描述的常见结果不一致；不一致主要包括，未能发现认知复杂性对跨文化表现差异预测的正向性贡献。"(Helms-lorere *et al.* 2003，p.26)换句话说，这些研究结果表明，与认知复杂性因素相比，文化复杂性因素能更好地预测移民与荷兰小学生之间的表现差异。

第三种论点来源于有关简单认知任务的研究。对于简单的反应时间任务而言，未受过学校教育的群体和受过教育的群体的反应时间(RT)大致是相同的(Jensen，1982，1985；Van de Vijver，2008)。这支持了初级水平上信息加工不存在跨文化差异的观点。然而，跨文化差异会出现在一些稍微复杂的任务中，也就是选择性质的反应时间任务，其中被试要指出一组刺激物中哪一个被呈现过。这类研究发现，群体之间存在差异。这方面的研究例子是在南非进行的（Verster，1991）。任务复杂性增加，这种跨文化差异也随之增大（例如 Sonke et al.，2008；Verster，1991）。针对实验任务的训练将会缩短反应时间，随着任务难度增加，就需要更多培训（Sonke，Poortinga & De Kuijer，1999；Sonke et al.，2008；Van de Vijver，2008）。这表明，反应时间任务的跨文化差异，可以从事先的接触或者先前的经验角度解释（Poortinga，1985；Posner，1978）。

第四种反对从测试结果推断"g"存在的论点是，在认知测试中，心理测量人员通常对不等效性和文化偏差概念持有一种比较狭隘的观点。对于文化偏差的分析主要针对的是题目方面的偏差（Poortinga & Van de Vijver，2004）。正如我们在第一章所看到的，用种种方法对每个题目分别进行检测，以审视测试总分相同的跨文化测量被试，是否具有同等的可能性答对该题。对一个群体比较难而对另一个群体相对容易的题目可以通过这种方式辨别出来。运用这种方法能够看出题目的重要方面是否存在偏差。然而，至于影响范围更广的不等效性方面的问题，即那些对一个测试中所有题目都会产生相似程度影响的问题，诸如被试对于测试题目所涉及的任务是否以前具有经验，此类分析就不能提供更多角度的信息。当然，不能仅凭一个测试或一组测试没有或几乎没有偏差，就说这样做是有道理的，即将其测试结果泛化为"智力 A"。

进行智力的跨文化比较研究会遇到很多心理测量学和文化方面的问题。与所获分数效度相关的问题，还包括偏差和公平方面的问题，诸如测试是否真实反映了一个文化群体成员的"智力"。近期的研究已经涉及偏差和公平方面的议题（Georgas，Weiss，Van de Vijver & Saklofske，2003；Lynn，2006；Lynn & Vanhanen，2002）。

琳恩（Lynn，2006）对关于数国智商平均分的 500 余个研究报告进行审查后发现，这些研究对其得分的文化效度和等效性都未进行过分析。主要的研究结果是，全世界人口平均智商值在 90 左右，且国别的平均分由北向南呈现递减的梯度。作者从进化论的角度来解释这一变化：智力与在寒冷气候中的生存需要相关。其论点是：当人类最初从非洲迁徙出来时，他们遭遇了一种更加需要认知的环境；与生前温暖的家园相比，在这样环境中的生存方式（例如保暖，狩猎而不是采摘），需要具备更高的智力。如前所述，这种运用环境决定论的粗浅分析法，在 20 世纪就已经被否定，但在这里却以对群体智商分数差异的一种"解释"的形式出现。

琳恩和范汉恩试图说明"群体的智力差异已经被证明是影响国家间经济增长差异以及造成富国与穷国间人均收入鸿沟的主要因素"（Lynn & Vanhanen，2002，p. xv）。作者依据他们的观察提出两个建议：第一，"当今世界需要一种新的国际道德准则，该准则是基于这一认识，即人类心智能力存在显著的国别差异，因此，产生经济不平等"；第二，"富裕国家对于贫穷国家的经济援助计划应当继续进行，其中一些项目应该可通过改进营养之类的措施来提高最贫穷国家人口的智力水平"（2002，p.196）。

通过使用概率抽样的方法，乔格斯等人（Georgas et al.，2003）对 11 个文化群体的儿童进行了智力检测。他们使用的是 WISC-Ⅲ 量表，这是一套来自美国的知名儿童智力测试（Wechsler，1997）。这些测试群体大部分来自西方社会（例如加拿大、德国、瑞典、美国），但是也有一些来自东欧国家（立陶宛、斯洛文尼亚）以及东亚的国家（日本、韩国）。此项目的第一个目标是检测不同文化情境中各种测试结果在结构上的相似性：在各种文化中，它们是否以同样的方式相互关联？第二个目标是检测不同文化情境中所获智力分数水平的相似性和差异性，以及尝试解释所出现的任何差异。这第二个目标的实现借助了生态文化框架理论。

　　该研究结果显示，这些测试分数在结构上存在实质相似性。作者声称，这表明了"这样一种普同性，即 WISC-Ⅲ 包括的因子在这些国家具有等效性"（Georgas et al.，2003，p. 299）。请注意他们所声称的普同性仅限于这些国家中。其结果还揭示，不同文化情境中的平均分也存在较少的差异。然而，作者依据生态文化框架理论，从两种国家层面的变量中寻求这些小差异的证据来源：富裕程度和教育水平。他们发现，这两种社会特征能够很大程度上解释国家层面的分数差异：富裕程度与 WISC 总量表测量结果呈 0.49 的正相关（与言语和操作分量表测量结果呈 0.43 的正相关），而教育水平与整体测量分数呈 0.68 的正相关（与言语呈 0.55 的正相关，与操作呈 0.63 的正相关）。

　　就其对偏差与效度的关注而言，琳恩和乔格斯分别进行的研究有着明显且巨大的差异。就前者的研究来看，只是把所公布的智商（IQ）分数简单地看作文化群体智力的一种有效度的表征，而对于后者来说，其所用心理测量学方面的分析，是为了确保不同文化情境中的数据集具有可比性。至于有关心理过程—实际能力—实际表现等方面的差异，这两种类型的研究也存在着明显的差异。就前者而言，实际表现方面的差异是轻易地推断而来的，以暗示认知能力和认知过程方面的差异，而对于后者，有关认知表现方面差异的解释是与生态环境和文化习俗相关联的。

　　另一个有关理解一般智力分数的重要议题是，一般智力分数会随着时间的变化而表现出变化。这被称为"弗林效应"（Flynn Effect），因为是弗林最先使人们注意到该现象。该效应指的是在过去的一个世纪中，许多国家数代人的智商分数已有显著提高（Flynn，1999，2007）。起初，弗林收集了 14 个国家（主要是西方国家）的智力测试分数的档案数据。一些数据集来自军队征兵所用的登记名单，且基于多年来进行的相同测试。其他数据集来自使测试符合规范的（代表性）标准化样本。军队征兵所用的数据几乎包括了一个国家的所有年轻男子，因为符合年龄要求的所有男性都要因为服兵役而参加体检。在所有这些国家都发现，（自从 1950 年以来）IQ 随着时间的变化而增长，单就一代人而言，增长的中数值为 15 个智商分数（或一个标准差）。弗林（Flynn，1987）认为，IQ 测试没有测出作为一般能力的智力，但 IQ 与一般智力呈弱相关；种种与教育有关的因素很可能在其中起作用，而这些因素可能尚未探明。弗林的结论对跨文化研究有启发意义，因为这些结论表明，一个群体的 IQ 测试平均成绩是不稳定的，并可以在相对短的时间内发生相当大的变化。

　　布劳沃等人（Brouwers，Van de Vijver & Van Hemert，2009）通过对使用瑞文推理测验量

表的研究结果进行元分析，审视了弗林效应。此分析使用跨文化与跨历史的设计，对 1944 年到 2003 年间来自 45 个国家（N＝244 316）的 798 个样本组的数据进行分析。以一国的国民生产总值（GNP）为基础，他们将教育和经济指数加以整合，以提供一个在国家层面上的国民生产总值（GNP）分数。他们发现，"尽管弗林效应的大小会受到与教育相关的样本和国家特征的调节性影响，并且似乎在发达国家的增长幅度比新兴国家要小，但无论是国民生产总值高的国家还是低的国家，都能够发现弗林效应"。这一模式暗示，弗林效应可能呈放缓的趋势。

这些研究结果中的一个主要悖论与一个业已得到公认的发现有关。该发现是基于对双胞胎群体样本的大量研究结果（例如 Bouchard，Lykken，McGue，Segal & Tellegen，1990），即 IQ 分数受遗传因素的影响很大。换句话说，如果环境因素在双胞胎群体智力研究中的影响如此微弱，那么，它们怎么会随着时间的推移对 IQ 提高有如此强大的影响力？（Flynn，2007，p. 83）。弗林的解释是，"（同一年龄组）个体间的基因差异之所以占据主导地位，仅仅是因为它们已与强有力的环境因素结合而起作用；随着时间的推移，（不同年龄段）各种趋势使环境因素不再受基因因素的影响，一旦不受这种影响，环境因素会产生一种很大的累积效应"（Flynn，2007，p. 11）；理查森等人（Richerson & Boyd，2005）也持与此相似的论点。换言之，环境因素与基因因素通常是结合在一起的，因此当寻求对文化差异的解释时，很难厘清二者产生的相关影响。

只有在环境质量相似的情况下，群体在先天能力方面的差异才能被推测出来。正如我们将在第十一章看到的，现已被普遍接受的观点是，个体在一般智力和认知能力上的差异与遗传因素有关（Ceci & Williams，1999；Sternberg & Grigorenko，1997a）。但是，这并非是赞同这样的观点，即群体差异是（至少部分是）由种族因素造成的。普洛明和德福瑞斯（Plomin & DeFries，1998）之类顶尖行为遗传学家都强调过这一点："遗传的影响并不意味着遗传决定论，也不意味着遗传影响会限制环境性干预，这一点我们再怎么强调也不为过。"认知发展的过程可能反映了有机体和环境之间的相互作用，这使得对其中一种成分的初始状态做出的推论具有相当的思辨性。

本土视角

正如我们刚才所讨论的，研究者们对测验分数（操作成绩）的跨文化差异解释存在很大的分歧。还有些研究者承认，智力是个体认知操作表现水平的一个有效的总体性标签，但他们进一步认为，西方式测验所测得的智力概念，对其他社会中的所谓智力提供了一种具有很大偏差的描述，因为这些社会关于智力的概念建构会具有文化性质，故可能有所不同。通常，持这样观点的研究针对的是欠发达的人口大国中尚无学校教育的群体。西格尔等人（Segall et al.，1999，ch. 6；Sternberg，2007 & Ruzgis，1994）的有关文献综述，讨论了有关智力的本土性概念化（indigenous conceptualizations）这一议题。

还有一个重要议题是，本土固有的智力测量和西式智力测量之间的关系。已有研究发现，由于测验所用方法不同，这些测量结果具有可变性。斯滕伯格和同事（Sternberg，2002；Sternberg，Nokes *et al.*，2001）开发了一种适合肯尼亚都罗（Dholuo）族儿童的实用智力（practical intelligence）方面的测试（内容是有关天然草药的非正规的缄默性知识）。这一测试能够测量他们识别当地药材的性用、生长地与用途的能力。研究者采用了两种西方类型的测验来评估儿童在这方面的智力：瑞文彩色推理测验以及米尔希尔词汇量表。他们发现，用本土方法测试的分数与基于瑞文推理测验而得出的分数之间没有相关性；该本土视角测试分数与米尔希尔测验分数之间的确有非常显著的关系，只是呈现出的是一种负相关。

对于上述负相关这一令人惊讶的研究结果，斯滕伯格等人（Sternberg *et al.*，2001）提出了一种可能的解释。该解释指出，都罗族家长不重视西式教育，很多儿童未毕业就辍学忙于农活，而对于农活来说，本土知识更有用。在这种情况下，一些儿童在学校教育方面的精力投入要多于获得实用性知识方面的投入；另一些儿童则相反。可见，就获得认知胜任力而言，当地儿童中存在不同方式，故其样本中这种有差异的分布会导致本土测试分数与西方式测试分数间呈现负相关，至少会在一个方面之间呈现负相关。

然而，在赞比亚（Serpell，1993）以及其他人口众多的发展中国家（Irvine & Berry，1988），研究者已发现，标准智力测试能够预测群体在学业和工作方面的表现。因此，我们需要提高认识以利于理解更广泛范围内对智力的概念建构，也需要设计和运用适合于更广泛范围的评估工具，以使我们能够获得这样一幅全貌图：它能反映在不同文化中发展和表现的认知能力。

这里以两项研究为例，说明如何完成上述任务。这两个研究都根植于本土认知研究领域（Berry，Irvine & Hunt，1988）。该领域假定，认知机能的运作所基于的种种认知过程是普遍存在的，但该领域试图根据不同文化群体所处的场景以及从他们自己的观点，去理解认知生活（包括有关的能力实际表现）。这种研究路径很大程度上归功于族群科学（ethnoscience）的宽泛传统（参见第十章认知人类学部分）。该方面的许多研究得出的结论是：关于人类的能力之种种"另类性"观点都主张，除了（狭义的）认知方面，人类的能力还要包括社交和道德方面。

文本框 6.1 呈现了一个关于特定文化群体是如何定义智力的研究。这是由贝理和班尼特（Berry & Bennett，1992）对加拿大北部的克理人（Cree people）进行的研究。当地社区教育委员会此前曾寻求以下问题的答案："我们应该朝着什么样的目标教育我们的孩子?"他们知道加拿大欧式教育制度并不适合他们，故想要设计出一个适合克理人的教育制度。文本框 6.1 描述了研究的心理测量部分。

6.1　智力的本土概念

这里所述研究试图揭示克里人观念中关于"智力"的含义。研究者在选妥克里语词汇后，用克里语音节文字把这 20 个单词写到卡片上。当卡片被发给 60 个被试时，他们都能读出卡片上的这些音节。然后研究者要求他们按照意义的相似性把卡片上的单词进行归类。这个多维性测试揭示出两个维度(见图 6.1)。(在横轴上)从左向右读,有一个从消极评价到积极评价的变化,也可能包括一个道德维度。纵向维度可能与开放性或敏感性有关。

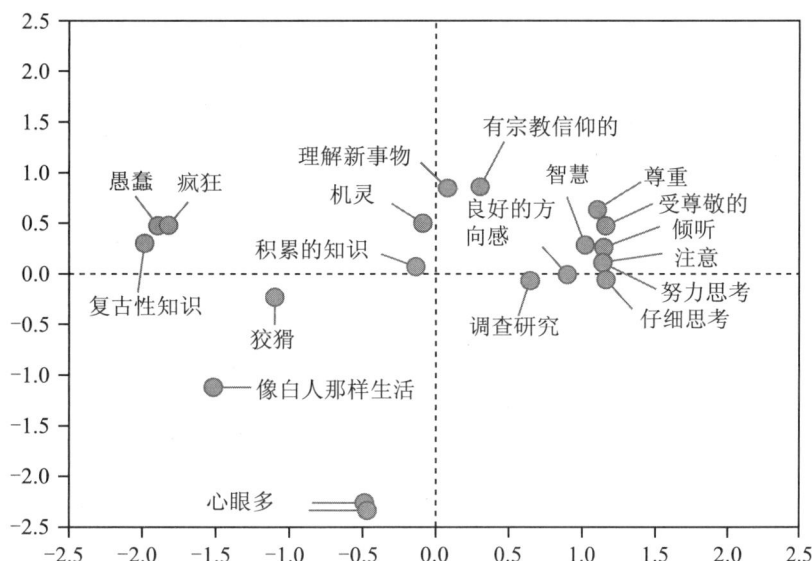

图 6.1　克里人认知能力的两个维度

进一步看图 6.1,在图的右侧及中间稍稍偏上的地方有一组词汇(代表有敏感性和道德优良),这些词汇翻译成英语是"智慧""尊重""受尊敬的""倾听""注意""努力思考"以及"仔细思考"。这些词汇在克里语中构成了"能力"的核心意义。尊重这一核心理念的重心是对人群、动物、物品(人造的和自然生成的)、造物主、土地的认识和个人承诺。在许多以狩猎和采摘为主要生活方式的人群中,这种对自己所处环境中对其他人的尊敬是一种核心价值观。

这个研究清楚地表明,用标准智商测验评估克里人的智力概念是很难的。而且,如果用克里人开发的测验去测量智力,那么,又很难将其得分与运用西方社会开发的测验所得的分数进行比较。上述这类研究还向我们提出了这样一个问题:既然克里人的智力观如此不同,该如何判定克理人是否比其他文化群体(尤其是居住在西方社会城市的群体)具有较高或者较低的智力呢?

尽管会面临上述问题,但已有一项研究试图对智力的本土观念进行比较研究(Fournier,Schurmans & Dasen,1999)。其研究者首先借鉴此前达森(Dasen,1984)对科特迪瓦巴奥利人(他们自己拥有有关智力的概念)的研究成果,然后采用相似的测量方法对多种样本(样本采自瑞士阿尔卑斯的一个讲法语小型社区的居民)进行研究。在对科特迪瓦的巴奥利人进行的研究中,访谈儿童父母时寻求的是当地智力的概念。研究者发现,其本土智力概念包含很多关于社交和技能方面的含义,但更强调社交方面的能力。社交能力包括帮助他人的意愿(责任、遵从、诚实、礼貌和反思）。技能方面包括注意力、观察力、记忆力以及动手能力，其中最后一方面体现了当地人"双手有其智能"的说法。

为了实现比较，研究者询问瑞士的阿尔卑斯被试关于如何识别一名儿童是否聪明这一问题。除了对巴奥利人的研究中得到的答案种类外，研究者的新发现是，瑞士阿尔卑斯被试有关智力还存在一些特别的方面（例如谦虚）。然而，福尼尔等人（Fournier et al.）认为，对非洲人的研究中获得的关于社交能力/技能的分类法，可以用来对瑞士样本的回答进行分类，这就可以进行比较了。科特迪瓦的巴奥利人样本中提到社交能力含义的比例为63%，技能方面为37%。相反，瑞士阿尔卑斯样本的回答以技能方面为主，这刚好与在西方占主导地位的智力观点相一致。然而，依据这些瑞士被试的语言和年龄差异，社交能力与技能含义所占的比率有所变化：较多年长的以农业生产为主的被试，他们以方言（当地语言）为主，他们认为社交能力含义占主导地位（65%：35%）。研究者注意到，尽管能够在智力含义的层面上进行外围比较，但是不可能使用同一测试来评估这两个文化群体的智力水平。这正如采用一种外国测试对任一群体进行测试都将被认为是无效的一样。

认知风格

认知风格这一概念在以下两种思维中处于居中的位置：一种思维是将所有的跨文化认知操作方面的差异与单一的基础性特质（诸如"一般智力"）联系起来，另一种思维是弄清楚大量的与特定任务关联的技能，这些技能不能泛化到其他任务上。认知风格指"个体在处理信息与完成任务过程中所偏爱的方式"（Zhang & Sternberg，2006，p.3）。作为组织和使用认知信息的方式，认知风格能够使一个文化群体及其成员有效处理日常生活中遇到的问题。认知风格的研究不同于有关一般智力的研究的地方在于，前者没有一个绝对的标准（g因素）来比较不同文化群体间认知能力或者表现方面的差异。其与情境化认知的研究不同的地方在于，前者能够识别出有关完成认知任务所需的种种操作表现之间关系的模式。从生态文化理论的视角看（见文本框1.1），认知风格是认知能力与认知表现发展的结果，而这些能力和表现是与生活在特定生态和社会政治环境中的适应性需要相关联的。

认知风格方面早期最有影响的概念建构，是由威特金等人（Witkin, Dyk, Paterson, Goodenough & Karp，1962）提出的，即场依存与场独立（FDI）这一认知风格维度。威特金对受训飞行员的知觉和定向能力进行了研究，他注意到：许多能力以一种方式互相联系，这证实了存在一种"模式"，即当一个人在进行自己的空间定位时，是趋向于主要依赖内在参照框架还是外在参照框架。威特金等人（Witkin, Goodenough & Oltman，1979，p.1138）认为，场依存/场独立认知风格是"自动地运作机能的程度"。场依存/场独立这一构念涉及的是个体在多大程度上依赖或接纳给定的自然或社会环境，与之相反的则是作用于环境，例如分析或重构环境。正如其名称所示，那些趋向于接受或依赖外部环境的人相对来说更属于场依存的人（FD）的风格，而那些趋向于操作环境的人相对来说更属于场独立的人(FI)的风格。该建构是一个维度,在这个维度上个体有其特有的"位置",大多数人会位于其广阔的中间范围。

根据威特金等人的研究,场依存/场独立(FDI)的来源是个体早期的社会化经历:有些人接受的是富于独立性与自主性方面的养育,他们相对来说是场独立(FI)的风格;而有些人出生于更具有严格管控特点的家庭,因此相对来说是场依存(FD)的风格。这种社会化维度,以及相关联的认知风格,类似于我们在第二章濡化和社会化部分所讨论的社会化维度(即坚持己见—顺从他人),也类似于第五章社会情境下自我部分中关于独立型与相互依存型自我构念之间区别的讨论。

评估场依存/场独立(FDI)有以下两种主要的工具。第一种是镶嵌图形测验(EFT)。其中,被试要在复杂背景中发现简单图形,个体从背景中找出小图形的速度是评估场独立(FI)的指标。第二种是便携式棒框测试(Portable Rod and Frame Test,PRFT),这一测试的任务是判断在可倾斜框架内可以旋转的木棒的方位。个体多大程度上能够忽略倾斜框架的影响,而依靠他们或她们自己内部线索判断木棒的垂直度,是评估场独立(FI)的指标。

场依存/场独立这一维度的跨文化研究始于贝理(Berry,1966)对两个对比鲜明的文化群体进行的考察。他首先研究的是游牧狩猎者和采摘者群体。他们广泛漫游以搜寻植物与动物,追踪其猎物,这运用的是嵌入性(disembedding)技能,之后返回营地,这运用的是组织空间信息的技能。他们的社会结构相对宽松并且在社会化中强调个体的主见。结果发现,他们是属于相对场独立的人。相比之下,定居社会的农耕群体一般不会远离田野去漫游,不需要用嵌入性技能或者相关技能去搜寻他们种植的农作物。故其社会结构相对严格,且社会化强调的是服从。因此,定居社会的农耕者可能属于相对场依存的人。然而,那些经历过涵化过程的人,尤其是那些接受较多西方式教育的人,与接受较少学校教育的人相比,更可能属于场独立。因此,以狩猎为主的群体和接受更多学校教育的群体可能具有较高的场独立性(Witkin & Berry,1975)。

为了厘清生态和涵化先因对认知风格的影响,贝理等人(Berry et al. 1986)比较了非洲俾格米(Pygmy)部落中的狩猎—采摘群体毕阿卡人与居住在相同地理区域的农耕群体巴甘都人。就生态性先因所产生的影响而言,研究发现,两个群体的认知风格差异并没有像预期的那样显著。这可能是因为毕阿卡人每年被巴甘都人雇佣而从事数月的农业劳动,而村民也要和毕阿卡人一起从事一些捕猎和狩猎活动。若干研究结果显示:这两个文化群体在非洲镶嵌图形测验中有差异,但是该差异仅仅当涵化方面的差异被考虑进去时才表现出来。在巴甘都人群中受西方影响(尤其是学校教育)越大的个体,会具有较大的场独立性。

之后的一些研究获得了更清晰的结果。米什拉等人(Mishra,Sinha & Berry,1996)考察了印度比哈尔邦的三个本土群体("部落人"或原住民)。其中包括了差别突出的两个群体,一个为游牧狩猎—采摘群体,另一个为定居农耕群体,而第三个群体由之前是狩猎者而近来定居后成为农耕者的人组成。若干不同测验(诸如测量两种认知风格的镶嵌图形测验,以及测量认知能力的图画解释)表明,以狩猎为主的人比农耕者更具有相对高的场独立性,具有高水平文化互动性接触（涵化经历的一种指标）的个体也更具有场独立性。在本研究中，涵化所产生的影响要强于生态环境差异所产生的影响。

米什拉和贝理（Mishra & Berry，2008）近年在印度研究时，从比哈尔和奥伦两个部落的4个原住民群体中抽取了400名9到12岁的儿童作为样本。各类样本（每类100人）分别抽取自狩猎—采摘群体、旱作农业群体、灌溉农业群体以及城市工薪阶层群体。对于认知风格，最重要的研究发现是狩猎—采摘和工薪阶层被试的镶嵌图形测验得分最高，而其他两个农耕群体的被试得分最低。

曾经的若干年中，很少有人注意跨文化研究中的场依存/场独立（FDI），近来研究者对认知风格的跨文化研究兴趣大增，因为它为了解认知活动中的个体和群体差异提供了一种备择性方式（Kozhevnikov，2007；Sternberg & Grigorenko，1997b）。大多数有关场依存/场独立（FDI）的证据，是来源于对处于自给自足水平的人群进行的研究。然而，取样范围已经扩展至工业和后工业社会的人群。研究表明，城市被试比农耕者更具有场独立性，但这方面通常不会超过狩猎群体（Berry，1966，1976；Berry，Bennett，Denny & Mishra，2000；Mishra & Berry，2008）。在当今日益全球化的世界，研究者需要对城市和涵化人群进行更多的研究，以审视场依存/场独立（FDI）对处于全球化进程中的人群的适切性。

东西方认知观

最近尼斯比特和同事（Ji，Peng & Nisbett，2000；Nisbett，2003，2006；Peng & Nisbett，1999）开展了一项研究计划，即探究更偏向整体性思维的方式与侧重分析性思维的方式之间的区别。前者被视为东亚人群的特征，后者被视为西方人尤其是欧裔美国人的特征。他们的基本主张是，"亚洲人与欧洲人的思维过程，在本质上的确存在巨大的差异"，尼斯比特拒绝这样的观点，即"每个人拥有同样的基本认知过程……或者所有的人在知觉、记忆、因果分析、分类和推理方面都使用同样的工具"（Nisbett，2003，p. xviii）。这些是很强烈的主张，类似于第一章概述中的相对论理论立场。通过一系列历史考察和实证研究，尼斯比特和同事已为这些主张奠定了基础。

在历史分析方面，尼斯比特始于对古代希腊和中国的考察。他认为，"（古代这两个群体）差异极大的思维方式，导致各自在经济、政治以及社会方面做出不同的安排"（Nisbett，2003，p. 32）。他注意到，中国的"农耕者需要群居"，然而，希腊的"狩猎、畜牧、捕鱼以及贸易，使得人们不需要生活在同一稳定的社区环境中"（Nisbett，2003，p. 34）。他还进一步指出，在农耕社会中，"因果关系被认为是存在于具体场景或者客体与具体场景之间的关系中"（Nisbett，2003，p. 36）。然后，他将这些历史考察结果与场依存认知风格相联系（Nisbett，2003，p. 42），也与认知的生态基础相联系（Uskul，Kitagama & Nisbett，2009）。

由尼斯比特和同事开展的此类研究例子已在尼斯比特（Nisbett，2003，2006）的著作中进行了描述，并由尼斯比特等人（Nisbett，Peng，Choi & Norenzayan，2001）进行了综述。这里以两项研究为例来说明他们的研究。其中一项研究中，尼斯比特等人（Ji，Peng & Nisbett，2000）就被试对呈现在二分性荧屏上的两个客体之间的共变知觉进行检测。当被要求判断这两个不同客体间关系的强度时，中国被试比美国被试看到了更多的共变，并且他们都更相信自己的判断。作者总结到，这一差异反映了中国被试个体对环境更整体性的知觉反应。在同样研究中，他们评估了被试的认知风格（FID），他们发现，中国人更属于相对场依存（FD）群体。这就肯定了上一小节中有关跨文化情境下农耕人群认知风格研究的常见结果。

在另一项研究中，彭和尼斯比特（Peng & Nisbett，1999）对差异思维（即比较对立的情况，并选择其中一个作为正确立场）和辩证思维（即在对立之间寻找调和）进行了区分。他们发现，在一系列的实验中，当遇到社会冲突情境或包含逻辑矛盾的信息时，中国学生相对来说更喜欢用辩证的思维解决问题。而美国学生更倾向于将对立的视角极端化，并选择其中一种作为正确的视角。例如，美国学生不大喜欢辩证性的依地语（Yiddish）谚语，并在面对相互矛盾的研究发现时，对他们偏爱的其中一种结论会给予似乎有理的评价。在后一个案例中，中国学生更倾向于对两种研究结论都表示一定的认可。

彭和尼斯比特将其结果看作东西方两种不同认知传统的反映。他们得出的结论是，"我们认为，辩证推理与非辩证推理的区分，会被证明只是亚洲人和西方人之间一系列相互关联的认知差异之一"（Peng & Nisbett，1999，p. 750）。

尼斯比特和同事的上述一般性结论，已受到了两个实证研究的挑战。第一个是来自雷纳等人（Rayner，Castelhano & Yang，2009）的研究。他们注意到，一些研究（例如 Chua，Boland & Nisbett，2005）已报告说，与美国被试相比，中国被试花费较少的时间去观察情境中的焦点对象，而花费更多的时间关注此情境所处的背景情况。蔡等人（Chua et al.）推测，这可能是由于信息识别优先次序（背景还是前景）方面所存在文化差异造成的。雷纳等人（Rayner et al.，2009）以美国和中国观察者为被试，对眼睛如何被情境中极不寻常的一面快速吸引这一点进行检测，检测其是否受到文化差异的影响。给被试呈现的是正常的或者异乎寻常的/怪异的版本。在不同场景中，被试在对正常的和怪异的版本的反应之间存在差异。然而，并没有证据表明，这两个群体的反应间存在任何文化差异。他们得出的结论是，"本研究以及近期其他一些报告，对这样的观点产生了质疑，即在风景知觉中，文化差异能够对眼球运动的控制产生影响"（2009，p.254）。

第二个挑战是李和约翰森-莱尔德（Lee & Johnson-Laird，2006）的研究。他们推测，既然东亚人被视为具有整体性思维和辩证性思维（Nisbett，2003），那么与西方人相比，他们应该能够在更大程度上容忍矛盾性。然而，他们的两个实验没有发现东亚人和西方人在推理方面存在任何显著差异。相反，他们发现，东亚人并没有比西方人更屈从于逻辑一致性方面的错觉，并且他们也没有比西方人更倾向于仅仅从他们的经验来进行推理。更一般来说，该研究者大胆提出，"演绎能力具有文化普同性"（Lee & Johnson-Laird，2006，p. 463）。他们提出了这一观点，是基于全球流行的九宫格数独谜题,因为这种游戏仅仅依据演绎推理能力来进行。他们进一步提出:"如果有影响的话,那么文化对推理产生了什么样的影响?影响可能是关于推论的内容方面:不同的文化群体拥有不同的信念,并且其推论的前提,无论是明确的还是含蓄的,也都会有所不同。但是,没有强有力的证据能够证明,文化差异对推理的基础性认知过程有影响。"(Lee & Johnson-Laird,2006,p. 463)我们认为这一结论与我们所说的温和普同主义立场相一致。

两种文化间的比较(例如上述有关东西方文化的研究)的局限性之一在于,其得出的差异无法解释(Campbell,1970)。因此,厄斯克尔等人(Uskul et al.,2009)扩展他们的研究工作,使其突破上述两种文化的范畴,这迈出了至关重要的一步。他们从居住在土耳其东部黑海地区的农民、渔民和牧民中采集样本。这一扩展研究再次使用了前面认知风格部分所用的策略,即所比较的群体位于同一生态区内,但所采用的文化方式有所不同。基于生态文化框架理论以及之前的研究成果,他们推测,农民和渔民将会比牧民更偏向于整体性思维。他们采用框线测试(类似于 PRFT),即在一个正方形的中心部位画一条垂直线。之后,向被试呈现另一个尺寸一致或者不同尺寸的正方形,要求他们画出一条线,要与最初向他们展示的那条线相同。这一测试有两个条件:一是,要求所画的线具有"绝对"长度(绝对任务);二是,所画的线与新正方形的高度成比例(相对任务)。他们认为,"完成绝对任务需要运用去情境化或者忽视方形框架的能力,因此将会受整体性注意的干扰。而无法忽视方形框架的能力,将有助于完成相对任务"(Uskul et al.,2009,p. 8554)。有关表现误差的统计表明,就所有被试的表现而言,相对任务比绝对任务完成得更好。与他们的预测一致,在相对任务方面,农民和渔民比牧民完成得更精确;而在绝对任务方面,牧民比其他两者完成得更精确。他们总结道,与生态文化假设一致,农民和渔民比牧民更偏向于整体性思维。

东西方认知研究者主张的一个重要问题是认知表现差异的"深度"。尼斯比特和同事在总结他们的工作时得出的结论是,"研究发现,事实上,在大多数时候,东方人和西方人的行为方式有着质的不同"(Nisbett,2003,p. 191)。然而,就其基础过程方面存在质的差异这一结论而言,并没得到他们对自己证据综述的支持。例如:

> 美国人觉得更难发现风景的背景方面的变化,日本人觉得更难发现作为焦点的对象的变化……大多数韩国人能判定一个对象与一个群体更相似,因为该群体共享一个严格的家族相似性;然而甚至更多数的美国人能判定一个对象与一个群体更相似,这是因为该群体被赋予了一个确定的规则。当面对两个明显矛盾的命题时,美国人倾向于将他们的信念极端化,而中国人倾向于平等接受这两个命题。当被要求观察一个事物时,日本人存在两倍的可能性把它作为一种物品而不是一个对象,而美国人存在两倍的可能性把它作为一个对象而不是一种物质(Nisbett,2003,pp. 191-193,强调形式为原书所加)。

这一段引文指的是，被试（代表"东方"和"西方"）在认知表现方面存在量性差异而不是质性差异。这里有两个重要的议题。第一，我们注意到，没有证据表明认知表现方面存在质性差异：显然所有的被试都可以完成这些任务，只是完成程度有所不同。因此，不能声称一种认知过程存在于这一群体而不存在于另一个群体。第二，即使在认知表现方面存在质性差异，也不能贸然声称潜在的基础性认知过程存在差异。正如第一章所讨论的，推论需要从表现追溯到过程，这是非常复杂的，而这些研究者似乎并未进行这样的验证。

从对文化和认知关系的东西方研究计划的工作检验中，我们得出两个结论。第一，我们认为在东西方人的认知生活中，认知表现差异在很大程度上是风格上的差异，而不是质性差异。第二，我们注意到，这些研究成果与理解人类认知多样性基础的生态文化路径之间存在重要关联，只不过目前所采用的是相当新颖的准实验认知任务。总的来说，这些评论支持我们的观点，即文化和个体能够发展出感知和认知他们生活环境的种种方式，以使他们更好地适应日常生活中所面临的需求。

情境化认知

与到此为止讨论的研究思路相比，情境化认知（contextuailzed cognition）的研究思路已经批评了这样的宏大理论，即试图将所有认知操作表现与一个假设存在的潜在性一般认知处理器联系起来。其中，迈克尔·科尔（Michael Cole）及其同事，尤其赞同这种情境化认知的研究思路。在一系列专著中（Cole，1975，1996；Cole，Gay，Glick & Sharp，1971；LCHC，1982；Scribner & Cole，1981），他们概括了这样一种理论和方法，即试图从特定的文化情境特征方面，并运用具体认知操作去解释具体的认知表现。情境化认知的名称由此而来。科尔（Cole，2006）对此思路进行了概述，科尔等人（Cole & Engeström，2007）还将此思路运用到人类发展研究中。有关情境认知的研究多受社会文化学派或社会历史学派传统的启发（Cole，1988；Luria，1976；Vygotsky，1978；Valsiner & Rosa，2007），并与"日常认知"研究相联系（Schliemann et al.，1997；见下文）。

在其 1971 年出版的专著中，科尔及其同事提出，"人们会擅长做对他们来说是重要的事情以及他们有机会常做的事情"（Cole et al.，1971，p. xi），并在结语中提出："认知中存在的文化差异更多地存在于特定认知加工过程所应用的实际情形，而不是一个文化群体拥有某种信息加工过程，而另一个群体没有该过程。"（cole et al.，1971，p. 233）他们所用的情境—特定方法被视为有这样一种富有特征的"公式"："公式为了分析文化对认知的影响保留了生态文化框架作为组织隐喻，但拒绝承认存在那种中心处理器的假设。"（LCHC，1982，p. 674）

与主张"从上面"调控发展的普同性心智原则相反，情境—特定思路试图理解的是，最初具有情境特定性的种种认知成就是如何随着人们年龄的增加而开始对他们的行为产生更一般调控的。该思路看待文化与认知发展时，将"各种具体领域内有意图的行为(activity)的发展"看作起始点；该思路寻求的是，特定场景的人们之间进行交互活动所运用的各种操作过程与方法，并将这些过程与方法视为导致一般认知能力不断发展的最近的原因(LCHC，1983，p.299)。

为了具体证明其观点，科尔及其同事基于其实证研究结果和相关的文献综述写了大量作品(见 Cole，1992a，1992b，1996)。他们早期的研究(如 Cole *et al.*，1971)是在利比里亚学龄儿童和成人以及美国被试中所进行的一系列有关数学学习、数量行为以及一些更为复杂的认知活动(分类、记忆与逻辑思维)的项目。他们从这些研究以及许多相似的研究中得出的总结论是：科佩列人的许多认知行为是"受情境所限的"，而且将在一种情境中产生的认知操作表现泛化到另一种情境是不可能的。在后来的著作中(LCHC，1982，1983)，他们声称，通过对诸如婴儿发展、知觉技能、交流、分类和记忆等领域的其他研究者成果的批判性综述，结果也支持了他们的观点。近来，科尔(Cole，1992a，1992b，1996)又强调了"模块性"这一概念，它是指心理过程在人类种系发展历史进程中所形成的领域特定性(domain-specific)。在科尔的文化—历史心理学理论中，"模块性和文化情境一起共同促进心智发展"(1996，p.198)。就文化的概念建构而言，科尔受维果斯基及其流派的影响，认为个体发展可视为以文化为中介的(culturally mediated)(参见第二章文化作为发展情境部分)。

科尔学派对跨文化心理学的主要贡献，也许就在于其研究对鲁利亚(Luria)和其他人的观点(如 Goody & Watt，1968)提出了挑战。鲁利亚等人认为，读写能力是人类历史进程中的"分水岭"，不会读写者不能完成某些抽象的认知操作，而具备读写能力的人就可以实现(Scribner & Cole，1981)。在利比里亚的瓦伊人中，斯克里布纳和科尔(Scribner & Cole)不仅能够找到文盲样本，而且找到了这样的样本，即会不同语言文字：(1)当地的瓦伊语，(2)所学的阿拉伯语，(3)在西式学校所学的英语。这就消除了通常的一种做法，即令人混淆地将认知测验的成绩不加区分地归因于学校教育和会读写。

运用一系列认知任务，包括范围较广的认知活动(例如记忆、逻辑推理)，斯克里布纳和科尔(Scribner & Cole)力求挑战这个观点，即读写技能改变一般智力。他们发现，西式学校教育对一般认知操作成绩会有各种影响，但其他形式的读写则不具备这种效应。然而，有一些特殊的测验操作成绩与瓦伊语和用阿拉伯语教育的特定风格有关。有关瓦伊语，他们得出结论：

我们发现，得到改变的不是一般认知能力，而是彰显于相对深奥难解、仅限于对少数人秘传的情境中的认知技能的本土化改变。我们发现，改变的是言语和交流方面受重视的特色，而不是个体在语言取向方面的质性变化……我们对瓦伊人研究所提供的第一手证据证明，读写能力对某些情境中的某些技能有一定的意义(Scribner &

Cole，1981，p. 234)。

在解释研究结果时，他们注意到，瓦伊语的基本读写能力是"受限制的"，也就是说，能理解和使用它的人不多，那些使用该文字的人也仅仅是为了有限的目的，"瓦伊文字的基本读写能力，对保持或阐释传统生活方式来说，不是必不可少的……最多可以说，瓦伊文字的基本读写能力，能使个体从事熟悉的生活主题"(Scribner & Cole，1981，p. 238)，而不是开拓新经验。

因此，在瓦伊语社会中，智力生活中缺乏一般性变化的一个原因，可能是基本读写能力在该社会中发挥的作用相当有限。贝理和班尼特(Berry & Bennett，1989)在北美安大略湖印第安克里族中实施的一项研究也涉及了这个问题。像瓦伊语一样，克里语的读写以一种形式(音节)存在，与正规学校教育无关。大多数克里人具有读写这种文字的能力，因为克里语被许多人广泛使用，并可用于许多目的(例如：电话簿、航空安全表以及公告)，所以克里族语文的作用不像瓦伊语文那么有限。该研究运用修订版的瑞文推理测验(RPM)进行测量，结果也没有发现支持一般认知得到增强的证据，但是有证据表明，增强的是某些心理操作能力(涉及旋转和空间任务)，这些心理操作对使用该文字是特别重要的。因此，这个研究也没能发现基本读写能力影响的证据，即思维方式发生了重大变化。因此，基本读写能力是人类历史进程"分水岭"的观点必须抛弃，至少在基本读写能力对个体思维影响方面是如此；然而，基本读写能力可能具有的社会和文化意义并未受到这些研究的关注。

一般意义上说，科尔及其同事没有提出这方面的问题，即其不同测试中数据的关联性，例如弗格森(Ferguson，1956)所提出的探寻"能力模式"的问题。然而，他们倒特别关注单一的文化经验对一种认知操作成绩的影响。贾霍达(Jahoda，1980)已经发现这样的做法是存在问题的，即将文化看成一系列具体的与实际情形有关的经验。然而，科尔(Cole，1992a，1992b)似乎同意这样的观点，即文化经验是错综复杂地交织存在的，而不是一系列离散的情境。他说："我们应相信，文化的真正内涵存在于文化元素的相互作用中；自变量不是独立自主的。"(LHCHC，1982，p. 645)

那么，说到底，科尔与那些力求从文化—认知关系研究中寻找某种程度一般性的研究者之间，可能发生和好关系。科尔保持他自己早期的观点，即没有一个特定认知任务的操作成绩会一般化，既不应该期待它对其他任务的操作成绩的影响，也不应该概括为人类认知缺乏必需的基础性认知能力或过程。

科尔及同事(例如：Cole & Engeström，2007)已经促进了他们在社会文化传统领域研究成果的应用。这些应用不再仅限于学校体系，同时更广泛地应用于社会领域。遵循维果斯基的观点，他们也强调实践的重要性(Vygotsky，1997，p. 205)："实践决定任务设置，是最高的判决官，是检验真假的标准。"这就是说，需要将研究结果付诸实践；如果产生效果，那么它就是有效的。在他们称之为"第五维度"(fifth dimension)的框架中，科尔等人(Cole & Engeström，2007，p. 495)提出了大学、社区以及个体日常公共生活之间的一种基本的互动体制。这些干预措施用来验证文化情境和具体情形与特定认知能力发展的密切关系。

有关情境化认知的另一个分支领域文献中使用的名称是日常认知（例如：Schliemann, Carraher & Ceci，1997）。这一思路是基于对特定群体认知需求和问题解决策略的描述性说明。文化人类学家经常研究的成果是关于各种技能，其例子包括在没有指南针的情况下，普拉瓦特人驾驶小船横跨太平洋很长一段距离的技能（Gladwin，1990），奥克萨敏人使用基于不同身体部位的一套数字系统的计算方法（Saxe，1981），以及运用于各种社会群体中的编织技能（例如 Childs & Greenfield，1980；Rogoff & Gauvain，1984；Tanon，1994）。这些研究倾向于强调认知与学习的社会性质（Lave & Wenger，1991）。

有关日常认知的研究表明了这种认知的一般性局限，即学习从一类情境（领域）向另一类情境（领域）迁移和泛化时会存在局限性，包括从学校情境向非学校情境迁移和泛化的情况（Segall et al.，1999）。然而，我们可以发现，研究者把特定文化中的知识和技能视为更一般意义上教和学模式的结果，而这种模式不同于西方学校情境强调教和学的模式。有关例子包括"脚手架"（例如：Greenfield & Lave，1982）和"学徒制"（Rogoff，2003），这指的是（年幼）学习者在日常情境中得到的支持，他们通过在日常情境中借助这些支持来试图完成任务。与脱离具体情形的（西方式）学校场景中的学习截然相反，这种将具体情形中学习活动概括为一般化的学习风格的研究例子表明，不同研究传统范畴，通常会比诸如教科书之类所反映的范畴更具有交叉性。

作为这一传统的延伸，王和切奇等人（Wang，Ceci，Williams & Kopko，2004）批判了长期以来理解认知能力所用的思路。该思路"将被试视为拥有一个固定计算处理器的独处个体，而且对其在文化更新、不断改进加工过程方面所发挥的作用也被小看了"。取而代之，他们提出了一个框架，即"设想塑造认知能力的这四种因素之间动态的相互作用：文化制品、认知领域、人际环境以及个体图式"（Wang，Ceci，Williams & Kopko，2004，p.225）。根据该框架，日常经验应该作为考察儿童处于发展的认知能力的出发点。他们特别强调文化的功能性和认知能力的适应性，并且认为任何认知能力的发展都是文化影响的这四个方面之间动态性相互作用的结果，因为这种影响在于各个人类社会需要造就有胜任力的成员（Wang，Ceci，Williams & Kopko，2004，p.227）。从该框架中，我们注意到，本章所综述的大量用于理解情境和认知能力之间关系的方法之间存在很多的相似性：认知能力被看作适应各种情境（生态的、文化的、具体情形的等方面）的结果，在这些环境中个体实现他们的日常生活目标；认知能力有多种文化表现形式；在个体的发展进程中，随着时间的推移，由于面临新的情境，认知能力也随之改变。

　　从本章材料中可以明显看出，生态和社会文化因素在人类认知活动中发挥着重要的作用。同样明显的是，对于哪个群体比其他群体更加聪明这类天真的问题，对这种互动的探索是不可能取得丰硕成果的。的确，认知的过程、能力和实际表现之间的重要差别，展示了这种互动关系的复杂性。本章的思路是，依据作者对数据的概括程度，本意是从认知表现去推断认知能力，以及进一步推断出基础性认知过程和性能。显然，有关群体先天差异的解释，曾与种族概念相关联，成为影响最深远的主张。关于单一或者统一的认知处理器（例如 g 因素）的假设，或者群体在处理器发展方面存在严重差异的假设，在本章所综述的材料中几乎找不到支持。这种很一般的思路是继续沿袭早期对"原始人"和"文明人"进行比较的民族中心主义传统，而在当代研究中越来越少作为一种有效的方法。所综述的这三种备择性解释都承认，理解本土文化情境是评估和解释认知表现差异的重要基础。其主要区别在于，这些情境在多大程度上被看成为经验提供了复杂的模式（参见认知风格和东西方比较的研究思路）；或者说，这些情境被视为更没有关联的各种情形或活动领域，在这些领域中个体有机会去实践和学习特定的能力，并且以文化适宜的形式去实际表现这些能力。怎样平衡或者整合这些观点，仍旧是一个有待解决的难题。

　　本章已概述了用于审视文化和认知之间关系的若干研究思路，在这些不同的思路中会浮现出一个重要的议题，这就是，两类研究者在评估程序方面形成了强烈对比，其一是使用一般智力和认知风格研究思路的研究者，其二是"东西方"比较和情境化认知思路的研究者。前两种思路会运用多重测验项目，验证不同项目间的相关性，并且确立其信度和效度。后两种思路会开发和利用各种实际情形与任务，这些情形和任务通常作为假定的基础性认知活动的单一评估程序。研究者对于任务意义的解释很难让人接受，因为他们没有证实，任务很难测出他们所要测量的东西（即缺乏效度评估）。此外，他们实施了旨在评估同一概念建构的各种实验任务，但通常不会严谨地考察各种实验任务所揭示的认知表现之间具有的可能联系（即缺乏信度评估）。看来，我们只好在以下两种观点之间进行选择：要么接受他们的解释，即不同文化群体间存在许多明显的认知表现差异，并将此作为认知能力甚至是认知过程差异的显示物；要么拒绝接受他们的解释，因为他们对于实验任务意义或对不同文化群体进行比较时，通常缺乏保证措施。

面对该领域如此多样的研究思路，要简单地总结或下结论是不可能的。我们对这些多样化的观点和资料的解读是：正如我们智力生活具有普遍性一样，认知机能和过程的主要特征对所有人类而言是共同的。认知能力会根据一些不同文化共享的原则而发展；但是，认知能力的实际表现会具有高度的多样性，这些不同的表现是对所处的生态场景的回应，也是对个体在社会化过程中和测验期间所遇到的文化规范和实际社会情形的回应。

拓展阅读

Mishra, R. C. （1997）. *Cognition and Cognitive Development*. In J. W. Berry, P. R. Dasen, and T. S. Saraswathi（Eds.）, *Handbook of cross-cultural psychology*, Vol. II, *Basic processes and human development*（pp. 143-176）. Boston, MA：Allyn & Bacon. （该章综述性地审视了认知发展和认知实际成就与其所发生文化情境的关系。）

Sternberg, R. and Grigorenko, E. （eds.）（2004）. *Culture and competence：Contexts of life success. Washington, DC：APA Press.* （该书各章从多个视角描述了文化情境如何影响认知能力的发展。）

Van de Vijver, F. J. R. （1997）. Meta-analysis of cross-cultural comparisons of cognitive test performance. *Journal of Cross-Cultural Psychology*, 28, 678-709.（该文对有关不同文化中认知能力的研究进行了综合的剖析。）

第 7 章

情 绪

在本章中，我们主要关注两条研究线路以回答两个问题：不同文化中情绪在多大程度上是相似的，又在多大程度上有差异。第一节主要是维度视角的分析。类似于有关人格（第五章）和认知（第六章）跨文化研究的已有做法，有些情绪研究者试图揭示我们日常生活所体验到诸多情绪所基于的共同维度，并考量这些维度在不同文化中是否相同（对等）。第二节分析有关情绪词的研究。由于对情绪的称谓缺乏明确的定义，故人们日常语言中表示情绪的词汇已成为跨文化研究的重要工具。这方面的中心问题是，有关语言（词语）的差别是否可以用来推断心理差异（即情绪体验上的差异；这也可参见第八章）。第三节主要讨论有关情绪具体方面的研究。许多当代研究人员不再试图根据单一标准定义情绪，而是运用成分研究路径，即假定情绪可以由多种不同情绪成分（诸如有关的思维、感受、行动倾向和心理体验）加以界定。该研究路径的主要特征是，假设种种跨文化差异可以独立于各个情绪成分而存在（Mesquita，Frijda & Scherer，1997）。其中，本章还会专门讨论情绪的面部表达，它已经成为许多情绪跨文化研究的中心问题。本章结尾是若干结论，并提出运用温和的普同主义对现有研究证据加以整合。

根据文献，跨文化领域最早的研究之一就是关于情绪的（Darwin，1872/1998）研究，但直到 20 世纪 70 年代才开始出现该领域的系统研究。现今，情绪已经成为跨文化领域中颇受欢迎的一个方向。虽然这方面的研究层出不穷，但尚未促进对这一问题的共识，即情绪在多大程度是具有普遍性的现象，还是具有文化特性的现象。导致分歧的一个原因是情绪的概念建构尚不清晰(Scherer，2005)。每个人日常都会有情绪的体验，因此，我们都知道情绪为何物，但心理学家们一直在努力奋斗，试图以科学的方式定义情绪。许多研究者试图发现他们所认为的可表征情绪本质的东西。在心理学发展之初，冯特(Wundt，1893)提出，情感体验的核心有三个维度：愉悦－不悦、紧张－放松以及积极－消极(参见本章后文维度视角分析)。后来，对此定义不满的心理学家对情绪其他方面进行探究。最著名的研究来自詹姆斯(James，1884)和兰格(Lange，1885)，他们假定情绪来自对身体变化的知觉。这一心理生理学性质的定义后来受到了其他学者的挑战，他们分别从不同角度来定义情绪，比如认知(Schachter & Singer，1962；Valins，1972)、行动准备性(Arnold，1960)、面部表情(Ekman，1992)或者社会符号(Averill，1974)等角度。本书对这些定义的相对优点不再一一赘述。对本章来说，重要的是要看到，对情绪的跨文化相似性与差异性持不同观点的研究者界定情绪的方法也是不同的。研究者或许采用相同的情绪词，比如"高兴""愤怒"和"羞愧"，但所指的却是极为不同的现象，比如大脑状态、行为或者现象学体验(Kagan，2007)。因此，有时候表面上是对情绪跨文化差异性有分歧，事实上这些分歧的根源在于对情绪定义的分歧。

另一个导致分歧的原因则是，对于判定一种情绪是普遍性现象还是文化特性现象，尚无统一的标准。关于一种情绪在不同文化中到底是相似还是不同，实际上很少有精确的说明。正如第一章中所论述的，我们认为，在不同文化中，心理过程(这里指情绪)具有相似性，但其行为表现(基于情绪的行为)会有相当的差异。然而，许多心理学家认为，情绪过程本身在不同文化中就是不同的。所以问题在于，实际行为表现出的跨文化差异在多大程度上可以概括为胜任力甚至心理过程的差异。由于对如何阐释实验证据的共识极少，因此很难解决这种分歧(参见文本框 7.1)。例如，如果一种文化可以明确鉴别出某种情绪，而另一文化却缺少表达这种情绪的词语，这是否意味着该文化中的情绪生活是不同的？这个问题很难回答，尤其是因为，正如上文所说，不同心理学家研究不同文化中的情绪时所用的指标不同。

7.1　对相同数据的不同阐释

正如第一章所阐明的，对跨文化数据阐释的差异，不仅因为研究者阐释时所持的立场不同，也因为对跨文化数据解释的方法不同。同样的数据有时会有不同的解释结果。这方面富有教益的案例是，对伴随情绪面部表情识别的跨文化数据的解释，罗素(Russell，1994)与艾克曼(Ekman，1994)间就进行过讨论。

在 20 世纪 80 年代，这样的观念已经被普遍视为心理学的"事实"，即有六七种基本情绪可基于面部表情识别出来。现今有人认为，情绪分为基本情绪和混合情绪；还有人认为情绪是一种具有普同性的现象。然而，那时，这两种观点尚未为所有研究者轻易认可。罗素对基本情绪的跨文化证据写过一篇详尽的评论性文章，该文提要部分以一个有说服力的句子开头："情绪可普遍地根据面部表情加以识别——或者说人们如此宣称。"（Russell，1994，p.102）罗素批判了为这种普同性所提供支持的诸多方面。其中，他批驳普同性这一观念本身，因为他认为，该观念相当含糊不清。

罗素尤其质疑为支持普同性而收集证据所用方法的效度。一般地说，这类研究的方法就是，给实验对象出示印有一个人的照片，此人表现出一个表情，同时伴随系列情绪名称（"喜悦""愤怒""害怕""悲伤""厌恶"和"惊奇"）；然后被试要表明照片人物表情代表哪种情绪。其假设是：如果情绪和表情之间完全没有关系，那么每个词被选中的概率是相当的，因为被试这时会任意选择一个情绪名称；如果某个情绪名称被选中的概率远远大于基于偶然机会所期待的其被选中的概率（例如，在六选一的情况下这应是 1/6 或 16.67%），那么这就能证明两者之间存在系统性的关联。在许多国家，包括西方国家和非西方国家，还有一些前工业化的社会，以前进行的研究都显示了如此显著的结果。然而，亚洲和非洲被试的绝对识别水平低于，有时甚至是远远低于欧美被试。罗素论述道，识别水平的差异表明，情绪和面部表情间的联系或许并不像设想的那样具有普同性；如果这种关联存在，他会期待在所有国家都体现很高的识别水平。

罗素的观点被艾克曼（Ekman，1994）犀利驳回。艾克曼认为，罗素所提出的责问中没有一个驳倒了他所提出的基本情绪普遍存在这一观点。艾克曼批驳道，罗素提出，永远不要指望人们间会有完美的共识，他这是为了攻击普同论而故意扭曲普同论。艾克曼的论述支持一种神经—文化观，该观点强调面部表情的两方面决定性因素：面部表情的普同性方面可从神经—进化视角认识；其可变性方面则可从文化视角分析（尤其是以"展露规则"形式表现）。由于这两方面因素都影响面部表情的识别，将情绪名称词和表情配对的方法是内在地存在缺陷的。因此艾克曼认为，绝对识别得分方面的差异并不能说明普同性的任何问题；唯一能说明问题的是，各个文化中识别情况的统计结果是否高于基于偶然机会的识别得分。艾克曼承认，有关研究存在种种局限，但这些都不能解释为何所有文化中识别水平高于凭偶然机会得分这一现象。如果可以解释的话，那就是研究者在测量中有失误，降低了识别得分，但这反而使有关识别具有普同性的研究结果更有说服力。罗素（Russell，1995）在最后的回应中承认自己若干次要的观点存在问题，但无疑双方主要的分歧实质上并未改变。

值得借鉴的是，罗素与艾克曼运用相同的跨文化数据，但对于情绪是否可以普同地根据面部表情加以识别这一问题却得出了不同的结论。这说明，了解研究者的理论观点对于力求理解文献中出现的争议是十分重要的。这也说明，跨文化数据本身为何不一定是最重要的东西；而跨文化心理学对情绪的大多数探讨都是对数据的阐释（见本书第十二章）。

范·赫莫特等人(Van Hemert，Poortinga & Van de Vijver，2007)完成了对 190 个有关情绪的跨文化研究的元分析，其目的是考量有关情绪测量结果的跨文化差异在多大程度上可以用不同因素加以解释。他们发现，该差异的 27.9% 可以解释为与文化因素相关，比如政治体系、价值观与宗教信仰；而 13.8% 的差异则与方法有关，比如抽样失误和样本波动。这意味着，跨文化差异的相当一部分，未必是受文化方面的影响，而是由于研究方法方面的问题。最后他们还发现，大约有 60% 的差异仍然无法得到解释。记住这些结果会有助于理解本章所列的实验性证据。

情绪的维度分析

当我们让人们命名其体验过的种种情绪时，会得到一长串各种各样的名单。研究者间共同采取的一个策略是考察这种复杂性是否可以化约为有限数量的基础性维度。这不仅简化了有关分析，而且维度分析法比单独分析情绪更不易受文化偏差的影响(见第十二章)。奥斯古德等人(Osgood，1977；Osgood，May & Miron，1975)对情绪的研究具有里程碑式的意义。该研究最初试图研究不同群体成员的主观文化(subjective culture)。需要注意的是，这项研究不仅注重情绪词本身的含义，而且更一般地把握词汇的情绪意义。

某些词很难直接翻译成另一种语言。例如，特里安迪斯和瓦西里欧(Triandis & Vassiliou，1972)发现，希腊人倾向用"philotimous"一词来形容自己，而英语中并没有与"philotimo"在概念上直接对等的词汇。为了最大限度地表达该词的意义，他们对"philotimo"作了如下描述："具有该品格的人谦逊有礼，心地善良，诚实可靠，拥有'美好的灵魂'，举止得体，恪尽职守，慷慨大方，甘于奉献，感恩图报。"(Triandis & Vassiliou，1972，pp. 308-309)这非常详尽地捕捉了该词的客观意义或指示意义(denotative meaning)。但仅基于这种描述，非希腊人就可真正理解"philotimous"一词的意义，包括其对希腊人而言所具有的情感色彩和象征意义吗？这一问题涉及的是其主观的或隐含的意义。

奥斯古德等人(Osgood，Suci & Tannenbaum，1957)开发了语义差异技术(Semantic Differential Technique，SDT)，以捕捉词汇的隐含意义(参见文本框 7.2)。该方法会向被试呈现一个词(例如 philotimous)，要求他按照一系列 7 点量表对其进行评定，该量表反映 3 个因素：评价(好—坏)、效力(强—弱)以及主动性(积极—被动)。这 3 个因素合起来可以界定出一个词的情感意义的三维空间，这使一门语言的任何词都能有明确的定位。

奥斯古德等人(Osgood et al.，1975)运用语义差异技术对 30 种文化中的 620 个概念进行评分，并绘制出了《情感意义地图册》(Atlas of Affective Meaning)。由此发现，有一些概念在所有文化中的情感意义具有相似性，它们被称作具有普同性的概念。例如，在评价维度，"明亮"比"黑暗"普遍得分更高，而在效力维度"黑暗"得分更高；与"蓝色"相比，"红色"在评价维度普遍得分更低，但在主动性维度得分更高。某些概念只在特定的若干社会中具有相似意义，这被称作具有亚普同性(sub-universals)，而在其他特殊环境中的意义存在差异，这被称其具有"特殊性"。一个例子可以反映文化意义上的独特性，就是美国人对"侵犯性（being aggressive）"一词有更积极的评价。奥斯古德解释道，美国人眼中的"aggression（侵犯）"意味着在体育比赛或者学习上更具有竞争力，而不是故意给别人带来伤害。这有别于其他文化中所理解的"好斗争的"。还有一个例子，对印度德里的大学生来说，黑色具有独特的意义，表示效力弱而主动性强。根据当地被调查者的说法，黑色意味着主动性强，是因为黑色可以联想到克利须那神（Krishna）和头发；而其意味着效力弱，是因为黑暗可以联想到暗色皮肤的人地位较低。

7.2　语义差异技术

　　语义差异技术（SDT）是一种评估任何语言中的任何词汇的情感意义的方法，它是指根据（量表两极）一系列意义相对的形容词对一个词进行评分（可参考以下例子）。总体而言，参照这些形容词进行的评分反映的是一个词情感意义的三个维度，即评价（一个词肯定或否定的程度）、效力（一个词表达效力强或弱的程度）和主动性（一个词体现主动性或被动性的程度）。通过两极形容词来评估一个词语，就可以在情感意义的三维空间中将其定位，而该三维空间已经被证明对许多语言都具有普同性。这样，不同语言词汇的情感意义就能加以比较，无论这些词的指示意义（本义）是否相同。

　　语义差异技术的开发和跨文化应用经历了大约 15 年的时间（Osgood et al.，1975）。在第一阶段，从 30 个文化社群中分别抽取 100 位青少年，让其根据 50 对两极形容词，对100 个名词（例如"房子""水果""云""饥饿""自由""金钱"和"警察"）进行评分。这些形容词通过计算程序筛选得到，该程序能保证其指示意义（本义）不会产生任何干扰；它们甚至没经过英译的处理。其假设是，所有当地形容词表征的是相同的潜在性意义维度。量表开发者运用所谓"泛文化"因素分析法，对在 30 个文化社群中得到的评分进行分析，结果很清晰地呈现出一个三维结构。当将不同文化中在这些维度上负荷很高的形容词翻译成英语时，所得分析结果显示，该三维结构的意义具有很大的相似性。这就意味着，包括评价、效力和主动性在内的三个维度可用于比较不同语言和文化中词汇的情感意义。

　　出于实用目的，在该项目第二阶段，研究者开发了一种适用于各种文化的语义差异技术简表，这包括四个当地使用的量表，其在上述三因素上都具有最高负荷。这些简表是基于那 30 种文化社群的数据而编制，这些数据也是以著名的《情感意义地图册》（Osgood et al.，1975）为基础。

　　语义差异技术表明，任何词汇的情感意义都可以用三维法加以描述。此后的研究已经检验了三维法是否可以用来揭示一种语言中诸多情绪词的意义。例如，罗素（Russell，1980）发给被试一份包括 28 个情绪词的清单，要求他们根据这些词的相似或差异程度对其进行评分，然后运用多维标度法分析相似评分。他发现，只需要两个维度——"评价"和"主动性"——就足以分析情绪词的差异；当将所有情绪词放置在该二维空间内进行定位时，就会出现一个圆形结构，这被称为"情绪的环状模型"；情绪可以是肯定和积极（比如喜悦），或是肯定但被动（比如安静），或是否定但积极（比如恐惧），或是否定且消极（比如悲伤）。在拓展性跨文化研究中，罗素（Russell，1983；Russell，Lewicka & Niit，1989）发现，多种语言（包括汉语、克罗地亚语、古吉拉特语和日语）中都存在与此相同的二维答案。尽管如此，研究者已注意到，情绪维度具有普同性，这并不意味着在描述日常经历时情绪在不同文化中具有相等的重要性（Barrett，Mesquita et al.，2007）。例如，通过调查发现，相对于美国人，日本人在报告其经历时强调情绪的频率要更低（Mesquita & Karasawa，2002）。

方坦、谢勒等人（Fontaine，Scherer et al.，2007）进一步探究了不同语言中情绪词的意义。他们让来自比利时（讲荷兰语）、瑞士（讲法语）和英国的被试，根据144个情绪成分对28个情绪词进行评分，而不要求相似性归类。结果得到的不是罗素（Russell，1980，1983）的二维结构，而是一个四维结构。其中，前三个维度实质上是复制了奥斯古德所开发SDT中的维度，所增加的第四个维度称为"不可预测性因素"。这些结构在不同文化中十分相似，这就使得研究人员能够对不同语言中情绪词意义相似或差异的程度进行比较。

总体而言，情绪词的意义可以通过一组有限的维度来揭示，这在不同文化中具有相似性。以这些具有普同性的维度为起点，我们就可以解释分析情绪意义的文化差异，比如"有闯劲"（being aggressive）在美国的意义。完全存在奥斯古德所提出的维度的文化不太可能。某些研究可能会发现其维度的一部分（Russell，1983），而其他研究则可能会发现新的维度（Fontaine et al.，2007）。

情绪与语言

维度分析法能够帮助跨文化研究者比较情绪术语的情感意义，但对于一种文化中实际情绪体验的探讨则不能提供那么多信息。对情绪的体验不仅包括评价、主动性和效力这三方面，而且还涉及一系列相关的其他因素，包括（对情绪的）评估、身体变化、行动倾向和行为。例如，为了理解什么导致"愤怒"与"害怕"两种体验的不同，若只知道它们在评价上都是否定的，在主动性上是高的，愤怒的效力强于害怕，这是不够的。故许多研究者在探讨情绪时，不是将之视为由维度构成，而是视其为不同的状态或过程。然而，这又导致另一个难题，即如何定义这些不同的状态或者过程。

正如本章前言所示，在很长的时间里，情绪一直面临模糊定义的挑战。现在对于区分不同种类情绪还缺乏一个统一的标准。故许多研究者在描述不同情绪时，要将描述还原成自然语言。就形容不同的情绪体验而言，大多数语言至少拥有数个词汇，一般（情况下）存在许多词汇（参见 Russell，1991）。当人们形容自己高兴、悲伤、失望、嫉妒、惊奇或者骄傲的情绪时，心理学家倾向于认为这里的每个词代表一种不同的情绪体验（Sabini & Silver，2005）。这就导致在跨文化背景下研究情绪时会出现的若干问题，因为不同语言表达情绪的术语存在很大的区别。

运用民族志的研究者所描述的许多种情绪都具有文化特性，从这一点看就无法在其他语言中找到对等的术语。这被称为"具有文化特性的情绪概念"(culture-specific emotion concepts)。这种描述通常十分详细，将情绪术语的差异与其在特定文化情境下的意义相联系。此外，有些被视为很基本的情绪，在某些特定文化中似乎不存在。比如，在塔希提岛语言中就没有表示悲伤的词(Levy，1984)。罗素(Russell，1991)制作了一个汇总表，其中有大约 20 个案例表明，某种语言缺乏表达某个基本情绪的词语。

卢茨(Lutz，1988)描述了密克罗尼西亚群岛的埃法卢克(Ifaluk)小岛人们的情感生活。他所分析的两种情绪——fago(综合了英语中的所谓同情心、爱和悲伤的一种复合感情)和 song(译为"合理的愤怒")，英语中都没有直接对应这两种情绪的术语。"song 是指面对自己或他人受到伤害时体验到的一种不愉快的感情"(Lutz，1998，p.156)，这一点很像愤怒，但与愤怒不同的是，"song"与其说是个人层面的不悦，不如说是一种社会性谴责。当地还有表达不同形式的愤怒的其他词语，但它们明显区别于"song 所表达的一种出于正义感的愤慨，或者合理的愤怒，并且只有这种愤怒情绪合于道德标准"(Lutz，1988，p.157)。另一个例子是韦日比茨卡(Wierzbicka，1998)详细描述过"Angst(焦虑)"和"Furcht(畏惧)"这两个德语词的差异。前者指一种没有对象的害怕，而后者则有害怕的特定对象。"Angst"在德语中是特别重要的一个词语，表达一种基本感情，来源于 16 世纪神学家路德(Luther)的著作。路德与其同时代的许多人一样，在内心为今生和来生的不确定性而激烈挣扎。第三个例子是梅农和施维德(Menon & Shweder，1994)对奥里雅语(Oriya，一种在印度使用的语言)"lajja"的解释。"lajja"在英语中也没有直接对应的表达，可以理解为"出于敬意的克制"。

其他有关"文化特性情绪概念"的例子还有不少。例如，日语中"过度依赖性撒娇"(amae)的概念(见第五章)，指数种情感，包括依赖和擅自推测他人仁慈，以放纵自己的需求(Doi，1973)。伊朗戈特(Ilongot，菲律宾一部落)语中的"liget"概念，指的是充满能量、愤怒和激情等感情，但同时夹杂悲伤，这与其猎人头的习俗有关(Rosaldo，1980)。爪哇语的"wedi""isin"和"sunkan"都可译为英语中的"shame(羞愧)"(Geertz，1959)。马来语中的"amuk"概念，是指一种无法控制的愤怒情绪。有时，某种语言特有的概念也可为其他语言借用。比如，"amok(疯狂，源于上文的 amuk——译者注)"在英语中已形成常用单词。再如，德语中的情绪词"Schadenfreude(幸灾乐祸)"在一个世纪以前就已开始被英语借用。

以上例子所引发的一个中心问题是，语言上的差异对情绪体验有何意义？显然，这个问题与本书第八章提到的"萨皮尔-沃尔夫假说"所主张的差异相关。相对论学者比普同论学者更强调语言差异对情绪的重要意义。例如，卢茨提出，"情绪意义根本上是由特定的文化体系和特定的社会与物质环境所建构的。可以说，情绪体验不是先于文化的，而是文化的显著特征"(Lutz，1988，p.5)。巴雷特(Barrett，2006)提出一个关于情绪分类的观点。他认为，"情绪体验中存在文化差异，这是内在地由情绪类别与概念上的文化差异所导致的"(Barrett，2006，p.39)。韦日比卡(Wierzbicka，1999，p.26)提出了相似观点："(情绪上的)两种感觉是否可解读为本质上为同一种情绪的两个不同例子，或是两种不同情绪的例子，这很大程度上取决于其所在语言，这些感受通过语言这面棱镜得以阐释；而这面棱镜取决于文化。"基于对若干研究的总结，巴雷特等人(Barrett，Lindquist & Gendron，2007)提出，语言的确对情绪的知觉与体验具有重要意义。他们还将自己的研究概括为"语言作为语境假设"，即在情绪认知过程中，"情绪词(直接或含蓄)可作为内部语境来控制面部表情"(Barrett，Lindquist & Gendron，2007，p.327)。

普同论学者也倾向于承认情绪词意义存在差异，但不认为这些差异对心理产生重要影响。弗里达、马卡姆等人(Frijda，Markam et al.，1995，p.121)将主要议题总结如下："我们可以假设，存在这样的词汇('情绪词')，它们会强制决定看待事物的方式；或者我们也可以假设，存在这样的事物('情绪')，它们是会被命名的，故自然会有词汇用来表达它们。"与许多普同论学者一样，他们更倾向于第二种假设，即(不同语言中有关情绪的)词典不同，各种情绪过程也可以具有跨文化相似性(Ekman，1994；Scherer & Wallbott，1994)。看来，在这场讨论中，与相对论学者比，普同论学者对其假设所需的证据要面临更大的负担，因为证明情绪概念意义文化差异的例子我们已经屡见不鲜。其实，若干研究思路已用来对普同论进行了验证。

一种验证情绪体验普同性的思路是，比较不同语言描述情绪的方式。克韦切什(Kövecses，2000)分析多种语言中有关情绪的隐喻后得出的结论是，即使比喻的具体内容有所不同，但在类型上具有显著的相似性。比如，在汉语、英语、匈牙利语和日语中，愤怒都被比喻成容器——把身体比作容器，愤怒被比作容器中的热物质。英语中有"他怒气爆发(he was bursting with anger)"的说法，匈牙利语说"怒气在他体内沸腾(anger was boiling inside him)"，日语说"怒气在胃底沸腾(anger boils at the bottom of the stomach)"，汉语也有"怒气冲天"的说法。很显然，这些比喻有时会在某一种语言或文化中变得十分独特具体。比如，汉语说愤怒(生气)是由于"气"过多，其能量流遍全身。然而同样明显的是，这些比喻也具有种种共同特点。这可能意味着愤怒是以极为相似的方式体验到的。

方丹、布汀格等人(Fontaine，Poortinga et al.，2002)用实证方法对印度尼西亚语与荷兰语的情绪词意义做了一番对比。在研究的第一阶段，他们去两地广泛收集了一批原型性情绪词汇；然后让两国学生按照相似性对其中120个最具原型性质的情绪术语进行分类，结果得出了奥斯古德提出的三维结构。到此为止，他们运用的是当地人表达情绪的术语。在第二阶段，他们分别利用几种独立的数据来源(诸如词典或双语者)，以验证在两种语言中某些术语是否可以找到等价的表达。结果，他们发现42对(双语)词在认知上存在等价的关系(即在三维结构中处于相同的定位)。然后，他们对所有表达情绪的术语再次进行分析。在此轮分析中，对两个小组来说，那42对等价术语处于相同的位置，而且对其余情绪术语不加限制。结果，这一共同的处理方法解释了印度尼西亚语和荷兰语术语样本方差的87%。因此，使用外加的共同结构几乎不影响两组样本对情绪体验的认知表征。

另一种证明普同性观点的做法是，考察具有文化特性的情绪词能否被另一个文化的成员所理解。弗兰克等人（Frank，Harvey & Verdun，2000）做过这样的研究。他们借鉴贝德福德（Bedford，1994）在中国研究时所用的关于"羞愧"的五种表达形式的描述，分别为这些不同的形式编写了准确的故事情节，还准备了针对这些情节加以评分的量表（比如，无助感、感到丢脸、想逃避）。然后他们让美国学生对这些情境做出反应。分析这些反应后发现，美国学生能够揭示中国人所表达的五种"羞愧"间的大部分差异，这意味着美国学生的确能够辨别中国人所辨别出的羞愧种类。

最后一种方法不是为了分析情绪词的意义，而是要考察不同文化对情绪的体验或表达。由于情绪表述存在语言差异是无可争辩的事实，故应比较不同文化与语言群体间的情绪体验。研究一旦发现情绪的体验成分具有（跨语言的）相似性，这就可以将此解释为语言差异对情绪体验的影响并不严重。布雷戈尔曼斯与普尔廷戈（Breugelmans & Poortinga，2006；具体参见文本框 7.3）运用此方法直接验证了情绪词对情绪体验的影响。结果表明，即使塔拉乌马拉人（墨西哥印第安人）的语言并未在词汇层面区分"羞愧"和"内疚"，他们也的确对这两种情绪有不同的体验。范德万等人（Van de Ven，Zeelenberg & Pieters，2009）进行的一项研究发现，母语为英语或西班牙语的被试都用"envy"一词来表达两层意思（一种是出于善意的羡慕，另一种则是出于恶意的妒忌），尽管他们不能在词汇层面区分出这两种情绪。在其他语言中，比如荷兰语、波兰语和泰语，这两种情绪则在词汇层面分别有不同的表述。刘易斯与尾崎（Lewis & Ozaki，2009）对日语中的"amae（过度依赖式撒娇）"情绪和英格兰北部地区方言中的"mardy（被宠坏的）"情绪做了质性比较后发现，两国对这种情绪的体验在很大程度上是相似的，但是两种文化对这种情绪的评价间则存在很大的差异；"amae"在日本是具有很高社会认可度的情绪，而"mardiness"在英国人眼中则是贬义词。

总之，不同文化对情绪的分类方法极为不同，而且许多文化存在具有独特含义的情绪词，这也许反映了特定文化中人们对其认为具有重要意义情绪的特别关注。然而，不同情绪类别间的语言差异可以对情绪体验的差异解释到什么程度（即不同的实际表现能否进一步推论为胜任力或者心理过程层面的差别）尚不清楚。就语言对情绪体验的强有力影响而言，本节所呈现的证据提供的支持是很不够的。这就是说，词典中情绪分类范畴的缺失，并不意味着实际上会缺乏有关的情绪体验。然而，基于我们前面提到过的有关研究，情绪词意义的微妙差别的确会影响人们体验情绪的方式，这是不能否认的。

7.3　情绪体验与情绪词

如果人们所讲的语言中不存在表示一种情绪的词汇，那么人们还能够体验到这种情绪吗？布雷戈尔曼斯和普尔廷戈（Breugelmans 和 Poortinga，1996）发明了一种三段式的研究，以确认塔拉乌马拉人（墨西哥印第安人）能否将"羞愧"与"内疚"体验为不同的两种情绪，尽管他们只用"riwérama"一词表示这两种情绪。他们又研究了印度尼西亚乡村的爪哇人，他们是和塔拉乌马拉人一样的非西方人，受过低水平的正规教育，但是他们能分别用"isin"和"salah"两词表示"羞愧"和"内疚"。

在第一阶段，研究人员收集了对可引发情绪的各种情形描述。在这些情形下，人们可以体验到塔拉乌马拉语所说的"riwérama"情绪和爪哇语所说的"isin"和"salah"情绪。他们翻译这些描述后，再让荷兰和印度尼西亚学生根据这些情形所引发的不同情绪（包含"羞愧"与"内疚"）的程度，对其进行评分。由于两组学生的评分结果十分相近，他们又从中选取六个最能引发羞愧情绪的情形，六个最能引发内疚情绪的情形，以及六个最能同时引发羞愧和内疚情绪的情形。每类中的三个情形源于塔拉乌马拉，另外三个来源于爪哇。这些情形被回译成当地语言，以作为第三阶段的刺激物。

在第二阶段，他们以来自比利时、印度尼西亚、墨西哥和荷兰的国际学生为样本，确认出将"羞愧"和"内疚"加以区别的有关体验特点。然后研究人员给学生呈现一系列引发情绪的情形，并询问他们在多大程度上体验到一系列类似"羞愧"和"内疚"的特点。多维度量表测试显示，种种"内疚"的特点（比如认为伤害到别人、破坏规范、想道歉、想补偿）都明显地成串聚集到了一起，而且有别于"羞愧"的一系列特点（比如认为自己成了他人注意的焦点，脸红，想躲避他人的目光，想藏起来）。该研究中，这种聚集结果在跨文化样本中是一致的，这为评估"内疚"和"羞愧"的体验提供了国际标准，这可用以评估塔拉乌马拉样本和爪哇样本的情绪体验，而不需要运用具体的情绪词。

在第三阶段，研究人员让塔拉乌马拉人和爪哇人对第一阶段选取的当地情形与第二阶段获得的一系列体验特点做出反应。他们预计，这些特征会以与国际学生样本测试时类似的方式聚集在一起。对爪哇人与国际学生样本进行比较后发现，结果76%的特征呈现相似的结构。这表明，他们对"羞愧"与"内疚"的情绪体验存在相当大的相似性；对没有受过正规教育的非西方人样本的测试，则导致了相当多的功能异化（即不具备等效性）的题目（即情绪特征）。进一步的相似比较得出相似结果，即国际学生与塔拉乌马拉人样本的有关体验特征具有64%的相似度。虽然对塔拉乌马拉样本所用的题目中不具备等效性者的数量稍大于爪哇人样本所用题目，但数据表现出的两种特征聚集现象仍然是明显可分的，并分别代表了对内疚和羞愧的体验。因此，所得出的结论是，"这一研究的结果显示，情绪词汇的差异性……不能被当成揭示情绪过程也具有差异性的证据，因为情绪过程是从相关的情绪特征的角度加以识别的"（Breugelmans & Poortinga，1996，p. 1117）。

情绪的成分

正如本章引言所说，许多研究人员不再力求使用单一标准来定义情绪，而是利用多种情绪成分来研究情绪体验在跨文化中的相似性与差异性。这些成分代表了情绪理论家所重视的情绪过程最重要的方面。其中，已鉴别出的常见情绪成分包括引发情绪的先因事件（比如见到枪）、反映对有关情形所做认知评价的种种评估（比如是否危险）、情绪所激发的行动倾向（比如跑开）、核心情绪（比如不高兴）、身体感觉（比如心跳加快）、面部表情（比如睁大眼睛、张嘴）、紧随情绪的行为（比如逃跑）和对情绪的管控（比如重新评估该情形，采取应对措施）。多种多样的研究表明，情绪可以在其成分特征的基础上得以识别，这一方法是十分可靠的（Frijda，Kuipers ＆ Ter Schure，1986；Roseman，Wiest ＆ Swartz，1989；Scherer ＆ Wallbott，1994）。

勃兰特和鲍彻（Brandt ＆ Boucher，1985）以来自韩国、萨摩亚和美国的样本为对象，做了一项关于情绪先因（antecedents）的研究。他们要求各国担任研究合作者的线人编写故事，这些故事要能够引发六种情绪（愤怒、厌恶、恐惧、快乐、悲伤和惊喜）中的一种，结果收集到 144 个故事。他们将这些故事进行翻译，并除去其中有关特定文化的提示物和所有的情绪术语。然后，他们向其他被试呈现这些故事，并要求被试注明故事中的人物正在体验哪一种情绪。本研究发现，就将情绪类型与相应故事情节匹配这一任务而言，不论不同文化之间的被试还是同一文化内部的被试，其答案相当一致。但与预期相反的是，被试对于来自自己文化的故事，并没有表现出更好的成绩。这意味着，对不同文化的人们来说，同一先因事件会引发大致相似的情绪类型。

关于情绪的评估成分，最广泛的研究由谢勒和沃伯特（Scherer ＆ Wallbott，1994）在 37 个国家进行。通过对有关评估数据的单独分析，谢勒（Scherer，1997）发现，不同类型的情绪在评估模式上表现出很大差异。他还发现，某些评估维度在某些国家显得更突出。最大差异是对不同测试题目的反应，其中一类题目这样提问，若被评估的事件是某人所为，是否会被视为不合适或不道德；另一类题目则关注的是，事件本身是否不公平或不公正。结果发现，非洲的被试在评判各种情绪时，更关注的是事件是否不道德与不公正；而拉丁美洲的被试则更不关注事件是否不道德。莫罗等人（Mauro，Sato ＆ Tucker，1992）所做的研究也运用了相似的设计，被试是中国内地人、中国香港人、日本人和美国人。结果发现，这些样本在情绪评估维度上未表现出实质的差别，对于被视为更具"原初性"的维度（愉悦感、对活动的专注、确定性、应对能力和目标/需求的有益性）尤其如此。大多数的差异体现在五个更复杂维度中的三个维度上（控制、责任和期待的努力）。

在具体评估时，文化差异会导致在情绪强度、情绪评价以及与情绪相关行为方面出现明显的差异。这方面最优秀的研究范例之一是尼斯比特与科恩（Nisbett ＆ Cohen，1996）所做的系列研究。首先，他们基于历史记载、犯罪记录和调查结果等资料，详细了解和描述了他们的所谓美国南部存在的一种"荣誉文化"。然后，他们拟就对侮辱的心理反应，通过系列调研测试来自两种文化（美国南方的荣誉文化与美国北方的非荣誉文化）学生的差异。为此，他们所选地点为密歇根大学，因为该校既有南方学生也有北方学生。为了掩饰下一步的研究，他们要求男生们沿着狭窄的走廊步行，中途意外碰撞了另一个人（研究人员的合作者），故此人叫男生们为"狗屁"。此事件后，研究者测量了有关因变量。结果发现，与北方学生相比，南方学生表现出更愤怒的主观情绪，其皮质醇（一种应激性荷尔蒙）和睾酮素（一种有关侵犯的荷尔蒙）水平上升更明显，回应行为也更强势（比如，在狭窄的过道中拒绝给 1.91 米高、体重 114 公斤的橄榄球运动员让道）。此案例表明，诸如荣誉这种单个评价指标的差异也会导致极大的行为差异，即使在同一个国家也是如此。

　　情绪现象的身体成分是情绪体验诸方面中最古老的也许也是讨论最多的议题之一。这可以追溯到詹姆斯（James，1884）和兰格（Lange，1885）的有关研究。在有关情绪的研究文献中，生理激活和身体感觉体验通常被视作一个单独的成分（Mesquita & Frijda，1992），但两者的关联还极不清楚。埃弗里尔（Averill，1974）认为，与实际的生理变化相比，情绪的身体反应方面可能与文化建构更为相关。莱文森、艾克曼等人（Levenson，Ekman et al.，1992）请苏门答腊岛的米拉加保人（Minangkabau）自愿收缩面部肌肉（比如，拉低下嘴唇和皱鼻子）。这样就装扮出种种典型的面部结构，分别对应快乐、悲伤、厌恶、恐惧和愤怒的情绪，并记录了其心理生理学变量，比如心率、皮肤电传导和呼吸频率。尽管装扮的面部结构不能很准确，但本研究发现，这些被试针对特定情绪的生理反应模式还是观察到了，并与在美国的研究结果类似。

　　里梅和乔瓦尼（Rimé & Giovanni，1986）以九个欧洲国家的被试为对象，对其所报告的有关四种情绪（喜悦、愤怒、悲伤和恐惧）的身体感觉进行了分析（Scherer，Wallbott & Summerfield，1986）。结果发现，各个国家的被试体现出相似的模式，但也存在若干差异。北欧被试关于喜悦与恐惧会更多描述胃部感觉，关于愤怒会报告更多的肌肉方面症状，而南欧被试关于愤怒、喜悦和悲伤更倾向于报告血压变化。胡布卡、扎列斯基等人（Hupka，Zaleski et al.，1996）在五个国家，就种种情绪出现时所感觉到发生反应的身体部位，进行了广泛研究。他们发现，结果相似；尽管有一些差异，但大体上不同国家间的模式是相似的。有关尴尬的生理体验的跨文化研究所报告的结论大体上也具有相似性（Edelman & Iwawaki，1987）。大多数关于身体感觉的研究是以大学生为对象进行的。为了测试较少受西方文化影响的样本是否存在更多差异，布雷戈尔曼斯等人（Breugelmans et al.，2005）以印度尼西亚爪哇的农村人口和墨西哥塔拉乌马拉印第安人以及来自比利时、印度尼西亚和墨西哥的学生作为样本，研究在体验到七种情绪时的身体感觉。结果发现，在情绪的身体感知方面，在同一文化内部存在显著的差别，但不同文化间则十分相似，尽管农村样本存在的差异更明显。差异主要存在于各个测试项目中，比如，不同于其他样本的是，爪哇人报告说感到惊奇时会起鸡皮疙瘩，而塔拉乌马拉人在感受几乎所有情绪时，都会感到双膝发软。

情绪的主观体验可以说是情绪反应的核心方面，这方面的跨文化差异很难阐释，因为它们通常通过情绪词来测量，而不同语言中情绪词本身就存在明显差异性（见上一节）。有研究表明，与东亚文化相比，西方文化中人们会更频繁或更强烈地体验积极情绪。例如，北山等人（Kitayama，Markus & Kurokawa，2000）发现，美国学生更频繁报告的是积极情绪而非消极情绪，而日本学生更多报告的是有关人际卷入的情绪（比如友好），很少表达与他人无涉的情绪（比如自豪）。在情绪忧伤测试中，东亚人比美国人往往得分更高（Norasakkunkit & Kalick，2002）。至于与积极和消极情绪密切相关的主观幸福感，其最有效的解释因素首先是国内生产总值的差距，因为据说发达国家人们的幸福感更强烈（Tov & Diener，2007），其次就是有关情绪的文化评价方面的种种社会规范。所以，有关情绪的文化评价确实对核心情绪的体验有一定影响，尽管很难排除反应方式、社会赞许反应或者情绪词意义差异等混淆变量的影响，这些影响可导致另外的解释。

也许会使人感到意外的是，跨文化研究中过去几乎没有关注与情绪有关的行动倾向或行为成分。谢勒和沃伯特（Scherer & Wallbott，1994）的研究涉及的是言语表达、非言语表达和肢体语言；其他研究，诸如布雷戈尔曼斯和普尔廷戈（Breugelmans & Poortinga，2006；文本框7.3），则涉及有关的行动倾向。方丹等人（Fontaine et al.，2006）在比利时、匈牙利和秘鲁的研究，在比较了有关羞愧和内疚的情绪成分时，将其中五种成分作为行动倾向。他们要求被试评定的是，在回应一系列来源于当地的分别引发羞愧和内疚的情形时，被试对各个成分的体验程度。多维测试分析表明，在三个国家都存在相同的明显的羞愧—愧疚结构。但是无论在哪里，"羞愧"都会伴随着想逃离的倾向，而"内疚"则带来反思、自责、自我提升以及弥补的倾向。

有关情绪的话语表达，也进行了一些跨文化研究。阿尔巴、麦克拉斯基和阿尔巴（Albas，McCluskey & Albas，1976）从母语分别为英语和克里语的加拿大印第安人中收集话语样本，这些话语表达的是喜悦、悲伤、热爱和愤怒等情绪。他们运用电子过滤程序，使这些话语在语义上变得模糊难懂，仅完整保留情绪性的语调。两个语言组的被试对说话人意图表达的情绪的识别率远远超过了机遇水平，但在实际情绪表达上，用母语者比用其他语言者的成绩更好。麦克拉斯基、阿尔巴等人（McCluskey，Albas et al.，1975）在另一项研究中，运用相似的方法程序，比较了来自墨西哥和加拿大的 6 至 11 岁的孩子。结果发现，在识别加拿大英语表达上，墨西哥孩子的情绪辨别率更高，这初步可归因于墨西哥人讲话更注重语调。范贝佐伊延等人（Van Bezooijen，Otto & Heenan，1983）则对荷兰人、中国台湾人和日本人进行了比较研究。该研究运用的是荷兰语的一个短语，让不同的人用九种语气念出来，以表示不同的情绪（即厌恶、惊喜、羞愧、喜悦、恐惧、轻视、悲伤、愤怒以及中立的语气）。结果发现，除了一种情绪外，三组被试都识别出了所有的情绪，成绩好于随机水平；不过荷兰被试的得分高得多，这也意味着，相当一部分信息丢失是由于三组样本间的文化差异或者语言差异所造成的。

在情绪管控的跨文化比较中，主要研究的是如何调控情绪表达，尤其值得注意的是面部表情的控制。为了解释情绪表达在频率与强度上的跨文化差异（见下一节），艾克曼（Ekman，

1973，p. 176)提出了(情绪)展露规则(display rules)这一概念。这些规则"就是关于按照所期待的方式管控面部表情的规范"。在何种情况表达什么情绪，表达到何种强度，各文化都有其种种规则。艾克曼(Ekman，1973)的实验被视作该领域研究的经典案例。该实验向日本和美国学生呈现让人产生压力的影片，他们先让学生单独观看，随后由一名实验主试陪同观看，并在被试没有觉察的情况下，记录其表情。结果发现，当学生独自观看时，同样的影片情节在两组学生中引发了高度相似的表情。然而，在他人(实验者)在场的情况下，日本被试所表现出的消极面部表情比美国被试少得多。这表明，日本学生更擅于积极管理自己的情绪。

在有关展露规则的跨文化调查中，松本等人(Matsumoto, Yoo *et al*., 2008)对来自 32 个国家的 5000 余名被试进行了研究。被试需要表明的是，在公众场合和私人场合，与 21 个目标互动者互动时，若感觉到七种情绪中的任何一种，他们自己将会做出什么反应。所供被试可选择的方式包括：(1)夸大地表现出自己所感受的情绪；(2)按自己的实际感受表达情绪；(3)表现出该情绪，同时保持微笑；(4)有保留地表现出该情绪；(5)用微笑掩饰情绪；(6)什么情绪也不表现。它们分别对应的是放大、表达、品位化、减少、掩饰和中立等因子。对数据进行方差分析后发现，国别差异仅仅解释了 5% 的差异。这意味着，管控情绪展露的规范在不同文化间是颇为相似的。所发现的差异在于是否对完全表达情绪的认可(个体主义国家被试认可更多地表现情绪，尤其是积极情绪)；此外，内群体情形和外群体情形在有关特定情绪的规范上也存在差异。

某些研究不是评估单个情绪成分，而是同时比较了多种情绪成分。利用多个成分来测量情绪的一个重要优势在于，测量过程更不容易受到偏差的影响(参见第十二章)。如果测量一个情绪成分会存在跨文化偏差，但测量另一个成分不会存在这种偏差，这时仍然可以比较情绪。相比之下，如果只依靠单一指标(比如情绪词)，存在的任何偏差都会严重威胁到比较的效度。

这是该领域最重要的研究之一，研究者以来自五大洲 37 个国家的被试为对象，要求被试根据诸如情绪评价、主观感受、生理症状和表达行为等各类成分，对七种情绪(喜悦，恐惧，愤怒，悲伤，厌恶，羞耻和内疚)做出评估(Scherer & Wallbott，1994)。结果发现，就各类成分而言，每种情绪表现出其独特的轮廓(profile)，这些轮廓在不同文化间显示出明显的相似性。就影响效应的大小而言，情绪自身的主效应(即不同情绪间在成分上的差别)，明显比国别间的差异以及情绪和国家之间交互作用都要大得多。这里该交互作用很重要，这是因为，影响效应值大就表明，各情绪的成分轮廓在各文化间存在很大差异。谢勒和沃伯特(Scherer & Wallbott，1994，p. 310)论述说，其研究结果可看成是"支持了有关的理论，因为这些理论假设，在情绪的引发、管控、象征性表现和社会共享方面，在很大程度上都普同地存在有差别的情绪模式和重要的文化差异"。松本等人利用多层级技术重新分析了这些数据，结果得到了甚至更小的文化方面的方差估值(<5%)。他们得出结论说，"国别或文化差异导致的方差并不是很大……更恰当地说，该研究所发现的大部分差异是归因于个体差异而不是文化差异"(Matsumoto，Nezlek & Koopmann，2007，p. 64)。

　　对情绪跨文化研究文献的综述表明，有关各个情绪成分的研究都揭示出其相似性和差异性
（Mesquita & Frijda，1992；Mesquita，Frijda & Scherer，1997）。因此，可以肯定地说，这方
面极端的相对论或普同论都缺乏证据支持。研究单个情绪成分最可能的模式是，在情绪成分轮
廓方面，总体上具有很大的相似性，差异要在特定的情绪成分或特定的情绪中去寻找。梅斯基
塔等人正确地指出，在高度的概括水平上，我们可以发现情绪成分维度方面的相似性，而这可
能会掩盖更具体层面的差异。

面部表情

　　情绪成分中，面部表情长期以来受到最多关注。事实上可以说，当代对情绪的跨文化研究
很大程度上是由艾克曼和弗里森（Ekman & Friesen，1969）对面部表情的开创性研究所引发的。
关于面部表情的现代研究可追溯到达尔文（Darwin，1872/1998）。在其著作《人类和动物的情
绪》中，他描写过一项对居住在不同国家的英国居民进行的跨文化调查，这些居民所寄给他的
种种描述就有关于当地人是如何表达不同情绪的内容。比较这些描述时，他注意到了种种显著
的共性。他认为，这些证据说明，情绪是与生俱来的，是人类进化的产物。尽管这本书当时备
受人们赏识，但与关于物种起源的著作相比，其受到的关注要小得多。

　　达尔文关于情绪的研究未受到应有关注的一个原因是文化相对主义在社会科学中的崛起。
20 世纪上半叶，社会科学家挑战了行为的生物基础，情绪表达存在很大文化差异这一观点曾广
为传播。根据科林博格（Klineberg，1940）和伯德惠斯勒（Birdwhistell，1970）等人的研究，人类
是在社会化过程中习得情绪表达的。当时引用的案例使人难忘：如果一位日本武士死于战斗，
那么他的遗孀应该感到骄傲，而不是悲痛。然而，与达尔文的研究一样，这些结论主要基于随
便的观察。艾克曼对巴布亚新几内亚福尔人所进行的若干实验，是为了系统地验证情绪面部表
达的普同性，这已成为这方面最著名的研究。

　　艾克曼（Ekman，1980）发表了一系列照片，显示了工业化国家中可见的、较为相似的一系
列的情绪表现。艾克曼选择这些照片时，是基于汤姆金斯（Tomkins，1962，1963）所提出的理
论的提示，即中枢神经系统活动与面部肌肉收缩间存在联系。艾克曼和弗里森（Ekman &
Friesen，1969）猜测，大多数面部情绪反映的是一种混合情绪而不是单一的情绪。但是，某些
情绪即所谓基本情绪（basic emotions）应具有一个富有特点的面部肌肉模式。他们挑选出了可表
现六种非混合情绪的照片，这六种情绪是：快乐、悲伤、愤怒、恐惧、惊奇和厌恶。稍后，表
示第七种表情——轻蔑的独特面部肌肉模式得以鉴别出来（Ekman & Friesen，1986）。

　　在其第一个实质性的有关跨文化的实证研究中，研究人员向来自五个国家（美国、巴西、
智利、阿根廷和日本）的被试出示了展示六种情绪的照片，让其必须从六个情绪名称中选出一
个，此名称能表征各照片所表达的情绪。结果，总体看识别的正确率相当高，而且当对六种情
绪的结果进行联合分析时，发现各文化之间没有显著差异（Ekman & Friesen，1969）。尽管这

一结果强烈反驳了文化特殊性，但还有一种可能，即来自美国照片的情绪内容之所以在其他国家能够识别，是因为人们以前接触过美国的电影和其他文化产品（即文化传播）。

为了排除这种可替代性解释，其研究又被扩展到那些未接触西方视觉材料和西方人的群体中。其中一个著名的研究是在巴布亚新几内亚的福尔人（Fore）中进行的。如果不考虑恐惧和惊奇的易混淆性，福尔人被试和西方被试对（西方）面部表情意义识别方面一致性的百分比，在成人被试中高达 80％，在儿童中达到 90％（Ekman & Friesen，1971）。在其逆向性研究案例中，研究者又拍摄了福尔人面部表情；稍后将其呈现给美国学生看，得到了高度一致的相似结果，同样还是愤怒和惊奇出现了混淆。后来，研究人员又对居住在西新几内亚西伊里安岛的丹尼人进行了相同的测试。结果再次显示，当地人对基本情绪面部表情的理解与在工业化国家的人相似。然而，就这些研究基于跨文化数据阐释普同性做法的争论一直不绝。

大多数的争论源于这样的事实，即从之前较少接触到西方文化的被试来看，其识别率总体上往往较低（参见文本框 7.1）。在对福尔人的研究中，正确识别率与艾克曼和弗里森（Ekman & Friesen，1969）之前对学生的研究结果极为相似。然而，其识别任务由以前的情绪词六选一，简化为情绪照片的三选一（其间通过简短的情形描述以引发情绪）。显然，这里的问题是，这种较低的识别率在多大程度上反映了测试方法所用的人文制品（例如，刺激物中的文化特质），或情绪中"真实"的文化差异因素。为破解这一难题而设计的研究尚未得出明确的结果（Boucher & Carlson，1980；Ducci，Arcuri et al.，1982）。有研究显示，对特定情绪的识别至少存在某种文化差异。另外一个方法论因素就是照片面孔的来源。在一个对有关文化内部和文化之间情绪识别的元分析中，埃尔芬拜因和艾姆贝迪（Elfenbein & Ambady，2002）用证据说明，情绪识别研究中存在内群体处于有利地位的现象；尽管情绪普同性的识别率超过了随机水平，但是，来自相同的国家、族群或地区的人对情绪表达和识别的准确率都更高。

在海德特和凯尔特奈（Haidt & Keltner，1999）的研究中，向美国和印度被试呈现的是 14 幅伴有姿势的面部表情图片。这些图片包括了基本情绪以及一些其他情绪，例如羞愧、尴尬和同情。研究者让被试可以自由回答（图片所示的是哪种情绪）；本研究呈现图片还采用了强迫选择答案的形式（选择清单所列情绪），选项中包括"以上都不是"。尽管方法的不同确有影响，但研究结果表明，之前的研究发现并不能完全归因于工具的人文制品性。七种基本情绪中有六种出现在识别结果最好的七张照片中。对面部表情的研究不能仅局限于对基本情绪的研究。艾克曼等人（Ekman，Friesen et al.，1987）在十个国家（包括距离很遥远的国家，诸如爱沙尼亚、土耳其和日本）进行的研究表明，混合情绪的表情在不同文化中也可被人们识别。此外，关于骄傲的肢体表达也可以在不同文化中被人们识别出来（Tracy & Robins，2008）。

在不同的文化中，人们将表情视为信息的程度可能不同。在一项研究中，增田等人（Masuda et al.，2008）发现，在评估个人情绪体验时，日本被试会将周围人的表情考虑在内。对比之下，美国被试倾向于只关注个人的情绪。为了验证这一点，他们在测试中向被试呈现一系列卡通图片，图片描绘的人物表现快乐、悲伤、愤怒或中立的情绪；周围其他人无论作为中心人物还是与众不同者，也表现的是相同的情绪。在对日本学生的调查中发现，旁人表现的情绪的确会影响到目标人物对所体验情绪的评分，但美国学生并不如此。在另一研究中，他们运用人眼追踪技术，以观察被试注意在评估图片时所看的地方。结果发现，除了观察目标人物的面孔，日本被试的确会更频繁和更持久地观察旁观者的面孔。

总之，情绪成分的跨文化研究结果具有明显一致的模式。几乎毫无例外，每一种成分都能体现情绪体验的普同性和文化特性。然而，跨文化差异的程度还有局限性。一般而言，数据中约 5% 的方差可以用文化来解释，不同情绪之间的差异和个体之间的差异要更重要得多。这意味着，情绪成分轮廓的模式在不同文化中是相似的，而文化差异主要表现在特定测验项目或特定情绪上，但这并不是说，文化差异无关紧要。对特定情绪的评价或突出的具体评价内容（例如，荣誉）方面的差异会严重影响人们的行为方式。同样，面部表情和某些情绪类别间存在一致和普同性的关联，这一点得以有力证实，但特定文化的展露规则会影响某些情况下情绪的表达方式，同时，也会影响人们对作为有关自己情绪状况信息的面部表情的调控。

在本章，我们综述了多种关于情绪研究的思路，这些思路旨在回答这样一个问题：在不同文化中情绪在多大程度上存在相似性或差异性。我们讨论了种种情绪基于的维度、情绪与语言、多种情绪成分以及面部表情。本章简要的结论是，情绪的各个方面都具有普同性和文化特性。尽管这一结论显然是真实的，但仍然相当不尽如人意，因为对于跨文化相似性与差异性的本质及相对程度这一课题，它是极为不足的。

从全面视角来看，本章所用证据更倾向于支持普同主义观。情绪所基于的维度、情绪成分的轮廓以及有关情绪的面部表达等方面，显示出的跨文化差异不大。主要的跨文化差异性发现于个别测试项目/题目、个别的情绪成分及情绪表达规则。然而，更严谨地审视就会发现，文化差异的重要性日益凸显。我们已经说明，各文化在情绪分类方法上如何存在巨大差异，评价荣誉这种具体差异如何影响后来行为，不同文化是如何重视某些类型的情绪（比如积极情绪）的体验和表达，等等。显然，这些差异对人们日常生活中的情绪体验会有重要的影响。

拓展阅读

Darwin, C. (1872/1998). *The expression of the emotions in man and animal*(3rd edn.). London：Harper and Collins. （达尔文在该书中对人类面部情感的普同性进行了经典论述，该书由艾克曼撰写前言和结语。）

Ekman, P. (edn.)(1982). *Emotion in the human face*(2nd edn.). Cambridge, Cambridge University Press. （该书对有关人类面部情绪普同性的早期研究和调查结果进行了全面介绍。）

Mesquita, B. , Frijda, N. H. , and Scherer, K. R. (1997). Culture and emotion. In J. W. Berry, P. R. Dasen, and T. S. Saraswathi (eds.),

Basic processes and human development（pp. 255-297）. *Vol. Ⅱ of Handbook of cross-cultural psychology*（2nd edn.）. Boston，MA：Allyn & Bacon.（该书的这一章是对其两位主要作者在 1992 所发表研究成果的扩充。）

Russell，J. A.（1991）. *Culture and the categorization of emotions*. Psychological Bulletin，110，426-450.（该文运用广泛的文献，讨论了不同文化间情绪如何相同以及如何不同。）

第 8 章
语　言

本章目录

与其他物种的沟通方式相比，人类的言语行为是一种高度分化的官能，使我们能够有效地交流复杂的信息。心理学对语言的研究有很多方面，包括语言的生成和理解（倾听、表达和记忆），以及通过写作和阅读进行间接交流。在所有这些方面，跨文化差异都可以观察到。本章侧重论述心理语言学性质（psycholinguistic）研究的主要议题，即在不同的词语和语法规则表象之下，各语言间有多大程度的共同性。

下面第一部分揭示语言相对性（linguistic relativity）。这方面考察的问题是，个体所讲的某一特定语言对其思维的影响程度如何。我们将讨论语言相对性研究比较关注的两个话题，即颜色知觉、分类和空间定向。基于这些实证性质的跨文化研究，我们将说明相对主义的事实依据以及对其的反驳。第二部分则是普同性角度的分析，特别是普遍语法（universal grammar）的概念。同样，我们不仅呈现支持性证据，而且也说明挑战性观点。

语言相对性

我们通过经验可以感知到，思维和语言具有密切的联系。很难想象，如果没有语言，我们将如何实现思维(Hunt & Agnoli，1991)。因此，也难怪人们早就提出这一问题：使用不同语言的人是否思维不同。相对主义视角认为，特定文化关于世界的预设性建构会被编码到语言中。心理过程通过语言得以阐释、向他人传递和创造(Fontaine，2010)。因此，语言相对观认为，某种语言的特征与使用该语言人们的思维之间有密切的关系。这一观念历史悠久，但现在通常将其称为"沃尔夫假说"(Whorf's hypothesis)，这是根据语言学家沃尔夫(B. L. Whorf)的名字命名的。这也被称为"萨丕尔-沃尔夫假说"(Sapir-Whorf hypothesis)，这是根据沃尔夫和文化人类学家萨丕尔(E. Sapir)的名字命名的，后者更早提出过相似的观点。沃尔夫认为(Whorf，1956，p. 212)："各种语言的背景性语言学系统(也就是语法)，并非仅仅是言说种种观念的再生产工具，它本来就是观念的塑造者，是个体心智活动、印象分析以及对心智内容进行综合时所需的程序性计划书和指南。"这段话清楚地表明，语言不仅被看作交流思想和观念的工具，而且被看作这些思想观念形成的内在因素。

基于对标准欧洲语言(Standard Average European，SAE)和美洲原住民语言的比较，沃尔夫提出了关于语言相对性的理论。在英语、法语、意大利语等欧洲语言之间，沃尔夫看到了很多共同性，因此他提出了"标准欧洲语言"这一术语。如果把欧洲语言跟其他语族的语言进行比较，就会发现存在重大差别，这里以霍皮印第安人(Hopi Indians)语言中有关时态问题的例子加以说明。沃尔夫(Whorf，1956，p. 57)认为，说霍皮语的人没有将时间视为"一个平稳流动的连续体，从未来而至，经过现在，成为过去。"在霍皮语中，(对时间)主要的区分不是在过去、现在和未来之间，而是在明显的或客观的与不明显的或主观的这两类范畴之间进行区分。明显事物一类由一切感觉可及的事物组成，即过去和现在的物理世界；不明显事物一类包括未来以及存在于心智(霍皮语会称之为"心")的一切，以及宗教和魔法领域。霍皮语的动词有一种形式，指的是诸如入睡之类明显行为表现的出现。然而，大多数在英语中是现在时的事物，在霍皮语中都属于明显事物，而且与过去时不加区分。

标准欧洲语中的时间观念还出现在运用复数和数字的时候。英语中，某人可以像谈论"十个人"那样轻松地谈论"十天"。沃尔夫指出，"十个人"可以作为一个群体加以感知，而"十天"却不能(同时)被客观地体验，我们只能体验今天。霍皮语中不存在"十天"这样的表述。与"十天"有关的观念，是十天过去之后来到的那一天。"住十天"可以表述为"待着一直到第十一天"。霍皮人把时间的长度看作"两件事情在时间早晚方面的关系。欧洲语言提升了称作'时间'的意识数据的客观化，而霍皮语则还未形成可以遮掩主观性的'(时间)变晚'的语言模式，这正是时间的本质"(Whorf，1956，pp. 139-140)。这个例子说明，沃尔夫把语言相对性原则扩展到语言的语法特点这一层面，而且他把这些特点看作这种语言使用者所共享的文化主题。

上面之所以介绍沃尔夫著作的若干细节，是因为其作品对很多社会科学家和语言学家都很有吸引力。正如我们将会看到的，沃尔夫假说引发了大量研究。同时应注意，其种种阐述所基于的证据具有相当程度的逸闻趣事性质。很显然，沃尔夫没有证明，霍皮人不能像标准欧语使用者那样用同样的方式区分过去、现在和未来。有其他研究者，如伦内伯格(Lenneberg，

1953)，批评沃尔夫的翻译方法，因为该方法导致了其对思维的跨文化差异做出了如此绝对的推论。后来的研究试图更具体地说明语言相对性的本质。一个重要的区分是在词汇或语义水平与语法或句法水平之间(Fishman，1960)。另一区分则是比较语言对知觉和认知的影响与语言对口头交流的影响。

在为数不多的针对语法的语言相对性的早期实验研究中，有一个是卡罗尔和卡萨格兰德(Carroll & Casagrande，1958)进行的。他们运用了(美国本土)纳瓦霍语的一个特征，即纳瓦霍语动词的词形变化的依据是，是否提及一个物体的形状或其他特征。他们假定，纳瓦霍儿童早期就形成了关于形状的概念。结果发现，说纳瓦霍语的儿童比具有纳瓦霍血统但说英语的儿童，会更多地运用形状而不是颜色作为物体分类的基础。尽管这对沃尔夫的假设又是一个支持，但实验也发现，盎格鲁裔美国儿童控制组表现出更强的按所假设的形状分类倾向(即讲纳瓦霍语被试对物体的分类法)。这使该支持失去了很多意义。在文本框 8.1 中我们将呈现另一套研究。

语法层面上的研究证据大多否定了萨丕尔-沃尔夫假说。当然，这并不意味着语义层面的研究也会如此。作为标签形式的语言会影响记忆表征的组织和回忆(Santa & Baker，1975)。在不同语言间词义具有差异的例子很多。

标准欧语用"雪"[①]这个词所表示的语义范畴，因纽特语(Inuit)则用两个词表示。相反，对于标准欧语的"冷""雪"和"冰"，阿芝台克语(Aztecs)只用一个词表示。这导致了两个预期。第一，若存在表达某些范畴的词，可能会更容易区分外部世界的某些细微差别；第二，在某一范畴内若有更多的词，将会使交流更加容易。如果把词当作代码，对于给定数量的现象有越多的词表示，就意味着能对这些现象进行越精确的编码。

8.1　动词的反事实现象和影响

一项研究(Bloom，1981)关注的是英语和汉语之间的一个特别差异。英语中的条件性语法结构表明某个陈述是反事实的(counterfactual)。"If I knew French, I could read the work of Voltaire(要是我懂法语，我就能阅读伏尔泰的作品了)"，这个句子暗示说话者不懂法语。听话的人会推论出，其前提是虚假的，句子的意义是反事实的。但是汉语中却没有这样的条件性表述模式。如果听话者没有先行信息，这个句子之前必须有明确的否定陈述。例如："我不懂法语；如果我懂法语，我就能阅读伏尔泰的作品。"布卢姆(A. Bloom)认为，(汉语中)缺少反事实陈述的标记，对汉语使用者反事实思考能力产生了消极影响。

他分别给说汉语和说英语的人呈现一个故事。在该故事中，反事实暗示在虚假前提之后给出。在故事的英语版本中，反事实内容以条件的形式呈现，当然，在汉语版本中不是

---

① 根据一个都市版的传说，因纽特人有"数个"单词来指雪(Pullum，1989)。——原书注

如此。布卢姆发现，当问被试反事实性事件是否实际发生时，二者回答存在重大差异。布卢姆(Bloom，1981，p.29)认为，语言形式的差异"很大程度上导致了英语使用者对世界进行分类和认知操作的方式表现出与汉语使用者的重大差异"。

奥(Au，1983，1984)进行了类似的实验，其结果与布卢姆的结果恰好相反。她发现英语使用者和汉语使用者之间几乎不存在任何差别。刘(Liu，1985)与那些几乎没有接触过英语的汉语被试合作进行了研究，报告了更多证据。她使用各个年级的被试和多种呈现方式进行了研究，其结论是，教育水平、呈现方式、故事内容都是影响成绩水平的关键变量。但是她发现，反事实陈述的影响不存在跨文化差异。沃斯特和舒林(Vorster & Schuring，1989)做了另一项研究。该研究在一种语言内对反事实陈述进行操纵，并分为两种水平。他们分别向讲英语、南非荷兰语和塞佩蒂语(Sepedi)或北索托语(索托语)的南非被试呈现故事，故事中包含有反事实陈述。被试样本包括 3 年级、5 年级和 7 年级的学生。沃斯特和舒林利用北索托语的一个特征，即有两种表达反事实的语气，其中一种比另一种语气更强。值得注意的是，研究者会问一些有关故事中事实陈述或反事实陈述的问题。他们认为，如果有关事实陈述的回答不存在组间差别的话，那么对于反事实问题回答的组间差异，就不能归因于反事实陈述的影响。

结果显示，即使是年纪最小的儿童对事实陈述题目的正确反应百分比也很高，而反事实陈述则会导致大比例的错误回答，年幼儿童更是如此。其重要的发现是，如果运用较弱的反事实提示，说北索托语的儿童与说南非荷兰语以及英语的儿童表现出相似的结果模式；如果有较强的提示，说北索托语的儿童正确反应的百分比就高多了。讲北索托语的儿童对同一故事两个版本的反应不同表明，可以把反事实表述在特定场合的形成方式看作该结果的决定因素，而不应将该方式看作思维的一般方式。很明显，这与沃尔夫的假设是不一致的。

长期以来有两个专题领域的跨文化差异被用来验证沃尔夫假说，即颜色范畴的名称和空间定向的参考框架。下面两个部分进一步探讨这两方面的跨文化研究。

颜色编码和分类

颜色既是物体的物理性质，也是人类观察者的印象或感觉。一方面，我们可以根据物理性质，特别是优势波长(色彩)对颜色进行明确的定义；另一方面，我们可以要求被试对颜色进行命名、记忆和分类等。这样就可以将其物理测量结果与有关心理学报告关联起来。这使得在颜色领域可以很好地验证沃尔夫假说。但是，正如我们将在这一部分看到的那样，这并不意味着这种关联是没有问题的。在早期的研究中，表示颜色的术语(颜色词)被看作特定文化中人们所知觉到(颜色)的指标。后来，人们用成套的色卡来表征所有的可见颜色。其中较为人知的是孟赛尔系统(Munsell system)，该系统根据色调、饱和度和明度(或灰度)这三个参数把所有颜色绘制成图。

一些研究者认为，语言在颜色命名中发挥着中介作用。其中一位是雷(Ray，1952)。他以美洲原住民为被试，研究结果发现，每种文化都把可见光谱分成若干单元，但从物理学角度看，这些划分的基础是较为任意的。他甚至反对有关绿色和蓝色混淆现象这一有名的说法，认为这种现象是由于粗糙而非更为精细分类的结果。在西方文化只用绿色和蓝色表示的地方，他在其他地方发现了第三种区分，其中间区域没有被确定为蓝绿色，而是命名为另外一种不同的颜色。然而，对于雷的观察结果，还没有实证研究进一步证实。

布朗和伦内伯格(Brown & Lenneberg，1954)引入了可编码性(codability)这一术语，开创了一种新的研究思路。这是一种有关一致性的复合测量，会同时测量：(1)对色卡的命名；(2)名字的长度；(3)命名的反应时。该研究预期，更易编码的颜色可以更好地记忆，在再认任务中也更容易识别。研究在美国得到了一些肯定的结果，但并没有在其他地方得到重复。兰茨和斯特夫勒(Lantz & Stefflre，1964)提出还要测量另一变量，即交流准确性。他们要求听者根据所呈现的颜色名词，在一系列不同颜色的色卡中识别一种色卡。研究发现，某些颜色词比其他颜色词能得到更为精确的识别；在将这些能更为精确交流的颜色词用于识别实验中时，它们也能被更好地识别。因此，这一研究表明了语言对交流和记忆的影响。

伯林和凯(Berlin & Kay，1969)从根本上挑战了语言相对性假说。这两位作者要求旧金山地区的双语居民用他们的母语说出基本颜色词，这些词具有四个主要特征：(1)它是单义词汇的，即其意义不能源于其组成部分的意义，就像柠檬色的组成之类；(2)它所指代的颜色不能包括在另一种颜色词中(例如猩红是一种红色)；(3)它不能仅限于用来描述某几类物体；(4)它在心理角度上必须是明显的，这一特征可以用几个指标进行评价，例如不同报告人间所指意义以及运用场合的稳定性。

获得基本颜色词列表后，每个被试会获得一个面板，上面有来自孟塞尔系统的329个不同颜色的色卡。要求被试根据每个已有的基本颜色词"x"指出：(1)所有可以叫作"x"的色卡；(2)孟塞尔(Munsell)系统中最好、最典型的"x"的例子。需要注意的是，被试所用的基本颜色词是他们自己说出的，主试并不清楚哪种颜色的色调是由哪个特殊的颜色词来表示的。

图8.1中概括了对20种语言被试的研究结果。该图显示，指代最典型或最聚焦基本颜色的色卡很匀整地集中在一起。在所有20种语言中，除了都有指代黑色和白色的单词集群外，还都有一个词用来指代在英语中用"红色"代表的区域。之后，颜色词的数量递减：指代绿色的词有19个，黄色有18个，蓝色有16个，棕色和紫色各有15个，灰色有14个，粉色和橙色各有11个。在基本颜色词所覆盖区域之外，图表还剩下大片区域。因此，看来确实存在"焦点色"。伯林和凯(Berlin & Kay，1969，p.10)的结论是"颜色分类并不是任意的，有关基本颜色词的聚焦在所有语言中都是类似的。"

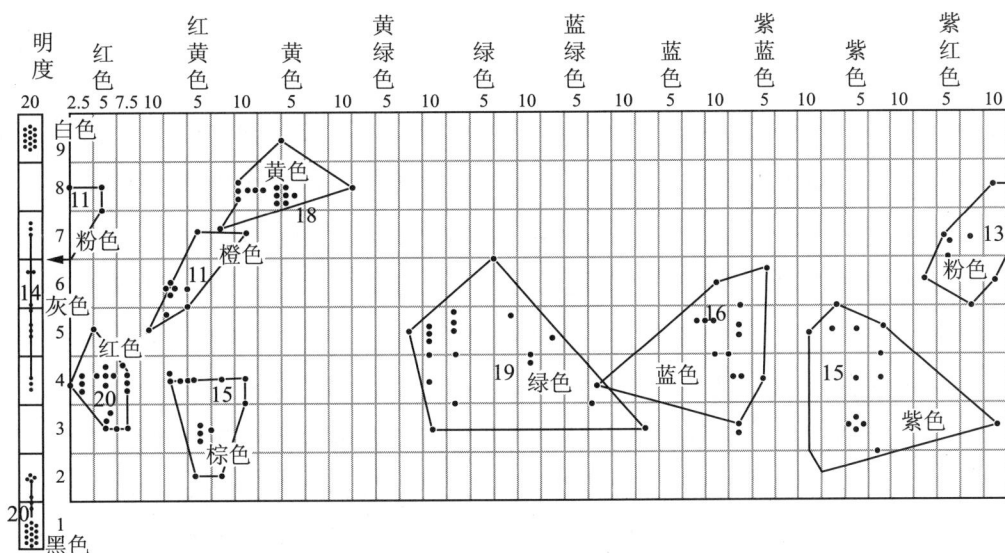

图 8.1　二十种语言中代表每一种语言焦点颜色黑点串（主题的平均数）

注：　每一串中的数字表明具有相关颜色基本名称的语言数量（空白处的数字指孟塞尔颜色）

（Berlin & Kay，1969）

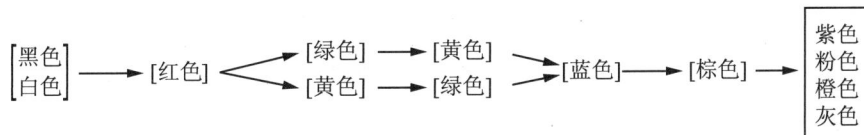

$$[黑色/白色] \rightarrow [红色] \rightarrow \begin{bmatrix} [绿色] \rightarrow [黄色] \\ [黄色] \rightarrow [绿色] \end{bmatrix} \rightarrow [蓝色] \rightarrow [棕色] \rightarrow \begin{bmatrix} 紫色 \\ 粉色 \\ 橙色 \\ 灰色 \end{bmatrix}$$

图 8.2　焦点颜色词在语言发展过程中出现的先后顺序（Berlin & Kay，1969）

很多文化中都不是具有指代英语中 11 种基本颜色的所有的颜色词。伯林和凯的第二个重要发现是，一门语言中，基本颜色词的数量与构成焦点颜色（各有其基本术语）的亚集合之间存在很强的相关性。他们认为，焦点颜色在一门语言的历史上以一种（大体上）固定的顺序被编码，图 8.2 概括了其阶段顺序。在最初阶段，有两个名词，一个对应于白色，同时编码了亮色和暖色（例如黄色）；另一种对应于黑色，包括暗色和冷色（例如蓝色）。在第二阶段，出现了一个专门对应于红色和暖色的名词。从第三个阶段以后，顺序就不再明确固定了，接着出现的有可能是绿色或是蓝色（合在一起叫蓝绿色）。不过，我们也会发现，在一种语言中有一个对应于黄色的名词，而没有对应于蓝绿色的。从图中可以看出，粉色、橙色、灰色和紫色在最后阶段被添加进了语言中。对于伯林和凯来说，上述各个不同的阶段就是语言演变的步骤。为了证实该演变体系，他们利用了文献中的大量报告（主要是民族志）。尽管有一些颜色词汇并不完全适合，但他们认为，现有的信息与他们所提出的顺序呈现出惊人的一致性。

伯林和凯的研究在若干方面受到了批评。他们对基本颜色名词的定义在一定程度上是模糊的，另外来自旧金山的被试都已经在美国居住了或长或短的时间。而且，伯林和凯在特定群体中对特定词所进行的分类也受到了文化人类学家的质疑，他们认为这样的研究思路忽视了颜色的功能意义和社会意义，例如，其与宗教仪式的关系（例如 Sahlins，1976）就被忽视了。

　　海德通过实验研究[Rosch(Heider)，1972，1977]提出，焦点颜色具有较高的可编码性，因为与非焦点颜色相比，来自23种语言的被试能对这些颜色进行更快的命名，并且名字更短。她还研究了未命名的焦点颜色，她对一个假设进行了检验：即使有的焦点颜色在被试的语言中没有相应的基本词汇，这种焦点颜色也具有比非焦点颜色更高的可编码性。她以生活在巴布亚新几内亚，且语言中只有两个基本颜色名词（即在伯林和凯提出的顺序中处于第一阶段的语言）的丹尼人(Dani)为研究对象。当给丹尼人呈现色卡时，与间隔32秒后呈现的非焦点颜色相比，他们的确能更快地识别焦点颜色（美国学生也是如此）。在针对丹尼人开展的第二项研究中，8种焦点颜色和8种非焦点颜色都与一个单独的反应词配对，因变量则是被试学会对每一刺激进行正确反应所需的次数。该研究发现，识别焦点颜色所需要的次数明显比非焦点颜色所需要的次数少。罗施认为，应该用作为颜色视觉基础的生理因素而非语言因素来解释研究结果。

　　伯恩斯坦(Bornstein，1973)给出了更多直接证据以证明，生理因素在颜色的语言学分类中可能发挥的作用。他把伯林和凯（参见图8.2）所发现焦点颜色的波长，与在短尾猿脑中所发现的4种细胞的光谱敏感性联系起来，这些细胞对红色、黄色、绿色和蓝色有各自对应的波长敏感性。在进一步的研究中(Bornstein，Kessen & Weiskopf，1976)，研究者对4个月大的婴儿使用了刺激习惯化技术，所用的是红、黄、绿、蓝四种颜色刺激。研究者假设，当同样的刺激重复呈现，婴儿注视的时间将缩短。如果呈现不同的刺激，就会出现较强的去习惯化效应，因为新的刺激对于被试较为陌生。在此实验中，所有刺激变化在某一方面都是相等的，即用波长测量的变化量总是相等。然而，新的刺激虽有些变化但还是被归入原来刺激的颜色范畴之内（例如，两个刺激都被一位成年观察者指认为红色），而另一些变化却使新刺激被归入另一颜色范畴（例如从红色变为黄色）。结果表明，在后一类型的变化发生后，婴儿的确对新的刺激有更多反应。这说明，早在言语发生之前，婴儿的颜色范畴和范畴之间的界限就已经与成人很相似了。在关于颜色识别中语言和知觉两者孰处于优先地位的争论中，上述证据很有说服力地表明了知觉的优先性。

　　海德[Rosch (Heider)，1972]的实验结果曾表明，即使缺乏颜色词的丹尼人也可以识别英语中的焦点颜色。但是，在比较巴布亚新几内亚的博润莫语(Berinmo)使用者和英语被试的一系列实验中，该结果并没有得到重复。和海德一样，罗伯森等人（Roberson，Davies & Davidoff，2000)用孟塞尔色卡进行了研究。他们发现，博润莫语有五种单义颜色名词，其中包括"nol"这个表征或多或少涵盖绿色、蓝色和紫色的名词。其中一项记忆任务实验表明，博润莫语的颜色命名模式与其记忆之间的相似性，要高于博润莫语与英语记忆模式之间的相似性。罗伯森等人也发现，在词语和色卡的配对学习中，（英语中）焦点颜色卡学习并不快于非焦点色卡的学习。海德的丹尼人研究结果还是没有得到重复。有关博润莫语研究的扩展是，关于英语中的蓝—绿区分与博润莫语中nol-wor(wor对应黄色、橙色和褐色)区分的相似性判断和分类学习。结果表明，被试用母语进行的分类任务表现，要好于用伯林和凯所提出的分类任务的表现。

  需要注意的是，罗伯森等人的发现比这里所提及的要稍微复杂一些。例如，在一项记忆任务中，一个博润莫语被试对（英语中）焦点色卡的记忆成绩好于对非焦点色卡的记忆成绩。由于博润莫语被试对焦点色卡也给出了更多错误回答，罗伯森等人把这种情况归结于对人为的反应偏差。然而，焦点颜色更明显突出的原因就在于其更好的可区分性；焦点色卡比非焦点色卡更突出，这就是为什么像海德这样的研究者预测被试对焦点颜色有更好的记忆成绩的原因。[①] 不过，我们还是可以承认，正如罗伯森等人（Roberson *et al.*，2000，p. 394）所指出的，语言对颜色的分类有广泛影响，"研究结果支持这样的观点，即语言学颜色分类的结构延展了知觉在范畴界限方面的距离，从而扭曲了知觉"。

  关于英国和纳米比亚北部辛巴族儿童的一项发展性研究，进一步证明了上述结果。该研究表明（Roberson，Davidoff，Davies & Shapiro，2004），儿童对于颜色词的习得并不遵循固定不变的顺序；颜色命名的发展轨迹具有明显的相似性，但是被试在这方面的种种发展是朝向一套有鲜明文化特色的颜色词。罗伯森等人的结论是，这些结果并不支持这个理论主张，即英语中的 11 个基本颜色词是普遍存在的。相反，他们认为，不同语言对颜色分类范畴的结构化组织存在差异。

  在此期间，很多研究继续基于颜色词进行分析。自从伯林和凯（Berlin & Kay，1969）的开创性成果发表之后，出现了大量关于颜色词在光谱上的分布情况，以及它们在语言中出现的顺序的相关研究。普同观追随者关注的是不同语言间确定无疑的种种规律，并提出了这类理论主张，即颜色命名是如何以色觉和生理学为基础的（如 Hardlin & Maffi，1997；Kay，Maffi & Merrifield，2003）。但另一方面，这类理论观点和有关的研究结果都继续受到批评。批评者运用针对这些规律的所谓反例，作为主要的实证性证据（Levinson，2000；Paramei，2005；Saunders & Van Brakel，1997，2002）。

  对于语言作为社会文化力量在颜色分类中所起到的作用，研究者的注意点可能已经从对自然环境中可能因素的研究中转移开了。就基本颜色具体分类的普同性而言，有些实验性证据仍然是站得住脚的，尤其是这一点，即婴儿已经能够感知主要的颜色分类（Bornstein，1997；Bornstein *et al.*，1976）。此外，还有一个被长期研究证实的发现，即生活在阳光充足气候中的人们对（光谱中蓝色光那一端的）短波颜色存在较低的敏感性。这一发现在里弗斯（Rivers，1901）的时代已经提出。通过对 150 种语言中颜色术语的分析，伯恩斯坦（Bornstein，1973）发现，这些术语的分布存在地区差异；与深色肤色相关联的视网膜上浓厚的色素积淀，可以作为蓝光的过滤器，并对光谱短波端颜色的感知形成限制。林赛和布朗（Lindsey & Brown，2002，2004）报告了相似的发现：与生活在低紫外线环境中的人们相比，强紫外线照射下的人们眼球晶状体变黄或变褐的情况更加年轻化。这可能会使"蓝色"成为一种具有较少可交流性的颜色，

---

  ① 主试如此准备孟塞尔色卡，是为了以使其在物理特征上保持等距。还有作者提出，只有按照相等的区分度来选择色卡，才能使焦点色卡更加难以识别。可以认为，这种做法意味着引入了一种对焦点色卡的非自然偏见。（参见 Lucy & Shweder，1979；Poortinga & Van de Vijver，1997；Roberson 等，2000）——原书注

并导致只用一个词来描述光谱中的蓝绿色范围。一项对于被试光谱敏感性的实际测量研究，并未支持感受光线的"眼球晶状体"会对颜色知觉产生影响这一观点（Hardy，Frederick，Kay & Werner，2005）。该研究中，作者们还注意到，若以英语中的颜色分类作为一种标准，在热带地区其他基本颜色词也往往趋向于融合。因此，他们认为，影响颜色分类至关重要的变量，看来是语言术语（也许与技术依赖型社会需要更多地表达差异的状况相关），而不是一些生态因素。

虽然不能够继续坚持最初由伯林和凯（Berlin & Kay，1969）提出的关于颜色分类普同性的强硬主张，但是我们还是会想到，为了说明那些继续发表的种种规律，可运用不那么强硬的陈述。例如，（1）对于光谱上可见部分的颜色，有关术语在不同语言中并非随机分布；（2）所有语言中存在这样的一致性，即用一个术语指示一种颜色区域（即同一术语从不会用来指光谱中两个频率范围，而是通过运用另一个术语将这两个频率范围加以区分）；（3）不同语言所突出的色调是相同的（尤其突出红色）；（4）任何语言中，基本颜色词的最大数量是十一个或者十二个。要是罗伯森等人（Roberson et al.，2000，2004）的上述研究发现了支持十一种颜色分类的存在，这当然将会强化跨文化恒定性或普同性的主张，这是伯林和凯（Berlin & Kay，1969）当初所倡导的。然而，普同论也分为各种各样的观点（参见本书第一章），而且反对罗伯森等人前面论点的立场代表了一种强大的主张。他们的发现以及他们（文化比较性质）的研究设计，与强势的相对论和强势的普同论都是不相容的。

空间定向

空间语言和空间认知的关系是另一个得到较为广泛研究的行为领域。显而易见，同其他物种一样，人类有一组用于空间定向的精细生物器官，包括视觉、双耳听觉以及前庭系统。值得研究的问题是，这些生理器官在多大程度上使人们对自然空间和空间定向持有普遍一致的观念。莱文森（Levinson，1998，2003）认为，在非西方社会进行的许多研究表明，非西方社会与西方社会在这些观念上存在根本差异，而且这些差别是由语言中的空间术语导致的。在英语之类的印欧语系中，人们对地平面上物体位置的判定是自我参照定向的。例如，英语使用者可能说"桌子在椅子的右边"，如果他们移动到同一排列的对面，他们就说"桌子在椅子的左侧"。这种空间参照结构是依据观察者个体而定的，因此也可以说是相对参照或自我参照定向。而在其他一些语言中，取向是利用绝对的且以地球为中心的空间坐标为参照的，这样的坐标独立于观察者的位置，始终保持不变。他们可能会说"椅子在桌子的西边"。例如，日出和日落的方向，指南针根据地磁北方所指的方向提供了独立于观察者位置的坐标（Levi，2003；Taylor & Tversky，1996）。[①] 请注意，这些地心参照系不仅应用于更广范围的空间定向，而且被用于描

①　第三种可能性是参照另一物体来描述当前物体的位置，例如，"这个人在房子的前面"。这也是依据观察者个体而定的。固有的参照框架，在每一种语言中都能发现，故在这方面的讨论中并不重要。——原书注

述附近物体的位置，或所谓在桌子上和在住宅里，甚至当地心参照系不能直接看见时也是可以运用的。

莱文森等人（Majid，Bowerman，Kita，Haun & Levinson，2004，p. 113）在对空间参照框架研究的综述中写道，"语言对认知具有深远影响"，"一种正在兴起的观点是，语言可以在人类认知的重新建构中起核心作用"。这些观点已经被一些学者认可（见 Gentner & Goldin-Meadow，2003）。如此强势的相对参照主张是否是合理的，这还是一个尚待解决的问题。

莱文森和同事设计了许多实验任务，去验证在语言认知任务和非语言认知任务中使用的是相对还是绝对的编码系统，例如，要求被试记住空间排列这样的任务。其中一项任务使用了同样大小的卡片，每张卡片包括一个大的红色圆圈和一个小的蓝色方块。首先，把四张卡片分四个方向（每张卡片中蓝色方块分别向左，右，上或下）放在桌子上，要求被试记住一张卡片，例如蓝色在右侧/东侧；然后把被试带到另一张桌子，在桌子上呈现相似的一对卡片（方向转变了180 度），要求被试指出先前选择的卡片。印欧语被试倾向于选择从观察者角度来说同一位置方块（例如蓝色在右侧）的卡片，而讲更偏爱以地球为中心取向语言的被试则主要选择方块在同一指南针方向的卡片（例如蓝色在南侧）。在上述实验中，选择右侧蓝色卡片意味着一个相对参照，选择左侧（"东"）蓝色卡片则属于绝对参照；其余两张卡片用于核查对实验任务的理解。

莱文森（Levinson，2003）、马吉德和同事（Majid *et al.*，2004）对 15 个以上的语言小组进行了研究：各个小组运用了 2～5 个旋转范式任务，被试主要是成人且是小样本（每组 11～37 个人）。正如预期的一样，说英语、荷兰语和日语的小组倾向于给出相对参照回应，而那些讲更偏爱地心参照的语言的人们（例如，澳大利亚原住民中的阿伦特人、墨西哥的泽套玛雅人、卡拉哈里海恩//科伊桑人①）则倾向于给出绝对参照回应。莱文森（Levinson，2003，p. 185）总结说，"这些结果证实，语言是有关非口语任务中非语言操作成绩的一个很好的预测因素"。

达森和同事（Dasen & Mishra，2010；Dasen，Mishra & Niraula，2003；Wassmann & Dasen，1998）实施了一个广泛的研究项目，该项目再次证实了自我取向框架和地心参照取向框架之间的差异，但是也挑战了莱文森（Levinson，2003）和马吉德等人（Majid *et al.*，2004）的研究结论，即语言在空间取向方面扮演独一无二的角色。达森等人认为，语言只是生态、社会和文化因素构成的更普遍网络的一部分，该网络可能更偏爱选择空间参照方面的一种或者另一种框架体系。

沃斯曼和达森（Wassmann & Dasen，1998）在巴厘岛发现了类似的情形。巴厘语（Balinese）中存在左—右区分法，但仅用于说明与身体接触的物体；而在其他情况下，物体的定位则基于上/下方向所在的主轴（朝向山/朝向海）的以地球为中心的系统，以及与该轴垂直的两个象限（在巴厘岛南面，定位系统对应于太阳的升起/降落，但当人围着岛转时，坐标系统就变化了）。巴厘岛人生活的很多方面都是根据这种取向系统组织的：村庄和寺庙的规划，多个建筑的修

---

① 在这一族群的语言中，符号"//"代表一种点击的声音。

建，睡觉的惯常方向，以及一些象征性事物（每个方向与一个特定的神联系在一起）和日常实际活动（例如，"去下坡路角落中的上坡处房中把我的鞋子拿来"）。当成人使用空间语言时，最主要使用的显然是绝对参照系，只有3％的属于自我参照描述（左、右、前、后）。

莱文森和同事使用两种任务开展研究（同上述研究相似），发现对第一种容易用语言编码的任务，年幼儿童（4～9岁）系统地运用了绝对（以地球为中心）编码，这与80％的年长儿童（11～15岁）以及成人一致。而对另一种更具视觉性的任务，则出现了绝对编码和相对编码的差异。研究结果显示，无论是儿童还是成人，巴厘岛人都选用了绝对编码，这与他们语言和文化中占主导地位的取向系统是一致的。根据某些任务的要求，相对编码也会使用。

米什拉等人（Mishra，Dasen & Niraula，2003）在印度和尼泊尔进行了一个研究，被试为生活环境各不相同的儿童（来自恒河平原的村庄和城市，以及尼泊尔山脉的村庄）。结果发现，当说同一语言时，相对参照框架的运用频率在城市要比附近乡村大；编码则取决于任务性质，当要求对编码进行解释时，被试可以用绝对语言来解释相对编码，反之亦然。达森等人总结说，语言不是参照体系选择方面的总体性决定性因素；在同一个人身上，绝对参照体系和相对参照体系能够共存。这种可塑性似乎很难同认知中根深蒂固的差异性相调和。使用哪种框架体系不是能力的问题，而是"风格"问题（参考第六章讨论的"认知风格"的概念）。

在详细说明这项研究（以及对印度、印度尼西亚和尼泊尔儿童的大样本研究）时，达森和米什拉（Dasen & Mishra，2010）倾向于采用温和的相对主义主张，也就是说，行为结果源于儿童个体与生态文化情境的交互作用。在语言和认知活动中，以地球为中心的参照框架的使用，不仅受到实际使用语言的促进（例如在巴厘岛使用巴厘语而不是运用印尼语），而且对传统文化和印度教习俗的强力坚持也对此有加强作用（这些因素都强调空间定向，梵语运用的是包括八个方向的基本取向系统）。达森等人（Mishra，Singh & Dasen，2009）发现，尤其是在贝纳勒斯和印度上梵语学校的儿童，即使是在外部线索被严格限制的情况下（在一个阴暗的房间中，被试双眼被蒙住，旋转或转移到另外一个房间），他们也能够运用以地球为中心的航位推测法。达森和米什拉（Dasen & Mishra，2010）总结道：

> 这些个体本来就拥有运用两种参照框架所需要的基本心理过程。这与比较性质的跨文化心理学研究所发现的基本认知过程是普同的道理相同……刺激一个过程抑制另外一个，这类似于认知风格。至于哪一个框架用得更频繁，甚至占主要地位，则可能是由于个体差异（类似于个性），或任务要求……或是各式各类的生态因素和社会文化因素。

空间定向研究的另一方面则关注不同语言对物体间关系的描述。鲍尔曼（Bowerman，1996）考察了指称物体位置间相互关系的语义范畴，如"在……上""在……内""在……之上"以及"在……之下"等。例如，在英语中会说，饼干在桌子上，但在碗内。问题是，这种位置范畴在多大程度上是一个语言问题而不是知觉机制的问题。儿童是懂得空间的，甚至在他们掌握空间介词之前就已懂得，这几乎是毫无疑问的。但鲍尔曼提出，多个语言的例子表明，介词的翻译并非常常能做到意义对等，有的时候甚至连意义都说不通。因此，在芬兰语中人们表述方式类似英语："手柄在盘子里（而不是在盘子上），创可贴在腿里（而不是在腿上）。"与英语具有更大区别的是一种被称为泽套语（Tzeltal）的玛雅语，在这种语言中没有介词"在……上"和"在……内"（就像"在桌子上"和"在碗里"）的对等词，位置是借助依物体形状而有所区分的动词表示的。因此，对于碗在桌子上，用动词 pachal；对于一个小球，用动词 wolol。在朝鲜语中，把衣物穿到身体的不同部位时用不同的动词（穿到躯干上用 ipta，穿到脚上用 sinta）。①

如果采取一个更宽泛的跨语言视角的话，范畴分类可能会有相当的一致性。马吉德等人（Majid，Boster & Bowerman，2008）对 28 种在地理位置上广泛分布的语言进行研究。他们要求被试描述录像带中的事件，其中有一大部分是切割和打碎物体（即不可逆转的分割事件，例如把衣服撕成两半，把胡萝卜剁碎），一小部分是可逆事件（例如掀开茶壶盖）。不同个体之间，无论是说一样的语言，还是不一样的语言，用同一动词所描述的事件都被视为在语义层面上是相似的。研究者运用多变量分析（对应分析）得到 7 个维度，这 7 个维度可以解释 62% 的变异。作者解释了其中的 4 个维度。例如，第一个维度区分的是可逆事件和不可逆事件，被用以解释的是所受影响物体分割点的可预测性。在 28 种语言中，这个维度的负荷值从 0.60 到 0.93 不等，平均分为 0.83。马吉德等人认为："尽管本研究样本中能够用语言识别的精确分类范畴存在差异，但这些范畴都高度限制在我们所描述的 4 个维度中。这些维度勾画了一个语义空间，在此空间内，各个语言所识别出的范畴尽管是可变的，却包括相邻的片段。"（2008，p. 243）

对有关语言差异的认知功能的意义方面的争论，更进一步的重要成果来自对朝鲜语中动词 kkita 和 nehta 的研究。kkita 指彼此紧密结合的物体（如把笔插入笔帽），nehta 指松散的偶合关系（如把书放进书包里）。这种区别在英语中不存在直接的对应词（Bowerman & Choi，2001；Choi & Bowerman，2007）。在习惯化实验中，麦克多诺等人（McDonough，Choi & Mandler，2003）发现，朝鲜语和英语环境中的 9 个月大的婴儿已能对此作出区分，讲朝鲜语的成人也具有这种辨别能力，但是讲英语的成人则没有。赫斯波斯和斯皮克（Hespos & Spelke，2004）在讲朝鲜语和英语的地区，通过对 5 个月大婴儿的研究，发现了相同的结果。换句话说，这种能力远比婴儿开始说话的时间还要早。很明显，婴儿的这些分类完全不需要用语言进行表征。在赫斯波斯和斯皮克看来，讲英语环境下的成人并不能轻易做出区分，这表明了婴儿拥有的概念区分能力是不带有语言标签的，并且这种能力在不断减弱。换言之，婴儿似乎拥有概念识别的能力，这一能力并未在他们的语言中编码，并且在发展过程中，这种能力通过与社会环境的交互作用而强化或弱化。环境在许多方面可能是起限制作用的，这部分我们将在十二章最后一部

①　鲍尔曼或许能够在某种语言中找到与英语更加相似的表述，例如在荷兰语中说某人戴上帽子用动词 zet op，而英语中用 place on；围上（doet om）围巾，英语中用 put around；穿上（trekt aan）裤子和鞋，英语中用 pull on.　——原书注

分讲。

　　值得注意的是，一旦语言分类得当，可能会产生令人惊讶的结果。施密特等人（Boroditsky，Schmidt & Phillips，2003）设计了一个英语的自由联想任务。被试母语为西班牙语和德语，主试要求他们提供想到的能描述某一物体的三个形容词。所选的这些物体在两种语言中具有不同的性。研究发现，源语言中物体名称的性可以影响其在英语中的含义。因此，对于在德语中是阳性词而在西班牙语中是阴性词的物体名称，讲德语的人所给出的形容词偏阳性，而对于西班牙语中是阳性词而在德语中是阴性词的物体名称，则呈现相反的趋势。

　　然而，语法差异却不一定如预期的那样对认知产生影响。恰当的例子就是博内梅耶（Bohnemeyer，1998a，1998b）所做的一个研究。该研究的被试说德语和尤卡坦玛雅语。尤卡坦玛雅语语法中几乎没有可以表达时间性或事件顺序的方式（例如，没有英语中用动词时态表示完成时或将来时的情况）。为了研究语法差异对交流可能产生的影响，博内梅耶准备了情境录像带，以不同的方式对这些情境进行组合，以形成事件的顺序。向每一对被试中的其中一名呈现一段具有特定顺序的录像，而向另一名被试呈现两段事件顺序不同的录像，第二名被试可以向第一名被试问一个"是/否"问题，并从答案中推测两段录像带中哪一段呈现给了第一位被试。德语被试充分利用了其语言中的事件顺序表达方式（占所有相关表达的92%），而尤卡坦玛雅语被试却几乎没有做到这一点（只有1%），但是后者更频繁地运用了表示阶段性的操作词，例如"开始""继续""结束"等。尽管有明显的语法差异，德语和尤卡坦玛雅语被试组在此次任务中的失败率却大致相同（分别是13%和15%）。因此，语法中尽管缺乏有关事件先后顺序的表达，但并未严重影响该语言使用者对事件时间性的区分，即使他们在语法表达方法上的运用和德语使用者是明显不同的。

　　总之，在过去数十年，关于语言和文化的研究正在转向对更狭义的界定问题的精确分析。普同论者的观点是将语言的影响或多或少限定在单词外延含义，这显得与近来研究结果不符。但是，将语言差异的影响延伸至主要的心理差异方面的种种主张，也未能得到支持。诸如马吉德等人（Majid *et al.*，2004）提出那些宽泛性概括，即种种跨文化差异被认为在认知方面有"深邃的"或"系统的"原因，不过这些主张并没有得到支持。关于普同主义—相对主义两分法中双方观点的宏大主张，尽管起初显示出成效，但已迫于实证数据方面的压力而失势；有控制的实证研究所得信息已导致对这一问题的研究更加精细化，更加复杂。

语言普同性

　　沃尔夫假说反映了语言决定认知的观点，但是还有其他观点。皮亚杰（Piaget，1975）把语言发展看作感觉运动智力中认知结构的伴随物。从这个意义上说，认知发展可以看作语言的前提条件，然而，至少在某种程度上，认知发展与语言是彼此独立的，对聋儿进行的研究已经清楚地证明了这一点（例如 Lenneberg，1967；Eibl-Eibesfeldt，1979）。因此，有人提出了人类语言具有遗传基础这一假设，即语言的普遍性。在一项关于语言生物基础的经典研究中，伦内伯格（Lenneberg，1967）认为，语言（包括其结构特点）得以实现的过程是先天固有的。这方面最有力的证据或许就是聋儿的手势中有类似语言的结构。戈尔丁-梅多和迈兰德（Goldin-Meadow & Mylander，1998）发现，美国和中国的聋儿都能用一系列手势交流信息，而有听力的儿童和成人都倾向于使用单一的手势。这两位研究者认为，即使环境条件有巨大的差异，儿童的手势还是具有惊人的结构相似性，因此可能是天生的。

与伦内伯格的观点一致，乔姆斯基（Chomsky，1965，1980）提出，任何一种人类语言都要遵循普遍语法，这种语法与人类认知机能运作的本质和范围相一致。在乔姆斯基看来，存在一种先天的组织，即"语言获得装置"，它决定了人类具有语言潜能。从人出生时，心智中就配备了普遍语法的心理表征。乔姆斯基著作的精髓便是对句子中表层结构和深层结构的区分。表层结构（即句子的形式）可以通过一系列转换成为深层结构（即句子的意义）。最近，乔姆斯基（Chomsky，2000）又证实了他的观点，即语言的能力（faculty of language）就像视觉系统或免疫系统一样，可以被看作"语言器官"。这种能力以遗传为基础，其最初的状态对所有物种是共同的。这种语言获得装置"把经验当作'输入'，把所发出的语言当作'输出'"（Chomsky，2000，p.4）。输入和输出都可以检查，从而构成了推测语言器官质量的基础，因此乔姆斯基的方法主要是对语言语法特征的分析。

语言获得装置的特征应该在所有人类语言中得到体现。然而迄今为止，对句子的语法分析尚未就语言普遍特征提供广泛证明。几乎没有旨在检验这一理论的跨文化研究，而且已有证据主要是依据对一种语言抽象结构（例如深层句法结构）进行的详细理性分析。乔姆斯基提出的语言普遍特征主要来自对语法及其他语言特征的描述性调查。尽管乔姆斯基的研究主要是对转换规则的语言分析，并且很少有跨文化心理语言学研究，但其观点却拥有很广泛的追随者。最近，乔姆斯基（参见 Hauser，Chomsky & Fitch，2002）转向对语言能力的进化基础的研究。然而，哪种功能或者说性能使语言如此独特，这仍然是一个待解决的问题。我们对塑造这个进化过程的各种约束的理解依然是支离破碎的。

埃文斯和莱文森（Evans & Levinson，2009）挑战了普遍语法这一概念。平克和布卢姆（Pinker & Bloom，1990）列举了所有语言之间共有的系列性质，而埃文斯和莱文森则列出了反例。人类语言从声音到意义各个层面上具有多样性，这被看作文化和技术适应很重要的证据。语言被认为是"生物—文化的混合物，是过去 200000 或 400000 年基因—文化协同进化的结果"（Evans & Levinson，2009，p.431）。他们参考了博伊德和里彻森（Boyd & Richerson，1985，2005）所提出的"双重遗产"（dual inheritance）理论，这个理论我们将在第十一章探讨。埃文斯和莱文森并不否认语法和句法的建构方法受到种种制约，但是，对于被认为在所有语言发展中都遵循的普遍语法概念所提出的问题，似乎并不存在单一类型的解决方案。

到目前为止，对于普遍语法结构的批判具有重要意义，因为这会影响与普遍语法相关联的所假定的认知过程理论的地位（见 Hauser 等人，2002）。然而，与语言相联系的心理特点还是存在一定规则，这一规则不会因埃文斯和莱文森对假定的语言结构普同性的批判而受到诸多影响。我们可以参考前面部分所提到的研究，该研究表明，在可观察的变异范围之下，心理功能依然是相似的（例如，达森和他的同事所做的研究；达森、米什拉 2010 年所做的空间参照结构的研究；马吉德等人 2008 年所做的关于切割和打碎物体的研究）。我们也可以参照之前情绪这一章，该章主要讲的是情绪在语言分类方面的跨文化差异，这些差异并没有与之相对应的各式各样的情绪成分差异（Breugelmans & Poortinga，2006；Van de Ven *et al.*，2009）。

在之前章节，我们也参考了奥斯古德和同事（Osgood，May & Miron，1975）对于意义的三个维度的研究，在很多文化中都可以发现情感这些维度。在所有语言假定的共有特征中，奥斯古德（Osgood，1980）提出了情感极性（affective polarity）原则。他发现了（词语）情感意义的三个因素，即评价、潜能和激活，每一个因素都有正极和负极。负性情感词被更多地"标记"，而正性情感词将被更多地"未标记"。词的"标记"就是可以加词缀进行扩展。英语中前缀"un"是一个明显的例子，例如在 *un*happy（不快乐）或 *un*fair（不公平）中。在奥斯古德和同事（Osgood，May & Miron，1975）所研究的所有 30 个语言社区中，具有正性意义的，特别是在评价维度上具有正性意义的形容词比具有负性意义的形容词运用得更频繁、更广泛。

奥斯古德（Osgood，1979）进行的另一项研究则关注各种不同语言对"和"或"但"的运用。他认为，包括正性和负性的极性是人类认知的一个基本特征，在中国古代就用"阴"和"阳"的原则来表示了。奥斯古德预设，如果要求被试用"和"或"但"把两个形容词联结起来，他们会用"和"来联结具有一致意义的形容词。如果两个形容词的意义在情感上是不一致的，他们会用"但"。例如，我们倾向于说高贵和真诚，美丽但下流，愉快但沮丧等。根据其上述关于情感意义的研究项目，奥斯古德就可以计算出各种语言中形容词词对之间的相似性指数。因此，可以计算出相似性指数与用"和"联结两个形容词频率之间的相关，包括美国英语、芬兰语、土耳其语和日语在内的 12 种语言的平均相关系数为 $r=0.67$，这说明语言中普遍存在这些认知特性。

Cross-Culture
Psychology   本章小结

在人类各方面的外显行为中，没有一种像语言那样在人类群体之间存在如此大的差别。就语言本身来说，这并没有什么深远的含义，因为在词的语音特征和指代意思之间没有多少联系。本章探讨了不同语言词汇和语法差异的知觉和认知意义，主要聚焦在客观现实可以用主观体验和表达来匹配的两个领域，即颜色命名和空间定向坐标的使用。在讨论了有关语言相对性证据的文献之后，我们又综述了可以证明人类语言具有普遍特征的相似性方面的证据。在这两部分中，我们都呈现了支持不同观点的研究。

在这一章的开始，我们提出了沃尔夫假说。其原来的假设已被否定。人们的思维并非沃尔夫引导我们相信的那样被自己的语言决定。同时，假说的范围已经变化，并且研究已经变得更加复杂。然而，复杂程度向更高水平发展并没有导致更多一致意见。具有相对取向的研究人员趋向于保留其意见，认为研究结果支持他们的观点，普同性取向的研究者也是如此。

拓展阅读

Dasen，P. R. ，and Mishra，R. C. （2010）. *Development of geocentric spatial language and cognition*. Cambridge：Cambridge University Press. （这本书报告了一项周密的研究项目，提供了一个空间定向中相对主义和绝对主义参考结构的较平衡的解释。）

Evans，N. ，and Levinson，S. C. （2009）. The myth of language universals：Language diversity and its importance for cognitive science. *Behavioral and Brain Sciences*，32，429-492. （这篇文章，是从相对主义视角出发，提供了详尽的证据，反对语言中被广泛接受的普同论。）

Hardin，C. L. ，and Maffi，L. （eds. ）（1997）. *Colour categories in thought and language*. Cambridge：Cambridge University Press. （该书有若干章深入分析了颜色命名中普同性共同点的证据，主要是从普同主义

角度，有时则使用了相对主义视角。)

　　Hauser，M. D.，Chomsky，N. A.，and Fitch，W. T.（2002）. The faculty of language：What is it，who has it，and how did it evolve? *Science* 298(5，598)，1569-1579.（这篇文章提出了一个新颖的语言普同性的方法，它是站在以上提到的埃文斯和莱文森文章的对立面论述的。)

第 9 章

知 觉

人们根据常识会认为，知觉跨文化差异的意义不大。感觉器官和神经系统在解剖学与生理学上普遍存在的相似性使人们认为，感觉印象及其在感觉器官中的传递不存在跨文化差异。在本章中，我们将向读者们展示，不同文化中的人们虽然有着共同的感觉和知觉过程，但这些过程的结果却有着实质性的差异，甚至是在感知非常简单的图形时也存在着跨文化差异。本章回顾的研究主要从跨文化心理学家将目光聚焦于社会文化变量之前那一段时期开始。正如在第一章所述，我们认为，生态环境是人类机能在特定场景中运作的一个重要方面；我们会看到，本章所讨论的主题对理解人类行为及其生态文化和社会文化方面的差异是十分重要的。

本章的第一节将会对知觉的跨文化研究历史根源进行简要的回顾。接下来的一节探讨感觉机能。然后我们从更严谨的角度研究知觉。与感觉不同的是，知觉意味着有机体对刺激的选择和其他形式的主动参与。大量涉及图形和图片知觉的研究，多半发生在 20 世纪 60 至 70 年代这段时期。我们将考察简单图形知觉的跨文化研究，包括视错觉，以及用二维方式描绘三维客体和场景的深度知觉。第四节对分类范畴的讨论较为简要，因为本来会在此探讨的许多研究，已经在关于情绪，尤其是语言的章节中评述。第五部分探讨的是一个得到公认的发现，即对其他群体成员的面部识别要难于对本群体成员的面部识别。

研究的历史根源

学界广泛认为，里弗斯（W. H. R. Rivers，1864—1922）是跨文化心理学先驱之一。他的主要著述（Rivers，1901）都是基于他和他的一些学生在四个月的时间内对墨累岛的托雷斯海峡岛民所收集的数据，此岛位于新几内亚岛和澳大利亚之间。其测量涉及的内容包括视敏度、色觉、后象、视错觉、听觉敏度、节奏感、嗅觉和味觉、重量差辨别、反应时间、记忆和肌肉力量。数据涵盖了三个主题：视觉敏锐度、知觉，以及视觉/空间知觉。

直至今天，里弗斯的研究在许多方面仍可以称为跨文化研究的典范。他对研究方法表现出极大的关注。例如，他担心实验任务能否恰当地为当地人理解，并且通过尝试不同的方法来找到最令人满意的方法。他还运用不同种类的场景证据支持定量数据。例如，在对视力的分析中，里弗斯不仅研究了颜色的命名和对不同颜色的感受性，他还关注当地人对颜色的偏好，甚至于记录了人们在星期天去教堂时所佩戴的围巾的颜色。此外，里弗斯对结论可能遭遇的其他（alternative）解释持开放态度。当讨论到非欧洲人有超常的视觉敏感度这个当时很流行的观点时，他区分了眼睛作为一个生理器官所具备的分辨能力、观察能力和对周围环境的熟悉度。例如，里弗斯为被试检查眼睛的缺陷和疾病时，通过佩戴和不佩戴能矫正视力缺陷的透镜来测量视敏度。

里弗斯发现，托雷斯海峡岛上居民的视敏度并不超常。这一发现与当时盛行的观点形成了鲜明的对比，即非欧洲人的感觉官能更敏锐，因此导致其认知能力不太发达。里弗斯基于自己的研究指出，"尽管野蛮人和半文明人的视敏度要优于普通的欧洲人，但是没有显著的差异"（Rivers，1901，p.42）。然而，他也充分讨论了"野蛮人"精确的观察力和他们对微不足道细节的关注，其结论是："这种将注意力主要给予感官目标的习惯，对大脑更高层次上的发展是明显的阻碍，因为如果过多的能量消耗在基础性质的感觉，那么很自然地，智能这样的上层建筑就会难以发展。"（Rivers，1901，pp.44-45）在今天，有关感觉和智能这两个领域之间存在互补关系的主张，已是常识。在我们看来，尽管里弗斯的著作彰显了其思想的开放性，他仍然受到了当时普遍流行的民族中心主义性质观念的影响。

在1910年至1950年所发表的关于感知觉的五花八门的研究中，所谓"种族"视角一直是解释这方面差异的主要论调，但通常不含有种族低劣的意味。索利斯（Thouless，1933）和贝弗里奇（Beveridge，1935；1940）所做的关于恒常性或称为"现象回归"的研究，是这方面的例子。从大多数视觉角度来看，圆盘在观察者的视网膜上的投影是椭圆形的。当问及他们所看到的形状时，被试则倾向于画一个介于他们视网膜上实际存在的椭圆形和真实的正圆形（现象）之间的椭圆。这种现象的回归不仅在知觉形状时有所体现，在大小、亮度等方面都有表现。例如，当一张灰色的纸被较亮的光照射且看起来更亮于一张白纸时，被试并没有认为它更亮，因为被试"知道"它是灰色的。

索利斯（R. H Thouless，1933）发现，相比于苏格兰人，小规模印度学生样本在两个测验（说明两个盘形的相对大小，以及盘形的形状是正圆还是椭圆）中表现出更明显的现象回归倾向。他将这个发现与印度艺术相联系，该艺术不用透视方法，物体被画得和它们本身一样，而不是像欧洲艺术更倾向的那样，即画出观察者所看到的样子。贝弗里奇（Beveridge，1935）发现，西非大学生比英国大学生在形状和大小上的现象回归倾向更明显。在随后的研究中（Beveridge，1940），他拓展了研究任务的范围，发现非洲人可能比欧洲人更少受视觉线索的影响，我们很快还会再讨论此观念。

奥利弗（Oliver，1932，1933）的研究所持有的角度稍微有些不同，他主张要将本土元素纳入测验题目中，并要认识到所用语言和指导语方面存在的种种困难。在西肖尔音乐能力测验（Seashore test for musical abilities）中，他发现，西非学生与受过相同教育水平的美国学生相比，前者在音响高度辨别、音调时长分辨以及节拍识别上得到更高的分数，但是在高音辨别、音质识别和音调记忆上分数却较低。奥利弗注意到，其中有关音质和音调的记忆是仅有的两个与智能有关系的项目，这大概是因为指导语难于被理解的缘故。

研究者曾一直探讨的重要的问题是，所观察到种种感觉上的差异是本身就存在呢，还是它们被一般地泛化到了不同的模态（modalities）。例如，在20世纪中叶，存在着一种普遍的看法，即非洲人更适宜于听觉和肌肉运动感觉（kinesthetic）方面的刺激，而欧洲人更适宜于视觉刺激。当时还流行的看法认为，非洲人包括非洲裔美国人在节奏感和乐感，以及语言感觉方面具有优势（Nursey-Bray，1970）。到20世纪60年代，麦克卢汉（McLuhan，1971）强调西方人在视觉模态上的优势，沃伯（Wober，1966）提出了"感觉类型"（sensotypes）观则表明，某一感觉模态超越其他感觉模态的相对重要性方面，不同文化群体之间存在差异。但系统的准实验研究一直没有发现有关补偿假设的证据（Deregowski，1980a；Poortinga，1971，1972）。20世纪70年代以来，这样的种种观念很大程度上从跨文化文献中消失了。

感觉机能

对简单感觉刺激反应的跨文化差异的解释可以被分为四种：（1）自然环境条件会直接影响感觉器官；（2）环境条件会间接影响感觉器官；（3）遗传因素；（4）知觉方面的差异。

在理尤宁和沃特利（Reuning & Wortley，1973）的关于一系列探索喀拉哈里沙漠①的一个报告中，可以发现自然条件直接影响感官的例子。他们报告说，在用高频音（8000Hz以上）测量听觉敏度时，那里的闪族人［当时也叫布须曼人（Bushmen）］的表现要优于丹麦人和美国人。这种差异在年长的被试身上体现得更为明显。由此可以推测，喀拉哈里的布须曼人随着年纪增长听力退化比较缓慢。理尤宁和沃特利将环境中低噪声水平视为解释这些差异的关键因素，尽管他们强调其他因素，比如饮食，也可以成为备择性质的解释角度。

当研究发现南非黑人矿工比南非白人矿工的暗适应更缓慢时，人们开始推测，环境因素（例如，营养不良）会间接影响感觉刺激反应（Wyndham，1975）。饮食的缺乏会导致维生素A的缺乏，维生素A缺乏可导致视网膜上视杆细胞的功能不健全，而视杆细胞会在低亮度的情况下发挥作用。然而，调整饮食状况并没有导致预期的视觉改进，这意味着许多矿工可能患有慢性肝脏疾病，而这种疾病与儿童早期营养疾病高发率有关。最近证据表明，营养不良会对生理和心理产生广泛的消极影响（见后文第十七章有关贫困、饥饿和营养不良的内容）。

有关文献中提到的第三个因素是遗传的影响，这已经由红绿色盲现象研究证实。某些欧洲人群中红绿色盲的发生率要明显高于某些非欧洲人群，这一现象在里弗斯生活的时期（1901）就已经众所周知了。进化理论框架将这种现象归因为，当狩猎和采集成为主要的生存方式时，患色盲的人们会处于不利地位（参见Post，1962，1971）。另一个例子是对含有苯硫脲（phenylthiocarbamide）或其他硫脲（thiocarbamide）的物质种类方面的味觉缺失，研究发现，大约有30%的欧洲人对这类苦味的物质没有味觉，而非洲人和美洲原住居民只有少数人是这种无味觉者（Kalmus，1969；Doty，1986）。关于个体对某些化合物感受性差异的更进一步的例证是"酒精性脸红"，这种现象在东亚人饮用少量酒精性饮料后很常见（Wolff，1972a，b），但很少在欧洲人中看到。

大多数被报告的感觉差异都与刺激如何被感知有关。在这里，发挥作用的是受文化制约的对刺激的偏爱或厌恶，而非辨别力或耐受性阈限。例如，库瓦诺等人（Kuwano，Namba & Schick，1986）认为，日本人、英国人和东德人在判断邻居噪声强度上存在细微差别，这应根据社会文化因素（你能忍受多少），而不是通过感官效能或其他知觉变量做出解释。

就味觉来说，有人认为味觉器官对与糖类相关的甜味有天然的偏爱，而对与毒素有关的苦味有天然的厌恶（Rozin，2007）。研究已发现，人们在对某些味觉的偏好或享乐价值方面存在一定差异。例如，华裔美国人与欧裔美国人被试相比，前者对低浓度的蔗糖更满意（Bertino，Beauchamp & Jen，1983）。还有研究者报道，美国黑人会更明显偏爱甜食。经验的作用在这里表现得非常明显，因为日常饮食中接触糖的频率可能会影响对蔗糖的偏爱。并且，条件反射实验也证明，当把喜爱的味道与多少属于中性味道掺杂在一起时，中性味道也会变得更受欢迎

---

① 桑族人（狩猎和采集）的生存模式受到严重威胁。该研究的基本原理是列出技能和能力，以探索其他经济存在方式可能是可行的。该方法是相当令人印象深刻的，虽然当时没有以这种方式感知到它。——原书注

（参见 Doty，1986，2001）。

图形知觉和图片知觉

在本章的剩余部分，我们将关注知觉方面的变量。传统上认为，对于有机体来说，感觉作为一种刺激接收器更具有被动的性质，而知觉被设想为是有机体积极主动参与对刺激的选择和组织。但跨文化研究，对两者的区分常常很模糊。

图 9.1 取自有关埃塞俄比亚一个偏僻族群图像识别的研究，当地的麦肯人（Mekan）在这之前很少接触过这种图形的表征（Deregowski，Muldrow ﹠ Muldrow，1972）。几乎无一例外，他们认出了这是一只豹子，但是要费点时间并显得吃力，例如一些人最开始将美洲豹的尾巴认作蛇。在测试的过程中，一些被试会使用视觉以外的方法，他们会触摸印有图画的布，有时甚至会闻一闻画布。

图 9.1　德理科夫斯基等人研究（Deregowski，1972）所用再认任务刺激之一

注：原图大得多（50cm × 100cm），画在粗布上。

尽管存在类似的可能，但这不是任何更广义上的目标识别缺陷问题。比德曼等人（Biederman，Yue ﹠ Davidoff，2009）以纳米比亚农村未上过学的辛巴族人和美国洛杉矶学生为调查对象，给他们呈现椎体或圆柱体之类的几何图片，研究者根据定性属性（例如直线轮廓和曲线轮廓）和定量属性（例如弯曲的度数）对图形进行了区分。在一系列测验中，调查对象需要在两幅图片中选择一幅与标准图片进行匹配。结果在某种程度上与研究者的预期相反，两组样本的错误率大致相同，两组的定性判断错误率均小于定量判断错误率。据此，研究者推断，辛巴族人尽管较少接触标准图形，他们语言中也缺乏相应词汇，但这并未影响到他们对物理差异的知觉敏感性。

类似于图 9.1 的美洲豹图在形状和结构上均相当复杂，而且包含了一些植根于文化的艺术风格。而一般来说，用于研究跨文化知觉原理的图片大多相对简单。例如，理尤宁和沃特利（Reuning ﹠ Wortley，1973）对桑人进行了对称知觉测试。如图 9.2 中的两组图形，每组图形均包括三个窄长方形，两黑一灰，再给被试一个相同大小的灰色长方形，要求被试将其放入每组图形中，与原来的三个长方形共同组成一个轴对称的图形。图 9.2 中上面那组是已完成图形，而下面那组则是待完成图形。呈现给被试的都类似于下面这组图形。结果表明，很多桑人都能很好地领会双侧对称的含义。

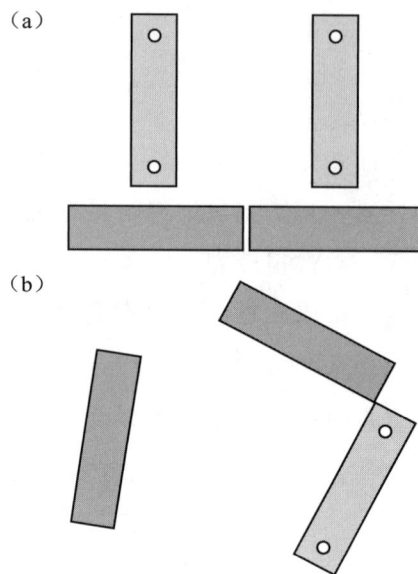

图 9.2　轴对称测试的两个题目：　一个已完成，另一个是呈现给被试待完成

注：　这里的图形是仿照 NIPR 在约翰内斯堡实施的对称填充测试的设计。

视错觉

早期有关知觉跨文化差异研究传统中最丰富的一个方面，是几何错觉敏感性的跨文化差异（Deregowski，1989；Segall *et al.*，1999）。其中，西格尔等人（Segall，Campbell & Herskovits，1966）的研究是具有里程碑意义的，从而引发了其后更为广泛的大量研究。这项研究源于人类学家梅尔维尔·赫斯科维茨（Melville Herskovits）和心理学家唐纳德·坎贝尔（Donald Campbell）的不同观点，他们两人都是西格尔的导师。赫斯科维茨文化相对主义的观点暗示，人类心智具有几乎无限的可变性，因此他相信，即使像对线段长度知觉这样的基本经验也会受到文化因素的影响。唐纳德·坎贝尔质疑该观点，并认为其需要精确的实验加以审查。

事实上，西格尔等人（Segall *et al.*，1966）开展的广泛的视错觉研究是在布朗斯维克（Brunswik，1956）的工作基础上进行的。布朗斯维克认为，反复体验某种知觉线索会影响对该知觉线索的知觉。这种观点体现在"生态线索效度"观念中。由于不同寻常的或误导特征显著的刺激出现（例如通常有效的线索恰巧无效时），且以前习得的理解线索的思路被错误运用时，就会发生错觉。西格尔等人（Segall *et al.*，1966）提出了如下三个假说。

1. 木工化世界（carpentered world）假说。这种假说主张，那些在由木工塑造环境（长方形的房子、家具和街道）当中成长起来的人们，具有一种把非矩形图形看作矩形图形的能力。如果这个假说是正确的，在工业化城镇环境中的人们对缪勒-莱耶（Muller-Lyer）和桑德（Sander）平行四边形这样的错觉应该更敏感（见图 9.3）。

2. 按远近比例缩小（foreshortening）假说。这与线条在视觉空间中的延伸有关。在图画表征中，这些线条是以垂直线出现的。生活在视野宽阔的环境中的人们已经习得，视网膜上的垂直线代表较长的距离。他们与生活在封闭环境比如热带雨林中的人相比，会对垂直—水平错觉（Horizontal-vertical）更敏感。

3. 熟能生巧（sophistication）假说。人们学习理解图形和图画后，应该会增强对以两维方式呈现的几何图案的错觉。在能接触图画材料环境中生活，会使人们对视错觉更敏感。

令人印象深刻的是，西格尔等人（Segall *et al.*，1966）的研究设计具备很多可以预防其他解释的特点。例如，对于收集数据的地点，都会对其环境的木工塑造性是否具广阔开放空间进行详细描述。如此对自变量的详尽的检验在现今的研究中也不常见。该研究还可以检验被试对任务项目说明的理解程度以及他们回答模式的一致性。西格尔等人（Segall *et al.*，1966）选取十四个非西方样本和三个西方样本进行测试，测试使用的一系列刺激是图 9.3 中所示的六个错觉图形。在缪勒-莱耶（Muller-Lyer）和桑德（Sander）平行四边形错觉中，西方样本比非西方样本更容易受影响。与来自视野闭塞地区的人相比，来自视野开阔地区的样本对垂直—水平错觉中的两个线条更敏感。而且与第二种假说一致的发现是，非西方被试与西方被试相比，总体上前者比后者更容易受垂直—水平错觉（Horizontal-vertical）的影响。非西方被试对一些错觉更敏感而对另一些则不敏感，错觉研究在总体因素方面排除了一种解释，比如是由于具有参加过类似测验的经验。总之，结果明确地支持了这些假说。

进一步的研究考察了大量其他影响因素，例如背景的丰富程度（Leibowits，Brislin *et al.*1969；Brislin，1974）、注意效应（Davis & Carlson，1970）、绘画训练（Jahoda & Stacey，1970）和肤色。最后一个变量被看作视网膜色素沉着指标，有时也是对西格尔等人（Segall *et al.*，1966）以及其他大多数跨文化研究者所持的环境角度解释的挑战。

视网膜色素沉着的影响基于一系列的发现。波拉克（Pollack，1963）认为，随着年龄的增加，轮廓知觉能力逐渐减弱。波拉克和席尔伐（Pollack & Silvar，1967）发现，轮廓知觉和缪勒-莱耶错觉（Muller-Lyer illusion）的敏感性之间存在负相关。他们还发现，肤色与视网膜色素沉着和轮廓知觉之间存在相关（Silvar & Pollack，1967）。因为西格尔等人（Segall *et al.*，1966）的研究所使用的大部分非西方样本来自非洲，所以在生理和基因方面的解释不可能被排除，至少在错觉中是这样的。尽管最初的实证研究支持视网膜色素沉着假说（Berry，1971；Jahoda，1971），但后续研究则更支持环境论而非生理假说（Armstrong，Rubin，Stewart & Kuntner，1970；Jahoda，1975；Stewart，1973）。

并不是所有的数据都支持木工化世界假说或者按远近比例缩小假说。最重要的不一致处是西格尔的发现，几乎所有的错觉敏感性随年龄的增加而减弱，但是逐渐增多地接触有关环境，则会导致个体的错觉敏感性随年龄的增加而增加，至少对缪勒-莱耶和相关的错觉是这样的。不过，正如德理科夫斯基（Deregowski，1989）所总结说，三大假说大体上得到了可靠证据的支持。

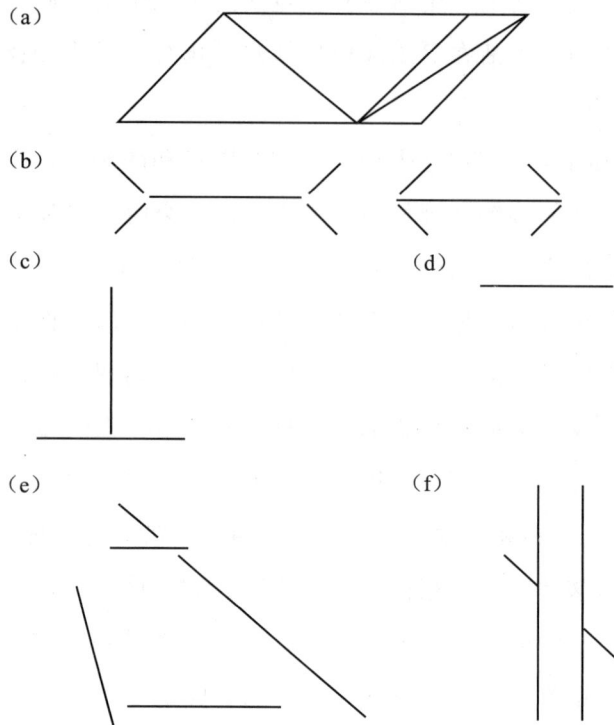

图 9.3　西格式等人（Segall *et al.*，1966）所用的视错觉图案

注：　上面图案分别是(a)Sander 平行四边形；(b)缪勒-莱耶错觉；(c)和(d)为水平—垂直错觉的两
种形式；(e)庞佐错觉的变式；(f)波根多夫错觉。

深度知觉

开始系统研究图画中的深度线索的是哈德森（Hudson，1960，1967）在南非所做的课题。图
9.4 是他在研究中所使用的两套刺激。哈德森想在图画中包含以下深度线索：客体大小、客体
重叠以及图画透视。研究首先要求被试认出图画中的人、羚羊等，以确保他们能识别图画所包
含的内容。然后问他们，人在干什么，羚羊和大象哪个离人更近。如果回答人正把矛头瞄准羚
羊，或者羚羊比大象离人更近，这种被认为是三维解释。将其他的回答（大象是瞄准的目标，
或者大象离人更近）作为二维解释的证据。

图 9.4　哈德森（Hudson，1960）实验所用的两幅图

哈德森（Hudson，1960）对南非的不同群体实施测试，这些群体在教育和文化背景上不同。
受过教育的被试明显地给出三维回答，而其他的被试几乎全部给出二维的回答。哈德森的方法

的若干方面曾受到许多批评，但事实上他的研究结果被后来的研究原则上所证实；随着涵化程度和学校教育程度的提高，个体对西方式图画材料的理解能力逐渐增加（Duncan，Gourlay & Hudson，1973）。

在 20 世纪 60 年代晚期和 70 年代出现的各种各样的研究扩展了哈德森的研究。其中，最重要的发展是设计出若干可替代的方法，以此来测量图画表征中的深度知觉。杰列科夫斯基（Deregowski，1980）广泛采用这种方法，即要求被试根据二维图画构造三维模型。其中的一个任务是要求被试用细木棒和橡皮泥小球构造抽象的几何图案。另一个任务是必须参照真正的积木绘出立体组合图形。最有趣的一个任务其实很简单，是使用一对木质量角器的实验。被试要将量角器调整到与图 9.5 中简单图形一样的角度。其右手边的图形可以被知觉成以钝角角度拍摄的直角图形。如果这样看，那么知觉的角度就应该与平面图形不同，而且更加垂直。如果在右手边的图形中没有产生深度知觉，那么被试就会用量角器对两个图形摆出一样的角度。若将哈德森的刺激和杰列科夫斯基的任务进行比较会发现，赞比亚的家庭佣人和学龄儿童对后一任务做出更多的三维反应（Deregowski，1980）。因此，被试的反应随着任务性质的改变而改变。

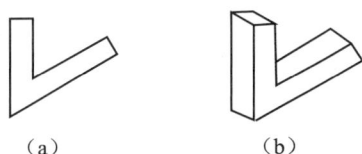

（a）   （b）

图 9.5 量角器任务（Deregowski & Bentley，1986）实验图案

有两种深度线索受到了特别的关注。第一种是纹理梯度。当个体看一堵砖墙时，在最前面我们可以看到每块砖的细节。随着距离的增加，可以知觉到的纹理细节越来越少——因此称为"纹理梯度"。在照片中，这是一个重要的深度线索，但是事实上，在跨文化研究中所有的背景刺激都缺少这一线索。这就是为什么这些刺激缺少重要的信息，并且知觉者在第一次知觉这些刺激时会表现出不同寻常的品质。第二种线索是线条透视。在许多图画中，包括一些哈德森（Hudson）实验所用图画，地平线是所有线条的汇集点，而这些线条代表真实环境中的平行线。许多争论的焦点是，这种对西方被试有明显影响的深度线索，是否应该被看作一种文化习惯。主张这种深度线索是西方传统特征的一个论据是，许多艺术传统并没有使用线条透视。事实上，欧洲在文艺复兴时期线条透视才开始普遍运用。另外，图画中的线条透视并不像想象的那样与现实一致。在无限远处平行线会相交，但人的视力所及的范围是有限的。站在铁道上，铁轨可能看起来在远处越来越靠近，但是并不能看到相交于一个点。另一方面，可以认为，基于线条透视规定的图画与其他规则构成的图画相比，前者比后者更类似于视觉中的真实环境。换句话说，从随机地完全成为共识的角度看，线条透视并不是一种文化习惯。一般来讲，线条透视比其他的习惯更能导致一种更真实的表征（Hagen & Jones，1978）。

杰列科夫斯基和帕克（Deregowski & Parker，1994）区别了以下两种情况并使得研究向前迈了一步：一些情况下辐合（convergent）透视能更恰当地表征观察者的经验，另一些情况下发散

(divergent)透视能恰当地表征观察者的经验。发散透视是指平行线随着图画上深度的增加而逐渐发散，这种情况在拜占庭的画中经常看到。杰列科夫斯基和帕克(Deregowski & Parker)所使用的实验任务要求被试做出一种三维组合的调整，所以它看起来是个立方体。当这个组合垂直地放在被试面前时，这种调整就与辐合透视一致。但是，当把那排东西移到一边而不再在被试面前时，这种调整就与拜占庭式的发散透视一致。令人不明白的是为什么某种特定的绘画传统强调某种表征方式。但是，类似于这样的一些发现说明，在基本知觉机制方面，如何使一眼看上去完全不一样的方式，在经过仔细观察后又会产生说明其是具有密切联系的(Russell，Deregowski，& Kinnear，1997)。

瑟普尔和杰列科夫斯基(Serpell & Deregowski，1980)认为，图画知觉可抽象概括为一系列技能的运用。熟练的知觉者可以处理大量的线索，并在特定环境下适当使用它们。其基础是，知觉者能够识别出在某种情况下的认知需要运用某种技能。这意味着个体必须要经过学习图画作为真实情境的表征。正如前面所说的，麦肯人起初会有困难。另一个技能是学会如何理解平淡无奇的线索。很明显，西方被试已经学会理解哈德森式图画中所画的线条透视了。将图画知觉在理论上概括为一系列技能的思路就能清楚地说明，其文化差异存在于所使用的线索中，或者存在于所赋予各种不同线索的相对重要性方面。因此可以合理地假设，特定的文化环境会促进特定技能的形成。

总之，实证性的发现使我们能够提出很明确的实用结论。几乎毫无疑问，世界各地的学龄儿童很容易认出常见事物的照片和表征明显的图画。从苏格兰到印度和加纳，相对简单的图画材料已经表现出有效的教育作用(Jahoda et al.，1976)。当个体图画方面的经验不多，图案的技术要求高以及复杂性增加时，知觉困难会出现，尤其在这三者共同发挥作用时。这方面最明显的恰当例子是对图式性质的技术性图案的理解(Sinaiko，1975；Deregowski，1986)。

有关的理论成果则可以从两个多少有些相对的方面进行评价。一方面，可以说，通过几十年的大量研究，在图画性交流困难方面已经获得了种种重要的见解。但另一方面，就知觉机制和环境经验间如何相互作用而言，我们尚未提出一种可以对此加以具体阐释的整合化理论方法。其原因还不是很清楚，也许还有未被发现的若干组织原则。或者可以说，不同文化所采用的描述习惯，或多或少可能就是从一系列可操作的方式中进行任意选择的结果。至于跨文化差异在多大程度上与文化参数形成因果关系或函数关系，以及在多大程度上这些关系不会具有决定论意味，参看第十二章的最后一节。

分类

在第七章中，我们已经看到，不同文化表示情绪的术语有所不同，研究者也已经就它们对情绪体验的含义进行了广泛的探讨。在上一章中，我们还关注了颜色命名方面的类别，其主要问题是，不同语言间在颜色术语方面的差异是否与有关颜色的知觉性分类有明显的联系。这些话题也可以从知觉的角度来探讨。我们在此不再重复同样的证据，但值得关注的是，关于气味和味道的研究已表明语言对分类和再认的影响。

一个对日本人和美国人的研究报告说，其在味道方面的分类存在差异（O'Mahony & lshii，1986）。美国人倾向于使用四个分类范畴：甜、酸、咸和苦。日本人还使用另外一个分类范畴"ajinomoto"，它指的是一种众所周知的增味剂——味精的味道。随后的一个研究（lshii，Yamaguchi & Mahong，1992）发现，日本人和美国人都以相同的方式进行分类，即反映出了与传统四种口味类别相一致的概念建构。另外，后来对日本人和澳大利亚人的研究也发现，只有偏好上存在数量性的差异。

绫部等人（Ayabe-Kanamura et al.，1998）的研究则向日本和德国妇女提供的是日常气味。研究假定了三种类型的气味，即仅日本人熟悉的气味，仅德国人熟悉的气味，以及这两个群体都熟悉的气味。被试按要求对气味的强度、熟悉度、愉悦度和可食用性进行评分。结果发现，两个群体在愉悦度的评分方面的差异尤其明显。总体上，对刺激物的可食用性与其愉悦度判断之间存在正相关。这表明，特定的文化经验，尤其是有关食物的经验，可能会显著地影响对气味的感知。但多少出乎意料的是，两个群体对一些气味在强度方面的评分也存在显著的差异。这些差异似乎并不仅仅是由于人为的测试情形所致。作者提到，可能是由于这样的原因，即经验甚至会影响对刺激强度这类气味基本方面的感知。有关对气味鉴别上差异的显著例子是，对许多日本人来说，食物干鱼般的味道与其可食性明显相关，而大多数德国人却将其与腐烂而不是干鱼相关联。迪斯特尔等人（Distel et al.，1999）对墨西哥、德国和日本三国妇女的研究也获得了类似的结果。显然，这支持了这一发现，即经验在味道鉴别方面会发挥作用。

克理等人（Chrea & Valentin et al.，2005）以美国、法国和越南三国人为对象，就语言对气味感知的影响做了进一步的研究。研究者要求他们根据嗅觉上相似度，对 40 种气味进行分类；还要求被试分别基于气味名称、对气味想象到的相似性以及气味的典型性（一些气味被评分为比其他气味更为典型）进行评分。克理等人对数据进行了多维度分析。结果发现，被试对气味的分类是基于感知的相似性而不是语义范畴。他们认为，存在一种具有边界的共同分类结构，这个边界可能具有跨文化差异。在进一步的研究中，克理等人（Chrea & Valentin et al.，2007）也以前述三国人为样本，分析了气味的可编码性（这在第 8 章已解释）及其对识别记忆的影响。他们提出结论说，这三个样本关于气味的部分可编码性存在着共同性，这表明，气味的可编码性会部分地取决于对气味特性的感知。研究发现，这是嗅觉环境和有关语言两方面相互作用的结果，因而在不同文化间存在差异。尽管差异的程度仍然是进一步分析的问题，但发现的要点与第 8 章所讨论的颜色分类相似。

有关民间生物学（folk biology）中分类的研究（Atran，1998）结果，也强化了所有文化中分类存在共同性的观点。对植物和动物分类的跨文化一致性似乎解释了大约一半的总变异（Medin，Unsworth & Hirschfeld，2007）。在日常生活分类中，最常参考的是一个默认水平（default level），它属于中间层次的抽象，被称作"基础水平"（Rosch，1978；Rosch & Mewis，

1975)。因此，我们一般会说"狗"，而不是"贵宾犬"（下位范畴）或"犬科动物"（上位范畴）。随着专门经验的增多，我们可能会用属于下位范畴的说法。例如，一个驯狗师可能会更频繁地使用贵宾犬或阿尔萨斯犬这样的分类术语。很明显，如此特定植物或动物方面的专业知识或技能在不同文化中是不同的。不同文化中更精细的分类法，诸如某些物种的可食用性及其在一个族群食谱中的地位，会存在更大差异，这常常是符合生态学的思维的。

　　存在争论的是，民间生物学分类的相似性，在多大程度上是由于处于根基地位的先天性认知原理在特定领域所导致的结果，诸如儿童拥有的朴素物理学（naive physics）和相素生物学（naive biology）。幼小儿童的分类行为已经反映出生物学和物理学的基本原理，而且这些原理看来会影响其后来的认知发展（Gelman，2003；Hirschfeld & Gelman，1994）。但同时，这方面也存在种种实质性差异。这些差异可分为两类：其一，在实际的分类行为方面；其二，在与特定分类相关联的文化意义方面。某些物种会被赋予象征性或宗教性意义（例如，猫在古埃及和牛在印度的含义），这证明了这类文化意义的重要性（Medin & Atran，2004；Medin et al.，2007）。

跨族群面孔识别

　　来自具有不同面部特征族群的人们，彼此会觉得对方群体不同个体间的长相更加相像，我们也更容易记住自己族群成员的面孔（Malpass，1996）。在美国，研究者们做了许多针对欧裔美国人识别非裔美国人或非裔美国人识别欧裔美国人的研究，这种跨族群效应（cross-ethnicity effect）也被称为"跨种族效应"或者"本种族偏差"（own-race bias）。尽管这种研究仅是在有限的一些国家实施过，但无论在哪里调查，都已经发现类似的现象（Meissner & Brigham，2001）。

　　差异识别的研究通常通过实验来进行。在实验中，主试会给被试看一组本群体成员及他群体成员的相片，一次看一张。过一些时间以后，再把这些照片（或者其中的一部分）和之前没有给他们看过的照片（分心刺激物）一同展示出来。要求被试指出每一张照片是不是之前看过的照片。马尔帕斯和克拉维茨（Malpass & Kravitz，1969）在一项早期的实验中使用的"是/否（YES/NO）"识别任务，非常清楚地证实了差异识别效应。后来研究者们对这项基础研究进行了不少改进，关注了影响这个效应的因素，包括给被试呈现刺激和要求被试识别刺激之间的延缓时间，以及呈现刺激面孔的持续时间。另外的一些参数包括：被试在第一次见到照片时是否意识到自己在参加一个识别实验，以及在识别任务中是否呈现了同一个人的相同的或不同的照片。为了系统地显示面部特征的变化，有时还开发了面部合成工具，这种设备经常被警察用来根据目击者提供的信息草拟嫌疑犯的图片。

　　按照信号侦查模型（signal detection model）来分析研究结果已司空见惯（Swets，1964）。这种信号侦查模型能区分两种参数，即敏感性与标准（criterion）误差。它能区别出四种答案：(1)正确地识别了之前见过的面孔（yes-yes）；(2)正确地识别了之前没有见过的面孔（no-no）；(3)

错误地识别了之前见过的面孔(no-yes);(4)错误地识别了之前没有见过的面孔(yes-no)。敏感性是指回答正确或者错误的比例。标准误差是指被试没有识别出之前见过面孔(导致错误的否定)的倾向性,或者对以前没有见过的面孔进行"再认"(导致错误的肯定)的倾向性。后者发生得较为频繁。

在一项大部分是针对非洲裔美国人和欧洲裔美国人种族比较研究的元分析中,迈斯纳和布里格姆(Meissner & Brigham,2001)发现,被试辨认之前所见过内群体面孔的正确率是辨认外群体时的 1.4 倍。对于之前没有见过的面孔而被试将其视为之前是见过的(错误肯定)这种现象而言,被试对内群体作的错误率是外群体的 1.6 倍。就标准误差而言,这种效应会更小,但是存在这一种倾向,即对外群体面孔的标准没有对内群体那么严格。

对此直觉上说可能的解释是,对其他族群的较低的识别率,反映了被试对其他群体存在刻板印象或负面态度。然而,这样的社会心理学解释并没有在实验结果中找到多少证据;相反,看来其解释应与知觉机制有关。"接触假设"(contact hypothesis)就提到过这样的机制(见第十四章)。这个假设以最简单的形式阐明,正确的识别与接触的频次有关。在减少对内群体与外群体的识别率差异方面,接触频次这一变量本身似乎没有起到重要作用。

然而,当同时考虑接触质量因素时,接触频次的效果就会显示出来(Sporer,2001)。因此,李、唐宁和马尔帕斯等人(Li,Dunning & Malpass,1998)发现,热爱篮球的欧洲裔美国人对非洲裔美国人的面孔识别要高于不喜欢篮球的欧洲裔美国人。这种效应在研究者的预料之中,因为美国篮球队里有许多非洲裔美国人球员,球迷们有着识别球员个体的大量经历。斯波勒等人(Sporer,Trinkl & Guberova,2007)研究发现,土耳其裔奥地利儿童比日耳曼裔的奥地利儿童能够更快地识别土耳其面孔,而对日耳曼面孔却没有这样的差异。显然,土耳其移民儿童对两类面孔的熟悉程度是相等的,而奥地利儿童却相对少地接触到土耳其面孔。

接触假设可以被看作种种知觉学习模型的一个实例,这些模型构成被广泛接受的关于内群体和外群体识别差异的各种理论。吉本(Gibon,1966)认为,知觉技能包括学会分辨相关任务和无关任务的线索。随着时间的增多,我们所学习的知觉维度可以用来极好地辨别面孔。我们对于识别内群体面孔所需的更凸显维度方面获得了更多的经验,而对于识别其他群体面孔维度的经验则相对较少。研究证据表明,对本民族群体面孔的描述和对其他民族面孔的描述所用的范畴有所不同(Ellis,Deregowski& Shephard,1975)。

各种各样的知觉学习理论假定面孔储存在某种假设的空间里,相关特征(或者特征组合)在这种空间里形成维度(Valentine,1991;Valentine & Endo,1992)。随着经验的增加,外群体人们的面孔在这个空间里于是变得更好区分;看起来更相似的外群体面孔与得到细致区分的内群体面孔相比,前者在知觉空间中的位置更集中。尽管该理论已得到相当多的支持(例如,Sporer,2001),这种理论建构的做法还是被麦克林等人(MacLin,Malpass & Honaker,2001)所质疑。这些研究者利用建构性工具准备了种种面孔,这些面孔从族群身份角度看是模棱两可的。对两个族群各自的典型特征(例如西班牙裔美国人和非洲裔美国人)分别进行平均,就可以解决该问题。研究者就给这种模棱两可的面孔配上了一种"族群标识",被称为西班牙裔美国人的发型,或者非洲裔美国人的发型。按此思路,研究者设计出具有(发型以外)相同相貌特征的面孔,故这些面孔应该是可以平等地被辨别。然而,在对这些面孔进行识别的任务中,西班牙裔美国学生更好地再认了那些具有西班牙裔美国人发型的面孔。麦克林等人暗示说,是那些族群标识启动了根据族群特征进行分类,故这种再认是受知觉范畴的影响,不是因对外群体面孔的经验较少而对其产生较高的知觉相似性影响。

当然,很难将本部分的研究结果泛化到真实生活中目击证人所进行的面孔识别。可是,面孔识别方面的差异是如此大,以至于在法庭上,一个族群的成员所陈述的涉及其他族群的目击者证据甚至可能会导致(无意的)歧视。在美国,因为 DNA 检测技术的运用已经导致若干案件修正了(片面地)基于目击者证据所定的罪后,目击者证词的有效性已经被动摇了。这已导致了在系列审判程序和目击者证据解释方面的改革(Wells,Memon & Penrod,2006)。

Cross-Culture
Psychology 本章小结

　　从本章的概要论述中我们可以明显看到，并不是所有的知觉变量都可能同等地显示出跨文化差异。除非存在广泛自然条件所致的身体方面的限制，例如营养不良或过度暴露于高分贝噪声环境，那么，对那些测量基本感觉机能的任务，诸如知觉恒常性和心理物理学测量中的刺激辨别，所有的文化群体都可望达到一个近乎相等的操作水平。

　　无论被试在世界任何地方，只要知觉者至少接触过图片材料，其对表征清晰图片中目标的识别都不存在多大问题。在照片和其他富有深度线索的图画表征中对深度的知觉是容易实现的。与直觉期望相反的是，诸如在哈德森式的测试中，特殊文化习惯在简单图式性图案的深度知觉中具有重要作用。从真正空间知觉转变为图案知觉的知觉习惯，已经被认为是在某种视错觉敏感性方面出现跨文化差异的前提，尽管有些视错觉的图形是很简单的，仅仅由一些线段构成。但另一方面，似乎很难的知觉方面的概念，例如对称，看来是容易被闪族人这样的布须曼群体所领会，尽管图画表征在该群体生活环境中严重缺乏。

　　随着真实空间和图画表征之间差异的增加，有关知觉跨文化差异也不断增加。在对刺激所进行的的分类方面，文化符码（词语）会扮演一定的角色，但是，正如对气味领域的进一步考察发现，各种分类行为表明，刺激物属性也会制约差异。由于有关研究更强调这些共同的机制，有关知觉跨文化差异的解释正在转向文化共识意义上所说的习俗，而这些习俗具有一定的任意性。大多数文化习俗局限于相当特定的刺激类型。这与过去研究所追求的宽泛概括的做法，正如补偿性假说提出所基于的研究那样，并不是一致的，然而，那种认为注重文化习俗就意味着去关注琐碎的跨文化差异的想法是错误的。如果存在众多的跨文化差异，这些差异合起来则会对行为系统产生深刻的影响。这也许就是跨文化心理学家从艺术风格的多样性中习得的最重要的教训。从基本知觉观点来看，这样的艺术风格颇具随意性，但是有时候这些独特的风格特征却能持续数个世纪。总之，本章内容明确说明了对不同文化间的行为研究如何一再揭示重要的跨文化差异。但是，也许本章比之前的章节揭示得更多的是，这些差异可以根据不同文化中人们具有的共同的基本心理机能和心理过程而加以阐释。

拓展阅读

Deregowski, J. B. (1989). Real space and represented space: Cross-cultural perspectives. *Behavioral and Brain Sciences*, 12, 51-74. （这篇文章综述了错觉和深度知觉的重要的经典研究，紧接该文的是同行的讨论。）

Medin, D. L., Unsworth, S. J., and Hirschfeld, L. (2007). Culture, categorization, and reasoning. In S. Kitayama and D. Cohen(eds.), *Handbook of cultural psychology*(pp. 615-644). New York: Guilford Press. （该章从文化心理学视角概述了分类范畴和相关主题。）

Meissner, C. A., and Brigham, J. C. (2001). Thirty years of investigating the own-race bias in memory for faces: A meta-analytic review. *Psychology, Public Policy and Law*, 7, 3-35. （该文概述有关跨族群面孔识别的研究。）

Russell, P. A., Deregowski, J. B., and Kinnear, P. R. (1997). Perception and aesthetics. In J. W. Berry, P. R. Dasen and T. S. Saraswathi(eds.), *Handbook of cross-cultural psychology*, Vol. II, *Basic processes and human development* (pp. 107-142). Boston: Allyn & Bacon. （该章综述了知觉跨文化研究大多数主题的研究证据，但未包括面孔识别。）

第二部分　行为、文化和生物因素之间的关系

| 模块内容 |

第10章　文化人类学的贡献

第11章　进化生物学的贡献

第12章　研究方法及其理论基础

若要力求理解和解释不同群体的人类行为，就有必要了解除心理学以外的另两门学科的概念和发现，因为它们已经对跨文化心理学的发展产生了影响。首先，文化人类学的贡献是文化的概念和研究文化现象所用的民族志方法。它还细究了文化和行为间的关系，并进一步发展出两个分支学科——心理人类学和认知人类学。另一个学科是人类生物学。其提供的重要概念和方法，也有助于考察不同情境中行为的发展和显示。该学科已经产生了重要的贡献，这尤其体现在近些年兴起的进化生物学研究领域。同时兼顾这两门学科，还可以为我们这样的追求提供基础，即跨文化心理学既是文化科学，也是自然学科。跨文化心理学除了在概念和方法上借鉴这两门相关学科外，自己也发展了一系列理论和实践方法，以探究情境和行为之间的种种关系。本书第一章所提出的三个视角——文化比较视角、文化阐释视角和本土视角，在本部分会得到进一步考量和深化。对不同文化群体的数据进行有效的比较，需要满足若干基本的方法论要求，本部分会论述这些要求。为了同时说明个体差异和群体差异，并为探寻不同文化群体的心理学共性所需的比较提供基础，这些理论和实践上的原则是必要的。

第 10 章

文化人类学的贡献

人类学这一学科的内容极其多样，包括文化和社会人类学、生物和体质人类学、语言人类学以及心理人类学（psychological anthropology）。在这一章，我们侧重文化和社会人类学，因为该分支领域可切实为跨文化心理学提供丰厚的基础。该学科的几个其他分支领域则在第八章和第十一章进行讨论。

文化这一核心概念成为心理学知识的一部分，已有 100 多年的历史。里弗斯（Rivers，1901）有关新几内亚人知觉的调查和冯特（Wundt，1913）对俗民心理学（Völker psychologie）的论述，实质上都是在探讨文化和行为是如何相关联的。最近，文化概念被确定为国际心理学历史的核心理念之一（Pawlik & d'Ydewalle，2006），其中贝理和特里安迪斯（Berry & Triandis，

2006)论述了该概念。

　　"文化"这一术语在本书前面各章中频繁出现,且第一章就给出其一般性含义:"一个人群共享的生活方式。"在第一章中,我们概述了密切根植于"文化"这一概念的三个主题:文化对于个体来说是内在的还是外在的(我们在哪里能够发现和研习文化);相对主义—普同主义(对来自不同文化的人是否可以进行有效的比较);文化差异的心理建构(文化是否可以作为描述集体行为并将之纳入种种一般模式的方法)。当时的这些讨论都需要我们对"文化"的定义有一个初步理解。在第一章中,我们还概括了三种阐释性立场:文化—比较心理学、文化心理学和本土心理学。它们都同样地根植于我们所给出的"文化"的定义中。

　　在本章,我们首先将更详细地考察有关文化的各种不同观念;然后论述民族志的若干议题,包括民族志性质的田野工作以及民族志性质的档案的使用;最后考察与跨文化心理学有关的两个人类学研究领域:认知人类学和宗教研究。

　　贾霍达(Jahoda,1982)以及怀尔等人(Wyer,Chiu & Hong,2009)已经详尽研究过人类学和心理学之间的关系。要想深入了解有关论述,应该读他们的著作。本章主要论述对跨文化心理学发展和研究产生了直接影响的人类学传统中的那些特别内容,包括文化的各种观念以及民族志的实践。但我们并不想从整体上展示人类学(anthropology)知识。要想总体地了解该学科知识,请参考新近的相关教科书(Ember & Ember,1998;Robbins,2006),或者孟罗夫妇(Munroe & Munroe,1997)著作中的相应章节。

有关文化的观念

　　泰勒(Tylor,1871)在其人类学著作中首次使用"文化"这一术语。他把文化定义为"作为社会成员的人所习得的包括知识、信念、艺术、道德、法律、风俗以及其他能力和习惯在内的复合体"。两个较短但现在广泛运用的文化定义,则是后来出现的。林顿(Linton,1936,p.78)提出,"文化就是人类的全部社会性遗产(social heritage)",赫斯科维茨(Herskovits,1948,p.17)则认为,"文化就是人类环境中人为的部分"。在这些简明的定义之外,我们发现,有关文化所包括的内容还有一个冗长的清单。其中,威斯勒(Wissler,1923)提出的文化定义中包括了言语、物质特质、艺术、知识、宗教、社会、财产、政府以及战争。这一清单很像在本章稍后部分呈现的人类关系区域档案中(HRAF)所使用的文化总体范畴(见文本框10.1)。

　　克鲁伯和克拉克洪(Karoeber & Kluckhohn,1952)对文化众多定义进行调查后提出,在人类学文献中,有六类重要的文化定义:

　　1. 描述性定义,就是所有人类生活和活动的各个方面,只要研究者认为是"文化"意义的例子,就尽量罗列进来。

　　2. 历史性定义,就像是林顿所做的界定那样,倾向于强调随着时间的延续而累积的传统，而不是列举文化现象的范围。

3. 规范性定义，强调统领一个人群活动的种种共享准则。

4. 心理性定义，强调文化中各种不同的心理学特征，包括诸如有关心理调节、问题解决、学习活动以及行为习惯之类的各种观念。例如，文化是习得的，这种学习的结果是在一个特定群体中建立种种习惯和共同习俗。[①]

5. 结构性定义，强调文化的模式或组织，这一观点与描述性定义有关。然而，这里所强调的是文化整体。其核心观点是，文化不仅仅是风俗的随机性清单，而且还将相互关联的各种特点进一步整合成一个模式。

6. 发生性定义，强调的是文化的起源，而非生物学意义上的遗传性。在这一类定义下，文化有三个主要的特征：第一，文化起源于某一群体对其生存环境的适应；第二，文化起源于社会互动；第三，文化起源于作为人类特征的（个体的以及相互作用的）创造性过程。[②]

克鲁伯和克拉克洪（Kroeber & Kluckhohn，1952，p. 181）在进行上述综述的基础上，提出了他们自己的文化定义：

> 文化由种种内隐和外显的模式构成，这些模式用于论述和倡导行为，这些行为通过符号而习得和传递；文化涵盖了人类各群体鲜明而独特的成就，包括这些成就以器物（artifacts）形式的种种体现；文化的本质核心包括（历史地生成和选择的）传统观念，特别是其所蕴含的价值观；一方面文化系统可视为是行动的产物，另一方面文化又可视为进一步行动的条件性影响因素。

这一定义明确地肯定，文化包括两个部分：其一，具体的、可观察的行动和人造物；其二，基础性的符号、价值观和意义。这个定义让我们想起了第一章所谈论过的主题（对于个体而言，文化是内在的还是外在的），但是它提出文化既是内在的也是外在的。亨特分别将这两

[①] 一些跨文化心理学家声称，在收集个体样本的心理数据并进一步将其聚合为群体水平的基础上，文化能够被研究和描述。例如，在第四章，个体的价值偏好（汇集后）被用于描述某个文化或民族的总体特征。最明确陈述这一信念的是特里安迪斯（H. C. Triandis，1996）。他运用文化综合征（cultural syndrome）的概念，来表示"围绕某一主题所组织的共享性态度、信念、范畴建构、自我定义、规范、角色界定、价值之一种模式"（p. 408）。他认为，文化可以这样的方式加以研究和理解，即既可以在文化层次上运用人类学方法，"我们也可以使用来自个体层次的数据……文化分析和个体差异分析是互补的，因此我们可以（运用这两种方法）对文化进行描述"（p. 412）。最近，欧伊斯曼等人（Oyserman & Sorenson 2009）开始着手于"文化综合征"这一概念的研究。他们提出了一个类似于生态文化框架的模型。在该框架中，文化综合征占据了一席之地，并在文化背景、生物背景和心理结果之间起着媒介作用。——原书注

[②] 本教材使用的生态文化框架包含这些定义的许多特征。然而，它与其中的发生性定义最密切相关。它采纳了文化对自然生境和社会政治环境（前两个起源）都具有适应性这一主张，而第三种起源（创造性过程）代表了人文成就对该框架其他特征的反馈。这是一种动态观，关注的是人类与其相关生态系统如何互动，并非将文化看作一个稳定的最终产品，而是将其看作一个持续变化的系统的一部分，同时既适应于又影响着他们的生活环境（Richerson & Boyd，2005；Triandis，2009）。——原书注

个方面称之为"文化1"和"文化2"(Hunt，2007)。在很长一段时间内，第一类特征(文化1)是人类学关注的中心，这一概念曾影响了跨文化心理学家如何在自己工作中使用这一概念。从本质上说，文化曾经被视为"外在的"(out there)和有形的，具有客观的真实性，并在很大程度上具有持久性。

　　第二类特征(文化2)在很大程度上是"内在于此的"(在人们的头脑内部)，或(因在个体间社会互动中所创造和共享而)具有"主体间性"(intersubjectivity)，且更具可变性。该主张在早期的跨文化行为研究中影响较小。强调第二类特征的观点于20世纪70年代开始得势，它认为文化存在于个体内部和个体之间的共享性意义和习惯之中。文化不再被认为是人类发展和行动所需的客观背景，而是更加主观的，因为"文化存在于人们的头脑中"(Geertz，1973)，是"体现为种种符号之意义的历史传递模式"(Geertz，1973，p.89)，是"一种概念性结构或观念系统"(Geertz，1984，p.8)。这个更新的视角导致人类学强调文化的认知方面。例如，罗姆尼等人(Romney & Moore，1998，p.315)大胆宣称："文化的控制点……存在于文化成员的头脑中。"这一概念现在已经为认同自己属于"文化心理学"领域的学者广泛采用(例如Cole，1996；Shweder，1990)。

　　这个传统更新的发展是，洪(Hong，2009，p.4)进一步提出了动态建构主义性质的文化定义，即将文化视为"种种知识网络，既包括有关思维、感受以及与他人互动的习得性日常实践，也包括关于世界方方面面的大量主张和观念所组成的体系"(Barth，2002)。这种主体间性的文化观已由科尔萨罗等人(Corsaro & Johannesen，2007)所提倡，他们关注的是在社会互动中新文化的创造。万与邱也认为，文化在很大程度上是主体间性的，是基于他们的所谓社会规范，即"某一特定群体成员之间关于价值观、信念、偏好以及大多数成员行为之广泛共享的设想"(Wan & Chiu，2009，p.79)。对他们来说，钟摆已经摆离了文化是"外在的"观点，而摆向了文化是"内在的"观点，但需要指出，格尔茨(Clifford Geertz，1973，p.12)提出要防止"文化是由心理现象组成的"这种认知陷阱。

　　不过，这两种观点间已经开始汇合，且在这方面已有明确论述："文化……包括人类所创造的世界中有规律地发生的现象，这些现象结果会形成人们共享的图式，进而人们的这类活动会利用这些图示，并表现为这些图式和世界之间互动的方式"(Strauss & Quinn，1997，p.7)；文化是"一个群体总体的社会性遗产，包括物质文化、外部结构、学习性行为和多种心理表征"(D'Andrade，1995，p.212)。在这方面有影响力的文化人类学家已采取了一种平衡的文化观点，认可其客观性、主观性和主体间性方面的意义。

　　有关文化如何概念化的上述争论，使很多人类学家面临一个危机，这种危机甚至到了这种程度，即文化这一概念存在的合法性受到质疑(Abu-Lughod，1991)，而其他一些人又为该概念辩护(Bennett，1999；Brumann，1999；Munroe & Munroe，1997)。对于目前这一概念的有用性，人们又提出了许多的否定性观点：这一概念过于静态化，不能应对世界范围内正发生的明显变化；忽视了个体在日常文化相互作用中的建构中的能动作用；给表现出不断变化的现象加上了疆界，等等。这些观点都可以看作后现代主义者对实证主义和经验性科学之挑战的一部分。心理学界也已经提出了很多类似的思想，这些思想是文化主义者（culturalists）对文化比较主义者（cultural comparativists）挑战的一部分（见本书第十二章）。至于这种后现代主义挑战会如何影响我们对文化—行为之间关系的理解，菲什（Fish，2000）和格林菲尔德（Greenfield，2000）提出了不同的观点。

出于对文化概念的辩护，那些重视概念有效性的学者指出，有一系列现象，尽管文化具有易变性和无穷尽的多样性，但它们依然是人类群体层面一个可识别的（行为的和符号的）特征。正如班尼特（Bennett，1999，pp. 954-955）所提出的：尽管这一概念在书刊中有过不良名声，在当代文化人类学中也不受重视，但从总体上，就处理多维性的行为数据之一般方法而言，它还是一个极有益的视角。不管我们承认与否，我们还都是功能主义者（functionalists）……经典人类学过去关注客观性的做法，并没有那么错。

孟罗夫妇（Munroe & Munroe，1997）也同意把文化的概念看作一系列体现人类群体特点的可认识的规律。与本书中所采用的普同主义立场相似，他们认为，"不同文化间之所以可望存在普遍性、一般性与相似性，是因为单单是我们人类这种物种才具有遗产，以及有必要对环境限制实现调适"（1997，p. 174）。再者，针对建构主义者只关注可变性而非共同性的做法，孟罗夫妇（1997，p. 176）认为，这是"单面的、具有误导性的观点，事实上也是半真半假的陈述"。

在本书中，我们坚持这样的观点——"文化"依然是一个有用的概念，并且认为关于文化的两种观点（文化 1 和文化 2）都是有效的。我们将这样使用该概念，即文化有其客观存在性，这种客观存在性可以用来彰显"一个群体生活方式"的相对性和稳定性这一特点。正如在生态文化框架中所提出的那样，我们认为一个群体文化所具有的这种客观性和稳定性（文化 1）可以影响个体及其行动，同时也被个体及其行动所影响。正如我们曾经论述的那样：

> 对跨文化心理学家来说，文化既可以看作人类过去行为的产物，也可以把它看作未来行为的塑造者。因此，人类既是文化的生产者，同时我们的行为又受文化的影响。我们已经建造出的社会环境，有助于使我们的生活方式在时间流逝中保持连续性和变化，并在跨越空间条件下也具有同一性和多样性。人类如何改变文化，文化又如何改变我们人类，这就是跨文化心理学所关注的一切。（Segall *et al.*，1999，p. 23）

我们还坚持这样的观点，即文化是一种共享的意义和符号系统（即前面第一章关于文化 2 的观点），它在人们建立社会关系过程中常常处于被创造和再创造的状态。文化的这些更具有主观性（和主体间性）的特征，是人类群体为适应其所处的长期存在但又不断变化的生态系统时所用种种方式的一部分。我们认为，正如第一章（文本框 1.1）所述，对文化的上述两种概念化建构都可以看作对生态文化框架中的文化要素的适应。

在第一章论述文化层面和个体层面的差别时，我们曾论述这样的思想，即对不同学科会在不同的层次上进行分析，不需要防备自己免受来自更基础学科的还原主义性质攻击，这样做是合法的。在人类学中，文化的概念显然是一个群体层面性质或集体性的现象。然而，同样显然的是，生物学和心理学变量可能与文化变量相关，而且研究者们不时试图用生物学和心理学变量来解释文化现象。

克罗伯（Kroeber，1917）反对这种还原主义，他认为，文化是超有机体性质的（superorganic）。"超"的意思是超出、超越，"有机体"指其个体性的生物学和心理学基础。为了论述文化在其自身层次上的独立存在，克罗伯提出两个论点。第一，特定的个体有生有死，但文化或多或少保持稳定。这是一个值得注意的现象。尽管新的一代的出现会最终导致社会成员的大规模更替，但文化及其制度则保持相对不变。因此，文化并不是依赖特定具体个体而存在，而是在群体的集体性水平上有其自身的生命。第二，没有哪个个体"拥有"其所属群体的所有"文化"，文化作为一个整体为该集体所负荷，而且，对其全部内容的认知或践行，很可能超越了群体中任何个人的生理或心理能力。例如，即使是对于一个文化中所有的法律规范、政治制度和经济结构这一有限内容，也没有任何个体能够完全通晓。

鉴于这两个原因，克罗伯认为，文化现象是集体的现象，超出和超越了个人，因此提出了他的术语"超机体"。这种立场对跨文化心理学来说非常重要，因为它使我们在试图把群体和个体联系起来时，可以将二者区别开来，并可能追寻文化因素对个体心理现象的影响。"文化"在这样的研究中能否构成"独立变量"，还是一个有争论的话题，我们将在第十二章中进一步陈述。这一部分主要分析外部环境及其影响。

文化的进化

正如第十一章将提出的，进化心理学主要关注的是普同性。然而，从历史角度来看，文化演进的概念始终关注的是，智人第一次出现以来，随着时间流逝而形成的多样性。显而易见，多种形式的文化群体的产生呈现出一种明确可分的顺序，即首先是小规模的狩猎和采集性群队，然后是以植物栽培和动物驯养为基础的社会（农耕和畜牧民族），再到工业和现在的后工业社会（Lomax，Berkowitz，1972）。过去，很多人认为这种历史顺序（文化演进）在某种程度上表现出的所谓"进步"。这种历史顺序逐渐演变为众所周知的"社会达尔文主义"。所以，在本书中，我们反对这种观念，即文化形式随着时间的推进而进步。

为了批判"演进即进步"的观念，萨林斯和瑟维斯（Sahlins & E. Service，1960）已经进行了一种重要区分，将进化分为特定（文化）进化和一般（文化）进化。在前一种情形下，进化经常是在适应新的生态条件（包括自然和社会条件）过程中，而出现文化多样性和文化变迁。在后一种情形下，一般进化"会产生进步，更高级的形式在较低级的形式基础上出现，并超越了较低级的形式"（1960，pp. 12-13）。我们赞成第一种关于进化的观点，即通过适应性的变动而出现多样性；不同意第二种观点，即随着变化会出现进步和更高级的形式。我们持这种立场的原因是，有充分的客观证据表明，生态因素导致（文化）变迁，但是声称一种适应比另一种更好，这只是基于主观性的价值判断。正如萨林斯和瑟维斯（1960，p. 15）所解释的："所谓适应性改善，只是就相应的那个适应性问题而言；对其判断和解释也应如此。在特定环境中，适应了的不同族群都是足够好的，也确实是优越的，并且是以其难以比拟的方式进行的。"这些批判者基于这样的立场，即这些判断并没有科学依据，必定是不可避免地依靠有关人类社会什么是"好"、什么是"坏"这种个人的偏好。

尽管我们反对那种对文化进化和生物进化之间采取简单的平行主义态度，但这并不是说二者之间没有任何联系。事实上，现已有充分证据（Richerson & Boyd，2005）证明，有一种共同演化的过程：那就是，文化实践形塑了生物演进的过程；同时，人类物种遗传特性的出现，使文化的出现成为可能（进一步论述参见第十一章关于双继承模型部分，还可参见文化传播模式部分）。

文化相对主义

与"社会达尔文主义"（Social Darwinism）对立的观点是文化相对主义（cultural relativism）。这一理念由博厄斯（Boas，1911）首次提出，并由赫斯科维茨（Herskovits，1948）进行了详细阐述。西格尔等人（Segall *et al.*，1966，p. 17）将之引入跨文化心理学中时，这样论述道：

> 民族志研究者努力描述他所调查人们的行为，但不会以民族中心主义的态度而根据研究者自己所属文化对其进行评价。他将努力根据所研究的人们自己的评价系统来看待这一文化。他努力对下述事实保持清醒意识：他的判断总是基于自身的经验，并反映的是他自己对一种有局限的特定文化之根深蒂固的濡化结果。他会提醒自己，他自己所属的文化并没有可以据以客观看待任何其他文化的奥林匹斯山诸神式的优势。

这种文化相对主义的立场提供了一种看待文化和心理多样性的非民族中心主义的观点。它促进了这样一种问题意识，即要意识到，民族中心主义关于文化差异和心理差异的种种错误问题，是其本质上内在固有的。不过，关于文化相对论，有两个议题需要澄清。其中一个主张是，坚持文化相对主义，就要拒绝跨文化比较。在第十二章中我们将会看到，实际上并不一定如此：如果不同文化间共有某种基础维度，其文化特性或者行为特性是可以相比较的（即具有可比性）。例如，有苹果和橘子是不可以比较的这一谚语性质的说法，但这并不是反对比较的有效禁令。它们都是水果，都有种子、果汁和果皮。基于这些基础性维度，它们又是能够相比较的（Hunt，2007）。雷贝克（Raybeck，2005）也提出过类似的观点，即对文化特殊性研究以及有关人类跨文化共享品质的研究是相互补充的。他指出："通过对比而发现差异，对于生产信息并最终形成意义是必不可少的，这是科学的公理。没有对比，就不会有信息……"（2005，p. 236）因此，相对观和比较法都是人文科学的必要元素，故也是本书中所描述文化比较法的检验性标准。

有关文化相对主义的另一个议题是，它常常被理解成这样的含义，即就文化性质的价值观和习俗而言，任何事情都有其道理。然而，现已得到广泛认可的是，存在有限数量的、可作为"普同性"原则的文化和行为方面的习俗。例如，已发布的"关于人权的通用准则"（United Nations，1945）以及"关于心理学家伦理原则的共同宣言"（Gauthier，2008；See Ch. 18），就是这些基础性普遍原则存在的例证。不过，显而易见的是，对于各种权利，尤其是有关妇女和儿童的权利之接纳而言，不同文化间存在差异。

普同性文化要素

跨文化心理学较为不易察觉的另一个特色是在理解当地现象和发展全人类一般性认识间取得平衡。这两个方面是我们在第一章中提出的该科学领域的两个目标。文化相对主义的立场有助于我们对前一个方面（主位性目标）的追求，而普同性文化要素（cultural universals）（派生性的客位目标）存在的设想，则为第二方面的研究提供了基础。阿伯利等人（Aberle，1950）提出，一个社会的存在需要有一些功能性前提条件（见文本框 4.1）。与此观点相似的立场是，所有文化都有一些共同的特征，即这些特征是文化的基本性质，并包括了我们渴望在任何文化和每一种文化中都能发现的现象范畴。同样，存在种种这样的活动，即所有人类个体都会从事（尽管会以显然不同的方式进行），这是坚持心理机能运作具有一致性的主张之基础。换句话说，人类文化和心理方面都具有普同性。

事实已经证明，对心理学研究更有用途的是，关于一些更具体的普同性文化要素之范畴性目录，而这种目录是要基于在许多文化中所进行的内容广泛的研究。与那种"随手可用的一览表"相比，这种精心研制的目录更为有用，因为它们提供了一系列综合的描述性范畴，这可以构成（跨文化）比较工作的基础。可用作比较工具的一个适用的备选目录，是默多克（Murdock，1949）开发的那套范畴，它已用于人类关系区域档案的研制（HRAF）之中，我们将在本章后面部分讨论它（文本框 10.1）。

民族志

人类学家们已经积累了在全世界几乎所有文化中进行长时段调查工作的经验，这是使用被称之为民族志（ethnography）的这一方法所获得的。这一传统的遗产体现为有关种种特定文化的"田野工作"的成千上万卷出版物。这些民族志性质的报告是丰富的信息来源，并可作为跨文化心理学的重要基础。这种分别关注特定文化的报告为心理学家提供了有价值的文化层面的情境性材料，以便于其选择拟研究的文化群体，并为其开发研究工具时确定具有文化适宜性的内容。另外两种学术活动——民族学研究（ethnology）和（文化区域）档案研究，也是以这种民族志为基础的。

在民族学领域，研究者试图理解各种文化的模式、习俗性制度、发展动力及其变迁。这种对更广阔画面的探究需要来自关于众多文化的民族志报告，对这些报告进行比较，就可以概括出（不同文化间的）相似之处和差异性。在进行这些工作时，民族学研究者利用原创性民族志材料（有时是他们自己的，有时是其他研究者的），寻求民族志性质的差异背后隐藏的信息，或者解释这些差异。在某种意义上，如果说民族志仅仅是对外显文化的描述，那么民族学则具有阐释性，即利用科学性推论来理解内隐文化。然而，大多数人类学家实际上并不严格区分民族志和民族学这两种研究梳理。至于档案研究，则要运用大批民族志报告才能实现。有时这些民族志报告，需要加以梳理、组织成系统的框架，以用于比较和统计分析，这正如"人类关系区域档案"（HRAF）所做的那样。

民族志性质的田野工作

跨文化心理学家不可避免地需要很好地掌握如何在现场进行民族志调查的方法。其长期存在的问题，例如怎样进入研究现场，如何进行民族志研究，一直是人类学的重要议题。例如，为了帮助田野工作者，英国皇家人类学协会在 1951 年就出版了经典性的《人类学调查中的提问与记录》（*Notes and Queries on Anthropology*）。其他问题，如访谈和测验，属于心理学传统方法。而其他方法，如取样和利用观察技术，则是这两个学科领域都运用的方法。古迪纳夫（Goodenough，1980）以及孟罗夫妇（Munroe & Munroe，1986）分别就这些问题，非常明确地针对跨文化心理学家的需要撰写了著作。

第一次走进或者接触一个文化群体或社群，是一个研究项目中最重要的行动。如何做到既能保持敏感，又能避免犯大错误呢？从有关这一问题的现有论述来看（Cohen，1970），经验丰富的田野调查者的结论是，要接近文化群体，没有唯一的、最好的办法，每一情境下都需要注意当地的（文化）准则，以及在一定程度上研究者对自身的认识。确实，作为旅居者的田野调查者会经历涵化现象，也许还会承受涵化压力（见第十三章），从而产生自我怀疑、动机丧失、意志消沉以及其他问题，这些问题都可能变得很严重以致阻碍工作的进行。

也许，进入田野的最有效、最符合伦理的方式是与属于另一文化（即拟调查文化——译者注）的同事合作。然而，在早期，许多人类学的研究工作是"攫取性的"（Gasché，1992）而不是合作式的：人类学家返回时带着信息和人文制品，跟带着矿石标本的地质学者非常相似，因此曾被当成殖民事业的一部分。现在，很多人类学家与作为研究同人的当地人齐心协力，以共同考察问题，这就加强了研究的伦理基础。通过这种方式，人类学家就可能更容易且迅速地被当地人接纳，获得当地的知识。

尽管完全意义上的民族志研究并非必要（并且可能超出了心理学家的能力范围），然而，对于一项研究所涉及的人们，跨文化心理学家还需要核实一下有关的先前民族志研究所包含的信息。为此，我们也需要在一定程度上熟悉民族志方法。阿拉苏塔里（Alasuutari，1995）、伯纳德（Bernard，1998）以及纳罗尔和科恩（Naroll & Cohen，1970）的著作都对此主题进行了完整描述。在此，我们集中讨论一些在学习和进行跨文化心理学研究时需要考虑的、广泛且很重要的问题(Lonner & Berry，1986a)。

首先，需要严谨考察研究所涉及文化的一些基本特征，以了解研究对象成长的环境和现在生活所处的总体背景。前面已经提到了经多数人类学家研究而形成的、有构成文化的特征之一。这个目录中最重要的一项就是语言，这常常是开始了解另一种文化最好的地方。它不但提供有关该文化本身的知识，而且为研究该文化的很多其他方面提供了工具。

做现场研究的人类学家通常要为发挥实际功能而流利掌握当地语言，但跨文化心理学家很少如此。在此，有一个重要的差异和一个重要的问题。人类学家学习当地语言，是因为语言是其有待理解的文化的重要组成部分，而跨文化心理学家不需要学习，因为他们研究的问题(除了属于心理语言学外)可能会几乎不涉及语言。然而，应该说，心理学的理解非常微妙，对人际沟通有很强的依赖，因此对跨文化心理学家来说，学习当地语言应该也是一个基本的和前提性的目标。

鉴于这是很难实现的目标，一个可替代的方式是依靠他人作为理解的工具。这可以通过与成长于所研究场景的研究同人建立紧密关系的方式实现。正如前文所提到的，许多早期研究倾向于让这些当地文化中的同人作为次等角色参与研究。在这种情形下，他们仅仅是应邀使用已经开发出的一系列概念、假设和工具去收集数据。现今的调研日益追求的是一个更加平等的关系，在这种关系中，各方是平等的研究伙伴，研究所需的概念建构和操作化工具都是共同合作开发的。

除了语言，研究框架所涉及的其他文化变量也需要考察。例如，经济制度、物品、社会分层、政治组织、宗教以及神话，都可能在研究中扮演重要角色。在实地进行的人类学研究中，获得这些信息最常用的方法是，与当地的关键线人进行深度互动，并运用观察技术。

由于文化的大多数方面具有推断性、规范性的特点，因此在人类学研究中，关键线人的作用十分重要。也就是说，文化是一个被认为可以广泛共享的现象，因此任何(或一些)人都应该能对自身文化进行详细的陈述。研究者首先应广泛地进行询问，然后深入地对先前得到的信息加以核实和再核实，最后就自己所形成的构想征求线人的评论。所有这些做法，都有助于逐渐形成关于该文化群体的知识体系。这样，随着时间的增加，仅在少数几个人的帮助下，就可以形成(当地文化的)全面图景了。

对日常生活进行观察的方法，可用来核实关键线人所提供的信息，并可证实研究者对文化所形成的构想(Bochner，1986；Longabaugh，1980；Munroe & Munroe，1994)。在所形成的构想和观察结果之间也可能会出现差异，这时需要再次求助于关键线人，以对此进行甄别。因此，这是一个充满反复的过程：研究者要在请教线人与直接观察之间反复来回，直到所拟研究的文化变量得到充分的、令人满意的理解。

民族志性质的档案法

至今为止，跨文化心理学中使用最频繁的民族志档案(ethnographic archive)，是名为"人类关系区域档案"(Human Relations Area Files，常简称为 HRAF)的一系列数量巨大的材料。若要确定一个比较研究项目所需的一组符合若干标准的文化，那么，辛苦地读完数以百计的民族志报告，以找到符合要求的具体群体，这将是一项漫长而艰巨的任务。幸运的是，大量民族志文献已经过加工组织(聚集、分类、编码)，最终成为人类关系区域档案这样的文档。不过，如今，正如在第十三章将看到，由于文化的变迁和涵化，这些材料的大部分已显得陈旧。

作为 HRAF 成果之一的《文化资料概要》(*Outline of Cultural Materials*)包括 79 个主题(Murdock *et al.*，2008)，这些主题被认为是所有文化群体中都可能发现的普同性范畴集。巴瑞(Barry，1980)进一步把这些主题梳理为 8 个大范畴。文本框 10.1 提供了这些最终选定的主题的一部分。

该成果展示了两个相互交叉的重要维度：一个是各种文化构成的整体，另一个是文化的各种具体特征构成的整体。事实上，研究者使用这种巨型档案文件，几乎就可以找到一个社会的任何特征。例如，在分析一个地区的基本经济活动时，首先可以找到世界上一个特定地区所有文化的子集，然后计算出这一地区中，狩猎和农业各自所占的比例。假如可以得到这些文化的地理信息(关于纬度、海拔、温度和降雨量)，就可以问这样的问题："基本经济活动的方式可以根据地理信息进行预测吗？"而在有这种现成的 HRAF 文件之前，对这些生态问题感兴趣的研究者(Kroeber，1939)，不得不通过亲自赶赴许多材料的原始来源处去获取信息。

10.1　《文化资料概要》中的文化主题

默多克等人编著的《文化资料概要》，把全世界文化习俗的不同情况分为 79 类，这些范畴又被组织为 8 个主要部分。若把文化的这些方面与威斯勒早期的文化定义进行对比，会很有意思。

巴瑞(Barry，1980)梳理了默多克所提出的 79 个文化范畴，下面是其中部分内容：

1. 一般特征
方法论
地理特征
人类生物特点
行为方式与人格
人口统计
历史与文化
变迁
语言
交流沟通

2. 食物与衣服

食物寻取
食物加工
食物消费
酒、药物及嗜好
衣服
饰品

3. 居住与技术
自然资源开发
基本原料加工
建筑与修建
建筑结构

定居方式

能源与动力

机械

4. 经济与运输

财产

交换

市场营销

金融财政

劳动力

商业与产业组织

旅行与运输

5. 个人与家庭活动

生活标准和日常事务

业余消遣

美术

娱乐

社会分层

人际关系

婚姻

家庭

亲属关系

6. 社区与政府

社群(社区)

地区组织

国家

政府治理活动

政治与制裁

法律

违法与制裁

司法

战争

7. 福利事业、宗教与科学

社会问题

保健与福利

疾病

死亡

宗教信仰

教会组织

数字与测量

关于自然和人的观念

8. 两性与生命循环

两性

生殖

婴儿与儿童养育

社会化

教育

青春期、成年期与老年期

现有对 HRAF 的实际使用，主要是发现不同文化中两组文化变量之间的规律性相关模式。这种"全文化的"(holocultural)视角或"全种系"(hologeistic)视角汇集了"全世界"范围内的数据和发现(Naroll，1970)。这方面已完成的一个具体研究例子是，探索社会化习俗与经济生活之间的关系。为了使用简便，很多数字代码已经编好，这样不同研究者每次使用一个文化活动范畴时，就不必再把一种风俗(例如儿童喂养)的言语描述转化成数字了。《民族志地图册》(*Ethnographic Atlas*)(Murdock，1967)和《跨文化概述》(*A Cross-cultural Summary*)(Textor，1967)中都有大量代码。后来又有了更具体的代码(Barry & Schlegel，1980)。现在，很多这些

资料都可以使用其计算机化的形式，其网址是 http://ehrafWorldCultures. yale. edu。该网页
2008 年开始使用，包括了从更早的《世界文化资料概要》(Murdock，1975)中梳理出的 700 多个主
题的索引。该网页的一个创新是其搜索功能，读者通过输入关键词就可以查阅到各种类别的主题
和文化。

　　至于如何使用这些文件，恩伯夫妇已经编写了有关著述(Ember & Ember 2009)。HRAF
在使用中出现了相当多的问题，招来了很多批评，这又促成了同样多的努力来解决这些问题
(Naroll，Michik & Naroll，1980)。在此，我们简要考察若干此类问题以及人类学内部提出的
解决办法。其中的一个基本问题是，如何界定一个文化群体——其容量和边界是什么，谁是其
成员？纳罗尔(Naroll，1970)提出了"文化单元"(cultunit)的概念，它是"文化负荷单元"
(culture-bearing unit)的简写。该术语表示的是体现特定文化、被明确界定的群体。这个涉及文
化单元的疆界问题与文化单元的独立性议题是相关的。该议题被称作"高尔顿难题"(Naroll，
1970c)。对那些要在全文化研究中进行相关分析的研究者来说，这已经成为一个真正的障碍。
这一问题的实质是，文化特质会从一个文化单元跨界扩散到另一个文化单元；毗邻的文化单元
中有一个特殊的实践习俗，但这个习俗可能只是借自其他文化单元，而不是独立发展出来的。
因此，例如在二十个文化单元中，社会化过程中强调顺从与生计方式上依靠农业这两者间存在
相关，其原因可能是因为一个社会建立了这样的关系，然后与其他社会分享了这样的关系。由
于这种相关要求案例的独立性，因此这二十个文化单元中存在的那两个因素的明显关联，可能
仅仅表征了单一案例的扩散，而不是二十个独立的案例。纳罗尔(Naroll，1970c)对此提出的解
决方法是"双语边界"(double language boundary)。如果该研究中任何两个文化单元之间至少有
两种语言边界，那么在统计分析时，可以把两个文化单元看作相互独立的。(前面提到过的)要
选择标准的跨文化样本，部分目的就是要满足这种独立性方面的要求。

　　在此需要注意的最后一个问题是 HRAF 所采用的文化之范畴方面的问题。文本框 10.1 提
到了 79 个范畴或主题，所有的文化数据都会分配在这些范畴中。问题是，这些范畴跟来自全
世界的文化数据是完美匹配、大致匹配还是不匹配？换句话说，这些范畴到底是不是描写文化
的普同性范畴？或者说，一些文化数据是不是有选择地受到注意或遭到歪曲，以实现与这样一
个整洁的概念图示的匹配？各个范畴内的数据真的可以比较吗？纳罗尔等人(1980)所提出的解
决方法是，当从民族志报告中获取数据，并把数据登记到 HRAF 时，所采用的编码规则要清楚
明白。通过这些规则，就可以避免编码错误和勉强的范畴分类。然而，还有大量数据无法划分
范畴。因此，需要扩展或重新组织现有的范畴体系。

　　尽管跨文化心理学家可能希望继续使用 HRAF，其目的是发现群体层面变量之间系统的协
变性的规律，在此，我们还要建议该档案的两种其他用途。一是在费力费钱地进入田野之前，
为了确定研究所需的心理学理论或假设而进行"初始阅读"时，也许可以使用 HRAF 中已有的变
量和数据。这样，研究者在最终真正进入现象时，就可以更有效地把自己的活动指向可望富有
成果的问题。(就像我们在开始时提到过的)第二种用途是，HRAF 有助于确定(应包括在取样

中的)具体文化，因为它可以提供特定比较心理研究所需要的特定文化背景和文化经验。例如，如果我们对不同社会化习俗的效应感兴趣，我们就在从赞同极端自主到赞同极端顺从这一维度的两端之间，选择一组不同的社会，然后去现场，使用心理学评估手段对个体样本实施测验，以发现预期的行为结果是否确实存在。

认知人类学

　　与心理学有密切联系的另一人类学分支是认知人类学(cognitive anthropology)。其最广义的表述是，"认知人类学是对人类社会和人类思维之间关系的研究"(D'Andrade，1995，p. 1)。更具体地说，其目标是了解在各种文化中，人们如何描述、组织他们关于自然(和超自然)世界的知识，并对这些知识进行分类。它与心理人类学一样，都关注规范性知识(normative knowledge)，也就是人们一般来说知道什么与如何知道，而不是关注心理过程或个体差异，也不同于跨文化心理学在这些相同维度上进行的认知研究。

　　这一领域的另一个名称是族群科学(ethnoscience)(例如 Sturtevant，1964)；这被定义为一个人类学分支，旨在了解其他文化的科学知识。理论上说，我们可以建构出任何数目的这类分支，例如族群植物学，甚至族群心理学(以及我们在第二章见到的族群亲职理论)。人类学开创的这一倾向，使得心理学开始关注本土知识系统，包括实用技术("非专业性制作物品")(Lévi-Strauss，1962；Berry & Irvine，1986)、"日常认知"(everyday cognition)(Schliemann et al.，1997；Segall et al.，1988)以及更大规模的认知系统，即"本土认知"(Berry et al.，1988)。这种族群科学的一般研究方法的实例是，对玛雅人和梅诺米尼人原住民有关自然现象的知识的具体研究(Atran & Medin，2008)。安德雷德(D'Andrade，1995)对这一研究领域进行了精彩的综述。

　　在认知人类学的研究中，理解认知的关键是，非常强调作为文化现象的语言的重要意义。正如我们在本章前面看到的，语言是文化的组成要素，与制作工具一起，可能是人类文化的真正区别性特征之一(毕竟很多非人类物种也有社会组织、领土甚至游戏)。

　　由于语言总是明确地与学习、记忆和思维交织着联系在一起，所以语言总是很容易被认为是等同于人类认知活动的。因此，对人类认知感兴趣的人类学家试图把语言这种特殊的文化现象，作为他们探究认知现象的独特窗口。从历史上说，语言—认知联系之所以成为认知人类学的中心，是因为受到两种重要因素的影响。第一，如第六章提到的，沃尔夫(Whorf，1956)认为，从基础方式上看，一方面语言范畴(词以及词与词之间的关系)可用来对世界进行编码和组织世界，另一方面语言范畴又会在基础上形塑个体生活中的认知活动。支持这一观点的经验实证性证据不多，尽管如此，这种联系从直觉上是很有说服力的，并曾经足以让人类学家沿着这一方向行进。第二，从形式语言学分析，这是一种考察范畴及范畴结构的模型方法，这种方法很容易被认知人类学家所采用。这样，对人们谈论某个主题领域(例如亲属关系、动物)的方式进行的语言学分析，就为分析他们关于世界的认知性组织（例如他们如何思考这一领域）提供了基础。这一取向与集体认知（人们一般如何理解他们的世界）有关，而与个体认知（更关注的是人与人之间的认知如何相似与不同，或者基础性认知过程的性质）无关。

该领域已经提出"社会表征"这一概念，以描述人们关于世界的共享性信念。对莫斯科维奇（Moscovici，1982）来说，社会表征是有关"价值取向、观念和实践方面的系统……（这样的系统）使个体能够在其所处的物质世界和社会群体中对自己定位并掌控这一系统……使社群成员之间能够进行交流"（Moscovici，1982，p. 3）。加德利特等人（Jodelet，2002；Duveen，2007）进一步发展了这些主张。然而，贾霍达（Jahoda，1982. pp. 214-225）表达了跨文化心理学家对此的共同主张，即这样的集体表征或社会表征不能真正成为具体把握任何个体种种心理过程的工具，不管是要探索其认知、动机和态度中哪一方面。据此，我们发现，人类学数据和心理学数据存在关键的差别：当我们只有群体层面的数据时，个体差异和个体心理过程（心理学探索的核心）简直就是不能把握的。然而，这不应该成为拒绝接受认知人类学家研究的理由，实际上，就像那些在心理人类学领域工作的研究者一样，认知人类学家已经为跨文化心理学家开辟出全新的调查领域，并为研究个体行为提供了基于语言的研究方法。在本章的后面部分，我们将回顾同时使用文化层面和个体层面的观察和数据的两组研究，因为这些研究消除了这种分离。

群体语言是理解人们认知活动的重要途径，这一观点在早期"成分分析法"（Goodenough，1956）中就有表述，特别是在对亲属关系的研究中（例如，Romney & D'Andrade，1964）。这一方法还叫作"特征分析"，首先选择一个文化领域，如家族关系，然后用一个名词指称不同的成员。例如，在英语中，对性别和代别（例如奶奶、爷爷、妈妈、爸爸、女儿、儿子）都有区分，横向差别也有区分（例如姐妹、兄弟）；但某些名词没有性别的区分（例如 cousin 可指"堂兄弟姊妹"），某些关系无法分辨出是基于共同的出身（"血统"）还是基于婚姻（如 uncle，aunt）。与之不同的是，有些语言能进行更好的区分（如某位 cousin 是男性还是女性；某位 aunt 是基于血统还是婚姻），并且范围更广泛（如 uncle 可以包括与父母关系亲近的所有成年男性）。成分分析法已经被运用于很多其他领域，如"吃的东西"，或"动物"，甚至运用于抽象的领域，如"性格特质"和"智力"（参见文本框 6.1）。安德雷德（D'Andrade，1995，p. 3）认为，成分分析是很重要的，因为它说明了"如何调查文化的意义系统"，并揭示了"本地范畴，这些范畴是通过对他们的世界中有差别的事物进行主位（参见第一章，表 1.2）分析而得到的，而不是把来自外部的范畴强加给他们"。

该领域的一些研究取向已经从关注语言转向关注实际行为（Gatewood，1985）。根据多尔蒂和凯勒（Dougherty & Keller，1982）的说法，人们对（基于语言的）"分类学（taxonomy）"的兴趣减弱，而对基于任务的"分类学"却更有兴趣，也就是说，人们如何真正地使用文化知识方式的个体差异，已经成为研究的对象。

与认知人类学有些相关的一种研究传统被称为日常认知（Schliemann，Carraher & Ceci，1997）。这种方法是以对特定群体中所发现的认知需求和问题解决策略的描述性说明为基础的。

这类研究已经描述了种种令人惊叹的技能。例如，普拉瓦特(Pulawat)人在没有罗盘的情况下，在太平洋中远距离穿越的船只导航术(Gladwin，1970)；Oksapmin人拥有一个基于身体部位的计数系统(Saxe，1981)；各种不同社会的纺织技术(例如，Childs & Greenfield，1980；Greenfield，2004；Rogoff & Gauvain，1984；Tanon，1994)。

日常认知方面的研究一般都表明，从一类情形(领域)所习得的东西，要迁移到另一类情形，包括从学校到非学校情形，并加以概括的做法，是有限的(Segall et al.，1999)。尽管如此，大多数作者把具有文化特殊性的知识和技能，看作运用种种更一般的教学模式和学习模式的结果，而这类模式，例如脚手架模式(Greenfield & Lave，1982)和学徒制模式(Rogoff，1990)，与那些盛行于西方学校场景的教与学模式不同。

(认知人类学所关注的)具体的技能和项目性知识在种种应用领域更受关注。例如，跨文化交际课程除了教授诸如个体主义—集体主义维度这类更具概括性的知识外，还向学员传授具体的习俗，例如，进入家门应当脱鞋。在跨文化健康干预项目中，制订干预计划时需要了解与特定情形(例如，抽烟、性生活安全以及营养)相关的技能和知识，以使计划在当地具有适切性(Pick，Poortinga & Givaudan，2003)。借鉴认知人类学的研究例子是，对于诸如疟疾之类疾病的预防研究，要关注有关病原学，很可能甚至还包括治疗方面的本土信念(Klein，Weller et al.，1995)。

有两项研究说明了人类学和心理学方法是如何实现整合的。第一个就是瓦斯曼和达森(Wassmann & Dasen，1994)的研究，该研究分析了新几内亚的郁普诺人(Yupno)的数字系统和分类规则。这种(人类学家和心理学家之间的)跨学科合作研究结果证明，存在物体计数和分类的一般方法(文化层次)，而且人们进行这些认知活动的实际方式存在个体差异(心理层次)。

他们的研究取向是使用多重方法，从而获得看待一个现象的有利条件(Wassmann & Dasen，1994b)：第一，他们对关键信息提供者进行访谈，以获得文化(社会规范的)层次上的理解；第二，他们对所感兴趣的日常行为进行观察(例如计数和分类)；第三，他们提出任务，并让被试完成，从而解释个体差异以及其基础过程。第一种属于民族志研究，第三种属于心理学研究，第二种技术是两个学科共用的方法。

瓦斯曼和达森在第一个研究中注意到，郁普诺人从左手开始数数，从小拇指到大拇指依次把手指向下折；1、2、3有不同的数字对应，4就是"2和2"，5叫作"削竹笋所使用的手指"，也就是拇指，通过出示攥起的拳头表示总数，叫作"一手"。数字6到10是用右手以同样的方式数，而11到20则用脚数。数字21到33，用身体上两个的对称部位以及身体中线的部位，来表示每个由五个数组成的数组(以及数字33)。当用完了身体最后一个部分(阴茎，称作"疯狂的东西")，总数就表示为"一人死"。如果需要数到超过33，就在第二个人身上重复这一过程。

在这些总体性描述(民族志)以外，研究者还对各种心理学问题感兴趣，例如性别和年龄差异。然而研究妇女是不可能的，因为郁普诺妇女被认为是不应懂得数字系统的，因此她们拒绝回答任何问题。研究儿童和年轻男子也行不通，因为前者只使用在学校里教的十进制系统，而后者只能用传统系统数到 20。新几内亚海岸也有这种传统，在那里许多青年男人一直在干活。

　　然而，心理学家坚持让几位老年人用数字系统数数，结果发现了非常有趣的现象：尽管被试中有四位使用的是上述截止到 33 的数字系统，但还有一位使用了一个截止到 30 的系统，两位使用了截止到 32 的系统，一位使用了截止到 37 的系统。除了一个例外（一男子以从下到上的方式开始），数数总是截止到阴茎，但中间的身体部位代表的数目是可变的。这揭示了该计数系统的特点，也就是，计数是面对面进行的，通过这种方式能够考虑到编号方式的变化。

　　人类学与心理学概念和方法结合的第二个例子是，阿特兰等人（Atran & Medin，2008）关于人们如何理解生物和植物方面的研究。他们与危地马拉的玛雅人、美国的梅诺米尼人（Menominee）以及美国的"主体民族"等社区合作，利用民族志方法来考察当地人有关当地环境中自然物的知识和分类方法。他们同时还以这些社区中的个体样本为对象，进行了有关知识和分类任务的测试实验。他们的研究证实了普同性认知特点的存在。其结论如下：

　　　　1. 在所有文化中，人们都会将植物和动物分为近似物种（species-like）的类型，而现代生物学家一般把这些类型看作由能杂交个体组成物种群对一种生态小生境的适应结果……我们称这样的种群为……一般（generic）物种。

　　　　2. 有一种常识性的假设认为，每个一般物种都有一个基础性的因果性质或本质，这就是该物种具有典型外观、行为和生态偏好的独特原因。

　　　　3. 这些分层纳入的物群类型结构……被称为民间生物学（folkbiological）分类法……。在所有已被深入研究的社会中，民间生物学性质的类型都被编成了分层次的组织序列。

　　　　4. 生物学分类法不仅仅是组织和概括生物学信息，同时还为关于有机体之间生物属性和生态属性的系统推论提供一种有力的归纳性框架（Atran & Medin，2008，pp. 110-111）。

他们进一步指出：

　　　　我们已经为人类认知中存在的民间生物学的结构自主性和功能自主性提供了证据……首先……民间生物学分类法普遍存在于一般物种层面……其次……各种不同文化中的人们运用拓扑学思维创建相似的生物学分类法，并以之去指导人们关于生物和生态属性的推论。至于如何运用这些分类，不同群体可能存在差异。……虽然这些普遍倾向在工业化中心之外很突出，但在所有地方都是随处可见的。（Atran & Medin，2008，pp. 113-114）。

到此，我们发现人类学家和认知心理学家研究传统之间的聚合。我们也发现支持本书所采纳的普同性观点的进一步证据：基础性的认知过程在不同文化中是共有的，尽管这些过程所产生的内容和结果从文化上看具有高度的可变性。

宗教

也许，宗教研究中最迷人的事情是广泛存在的各种各样的信仰以及它们所遵守的各种各样的实践与习俗。宗教信仰方面的多样性研究早已成为文化人类学首要关注的焦点（Durkheim，1915；Frazer，1890/1995；Lévi-Strauss，1966）。在许多民族志中，我们都能找到很多有关社会宗教信仰的描述，以及对宗教的社会功能的阐释。在人类关系区域档案（HRAF）中，宗教被认为是文化的普同性范畴之一。塔拉克什沃、斯坦顿和帕尔加曼（Tarakeshwar，Stanton & Pargament，2003）已特别强调指出，宗教是跨文化心理中曾被忽视的维度，他们还为整合以前存在的（人类学和心理学）的分离提供了概念框架。霍尔登和维托拉普（Holden & Vittrup，2009）也提出了类似的诉求，即用发展的角度看文化和宗教。他们认为，这是仍处于形成阶段的研究主题。

在这一部分，我们将分别阐明三种思路，通过这三种思路我们能够理解宗教与包括跨文化心理学在内的科学知识的关系：

1. 关于超验（transcendental）事物的知识（通常被称之为宗教性质的或超自然的信仰）的地位高于科学知识；

2. 科学和宗教被看作两个相互分离的领域；

3. 科学地位高于宗教，尤其是科学理论应当解释人类宗教信仰存在的意义。

思路1：宗教知识地位高于科学

该思路意义上的宗教主要是超验事物，是超越可观察现实之上的实在或本质。宗教信仰者往往追随某一个特定宗教，且必定是一神论宗教；坚持一种被启示的真理，且多少是绝对、不应怀疑的真理。当宗教信仰和科学证据相冲突时，他们主张，前者高于后者。例如，上帝特创论（creationist）运动的信徒一般相信：这个世界的历史还不到6000年；科学搞错了这个世界的年龄，有关的反驳证据已经发现（Number，2006）。在某些情况下，宗教已经被纳入心理学课程。例如，在印度尼西亚，塞提诺和苏达加（Setiono & Sudradjat，2008）已经提出，教授心理学的基础应当是提升学生的宗教信仰和虔诚。

由于宗教对科学观念的影响，前者还在历史方面也占有优先地位。源于基督教传统的种种元素，常常是通过哲学进入心理学。现行的大多数行为科学和社会科学最初都是在这种传统中形成的。即使是"心理学"这一学科的取名，也是源于基督教的"心灵"（psyche）或"灵魂"的观念。它们本是希腊-基督教性质的概念，指的是人类以非肉体形式的存在。这样的概念并不是所有文化都共有的。如果考虑来自其他世界观的概念（参见本书第五章，"特定情境中的自我概念"部分），其宗教影响和哲学影响都很容易被观察到。

思路 2：宗教和科学是彼此独立的领域

如果人们能够接受科学领域和宗教领域之间应以某种形式相分离，那么宗教观点和科学观点的冲突是能够避免的。基督教的一个主张是，《圣经》是启示性真理，它讲述的是上帝与人类之间的关系，故不应当把它当作科学书籍来读。科学不断扩展并侵入宗教信仰领域所导致的压力，导致这种分离的出现。科学正日益支持进化论，这很可能是在一些国家发生这一反击现象的原因。这些国家要求，随着进化论概念进入课程，同时也应在课程中纳入"生命的设计者是上帝"这一"智能设计"（intelligent design）概念（Forrest & Gross，2004）。

关于心理学和宗教关系的大部分研究属于上述第二种思路。诸如奥尔波特（Allport，1961）等心理学家的分析，将宗教性或精神性（spirituality，其意义比宗教更为宽泛）当作人类这一物种中广泛存在的心理现象。这样的研究往往反映了一种对宗教的积极态度，尽管大多数作者很可能会赞同这一点，即若不依靠个体信仰，心理学家就没有能力去判断宗教主张的真理性或反对宗教的主张。

在这种传统下，大量的实证研究已运用了心理测量量表，例如，奥尔波特等人（Allport & Ross，1967）所开发的宗教取向量表。这样的研究寻找的是关于个体差异的有意义维度，以及探索个体宗教虔诚度及其对宗教组织的参与性之间的相关性。这些研究结果各式各样，但通常都说明了宗教的坚持度和精神性之间是相关的（Dezutter，Soenens & Hutsebaut，2006；Miller & Thoresen，2003；Powell *et al.*，2003）。到目前为止，大部分这类研究是在美国或其他一些西方国家实施的，正因为此，戈萨奇（Gorsuch，1988）认为，"宗教"这一术语可能应当被"基督教"所取代。

上述在西方所发现的宗教和科学间的关系在不同社会可能是一致的，也可能是不一致的。例如，研究经常报告说，在美国的原教旨主义宗教信仰和权威主义间存在关联，而对韩国基督教徒的研究则没能重复这一结论（Ji & Suh，2008）。另一方面，针对美国人编制的精神超越性量表（Spiritual Transcendence Scale），其结构效度在印度的印度教徒、基督教徒和穆斯林样本中也得到证实（Piedmont & Leach，2002）。到目前为止，该领域具有一致性的成果不多，但这并不奇怪，因为有关的跨文化研究成果不多。

思路 3：科学优先于宗教

当科学试图为宗教信仰和实践提供科学解释时，科学地位会高于宗教（Frazer，1890/1995；Lévi-Strauss，1966）。例如，涂尔干（Durkheim，1915）认为，宗教信仰和宗教仪式的存在是因为它们具有某种社会功能。对于他来说，宗教仪式是关于社会生活本质的种种评说。例如，表达对上帝敬畏的仪式，间接表达了对某一社会某一种政治力量的敬畏。像弗雷泽和后来的列维-

斯特劳斯这些人类学家，他们把宗教看作理解和控制世界的一种努力尝试，即作为一种前科学性事物（参见 Dunbar，1996；Horton，1993）。受弗雷泽（Frazer，1890—1995）的影响，在现代心理学早期历史中，弗洛伊德将宗教信仰视为孩童般幼稚的表现：上帝是父亲作为权威人物的一种升华形式。在他著名的著作《图腾与禁忌》（Frazer，1928）中，弗洛伊德参考非西方国家的宗教来谈论这一观点。而在近期，宗教已经成为进化心理学研究的焦点。宗教现象的普遍存在表明，信仰宗教是人类本性的一部分。问题是，人类生物性构造中有什么（因素）使人类不可避免地发展宗教？

　　宗教需要大量的时间和物质方面的投资（例如用以建造礼拜场所、仪式献祭以及供奉宗教领袖），还有心理投资（如祈祷中的情绪和认知努力）。在本书第十一章中（自然选择部分），我们将发现，根据达尔文的自然选择理论，就人类繁衍福祉而言，信仰宗教是有利的，否则它不可能在人类中如此广泛地存在。然而，考虑到高投资，把宗教看作一种适应（系列适应）结果似乎是没有道理的。在文献中，论述宗教功能的可能性假设有以下三种。

　　1. 一种可能性假设是，宗教是作为一些其他重要适应结果（也许多少是不幸的）的进化副产品而出现的（Atran，2007；Atran & Norenzayan，2004）。

　　2. 另一种可能性假设认为，宗教的积极方面被低估了。对于狩猎群体来说，信仰宗教无疑带来有利条件，如团队凝聚力、社会控制力和治疗性仪式（Reynolds & Tanner，1995；Wilson，2002）。这种把宗教看成实现团队凝聚力功能的观点存在的问题是，它只是描述了其功能，并没有对以下问题做出进一步解释：如果它主要在群体层面有优势，那么宗教或宗教信仰是何以能够在个人层面得到发展的？根据基因自我利益操纵观，亚历山大（Alexander，1987）、科罗恩克（Cronk，1994）和其他一些学者都认为，如果群体中其他成员因为接受宗教性规范和价值观而表现得比自己更无私，那么宗教是能够对个体有利的。基于这些考虑所建构的模型（Maynard Smith，1982）说明，宗教团体的成员越多，利用宗教实施欺骗的优势越大（即有利于制造假的承诺，并从多数人的善行中获利）。那么问题就变成了：宗教团体是如何避免或者至少是如何探测骗子的？这个问题直接引导我们进入第三个假设。

　　3. 根据高代价信号假说（Zahavi，1975；参见本书第十一章），人们选择宗教信仰承诺，正是因为其高代价；通过割礼，通过捐赠大量金钱，通过遵从严格的着装规则或者日常行为规则，宗教信徒向宗教团体显示的是，他们是真正的、虔诚的信徒。因此，个人因为从属于这个特殊而独特的团体而获利，而这个团体则通过加强团体内部合作来获利（Sosis，2003；Wilson，2002）。索色斯等人（Sosis & Bressler，2003）分析了 83 个 19 世纪美国社群有关约束和仪式要求的历史数据。结果显示，实行成本较高要求的社群，比低要求社群（通常是非宗教地区）存在的时间更久一些。

　　直到现在，有关宗教的进化论观点主要采用远端视野，强调其操控性或者高代价性特征。它们还没有考虑到宗教信仰可能的心理利益(Voland，2009)。总之，从跨文化和进化论角度对宗教的分析才刚刚开始。对跨文化心理学家来说，这是一个令人着迷的主题，并且能够做出显著贡献。

　　除了心理学以外，跨文化心理学最重要的母学科很明显就是文化人类学。人类学贡献了文化、相对主义、普同主义等重要概念，也贡献了在实地场景调查使用的研究方法。

　　（对跨文化心理学这一分支学科而言，）尽管人类学这些观念和实践必须从群体层面的语言转换为个体层面的语言，但人类学的开拓性工作以多种方式为跨文化心理学的研究任务提供了见识。我们已在本章着重讨论了人类学学科的核心议题，包括目前的文化概念所指的是什么，人类学研究如何能够得以实施（使用田野方法和档案法），以及从人类学研究中所获得的重要结果（包括将文化普同性要素的存在作为比较心理学工作的基础）。

　　对跨文化心理学来说，在群体和个体之间采取兼容并包立场也不容易。在文化场景中研究个体（特别是个体差异），意味着远离了人类学中那些该学科的先驱，甚至会与他们产生冲突。与之相似，关注文化场景同样意味着远离了我们那更加注重实验取向的心理学母学科。然而应该明确的是，跨文化心理学曾经从人类学重要传统中得到诸多重要的启发，我们在本章只是呈现了其中一部分。不过，我们主要是从对跨文化心理学在不同文化间从事研究有用的角度，力求呈现文化人类学的大多数关键特征。特别是，有关人类学领域争论的知识，加深了我们对已经进入跨文化心理学的各种不同观点来源的认识，尤其是本土视角、文化视角和文化比较视角等传统。也许其中最具有适切性的知识是，展示人类学家和心理学家成功合作，以试图理解文化和行为的密切联系，尽管该联系很复杂。

拓展阅读

D'Andrade, R. G. （1995）. *The development of cognitive anthropology*. Cambridge：Cambridge University Press. （此文系统、批

判性地考察了人类学对认知研究的起源和当代成就。）

Ember，M.，Ember，C.，and Peregrine，P.（2007）．*Cultural anthropology*（12th edn.）．New York：Prentice-Hall.（这是被广泛阅读的关于普通人类学的综合性教材，它不仅介绍该领域，而且卓越地论述了对跨文化心理学研究有用的主要议题。）

Moore，C.，and Mathews，H.（eds.）（2001）．*The psychology of cultural experience*．Cambridge：Cambridge University Press.（此书包括心理人类学领域的系列论文，其内容主要聚焦于促进该领域发展的新兴研究方法。）

Munroe，R. L.，and Munroe，R. M.（1997）．A comparative anthropological perspective．In J. W. Berry，Y. H. Poortinga & J. Pandey（eds.），*Handbook of cross-cultural psychology*，*Vol. I*，*Theory and method*（pp. 171-213）．Boston：Allyn & Bacon.（此章深入综述了比较人类学研究对跨文化心理学的贡献。）

Robbins，R.（2006）．*Cultural anthropology*：*A problem-based approach*．Belmont，Calif.：Thomson.（此文本包括了人类学对若干当代议题的研究案例，其中许多议题也为跨文化心理学所关注。）

Ross，N.（2004）．*Culture and cognition*：*Implications for theory and method*．Thousand Oaks，Calif.：Sage.（本书论述了促进认知人类学发展的富有新意的理论和方法）

Valsiner，J.，and Rosa，A.（eds.）（2007）．*The Cambridge handbook of sociocultural psychology*．Cambridge：Cambridge University Press.（本书综合地审视了有关维果斯基社会历史心理学流派的各个主题）

Wyer，R.，Chiu，C.，and Hong，Y.（eds.）（2009）．*Understanding culture*：*Theory*，*research and application*．Hove：Psychology Press.（本书主要由心理学家撰写，对文化和心理现象间的各种关系进行了严谨阐述，对文化概念所持的中心理论立场是建构主义和不同主体间的观点，但也包括了其他理论立场）

第 11 章

进化生物学的贡献

　　在跨文化心理学中，理解行为的生物和文化基础是很重要的。人们往往会关注社会文化环境以及行为如何与之交互作用，这可能会导致不全面的观点。尽管二者都重要，但人们仍然很少强调生物学特征。生物性和文化常被看成彼此对立的：被贴上文化标签的东西就不是生物的；带上生物标签的事物就不是文化的。正如我们在第一章中所提到的，生物和文化是以非二分法的方式复杂关联的，在本章我们将对此进行更详细的描述。如图 1.1 所示，在跨文化心理学必须考虑的概念中，我们纳入了生物适应（biological adaptation）和基因传递。为了理解行为间的共性和基于文化的差异性，研究其生物基础和分析其社会文化情境是同等重要的。

　　在本章的第一节和第二节，我们将简述达尔文自然选择和性选择理论中的若干核心概念。

第三节论述基于进化论来研究动物和人类行为的理论和方法。本章第四节和最后一节专门讨论从生物学角度发展而来的种种文化传递模式，它们类似于基因遗传模式。

自然选择与性选择

自然选择

自然选择(natural selection)理论最初由查尔斯·达尔文在 19 世纪(Darwin，1859)系统地阐述，并在之后的 150 多年间得到进一步发展。它是生物学科群的核心理论，包括该学科群看待行为的视角。在该理论的中心观念中，有两个和本章讨论的内容特别相关，即物种会随着时间的推移而演变，以及自然选择对该演变发挥着关键作用。

自然选择理论最根本的观点是，一个物种内部的生物个体间存在多样性。对大多数物种而言，父辈会繁育大量的后代。这些后代中有很多都无法存活到可生殖的成熟期。在这一过程中，如果出于某种原因，某个遗传特征增加了特定生物种群存活和繁殖的可能性，这种特征在该种群后代中出现的频率会不断增大。具有这种特征的个体被认为拥有更强的繁殖资格。在特定种群许多代的演化中，这种有差别的繁殖率将会导致该种群的总体基因型发生微妙而系统的改变。这就是自然选择，达尔文将其视为一个受环境因素影响而发生的因果过程。简言之，自然选择的进化进程可以概括为这三步：繁殖、变异和选择(Dennett，1995)。进化的最终目标是基因扩散，其历程是：(1)繁殖；(2)繁殖所导致的后代基因发生随机变异；(3)这些新变体又会受到选择性环境力量的影响。

在达尔文的时代，这种个体变异的原因还不清楚，但人们已知道，对家畜和植物的培育会导致其形态或行为特征产生系统的变化。若饲养者使具有如此特点的个体发生交配，这就可以增加该特征在后代中出现的可能性。直到很久以后，随着 DNA 的发现，人们才知道这种现象可以用遗传学原理来解释。目前，大多数生物学家赞同达尔文的观点，即物种的变异可以看作有机体与其环境相互作用的结果。我们将简单地说明这些变异发生的机制。对此的正确理解需要一些遗传学的知识，在文本框 11.1 中我们简单地总结了其若干基本原理。

11.1　遗传学

这里给出的解释基于对人类的研究，但经一些改动后，也适用于所有通过有性繁殖而增加数量的生物(Mange & Mange，1999；Snustad & Simmons，1997)。遗传物质由 DNA 分子构成，DNA 分子由两条成对的核苷酸链组成。每个核苷酸含有一个碱基。碱基以四种形式存在，常用字母 A，T，C 和 G 的各序列变化来表示。碱基 ACTG 的种种组合存在于多种序列中，这些序列(以三联体形式)与氨基酸结构相对应。通过一种复制过程，氨基酸来源于 DNA。长链的氨基酸组成多肽，比如酶，它们会对特定的生化反应发生影响。

　　基因是 DNA 片段，可根据其特定功能而得以识别，它是遗传物质的功能单位。各个基因都处于染色体内的某个位置(位点)。单个基因(可从其功能和位点而识别)内，通常可以有一种以上变异。这些变异就是所谓等位基因(allele)，构成了一个物种内部存在个体差异的最重要基础。

　　染色体成对存在，彼此极其相似，仅一对例外。性染色体方面，雄性有一个 X 染色体和一个 Y 染色体，雌性有两个 X 染色体。这决定了生物体的性别差异。而其他的成对染色体彼此之间通常情况下只存在很小的差异。这种差异通常来源于基因型(生物体的基本构造)和表现型(可以观察到的生物体特征)之间。染色体大约由六十亿个碱基单位构成，因而包含大量信息。它们构成不同长度的基因，常常超过上千个碱基对。许多遗传位点都存在着一个以上的等位基因，这就是人类遗传变异性的原因。通过有性繁殖，每个生物体获得该物种所特有遗传物质的组合。只有(完全一致)同卵双胞胎具有相同的基因。

　　母体专门为线粒体这一细胞器贡献一些其他遗传物质，它是新陈代谢过程中卵子和其他细胞所必需的物质，能为细胞提供能量。研究者已通过分析不同人群线粒体 DNA 的差异，以追溯世界上不同地方人群间的关联性。大多数研究结果表明，人类最初很可能来源于同一个"母亲"(经常被称作夏娃母亲)，她在四万到十万年前之间生活在非洲(Cann, Stoneking & Wilson, 1987; Ingman, Kaessmann, Pääbo & Gullensten, 2000)。

　　那么，物种的变化是如何产生的呢？首先，基因中一个小改变间或会引起新的基因变异。在会影响遗传物质的外力因素作用下，这种情况会发生。放射性辐射和某些化学物质被认为是致病因子。在没有任何已知的外在决定性因素影响下，新变异也有可能形成。在有性繁殖的 DNA 合成的复杂过程中，偶尔会产生复制错误。遗传物质中的变化会引起所谓突变。这是相对罕见的，而且大多数突变体都不能生长发育。在快速繁殖的微生物中，突变为其改变提供了一个实际的可能性(参见流感病毒的多种类型)。在有更长生命周期的高等生物中，其他因素对发生变异的速度可能会有更显著的影响。这些因素包括自然选择、迁徙、选型交配和遗传漂变。交配群体的规模可能很小，比如因为他们在地域上的隔离。遗传漂变指的是变异分布的随机波动，它会在所有繁殖种群中发生。这种遗传漂变在大型种群中是容易被忽视的，而在小型种群中则不然。有时，新定居群体的先祖中，某一个体在很多代以后能对其后裔的某个特征的出现频率有显著影响。这也可以清楚说明这一现象的原因：迁移结果会对繁殖群体的构成带来变化，对(种群变异)有非常显著的影响。

　　事实表明，非随机交配模式在人类中是大量存在的。在人类社会中，婚姻配偶的选择常受社会规范的制约。在某些社会中，血缘亲属之间通婚会受到鼓励，甚至成为一种习俗。这就导致近亲交配。有趣的是，在大部分社会中，近亲结婚是不被认可的，甚至是严禁的，他们似乎知道近亲交配的危害。这表明文化习俗确实遵从了生物学原理。根据韦斯特马克效应（Westermarck，1921），两个早年在极为亲近的家庭环境中生活的儿童在成年后不会对彼此产生性吸引力。调查发现，这种效应在很多文化中存在，包括以色列的集体农场（Shepher，1983），以及中国台湾人的童养媳婚姻，这种婚姻是指穷人家把年幼女儿卖给富人家，以后该女孩将和富人家年纪相仿的儿子结婚，这样两个孩子会一起成长（Wolf & Huang，1979；Thornhill，1991）。

环境中的某种变化会导致某种基因型在复制时发生变异。正如上述所说，这就是自然选择定律。事实上，自然选择的作用已经在实验和实际观察中得到证明。这方面的著名研究是关于一种蛾类。在工业污染的影响下，它们最常见的颜色由浅色变为了深色（Kettlewell，1959）。在人类这一物种中，这种选择性机制导致某些人群中镰刀形红细胞贫血症出现高发生率。文本框11.2描述了这个问题。

11.2　镰刀形红细胞贫血症

镰刀形红细胞贫血症是一种基因传递所致缺陷。其中，血红蛋白（红细胞）细胞容易由圆形变为镰刀形。这导致了一种严重的贫血症，患者通常不能活到生育期。该情形是由DNA中一个核苷酸引起的，核苷酸以被称为"S"和"s"的两种形式存在。这两种形式的等位基因以三种方式与个体的遗传物质组合。也就是说，两条染色体中相关的一对等位基因组合可以都是"S"，也可以都是"s"，或者可以一个是"s"，另一个是"S"。s-s型携带者（纯合体）会导致镰刀形红细胞贫血。S-S纯合体是正常型，杂合体S-s的携带者容易患上中等程度的贫血症（Mange & Mange，1999）。那么，分布不均的原因是什么？沃格尔和莫图尔斯基（Vogel & Motulsky，1979）列出了三种可能的解释：

1. 突变率会因某些外部原因（如气候）或其他一些内部遗传因素的影响而不同。
2. 偶然波动（遗传漂变）会发挥影响。
3. 一些地区存在对镰刀形红细胞贫血症有利的选择性条件，故这些地方该症多发。

其研究所调查的人口规模使得这种情况极不可能出现，即发生率的差异是由于随机误差。基于这个原因，第二种可能性便被排除了。第一种可能性已经得到调查。例如，可在理论上计算出导致某些高发病率地区的突变率，而遗传率则可通过母子间的实证比较研究获得。基于对两者的计算，就可排除第一种情况，即突变原因是一种行得通的解释。在观察到当镰刀形红细胞贫血症和恶性疟疾共病时，S-s杂合体的确表现出了它的选择性有利条件。相当多的研究都已发现该因果联系，在此不一一回顾。最重要的证据是，携带S-S纯合体的幼儿被疟疾感染的概率高于那些携带杂合体的幼儿。据报道，这两种类型的比率是2∶17（Allison，1964；Vogel & Motulsky，1979）。假定总的儿童高死亡率由疟疾引起，尽管 s-s 纯合体会导致死亡，该结论也为维持高频率的 s 等位基因提供了充足的选择性有利条件。因此，镰刀形红细胞贫血症在非洲赤道地区和世界其他地区的高发生率，很可能反映了当地存在一种对长期环境状况的遗传适应。

达尔文希望理解新物种是如何产生的。他的观点是，自然选择机制通过在个体层面逐渐筛选出不良的个体特质而实现（Dennett，1995；Mayr，1984）。然而，他的理论被解释为，似乎是个体力求通过生育来保留他们所属的物种。现代进化理论研究最重要的里程碑是，将达尔文式繁衍适宜（fitness）观点（通过个体自己的繁衍行为来保护物种），发展为包容性繁衍适宜（inclusive fitness）的观点（Hamilton，1964）。包容性繁衍适宜观是指，个体繁衍适宜性成果的总和包括个体自己繁殖结果以及与该个体共享基因的亲缘体或亲属繁殖结果。该理念的焦点暗示的是，自然选择的单位是基因（Dawkins，1976），尽管不是基因本身直接受到选择力量的影响，但是个体生物体的存在或死亡都养育或帮助了亲缘体（Daly & Wilson，1983；Mayr，1984）。这种从物种到个人层面的研究转向，对我们探索有关人类本性理论有着重要的启示。它意味着，利他主义即亲社会的取向和行为，并不是无条件的人类特征，而是出于成本—效益方面种种考虑的产物，即使这些考虑是不言而喻的和无意识的。为了说明自我本位的生物体为何会通过自然选择而进化出合作性社会行为，现在已有两个主要的概念：亲缘选择（kin selection）（Hamilton，1964）和互惠性利他主义（reciprocal altruism）（Trivers，1971）。

亲缘选择

根据亲缘选择构想，个体的社会行为会因群体成员中基因相关的程度而有所不同。与基因方面关系较远的和没有关系的人相比，个体与基因亲近的人会有更多合作。其潜在的假设是，基因的接近促进了合作和互惠性投入。合作和利他主义是基于对互惠性的知觉，这就是众所周知的汉密尔顿原理（Hamilton，1964）。相当多实践经验已经支持这个假设。邓巴和斯波尔（Dunbar & Spoors，1995）发现，相较于非亲缘关系的人，当需要帮助和支持时，英国成年人会更大比例地提名有亲缘关系的人（Burnstein，Crandall & Kitayama，1994）。同理，菲尼曼（Fijneman，1996）和同事研究报道，家庭已经被认定为个人生活中最重要的内群体。基于广泛的跨文化研究项目，乔格斯和贝理等人（Georgas，Berry et al.，2006）总结说，在世界上所有的地方，家庭成员的关系是最重要的关系（Lay，Fairlie，Jackson et al.，1998；Neyer & Lang，2003；Rhee，Uleman & Lee，1996）。

可以推测，在进化史中，人类社会的群体曾经由很高比例的亲族组成（Hinde，1980）。然而，群体成员不仅在不同程度上共享基因，还分享其过去的经历和关于未来的计划（Bjorklund & Pellegrini，2002）。他们彼此熟悉，故可预料彼此的言行。因此，熟悉感可以作为个体认可亲缘的主要机制（Cheney & Seyfarth，1999），这会一般地推广到值得他们信任的个体。

互惠性利他主义

互惠性利他主义概念由特里夫斯（Trivers，1971）提出，指的是无亲缘关系的个体间所存在的社会关系。该概念预言，个体将与那些将来与之有社会交易的人合作，且含蓄地或明显地带着这样的期待，个体为与他人有合作或者利他行为所投资的成本，将来能够有所回报。可以假设，这些期待是基于之前合作互动的经验。这已经被实证研究证明，对某个人即使相对小的关心举动，也能够促使其向发出此行为者给予大得多的回报（Dickinson，2000）。跨文化领域的研究（Kaniasty & Norris，1995）发现，与冷漠地待人者相比，爱关心他人的个体会更可能受益于他人的利他主义。

性选择

大约在达尔文发表自然选择理论(1859)十年以后，他提出第二个选择过程，被称为性选择（Darwin，1871）。自然选择解释的是生物体有关力求生存和维持（如食物获得和卫生保健）的特征，性选择影响的则是有关交配和有性繁殖的所有特征。性选择基于两个过程：同性竞争和两性间的择偶（Voland & Grammer，2003；还可参见第二章跨文化性别差异部分和第三章成年前期和中期部分）。一个多世纪后，特里夫斯才认识到达尔文理论对于解释动物和人类行为的种种启示。特里夫斯（Trivers，1972，p. 140）认为，对于诸如人类这样的有性繁殖物种而言，（两性中）"在养育后代方面投入更大的那方，将成为对于作为异性的另一方来说的有限资源。投入较少那一性的个体间会为获得与投入较多那一性的成员养育后代而展开竞争"。在哺乳动物中，这个有限的性别是母性，这导致了雄性个体在同性之间的激烈竞争（Daly & Wilson，1983；1988）。养育后代投入的性别差异概念可解释动机差异，这可能有助于回答为什么男人和女人通常不愿意采取类似的行动方式，尽管他们在原则上能够这么做。

不利条件定理或高代价信号传递理论

高代价信号传递理论（costly signaling theory）或不利条件定理（handicap principle theory）认为，许多看似无用或有害的特点（不利条件），像孔雀尾巴，其进化出来只是为了传递它们昂贵这一信号，并以此表示这个特点的拥有者更具有生存和繁衍的素质（Zahavi，1975）。几十年来，不利条件定理被批评是难以置信的，但最近被重新发现（Miller，2000；Voland & Grammer，2003），且已经过很多的实验验证（Zahavi & Zahavi，1997）。它现已成为从进化假说视角，解释诸如音乐、艺术、语言、宗教（见第十章宗教部分）和道德等方面复杂心理现象的基础。我们将详细说明其中的道德现象，更具体地说就是利他主义。

特里夫斯（Trivers，1972，p. 140）分析了互惠性利他主义，它限定在两个人的互动，因此适用于具有小型和稳定组织特点的狩猎社会（Kaplan，Hill，Lancaster & Hurtado，2000）。大规模现代社会的特点是充满多样化且常常是匿名的互动，其中互动者间是彼此不熟悉的，故结果难以预测。如果未来的收益或汇报是不确定的，为什么人们首先应该表现的是无私呢？在过去的十年里，为了促进对人类合作的理解，有关研究引入两个理论概念：利他性奖励和利他性惩罚(Fehr & Fischbach，2003)。

利他性奖励是在不同文化中可观察到的充满信任的交换。该概念基于游戏理论假设，已广泛地运用在经济学实验中(Buchan，Croson & Dawes，2002；见文本框 4.2)。另一个有力的跨文化研究结果是关于利他性惩罚，该现象是作为对社会性失衡(诸如不公平的分享)的昂贵拒绝(Henrich，2001)。然而，利他性奖励和惩罚概念同时应用，也往往不足以解释在公开的或涉及公共利益情形时的社会参与，因为这时候涉及的是更大的群体，会伴随着大量的匿名互动。对于这种人类有条件合作的研究，隐含着这样的假设，即全部或大部分成员是否合作，主要取决于被第三方惩罚的可能性(Fischbacher，Gächter & Fehr，2001)。所以为了鼓励合作以实现共同利益，对于互动的双方而言，甚至比利他性惩罚更重要的是，被第三方惩罚的可能性，且第三方应是局外人，无直接经济关联(Fehr & Fischbacher，2004)。这被认为是人类社会规范执行中的一个关键元素(Hill，2002)。这可参见后面文化传播模式部分。

人类与不具有亲属关系的人维持合作的另一个重要原因，可归功于名声形成的机制。名声通过间接互惠方式，诸如形象评判(Nowak & Sigmund，1998)或社会声誉(Milinski，Semmann & Krambeck，2002；Milinski，Semmann，Bakker & Krambeck，2001)构成了促进合作的另一类强有力的机制。例如，可以通过艰难的谈判，坚持进行公平交换，同时做好准备让骗子付出高代价来加以惩罚等方式，形成名声(Fehr & Fischbacher，2003)。从进化的角度看，这种合作机制可以很容易地归入"高代价信号"或"不利条件定理"(Zahavi，1975)，因为这可以解释为什么我们会展示高昂代价的信号，也就是说，做出利他行为，即使我们可能得不到任何实利，甚至是连间接收获也没有。其潜在的假设是，个体有能力炫耀自己，因为他们将更高的声誉视为目标，并因此更有可能具有繁殖基因的适宜条件，这可降低其展示特定行为或特质的成本。

适应

前文关于促使生命进化的种种选择力量的论述可以概括为，生物(包括人类)进化并不是为了生存，而是为了再生产。从进化的角度来看，我们的心理和行为特点并不是仅仅为了生存或福祉，而是为了成功的繁衍。这个观点可以有助于我们解释我们如何努力追求幸福生活，以及为何有些事情，比如养育子孙(Voland，Chasiotis & Schiefenhovel，2005)，可以让我们感到幸福，而其他事却不会。

为了理解个体的特点如何以及为何能适应环境，了解达尔文关于适应的概念是至关重要的。在最广泛意义上，适应是指任何这样的过程，即有机体以某种方式对环境的要求做出反应，以增强其幸福感、生存和繁衍的能力。在进化生物学中，该术语指的是一个特定种群如何调适自己以应对环境的要求。但适应的概念也见于心理学和人类学作品。在社会科学中，社会适应（social adaptation）是指有机体在生命进程中为应对环境的要求而实现的种种变化（Relethford，1997）；然而，在心理学中，适应是指由于当下环境的实际变化而导致的心理或行为变化。

　　为了更全面地理解上述有关适应概念的这些不同的，甚至令人混淆的方面，我们必须对环境进行界定，以说明环境所强加的种种要求是如何导致适应的。只有结合一个特定物种所处的环境，才能够实现这种理解。在环境中，每个种群都占据一个生态位（ecological niche）。这种生态位要受其有机体的生活方式的制约：该物种的有机体如何看待他们所在的环境，他们如何应对盛行的气温，他们如何在所在的环境中活动，他们使用什么食物以及如何收集这些食物等。而且，有机体并不是被动地被环境塑造，二者间是相互作用的（参见图 1.1 和第二章传递模式部分）。例如，土地承载能力可能由于过度耕种或对树木的过度砍伐而降低；排泄物的沉积可以引起土壤的改变；蜜蜂会为了确保自己未来的食物而去采花粉以酿蜜，而这一过程又有助于所采花粉植物的繁殖。可以说，生物是以与环境交互作用的方式去构建自身的生态位的。从很长一段时间看，环境不是恒定不变的，并且生态位也会改变。从这个角度看，适应是一种与变化着的环境保持同步的过程，因而不是生物特立独行的过程。其实，有机体会界定环境中那些对自己有效的特点，因此也可以说，没有有机体，就没有环境。如果我们想要进一步认识有机体，我们就需要一个环境理论，以解释环境所具有的这些物种特性效应是如何影响有机体的（Chasiotis，2010）。

基因多效性、拱肩现象和扩展适应

　　单个基因的一个小改变也会对有机体的发展带来多方面的影响，这就是所谓基因多效性（pleiotropy）。在自然选择的过程中，进化发生在某个基因上时，基因变化的所有影响会（直接或间接）明显体现在其表型上。列沃汀（Lewontin，1978）将对某个特征适应值的分析，视为一种对机体和环境的工程学分析。这是通过一系列连贯的方法来检验某个特定观点的方法。如果所有的假设都被认可，那就意味着搜集到了更多的支持性证据来证明这一观点。实际上，这种研究方法类似于社会科学研究者经常用到的理论的内部和外部效度。文本框 11.2 对高发的镰刀形红细胞贫血症各种可能解释的系统分析，就是这种方法的一个例子。

　　镰刀形红细胞贫血症的例子表明，基因多效性的影响取决于环境。另一个反对基因多效性仅仅有危害的观点是拮抗（antagonistic）多效性。比如，突变可能对一个特征有积极的作用，但对另一个特征有消极影响。拮抗性多效是一个用来理解很多发育过程的核心进化概念。乔治·威廉姆斯（Williams，1957）关于老龄的理论（更有名的说法是"祖母假说"）（Voland，Chasiotis & Schiefenhovel，2005）假定，一种基因在个体年轻时有利，诸如基因导致更高水平的男性睾丸激素以促进生育能力，但是到年老后会增加疾病发生的概率而带来不利的影响（更高的睾酮水平与高血压和前列腺癌有关）（Gann，Hennekens，Ma，Longcope & Stampfer，1996）。

　　尽管关于基因多效性已有上述这些复杂的观点，一些学者却将基因多效性观点视为这样一个原理，即无论在行为上还是生理表型上的各个特征，必定是选择－驱动过程的适应结果。古尔德等人（Gould & Lewontin，1979）在论述这种关联时引入"拱肩现象"（spandrels）这一术语，挑战了这一原理。拱肩现象是在建筑中发现的相邻拱门的肩膀之间的空间，其例子可见于哥特式教堂窗户或古老的石拱桥。它们在建筑中往往没有结构上的功能，也不是必需的结构，但实际上它们总是存在于建筑中，并配以雕饰。同样的道理，某些适应性生物变异发生时，除了那些导致这些变异的机能外，还可能会为新功能的产生提供了空间。另外，古尔德（Gould，1991）还提出了适应之外的另一概念"扩展适应（exaptation）"，它是指最初是为另一种功能而出现、后来却增加生存和繁衍可能性的特征。对古尔德来说，复杂的人脑是人类有机体的一个特征，它为我们通常所称的包括宗教、艺术、科技在内的文化开启了很大的空间，但人脑发展最初却几乎不是为了文化。

需要注意的是，在进化生物学（Alexander，1990；Voland *et al*.，2005）和进化心理学（Buss，Haselton *et al*.，1998）中，古尔德等人的观点仍存在争论。我们将在本章后文讨论进化心理学。同时，不难注意到，古尔德在反对很多看似不具有适应性（non-adaptivity）的人类特点，例如文化、艺术或宗教（见第十章宗教部分）时，所关注的选择过程是基于自然选择而不是性选择。此外，一个更基本、更有启发意义的反对非适应特征概念的观点是，该领域需要一个可供验证的关于适应的研究框架，因为如果我们想知道某个特征是否属于适应结果，唯一的解决方法是，测试它是否是适应结果（Alexander，1990；Mayr，1983）。

本节提出的论点对跨文化心理学具有适切性。这有两个理由：首先，已确立的从进化视角探索个体发展的路径，可以增强我们对行为模式的理解；其次，若过分坚持进化视角的适应观，则可能导致在解释动物行为时运用拟人类化的语言，而且还会低估文化在塑造人类心智方面的重要性（Bolhuis & Wynne，2009；Penn，Holyak & Povinelli，2008）。在下一节中我们将详细说明动物行为学。

动物行为学

动物行为学（ethology）是生物学家对自然环境状态中动物行为的研究。生物科学这一分支的特点是对动物自然习性进行精确、细致的现场研究。这种现场研究所得到的描述性说明构成理论解释的基础，这些解释一般是沿着三种思路的进一步探究：通过补充观察，通过实验以验证特定假设，以及通过不同物种间的比较。为了做到这些，动物行为学家从两个视角——同源（homology）和类比（analogy）——去考量我们这一物种的亲戚。同源视角就是把我们与其他数组灵长类动物相整合，因为所有灵长类动物都是发源于像现代猿这一类生物，理解其他灵长类动物有助于我们了解我们祖先共有的一些现象，诸如狩猎、工具的使用，甚至致命的侵犯（Goodall，1986），或者母性投入等方面（Keller & Chasiotis，2007）。然而，这种猿类研究模式存在的问题是，我们不知道从其中选择哪一种（黑猩猩、倭黑猩猩、大猩猩或猩猩），因为它们各自有其行为适应和社会组织。此外，所有现代猿类都生活在森林里，但原始人走出了森林，其有许多功能可能不同于我们共同的祖先(Kappeler & Pereira，2003；Kappeler & Van Schaik，2004)。而类比视角则关注灵长类动物和人类之间在进化上的相似性，因为我们在形态学、生理和行为方面非常类似于其他灵长类动物。故比较分析使我们能够推断出规则或适应性的模式，例如接触舒适物对形成依恋关系的影响(Harlow，1958)。因此，类比比同源性更有说服力，因为它可以就特定生态系统中进化如何影响行为、社会组织以及交配和育儿策略提出一般的规律。

其中，特别是最后所说的策略方面，生物学家声称他们比心理学家有优势，因为心理学家倾向于将他们的研究限定在一个物种内，因此不可能在一个更广阔的生物框架内对概念建构进行交叉验证。这一部分将首先简单介绍动物行为学可以为我们贡献什么，然后讨论如何将动物行为学视角运用到人类研究中。动物行为学家研究的最多的主题包括求爱行为、领地保护、抚养后代、避敌策略、搜集饲料、交流(例如，获得不同鸟类特定的鸟鸣)，以及在蜂群和蚁群中发现的社会性组织。

动物行为学家(Lorenz，1965；Tinbergen，1963)很早就为这一点所打动，即大量的动物行为都存在固定规律的模式。通常人们可以观察到动物身上由大量可辨行为构成的行为序列。一旦这一序列被触发，它将被一以贯之地执行；而其在受到干扰时不会继续，不得不从头再开始。因此研究者提出了"固定行为模式"这一概念。这种模式会被特定的刺激触发，该刺激表现得好似已习得的行为过程的释放阀。另外一个重要的概念是"印刻(imprinting)"。据观察，小鸟倾向于对它们孵化出来后看到的第一个移动事物做出反应，把它看作自己的父母。例如，动物园动物饲养员会发现自己处于动物替代父母的位置。小鸟跟着他们就像通常情况下跟着自己的母亲似的。已经发现，这样的动物成年后求爱的对象会是其替代父母所属的人类，而不是其自身物种的成员。据此，洛伦兹(Lorenz)提出，动物生长发育过程存在"关键期"。它们在这一时期所获得的行为被认为是具有固着性质并且是不可逆的。不过，这方面严格区分了本能与学习。这一划分在 20 世纪 30 年代至 70 年代也或多或少地标志着动物行为学与心理学之间的界限。"本能"这一术语意味着行为是由遗传获得，按照预先的遗传编码进行，且是相当稳定不变的。同一时期，心理学被行为主义学习理论所统治。许多人认可的是，通过巴甫洛夫传统的经典条件反应和斯金纳提出的操作条件反应，事实上个体可以做出与其所感知刺激相关联的任何反应。

事实证明，这一结论还是不成熟。对于老鼠来说，如果所进食物使其致病，并且该食物还具有特定味道，老鼠就很容易建立避开这些食物的条件反应；但是如果进食过程伴随着足部电击，那么这种条件反应就很难建立(Garcia & Koelling，1996)。相反，老鼠很难学会跳起来进食，却很容易学会跳起来逃避刺激。研究还发现，视觉线索也很难使它们学会躲避不利食物。而对于其他物种，比如猴子，视觉线索在帮助它们躲避有毒食物时显得非常有效。一个明显的道理是，当线索与某种动物的自然生活方式相匹配时其效果最为明显(Gould & Marler，

1987）。一些动物行为学家早已指出，动物的学习能力在很大程度上取决于其所处情境。对于特定的刺激—反应联结而言，个体存在其易感倾向，奖赏的强化作用会对某一反应起到很好的作用，但对其他反应可能并非如此。这最终指引了学习理论家们，比如布里兰德等人（Breland & Breland，1961，p.683）失望地总结道："在大多数控制条件下，动物们只做那些它们喜欢做的破事。"

本能与习得之间的区分也变得日益模糊，因为动物行为学家在某种程度上放弃了洛伦兹以前的那种观点，即印刻是依赖于"关键期"的一种特别学习。现在他们通常将其称为"敏感期"（sensitive periods）。遗传因素以一种相对而非绝对的方式促进或抑制了某种联结的习得。这些因素不必保持恒定，因为它们会在个体发育的各个阶段产生不同的影响（Archer，1992；Hinde，1982）。动物天生具有这样的素质，即习得其所拥有的生态位所需要的本领。但若没有环境的刺激，"本能"行为也不能发展出来。这使得生态学方法应用于行为研究成为必需。我们不用费力便可论证这一点，即人类尽管有其自身的进化史，且适应了其所处特别生态位，其学习会遵循同样的道理。再进一步说，现在动物行为学家已经提出这个问题，文化是否像人们常常以为的那样，即是人类所特有的（见文本框11.3）。

从历史的观点来看，洛伦兹（Lorenz，1965）和廷伯根（Tinbergen，1963）所提出的经典动物行为学视角对心理学的借鉴意义，更多是方法方面，而不是概念方面。动物行为学视角引发了这样的观点，即父辈与其子辈之间关系的形成并不是基于学习，而是基于双方的行为倾向。这种聚焦于实际行为的思维带来了方法上的革新，诸如将行为谱（ethogram）用于对婴儿的研究，以获得有机体可能行为的一览表（Keller，1980），以及纵向观察研究法的运用。动物行为学主要的不足之处在于对其概念的理论阐述方面，尤其是对当前标准下，为解释跨文化差异（Eibl-Eibesfeldt，1989），对其群体所选择的版本的认可还不充分。汉密尔顿（Hamilton，1964）关于亲缘选择的经典研究是转折点，它将现代进化生物学的历史分为前汉密尔顿动物行为学和后汉密尔顿动物行为学（Dawkins，1979），后者已开始被称为"社会生物学"（sociobiology）（Wilson，1975）。

11.3　黑猩猩中文化的出现

动物行为学家对类人猿（great apes）群体，特别是黑猩猩做了广泛的观察研究，有时对它们的追踪达数年之久。这其中，古道尔（Goodall，1986）的工作最为著名，但还有一些类似的现场研究。怀滕等人（Whiten *et al.*，1999）根据文献，提出了一个关于黑猩猩行为的初步清单（样本 $n=65$）。所有这些行为都受到了数个现场研究项目主持人的评估，以确定这些行为是否曾在当地黑猩猩群体中被观察到。该评估用了系列指标：存在群体风俗、存在个体习惯、存在生物学解释、缺乏生态学解释以及可能是观察不足引起的缺失，并列有"不确定答案"选项。

结果发现，所列出的三十九种行为在一些田野点都没发现；但在别的田野点都存在，要么是以群体习俗，要么是以个体习惯形式；其中有些行为，还为两个或更多的群体所共享。这些行为模式尤其与求爱、外表打扮和工具使用有关。这些模式与人类社会采用相关模式相似，而人类文化间的差异是由技术和社会风俗方面的多样差异导致。

作为例子，在此我们可以提及其中一位研究者伯施（Boesch，1991，1993，1995）的田野观察报告。他认为，母黑猩猩通过刺激、帮助和主动传授等方式，影响其幼子砸裂坚果行为的发展。运用某些情境的有利条件，母黑猩猩可以传授如何用工具打开坚果的技术。这些可以使没有经验的幼年黑猩猩快速地习得行为。他还观察到，在一群黑猩猩中，有黑猩猩第一次取食两种植物叶子，然后该行为在整个群体内部迅速传递开来。伯施指出，这就是文化的传递。拉森（Russon，2002）的观察显示，年幼的猩猩遭捕捉而被圈养长大后，在最初被放生时会不知道如何获取某些扎手的食物（因为带刺），但是稍后在接触了拥有相关技能的其他猩猩后，它们就学会了这项能力。那么，对于这样的行为模式，用"文化"这一术语来描述是否合适？对这个问题的答案是，这最终取决于如何定义该概念的标准。很可能的是，我们（对文化）界定的一系列的标准，将人类以外的任何物种都排除了（McGrew，1992；Segall *et al*.，1999）。然而，怀滕和同事基于其长期的第一手田野观察经验，明显倾向于认为黑猩猩拥有文化的基本形式（Whiten，Horner & Marshall-Pescini，2003）。

进化心理学

人类的社会行为早已被威尔逊（Wilson，1975）明确纳入了生物学视野中。他写了一本有关"社会生物"的著作，其中包括人文性质的行为。在当时，这引起了社会科学家强烈的反对。例如，人类学家萨林斯（Sahlins，1977）说："在生物学以前留下的空虚处，已是整个人类学的天下。"威尔逊这类进化论思想已经又进一步发展了三十年，如今在心理学中已经成为寻常之物，并正开始在跨文化心理学领域中显身手（Keller，Poortinga & Schölmerich，2002；Van de Vijver，Chasiotis & Breugelmans，in press）。

动物行为学和社会生物学的进化思想（Wilson，1975）都是进化心理学的基础。进化心理学有一个基本假设，即所有的人类心理机能，从民族中心主义（Reynolds，Falger，& Vine，1987）到审美（Dissanayake，1992），都必须从适宜繁殖可能性的角度加以认识。图比等人（Tooby & Cosmide，1992）也认为，这样的人类心理机能既是人类心智设计特征的反映，也是进化过程塑造的结果。在其中的选择过程中，有些行为特征属于失调机能（如生殖缺陷），有的特征具有良好的机能，故得以保存下来。这样，那些在进化中获得成功的不同特征一起存留下来，并且通过这种方式，一个连贯的整体设计产生了。可能有大量复杂的心理机制是进化而来，因此具有领域特性。前面所提到的诸如伽西亚等人（Garcia & Koelling，1996）的研究结果正是这种领域特性的证据。这也可说明，为什么人们会患有恐蛇症、恐高症以及广场恐惧症，因为它们一直是人类生存环境中的一部分；但人们从未对电源插座产生先天恐惧，因为至今为止插座存在的时间仅限于几代人之内。

廷伯根（Tinbergen，1963）等动物行为学家们知道，基于不充足证据而提出的推论有多大危害性，故他提出了作为判断某一行为模式是否可作为一个物种适应体系一部分依据的四个标准：(1)它的机制或原因；(2)其进化史；(3)其个体发展；(4)它理应执行的功能。这样，在考量进化研究时，一个主要的问题就是，是否存在足够证据以衡量其功能性解释的效度。同时对此也存在异议。例如，巴斯（D. M. Buss）关于性别差异的研究发现也可以用传统文化模式来解释，而正是这种传统文化模式造成了男女的性别差异（参见第二章中文化间的性别差异部分及第三章成年期部分）（Eagly & Wood，1999）。而对于不同社会中这些差异是如何成为模式这一文化的回答，则需要心理学和人类学的解释。在这一点上，很难判断诸如伊格利（Eagly）和伍德（Wood）之类研究在多大程度上切中要害，因为他们研究的是当前盛行的行为，而进化心理学家寻求的是这些行为的神经生物学根源。

至于有关功能性实体（也叫分子）的生物给定性观念，也受到强调有机体与环境相互作用的进化理论之考问。根据这一交互理论，繁衍后代的策略会受到有机体所处环境因素的改变。本书第三章中贝尔斯基（Belsky，1991）等人就主张，幼年期所获得的不安全依恋模式，会导致青春期和性伙伴关系的提前开始。其他的一些研究也提到过（Chasiotis，in press），早期童年经历和青春期起始时间之间存在类似关系。根据交互理论，遗传机制乃是为特定环境条件所引发和塑造的种种性能。

文化传递的模型

在本章第一部分，我们描述了遗传信息是如何代代相传的。随后的部分中，我们又借助不同领域的研究成果探讨了人类心理机能运作的遗传基础。在本书第二章传递模式部分我们论述过，从心理学的角度看，在个体发育过程中，文化群体内部成员之间信息的传递无须借助遗传关系。生物学家已经建立了种种兼顾遗传和文化信息传递的形式模型，第二章中提到的纵向传递、斜向传递、横向传递之分就是一个例子。加瓦理-斯福札等人（Cavalli-Sforza & Feldman，1981）用数学性质模型描述了文化方面的非遗传传递。他们所讨论的其中一个领域就是创新成果的传递，因为这种传递类似于有利突变在一个种群内部的传递，故适合用这种精确的模型加以解释。大多数模型都超越了仅仅描述内容的做法，旨在在一个解释架构中给生物现象和文化现象提供空间。

早期的尝试是鲁姆斯顿等人（Lumsden & Wilson，1981）所建构的符合这种要求的文化传递模型。他们提出的"文化基因"（culturegen）观念认为，文化基因是构成文化的基本单元。一个文化基因是由一系列或多或少具有同源性并且彼此相关的人工制品、行为或精神产品(mentifacts)组成的。其传递通过外成性的(epigenetic)规则得以实现。这种外成性是指基因和环境交互作用的过程。发展的规律性会为行为提供方向，任何规律性都会形成这种外成性规则。鲁姆斯顿等人的书中举出的例子就包括知觉信息的传递原则和乱伦禁忌。不仅如此，他们进一步指出：

> 文化人类学家认为，人类是会追求自身利益及其所在社会利益的动物，这种追求的基础虽然是为数不多的简单的结构性生物学需求，其实现却是通过大量的武断的行为，这些行为是习得的，且常常由文化精心设计。与此传统观点相反，基于认知和发展心理学证据的阐释表明，的确存在这种外成性规则，它们具有充足的具体性，以在相当大程度上通过专门渠道集中精力习得有关推理和决策的规则。因而这种心智的渠道化过程反过来会影响文化进化过程的轨道。(Lumsden & Wilson，1981，p. 56)

短短几句话不可能充分表述鲁姆斯顿等人所提出的复杂观点。然而，它们却足以说明其有关文化传递的概念(文化基因)，类似于在遗传学中的有关的概念。

除了将文化传递和生物传递纳入同一个框架的种种尝试之外，我们也会找到将生物传递和文化传递机制加以区分的理论。有关研究者都不会对文化多样性和文化变迁的进化论基础提出质疑，但是与正统的生物社会学家和进化心理学家不同的是，一些研究者提出，除了对基因结构中可选择性等位基因的自然选择之外，必须假设还存在其他的机制。

一个众所周知的例子就是博义德和里奇森(Boyd & Richerson，1985，2005)提出的双重遗传模型(dual inheritance model)。他们假设，除了本章第一节已经描述的基因传递系统外，还存在一个基于社会学习的文化传承系统。个体在其一生中所学到的一切并不都是遗传物质传递的，其中只有作为基因型中一部分的学习能力才能传给其后代并保存在一个种群之内。然而，在一个人的一生中，他也可以将文化信息传给其所属群体的其他成员。这些文化信息会以群体拥有的方式得到保存，且代代相传。根据博义德和里奇森(Boyd & Richerson，1985，p. 4)的观点，文化传递具有"群体层面的结果"。

文化传递系统和基因传递系统间的差异有多方面，其中一点是父辈的性质。正如斜向传递模式所示，文化特征的传递者可以是"文化性父母"，这可能有别于生物意义上的父母。同样，在文化传递体系中，个体一生中所获得的具体经验是由个体传递给其文化意义上的后代，并且成为群体遗产的一部分。这一点与基因的传递不同，基因传递只有通过一定比例的有区别对待的繁殖才能见效。

根据博义德和里奇森的理论阐释，生物传递和文化传递之间存在紧密一致性，这尤其明显地反映在他们所提出的用以解释文化变迁的机制中。除了"突变"(即不完整的遗传记忆所致的错误率)和在特定群体内有选择性地保存信息所导致的偶然性差别之外，具有重要地位的还有社会学习和信息传递过程中的系统偏差。社会学习有别于个体（独立的）学习，后者是基于试误或条件作用。博义德和里奇森认为，仅仅通过对年轻人实施受社会控制的条件作用，大量的文化要素不可能被他们全部习得。该过程不会是（像行为派主张的那样）太经济化的（Henrich & McElreath, 2007）。他们对班杜拉（Bandura, 1977）所提出的社会学习理论赋予了很重要的意义。在这一理论中，对那些只被观察过的行为的模仿，被看作学习的一个充分条件。通过（自然地）观察和模仿而发生的社会学习会导致行为模式具有文化稳定性，而受（人为）特定环境条件形塑的个体学习则会导致（文化）变迁。

博义德等人（Boyd, 1985；Richerson, 2005；McElreath & Henrich, 2007）已经建立了与基因传递模型相似的文化传递模型。个体学习和社会学习的相对发生率是这些模型的参数之一。这一参数变化的结果，例如对环境变化敏感的程度得分，可以被测算出来。通过引入传递偏差这一概念，这些模型得以更加精致化。在一个文化已有的所有元素中，其不同个体可以接触到的文化元素量是不同的变量。博义德等人假设，（对文化元素的）可行性选择的可能性和最具适应性的变量是能够评估出来的。这可以用一个孩子学习玩乒乓球的例子加以说明。他会观察到，人们持球拍的方式有两种，分别是"球拍式"握法和"铅笔式"握法。当该孩子任意选择一位选手作为模仿的榜样时，握法是不会出现偏差的。但是还存在其他可能性。通过一定的实践之后，他会选择能获得最好成绩的那种握法。如果达到这种效果需要耗费太大精力的话，他就会以最优秀的球员为榜样进行模仿。不过，还存在一种选择，那就是简单地选择跟从多数人的握法。

最后一种策略是从众策略，博义德等人把它与利他行为、合作和民族中心主义联系在一起。从众策略使人们效仿群体中最受欢迎的一种方式，这会导致群体内部多样性的削弱，这是相对于群体之间的差异而言。对个体而言，与群体成员的合作，比追求个人利益会更为不利（故根据传统的进化理论，这种合作应该在进化过程中早已消失）。即便如此，群体内合作者在生存和繁衍方面的较低适应性，可以被那些常常存在大量合作者群体所具有的更高生存率所抵消。如果实际情况如此，据此博义德等人在他们的模型中具体设置了相关条件，满足这些条件，就会在一定程度上获得高频率的合作者。同时，如果将合作行为控制在某个人数有限的群体内部，就会产生这方面的从众效应。看起来有一种群体可满足这一模型的要求，它就是具有相应民族中心主义特征的文化群体，它会对内群体成员采取合作行为，而对外群体则是非合作行为。

如果使传递的层次或模式更具有多样化，那么传递的复杂性就会增加（Durham, 1982；McElreath, 2007；Plotkin, 1981）。拉兰德等人（Laland, Odling-Smee & Feldman, 2000）已详细阐释了文化作为环境性背景的作用。他们认为，根据传统进化理论，一个物种与环境的交互作用会改变其环境，这一过程叫生态位建构（niche construction）。然而，拉兰德等人进一步研究发现，在人类这一种群中，生态位建构涉及的不仅仅是该物种的基因型特性，还包括另外两种过程，即个体发展所需的信息获得过程（例如，学会读和写）和文化习得过程。根据该观点，为获取牛奶而饲养奶牛的行为（生态位建构）可能是基于种群具有乳糖耐受性这一基因改变的，这正如文本框 11.4 中讨论的那样。

11.4　乳糖耐受性方面的差异

乳糖是牛奶中最重要的碳水化合物。它不能在肠内被吸收，但需要由乳糖酶分解成两个分子。新生儿（非常罕见）缺乏这种酶是致命的，除非可以提供特殊的食物。直到最近，西方医学认为这是正常的：大一点的儿童和成人维持了乳糖酶的活性。我们现在知道，西欧人及其在其他国家的后代是遵循这一"规则"的。在许多其他群体中，乳糖酶排泄的连续性在年龄较大的儿童和成年人中几乎不存在，这导致了他们没有乳糖耐受性。个体缺乏乳糖耐受性时，喝半升牛奶后就会出现腹泻、腹痛和肠胃气胀。许多东亚人群、梅拉尼西亚人、美洲原住民和大多数非洲人中都存在这种情况。在非洲的游牧部落，诸如富拉尼族，具有很高水平的乳糖耐受性，故是明显的例外。在南欧洲和印度的某些地区，人们这方面的得分是中间值（从 30% 到 70%）（Dobzhansky et al.，1977；Vogel et al.，1979）。

虽然成年人的乳糖耐受性与畜牧业之间的关系备受瞩目，但是这两者并不完全相关。有两种解释，一种是文化，另一种是环境的物理特点（Flatz & Rotthauwe，1977）。文化方面对此解释所基于的假设是，牛奶富有蛋白质方面的营养价值，可以给喝牛奶者提供选择性的优势。一旦有一些人对牛奶有耐受性，这种特质会慢慢地在人群中扩散，并繁衍出有此特点的大量后代。不过，养牛的人群中也会具有低频率的乳糖耐受性者，这一事实削弱了该假设。此外，牛奶发酵后乳糖含量很低，就算人们肠道中缺乏乳糖酶也是可以消化的。

第二个假说认为，在太阳光中紫外线相对少的地区，例如北欧，人们的乳糖耐受性会具有优势。这些地方，阳光促进维生素 D 的产生，它是钙代谢过程中必需的元素，而过低水平的维生素 D 会导致佝偻病这种骨骼疾病。这使人们认为，乳糖在钙代谢中可以成为替代维生素 D 的物质。这个假设的另一个版本是，享用牛奶和奶制品时可直接吸收其中所含的维生素 D。

不管多么精确的解释，乳糖不耐受性就可解释为什么许多国家的成年人讨厌牛奶。有时人们会认为，牛奶对于儿童来说是好的，进一步可以说，它对其他虚弱和生病的人也是有益的，但别让强壮和健康的人喝。显然这样的观点会比源于西方民间传说和医学的观点，具有更好的效度基础。我们更感兴趣的是，它可能带来的更广泛的影响。缺乏对新鲜牛奶的耐受性这一问题，在多大程度上成为多种社会中畜牧业发展的障碍？正如本书第二章有关传播模式的论述以及第九章对视幻觉易感性经历的讨论所展示的，经济性生存形式会以多种方式影响重要的文化变量。因此，人们消化牛奶的差异，很可能在形塑文化方面已经发挥了影响因素的作用，即使在这个阶段还不清楚其生物机制实际如何运行。

最后，还有基于新近的高代价信号传递理论的种种解释路径，以试图解释文化的进化。就为什么我们为公共利益做出贡献这类问题而言，有关合作行为或利他行为的解释思路，和高代价信号传递理论，都能进行解释。但前一种思路无法解释为什么我们在社会场景中会"炫耀"。这有时通过利他行为，有时则不是通过利他行为，例如，我们会通过向别人展示我们特别勇敢、强大或健康，尽力去给别人显现我们基因的适合性（Voland & Grammer，2003）。为了说明为什么我们在没有亲属关系的场景中会特别倾向于做出亲社会行为，一种补充性解释机制可能就是由于文化群体的选择（Gintis et al.，2001；Smith et al.，2003）。

在本章前面部分我们提到这样的证据，即人类会对公平和厌恶不平等（即不赞成不平等的交易）进行主观评价。这样的行为是违背经济学的理性原则的，该原则意味着为了自我的利益，可以占别人便宜，而不对公平做任何考虑（Fehr et al.，2003）。然而，当每个人都合作时，合作行为很可能就会被模仿。因此，在特定的环境下，诸如人类文化传播的情形所示，通过累积性的文化进化，通过第三方实施利他性惩罚，规范和制度可能会得以保持（Bowles et al.，2003；Boyd et al.，2003）。这样的推理思路主要认为，表现出利他行为应被视为人类拥有的独特倾向和能力；一些作者甚至开始假设，存在一种能促进人类内群体间合作所需的"利他内驱力"（Fehr & Fischbacher，2003；Warneken et al.，2006）。

这一观点已受到了相当多研究的挑战。这些研究表明，在非灵长类物种中也存在类似的亲社会行为（Brosnan et al.，2009）。博夏里等人的研究表明，在两两成对合作进行彼此清洗的鱼群中，它们也能够探明和惩罚叛逃者（Raihani，Grutter & Bshary，2010）。这种惩罚促进了合作，并且实施惩罚者因此获得捕食的红利。作者得出的结论是，第三方惩罚在非人类物种中通过自私取向得以进化，这种发现可能也有助于阐明其他物种（包括人类）更复杂的进化动力（Bshary，Grutter et al.，2008）。

上面所讨论的复杂模型存在的主要问题是，它们缺乏传统的进化生物学所具有的理论优势。随着研究由生物学角度转向文化角度，对更高级层次因素的定义以及对各层次间关系的具体描述，都变得更加模糊。从跨文化心理学的角度来看，可以认为，动物行为学和进化心理学由于对不变性的强调，并且将遗传因素作为人类心理机能运作的基础，故它们对文化条件所起效应的估计极为有限。

若能进一步包括足够多的文化群体，那么，文化—比较研究可能会对文化差异影响提供很大的估计值。现有的种种解释模型可视为这样的证据，即很难刨根问底式地揭示先天和后天因素之间的交互作用。然而这一点，在单一文化中的研究要比跨文化研究表现得更清楚些。就像本节已论及的那样，我们期待文化—比较研究会逐渐成为验证模型和理论的平台。

在这一章里，我们首先概述了若干原则，这为从生物学角度理解人类行为提供了基础。这些原则对于跨文化心理学是很重要的，因为人类群体在文化和生物方面存在差异。随后，我们将焦点转向关于人类社会行为进化的种种理论。最后，我们概述了将基因传递和其他方式传递区分开的若干模型。

或许我们还应该明确地补充若干本章所说的生物学思维中不论述的问题。这种思维不是宣扬这一点，即基因可作为预先阻止道德选择所需的决定性力量。它也不是关于文化群体间行为差异的解释。它也不是在论述关于先天和后天因素间的两分法，而这种两分法本身就是错误的。从生物学的角度讲，我们确实不能否定我们自身基因的作用，但是我们可观察到的行为系统是一系列可能发生的反应的结果。颇具吸引力的问题是，其中人类能借以操作和构建文化的空间是什么。

从形态学和生理学上来讲，人类与其他物种很相似，但是人类能广泛地习得的能力，使其在心理方面处于独一无二的地位。有意识地反思的能力，以及按照各式各样的路径建构长远目标和计划，这一切又给人类行为增加了一个维度，我们尚未发现，这在其他物种身上可以有同样水平的发展。这可以被看作为我们这个物种提供了一系列发展的良好机遇，我们还将在第十二章最后部分讨论此问题。为了界定这方面的发展空间就需要超越目前的成果，更充分地洞察人类行为跨文化视角的多样性和稳定性。显而易见，跨文化研究将为这类知识的进一步积累做出贡献。与此同时，本章还希望给人们提供一种警示：我们应该防止陷入这样专断的意识形态性质的陷阱：既不能像某些持有进化心理学观点的科学家那样，倾向于将任何巧合现象都视为因果联系；也不能像某些坚持环境决定论思维的社会学家那样，研究典型的人类行为时，根本不考虑生物学基础。最后，由于我们有理由接受这样一种观点，即社会文化的演化是成就今天文化的一个相关的决定因素，因而在此基础上坎贝尔(Campbell，1975)提出了一条重要的忠告，如果忽略它，未来会付出更大的代价。坎贝尔提出，在进化论的框架下，文化遗产必须被视为一种适应性的结果。出于这个原因，我们应该尊重文化遗产。他解释道，当我们遇到一种文化(包括我们自己的文化)的特征令人迷惑和难以理解时，我们应勤勉地从适应的角度去寻找合理的解释方法。

拓展阅读

Boyd，R.，and Richerson，P. J.（2005）. *The origin and evolution of cultures*. New York：Oxford University Press.（该书展示了有关文化传递的双重遗传模型的进一步发展。）

Dunbar，R. I. M. and Barrett，L.（2007）. *Oxford handbook of evolutionary psychology*. Oxford，UK；Oxford University Press.（该书对国际进化心理学的发展状况进行了极为出彩的概述，并特别重视生物学因素与文化的互动。）

Odling-Smee，F. J.，Laland，K. N.，and Feldman，M. W.（2003）. *Niche construction：The neglected process in evolution*. Princeton，New Jersey：Princeton University Press.（该书具体表明，与传统进化研究路径相比，种种新兴的模式更重视生态和社会文化环境的作用。）

第*12*章

研究方法及其理论基础

本章目录

正如第一章指出，一项跨文化研究所做的远不仅是在两个国家收集数据和比较结果。很久以前，坎贝尔（Campbell，1970）就曾警告说，两个不同文化群体间的比较通常是不可阐释的：一个被观察到的差异可以归因为太多的因素，包括（比较的数据）缺乏等效性（因存在文化偏差）。在本书第一部分各章中我们已看到这样的例子，即关于行为的跨文化差异存在着相互对立的阐释。本章将进一步探讨跨文化数据阐释的余地。"文化"和"行为"都是有些抽象且意义含混的概念，故若不进一步明确界定，就无法用于科学分析。该界定过程不仅要受到研究者的理论取向和元理论取向的引导，也会被研究者选择的方法和研究的问题所制约。方法通常和理论相互关联，这也是为什么我们在本章将二者结合论述的原因。

　　本章前三节回应的是第一章概述过的三个议题以及相关的理论立场。第一节将详细说明作为外部情境的文化和作为个体内部因素的文化（内部情境）的区别。第二节论述的是文化共同性和差异性，探讨了普同主义—相对主义这一维度。正如在第一章所做，我们关注与质性方法和量化方法相关联的范式（paradigms）或世界观，而非这些方法本身。我们还会再次论述文化—比较心理学、文化心理学和本土心理学的三个立场。第三节是关于跨文化差异的阐释。我们会呈现在阐释跨文化数据时种种概括类型间的差异。有关理解行为和文化之间关系的不同方法之间存在分歧，故在第四节和最后一节我们会讨论是否有办法为汇通这些分歧搭建桥梁。所论述的两种观点中，其一是扩大跨文化心理学的理论视野，特别是在第十一章谈到的，超越该学科的社会科学传统，纳入一些生物学的思维。其二是反思我们开展研究所倾向的方法，并采用一个更为综合的路径，其中直接观察实际行为模式的做法进一步居于中心地位。

内部情境和外部情境

　　在第一章中，我们谈到了包括气候、生计方式、社会组织与实践习俗等方面的种种环境条件，这构成了所谓外在文化或外部情境。生态文化框架（文本框 1.1）提供了理解这种文化概念的一个例子。其中，经济富足是在接下来的章节中最常提到的一个方面。例如，国民财富既被视为与各种维度上价值观的差异直接相关，这些维度包括个体主义—集体主义（第四章）；也被视为与幸福感之类的个人变量直接相关（第五章）。第二章的亲子互动、第三章的青春期和第六章东西方认知模式方面差异等部分都提到，社会化方式和学校教育之间存在间接联系。第一章提到过将文化概念化为人的内在部分或称内部文化这种思路，并且在后面数章有举例说明，可参见第二章关于个体发展两种路径之间的差异（Greenfield，Keller *et al.*，2003）、第五章关于社会情境下独立自我—相互依存自我的构念、第七章情绪与语言一节中关于文化特定性情绪的假设等部分。

外部情境及其结果的分析

　　有关外部情境的变量似乎容易把握，而且确实有许多相关的统计数据资源，特别是在诸如联合国和世界银行这类国际机构的网站中的数据。尽管如此，研究者也不得不考虑这些可获得信息与他们的研究问题是否匹配。例如，气候经常被描述为平均气温。凡·德·韦杰佛（Van de Vliert，2009）则运用了另一种研究方法。首先，他区分了恶劣气候（炎热或寒冷）和温和气候，这就考虑了降水量和温度。其界定文化构成的第二要素是经济富裕度这一维度，包括从贫穷社会到富有社会。他认为，气候和富裕两个因素之间会相互影响，从而导致三种"文化组合物"（cultural conglomerates）：（1）仅够生存的文化（气候严酷且经济贫穷），（2）随遇而安的文化

（气候温和，经济或贫穷或富足），（3）自我表达的文化（气候严酷但经济富有）。不用说，如果仅使用年平均气温来划分炎热、温和和寒冷类型气候，那么对所涉及国家的分类就会出现一定差异。

经济富裕度的操作化也可以采取不同的形式，尽管应注意的是，不同指标之间的相关性可能会非常高。最常用的指标是人均国民生产总值。另一种购买力平价指数（PPPI）会考虑这一情况，即若用美元或欧元计算，低收入国家商品和服务会比较便宜。其他指标则包括对公民机会和社会不平等的估计。联合国发展计划（UNDP）中的人类发展指数（HDI）综合考虑三个因素：预期寿命、接受教育（识字率和入学率）和生活水平。基尼系数则用于测量一个国家内财富不平等状况。

前面的章节已提到了其他的外部情境性变量。例如，经济上的生存方式对社会行为的影响（见第二章性别差异一节）；对喀拉哈里沙漠的闪族人来说，没有高频噪声这一情况，会使得高频率失聪人数更少（见第九章）；场景中是否具有木工塑造痕迹（carpenteredness）和宽阔视野，则会对视错觉易感性产生影响（见第九章）。

在前面的章节中，我们也遇到过这样一些研究，即考察群体的某种心理特质或性情与其行为后果之间的关系。例如，在许多研究中，社会类型是从个体主义—集体主义这一维度进行划分的（Klassen，2004），所调查的受影响的行为包括社会行为（第四章）和认知（第六章），特别是我们将在第十六章看到的工作组织研究中的领导风格等变量。这些研究的假设是，诸如富裕度等外部前提条件在过去某个时候已发挥作用，并导致了当下的文化倾向，而反过来，这些当下的倾向又可作为用来解释行为结果的更近似的前提条件。这样，反映前提条件的变量就被视作导致或促使某种心理功能运作或行为结果方面的后果。

还有一种思路是将文化变量看作中介或调节变量。中介变量可解释自变量和因变量之间的部分关系。调节变量是控制自变量和因变量之间关系的力量（Baron & Kenny，1986；Lonner & Adamopoulos，1997）。为了分析这些更加复杂的关系，跨文化研究者已经开始转向多层次分析模型，这有利于区分由于个人层面、文化层面或这些层面之间的相互作用所分别引起的变化。

在各种研究中，若要考察先因条件和行为结果的关系，设计时要包括这两方面的相关性，一是各种变量，二是作为主要统计数据的不同文化样本平均分数之间的各种差异。探索先因条件和行为结果之间关系的一个重要工具是元分析（Hedges & Olkin，1985；Van Hemert，出版中）。这种分析需要尽可能多地收集有关某一主题已发表的研究成果，其中部分研究可能会显示出某些文化间种种差异非常大，而其他研究则也许会显示没有这种差异。然后，分析者通过整合所有结果来估计跨文化差异值的大小。有若干发表的论著利用了这一技术，这包括欧舍曼（Oyserman，2002）等人考察了相当数量的有关个体主义和集体主义的研究，范·何墨尔等人（Van Hemert，Poortinga & Van de Vijver，2007）分析了不同类型情绪研究结果的跨文化差异值的大小。

我们已在第一章中讨论，文化比较研究常常难以做出好的实验。实验研究要求研究人员控制各种处理条件，这些条件构成自变量或前因变量。在跨文化心理研究中，"处理"往往是针对外部变量，例如社会化和濡化，以及其他长期性影响因素。换句话说，尽管可以独立评估种种文化性处理条件，但它们经常是由推断所得而非通过测量而来。此外，在实验中，研究者会采用一些随机方法将被试分配到各个处理条件中。而这是实现这种保证的最佳策略，即保证不同被试间影响处理结果的先前存在的种种差异，是在不同处理间随机分配的。坎贝尔（Campbell，1969）认为，在针对现存群体的实地研究中，随机分配被试不可能实现，因而提出了"准实验"术语。在跨文化心理学研究中，被试嵌套在各自所属的文化情境中。情境的复杂性及其在许多方面彼此存在的差异，意味着有关样本差异的变量集是巨大的。这使得要证明单一解释的有效性是困难的。例如，对于同一研究结果，先是从自我构念的角度进行解释，后来转而从情境性文化规范方面的角度进行解释（见本书第四章）。这表明，最初的解释在面对其他的可替代性解释时并没有得以有效保护。

研究者的主要任务之一就是证明他们的研究结果以及其收集数据的方法具有效度，也就是说它们支持了正处于形成之中的解释或推论（Shadish，Cook & Campbell，2002）。他们认为，效度和无效度的概念"指的是最大可能地接近命题，包括有关原因的命题的真或假的程度"（Shadish，Cook & Campbell，2002，p.37）。许多跨文化心理研究常常缺乏通过操纵种种处理手段而实施的控制，也未能对被试进行随机分配，但这并不意味着良好的近似值是遥不可及的，尽管与其他心理学领域相比，在本领域这可能更加困难。至于在准实验设计中为提升研究结果的效度而采取的种种措施，可以查阅关于研究方法的教材，特别是沙迪什等人所编的教材。

正如本书第一章所述，在跨文化研究中，对于结果解释的效度最突出的一类威胁是测量中存在的文化偏差，因为这会导致分数缺乏等效性。在后面数章中，我们谈到过偏差的影响，例如人格问卷中的反应类型（见第五章特质维度部分）和智力概念化方面的差异（见第六章）。很重要的是，许多作者往往会忽视偏差的问题，这可能会导致跨文化差异估计中出现严重错误。我们稍后会在本章讨论这一问题。

另外需要注意的一点是，许多跨文化研究进一步考察了特质或维度，因为以前所确立的某种跨文化差异正是基于这些特质或维度。这样的研究可以说是在寻求聚合效度。由于后来的研究可能犯与最初研究相同的错误，因此累积无效证据。其补救措施是寻找区分效度。坎贝尔和菲斯克（Campbell & Fiske，1959）提出可使用"多元特质－多重方法矩阵"。这是一种包括评价目标特质的各种方法的矩阵设计，旨在确立不同特质的聚合效度和测量方法，以及重现可替代性的其他解释，从而建立区分效度。此设计使用多种方法，以排除研究结果反映的是与方法无关的差异。不幸的是，这种思路几乎很少见于跨文化研究中。

内部情境的分析

考察文化时，若我们重点强调的是作为内部情境的文化，种种"意义"和具有文化特殊性的心理机能运作模式就成为分析的主要目标。这里将区分两类研究：质性方法和量化方法。

我们已经在本书第一章看到，许多质性研究往往适用于对单一文化中种种现象的理解。在这样的研究中，数据收集往往受种种事件的驱动，并在事件发生时进行，故随着数据收集进程的推进，研究的问题和方法也会发生改变。相比实验方法和受制于工具方法的严格规定，这使得质性研究更加灵活。话语分析、非结构化访谈、焦点小组法以及民族志都是可选用的质性方法，这些方法都要依靠所挑选出的报告人和参与性观察（Creswell，2009；Willis，2007）。在前面的章节中，我们可以看到有关文化性意义的例子。例如，在第七章中（情绪与语言一节），我们谈论了特定文化中存在的情绪。其他的例子包括非西方性质的人格概念（第五章）和民族志（参见第十章）。

这里所说的行为包括借助心理工具可发掘到的行为。当行为的意义被看作某个文化情境中的特定行为时，其数据比较的范围会受到限制。对于一些作者而言，这意味着应拒绝将源于西方情境的方法和工具应用于其他社会中（Greenfield，1997；Ratner，2002）。

我们以前曾提出，效度应被视为科学探究的试金石。我们有时主要将效度与具有心理测量性质的诸方法相联系，但其实许多方法都要面对效度议题。例如，贾霍达（Jahoda，1990）已举例说明，运用民族志的研究者是如何在某地的实地观察的基础上再形成假设，然后通过核实其他地方的观察是否符合该假设以检验该假设。尽管这些效度确保程序属于事后分析性质的两两比较，但它们仍反映出了对效度问题的关注。这种关注也体现在其他质性方法所使用的"透明度"和"可信任性"之类的概念中，这还体现在研究者须报告其阐释是如何实现的（Guba & Lincoln，1994）。

格林菲尔德（Greenfield，1997）重点强调的是三种特别切合于质性研究的效度形式。第一种是阐释性效度（Maxwell，1992）。它关注的是研究者和目标群体之间的交流。阐释性效度意味着"（1）要理解这一点，即我们所研究的对象在交流和认识论方面也有其预设；（2）要确保所有数据的收集方法符合这些预设"（Greenfield，1997，p.316）。在量化性的心理测量传统中，这种做法会被看作保证效度的一个条件，而非效度的一种形式，只不过是细枝末节性问题。这种效度的适切性可用菲律宾人的 pagtanong-tanong 的观念进行说明。当地人认为，人际间需要的是互动性质的交流方式，而非研究者领导的访谈形式。第二种是生态效度。它强调的问题是，一种研究方法获取的数据，在何种程度上在该研究方法情境以外的情境中还具有切合性。这种生态效度可以说是与量化心理测量传统中的内容效度概念相似的。格林菲尔德认为，当研究在实际中自然而然地发生而非考察实验室行为时，生态效度是可以保证的。实验室环境可能的确是人为的，而且会失去确保切合性的机会，但在我们看来，实地研究本身也不一定能保证生态效度；因此尚不清楚的是，在此基础上数据阐释的效度何以能够证实（或证伪）。格林菲尔德所鉴别的效度的第三种形式为理论效度。这反映的是对量化研究传统中所谓构想效度的关注。此外，在量化传统中，阐释性效度被广泛看作结构等效性（Van de Vijver & Leung，1997；见第一章等效性和偏差部分）。总之，从心理测量学来讲，在格林菲尔德提出的（质性方法的）效度观和心理测量学传统的效度分类这两者间，有着明显的共性。

在第一章中，我们已经承认混合方法（Bond，Van de Vijver，出版中）和（不同方法的）汇通交融（Leung，Van de Vijver，2008）。这就是，我们要将质性方法和量化方法加以整合，以可行之道贯穿于研究过程。一个越来越为人们所接受的论点是，质性方法和量化方法是具有互补性的，而非泾渭分明的（Karasz & Singelis，2009）。从本书写作所坚持的视角看，若过分地强调（这两类方法间存在不可调和的）差别，结果会适得其反，不利于知识的生产（Berry，2009；Poortinga，1997）。

对于运用各种不同方法的研究项目，我们需要询问的根本问题是，有关调研结果的阐释在多大程度上是合理的（有效的），并可防止出现其他解释而捍卫自己。质性研究往往会在研究问题的切合性方面得分高，经常探索的是应用性问题（Karasz & Singelis，2009）。与此同时，在量化研究中，有关效度的分析往往更有力量。心理学之所以开发出现有的种种实验设计技术和标准化工具，其目的是使得数据超越研究者的主观印象，并减少他们在研究过程中的作用。量化研究所主张的工具和程序的作用，在质性研究中往往落到研究者个人身上。尽管有时这是不可避免的，但是我们认为这是一个弱点。这与某些质性研究者的观点是相反的（Creswell，2009）。除非能够永久保持记录（例如利用录像），否则非标准化的数据收集方法是不能复制的，也无法对抗运用其他方法所进行的阐释。

尽管文化心理学最初植根于质性传统，但是量化方法已经被越来越多地应用于严谨地考察具有文化特定性质的心理机能运作中（Kitayama & Cohen，2007）。一个有特色的非比较性实验方法是，运用启动技术（priming）研究文化的具体方面（Oyserman & Lee，2008）。正如第四章已提到的，在启动研究中，研究者会通过呈现与该文化相关的刺激，从而操控并使一种文化取向突出显示。启动研究能满足真正实验的一个主要要求：研究者通过向参与者展示不同的启动刺激，以清楚地操控处理条件。此外，许多启动刺激可运用于来自广大范围中的种种文化的参与者。有些启动刺激（尤其是像国旗这样的文化图标），依赖于参与者先前是否具有特定的具体知识，但是其他启动刺激（例如，要求参与者想出他们与自己家人或朋友的共同点或他们是如何不同），在认知上则应是容易识别的，几乎不受学校教育的影响（Trafimow，Triandis & Goto，1991）。

尽管启动研究模式在方法论上有其优点，其具体使用仍会有若干局限。首先，启动效应并没有改变文化情境的客观现实，因为其中包括种种社会关系、象征符号和习俗实践（Fischer，出版中；Fiske，2002）。这意味着，文化的许多东西是无法进行试验操作的。一个相关的问题是，像个体主义和集体主义这样的广泛的文化维度或文化综合特征，是否能够以这种方式有效操作。正如尼斯比特（Nisbett，2007）指出，虽然启动技术可以用于具体变量，但很可能不适合复杂的文化复合体。此外，启动技术并没有真正解决我们所注意到的文化和行为研究中的薄弱点，即对于假定的各种重要文化维度，未能大规模地寻求其区分效度。既然启动刺激主要是在可观察差异的基础上从文化系统中选择的，因此启动研究在证伪这样的差异方面，其先前的概率是低的。此外，如果一个启动刺激碰巧引发了预期之外的结果，这很可能会被看作反驳该启动刺激切合性的证据，而不会被看成否定了所假设的基础性维度（Medin *et al.*，2007）。

启动研究也可用于来自一个以上文化的样本，以考察不同启动刺激在不同文化间的相对影响效应（Oyserman & Lee，2008）。这种量化和比较设计表明，跨文化心理学领域中，文化心理学方法和文化比较研究之间先前的差别已经在逐步缩小。文化心理学传统中另一种实验的和比较的方法是利用大脑成像技术，特别是功能性核磁共振成像（fMRI）技术。该方法已发表成果主要是指欧洲裔美国人和东亚人间的跨文化差异。这几乎也是目前为止参与这类研究仅有的两个群体（Chiao & Ambady，2007）。在这样的一个研究中，赫登等人（Hedden *et al.*，2009）考察的是，（不同文化样本）对于嵌入在一个框架内线段长度的神经反应的差异。该试验任务要发现的是，当指令变化时，分别来自属于相互依存自我构念和独立自主自我构念两个群体的个体反应模式有哪些差异性（Kitayama *et al.*，2003）。出现在 fMRI 记录仪上的种种差异由赫登等人（Hedden *et al.*，2009）收集，这些差异分散于大脑的不同区域。该研究解释说，这些差异表明，相同的认知过程是由该试验任务唤醒的，但反应幅度的差异则取决于不同文化对任务的偏好，因为该试验中呈现的是独立完成的任务和依赖他人完成的任务。对分散的 fMRI 差异的阐释则很可能会产生错误（Vul，Harris *et al.*，2009），故该结果只能视作初步的。此外，血液中氧含量水平（这能够运用 fMRI 扫描仪测量）和大脑过程之间的精确关系则仍有些不清楚。尽管如此，我们期待 fMRI 和类似的技术（PET 扫描，EEG 诱发反应）将进一步完善，并在跨文化心理学中变得越来越重要。

文化普同性与文化特殊性

本节讨论在第一章已概述过的第二个议题，该议题描述的是从相对主义的强形式到普同主义的强形式这个维度。我们没有采用二分法思维，而是假设存在一个维度：种种不同的立场是可以兼容的，甚至是互补的。有人指出，至于选择哪种立场，应取决于特定研究中正在探讨的研究问题（Fontaine，出版中）。在此，我们将进一步深入阐述这一维度，因为它与跨文化心理学的经典讨论有关。有关争论在 20 世纪 90 年代特别强烈，后来似乎有所消退，但目前一些作者继续论证要建立单一的立场，因为对于他们来说，相对主义与普同主义两种视角代表了不相容（incompatible）的世界观或范式。基于某个范式的理论和方法，一般会被认为是与另一种范式的主张不相容的或"不可通约的"（incommensurable）。在本节中，我们将相对主义与普同主义视为世界观。虽然相对主义与定性方法更有联系，而普同主义与定量方法更有联系，我们上一节讨论的是有关方法的议题，在本节中，我们特别从范式视角进行探讨。

相对主义

在心理学中，有关文化相对主义的视角历史悠久。在常常被视为现代心理学摇篮的德国，直到 20 世纪 50 年代，植根于现象学的方法仍具有重要地位。最初在美国兴起、后来在欧洲传播的行为主义，是对这些"主观性"方法的反向性回应。当时的研究者力图寻求一种更"客观"的实验取向路径，因为他们质疑主观性阐释的思辨性质。精神分析研究中对有关无意识条件下所发生的事情进行的复杂建构，就是这样的一个例子。然而，许多心理学家也同时开始对行为主义感到不安。这是因为，行为主义强调的是刺激与反应（所谓 S—R 范式），并主张涉及个体内部心理过程（S—O—R 范式）的理论概念是不可验证的，也无法外在地得到科学分析。许多早期的争论至今持续存在，这些争论以各种成对的术语显示，例如，特殊性对普遍性，主观对客观，质性方法对量化方法。跨文化心理学对这种争论特别敏感，因为该领域既有质性方法占支配地位的文化研究，也有量化方法占主导地位的文化比较研究。

正如我们在第十章中所提及的，人类学中的文化相对主义立场是由赫斯科维茨（Herskovits，1948）明确提出，是以博厄斯（Boas，1911）更早所倡导的理念为基础的。其一般取向是，力求"从他们自己的角度"来理解人们，而不施加任何价值判断或前设判断，从而克服民族中心主义的种种表现。这样，相对主义者不仅试图避免贬抑其他民族（一种评价的行为），还试图避免以一种外来的文化观（一种认知行为）对其他文化进行描述、归类和理解。这里的所谓"从他们自己的角度"有两重含义："根据他们自己的分类范畴"以及"按照他们自己的价值观"。这里包含一个工作假设，即世界各民族之间的心理差异应力求根据社会文化的差异来解释，而几乎不用考虑其他因素（诸如气候或富足之类的外部变量）。

概括这场辩论范围的方法之一是呈现各种研究范式（见文本框 12.1）。丹曾和林肯（Denzin & Lincoln，2000，2005b）描述了一种强式的相对主义。他们所代表的一类研究者群体反对这样的原则，即各种心理和社会的实在（realities），对于波普尔（Popper，1959，1963）所倡导的科学探究类型是开放的。对于他们来说，"质性研究本身是一个探究领域"（2005a，p. 2）。"质性研究者强调实在的社会建构性、研究人员和研究对象之间的亲密关系以及制约研究的情境条件。质性研究者也强调研究中价值卷入的性质。他们力求回答的问题是，社会经验是如何创建的，又是如何被赋予意义的"（2000，p. 8）。在这个意义上，定性研究由政治和社会议程方面的修辞性论述所驱动（Hammersley，2008）。丹曾和贾尔迪纳（Denzin & Giardina，2006，p. xvi）呼吁确立"一种关于心灵（heart）的方法论，一种预言性的、女性主义的后实用主义观（post-pragmatism），这种观点重视真理的伦理性，植根于爱、关怀、希望和宽恕"。格根（Gergen & Gergen，2000，p. 1026）认为"（质性方法）逐渐削弱了（量化方法）的所有方面，这包括对通则性规律的追求、科学精确描述其学科问题之性能、科学渐进式接近客观真理的可能性，以及科学专业知识所声称的权利"。

12.1　四种范式

林肯和古巴（Lincoln & Guba，2000）描述了四种范式或世界观，即在本体论（存在的本质）、认识论（认识的本质）和方法论方面持不同立场的哲学观。这四种范式分别称为实证主义(positivism)，后实证主义，批判理论和建构主义。建构主义范式属于相对论立场。该范式认为，(本体论角度的)实在是(人们)通过社会交往的方式而建构的，研究结果是在研究过程中运用阐释性(hermeneutical)方法和辨证性方法而创生的。在批判理论中，实在被看成在历史进程中生成的，尽管如此，对于实践目的而言，社会结构和心理特质是"客观地在那里"("out there")。批判理论学派强调的是认识论立场，认为方法与知识都具有主观性和价值约束性。而第一种范式——实证主义反映的是这样一种信念，即实在是客观存在的，通过实验证实的研究过程，我们能够发现实在的真实状态。

第二种范式，即林肯和古巴所指的后实证主义，它依然是当今心理学的主流研究范式。这种范式认为，现实是客观存在的，我们对其的知识总是不完善的，但是通过系统的探究，我们可以发现更精确的观点，并摒弃精确性较差的知识。这种研究应该以波普尔(Popper，1959，1963)所提出的认识论之反驳或证伪原则(falsification)为基础。在波普尔看来，确立一种普遍有效的经验性(empirical)真理是科学研究无法做到的。"所有的乌鸦都是黑色的"这句话从来都不是观察的结果，因为我们永远不能看见所有的乌鸦，包括未来的乌鸦。因此，这句话也就永远不会被完全证实。然而，它可以被证伪。显然，当我们看到一只非黑色的乌鸦时，"所有的乌鸦都是黑色的"这句话就是错误的。根据波普尔的观点，科学研究是通过严密的实验方法以逐步排斥错误理论而取得进步的。

拉卡托斯(Lakatos，1974)发现，波普尔的观点在实际应用时会出现困难。他指出，科学界争论的通常是关于种种方法和程序的优劣之类的问题。比如，伽利略的观点遭到其同时代的教士的质疑，是因为这些教士认为他的观察是无效的，伽利略仅凭借一块玻璃片拼起来的透镜观察出来的结果不可能优于上帝创造的人眼所观察到的结果。在跨文化心理学领域，关于西方观念和方法在其他文化中的运用，也引起了相似的争论。

对波普尔的观点的一个更为原则性的批判来自库恩(Kuhn，1962)。库恩通过描述科学界世界观的历史变化表明，证伪假说的证据通常受到忽视。科学家们之所以采用属于种种范式的观点和主要理论，往往是为了适应新的证据。但是，由于担心负面影响，科学家们通常会抵制对其理论的反驳。

然而，以上对波普尔观点的批判，与其说是批判证伪这一认识论原则，不如说是批判这一历史事实，即那些容易犯错误的科学家是那些坚持自己所偏好理论的人。毫无疑问，这样的主观偏好会影响(研究者)对经验性证据的选取和阐释。问题是，这些局限是否就意味着我们有必要接受相对论和价值负荷的认识论观点。本书坚持的观点是：基于经验性证据，科学理论可以被证明是错误的；优秀的研究是那种让(研究者)所偏爱的理论接受证伪性考察。以上提到的批判只是想清楚地表明，科学研究是多么困难，而不是说认识论中证伪原则是错误的。总之，库恩是正确的并不表示波普尔就是错误的。

我们可以看到，在实证科学中，极端相对主义被视为是没有生产力的。它已经被视为十足地对"科学与理性的逃避"（Gross，Levitt & Lewis，1996），被展示出甚至没有揭露错误论断的能力（cf. Sokal，1996a，1996b）。相反，我们受唐纳德·坎贝尔倡导的启发而坚持一种双重立场，即使用来自两个传统的概念和方法。奥弗曼和贝里（Overman，1988；Berry，2009）指出，坎贝尔的意图如下所述。

> 调和这两者间的差异，一是定量传统和它所代表的所有方法，二是定性传统和它所代表的所有方法。这些论文的显著特征反映了坎贝尔建构这样路径的能力，该路径不仅连通了定量和定性方法之间的知识，也跨越了客观性的目标和本体论性质的虚无主义之争，还克服了经验实证性的行为主义期望和关于现象性绝对观（absolutism）的唯我主义之间的鸿沟。他理念的成功取决于我们的意愿，即不可拘泥于两套信念之间的选择，而是要能够辨别和采取一个中间立场……作为一个社会科学研究者和理论家，唐纳德·坎贝尔的漫长学术生涯中最为引人注目的成就是，他已经合成并调和了这些对立的视角。

文化心理学的主张

普同主义主张，人类有着相同的心理过程（即"心智统一"），相对主义对此的反驳在 20 世纪 90 年代很突出。它成为文化心理学的基础。首先表现为施威德的格言："文化和心理是彼此相互建构的。"很快该观点为这样一个不那么具有深远影响力的概念化所取代，即假设（不同文化的人们）"心态"（mentalities）不同，但心智（mind）相同（Fiske et al.，1998）。本书的第一部分（例如，第五和第六章）提到的研究也论证了这一点，心理机能的实际运作是存在（跨文化）差异的，尤其是表现在东亚人和欧裔美国人之间。文化心理学主要遵循了一个后实证主义范式，正如文本框 12.1 所描述。这些研究所考察的种种心理过程和特征的实在性，以及它们发生所使用的方法，并没有受到挑战；相反，研究的重点问题是鉴别种种心理功能和特点，以及它们在不同文化中的差异。与此同时，除了主张道德平等的立场（例如，"所有的人都是平等的"）以外，持相对主义的研究者，甚至温和的相对主义者，都对不同文化间存在的相似性没有多少兴趣，并且把所观察到的文化差异解释为存在不同的心理机能和过程。因此，种种差异可能用定性术语来阐释，例如，有研究曾论证说，东亚人缺乏自尊（不只是水平更低）（Heine et al.，1999；参见文本框 4.3）；人们的智力形式不同，而不是智力能力水平方面存在差异（Nisbett，2003；参见本书第六章）；情绪是具有文化特殊性的社会建构，而不是本来相同心理状态在不同文化中有不同侧重的结果（Markus & Kitayama，1994，参见本书第七章）。

文化心理学领域的研究者往往把他们关于行为—文化关系的视角看作一个新兴分支学科（Markus，2007；Hamedani，Shweder，2007）。我们倾向认为，先前的文化比较研究传统是否该认为(与此)属于同一个领域,这不过是一个如何定义的问题。然而,我们的确认为,这是一种对(跨文化心理学)历史的误解,因为历史上曾有过的相对主义传统的其他方法被排除了,或者至少是被忽略了。首先,文化心理学有一个可以追溯到数世纪以前的历史。贾霍达等人(Jahoda,1992;Jahoda & Krewer,1997)发现,启蒙时期所出现的观点,与那些现在放到文化心理学名义下的观点是相似的。其次,所谓标志着文化心理学开始的主要作品,所反映的关于行为与文化关系的类似观点,还可见于近来的数种传统(Markus & Kitayama,1991;Shweder,1990)。

文化心理学的最新传统可见于发展于数个非西方国家的本土心理学。更具有西方起源的一个例子是,爱肯斯伯格(Eckensberger,1979,2002;Boesch,1991,2002)所倡导的从行动理论(action theory)视角考察文化的一种方法。他把行动看成以未来为取向的、具有目标导向性的种种活动,是潜在地具有自我反思能力的能动者所具有的。对于有关心理理论化(psychological theorizing)这一概念在跨文化心理学中的运用,爱肯斯伯格(Eckensberger,1979)早就做出了影响深远的评价。对此,他划分了五种范式,这些范式具有层级性。其中最具综合性的是关于人类反思性的范式。正如其名称所示,该范式的特征是人类能够反思他们自己以及自身的行动、目标和意图。对此有一个明确的认识,那就是行动是难以捉摸的:"(一个行动)的内容不能直接来源于系列行为,因为每个行动都是建立在多个意图之上的,而且每个意图可以通过数种模式行为得以实现(行动不是由充分证据决定的,对多重阐释是开放的)。"(Eckensberger & Plath,2002,p.433)。

具有相对主义倾向的另外一个例子是社会文化学派,它可以追溯到维果斯基(Vygotsky,1978)和鲁利亚(Luria,1971)的论述中。从第二章中可以看出,维果斯基极力主张人类行为的历史性与情境性,其观点在俄国十月革命后不久就形成了,但几十年后才被西方人"发掘"出来。维果斯基把他称之为个体高级心理机能的发展看作一种社会层面的历史过程。这些心理机能,特别是其中的抽象思维能力,作为社会成员共享的人际心理范畴,首先出现在社会层面上。

正如第二、第六章已谈到的,科尔(Cole,1992a,1992b,1996)对维果斯基关于行为与文化关系的概念化做了重要的改动。在科尔看来,心理机能广泛地体现在各个行为领域中,文化的中介作用不会发生于广泛的心理机能层面。倒是有证据表明,文化中介作用表现在特定技能与元认知技能发展所处的种种活动领域层面。这些技能是在诸如学校环境与工作环境之类的特定活动环境中获得的,这些环境构成了丰富的、大量的具有交互作用的活动体系。

与许多跨文化心理学学者不一样,科尔力求避免把文化视作一种既定不变的、用来解释人类行为差异的因素,而是一种需要解释的事务状态。他关注文化的起源,并假定人的发展存在不同的时间标度,这包括种系演化性发展和文化历史进程,也包括由时间标度划定的各个水平发展之间的相互作用。比如,人类活动影响历史进程中的社会变迁(反之亦然),并且最终影响种系演化性发展。可以在瓦斯娜和罗萨(Valsiner & Rosa,2007)的著作中找到关于社会文化心理学的最新信息。

本土心理学的主张

促进本土研究路径作者们的一个核心论点是，主流（西方）心理学试图把人类其他群体纳入种种西方范畴，因为这些范畴往往被假定存在于所有文化中。这种努力的潜在性世界观可能会在两个方面遭到批评。第一个批评是，这相当于文化殖民。将一些概念、观点和方法从西方移植到世界其他地区的这种做法，具有自上而下性和单向性。正如文本框1.2所示，这相当于跨文化心理学的"输出和验证"（强加性客位）性质的做法。第二个批评是，主流心理学没有考虑到当地人的语言和世界观。这指的是"对他者文化的探索"性质（主位）的做法。

还有一个批评，有点超出了本教科书的范围，即尽管"西方"的心理学家有自己的道德准则，并表现出对人类福祉的关注，但他们自己往往没有与压迫的意识形态和实践保持距离。因此，南非的黑人心理学家批评在该国研究的白人心理学家，尤其是那些表达平等观的心理学家，没有脱离种族隔离制度的影响（Nicholas & Cooper，2001）。另一个例子是，心理学家到关塔那摩海湾参与集中营事务。据称，被美军俘虏的囚犯如果不是真受到折磨的话，至少也遭受了不人道的对待。只是数年后发现证据时，美国心理学协会（APA，2008）才对此表达立场。因为作者生活在西方民主国家，我们认可这种批评的合法性。

我们也同意其他两种批评。许多跨文化研究不过是将既有的实证研究传统扩展到其他国家，之后再对可能会出现的任何差异进行阐述。在任何意义上，这样的研究几乎很难被看作"熟知文化"（culture-informed）的。我们将在第十八章中讨论，为了使作为一门科学的心理学获得更好的平衡体制，需要关注诸如发展中国家的研究队伍、心理学系科和研究实验室建设（Adair，2006；Adair，Coelho & Luna，2002）。

第二个批评涉及本章的中心理论议题。在本土心理学中，行为本质上被看作受文化限制（culture-bound）的，各个文化群体都需要发展自己的研究及其应用。因此，"本土心理学"（在英语中）会经常使用复数形式（Allwood & Berry，2006；Kim & Park，2000）。很容易发现，这样的取向更倾向于相对主义而不是普同主义（Hwang & Yang，2000）。

与此相关的是，金和帕克（Kim & Park，2006）强调了文化科学和自然科学方法之间的对比。他们认为，心理研究中需要"相互作用的方法"（transactional approach），其中人类被看作可以决定他们自己行动的能动者，（位于个体之间关系方面的）沟通活动本身而不是个体，才是理解活动的重要单位。更一般地说，金等人（Kim，Yang & Hwang，2006）试图模糊本土心理学与文化心理学方法的界限，他们认为这两种方法与跨文化心理学是对立的，后者完全是坚持自然科学的方法。

然而，文献表明，对于如何平衡兼顾心理机能运作的文化特殊性与文化共性这一问题，本土心理学比文化心理学家的争议更多（Enriquez，1993；Sinha，1997；Triandis，2000b；Yang，2003）。值得注意的是，辛哈非常明确地表示，二者应该是互补关系，而不是对立关系。与此相似，研究者已经倡导"跨一本土"（cross-indigenous）的路径，以利于来自世界各地的想法彼此间互相滋润。

最近的出版物呈现这样一种趋势，人们不那么重视本土心理学和"西方"心理学的差别，而更多强调非西方的视角对心理学科学的贡献（Kashima，2005）。借鉴现象学的方法，研究者仍然很重视对当地哲学和宗教的理解（Kim，2001），但金等人（Kim，2006）坚持认为，本土心理学是一种科学传统的分子，这种传统不寻求发展出多种心理学。相反，重点是心理学研究的多种视角，只要适宜并有助于促进对心理现象的全面理解，任何方法都可使用。来自当地哲学的概念是建立正规理论的基础，但它们需要进行实证性的检测，确认其效度。根据博斯基（Boski，2006）所说，随着跨文化心理学研究越来越具有多重国度的特征，本土心理学树立了让全球化和本土化互补的抱负。黄（Hwang，2005，2006）认识到，在"西方"历史地形成的认识论和方法论，应该是文化分析的基础。像在其他研究传统中一样，认为自己是本土心理学家的人们的观点不具有同质性，这点是显而易见的。

总之，虽然存在着广泛的意见，但学界也越来越倾向于支持一个共同的事业，这就是，运用关于行为和心理机能运作的本土思维去丰富具有全球意义的心理学。

普同主义

很少有当代跨文化心理学家坚持认为，人类行为及其基础性的心理过程和机能不存在普同性。若不承认该一般原则，在文化的共同性和文化的特殊性这一问题上就会出现分歧。在本小节中，我们不仅关注从共同性或普同性的角度解释人类行为的理论状况，也关注如何运用实证研究成果来考察普同性理念。

理论上说，如果一个心理学概念或概念之间的关系，可以用来有效地描述任何文化中的人类行为，那么就可以说，它具有普同性。在跨文化心理学中，对所有文化上可区分的群体进行实证研究这一做法，人们没有多大兴趣。实际上，其已有的最低要求是，从那些呈现强烈文化差异对比的社会中抽取样本进行研究。通常，必须纳入研究的社会包括识字率高和低的社会，以及在诸如富裕、经济生活方式和宗教等维度和范畴上呈现差异的社会。在本书第一部分所有讨论到的研究潮流和项目中，可以说只有少数已经达到了这个要求，或者相当接近此要求。在这些正面的例外研究中，我们认为可圈可点的例子是西格尔等人（Segall et al.，1996）关于视错觉（见本书第九章）的研究，这个研究包括了一系列自然环境；亨里奇等人（Henrich，2004，2005）的研究则把最后通牒和独裁者博弈这一实验扩展到了一系列小规模社会（参见文本框4.2）。现有的大多数研究依靠问卷手段，这需要受访者具备阅读技能，不能在文盲社会实施。在我们看来，这意味着这类跨文化心理研究结果的普同性是有种种局限的。

换个角度说，那些反对普同性的研究者需要提供这样的证据，即一个特定的心理过程只存在于一些文化群体，不存在于其他群体。正如科尔等人（Cole et al.，1971，p.233）指出："认知方面的文化差异更多地存在于特定认知过程所应用的种种具体情形中，而不会出现某一认知过程存在于某种文化群体，但不存在于另一个文化群体。"如果我们把这个观点超越认知而扩展到心理功能运作的所有领域，当我们把表现（或能力）的差异阐释为心理过程差异的证据时，我们需要谨慎。

有关普同主义的主要议题，不是寻找证据去证明一个心理过程或关系存在于所有的文化中，而是应关注，就文化如何与行为发生关联而言，理论家们的总体取向。普同论者和相对论者双方在维度上都存在着极端立场。极端普同主义以前称为绝对主义（Berry et al.，2002），其元理论性（metatheoretical）立场几乎无视跨文化研究中的民族中心主义现象，或者说理解人们时几乎不是"从他们自己的方式"来解释。相反，该观点主张，心理现象在不同文化中基本上是相同的，诸如"智力""诚实"或"抑郁"等现象被假设为，在哪里都是相同的，并且明显反映出类似的行为。

就方法论而言，极端普同论认为，对测试和问卷得分进行（跨文化）比较，不会产生实质性问题，而且可以很容易且经常地进行，因为它们是基于相同工具在不同文化中的运用。故这些工具在使用时采取的是标准化形式，可能还会检查语言表述方面的等效性——在承认概念或测量工具的不等效性可能发生影响方面，这通常是仅有的可圈可点之处。从更温和的视角看，该极端立场可以说会导致严重的错误阐释，以及文本框 1.2 所概述的"强加客位"思维。当得分水平出现了差异时，差异也被视为在基础性建构（概念）方面数量上的差异。所用的工具则被假定会满足所有等效性所需的条件。得分上的差异会被看成是不同的人群仅仅在"智力欠佳""不太诚实"或"更加抑郁"方面的表现。

温和的普同论立场则采用这样的工作假设，即基础心理过程可能是所有人群生活的共同特征，但是它们的实际表现可能受文化影响。也就是说，种种差异是由于文化"对共同主题发挥不同的作用"而造成的，基础性的过程在本质上是相同的，只是实际表现形式不同而已。从方法论上讲，该立场认为可以使用比较法，但是一定要小心，注意采取保障等效性所需的种种措施，且不能完全回避或随意进行比较。测评的方法程序有可能需要修订（参见文本框 12.2）。尽管测评的出发点可能是某些现成的理论或工具，但其使用的方法途径要基于对当地文化知识的通晓。

从理论上看，温和的普同主义认为，对文化共同性和差异性的解释要基于这样一种信念：即基础心理过程具有泛人类性，文化因素影响它们的发展（方向和程度）以及实际运用（运用的意图与方法）。因此，主要的问题就是，文化变量在多大程度上、以何种方式与行为交互作用。在对不同文化的同一研究中，量化解释能够这样有效地进行，即比较的维度属于同一领域，该领域所考量的心理现象具有跨文化相似性。例如，如果若干文化都拥有同样的抑郁概念，并赞许以相同方式表现抑郁，那么对有关抑郁测试结果的差异就可以通过量化方式加以解释。同理，在那些关于抑郁的概念及其表现都存在差异的文化中，要获得等效性测量或许就不可能了（参见第十七章关于抑郁部分）。对于质性的差异，在进行比较之前，就需要进行理论的分析，以确定共同的维度，所获得的差异应是这些维度在量上的差异。

在温和的普同论看来，承认跨文化数据的不等效性并不表示普同性就不存在。孟罗夫妇（Munroe & Munroe，1997）和布朗（Brown，1991）从比较人类学视角的文献综述提出，现有的论述和研究结果表明，（不同文化间）存在种种普同性。在本书第一部分的多个章节中，我们也已提到了几个例子，诸如第七章的基本情感类型，第五章的人格维度和第六章的基本认知过程。

到目前为止，我们主要论述了普同性的本体论方面（即普同性是指客观存在的实在吗？）。当然，普同性还有认识论方面的议题（即我们何以才能知道普同性）。根据罗纳的观点（Lonner，1980，出版中），对作为比较基础的种种模式和规律的寻求，看来是不可避免的。在寻找规则时，研究某文化和行为的学者，包括文化人类学家和生物学家，往往会使用普同性的术语去思考并且追求普同性的维度。罗纳区分了七个水平的普同性，从"简单普同性"到"鸡尾酒式的混合普同性"。前者指的是极为普遍的现象，如人类的性欲、侵犯和交流；后者包括种种特殊的重要事件，它们很难在外在形式上把握，但在意义上还是能够理解的。

12.2　研究方法的跨文化迁移与调适

在何种程度上可以把概念和理论有意义地从一种文化迁移到另一种文化，从普同性视角来看，这个问题具有合法性。对于那些旨在形成概念之操作化成果的心理学工具而言，也可以提这个问题。本书已经一再地挑战方法和概念的跨文化等价性（例如，第一、第五和第六章），所以我们应该很明确地认识到，这种迁移可能存在很大问题。然而，我们不排除文化比较研究，它总是需要对数据收集方法，无论是定性或定量的，进行某种形式的迁移。

在这里，迁移（transfer）指的是把针对一个群体（发源文化）而开发的方法和工具（包括测试题、问卷和干预方案），运用到另一个群体（目标文化）。这种迁移可能意味着，方法需要种种变化（改动），以使方法的实施更适合目标文化，不过也不一定非得这样。迁移的可替代做法是，针对各个目标文化而开发新工具。理论上说，针对一个群体而专门开发的工具，比起迁移而来的工具，会表现出更好的文化适宜性。然而，至于为何要用迁移工具，还是有若干理由的。第一，测试题或干预方案的开发和标准化处理是昂贵和费时的。研究可用的资源总是有限的，尤其是在欠发达地区更是如此。因此，若现有方法具有足够合适性，则利用之，从经济角度说这样做是有意义的。第二，拟迁移的方法，在之前的研究已经使用过。如果迁移后方法在一个目标群体中是有效的，那么从常理上说，其理论基础和种种经验实证结果的相互关联性也适用于这个群体，至少这为分析提供了一个好的起始性命题（Poortinga，1995）。第三，与使用若干彼此无关的独立方法相比，迁移同一方法会增加相关知识在量上的积累。当然，这样说并不是要反对构建新的本土方法，但是我们应该有合理的期望，一个新的方法比现有方法会得出更好的结果。

　　方法的迁移可以采取多种形式。采用、修订和组装(Van de Vijver & Poortinga, 2005)之间是有区别的。使用"采用"策略时，目标群体与来源群体(的生态文化情境)很接近。这时研究计划的内容和材料都保持不变，只是需要尽可能精确地翻译。"修订"指的是部分内容(题目、分测验、方案元素)的直接迁移，而其他不能有效迁移的部分则得到了改变或替换。"组装"指的是针对目标文化，对一种工具或方案的主要部分进行重新开发。这时，该工具或方案的原版和新版可能有共同的主题和目标，但其内容和/或方法将在很大程度上是不同的。至于这三种路径中该选取哪一个，则主要取决于研究人员或当地利益相关者(目标人群或他们的代表)开始时对所需要变动的感知。

　　凡·德·维杰威和普尔廷戈(Van de Vijver & Poortinga, 1982)提出过另一种范畴的分类。他们首先根据表现出跨文化差异的种种量表归纳出共同属性，然后对这些属性的定义进行界定。他们从概念普同性角度区分了心理测量精确度的四个层次，随着定义更加精确，就会更严谨地测出行为的跨文化相似性。

　　1. 概念上的普同性，即那些抽象水平很高、可能与测评量表无任何关系的概念。(例如，众数人格或适应，参见第十章)

　　2. 弱普同性则是指这样的概念，即其测量方法的程序已经被具体化，其效度仅在所调查的各种文化中得到证实，采用的是结构等价性的证据(例如，人格维度，参见第五章的特质维度部分)。一般来说，在跨文化研究时使用相同的方法和工具的心理学都含蓄地认为，心理学现有的概念都具有这种水平的普同性，即使他们并没有对得分水平进行比较。

　　3. 强普同性，是指那些能够通过这样的量表确立的概念，即在不同文化中具有相同的衡量标准，但具有不同的来源(即满足衡量标准等价性所需条件，见本书第十一章)。相关证据是看种种测评结果是否反映出共同模式。详细的证据有易视错觉，如西格尔、坎贝尔和赫斯科维茨(Campbell & Herskovits, 1966; 见本书第九章)研究了莱尔和水平—垂直错觉，他们支持了度量等价性的标准。毋庸置疑，得分水平的其他比较的证据并不能让人信服。

　　4. 严格的普同性，意味着测试的得分之分布在所有文化中都是相同的。要具有这种普同性，工具需要满足满分等价性(full score equivalence)的要求。由于文化情境和人类行为的相互作用是普遍存在的，心理变量满足这种条件是不可能的。

　　这些区分中有重要意义的一点是，作者没有采取将心理现象分为普同存在的和仅属于特定文化的这种二分法的做法。范·德·维杰威和普尔廷戈(Van de Vijver & Poortinga, 1982, p.393)认为，"把不同文化群体数据的相同程度作为不同群体间文化模式相似性的函数"。从上述四种普同性水平的描述可以看出，它们与第一章中所描述的等价性水平是相对应的（Fontaine，出版中；Van de Vijver & Leung，1997，2000）。广泛文化之间存在等价性的研究证据，是假设普同性存在的实证基础；数据所能满足的等价性水平，最终决定着普同性的水平。

在第一章，我们已经说明，等价性所需的条件是能够进行跨文化检验的，其方法是通过考察一个数据集是否符合这样的统计条件，即总体上所用的数据是等价的。这方面广泛使用的分析技术有两种。首先是题目偏差分析，有几种统计方法可以用来评估测量工具，在一个社会中所用的题目在另一个社会中使用时是否显示的是在前一个社会中所希望测出的东西（Sireci，出版中）。分析的第二种类型旨在考察结构等价性。这所需要的一个条件是，题目的因素负荷在不同文化之间应该是类似的。这方面广为报道的统计技术是"希尔斯的 φ"。当 $\varphi>90$ 时，有时是当 $\varphi>85$ 时，它就会被看作结构等价性的支持证据（Van de Vijver & Leung，1997）。近些年，考察等价性水平时倾向于使用其他的多重变量分析技术，诸如结构方程模型和协方差结构分析。这些模型允许检验一系列分层有序的条件，它们在不同文化数据的等价性方面提出的条件越来越严格。关于如何进行这样的分析，可以参考有关文献（Cheung & Rensvold，2002；Van de Vijver & Leung，1997；Vandenberg & Lance，2000）。

我们必须注意到这里有一个悖论。虽然人格维度和智力测试所用量表的等价性受到了广泛质疑，但是很少发现，有关社会行为诸方面的量表遭到同等的批判态度（Van de Vijver，出版中）。例如，关于个体主义和集体主义的文献数量极大，但几乎没有研究提到等价性方面的可能性。欧舍曼等人（Oyserman *et al.*，2002）对个体主义和集体主义的综述令人印象深刻，却没有提到文化偏差或不等价性的观念。这个悖论就是，很多研究者承认存在重要的跨文化差异，但都倾向于极力像极端普同主义那样，跨文化时采用相同标准。这就是不关注不等价性。

方法上等价性的缺失，就有可能导致出现关于跨文化差异的错误表征。人们常常认为，跨文化差异被夸大了，其原因是工具不适合当地的知识或观念（Poortinga，1989；Van de Vijver & Leung，1997）。海涅等人（Heine，Lehmann，Peng & Greenholtz，2002）提出，社会心理变量评定值的跨文化差异可能被低估了。这是因为，一个文化群体的受访者在回答题目时，会使用那些在他们自己文化的情境中找到的规范作为参考或标准。换言之，华人被试会比照其他华人评判自己，加拿大人被试这时也会比照其他加拿大人。为了研究这种"参照群体效应"（reference group effect），海涅等人询问了具有日本和加拿大双文化背景的受访者，在一个有关个体主义和集体主义的问卷中，是否有题目更多地反映了一种或另一种文化特征。在进一步的研究中，他们要求具有双文化的受访者将自己分别与日本人和加拿大人进行比较，从而获得其自我评判。这些评判得分之间的差异远高于运用个体主义和集体主义的自我评判量表的得分。要注意的是，在这些研究中，海涅等人把评判者的评定作为比较的标准。然而，这样的评价容易导致刻板印象，因为这就像对国民性的评定那样（参见第五章）。因此，这类个体主义差异方面研究结果的肯定性证据，是有局限的。海涅等人已经认识到了这一点。在其文章的最后，他们推荐了更多的客观指标作为比较的标准，包括行为实际模式和心理生理测量记录。

虽然这样的技术将丰富文化和行为间关系的分析，它们也有可能会复兴关于文化共同性和文化特殊性之间的辩论。在本章前面部分我们提到一些作者，比如焦和恩布迪（Chiao & Ambady，2007），他们很重视功能性磁共振成像研究中报告的跨文化差异，并认为这些差异是心理功能的差异。一个具体的例子是由安布迪和巴鲁查（Ambady & Bharucha，2009）对海登等人（Hedden et al，2009）研究的阐释。对此研究，我们认为，在被试报告差异之前，实验任务就激发了同样的认知过程。安布迪和巴鲁查则强调，在一种任务条件下，大脑中一个与注意控制相关的区域，西方人表现出更大程度的激活，而东亚人则是表现于另一个任务条件。对于我们来说，不利于清晰地显示神经系统和行为领域关联的分散差异，没有整体的相似性那么重要。对于安布迪和巴鲁查以及大多数跨文化心理学家来说，这是相反的。

文化层面与个体层面数据的区分

正如第一章已提及，跨文化心理学家们倾向于同时在个体层面和文化层面处理数据。有些现象是"本身"就属于文化层面的，例如学校、政府形式之类的社会机构。另外一些现象则是"本身"就属于个体层面的，诸如一个人在人格特质、认知能力等方面得分之类的个人特征。在跨文化研究中，我们会发现这样的做法，即通过将个体数据聚集（aggregation），以获得文化层面的分数。个体主义或者独立型自我构念之类价值观维度的国家分数，就是文化层面数据的例子。在这种情形下，文化层面的分数是"派生"自个体层面的数据。另一种情形则是解聚（disaggregation），即将一个国家层面的分数值赋予该国样本群体中的个体。这时，个体数据"派生"自国家层面数据。这种情形的例子是，研究者会预期每个西班牙人都信仰罗马天主教，因为西班牙是一个天主教国家。

若是按其本来属性运用个体变量或文化变量（即数据在什么层面收集，数据分析也只在该层面进行），那么，这种做法通常不会使人想到要去关注有关分析层面的问题。但是，若所处理的数据是"派生"而来的数据，且对数据可能容易产生多种阐释，这就必须谨慎了。第一，我们需要对两种变量进行区分：有关来自同一文化的彼此差异（即文化内差异，within-culture variation）很小的个体的变量，以及有关来自同一国家但彼此得分差异相当大的个体的变量。若（同一样本的个体间）不存在或几乎没有文化内差异，文化层面分数与个体分数则可交换使用。例如，绝大多数的西班牙人都懂西班牙语。但若（同一样本的）个体间存在（文化）差异，使用"派生"而来的分数时就可能出现问题。例如，中国是集体主义社会，但某个具体的中国人却不一定是集体主义者（Triandis & Suh，2002）。

第二，当数据从一个层面到另外一个层面时，其意义可能会有变化。例如，在一个反应时研究任务中，刺激包括阿拉伯字母和简单图形，与荷兰学生相比，伊朗学生对阿拉伯字母反应更快，而对简单图形刺激反应更慢（Sonke，Poortinga & De Kuijer，1999）。其研究者们认为，对刺激熟悉度的差异可以阐释这里的分数差异模式。因此，（不同文化群体）样本层面的平均反应时模式成为衡量不同刺激熟悉度的手段，而在个体层面，那两个任务则成为衡量视觉刺激处理速度的手段。当分数的聚集（就像当下这个案例）或解聚意味着意义上的变化时，我们就认为两个层面是非同构的。

作为非同构性情况下意义变化的后果，数据分析会发生错误。范·德·维杰威等人（Van de Vijver et al.，2008a）已经对此进行了系统评述。有关文献所提到的一个著名例子，是霍夫斯泰德（Hofstede，1980，2001）的告诫。他认为，他曾划分的四个价值观维度（参见第四章价值观部分）是处于国别层面，而非个体层面；就这些维度而言，若从国别差异中去推断个体差异，等于犯了一个"生态谬误"（ecological fallacy）。根据该提示，施瓦茨（Schwartz，1992，1994 a，b）对利用施瓦茨价值观量表（SVS）所收集的数据，进行了个体层面和文化层面的（独立）分析。他在个体层面探明了两个维度，在国家层面却发现了三个维度。在新近对 SVS 数据进行的一个多层面分析中，研究者同时对两个层面的数据进行分析后发现，数据在两个层面上都有一个双因素结构，且两个层面之间存在着高相关（Fischer，Vauclair，Fontaine & Schwartz，2010）。这暗示，对价值观领域而言，文化层面和个体层面之间存在着一个同构性的公平交换。

迄今为止，我们还不知道这类结果能否在其他领域得到重复，因为目前多层面分析是一个仅仅在跨文化心理学研究中被少量使用的技术（Van de Vijver et al.，2008 b）。既然当下多种多样的统计程序都可运用了，可预期的是，多层面分析技术将会得到更为广泛的应用（Smith，2004）。毕竟，个体行为与其所处的文化情境之间的种种关系，乃是跨文化心理学的中心内容。

心理学对跨文化差异的组织

本书第一章所提出的第三个议题是，文化间的差异是如何相互关联的。我们提到了对研究结果阐释的范畴类型，从高度包容的阐释到非常有限的阐释。在最为包容的阐释类型中，文化被描述为系统。其他包容性依次降低的阐释，既涉及了种种宽泛的维度，诸如个体主义、风格、行为领域，也涉及了特定的具体风俗或者惯例。

文化即系统是文化相对主义视角特别突出的理念。这种将文化的要素看成相互关联的思维，结果可能不会形成整齐、有规律的模式，但可给人启示，即文化内部是非常连贯统一的。格尔茨（Shweder，1984）认为，文化要素的组织不是像蜘蛛网一样整齐，但他认为，将文化视为章鱼倒是一个恰当的隐喻。应该指出的是，这或许是一个有着奇特形状的组织，不过它仍然是一个组织。而且文化整体上可看成是一个如此连贯一致的实体，其中所有要素是完全互相联系着的。如果是这样的话，预先建构出描述各种文化所需的可信的组织化图表或结构图应该是可能的。就是对同一群体重复进行的民族志分析，结果得到的报告却大不相同，故这种方法声名狼藉（Kloos，1988）。这表明，将文化视为系统的思路对促进跨文化心理学这一领域的发展并无太大帮助。

仅仅从个体在生理上是连贯的有机体这一点，我们当然就可以认为，人类行为的所有领域是交织在一起的。然而，这并不必然就意味着，文化群体间心理机能运作的差异也是以一种连贯方式组织起来的。例如，许多具有心理意义的文化变量都与 GNP 有关，因此这样的变量间都具有统计学意义上的相关。这意味着基础性的心理过程也应该被视为是相互关联的吗？对于许多变量而言，这或许是难以断定的。我们知道，两个变量之间的相互关联不应被自动地当成因果关系。正如我们之前所讨论的，跨文化研究经常依赖相关分析（包括多重变量分析）和准实验设计，在此情形下，我们很难排除对研究结果可能会有其他的阐释。

如果一个文化中的所有行为领域都被视为大量的文化实践或习俗，就会出现另一种观察跨文化差异的方法。在第一章中，习俗这个术语被用来指某个文化群体的成员，就社会互动或诸如艺术之类特定实践领域的恰当行为，外显或内隐地接受的共识（Van de Kopple & Schoots，1986）。习俗不是微不足道的，它们能使某种情形具有强大影响（Mischel，1973），以至于该文化中几乎所有的成员都表现出同样的反应，而在另一种文化中同样盛行其他的反应。但是在局外人看来，习俗具有任意性的一面。习俗或规则不只局限于外显行为，还包括处理问题的方式（如建造石房而非木房），以及对其他规则的阐释，例如，谈话时看着他人表示诚实、豁达，或者不看他人表示尊敬（Girndi，2000；Girndi & Poortinga，1997）。因为习俗数量甚大，因此它们可以被等同于词典中的词语。换个说法，当基于字典翻译术语时，可能在意义上微妙的差异方面出现错误。同理可证，将一种文化翻译成另一种文化时，也会出现类似的错配问题，比如在跨文化交流或问卷项目翻译方面。即使我们基本了解一个社会的某种规则，我们也可能在恰当使用规则方面出错。正如我们应用母语时自信自如一样，在应对自己所属的文化系统时也会感到泰然自若，很少有可能犯错误，因为这种错误相当于触犯社会规范，或使得我们的行为看起来滑稽可笑。

如上所述，由于习俗大量存在，它们对所有行为领域有着很大的影响。一些习俗也会导致大量的一致性的跨文化差异。一个社会需要关于在某种场景中如何表现的习俗，也需要什么是恰当的惯例；如果没有规则，社会互动就会完全陷入混乱。同时，为何一个社会中存在某一习俗，这常常没有心理原因。只要习俗具有任意性的特点，这就会使对跨文化差异的阐释受到限制，无论是只根据具有心理意义的变量来阐释，还是只按照文化系统特点来阐释。当我们在遥远的国家进行旅行时，我们所得到的印象是那儿的人"是"不同于我们的，这个印象基于我们看到他们"做"事情很不一样。从关于联想律的研究中我们知道，我们容易这样推断：碰巧发生于同一时空、同一时间或同一空间的两件事情之间存在因果关系，而且对因果关系的如此感知实际上是不可避免的，即使我们有认知能力而且知晓这种推断是不正确的（Michotte，1954）。

很显然，对于跨文化差异，我们可能发现更具包容性、更有效度的心理学维度或范畴，而文化习俗的不同并不能排除这一可能性。具有更高概括水平的阐释，适用范围更广，而且也更经济节俭。科学研究中的节俭原则（principle of parsimony）使得我们有必要坚持这一点，即更具包容性的阐释会更受欢迎。这往往会需要在包括范围和精确程度二者间进行权衡，而且后者也不容忽视。一些研究者已经认识到，对跨文化差异的概括是有限的。洪等人（Hong et al.，2000）已经看到，不同文化系统间的转换会发生在具体情形这一层面。布鲁纳（Bruner，1990）主张，文化知识应看成是由具体的复杂观念构成的。科尔（Cole，1996）则认为，文化差异可看作在种种实践领域层面上所组织的。

对此，前面已界定我们的观点，即若将文化视为种种系统，就得到有关跨文化差异最具包容性的推论层面（levels of inference）；若将文化视为种种习俗，则得到包容性最小的推论层面。

展望

在这一部分，我们提出这样一个问题，即跨文化心理学未来将会是什么模样，并试图在现有的思维和成果之上更进一步，但同时也对来自我们领域内部以及临近学科的主要传统和卓越贡献进行赞扬。将近十年之前，我们出版了本书的第二版（Berry et al.，2002），相对应的部分叫作"超越现有争论？"它主要关心的是文化方法与文化—比较方法可能的共存途径。我们已提出，本领域的重要论题是，作为内部因素的文化和作为外部场景的文化，相对主义和普同主义。每个论题涉及的两种观点之间以前存在差距，现在这些差距似乎正在缩小。许多研究者并没有真正放弃自己的立场，但表现出这样一种倾向，即避开有关范式议题的争论，而朝向实用主义取向的经验性实证研究。最大的转变是，文化心理学家已经从坚持一种相当严格的相对主义（Shweder，1990），转向同时接受文化—比较研究（Kitayama & Cohen，2007），因为这种研究模式假设，人类行为具有共同（普同性）特征，其数据存在某种形式等效性。我们已经指出过，本土心理学也发生相应的变化，即该学科对普通心理学的贡献增多，而对建构种种地方性心理学的做法越来越不明显。包括质性研究和量化研究的策略与数据之混合方法得到更广泛接受，也是符合这些"聚合"（consilience）趋势的（Van de Vijver & Leung，出版中）。

这并不意味着，刚刚提到的分歧和差距比十年前更接近于一个原则上的消解，仍然有许多研究者持续地倡导相对主义方法（Eckensberger，2002；Levinson，2003；Ratner，2002）。这包括一些本土心理学家，他们将自身与西方研究疏远，因为他们正揭示富于文化特殊性的现象和论题，而对此主流西方研究共同体鲜有回应。这也不是说，跨文化心理学领域之中没有重要问题了。在有关这些成就的一篇批判性评论中，贾霍达（Jahoda，出版中）这位现代跨文化心理学（CCP）的前辈指出："对跨文化心理学而言，其目标的含糊不清，可能已经导致这样的结果，即该学科在一代人的时间里无意识随波逐流，从雄心勃勃（或许是太过野心勃勃）的抱负和实践，转向严重受限的抱负。这曾发生在一段时期里，当令人振奋的新领域出现时，若被跨文化心理学接受，本来会极大地扩充其研究范围和提升其科学地位。"贾霍达继而为跨文化心理学勾画了一个更具远大前途的未来，即应进行理论—驱动的实验研究，应包括来自无文字社会的样本，还应使用更为直接地接触研究对象的研究方法，而不是广泛地使用问卷调查。

在这里，我们在勾画跨文化心理学的未来前景时，着重强调以下三点。第一，需要纳入生物学思维，强调文化是人类共享的特征，而不仅仅是群体间差异的一个来源。从历史上看，这个领域可被定义为来自文化人类学中的文化概念与来自心理学的方法和议题之联姻。只是近些年来，才出现一种趋势，即认为生物学也是一个拥有同等价值的母学科。第二，需要对这二者做出区分，一是作为行为限制系统的文化场景，二是为其成员们提供机遇和支持以促进和助长其特定行为模式的文化场景。第三，无论是相对主义还是普同主义视角，以及与之相应的质性研究或量化研究，都要给予明确承认。或许需要指出的是，这些强调和本书中所遵从的一般视角并不冲突。例如，在生态文化框架（文本框 1.1）之中，既包含生物特征，又包含文化特征；对跨文化心理学领域界定较为宽泛。

下面提出可能的办法，对以上三点加以说明（Poortinga，1997；Poortinga & Soudijn，2002）。首先看看观察。在一个给定情形下，对于一个人行动之内容范围，我们能想象到的范围通常要远大于已被观察到的范围。理解这一点的一个方式是看看所谓"限制物"的构想。实际上存在着种种可用的替代性行动路线，但是我们有关所谓"限制物"的设想，会明显缩小关于这种替代性行动措施的内容范围。另一方面，在大多数情形下，实际上有多种多样的替代性行动路线可供个体选择。这些可以被视为种种"有益的可能性"或机遇。限制物可以在由远及近的多种水平上加以界定，它既可以内在于个人，同时也可以外在于个人（由环境强加）。有益的可能性可界定为由限制物所留下的选择性空间；因此这类机遇是对限制的补充。类似的区分可以在多个层面上进行；在表 12.1 中，可以看到其由远（远离行为者）及近（接近行为者）的分布。

在最为一般的层面中，即在表 12.1 中顶排所指示的，人类行为的范围由我们这个物种发生的历史所制约。在环境，或生态小生境之中，人类作为物种的机能把一些限制因素强加于适应结果之上。然而，正如在第十一章中我们讨论适应的时候所看到的那样，根据古尔德（Gould，1991）等一些生物学家的观点，现有特征也许并不总是选择驱动基因传递过程的直接结果，它们也可能是扩展适应或拱肩适应的结果。古尔德揭示，复杂的大脑是人类有机体的一个特征。人类因为拥有该特征而开辟过许多机遇，例如，不同宗教的出现，艺术与技术方面文化传统的形成等。因为有如此大脑，这些传统几乎不可能是原创地发展起来的，正如在第十一章中所指出的那样，这些观点是相互竞争的（Buss，Haselton *et al.*，1998），但是在生物学家之间，有一个持续的争论，即文化在塑造人类心灵方面的重要性以前可能被忽视了（Bolhuis & Wynne，2009；Penn，Holyak & Povinelli，2008；De Waal，2009）。其中问题的要害在于，不同文化之间存在的差异可能不仅是基因与环境之间相互作用的结果，还可能是因为基因的影响在一定程度上是非决定性的，这导致了开放性选择范围的出现。

表 12.1　限制水平和机遇水平由远及近变化

	限制		机遇
	内在的限制	外在的限制	
远	基因传递（种属）	生态微环境	基因多样性和"拱肩"
	适应结果	生态场景	
	文化传递（群体）	社会政治场景	技术
	外生规则		增强能力条件（习俗）
	基因传递（个体）	文化微环境的	性能
	性向	不适宜	
	文化传递（个体）	对盛行（文化）环境的	使人习得习俗
	濡化（技能、信念等）	社会化	（技能、信念等）
近	情境性"意义"	实际情境	感知到的选择

改编自：Poortinga & Soudijn，2002

借助于外生规则（Lumsden & Wilson，1981；参见第十一章中文化传递的模型部分）这类概念的帮助，我们可以把群体层面的文化传递（表 12.1 的第二行）与基因传递区别开来，外生规则指基因与环境相互作用的过程。我们日益认识到，许多基因的表现是在环境因素的影响之下进行的（Gottlieb，1998；Oyama，2000a，b）。何种文化模式将会形成，很大程度上取决于在一个既定自然环境下可得到的资源。鉴于不利的生态文化或社会政治条件的存在，有些文化模式不可能形成。从这个角度上来讲，环境作为一组限制因素而活动。与此同时，自然环境以不同方式为多种多样的文化群体提供了发展上的支持，从而人们为了适应环境，包括社会环境，导致了不同技术与习俗的产生。

表 12.1 的下一行介绍的是个体层面的传递。个体的基因结构强行地限制了个体在生理和心理方面所能达到的成就。同样，环境也不会提供发展的最佳机会（例如，缺少理想食物），因而产生了外部限制因素。另外，没有必要仅仅从有限效应方面看待个人潜能。个体潜能是实现理想成就所需的能力或技能发展的基础，从这点来看，也可以把能力看作一种机遇。

表中所划分的最后一种传递因素是个体层面上以濡化与社会化的形式适应普遍的经济条件与社会文化场景的文化传递因素。濡化通常是指所有的文化学习形式，包括模仿（参见 Segall *et al.*，1999）。就个人仅从经验中学习的不完整性而言，濡化是一种有限条件。外在限制因素增加了在既定环境中可利用的优先经验以及普遍的社会化实践。社会化是一种限制因素的看法是由柴尔德（Child，1954）提出的，他认为与个体出生时具有的潜能相比，个体实际得到发展的行为要少得多。

表中最后一行列出的是个体实际面对的具体情境或刺激。只要场景决定了某种特定行动，并使得其他行动不合时宜（在身体危险情况下的闪避行为），那么外在限制因素就存在。只要个人把某种意义归因于场景，就存在内在的限制因素。与此同时，在多数情况下，行动者会发现存在多种行动路线，这些行动路线用概念表示就是机遇。

心理学着重研究个体心理。跨文化心理学是强调个体与文化场景相互作用的研究。限制因素可以看作文化的界定特征，也就是说，"文化特点鲜明体现在种种共享的限制方面，正是这些限制使得某一群体成员的行为能力，表现出特别方式，而与其他群体相区别"（Poortinga，1992，p. 10）。

当然，这个表只是一个示意图，一个框架，而不是一个从可验证的、可直接推论的假设中得出的理论。限制与支持通常是一枚硬币的正反两面，在某种程度上说，是一个视角问题。并且在该表的不同层面以及不同行列中，限制与支持二者之间也是相互影响的，这点可以用休伯等人（Super，1997）的发展生境理论（参见第二章）进行说明。本章话题讨论的意义也在于此。只要共同的因素限制了行为范围，就会产生可以用观察、实验、心理测量方法（如，量化研究）来分析的个体规律特点。既然限制因素已知，就应该可以预测出行为。例如生态限制因素使得某些技术不可能高度发展：比如很难想象可以在寒极带地区开发出任何一种农业。

只要不存在限制因素，就无法对未来事件进行预测；只有在事后回想起来时，我们才会明白当初在某种场景下所做的选择。一个人要么声称科学方法不能研究的事件是不可预测的，要么可以增加研究方法范围，包括描述和诠释等质性分析模式。因此，限制与支持二者的区分中包含着普同主义与相对主义两种视角的相辅相成。文化被界定为一种前提条件，是很适合通过（准）实验方法来分析的。如果真的不存在限制性的条件，那么，某一特定群体所具有的习俗与规则本身就有助于描述和阐释性分析，但是不能得到"规律性"的解释。

关于文化和跨文化差异研究中的生物学取向，这里主张要持有一个更为开放的态度。但是，这并不意味着，跨文化心理学应该转向基因或基因表现与行为之间关系的分析。尽管基因学和蛋白质组学已经取得了很大的进步，但在可以预见的未来，这些领域中的研究方法（如果有的话）还不可能适用于人类复杂行为的研究。这就为跨文化研究者们留下了一个需要其大力施展其专业才华的重要生存空间。

正如我们在之前的章节中所看到的，跨文化心理学中不存在一个共同的研究方法；然而，却存在着一个共同关注的领域，即文化与人类行为之间的关系。自 20 世纪中期跨文化心理学明确成为一个分支学科以来，该学科已经形成了关于文化—行为关系的若干重要视角。这些视角在本章中得到了评述。正如贾霍达（Jahoda，1990）和克鲁尔（Krewer，1997）所表明，争论的主要议题可以追溯到历史长河之中。

本章前三节详细论述了第一章所提出的三个主题。我们谈论了作为外部场景以及内部因素的文化观，讨论了相对主义和普同主义，以及各个概括水平。在每一节中，我们都反思了理论议题和方法议题。我们呈现了多种观点，但又在促使跨文化研究可持续发展方面提出了若干约束。我们反驳了种种形式的相对主义，因为这些观点认为，心理学对客观知识的寻求是使人误入歧途的努力。我们也反驳了种种形式的普同主义，因为这些观点没有明确主张，跨文化心理学研究必须基于对文化的知晓（culture-informed）。在这三节之中，自始至终我们都试图要阐明的是，理论和方法议题是如何相互关联的。

在最后一节中，我们提出了一些可供跨文化心理学调整方向的可能方法。其目的在于，更明确地认识到文化也是人类存在的一个生物特征；不仅仅是文化差异，还有文化共同性，共同构成了跨文化心理学的重要方面。对于普同主义和相对主义，若我们都坚持其温和的形式，那么二者可被视为互补的，在这一方面我们也提出了若干可能的方法。

拓展阅读

Berry, J. W., Poortinga, Y. H., Pandey, J., Dasen, P. R., Saraswathi, T. S., Segall, M. H., Kǎgitçibaši, C. (eds.)(1997).

Handbook of cross-cultural psychology（2nd edn. ，Vols. I-III）．Boston：Allyn & Bacon．（这套三卷本手册对 20 世纪 90 年代跨文化心理学新进展进行了一个范围广泛的概览。）

Cole，M.（1996）．*Cultural psychology*：*A once and future discipline*．Cambridge，Mass.：Belknap.（这是一本详细讨论文化心理学的书，尤其是科尔自己倡导的社会文化流派的传统。）

Kitayama，S. ，and Cohen，D.（eds.）（2007）．*Handbook of cultural psychology*．New York：Guildford Press.（在第一章的拓展阅读中，我们已经提到过这本书，它可作为文化心理学传统研究的一个资源。）

Shadish，W. R. ，Cook，T. D. ，and Campbell，D. T.（2002）．*Experimental and quasi-experimental designs for generalized causal inference*．Boston：Houghton Mifflin．（这并不是一本跨文化心理学图书，但还是应推荐给每一位想要理解心理学研究中的陷阱的读者阅读。）

Van de Vijver，F. J. R. ，and Leung，K.（1997）．*Methods and data analysis for crosscultural research*．Newbury Park，Calif.：Sage.（该书对文化—比较研究的基本方法和分析技术进行了非常完整的介绍。）

第三部分 | 应用性跨文化研究成果

| 模块内容 |

长期以来，跨文化心理学有这样一个根本的旨趣，即应用该领域的成果去改善各地人们的生活条件和生活质量。尽管第三部分各章将介绍若干关于人类行为的新论题，但它们也都是基于本书前两部分已概括成果的应用。在这个不同文化群体间相互联系日益增强的世界里，涵化、文化互动关系和跨文化沟通这三类彼此相关的现象已成为该领域重要的实质内容。这些研究成果的应用，旨在改善个体和集体参与这种全球性接触的结果，以及避免这种接触可能会导致的极为频繁的冲突。对于不同文化中存在着的两个基本系统——职业和健康系统，心理学也已做出了长久的贡献。这些跨文化研究的贡献在于，同时确立心理现象的文化差异和若干基础共性，以让各国际组织更好地理解和服务各自业务领域所涉及的人们。本部分最后一章，我们将审视各种促使心理学进一步成为具有文化适宜性的学科，即其所有概念、方法、成果和应用都会考虑到各种各样文化的情境和意义。我们这样做的目的是，鼓励心理学界在培育心理学人员的学术和专业训练中，以及心理学人员在其日常工作中，都能进一步纳入现有的跨文化心理学资料（以及本书所采用的材料）。

第 *13* 章

涵　化

本章目录

本书前面提到过的生态文化框架（文本框 1.1）做出了这样的假设：影响个体行为发展和展

现的两个主要的来源是生态因素和社会政治因素。后者包括了与其他文化的接触，这就导致了涵化(acculturation)过程。本章探讨这一过程的若干核心方面及其结果。

与涵化心理学相关的且已开始知名的领域就是"文化互动心理学"(intercultural psychology)。心理学的这两个分支有时会被放在一起探讨，因为它们都涉及了文化互动性接触。然而，它们显然可以区分开来：就涵化研究而言，其关注重点是个体做出了怎样的改变，以与有着不同文化背景的人和睦相处；在文化互动研究中，重点是双方如何发生关联。故我们开始尝试用单独的章节来分别论述这些议题。第十四章将探讨文化互动关系，第十五章专门论述涵化和文化互动心理学都会涉及的一个重要方面：跨文化沟通。

在本章，我们首先讨论涵化的概念和经历涵化的不同种类人群，然后介绍一个理解和研究涵化所用的框架。接下来讨论的是已被用于涵化研究的主要理论视角，以及涵化的过程、维度和结果。本章最后简要地评价了涵化研究中的若干方法论问题。

涵化的定义和框架

涵化最广泛使用的定义是：

> 由两个或两个以上拥有不同文化的群体间持续的直接接触而造成一方或双方原有文化模式发生变迁的现象……根据该定义，涵化应当有别于文化变迁和同化，涵化仅是文化变迁的一个方面，而同化有时是涵化的一个阶段。(Redfield, Linton & Herskovits，1936，pp. 149-152)

尽管上述定义认为，同化(assimilation)是涵化的一个阶段，但有时这两个术语会被当作同义词使用。事实上，在美国社会学文献中，涵化被认为是同化的一个阶段(Gordon，1964)。近几年，随着全球移民的增多，学术界增加了一些新的术语，诸如"双文化主义""多元文化主义""一体化"和"全球化"等。这些术语也会被当作"涵化"的替代词或互换词使用。尽管对这些术语的区分还缺乏有效的尝试(Sam & Berry，2006)，本章意在强调区分这个领域使用最广泛的两个术语——涵化和同化，不过，我们倾向于选择涵化这个术语。

相比"同化"，我们更倾向于选择涵化这一术语。其原因之一是，它指出了文化群体之间在接触过程中彼此影响的相互性和互惠性。第二个原因是，涵化概念会涉及多种多样的过程和结果：群体和群体中的个体会采取不同的方式应对涵化经历，这些不同的方式可能导致不同的结果，因为情境因素可以改变涵化的经历和过程，不同的经历也会使人们获得不同的结果。我们倾向于使用"涵化"的第三个原因是，与同化术语不同，涵化意味着变化是双向的和双维度的。同化理论家所赞同的观点假定，当个体习得了与类似第二文化的新文化和新身份时，就失去了原有的文化和身份。这个假设也就是，个体习得的新文化越多，他们原来的文化保持就越少

(LaFromboise，Coleman & Gerton，1993)。其进一步的假设是，相互接触的这两种文化是彼此排斥的，故在心理上同时保持两种文化是困难的(Johnston，1976；Sung，1985)。

这种双向和双维度的观点提出：人们不必只往习得主导文化这一方向前进；人们可以独立地认同，或习得新的文化，而不必失去原有的文化，这是可能的(Berry，1980)。其中，变化可以围绕两个独立的维度发生，一个维度是原有文化的保持或舍弃，另一个维度是对新文化诸方面的参与或采用。因此，对于某个个体来说，或多或少地拥有这两种文化是可能的。其最后的结果是，一个人对接触中所涉及两种(或更多)的文化都有相对程度的参与。在后面的认知视角和涵化维度部分会进一步探讨这个问题。

尽管涵化作为一个概念最初是由人类学家提出，且他们视之为群体层面的现象(Linton，1949；Redfield *et al.*，1936)，但关于这个概念的早期讨论也曾将它视为个体层面的现象(Devereux & Loeb，1943；Thurnwald，1932)。心理学对个体的浓厚兴趣促使了"心理涵化"(psychological acculturation)这个术语的正式使用(Graves，1967)，而且其研究者区分了由涵化引起的个体层面的变化和产生在群体层面的变化。既然我们的研究立场是人类个体行为与产生其的生态和文化情境会相互影响，所以有必要区分群体和个体层面。做这种区分是至关重要的，因为在这两个层面(即个体和群体)发生的变化的种类通常是不同的(Berry，1990)。在涵化过程中，不是每个群体成员都以与他们群体其他成员相同的方式进入或参与到其他群体，或发生改变。心理涵化存在着巨大的个体差异，即使这些个体有着相同的原有文化，现又生活在相同的涵化舞台上(Nauck，2008)。

经历涵化的群体

尽管生活在文化多元一体社会(这正快速成为世界的常态)中的每个人都可以被认为正在经历涵化的某种形式，已有研究却聚焦于一些被认为必定更多经历涵化的特定群体，包括难民、寻求政治避难者、旅居者、移民和侨民，还有原住民和族裔文化群体(ethnocultural groups)。这些群体之所以共处于他们现今所在的多元一体社会，其原因是不同的(包括历史原因和当代原因)。第一个原因是自愿性方面：不同族群的共处，是因为他们出于自愿追求，或是因为这种安排是强加给他们的。第二个原因是迁徙性方面：这类社会中，对有些群体来说，当地就是他们的家园，并一直在此居住，而另一些群体则是从远离自己祖先的地方而来此定居(即世代居住者或是移民)。第三个原因是持久性方面：在多元一体社会中，一些人是永久定居，而另一些人则只是一时过客。

尽管这三种分类为涵化研究者提供了六种可研究的群体，但相比几十年前，这些区分在当代社会的界定却不是那么清晰。例如，一些人本是旅居者(如国际学生)，可能改变他们的暂时身份而获得永久的移民地位。然而，为便于讨论，我们将会继续使用这三种区别。针对不同群体所积累的研究是庞大的，在这里将不会一一综述。关于这些群体的讨论请参见萨姆和贝理的有关研究(Sam & Berry，2006)。首先看看这些研究所涉及的原住族群。所谓"他们一直在那里"，意思是他们的根可以追溯到过去。这些群体的基本特点是，他们在很大程度上是非自愿与外来者接触且世代居住于此，如欧洲的巴斯克人（Basque）和布里多尼人（Breton），北极地区的因纽特人（Inuit）和萨米人（Sami）。关于原住民涵化的讨论请参见克维恩莫的研究（Kvernmo，2006）。

　　另外一类群体的情况是，他们在一个社会中有长久居住的历史，是早期移民浪潮中定居此地的可识别群体的后裔，故对本族群的文化遗产（共同语言、身份认同等）有认同感，他们被定义为族裔文化群体。这类族群在世界上到处可见，比如，北美大陆中祖籍为法国和西班牙的社群，契约劳工的后代（诸如在加勒比地区华裔、印度裔的社群），奴隶的后代（诸如非裔美国人），或在南非、澳大利亚、新西兰的荷兰裔和英国裔群体。

　　此外，在多元文化社会中，还有与上述两类定居群体不同的其他群体。此类人群原本在其他地区生活并接受了其他文化的社会化，之后移民（永久或短期）居住在另一个社会中。这类人移民（Van Oudenhoven，2006）之举往往意在追求更好的生活。对于他们中的大多数人来说，"拉动因素"（pull factors）（吸引他们来到新社会中的因素）比"推动因素"（push factors）（致使他们离开的因素）的影响更大。因此，这类移民通常被认为是多元一体社会中的自愿参与者。一部分移民是新社会相对永久的参与者，而另一种则是短暂地以某种目的出现的"旅居者"（如国际学生、外交人员、商业主管、援助人员或外来工人等）。对他们来说，融入多元一体社会的过程是相当复杂的，因为他们知道他们最终会离开这里，或是回家或被派往其他国家。因此，他们往往在参与社会活动、建立密切关系或开始认同该社会文化时犹豫不决。不过撇开他们的不确定性来说，在一些国家（例如海湾诸国、德国、比利时等）中的旅居者已成为当地居住人口的重要组成部分，他们可能享有实质权力或者相对来说没有什么权力。关于旅居者涵化的讨论请参见博克纳的研究（Bochner，2006）。

　　在非自愿移民中，难民和寻求政治避难者（如今多总称为"被迫移民者"，Ager，1999）面临着最大的困难：他们往往不愿离开故土，即使他们愿意，也不一定能够获得其所新加入社会的定居权利。通常来说，进入签署了"日内瓦公约难民条例"国家边境的人们，有权利被承认和给予庇护所（就像"寻求政治避难者"），直至他或她的申诉得到宣判；若难民被赋予永久性权利，那么一路迁徙中伴随他们的不确定性将会减少。尽管如此，他们中的大多数因受到"推动因素"（而非"拉动因素"）的影响而逃离故土来到新社会中的这一事实仍折磨着大多数的被迫移民，他们中的很多人经历过创伤性事件或失去了财产。艾伦等人（Allen，Vaage & Hauff，2006）提供了关于难民和寻求政治避难者在所定居社会涵化研究的综述，唐纳和阿克曼（Donà & Ackermann，2006）则对住在难民营地的这类群体进行了研究。

　　以上六类群体（即原住民、族裔文化群体、侨民、移民、难民和寻求政治避难者）的划分并非简单的罗列，而是基于三个因素（自愿—非自愿，世居者—移民，临时居住—永久居住）进行了介绍。这样做有两个重要原因。第一，不同的群体具有大小不同的规模、权力和资源等，这些会影响他们（个体或群体）在涵化过程中的参与；第二，不同群体的个体在态度、动机、价值观和能力等(个体的所有心理特征)方面存在很大差异。这些差异也会影响他们涵化和文化互动关系发展的可能进程以及他们适应的程度。对关于少数族裔(ethnic minorities)的文献感兴趣的读者可能注意到了我们没有使用这个术语。这是出于慎重考虑的。原因是,就像所有的其他文化群体一样,少数族裔在文化方面不是少数,他们通常拥有积极和充满活力的文化,而且他们不应该仅仅因为规模小(数量上)和有时处于弱势地位而被给予少数者地位,从而被贬低。通常,所谓少数族裔群体要么是移民、难民,要么是原住民群体,我们更愿意用这种他者地位来指称他们。

不同的涵化群体和个体可能会遭遇不同的涵化经历。为证实这一点,贝理等人(Berry,Kim,Minde & Mok,1987)曾对加拿大的移民、原住民、族裔文化群体、难民和寻求政治避难者等群体的应激水平进行了测量。这个样本由 1000 多个个体组成。本研究发现了群体间应激水平的显著差异[量表由考特改编自康奈尔医学指数表(Cawte,1972),反映了焦虑和身心症状]。这些群体在压力水平上的差异,可能与涵化群体的自愿—非自愿、移民—世居者、临时居住—永久居住等状况有相关性。

涵化分析框架

图 13.1 呈现的是这样一个总体框架,其中既概括了文化层面的涵化和心理层面的涵化,也将这两种过程联系起来,还明确了参与文化接触的两个(或两个以上)群体。涵化研究需要对这些现象加以概念化和测量,因此该框架可用作思考这些现象的地图(Berry,2003)。该框架左边从文化层面表明,我们需要理解在发生大量文化接触之前卷入涵化的两个群体(A、B)各自原有文化的重要特点,需要认识两种文化接触的性质,需要考察接触结果,即两个群体文化的变迁,以及涵化过程中逐渐形成的族裔文化群体。这就需要在社区层面进行广泛的族群志性质的调查。这些变化或细微或重大,类型多样,从很容易实现的改变,到严重的文化分崩离析。

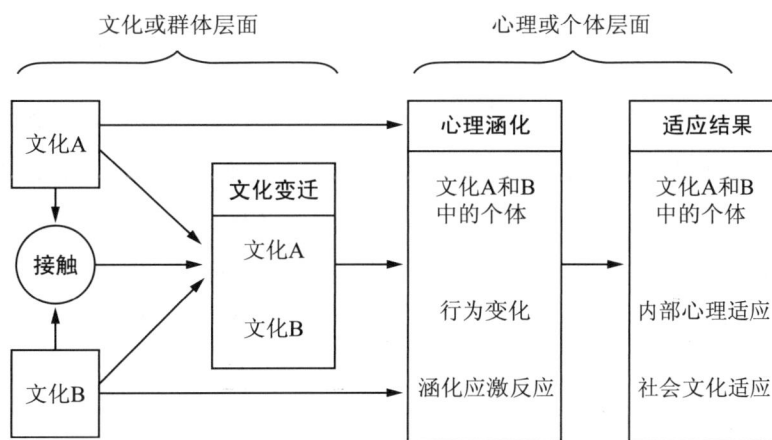

图 13.1 涵化的概念化和研究框架

该框架右边则从个体层面表明,我们需要考察所有卷入涵化过程群体的成员所经受的种种心理变化,以及他们对新情形的适应结果。这要通过对不同程度地卷入涵化过程的个体进行抽样和研究。这些心理变化可能是一系列较容易实现的行为变换，例如，言谈、衣着与饮食的方式和个体的文化身份等方面的变化；也可能是更具有问题性，导致涵化压力（acculturative stress）的变化（例如不确定感、焦虑、沮丧甚至心理疾病；Al-Issa & Tousignant，1997）。其适应结果可能主要是内部性的或个体心理方面的变化（例如幸福感和自尊等），也可能是有关个体与新到社会中其他人关联的社会文化方面的心理变化（例如，日常文化互动性质场景中种种活动所需的胜任能力；Searle & Ward，1990）。有关该过程的总体论述和具体特点在文献中多有记载（Berry，2006a，2007；Sam & Berry，2010；Ward，2001）。

本质上，涵化研究的一个重要任务是理解文化和心理两方面的信息集之间的联系，以及这些集合内部的关系。我们的观点是，如果文化和心理方面的概念没有区分开来且单独地被评估，就很难清楚地了解涵化过程的方式和结果。

原则上，每一种文化都可以均等地影响另一种文化，但实际中，其中一种文化倾向于主宰另一种文化，这就导致二者间存在差别，分别成为主流群体和非主流群体。为了实现更完全的描述，研究时应该注意研究涵化影响的相互性。不过，本章大多数地方聚焦的是受到涵化影响更大的那个文化（即非主流文化）。这并不是说涵化使主流文化发生的变化没有意义或不重要。正如我们可以在本章以下部分（和第十四章关键概念部分）看到的那样，涵化往往会导致人口的扩增，文化的多样性，反动性的态度（偏见与歧视）以及政策的发展（例如，多文化主义方面的政策）。

涵化过程的核心特征是，文化群体会以一些方式发生实质改变，从而导致文化特点与接触前原有文化特点不再相同，而且常常可以见到的是，随着时间的推移，会有新族裔文化群体的出现。与此平行发生的现象是，这类非主流群体中的个体会经历心理变化（这是由于既要受到主流群体的影响，也会受到正发生变化的自己所属群体的影响）。随着接触的持续，个体会发生进一步的心理变化。这些变化具有很大的可变性，而这取决于很多情况（例如，歧视），还有主流群体与非主流群体多方面的特征。了解双方接触的目的、时间及持久性和奉行的政策都是很重要的。

群体层面的涵化性变迁主要包括政治、经济、人口和文化方面。这种变迁程度多样，从相对少的变化，到两个群体生活方式的实质性改变。尽管这些群体层面的变化为个体层面的变化提供了平台，但是我们在前面已经注意到，卷入文化接触的个体的心理特质也可能存在个别差异，个体会将这些心理特点带到涵化过程中，而并非每个人都以同样的程度参与到涵化进程。总之，我们需要重点探讨经历涵化的群体中个体变化的多样性，而非关注涵化的一般特征。

涵化的理论模型与视角

雷德菲尔德和同事（Redfield et al.，1936）提出的定义指出，涵化涵盖了所有形式的变化；贝理（Berry，1980）指出，这指的是群体层面的变化，可能是生物、体质、经济和社会诸方面。

至于本章的主要焦点内容——心理涵化，沃德等人（Ward，Bochner & Furnham，2001）的研究区分了涵化过程中个体变化的三个主要领域，并称之为"涵化的 ABC"，指个体涵化的情绪、行为和认知方面。这三方面又分别相应地与本领域使用的这些不同理论视角相联系：压力与应对的理论框架，文化学习路径和社会认同取向。近年来，研究者进一步关注的是，现有涵化理论对（个体）发展的关注很有限（Sam，2006a）。除了莫提-斯特凡尼迪、贝理等人最近的研究（Motti-Stefanidi，Berry et al.，出版中）外，很多这方面的研究并没有促使一个明确的理论视角的产生。尽管如此，为了将之作为一个独立的理论立场，我们将介绍一些有关涵化发展性方面的议题。此外，本部分还将简要地考察涵化中涉及的人格与个体因素，即使它们构不成一个明确的理论视角。

情绪视角

贝理有关涵化压力的研究突出了情绪视角（Berry，2006a）。该视角强调涵化的情绪方面，且聚焦于心理幸福感和生活满意度等主题上。该路径对应于图 13.1 的涵化压力部分。其工作假设是，可把涵化比作对个体提出挑战的一系列重要生活事件。故这些生活事件可算作压力源，并引发个体的应激反应。这特别体现在缺乏适当的应对策略和社会支持时。借鉴拉扎鲁斯和福克曼（Lazarus & Folkman，1984）的压力模型，贝理（Berry，2006a；Berry et al.，1987）提出了其涵化压力模型。其核心观点是，个体在涵化中经历了严重挑战，而且不能够仅仅简单地通过改变其行为而调适自己（参见下一部分）就可以容易地应对这些挑战，那么，该个体就估计这些挑战会导致难题，此时，涵化压力就会随之产生。本质上，涵化压力是对植根于涵化经历的生活事件的回应性应激反应。与拉扎鲁斯和福克曼的压力模型一致的是，贝理模式主张，并不是所有的涵化变化都会导致涵化压力，因为在涵化发生前和涵化过程中会有很多的调节和中介因素，包括年龄和性别、个人资源（比如教育）等之类的个体特征和社会支持。这些因素可能影响个体对涵化经历的感知和阐释（关于此点详细的讨论请参见 Berry，1997，2006a）。

行为视角

文化学习研究路径来源于社会心理学，并主要受奥盖尔（Argyle，1969）关于社会技能和人际交往行为理论的影响。该路径的工作假设是，在文化转换过程中，人们可能缺乏参与到新文化所必需的技能（Masgoret & Ward，2006）。在此情形下，这可能会使个体应对日常社会交往变得困难重重。为了克服这些困难，个体被期望学习或习得特定文化所必需的行为技能（比如语言），以适应新的文化环境（Bochner，1972）。具体而言，文化学习路径理论认为，这需要个体学会理解文化互动交际方式，包括口头和非口头交流要素、交流的规则、习惯和规范，以及它们对文化互动有效性的影响。这种路径与图 13.1 的"行为变化"的部分相对应。

为了预测社会文化适应，文化学习路径研究在两个方向上已经得到发展：其一，探讨文化互动接触的社会心理方面，主要关注交际方式和交际胜任力（Gallois et al.，1988）；其二，考察交际方式、规范和价值观方面的文化差异(Searle & Ward，1990；Ward & Kennedy，1999)。马斯葛利和沃德(Masgoret & Ward，2006)指出，第二语言的熟练和交际胜任力是所有文化学习路径的核心，而且最终也是社会文化适应的核心。语言技能不仅与完成新文化社会中日常任务的绩效相关，而且还与在社会中建立人际关系相关。文化学习路径假设，语言的流利性和社会文化适应之间存在着直接关系。良好的语言能力被认为与新文化成员互动的增加有关，与社会文化适应不良的减少有关(Ward & Kennedy，1999)。

文化学习路径更多地属于实际应用视角，而不是理论上的，其关注点是社会技能与社会互动(Masgoret & Ward，2006；Ward et al.，2001)。正如第十五章将指出，文化学习路径理论形成了文化互动培训的基础，为跨文化转换所需的培训和准备提供了支撑。作为一个应用领域，其出发点是，弄清容易导致文化互动误解的交流(包括口头和非口头的)、规则、习惯、规范和实践中的跨文化差异。在此基础上，该理论提出了可以将令人困惑和失望的遭遇最小化的方法。

文化学习路径已经确定了若干可能会影响语言学习，进而影响社会文化适应的因素。这包括个体学习外语的动机和态度、人格因素和情境因素。关于学习第二语言的态度，加德纳和同事们在加拿大的一系列研究中确认了"整合性"(integrativeness)概念。这是指某个体对其他语言群体的态度，总体上对其他文化群体的开放性，以及有意愿和兴趣参与到与其他语言群体成员的社会交往中，这些对二语习得很重要(Gardner，1985，2000；Gardner & Clément，1990；Masgoret & Gardner，2003)。

认知视角

如上所述，考察涵化的情感和行为路径分别与压力和情绪感受、应对日常接触和行为变化方面的技能有关，而认知视角(源于社会认知，参见本书第四章)关注的是，人们在面对文化互动接触时如何感知和思考自己和他人。在以上关于涵化压力讨论中所指出的评价过程中，认知方面是存在的。然而，这里的认知方面主要是指人们如何处理关于自己的群体(内群体)和其他群体(外群体)的信息的技能，包括人们如何对彼此进行分类以及人们如何认同这些分类。

当个体和群体进入某涵化情境时，他们会面对这样的问题："我是谁"，"我属于哪个群体"(Berry，2007b)。这两个问题为认知路径中一个有影响力的理论立场——社会身份理论(social identity theory)奠定了基础(Tajfel，1978，1982；Tajfel & Turner，1986)。这个理论主要关注的是，个体为何和如何认同自己的身份属于哪种社会群体，以及为何和如何在行为上表现为这些社会群体的一部分(Jasinskaja-Lahti et al.，2009；Liebkind，2006；Verkuyten，2005b)。塔杰夫和特纳(Tajfel & Turner，1986)认为，个体需要归属于某个群体以确保获得稳固的幸福感。人类倾向于把他人和他们自己分类，这有助于我们与某些群体而不是其他群体形成关联(即认同)。此外，人类倾向于积极地评价他们所属的群体，这会提高他们的自我形象。

若进一步将社会身份理论置于涵化情境中，研究者关注的是，一方面，群体和个体如何从自己与他们所属族群其他成员关联的视角，定义自己的身份（即族群认同）；另一方面，群体和个体如何从自己涵化所在的更宏观社会关联的视角，定义自己的身份，即国民认同（Phinney，1990）。菲尼不仅开发出了评估族群身份和国民身份的量表（Phinney，1993；Phinney & Ong，2007），而且建构了一套综合性的（发展性的）理论，该理论关注的是族群和国民身份的发展方式以及个体在这方面所经历的阶段（Phinney，1989）。菲尼等人（Phinney et al.，1990）还探讨了族群和国民身份是如何与心理适应结果相联系的。

早期关于族群和国民身份概念化的研究指出，这两者处于一个连续体的两端，一方的加强（例如，族群认同）会弱化另一方（即国民认同）。换句话说，一个人不能同时拥有强烈的族群认同和国民认同。目前的研究则把族群身份和国民身份分别视为独立的两个维度，这样，个体有可能在两个维度上都有很强的认同（双文化认同或整合），或对两个身份都是很弱的认同（边缘化）（Phinney，1990）。或者，个体有可能有很强的族群认同和很弱的国民认同（分离或族群嵌入）。反之亦然，个体有可能有很强的国民认同和很弱的族群认同（同化）。这种概念化与以上提到的涵化双维度路径相类似（也可参见下文"涵化的维度"部分）。

这个理论视角的研究思路之一是由本特-马丁内兹首先倡导的双文化身份整合（Bicultural Identity Integration，BII）。BII 是调查双文化身份建构方面个体差异的框架，其关注点是具有双重文化者关于其双重文化身份交互或重叠数量的主观感知。BII 旨在把握的是，双重文化者在多大程度上认为，他们的主流（国民）身份和族群文化身份是能共存的和整合的，而不是对立的和难以整合的（Benet-Martínez，Leu，Lee & Morris，2002）。本特-马丁内兹和哈里塔特指出，"在 BII 上得分高的个体倾向于把他们自己看作一个'带有连字符文化'（hyphenated culture），甚至是一个组合而成的'第三'种新兴文化的一分子，而且他们发现在日常生活中很容易整合两种文化"（Benet-Martínez，2005，p.1019）。这里所描述的双文化主义两种形式分别被称为交替型（alternating）双元文化主义和合成型（blended）双元文化主义（LaFromboise et al.，1993；Phinney & Devich-Navarro，1997）。本特-马丁内兹和同事还发现，双文化者所体验身份的两种方式，与不同的性格和情境因素有关。那些认为他们两种身份是相分离的个体，受到诸如文化孤立之类气质性因素的影响，且他们的开放性低；相反，那些尝试整合两种身份的个体，可能会在神经过敏症方面的得分低（Benet-Martínez & Haritatos，2005）。

此思路与人格相关的是，本特-马丁内兹和同事还探讨了双语者是否有双重人格。在一系列的研究中，苏亚雷斯等人（Ramírez-Esparza et al.，2004）先发现，美国和墨西哥单语者之间存在人格差异。他们进一步探讨分别在墨西哥和美国的英语—西班牙语双语者的人格差异。其研究表明，英语语境的双语者比西班牙语语境的双语者更外向、宜人和认真负责。这些差异与在各自文化中表现出来的人格是一致的。

发展视角

到目前为止，除有极少数例外（Motti-Stefanidi et al.，出版中），很多发展性视角研究缺乏清晰的理论立场，且仅仅是数种观点的集合，以突出涵化过程中发展性议题的重要性。移民家庭的儿童和青年经历涵化的同时，也会经历主要的发展性变化，因此涵化和发展性变化之间容易混淆，很难分清这两种变化(Oppedal，2006；Phinney，2006)。

　　尽管存在这些困难，亨沁格和乔斯(Huntsinger & Jose，2006)尝试着把涵化从发展性过程中分出来，他们做了一项关于 60 名欧裔美国青年和 60 名第二代华裔美国青年的纵向研究。他们考察了两个时间点的人格变量：童年中期(12 岁)和青春期(17 岁)。他们发现，尽管这两个群体在时间点 1(12 岁)时人格有相当多的不同，但到了时间点 2(17 岁)时，他们几乎没有什么差异。他们还展示了这些变化是如何与心理调适和学业成就相关的。例如，对这两个群体而言，焦虑是可预示时间点 2 独特方差的唯一时间点 1 时的人格因素。时间点 1 的人格因素，诸如外向性，表现出对这两个群体在抑郁、自尊与学业成就方面具有不同预测效应。这样的研究结果表明，涵化和发展之间有着多么复杂的关系。

　　有一个领域可能有助于把涵化影响从发展性变化中分离出来，即它可能通过考察在不同涵化情境和涵化群体间的文化传递。帕莱特和舍恩皮夫(Phalet & Schönpflug，2001)以及维德和同事已经报告了这样的研究(Vedder，Berry，Sabatier & Sam，2009)。应该强调的是，这两项研究当时的设计意图并不是把涵化从发展变化中分离出来。然而，在此处提及它们是为了说明一个可能的研究方向。

　　由于把涵化从发展中分离出来存在着困难(Motti-Stefanidi et al.，出版中；Sam，2006a)，到目前为止，研究人员已经探明，诸如文化身份(Phinney，1990)、自我概念发展(Kağitçibaşi，2007；Kwak，2003)、家庭关系(Fuligni，Yip & Tseng，2002；Stuart，Ward et al.，出版中)和朋辈关系(Fandrem，Strohmeier & Roland，2009)等，这些本来属于正常发展性变化期间的议题，可能会因为涵化经历而变得复杂。这种研究趋势的一个例外是，菲尼的研究(Phinney，1990)提出一个发展理论，是关于具有移民背景的青少年作为涵化的一部分，是如何发展出族群身份和国民身份的。

　　近年来，一些学者(García Coll，Lamberty et al.，1996；Oppedal，2006；Motti-Stefanidi et al.，出版中；Sam，2006a)试图把这些不同的方面纳入一个受诸如系统理论(Lerner，2006)和生态模型(Bronfenbrenner & Morris，2006)等多种发展理论启发的整合模式。

　　关于涵化方面发展性研究中反复出现的问题是，当谈及移民儿童和青年如何应对发展性任务时，他们是否应被视为普通儿童，即与(主流文化传统出身的)国民朋辈一样的儿童？或者说，他们特别的涵化经历是否可能影响其解决发展性任务的方式。在一个基于对 13 个西方国家(包括澳大利亚、加拿大、德国、芬兰和美国等)将近 8000 个族裔文化青年进行的比较研究中，菲尼和维德(Phinney & Vedder，2006)考察了家庭价值观方面代际差异存在的普遍性。此研究的一个结论是，代际家庭差异可能是移民家庭和国民家庭中共同具有的正常的发展性过程。然而，这项研究还发现，当谈到家庭成员关系价值观(例如义务)时，移民家庭的差异较大，其暗示涵化过程可能致使了这些差异。

影响涵化的人格与个体因素

心理涵化作为一个概念，其隐含的理念之一是，不同个体参与到涵化过程的程度或范围有所不同。然而突出个体、个人因素（宽泛定义为人格）和涵化之间的联系的研究结果是混合的（Kosic，2006）。

这里所说的个人特点是，涵化压力模型中所描述的涵化过程中出现的一些调节因素，也就是情绪视角所说的因素。关于涵化和人格的研究通常考察一个或多个人格特征或能力，以审视在适应过程它们对于压力减少的影响。同样地，这类研究集中在是否存在某些个体特征，它们可以增强或妨碍文化学习（从行为视角）。

成功表明人格特点在跨文化适应过程中作用的研究相对较少（Ward，1996），而且它们一般都报告说，人格变量在可解释方差中得分低。的确，关于人格在跨文化适应过程中作用的明确支持性成果是缺乏的。其原因之一是，在测量和预测"调适"与适应结果方面存在问题。跨文化调适已经从不同方面进行考察，包括健康指标（例如，抑郁）、与主流文化社会成员的文化互动关系（例如，友谊模式）、接纳感、学业成就和工作绩效等。这使得确立人格的预测能力变得困难（Ward & Chang，1997）。这种情况需要元分析性质的审查（请参见 Mol，Born et al.，2005）

这个问题的另一个原因是，很难准确指出人格特质的构成。同样存在问题的是，在确立跨文化适应过程中人格的贡献时，普遍缺乏关于"人—情境"互动的研究。这种情况促使塞尔与沃德（Searle & Ward，1990）提出了文化契合假设（cultural-fit hypothesis）。这些研究者突出了人—情境互动的意义，并建议说，在个人特征和新文化场景的规范之间的"契合"，可能比人格本身能更好地预测移民适应。沃德和张（Ward & Chang，1997）发现了"文化适宜假设"的支持例证。他们表明，居住在新加坡的美国人比新加坡人更外向，结果当他们坚持不懈地试图发起和维持与当地居民的社会关系时遭遇了挫折或拒绝。

涵化过程

在上节，通过审视涵化的情感、行为和认知等基本方面，我们了解了涵化过程发生的变化。此外，我们还了解了一些（个体的）发展性问题和涵化过程中涉及的个人因素。在本节，我们将介绍这些变化可能是怎么发生的。这个领域的很多成果都来自贝理（Berry，1974，2006a）运用其涵化模型所做的研究。

涵化策略

在本节中，我们把注意力转向了这样一个问题，即个体在如何参与涵化方面是否存在多样性。贝理（Berry，1974）提出了一种涵化策略模式，其假设是个体参与涵化的方式，取决于他们如何同时应对两个基本问题。其一是，经历涵化的个体看待其文化遗产保持之重要与否的程度

（即文化保持）。其二是，个体认为与其他文化群体的接触和参与到新社会是否重要的程度（即接触和参与）。当对这两个问题的取向相交时，贝理（Berry，1974）提出了四种不同的涵化策略，称为"同化"（assimilation）"整合"（integration）"分离"（separation）和"边缘化"（marginalization）。这些策略如图 13.2 的左边部分所示。

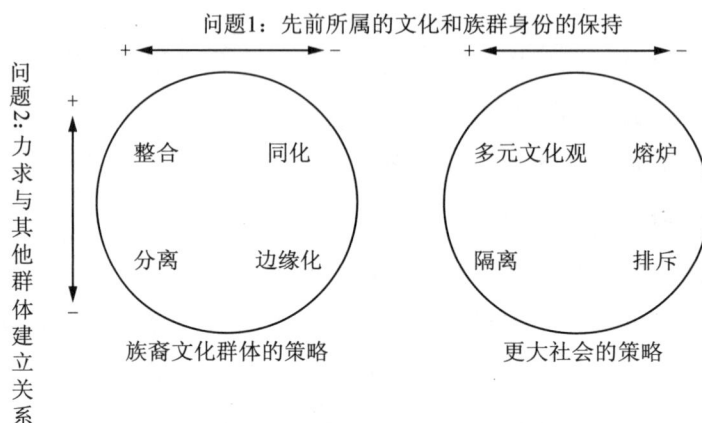

图 13.2　族裔文化群体和主体社会的涵化策略

（资料来源：Berry，2001a）

当个体不愿意保持他们原来的文化认同，却寻求与其他文化群体有日常交流，并且采用新社会的文化价值观、规范和传统时，这个策略就定义为"同化"。当个体重视自己的原有文化，却希望避免与其他群体进行交流时，就定义为"分离"。当涵化中的个体既重视保持原有文化，也注重与其他群体进行日常的交往时，他们所采用的策略就是"整合"。当这些个体不仅认为保持传统文化的可能性微乎其微或对此没有什么兴趣（这往往是由于种种原因，其传统文化被迫丧失），而且发现与其他群体进行交流也没有什么可能性或兴趣时（这常常是由于受到排斥或歧视），这时其采取的策略就是"边缘化"。

这四种策略本身既不是静态的结果，也不是一锤定终生的最终结果。它们会根据情境因素发生变化。图 13.2 的右边部分说明了一些经常使用的平行概念，以用于描述主体社会的公众态度和公共政策。在第十四章将讨论图 13.2 的这边部分。

贝理和同事（Berry，Phinney，Sam & Vedder，2006）使用聚类分析技术发现了四种涵化轮廓集群（acculturation profiles），其分别反映了青年人对五方面文化互动议题取向的不同方式：他们的涵化策略、文化身份、语言运用和熟练程度、朋辈关系、家庭关系价值观。用于此分析的样本包括来自 13 个不同国家的超过 4000 名移民青年，涉及 30 多个不同的族裔群体。这些涵化轮廓类型为贝理最初提出的四种涵化策略提供了支持：总体上说，国民、族群、整合和弥漫这四类轮廓，分别与同化、分离、整合和边缘化四类策略相对应。然而，这些轮廓不仅仅是策略，还包括态度、身份、语言、社会行为和价值观。

许多研究已专门研究了个体对这些不同涵化策略的相对偏爱（Van Oudenhoven，Prins & Buunk，1998）以及涵化策略如何会对其适应结果产生影响（Castro，2003）。关于个体对涵化策略的偏爱这一议题，研究者已经在不同的国家以不同类型的涵化群体为对象进行了大量的研究。除少数情况例外，整合是最受偏爱的策略，而边缘化是最少被考虑的策略（Berry，2003）。相对偏爱同化或分离的选择看来是多种多样的，这与移民等族裔群体、定居社会以及情境场域等具体情况有关。贝理等人（2006）的研究发现，在所有的移民总体中，整合是最受偏爱的策略。然而，从土耳其（N＝714）样本总体来看，分离看来是最受偏爱的策略（40.3％）。相比之下，越南人总体（N＝718）似乎更倾向于同化（25.6％），差不多与偏爱整合者的比例一样多（33.1％），这些偏好与越南人是否居住在"定居者社会"（settler society，即一个移民定居历史悠久的社会，如澳大利亚、加拿大或美国），还是新近开始接收移民的社会（例如，芬兰和挪威）有关系。

　　上述涵化策略的提出基于这样的假设，即对于他们希望以何种方式参与到文化互动关系中，涵化个体及群体具有自主选择权。然而事实上当然并非总是如此（Berry，1974）。主体社会成员对待移民的各种态度，或主体社会对待涵化群体的各种定居政策都可以影响他们采取哪种策略。主体社会关于一个群体应该怎样涵化的期望（即涵化期望），已经成为种种理论模式的基础。例如，伯西斯与同事提出了互动涵化模式（Interactive Acculturation Model，IAM）（Bourhis，Moise et al.，1997）。该模式已极为成功地被用来预测有关日裔美国工人工作关系中所偏爱的涵化策略（Komisarof，2009）。

　　纳瓦斯和同事已经扩展了 IAM 模式，进而提出了"相对涵化扩展模型"（RAEM）。他们认为，移民和涵化群体在实际所选择的涵化策略（实际层面）和他们偏爱的策略（理想层面）之间存在着差异（Navas，García et al.，2005）。这个推理与涵化态度和涵化行为间的差异是一致的（Fishbein & Ajzen，2010）。纳瓦斯和同事也指出另一个事实，那就是偏爱策略（即在理想层面）和实际选择策略（实际平面）在不同生活领域（例如工作、家庭和宗教信仰）会有所不同。REAM 已经进一步涵盖主体社会成员的涵化预期（Bourhis et al.，1997），以预测在西班牙的马格利布人和西班牙人涵化过程中的一致与分歧领域（Navas，Rojas et al.，2007）。

涵化的维度

　　直到 20 世纪 70 年代，关于涵化方式的大量研究都基于这样的假设，即可以使用单一的维度来理解个体的涵化水平（一维观点）。该水平会呈现多样性，从个体偏爱完全保留其所属文化的遗产，到完全变成主流社会的一个成员。贝理（Berry，1974，1980）提出存在两个独立维度，这已经为许多研究所证实（Ryder，Alden & Paulhus，2000）。

　　虽然研究支持这两个维度的存在，但与这两个基本维度的操作化相关的争论却不断出现（即个体希望保持他们的传统文化和身份的程度，和人们与主体社会的其他人参与的程度）。一些研究者（Liebkind，2001；Snauwaert，Soenens et al.，2003）指出，第二个维度可用不同方式实现操作化，包括对整个社会的认同（Hutnik，1986，1991）、采用国家文化（Donà & Berry，1994；Nguyen，Messe & Stollak，1999；Sayegh & Lasry，1993）和适应整个社会（Arends-

Tóth & Van de Vijver, 2006)。

对于上述模型中的第二个维度的议题，许多研究以一个特定的方式对其实现可操作化，一些研究已比较了不同的操作化做法（Arends-Tóth & Van de Vijver, 2007；Playford & Safdar, 2007），并得到了非常不同的结果。例如，在两个对比利时的摩洛哥移民和土耳其裔移民群体的独立研究中，斯努瓦尔特等人（Snauwaert et al., 2003）用三种不同的方式对第二个问题进行了操作化：分别是接触、采用和认同（主流文化）。根据这些假设，这个概念化做法使得被调查者涵化策略（即整合、同化、分离和边缘化）的分布发生实质性变化。根据接触这一概念化，整合是最受欢迎的策略，而当第二个问题被概念化为采用和认同（主流文化）时，分离是最受欢迎的一个策略。

为了在一定程度上应对这些研究结果中的差异，贝理等人（2006）审视了年轻人如何对五种文化互动问题的定向：他们的涵化策略、文化身份、语言运用和熟练程度、朋辈关系、家庭关系价值观。正如之前已指出，该研究在分析中确认了四种涵化轮廓，而且得出结论：当操作化被扩展到了态度以外的涵化变量时，整合轮廓仍然是最常见的涵化方式。

涵化结果

涵化研究的一个核心问题是，涵化的结果是什么？一种看法是，人类行为需要适应生态和文化情境。如果是这样的话，当在一个文化情境中出生和被养育（社会化）的个体迁移到另一个文化情境时，可能会产生行为问题。故这个问题也可表述为：人们适应涵化需求的结果令人满意的程度如何？一个与之密切相关的问题是：人们涵化的方式和适应结果令人满意的程度之间是否存在关系？

当讨论人们如何更好地在涵化过程中适应时，研究者的兴趣是涵化的长期结果（Berry et al., 1989）。适应与涵化不是同义词，但都是变化的后果。在涵化情境中的适应有多种定义，包括健康状况、交际胜任力、自我意识、压力降低、接纳感和文化方面熟练技能行为（参见 Mendenhall & Oddou, 1985；Ward, 1996）。我们通过借鉴心理适应和社会文化适应的区别来开始讨论。

内部心理适应和社会文化适应

心理适应和社会文化适应的区别最初由沃德及其同事提出（Searle & Ward, 1990；Ward, 1996, 2001）。这个区别给出了在涵化研究领域一直占主导地位的两种适应形式。简单地说，这两种适应形式分别涉及的是"感觉好"和"做得好"（Van de Vijver & Phalet, 2004）。据此，心理适应是指个体的满足感和综合的情绪或心理健康。对心理适应感兴趣的研究往往聚焦于心理健康结果，如（没有）抑郁和焦虑，其基础是情绪视角的涵化分析（Berry, 2006a）。社会文化适应是指个体在多大程度上能成功地获得适当的文化技能，以有效地生活在新的社会文化环境。

社会文化适应的研究通常聚焦于没有行为问题、学业成绩和社会交往胜任力。这些研究通常运用的是行为视角的涵化分析。这两种适应方式存在着一定的关联：成功地解决问题和积极地与主体文化社会中的成员互动，都很有可能提高一个人的幸福感和满足感；同样地，如果一个人感觉好和被接受时，他更容易完成任务、发展积极的人际关系。

在一个包括 67 个独立样本（被试有 10286 人）的元分析中，威尔逊（Wilson，2009）审视了三组不同的社会文化适应预测变量的效应值。效应值与社会文化得分相关，其范围从小的效应，到有关人口学因素（例如，涵化之前的海外经历和旅居时间）和人际关系变量方面（例如，期望、语言和个性方面的差异）的中等效应，再到有关文化互动变量方面（例如，文化移情和歧视感）的中高等效应。

经历涵化的人们所属的群体类型，会影响两种形式的适应。特别是对青少年而言，社会文化的适应可以涵盖学业适应，这些年轻人需要调整以便在学校取得成功。而工作适应是针对成年人，他们必须适应工作和职业方面的挑战，因为这些工作和职业与其移民前的习惯做法是不同的。莫提-斯坦芬妮迪和同事（出版中）提出，在现实中年轻人的社会文化适应与他们应对的发展性任务有很大关联。

与对照组相比，涵化群体的适应是否相同，更好或更差呢？就讨论正在经历涵化的人们的适应而言，这种比较的基础是一个很重要的问题。是否应将涵化群体与以下这些（对照）群体相比较？（1）他们自己族群中的非涵化成员；（2）移居到新社会中的其他涵化群体；（3）在新社会主流群体中的成员。或者说，评估他们时，是否应该将他们与心理测量学方面的标准化工具所测量的适应结果相对照？理想的做法是，所有这三个参与比较的对照组和标准化工具应该同时使用。但很常见的是，有关对照组的信息不能得到，标准化工具也不能提供无偏差的分数。有关涵化群体适应状况的研究结果是混杂的，但考虑到在比较时会使用不同群体，这也许就不令人惊讶了。有的研究发现，一些涵化群体有不错的适应结果（包括心理和社会文化两方面），与所移居社会的主流文化同辈相比，他们适应得一样好甚至要更好（Ali，2002；Berry et al.，2006；Escobar，Nervi & Gara，2000；Motti-Stefanidi et al.，2008）。然而，其他有关这方面的研究则发现了不好的适应结果（Alegría et al.，2008；Frisbie，Cho & Hummer，2001）。

在比较移民群体的适应结果时，就是不使用各种不同的参照群体，研究结果也出现了混杂性。这是因为，在涵化概念本身和适应结果的操作化方面，不同研究就存在差异（Koneru，Alegría，2007）。例如，有的研究聚焦的是生活满意度（Neto，2001）；有的研究聚焦于自尊（Nesdale & Mak，2003）；有的研究聚焦于反社会行为（Murad，Joung et al.，2003），有的研究则聚焦于学业适应（Suárez-Orozco，Suárez-Orozco & Todorova，2008）。此外，涵化适应结果取决于数种调节因素，包括移民政策和定居社会的涵化期望。

虽然很多研究针对的是心理适应和社会文化适应，一些研究已经发现，涵化和身体健康之间存在相关（Schulpen，1996），诸如不同形式的癌症（Abraído-Lanza，Chao & Gates，2008；Hyman，2001）和心血管疾病（Kliewer，1992；Maskarinec & Noh，2004）。然而，涵化并不会使身体健康变差，许多研究结果表明，当与移居社会中的非移民同辈相比时，移民有更好的身体健康状况（Kliewer，1992）。这样看来，随着涵化增多，健康状况向全国常模"迁移"（Sam，2006b），这被称为"聚合假说"（convergence hypothesis）。已经广为人知的"移民悖论"（immigrant paradox）与这一观察结果紧密相关（García Coll et al.，出版中）。其很重要的方面就是与直觉正好相反的结果，那就是移民比其所定居国同辈表现出了更好的适应结果；另外，第一代移民比第二代移民同辈适应得更好（Sam，Vedder et al.，2008；Sam，Vedder et al.，2006）。

学业适应

学校和其他教育机构构成了移民儿童和青年主要的涵化情境，它们可以被看作一个定居的微型社会。学校不仅代表新文化，而且将之传递给移民儿童。在这种文化过渡过程中，学业适应既可以看作一项首要任务，也可以作为一个非常重要的结果。相应地，对移民儿童和青年来说，学业适应被看作一个主要的涵化结果。移民孩子，就像他们的父母一样，在种族、国籍和移民史方面构成了一个异质群体。同样地，他们有着多样的背景（从诸如社会经济地位差、偏见和歧视等不利因素，到诸如高水平的父母期望和亲密的家庭关系等显著优势）。这使得很难对影响学业适应的先因性因素进行一般化归纳。

在许多移民社区中，人们赋予了学业适应特别高的重要性（Horenczyk & Tatar，出版中；Vedder & Horenczyk，2006）。然而，毫无疑问，在主流社会的学校系统里，许多移民儿童为取得学业上的成功，艰难挣扎（Suárez-Orozco，Pimentel & Martin，2009）。这表现在，学业成绩低劣，辍学率高（Nusche，2009）。这与不少研究结果相反。这些研究表明，移民儿童一般都对上学读书有积极的态度（Berry et al.，2006；Suárez-Orozco & Suárez-Orozco，1995），有高的学业抱负（Fuligni，1997，1998），对他们的学业前途很乐观（Phalet & Andriessen，2003）。安德里森等人（Andriessen，Phalet & Lens，2006）的研究表明，学校成就也许不仅仅是有高学业期望那么简单，而是体现了他们对学校课业和未来职业重要性的认识。

具体来说，安德里森和她的同事们在荷兰中学生中考察了青少年工具性感知（perceived instrumentality）的动机性益处和内在规范性未来目标。这里的"工具性感知"定义为"对有关学校课业对未来成功生活的重要性之感知"。被试为荷兰人、摩洛哥后裔荷兰人和土耳其后裔荷兰人。调查发现，这三个样本组都验证了这一点，即对未来目标的积极工具性感知，提升了任务动机，而且间接促进了适应性学习。另外，在美国，研究者已经发现，居住时间可能与差的学业成绩和学术抱负有关（即移民悖论，参见 Fuligni，1997，1998）。移民青少年学业成绩的下降与学校中（例如，对学校暴力的感知）和家庭中（例如，家庭冲突与父母的教育背景）的许多不利因素有联系（Suárez-Orozco，Pimentel & Martin，2009）。总之，移民青年的学业适应和学业成就，是一个比个人期望值和学校环境更为复杂的现象。

工作适应

工作适应指的是有胜任能力的工作表现方面，即成功完成工作目标和对当地单位的组织性职责（Aycan，1997）。对于移民和其他涵化个体，工作适应不限于在工作场所做得好和成功地实现组织目标，而且包括个体曾接受教育和训练与受雇岗位是否专业对口，还经常包括遭遇失业之类不幸的事件。涵化群体中的个体在职业方面经历向下流动是常见的事（Hayfron，2006），这是由于（新的社会环境中）缺乏对个体涵化之前所受教育和培训的认可制度，个体缺乏工作岗位所需要的文化角度的适当技能，以及新社会中存在各种形式的文化障碍与歧视现象。此外，涵化群体中的个体虽然有着同等的资质和经历，但在工资上却遭到歧视，甚至当个体在新社会中工作数年后也会受到劳动力市场的歧视（Laryea & Hayfron，2005）。这种向下的职业流动和损失性职业状况，会危害移民的整体适应（Aycan & Berry，1996）。的确，若干研究已经表明，适应更好的涵化个体会报告说，他们更满意他们的就业状况。（关于外籍人员工作适应的更多讨论，也可参看第十五章中旅居和旅居有效性部分。）

近来，有研究考察了进入德国的移民的涵化策略、族群和国民认同与职业成功之间的关系（Constant & Zimmermann，2008；Zimmermann *et al.*，2007）。在一项研究中，康斯坦特和齐默尔曼（Constant & Zimmermann，2008）认为，除了人力资本和族群来源特征，移民的族群认同会影响到其对东道国的依恋，以及在劳动力市场中的表现。对德国移民的考察表明，族群身份对工作决策很重要，并显著地影响着移民参与就业，这种影响还存在性别差异。尽管具有整合身份认同的女性比接受同化的女性更可能去工作，但是对于男性移民来说却不是这么回事。

要回答人们参与涵化的方式和适应结果的好坏之间是否存在相关这一问题，我们将再次引证关于族裔文化青年十三国比较研究结果。在这项研究中，贝理等人（2006）发现，不论在什么社会定居，那些具有整合特征的人有着最好的心理和社会文化适应结果，而那些具有弥散特征的人适应结果最差。居于这两类之间的是，那些更倾向族群认同的人有着中等程度好的心理适应，但社会文化适应差，而那些采用国民认同的人遭遇一定程度的差的心理适应和轻微的负面性社会文化适应。对于某些族群，例如土耳其裔移民，在非传统移民国家社会（non-settler societies）中（例如德国和挪威），其族群认同是心理方面的，而不是社会文化上的，尽管总体上整合性认同是涵化的最佳途径。菲尼和同事也发现，对自己过去所属社会和新移居社会都认同（即整合性涵化）的做法，可以预示更高的自尊（Phinney, Cantu & Kurtz，1997；Phinney & Chavira，1992）。此外，陈、本特-马丁内兹和邦德（2008）发现，双文化整合程度高的华裔移民有着最高水平的心理幸福感。总之，在人们选择如何涵化与他们适应得多么好之间存在关联。

涵化的方法论问题

近年来，涵化研究受到了一些批评（Chirkov，2009；Rudmin，2003），而且大部分的批评是关于方法论基础的，比如所建构的概念应该如何得以概念化和操作化。此外，一些批评家（Chirkov，2009）也认为，应该多使用社会建构主义视角和定性方法来理解文化和涵化。在这里，我们将侧重两方面的方法论问题，首先是涵化评价方面，然后是涵化研究的设计。

涵化的评估

我们使用图13.1中的模型作为我们分析的出发点，因此建议所有涵化研究需要评估模型中的所有元素（Berry，2006b）。它们是：（1）接触中两个群体文化方面的特点；（2）这两个群体的（个体）心理方面的特点；（3）接触之前这两个群体的特点；（4）接触后这两个群体的特点。在群体层面，涵化研究应该首先审视从原初文化带到接触情境的一些核心文化现象，同时还需要审视在接触之后改变的那些文化特征。这些审视需要使用民族志方法。其内容可能包括政治的（例如，有关定居的政策），经济的和人口的以及文化的变化（例如，新的语言和传统）。除了那些由两个原文化群体带入涵化情境的特点外，很有必要考虑那些决定两种文化互动性质的因素，例如文化距离（Ward *et al.*，2001）。这指的是两个群体在文化维度上，例如语言、宗教和价值观，如何相似或不同。在这里需要强调的一点是，对群体层面现象的审视在很大程度上是文化的，为此民族志可能是一种恰当的方法。不幸的是，（跨文化心理学中）探讨涵化的这个方面的研究是罕见的，因此，关于在涵化结果中有关文化作用和文化差异的推论是有问题的。

在涵化的个体层面，评估应该包括以下因素：两个群体在接触之前就存在的人格特征和能力；在接触之后两个群体中的态度、行为和身份的变化。评价两个群体的涵化策略、心理适应和社会文化适应的水平也是很重要的。

阿伦兹-托特和范·德·维杰威（Arends-Tóth & Van de Vijver，2006，pp. 147-154）已经确定了涵化研究者设计研究时需要解决的六个问题。当然，这些问题不是只适用于涵化研究。他们认为：

1. 明确陈述研究的目标、涵化测量的理论基础以及涵化变量的选择。重要的是涵化有着明确的测量法，而不需要使用代替物，例如居住时间或出生地点。

2. 明确拟研究的涵化的各方面（例如，知识、行为、价值观和态度）。这些不同领域不会有相同变化，因此量表的信度会降低。

3. 为所选用的研究方法，诸如问卷调查、案例研究、观察或实验等，提供一个理论基础。理想的做法是运用三角互证（triangulation）或混合方法策略。很多涵化研究使用问卷调查法，这难以确立因果关系。该领域的实验研究是非常缺乏的。

4. 对拟选择的理论模型和评估涵化策略的测量方法的合理性进行论述（例如，是使用一个、两个还是四个选项的工具，是启动式还是调查式；见下文）。

5. 论述问卷题目中拟选择的生活领域和实际情境的合理性。这些领域可以是社会关系和所附属机构、日常活动和文化传统。语言使用和熟练程度，往往被用作涵化的指标，但可能最好被认为是社会文化方面适应的结果。

6. 对问卷的题目的措辞和语言选择的合理性进行论述。经历涵化的人们对通用语言可能不是很流利，因此应选择没有俚语表达和简短、明确的句子。而且，应该慎重决定的是，测量工具是否应该用国家通用语言、族群语言或国际通用语言来呈现，或者说，被试是否有不同语言可供选择。因为语言是涵化结果的一个指标，所以在统计分析中需要对语言进行控制。

涵化策略测量

前面已经论述过，适应结果的差异取决于涵化策略所基于的两个议题是如何被操作化的。在许多研究中，态度（即对涵化方式的偏好）和行为（例如，语言知识和使用、朋友选择），以及文化认同都得到了评估。这里之所以用"策略"一词，其意图是指一种不仅仅包括态度的模式。如上所述，在一些研究中，这些涵化不同的心理方面形成一种模式（或轮廓）。

鲁德明（Rudmin，2003，2009；Rudmin & Ahmadzadeh，2001）批评了评估同化、整合、分离和边缘化这四个策略所用的方法，这些批评已经得到了回应（Berry，2009；Berry & Sam，2003）。阿伦兹-托特等人（Arends-Tóth *et al.*，2006）已经探明，涵化策略的评估有三个主要路径，并称这些为一维法、二维法和四维法。简单地说，"一维陈述法"（one-statement method）通常包括一个一维的双极量表，变化范围从保持原有文化的一端，到采用移居国主流文化的另一端。"二维陈述法"需要使用两个独立的量表评估涵化策略：一个代表主流文化的取向，另一个代表原有文化的取向。"四维陈述法"也是基于涵化的二维模型。在这里，对四种涵化策略的取向是分别用不同题目加以讨论的。

涵化研究的设计

研究涵化的方法多种多样，从观察、个案研究到自陈式研究。所选用的方法在一定程度上取决于拟考察涵化的具体方面（即涵化条件、定向或策略与涵化结果）。在前一部分中，我们讨论了研究涵化时必须记住的问题，以及应该研究涵化的哪些方面，尤其是如何测量涵化策略。在这部分，我们来看看若干具体的涵化研究的设计方法。

横向和纵向设计

涵化是一个随着时间而进行的过程，结果是文化和个体方面发生的变化。将之作为一个过程时，纵向设计有助于很好地理解变化。这并不是意味着，横向设计是无用的。今天我们所知道的关于涵化的很多东西都来自横向研究，但至今仍然非常需要的是纵向研究。

无论是文化变化还是个体变化，只有当随着时间的推移，把群体和个体组相比较时才能被记录和评估。这样的设计是很理想化的，实际上这样的比较在大多数涵化研究情境中是不可行的。相反，一个更通常的做法是，文化特征方面的很多信息是在其他来源（例如，以前的民族志记录）中得以确认的，或部分是根据来自社区的老年人的报告得以重建，因为他们的涵化经验较少。同样，理想地说，个体变化也应该通过纵向研究得到评估，但这样的设计常常受到因死亡或迁移他处而造成的"被试死亡率"问题的困扰（Berry，2006b）。

对纵向研究的一个常用的替代选择是包含一个与时间相关的变量（例如，居住时间量、出生国别或在所移入新社会度过时间的比例等）的横向研究。这样的变量作为涵化的替代物使用。这里的假设是，涵化是一个随着时间的推移而累积的过程，但这个假设可能并不总是有效的。然而，一些研究（Berry *et al.*，2006）根据移民在新社会中居住的时间，已经发现涵化策略方面系统的、可阐释的差异。新社会中居住更久的人们，对整合的偏好较高，对边缘化的偏好较低。

实验研究

大部分涵化研究感兴趣的是，理解那些会影响变化或带来变化，或可解释结果的因素和条件。为了能够说明结果，研究设计中无关的和混杂因素必须排除或控制。要想实现这一点，实验研究是最理想的。虽然实验研究有若干种形式，涵化研究中很需要的一种形式是启动式（priming）。

这种类型的研究包括从实验角度控制被试的思维定式，也包括测量因果性行为的变化（Matsumoto & Yoo，2006）。在一个启动式研究中，洪和同事运用美国和中国的标志性图像（例如，美国国会大厦和中国长城），在双文化华裔美国人中激发美国式的思维定式和中国式的思维定式，从而最终考察归因错误（Hong，Morris *et al.*，2000）。玛达克斯和同事（Leung，Maddux *et al.*，2008；Maddux & Galinsky，2009）也使用了启动式方法来证实文化互动经验（例如，在国外度过的时长）和创造性思维之间的联系。一项研究表明，外国的生活经验暂时性地增强了那些曾在国外生活过的参与者的创造倾向。另一项研究表明，个体在国外生活时适应不同文化的程度，促成了外国生活经验和创造力之间的联系。

比较研究

尽管探索反映涵化经验与涵化结果关联性的一般原则很重要，但是，许多涵化研究考察的是移居到一个社会的一个涵化群体。这些研究结果不能一般化到除特定研究实施的群体和社会之外。此外，大部分涵化研究都是在几个西方社会实施的（例如，澳大利亚、加拿大、欧洲、美国），而大多数涵化是发生在世界的其他地方（例如，中国、印度、非洲和南美的社会）。尽管了解发生在一个社会中的一个群体的涵化现象是很重要的，但这存在这样的风险，即把这样有局限的研究结果一般化到获取它们的情境之外（Berry，2006b）。

因此，涵化的比较研究早就得到提倡（Berry *et al.*，1987），但直到现在，切实完成的很少。一个很有抱负的比较研究是由贝理和同事做的十三国分析（Berry *et al.*，2006），这使得向明确涵化的普遍特征目标拉近了。例如，本研究表明，个体居住的社会类型（即移民与非移民社会）会影响个体对涵化方式的选择，而不仅仅是他们适应结果的好坏。但更重要的是，不论个体居住在哪个社会，整合都被认为是最成功的涵化策略。

　　在跨文化心理学的广阔领域内，涵化心理是一个年轻的分支。然而，期刊上所发表的论文数量的变化证明了它是发展最快的领域（Brouwers，Van Hemert *et al.*，2004；Lonner，2004）。对涵化心理学的兴趣以及有关研究的增长，无疑是对全球范围以前所未有的速度增长的移民和全球化现象的回应（Sam & Berry，2006）。作为一个发展领域，其解决和强调的问题仍在变化着。当我们总结这一章时，我们强调可能会影响该领域未来发展方向的四个问题，即领域、情境、过程与一般化。

　　在涵化的最初定义中（Redfield *et al.*，1936），涵化被认为发生在进行接触的两个（或所有）文化群体和个体中。涵化研究的现有问题之一是，考察涵化是否应该只在占非主导地位的人群，还是在社会中的所有群体？在关于占主导地位群体涵化期望的研究中（Arends-Tóth & Van de Vijver，2007），对公共和私人领域之间文化保持和变化的态度有明显的区别。其期望是，移民和族裔文化群体可以保留他们的文化，但仅在家庭和原文化情境中这样做。然而，在一些社会（澳大利亚、加拿大和欧盟），公共政策明确阐述涵化是一个在所有群体中的变化的过程。例如，欧盟（2005）在"一体化的共同基本原则"政策中陈述道："一体化是一个由所有的移民和成员国居民相互调适的、动态的、双向的过程。整合是一个相互调适的动态的、长期的、连续的双向过程，不是一个静态的结果。它不仅要求移民和他们的后代参与，而且是每个居民都参与。"这种把涵化和适应看作相互的过程的观点与原定义相吻合。然而，传统移民大国似乎不接受这个观点（参见第十四章中关于多元文化主义的部分）。对于涵化研究员来说，这个问题在未来研究中很可能是最重要的。

　　关于情境的议题论述的是涵化的环境，也就是说，在什么环境下发生了涵化。这就需要对涵化群体以及这些群体中的个体有一个详尽的理解。

尽管涵化至少包括了两个群体和它们的个体成员，研究看来几乎完全集中在了非主导地位的群体上。而且，人们在涵化研究中忽略了非主导地位群体在涵化之前的环境。情境的重要性已经得到了明确的证明（Birman，Trickett & Buchanan，2005；Nguyen，Messe & Stollak，1999）。然而，在心理涵化研究中，有助于恰当理解过程所需的情境信息只得到了粗略的关注，在这些重要信息能够得到的情况下，它往往也是被放在了附录中，而且未能很好地与涵化过程或结果变量相联系。

涵化是一个变化的过程，其纵向研究是非常宝贵的。然而，纵向研究中所用的成本和时间导致了它们的相对缺乏。与别的研究相比，纵向研究将有助于分清发展与涵化之间令人困惑的关系。

跨文化心理学的目标之一是实现某种程度的通则化。也就是说，我们试图弄清这些心理过程和结果中哪些属于特定文化，哪些具有文化普遍性。在没有比较研究的情况下，我们在做一般化归纳时有很多局限，甚至在指出涵化的普遍特征时也有很多局限。到目前为止，涵化的大多数比较研究最多是包含两个或三个国家、针对同样数量的族裔文化群体。更多大规模的比较研究实属必要。

随着世界经历全球化，我们的生活越来越与遥远的人和经济体相互交织，关于涵化就存在两个议题。首先在导致"大熔炉"的同化过程中，全球化是否会带来文化和心理同质化，或滋生对这样一种结果的抵抗。第二个问题是个体是否将发展出一个全球身份，而不必与其他文化群体比邻生活，或不必被另一个国家吞并或殖民。关于第一个问题，有人认为（Berry，2008），所有四个涵化策略很明显是对全球化接触的回应：同质化和同化不是不可避免的。关于第二个问题，对于这一全球身份如何发展以及它如何影响心理适应的精确理解却很少（Chen *et al.*，2008），这无疑会吸引大量的研究关注。此外，最近的经济停滞可能会导致遣返一些劳动力和经济移民回到他们的原籍国，而这些变化可能会激发研究的另一条路线（Tartakovsky，2008；Yijälä & Jasinskaja-Lahti，2010）。在当代社会，文化之间的相遇已经有了包括虚拟在内的不同形式。这些新的现实对涵化产生了什么样的影响，这是一个缺乏研究的领域。

拓展阅读

Berry，J. W.，Phinney，J. S.，Sam，D. L.，and Vedder，P.（eds.）（2006）. *Immigrant youth in cultural transition：Acculturation，identity & adaptation across national contexts.* Mahwah，N. Y.：Erlbaum.（这本书是对十三个国家的移民青少年、他们的原国籍同龄人和父母的涵化比较研究的实证报告。该书不仅提供了移民青年如何涵化、他们适应如何以及涵化和适应之间联系的实证证据，还为政策制定提供了一个参考。关于该书的总结请参见《应用心理学：国际综述》，2006，303-332。）

Jasinskaja-Lahti，I.，and Mähönen，T. A.（2009）. *Identities，intergroup relations and acculturation：The cornerstones of intercultural encounters.* Helsinki：Helsinki University Press.（这本书共有十五章，聚焦于身份和群体间关系，把涵化看作一个动态的过程。这本书

也为理解涵化作为一个过程提出了方法论对策。）

Sam，D. L.，and Berry，J. W.（eds）.（2006）. *The Cambridge handbook of acculturation psychology*. Cambridge：Cambridge University Press.（这本书共有三十一章，提供了一个关于涵化的不同方面的广泛的概述，包括理论的、实证的和情境的因素。）

Ward，C.，Bochner，S.，and Furnham，A.（2001）. *The psychology of culture shock*. Hove：Routledge.（这本书是第二版，首次论述了关于不同涵化群体的涵化。第一版由两位作者合著。虽然这本书问世几乎有十年了，目前其新版正由第一作者在写作中，它仍然是一本内容很新的书，为研究个体应对新文化时的不同方面提供了深刻见解。）

第14章
文化互动关系

本章目录

本章旨在描绘文化互动关系领域的比较研究成果及其应用。开始部分将审视文化互动策略(intercultural strategies)这一概念,它与前面第十三章提出的涵化策略概念是相似的。其中一个策略——多元文化主义,常常既在理论上引起争辩,又受到实证研究的考量,故本章接下来呈现了其中若干观点和研究成果。然后,本章评介了该领域的若干核心理论和概念,并运用不同文化中的研究结果及其应用进一步说明了这些理论和概念。

文化互动关系研究可视为跨文化心理学的一个核心部分。它与该学科的涵化研究的共同之处是，都聚焦于文化群体及其个体成员间接触所导致的心理现象。像涵化研究一样，文化互动关系探讨的是，当人们在文化多元的社会中共同相处时，为实现有效生活而采用的种种方法（Brewer，2007；Sam & Berry，2006；Ward，2008）。第十三章已描述了在多元一体社会中共享社会空间的多种类型群体（包括移民、难民、族裔文化群体、旅居者和原住民）。然而，与涵化有些不同的是，文化互动关系不用亲身接触就可以发生；它们还可以是根植于对以前历史上接触的意识，或由于当代远程通信而产生的关联意识。因此，诸如刻板印象、态度和偏见之类的基本文化互动过程，可以在那些没有发生直接接触的人们中加以研究，因为个体的信念和态度可能源于一个人所属文化共同体的集体现象，而不是来自直接接触。因此，正如跨文化心理学所有的领域，我们需要考虑这些背景性的文化情境，以理解个体心理现象。

正如我们已在第十三章所述，涵化会涉及两个基本议题：其一，群体所属文化和行为的延续或消失；第二，不同文化群体间接触的性质。在本章，我们将更多关注第二个议题以及因之产生的种种关系。我们会将所分析的文化群体之间的关系限定于在文化上具有多样性的社会内部，而不是在国际意义上的社会之间。

文化互动策略

如前所述，文化互动策略概念（Berry，1997）与第十三章所呈现的涵化策略概念相类似。我们已说明，这些策略由两大因素构成：日常文化互动邂逅中个体所表现出的态度和行为（即有关的偏爱倾向和实际行为）。考量这些文化互动策略的特别意义在于，它们具有相互或互惠（reciprocal）的性质。虽然涵化策略具有同样的性质（这些策略既存在于主流文化群体中，也可见于非主流文化群体之中），对于文化互动策略而言，我们关注的有关现象是种种关系，这就需要研究接触所涉及的所有群体。因此，任何有关文化互动现象的研究及其成果的应用，都应该同等重视图 13.2 的左边和右边两部分。我们还论述过，族裔文化群体（ethnocultural groups）之所以采用整合策略，是与国家实行多元文化主义（multiculturalism）政策相对应的。处于主导地位群体的意识形态和政策以及非主流群体的偏好，是理解多元一体社会中文化互动关系过程和结果的两个核心特征（Berry，2004；Bourhis *et al.*，1997；Navas *et al.*，2007）。故运用这个框架，我们可以比较个体和他们所属群体之间，以及非主流地位的群体和更大社会之间的文化互动策略。正如进行所有的跨文化研究那样，研究这些政策和个体偏好时，需要将它们置于其所处的历史的、经济的和地缘政治的情境中加以理解。

对主流和非主流地位族裔文化群体的文化互动策略的考量都可以分三个层面：国家层面、机构层面和个体层面。表 14.1 显示了上述双方文化互动关系的三个层面。表 14.1 右边部分为非主流的多种文化群体所持有的观点，左边部分为主流社会的观点。在三个层面中，顶层（国民社会或各个文化群体）所涵盖的范围最广；底层（个体）涵盖范围最小；位于两者之间的是，社会对人们所做的多种多样的分群(这被称为"机构"),可包含政府机关、教育或健康系统和工作场所。

在(左边)第一层面上,我们可以研究由更宏观的多元一体社会所推行的国家政策。例如,加拿大和澳大利亚的多元文化主义国家政策促使所有群体保持原有传统文化,同时充分并公正地参与到由所有群体构成的宏观社会中(Berry,1984;Watts & Smolicz,1997)。同样地,欧盟(European Union,2005)采用了一套"促进欧盟移民整合政策的共同基本原则",其中写道:"整合是一个由所有的移民和成员国居民相互调适而导致的动态的、双向的过程。"也就是说,主流和非主流地位的群体都需要经历变化的历程,并不是所有的变化都可望由移民或其他非主流地位文化群体来实现。同样地,在中国和印度,公共政策都力求支持各种文化社群有权保持他们各自的文化遗产,并支持他们拥有参与到更宏观社会中的权利。在以下论述多元文化主义部分,我们将会更详细地呈现这些政策的一些要素(Westin,Bastos et al.,2009)。

表 14.1　多元一体社会中主流和非主流群体所运用文化互动策略的层面

层面	主流群体 优势群体 更大的社会	非主流群体 少数民族群体 文化群体
国家层面	国家政策	群体目标
机构层面	划一或多元	多样性和公平
个体层面	多元文化意识形态	涵化策略

在(表14.1的右边)第一层面,很多少数族裔文化群体在正式声明中表达出他们的优先选择:部分人寻求整合于更宏观的社会(例如,新西兰的毛利人);另一部分人则寻求分离,例如,苏格兰国家党或加拿大魁北克党都力求使他们的族群获得独立国家的地位。

在底部(个体)层面上,我们可以运用多元文化意识形态(参见后文)的概念框架,评估更宏观的整个社会中个体对于四种文化互动策略所持的态度。进一步说,正如我们已在第十三章所指出的那样,就各个非主流文化群体的成员而言,不同个体会采取不同的涵化策略,这一点很重要。

在中间(机构)层面上,根植于可选择的各类文化互动策略的种种观点本来就是相互竞争的,日常会相互面对,甚至彼此发生冲突。在诸如教育、卫生、司法和国防等核心制度方面,主体社会可能会赞成(基于他们自己的文化观点)统一的方案和标准。例如,在法国和德国的有关政策中,以及2008年成立的欧洲种族主义和仇外心理监测中心,就是如此。相反,非优势文化群体则常常寻求兼顾多样性与平等的种种目标。这包含的基本理念是:第一,要承认族群的文化特性和特殊文化需求;第二,族裔群体需要与主流群体享有同样水平的理解、接纳和支持。这类兼顾多样性与平等性之目标,与整合策略和多元文化主义策略(将保持自己文化传统和全纳性参与主流社会二者相结合)是密切相连的,而要求统一性的推力则类似于同化思路和熔炉论(Berry, 1997)。

多元文化主义

正如我们在第十三章所指出的，所有当代社会在文化上都具有多样性；但是，该理念需要与"多元文化"相区别，正如图 13.2 所示。其区别在于，尽管所有的社会在文化上实际都具有多样性，但只有一些社会喜欢这样。这后一种情况属于真正的多元文化观，因为它们：(1)力求保持和促进其多样性，而不是试图减少或消除多样性；(2)力求鼓励(所有族群)充分和公平地参与到整个社会的日常生活和机构中，而不是为这样的参与设置障碍。也许可以说，在当前的多元一体社会中，没有什么议题会比如何理解和管理这种文化多样性能引起更多的争论(Adams, 2007; Kymlicka, 2007; Moghaddam, 2008)。

在世界很多地区，就族际整合和多元文化主义两个概念而言，有一种正在兴起的含义(Estonian Integration Foundation, 2007; Glazer, 1997; Van de Vijver, Breugelmans & Schalk-Soekar, 2008)。多元文化主义的其中一个含义与图 13.2 提到的"整合"取向相当，本章使用了该概念的这个含义。但是，部分人认为，"多元文化主义"主要指保持一个社会中的多种文化，但很少涉及参与或共享。就这一含义而言，多元文化主义更近于"分离"而不是"整合"，因为它"承载着加重文化差异的风险……并加剧了'我们-他们'的思考方式"(Kağitçibaşi, 1997, p.44)。同样，布鲁尔认为，多元文化主义的这种含义会导致群体区别，而群体区别会成为"促进冲突行为和分离主义的断层线(fault line)"(Brewer, 1997, p.208)。对于其他有些人来说，多元文化主义和整合政策被视为通向同化道路上的临时站点(Hamberger, 2009)。

当然，多元文化主义这一术语可能还包含很多种意义，但是，在当代大多数多元一体社会中，它表达了一种平衡的含义，即(不同族群)在一个共享框架中共同生活。正如沃茨和斯莫利兹(Watts & Smolicz, 1997, p.52)所说："多元文化主义预先假定，存在一种包罗万象的总体框架，而这一框架包含了在多民族国家作为关键因素的共享价值观。该框架对于构成国家的多种文化和族群具有灵活性与敏感性。"图 13.2 把这种整体性框架定义为(包含各个族群的)更大社会(larger society)。

多元文化主义政策

图 13.2 中的多元文化观被定义为这样一种取向：既接受所有文化群体保持其文化特征及认同的主张，也赞同在更宏观的多元一体社会中，所有群体能彼此平等地接触和共同参与。这一理解与涵化涉及的两个议题是相关联的，并作为理解和评估加拿大多元文化主义政策的心理基础(Berry, 1984)。和大多数接收移民的其他国家一样，加拿大早期为追求大熔炉式社会，其政策支持同化移民。但是这种情况逐渐改变，导致人们接受这样的观点：同化在世界上任何一处都没奏效，将其作为一般政策是不切实际的。加拿大联邦政府在 1971 年发布了国家层面上

的多元文化主义政策，其目的在于"破除歧视性态度和文化妒忌。国家团结，如果它要在个人可理解的深层次上有任何意义，那么一定是基于个体对于自身身份认同的信心。借此个体才可发展出对他人的尊重，并愿意与之分享种种观念、态度和主张"(Government of Canada，1971，p.3)。

该政策的根本目标是改进不同文化之间的关系，并加强所有族裔文化群体间的相互接纳。这个目标是通过三种政策方案要素完成的。其一是政策的文化要素，这可通过为所有群体文化的保持与发展提供支持和鼓励而得以实现。这个组成部分与图13.2策略框架涉及的第一个议题相类似，它涉及的是文化遗产（原有文化传统）和身份的保持。其二是政策的社会交往要素，它通过提供不同群体间接触的机会，以及清除不利于充分参与到整个大社会的障碍，以促进对种种文化表达的分享。该要素与策略框架的第二个议题相类似，它涉及的是与其他族裔文化群体的接触。计划方案关注的最后一个是不同文化间交际这一要素，这体现了加拿大整个大社会中的双语现实，并促进了一种或两种官方语言（英语和法语）的学习。对于所有族裔文化群体来说，官方语言是彼此互动和参与国家生活所需要的一种手段。

欧盟（European Union，2005）的一体化政策与这里所用的多元文化主义含义相对应，因为它促进了所有文化群体享有保持自己文化的权利以及充分参与的权利。其中一个条款反映了文化保持的权利："在基本权利宪章的前提下，不同文化和宗教习俗会得到保障，除非该习俗与其他神圣不可侵犯的欧洲人权利或与国家法律相冲突。"另一个原则推进了充分参与："移民和成员国公民之间的经常互动是实现整合的一个基本机制。"因此，欧盟政策的这两个原则在基本方式上类似于加拿大政策，并与本章所使用的整合概念和多元文化主义概念相对应。这些核心理念体现为两个同等重要的着重点：其一，原有文化传统与身份的保持；其二，所有文化群体充分、平等地参与到整个社会的生活中。若只追求第一点而不顾第二点会导致隔离，只强调第二点而不管第一点会导致大熔炉。若所有文化群体共同而平衡地生活，那么，实现多元文化主义和避免排斥是有可能的。然而，在一些社会中（如上所述）常常有一个共同的误解，那就是多元文化主义意味着在一个社会中只承认有许多独立的文化共同体存在，而不重视他们的公平参与和融入(Joppke，1996)。

有关将多元文化主义作为一个概念和政策的研究，关注的是公众对其的感知、理解和接纳。这样的研究由贝理等人(Berry，Kalin & Taylor，1977)在加拿大开始，并已在多个国家得以继续开展（在荷兰，Breugelmans & Van de Vijver，2004 和 Van de Vijver，*et al.*，2008；在新西兰，Ward & Masgoret，2009）。心理学中有关多元文化主义研究所涉及的两个核心概念是：多元文化意识形态和多元文化主义假说。

多元文化意识形态

多元文化意识形态概念指的是在多元一体社会中人们对共同生活所需的一种多元文化方式的总体接纳(Berry *et al.*，1977，pp.131-134)。这方面最初的若干研究(Berry *et al.*，1977；

Berry and Kalin，1995)使用了加拿大的国民样本，调查了其对这种多元文化主义政策和项目意义的感知和态度。这种意识形态有三个要素。除了前面的策略框架讨论过的两个要素(各种文化的保持和所有群体的公平参与)外，多元文化意识形态还包括主流群体的接纳这第三个特别要素，即他们也需要改变以实现某种相互适应。

这些研究中，这三个组成部分结合起来形成了一个宽广的意识形态取向，针对的是这样一个问题，即人们是如何接受个体和群体应该在更宏观的全社会中彼此调适这一信念。研究者开发出了评估这些观点的题目，其措辞有正面的和负面的。积极的题目包括："如果各族裔群体的成员保持他们自己的生活方式(文化保持)，加拿大将会是一个更好的地方"和"加拿大人可以从与移民的友好关系中获益很多(接触)"。消极的题目包括："如果各族裔群体的成员想要保持他们自己的文化，他们应该自己保持，而不用打扰到我们其他人(表达的是隔离和对接触的消极态度)。"题目也表达这样一个基本观点，文化多样性是一种资源，应是一个社会所珍视的东西。

研究结果一般都支持该多元文化意识形态量表的结构效度(Berry et al.，1977；Berry & Kalin，1995)，该量表的内部一致性较高(α＝80)，并和其他概念相似的量表构成一系列复杂关系的一部分(与民族中心主义是负相关，与族性宽容和对移民态度是正相关)。然而，就概念而言，多元文化意识形态更多地与把多样性看作一种社会的资源这一观点明确相关，并且所有的群体，包括主流群体，都需要适应彼此，以在具有文化多样性的群体中建立和谐的文化互动关系。

研究结果还表明，大多数加拿大人赞同将多元文化意识形态作为群体相互关联的一种方式。在第一次全国调查中，63.9％的受访者在量表上表现出积极态度，在第二次调查中该比例上升到69.3％。总体而言，我们可以说，大多数加拿大人支持这种共同生活的方式，且呈增长趋势；我们也可以说，加拿大公众意见与其公共政策间具有令人乐观的一致性(Adams，2007)。勃鲁盖尔曼斯等人(Breugelmans et al.，2009)发现，在荷兰，人们对多元文化主义的支持水平在最近几年一直保持稳定，尽管若干公开声明表示要放弃对多元文化主义政策的支持。不过，在荷兰，人们对第二个政策要素(清除参与的障碍和减少歧视)的支持率，要高于对第一个政策要素(支持文化保持和其表达方式，尤其是在公共领域)的支持率。因此，在监测公众对多元文化主义政策的态度时，不仅有必要从总体上进行，而且还要进一步从各政策要素入手。

分析表明，尽管主流群体中存在四种不同的文化互动策略，有关调查量表的题目却是按照单一维度建构的，位于维度一端的是对多元文化主义的赞同，而另一端则是涉及其他三个取向的题目。有关多元文化主义态度的这一结构也已得到其他研究者的确认(Arends-Tóth et al.，2003；Breugelmans et al.，2004；Breugelmans，Van de Vijver et al.，2009)。之所以出现这个一维结构，很可能是由于多元文化主义项目有很高的支持率，而对其他替代性策略的认可率低。也就是说，当对看待文化互动关系的一种方式持很肯定的态度，且共同排斥其他三种方式时，就很可能产生单线性的结构。

在荷兰，新近又有研究考量了多元文化主义（Van de Vijver et al.，2008）。该研究将该概念定义为"主流群体和移民群体对一个社会多元一体（plural）性质的接纳和支持"（2008，p.93）。其使用了一个前面提到过的基于多元文化意识形态量表修订而成的量表评估多元文化态度，结果发现，多元文化主义是"一个多面向、单因素性质的态度，且具有良好的跨文化等效性"（2008，p.93）。正如许多社会态度研究所示，个体的教育水平与其对多元文化主义的支持呈正相关。该研究的证据还表明，在荷兰，人们的这些态度随着时间变化呈现出稳定性。与此形成对比的是，在加拿大，自该政策出台以来，对其的支持力度逐渐增强（Adams，2007；Kymlicka，2007）。

在荷兰的多个研究结果的特征之一是，就个体或文化群体可以在其中表达文化保持的生活领域而言，存在着公共和私人领域之分。这项研究发现，人们认为，文化群体若在家庭和其社区中表达自己的文化遗产，则是可以接受的，但是，这种表达不应放在诸如教育或工作机构之类的公共领域中。这个观点与欧盟所概括的基本原理相悖，因为，根据这些原理，这个过程被确认为一个相互调适的过程。

有研究者运用欧洲民意调查（Eurobarometer，2000）中来自15个国家的信息，就多元文化主义态度进行了一个国际比较（Leong & Ward，2006）。其测量评估了7种态度，包括"责怪少数民族""多元文化方面乐观主义"和"文化同化"。进一步的分析将这些测评所得平均分与其他若干变量（包括社会经济指标、霍夫斯泰德和施瓦茨提出的价值观）相联系。结果发现，更高的社会经济水平与对多元文化主义的更大支持是相联系的，而且也与一些价值观（例如，施瓦茨的人道主义或平等主义）呈正相关。与之相对，其他价值观（例如，施瓦茨的保守主义、霍夫斯泰德的集体主义）与对多元文化主义接纳程度呈负相关。

多元文化主义假说

借鉴加拿大的有关政策，贝理等人（Berry et al.，1977，p.192）提出了多元文化主义假说。这在有关政策表述中指的是这样的信念，即一个人对其身份的自信将会促进其与他人的共享、尊重他人和减少歧视态度。简言之，加拿大有关政策（Heritage Canada，1999，p.2）主张："多元文化主义确保所有的公民都可以保持自己的身份，会为他们的祖先感到自豪，并拥有归属感。接纳其他族群，则会给予加拿大人安全和自信的感觉，使得他们对多种文化保持开放心态并且接受它们。"

穆贾达姆（Moghaddam，2008）对多元文化主义假说的三种形式做了区分。第一种正如刚才所讨论，是指个体对自己所属群体的信心或安全感和对其他群体接纳之间的关系。第二种假说关注的是个体与自己所属群体的密切联系和对其他群体拒绝之间的关系。这里假设的是，内群体联谊的强度和外群体的拒绝强度之间没有必然的关联。就像布鲁尔（Brewer，1999，p.430）所指出："对内群体的关爱不是对外群体厌恶的前因。"该假说第三种形式关注的是，主流族裔文化群体和非主流族裔文化群体对多元文化主义的认可是有差别的。例如，"当少数族裔群体认可同化而不是多元文化主义时，他们就赞同自己的文化被'熔化掉'；当主流族裔群体认可同化时，他们更有可能支持的是自己文化的保存"（Moghaddam，2008，p. 153）。因此，谈论多元文化主义假说时，需要区分主流群体和非主流群体的观点。

多元文化主义假说已经在不同国家通过数个实证研究得到检验（Berry，2006c；Berry *et al.*，1977；Phinney *et al.*，2007；Verkuyten，2005a）。在加拿大，贝理等人（Berry *et al.*，1977）认为，对多元文化主义的信心包含一种安全感；否则，它会被视为个人感到其所属文化群体受到威胁。根据多元文化主义假说，人们对自己身份的安全感，是接纳其他文化群体的心理前提。反之，当他们的身份受到威胁时，人们会拒绝他人，不管他们是其他族裔文化群体的成员或是移民。

在加拿大两个全国性调查中（Berry & Kalin，2000；Berry *et al.*，1977，2006c），文化安全与经济安全的量表，是通过测量现有的（文化）多样性程度和移民持续涌入的程度开发的。在加拿大，我们更新近的研究（Berry，2006c）发现，（文化、经济和个体）三个方面安全测量结果不仅彼此间存在正相关，也和对多元文化主义、移民和若干特定族裔文化群体的接纳程度存在正相关。因此，我们得出这样的结论：多元文化主义假说已经得到了在加拿大研究的支持。

在美国，菲尼等人（Phinney *et al.*，2007）实施了两项研究来审视族群认同和对文化群体态度之间的关系，其样本是来自不同族裔文化群体的大学生。第一项研究表明，与那些具有"模糊性"（diffuse，即不安全）文化身份的人们相比，具有"获得性"（achieved，即安全）身份的亚洲和拉美裔美国人显著表现出了更积极的群体间态度。其第二项研究是对来自五个族群青少年采用质性方法，评估其族群认同和态度。结果又一次表明，与具有"模糊性"身份的青少年相比，具有"获得性"族群身份的青少年显示出对群际关系有着更大程度的觉知和理解。总体而言，研究结果提供的证据表明，安全的族群身份与对群体间关系的积极态度，是和成熟的文化互动思维相关的（Phinney *et al.*，2007，p. 478）。

在新西兰，沃德和马斯葛利特（Ward & Masgoret，2009）使用一个大的国民样本，研究了身份安全、多元文化意识形态和对移民态度之间的关系。该研究发现的模式表明，这些变量之间存在显著相关："一个强大的多元文化意识、高水平的接触和低水平的群体间威胁感，与对移民的积极态度有着直接关系，而且这些态度反过来又与对关于移民数量和来源政策的认可，有着极强的相关性。"（2009，p. 234）

沃库坦（Verkuyten，2005a）在荷兰也做了研究，以验证多元文化主义假说。在一系列的研究中，沃库坦使用了在荷兰的土耳其裔青少年、荷兰青少年和大学生作为样本，以测评多元文化主义认可（使用的是多元文化意识形态概念）、内群体和外群体的文化身份以及对其评价。他发现，土耳其裔荷兰青少年比荷兰人样本更加支持多元文化主义（这与有关加拿大非主流和主流群体的研究发现是一致的；Berry & Kalin，2000）。沃库坦发现，就文化身份而言，荷兰人被试对多元文化主义的接纳程度，与较低的内群体认同和对外群体的较高评价相关。然而，对土耳其裔荷兰被试来说，对多元文化主义接纳程度，则更与较高的内群体认同和对内群体更积极的评价相联系。

在评估多元文化主义假说的上述研究中，沃库坦没有测量身份安全，而是关注内群体身份认同和对自己所属群体评估的强度。其量表内容包括，个体对其内群体认同的程度，以及对内群体积极评价的程度。贝理（Berry，1984）早已注意到，身份安全和身份认同感强度（以及积极的内群体评价）容易混淆，他认为它们根本不是相同的概念。民族中心主义（ethnocentrism）理论（见下文）认为，强烈的族群身份和积极的内群体评价是与对外群体的排斥相关的，而多元文化主义假说认为，高水平的身份安全与对外群体的接纳相关。贝理认为（1984，pp. 363-364）：

> 我们需要在两种形式的"信心"之间做出区分。如果我们使之仅仅意味着"赞美自己的群体"，或"强烈的积极内群体态度"，那么民族中心主义理论……会预示一个对立的关系。事实上，由贝理等人实施的全国调查（1977）表明，一个人越是积极地评价自己的群体，他们对所有其他群体的评价就越消极。然而，多元文化主义政策的意图，不是通过赞美自己群体来发展信心。如果我们把信心的概念看作一种"安全感"……那么就会得到积极的族际宽容的证据。

其他已开展的同类研究所运用的整合威胁假说，着眼的是身份安全和接纳外群体之间的关系（Riek *et al.*，2006；Stephan *et al.*，2005）。该假说认为，对一个人身份的威胁感（即安全文化身份的反面），会导致对威胁来源群体的拒绝，并在某些情况下，还会增强族群身份，这被称为"反作用性身份"（reactive identity）。

许多关于威胁感的这类研究已经得到了里克等人（Riek *et al.*，2006）的元分析检验。这些研究涉及了不同类型的威胁，包括现实性威胁（例如，为了控制资源的群体冲突）、象征性的威胁（例如，冲突的价值观和信念）和群体间关系焦虑（例如，对于如何与外群体打交道的不确定感）。他们使用 95 个已发表的研究作品为样本，分析发现，威胁感和对外群体的态度之间存在着显著相关（不同形式威胁的相关系数是从＋0.42 到＋0.46）。他们还发现，群体的地位可调节这些关系：与地位相对高的外群体相比，地位低的外群体（如少数民族）的焦虑与负性外群体态度有更强的相关。总的来说，他们的结论是："该元分析结果表明，群体间威胁感与外群体态度之间有着重要的关系。当人们察觉到更多的群体间竞争、更多的价值观违背、更高水平的群体间焦虑以及更多的群体自尊威胁时，就会更多支持对外群体的负面刻板印象和负面态度。"（Riek *et al.*，2006，p. 345）

我们的结论是，多元文化主义假说从最初提出至今，获得了大量研究的支持。对安全和威胁的多种感受，看来是接纳多元文化主义之心理基础的一部分。毫无疑问，无论积极的方面（安全是宽容别人和接纳多样性的先决条件），还是消极的方面（对个体文化身份和文化权利的威胁感或焦虑感），和被别人接纳与接纳别人之间都存在着紧密关系。然而，当用其他感受（如积极的内群体评价或强烈的民族身份）而不是用身份安全或信心来研究这个假设时，就会发现相反的关系（即民族中心主义）。

有关主要理论

接触假说

很久之前就有研究者提出，多元一体社会中族裔文化群体之间的接触可以产生更积极的文化互动关系（Allport，1954）。其基本观点是，团体之间的接触和共享将会促进相互接纳。然而，这个假说要求在接触场景中存在着这样的特定条件：群体之间地位平等；共享某些共同目标；存在某种程度的合作；以及受到官方、法律和规范的支持。

该假说的最初提法是（Allport，1954，p.278）：“为追求共同目标，多数人群体和少数人群体之间进行地位平等的接触，可能会降低偏见……如果这种接触得到了制度性支持（即通过法律、习俗或当地的氛围）的鼓励，并且这种接触在某种程度上会导致这两个群体的成员之间产生对共同利益和共同人性的感知，那么，这种降低偏见的效应会得到很大的提高。”关于这一假说的大量综述（Pettigrew，2008；Pettigrew & Tropp，2006a，2008；Pettigrew *et al.*，2007）已经揭示，这种接触和态度间的种种关系存在复杂模式。例如，佩蒂格鲁和特罗普（Pettigrew & Tropp，2006，2008）对有关接触假说的数百个研究做了元分析，这些研究来自许多国家和许多不同机构（学校、工作场景、实验室）。该分析结果为接触假说提供了这样的一般性支持，即群体间接触的确一般地与主流族群和非主流族群样本中的偏见都呈负相关：“总的来说，该元分析表明，高水平的群际接触通常与较低水平的偏见相关。”（Pettigrew & Tropp，2006a，p.267）当场景中存在符合奥尔波特所说四个条件的结构化项目计划时，这种效应就更强有力。在他们的第二次分析中，佩蒂格鲁和特罗普（Pettigrew & Tropp，2006a，p.271）注意到，这些条件对于这个假说成立并不都是必要的，“哪怕不存在群体间友谊，或者缺乏奥尔波特提出的条件，群体间接触也通常会产生积极的结果”。

这两位研究者最近的元分析（Pettigrew & Tropp，2008）则考察了存在于接触和偏见减少关系中的三个中介变量的作用。这三个变量是：增加关于外群体的知识，减少对群体间接触的焦虑，以及促进移情和视角转变。他们发现，三个中介变量都有效。然而，增加知识这一变量的中介性价值没有焦虑减少和促进移情的作用大。

一个重要的问题是，直接接触是否是接触假说产生积极效果的先决条件，这有待证实。为了解决这个问题，佩蒂格鲁等人（Pettigrew，Christ *et al.*，2007）从一个在德国持续进行的关于偏见的研究中抽取了成年人大样本进行分析。所评估的有关直接接触的问题是，当时在德国的外国被试拥有私人朋友的数量；评估间接接触的问题是，自己的朋友拥有外国朋友的数量。然后，他们用以测量偏见的量表有两个：一个是笼统地关于外国人的，另一个是特别针对穆斯林的。此外，还有一个量表是评估个体和集体所感知的威胁的作用。结果发现，被试是否拥有外国朋友和被试的朋友是否拥有外国朋友，二者之间存在相关（＋0.62）；直接和间接评估的得分，与两种偏见测量结果都存在负相关（范围从－0.30到－0.34）。此外，直接接触和间接接触看来会相互强化：拥有这两种形式接触的被试，比那些只有一种形式接触或两种形式接触都没有的被试，有着更积极的态度。他们还发现，在考察所感知威胁的作用的结构方程模型中，拥有外国朋友则会减少个体和集体的威胁感。然而，通过拥有外国朋友的德国朋友而产生的间接接触，对减少集体威胁感会产生较大的影响，但对个体的威胁感产生较小的影响。他们得出结论说，间接接触可以有效减少对外国人的偏见。他们运用有关规范的框架阐释了他们的总体结果：他们认为，有数类个体接纳外国人作为朋友，因为存在有包容外国人的规范。

总之，很多作者（例如 Crisp & Abrams，2008；Kenworthy et al.，2006；Ward，2004）都得出这样的结论，接触理论得到了广泛的支持，增加不同文化间的接触很有可能会带来积极的结果。

民族中心主义理论

萨姆纳（Sumner，1906）曾概括多元一体社会中三类群体之间的区别。它们是：内群体，即一个人属于此群体，并接受其规范；外群体，即一个人不属于此群体，并拒绝其规范；积极参照组，即一个人不属于此群体，但接受其规范。在多元一体社会中，识别第三类群体很重要，而不是仅仅简单考虑内群体和外群体之间的关系。这是因为，对于一些非主流群体来说，主流群体既可能作为一个外群体，也可作为积极参照组。那些寻求整合或同化的（非主流）群体，或许会将主流群体看作一个积极参照组，而那些寻求分离或边缘化的（非主流）群体，则有可能将主流群体看作外群体。贝理等人（Berry et al.，1977）发现了这方面的一些证据，有两个主流文化群体（英国人和法国人）被大部分族裔文化群体给予了正向的评价，通常只比他们对内群体评价稍微差一些。

民族中心主义理论（ethnocentrism theory）关注的是这三类群体的态度模式（Sumner，1906）。莱文和坎贝尔（LeVine & Campbell，1972）提出，民族中心主义是一种普同性的社会和心理现象。他们综述有关研究之后的结论是，所有的文化群体在评估自己群体时使用的术语，会比评估外群体时更积极。如上所述，民族中心主义有一种可能的思维方式是与多元文化主义相反的：在民族中心主义中，人们更正面地评价他们的内群体，他们会更负面地评价外群体。然而，布鲁尔（Brewer，2007）已经研究了这种有关内群体的偏见，并且认为对内群体的偏爱并不一定与外群体贬损相关联。

这是贝理等人的立场（Berry et al.，1977），因为他们曾在加拿大收集到了民族中心主义这方面的证据。在多元一体社会中，可以通过族裔文化群体间的相互态度来考察民族中心主义。在其第一个全国性调查（Berry & Kalin，1979；Berry et al.，1977）中，他们要求被试运用八个评价性形容词（如"重要的""干净的""有趣的"）对八个群体（例如，英裔加拿大人，法裔加拿大人，华裔加拿大人，以及"移民总体"）给予评判，从而得到了对每个群体的总体评价。在第二次全国性调查（Berry & Kalin，1995；Kalin & Berry，1996）中，他们测评的是被试对身边其他族裔文化群体成员感受的"舒适水平"。这次研究包括十四个族裔文化群体（在上次调查的基础上增加了其他群体，例如，阿拉伯人、锡克教徒）。这两项调查都以明确的证据表明，每个群体对自己的群体比对其他群体有更积极的评价。在这些结果的基础上，他们得出的结论是，民族中心主义在所有族裔文化群体中都存在，但一些群体比其他群体表现出更强的民族中心主义。从本书所界定的普同主义概念看，这些发现有助于把民族中心主义作为一种普同性的心理现象，即民族中心主义是一种广泛共享现象，但不同族裔文化群体间这方面的表达方式却有差异。

有关关键概念

在这部分，我们将考察一些关键概念和过程，因为它们是文化互动研究和应用的基础（Berry，2004）。遵循习惯上将心理区分为认知、评价和行为的传统做法（Ward，2004），我们可以对文化互动关系的诸过程做出区分，这包括刻板印象（大部分属于认知）、态度和偏见（主要属于评价）和歧视（相应发生的行为）。图14.1概述了这些区分，并指出了其中的一系列过程。正如所有的跨文化心理学一样，我们需要考察一定的文化（包括历史、经济和政治）情境，它们构成了所描述的这些心理过程的基础。尽管该图表中的箭头是由这些背景性情境指向心理现象，但部分个体的一些行动（例如，对偏见和歧视的反作用）可能会导致文化互动情境发生变化。

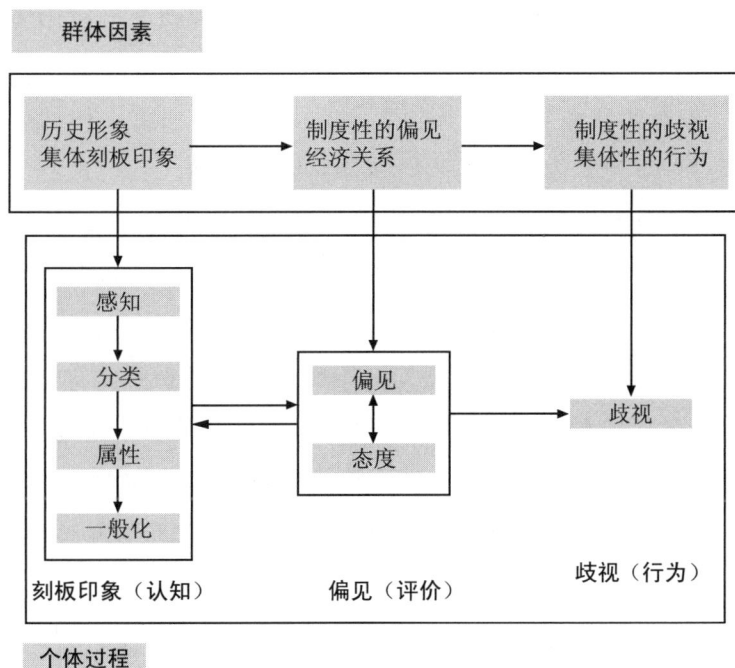

图14.1 群体和个体层面文化互动关系的中心概念

这些情境是所有文化互动心理过程和行为的根本基础。一个有影响力的社会心理学家小组（Allport *et al.*，1939）早就主张这种综合视角：心理学概念和原则本身是不充分的，理解偏见时也需要从"它们相应的经济、政治和历史背景"中进行（Allport *et al.*，1939，p.169）。佩蒂格鲁

(Pettigrew，2006)指出，文化互动关系方面有两个不同的传统：一个本质上是心理方面的，并聚焦于个体和群体间过程(微观)；另一个是文化的和结构性的，集中在社会层面的因素，例如族际关系的先前历史(宏观)。他还认为，这两个研究层次需要结合起来，它们应该是互补的而不是相冲突的。

刻板印象

如果我们将各种族群刻板印象简单看作给多样化带来秩序所需的认知分类范畴(Hamilton，1980；Jost & Hamilton，2005)，那么，它们可能是多元一体社会中有用的心理学工具。这就是说，为了记录身边多个族群的相关情况，人们也可以形成和共享这些概括性范畴，并将之视为一种正常的心理过程。虽然以前的研究认为，刻板印象本身存在问题，但运用范畴这种行为本质上是无害的。问题通常在于其过分概括，以及其评价的消极性(态度和歧视)，而这些评价针对的是有关群体的成员。因此，尽管不准确或消极评价性的刻板印象是有问题的，它却同时也提醒我们，在日常的多元文化互动中关注和保持一些随时可用的信息是十分必要的。泰勒对这些观点做了详细阐述，并研究了多元一体社会中刻板印象"合乎社会交往需求"的一些方面。这些方面出现于"这类情形中，使各个群体的成员通过刻板印象保持了自身民族的独特性，但群际间刻板印象仍反映出互相吸引"(Taylor，1981，p.164)。可以说，在这种情形中，人们兼有需要积极关联和群体特性共存的愿望，我们前文已经将这种情形确定为多元一体社会中文化互动关系的整合模式和多元文化方式。

如图14.1所示，刻板印象植根于一个群体的历史性形象和集体性社会表征中。在心理层面，刻板印象开始于对一系列客体间的相似性和差异性的感知。然后这些不同的观察结果会受到分类行为的影响，其中刺激的复杂性降低到了一个较小的集合(Kosic & Phalet，2006)。所观察到的相似性成为一个类别中成员的属性，所观察到的差异成为区分类别的基础。最后，一般化结论形成，以至于一个类别中所有成员都被认为具有该群体共有的基本属性，故个别性(individuality)失去了。本质上，刻板印象是对一个特定社会类别所共有特征的一致意见。

一个核心问题是，刻板印象是否以某种方式反映了客观实在。它们过度概括并否定个别性，故显然不是对群体中每一个人的准确表征。但是否有证据可以表明，刻板印象赋予成员的若干特征也反映了某种实在(真相)呢？坎贝尔(Campbell，1967)在应对这个"真相内核"问题时，给出了解决这个问题的一个方法。他提出，两个群体间真实文化差异越大，那么这些差异出现在他们相互间的刻板印象中的可能性就更大。他在东非进行过一项研究(Brewer & Campbell，1976)，其1500名被试来自30个不同文化群体。他们发现了支持"镜像"(mirror image)这一现象的一些证据。例如，如果两个处于冲突的群体，每个群体都会认为自己是"热爱和平的"，而对方是"好战的"；而且这些刻板印象是相互的。因此，关于群体间关系的刻板印象有效性的支持证据会出现部分聚合。然而，事实上也很可能的是，它们的有用性会被它们对问题的过度概括这一局限所掩盖。

最近很多研究都运用了一个刻板印象内容模型(Fiske，Cuddy，Glick & Xu，2002)。该模型对刻板印象的两个维度做了区分：胜任力和温暖(warmth)。当这两个维度相交时，有关一个群体的刻板印象内容会出现四种变体：高胜任力和高温暖与"赞美"相连；高胜任力和低温暖与"嫉妒"相连；低胜任力和低温暖与"蔑视"相连；低胜任力和高温暖与"家长式作风"相连。当运用该模式分析美国大学生对移民和其他类群体的认知时(Lee & Fiske，2006)，从这些群体分出的四个集群就会出现在这个二维空间。低胜任力和温暖被分给了无家可归和贫困的人以及非法移民；高胜任力和低温暖被分给了富裕的人、专业人士和来自东亚的移民；高胜任力和温暖被分给了大学生、第三代移民和来自欧洲和加拿大的移民；而中等胜任力和高温暖被分给了家庭主妇、老年人、来自意大利和爱尔兰的移民。很显然，这样的研究表明，至少需要两个维度来对不同群体所持有的刻板印象作区分。

偏见

在文化互动关系的群体评价方面，有两个有区别但又相关的概念：一般的族群偏见和对特定群体的族群态度。正如理解刻板印象所需的那样，我们需要了解这些评价的历史和文化根源。经济因素也常常发挥作用——我们可能会贬低我们试图剥削的群体。对于那些与我们有冲突的群体，甚至包括其在冲突结束后的后代，我们常常会给予负面的看法(Liu & Hilton，2005)。

文化互动领域的一个核心概念是族群偏见。一个关于偏见的研究综述(Dovidio，Glick & Rudman，2005)是在奥尔波特 1954 年的那部(关于偏见的)经典著作出版 50 周年之际发表的。关于族群偏见的研究在过去的 50 年里迅速发展，但是很多是在单一社会中实施，而不是跨文化的。与此不同的是，使用 1997 年和 2000 年欧洲民意调查数据而进行的泛欧偏见研究(Jackson，Brown *et al*.，2001；Leong & Ward，2006)，以及格林(Green，2007)使用 2003 年欧洲社会调查(European Social Survey)数据进行的类似研究。

其中，杰克逊等人(Jackson *et al*. 2001)的研究是为建构移民偏见预测指标而寻求证据。其对象是来自 15 个西欧国家的约 15000 名被试。他们从中选取了 890 名自我承认是主流群体成员的被试为样本，测评了个体的自身利益及其所属群体利益、种族主义和所感知的威胁等内容。这使其可以对多元文化主义假说做进一步研究。其中，对移民的态度包括移民应被遣送回其来源国；自身利益量表包括了家庭收入；所感知的威胁由一个量表考察，包括"少数群体的存在是不安全的起因"之类题目。经回归分析发现，所感知的威胁可以解释对移民消极态度方差的最大比例。

基于欧洲民意调查数据的第二个研究(Leong & Ward，2006)，使用霍夫斯泰德和施瓦茨开发的国家层面价值观分析框架，审视了本国国民价值观的作用。它还运用了一些社会经济变量(如国民生产总值和失业率)作为态度的预测指标。对这些态度的评估所使用的题目测量了这些方面：责怪(例如，"非欧洲移民倾向于滥用社会福利制度")、政策(例如，对创建机构以使不同来源人们生活在一起这一政策的接纳）、打扰（例如，个人发现移民会打扰一个人的日常生活）、多元文化主义（例如，"这个国家在种族、宗教和文化方面的多样性增强了其国力"）、同化（例如，"为了完全地成为这个国家的成员，来自非欧洲国家的人们必须放弃他们自己的文化"）。他们发现，国民价值观，诸如控制感、阳性气质、权力距离、不确定性规避和集体主义等，与国民对多元文化主义和移民的态度呈负相关，经济指标也预测了这些态度：更富裕的国民倾向于更支持促进文化互动接触的政策。然而，其他的经济因素与之几乎没有多少关联。总的来说，梁和沃德（Leong & Ward，2006）的结论是，在对多元文化主义、移民、移民现象的支持水平上，价值观发挥着重要的作用。

对 2003 年欧洲社会调查的数据进行分析时，格林（Green，2007）发现了三种不同的人群，其对欧洲移民的态度有所不同。其题目涉及了按类别的入境标准（如皮肤颜色和宗教）和个人驱逐标准（例如，犯罪历史、失业）等问题。第一个群体（占样本的 23%）被称为"宽松的守门人"（lenient gatekeepers），其反对所有的标准。第二个群体（36%）被称为"严格的守门人"，其支持所有的标准。第三个群体（41%）被称为"个体主义守门人"，其赞成个体标准而反对类别标准。个体属于这三种类型的哪一种，则可以通过受教育年数、年龄、与移民的接触和另一形式偏见（同性恋恐惧症）预测出来。在这方面，国家间也存在差异：瑞典、挪威和丹麦属于宽松的守门人；波兰、葡萄牙、希腊和匈牙利是严格的守门人；瑞士、德国和荷兰是个体主义守门人。格林指出，这些区别似乎有一个地理分布（它们分别是北部、东部/南部和西部的欧盟国家），并暗示说，劳动力需求政策的历史和资源可以解释这些国别差异。

研究最多的偏见形式是关于移民（Leong，2008）和"种族"。最近的一项研究（Vala，2009）对老式种族主义的和新式（或现代）种族主义作了区分。这种区别是基于这样的发现：近来，很多个体不愿意公开表达种族主义态度，而是力求间接地表达种族主义。伴随这种变化的是，区分一个群体的焦点从生物学基础转向文化基础，甚至转变为对低贱感和优越感的非特定表达，例如，关于社会统治取向研究（Sidanius & Pratto，1999）。本研究使用了非特定群体性质的题目，例如，"有些人就是比别人差"，以得出一般化的偏见。

在美国，关于种族主义的研究已被有关对非洲裔偏见的研究所主导（Pettigrew，2009）。在欧洲大部分地区，研究倾向于使用仇外心理（xenophobia）概念，研究对象聚焦于有穆斯林信仰或阿拉伯血统的人（Westin, Bastos *et al.*，2009）。这种研究的一个例子是由冈萨雷斯等人在荷兰进行的研究（González, Verkuyten *et al.* 2008）。他们使用了一套包括评估现实威胁和象征威胁、接触、刻板印象和内群体认同的预测指标，选取荷兰青少年大样本，调查了其对穆斯林的偏见（以及对多元文化主义的接纳）。他们发现，大约有一半的被试对穆斯林有负面情绪；而象征威胁（但不是现实威胁）和刻板印象预测了这些负面态度。更复杂的分析则发现，内群体认同与偏见之间的关系是以象征威胁为中介，对多元文化主义的接触和接纳可预示偏见。作者得出了以下结论：

这些发现与先前在荷兰的研究是一致的（Verkuyten，2005a），也与贝理（Berry，2006c）的论点一致。这就是，多元文化主义能够为生活在多元一体社会中的每个人提供信心、信任和安全感……关于文化多样性的重要性，看来多元文化主义提供了一种一般的意识形态的观点，这就是，文化多样性不仅降低了群体威胁感，而且强调了人们的群体身份应该被承认和珍视，并认为应该有社会公平和平等机会。（Gonzalez *et al.*，2008，p.680）

多元一体社会的一个基本特征就是，就族际互动态度而言，内群体成员与外群体成员之间可能存在一个复杂模式。一个基本论点是，应该关注的是（在有两个群体的情况下）互惠性的态度，或多元一体社会中所有互动群体间的族群态度矩阵，而不仅仅是聚焦于主流群体对各种非主流群体的看法，或其评价各种非主流群体的方式。就像以上所提到的，布鲁尔和坎贝尔（Brewer & Campbell，1976）首次采用这一视角研究了东非 50 个文化群体相互间的刻板印象，以及他们对彼此的态度。随后，贝理和卡林（Berry & Kalin，1979）运用来自一项在加拿大全国性问卷调查（Berry *et al.*，1977）的数据，并从中抽取了对 5 个人口最多的少数族群的态度数据进行了研究。在 5×5 式的矩阵中，对角线上的数据为每一群体个体对自己所在群体的评定，矩阵的两部分包含的是特定成对群体所做的群体间评定。对该矩阵可以提出三个问题：第一，是否所有群体都具有民族中心主义倾向，以至对自身评定相对较高？第二，对其他群体的评定是否存在一致性的等级性社会分层倾向？第三，成对的群组间对彼此的相互态度是否具有平衡关系（Heider，1958）？结果发现，被试对这三个问题的回答都是肯定的。

歧视

有关上面这些各种各样认知和评估过程的具体结果，就是多元一体社会可发现的歧视水平。有实质性的证据可以证明，歧视在多种心理现象中发挥着重要的作用，包括涵化策略（Berry *et al.*，2006）和适应结果（Jasinskaja-Lahti *et al.*，2006）。对作为一般政策的多元文化主义进行批评的研究者时常声称，多元文化主义让人们认定在社会上有差别或价值感低，但其真正动机在于试图"让人们待在他们自己的位置"。就文化互动策略框架最基础的两个议题来看，的确存在这样的可能性：主流社会鼓励文化上互异的群体保持各自的独特性，是为了排除其对社会日常的经济、政治和教育生活的参与。已有多位多元文化主义观察家认识到这一危险，贾亚苏里亚（Jayasuriya，1990）则将此确认为这样一种可能性，即个体的"生活方式"会限制其在澳大利亚社会中的"生活机遇"。

注意，这里所讲的歧视概念不仅仅指强制性的排斥（例如，隔离和边缘化），还包括强制性的吸收（例如，同化到熔炉中）。只有在按多元文化方式组织文化互动关系的情况下，当社会比较开放，能够接纳个体或群体的愿望，而个体也能够自由选择他们保持原有文化和参与主体社会的程度时，我们才可以认为不会有歧视现象存在。

　　文化互动关系领域本来应关注文化和社会行为。然而，只有到近期，这个领域才开始具有跨文化性质，即在多重文化存在的场景中研究这些关系。正如涵化研究那样，即大部分研究都是"单独射门"（one shot，即只考察在一个社会中卷入涵化的一个群体），文化互动关系研究也曾往往是相似的"单独射门"（在一个社会中考察种种互动关系）。此外，还与涵化研究相似的是，大部分文化互动关系研究既不是在全球范围开展，也不是在文化互动关系表现最成问题的社会中（如印度和俄罗斯）进行。很显然，为了进一步获得对这一章所概述的理论和基本原则的某种一般性理解，比较研究就显得实为必要。鉴于本教材采用温和的普同主义立场，我们相信，一些一般性的原则可以更有效地从这些比较研究中得出。作为一个心理普遍概念，民族中心主义和接触假说看来已经得到了确立。有必要对本章综述的概念，包括多元文化主义假说，进行类似考察。如果它们得到了广泛支持，通过平等地位的接触和互惠性安全来追求国际和解与和平的目标就有了坚实的基础。

拓展阅读

Dovidio, P., Glick, A., and Rudman, A. (eds.) (2005). *On the nature of prejudice: Fifty years after Allport*. Oxford: Blackwell. (该书重点综述了关于文化互动关系的最有影响力的理论之一。)

Pettigrew, T. (2008). Future directions for intergroup contact theory and research. *International Journal of Intercultural Relations*, 32, 187-189. (该文前瞻性地介绍了接触理论中有助于改善文化互动关系的领域。)

Smith, P., Bond, M. H., and Kagitçibaşsi, C. (2006). *Understanding social psychology across cultures: Living and working in a changing* world. London：Sage.（该书全面概述了社会行为的很多领域，包括对文化互动关系的见解。）

Ward，C.（2004）. Psychological theories of culture contact and their implications for intercultural training and interventions. In D. Landis，J. M. Bennett and M. J. Bennett（eds.），*Handbook of intercultural training*（pp. 185-216）. Thousand Oaks，Calif.：Sage.（该章概述与评价了文化互动接触研究的心理学方面。）

Ward，C.，and Leong，C.-H.（2006）. Intercultural relations in plural societies. In D. Sam and J. W. Berry（eds.），*The Cambridge handbook of acculturation psychology*（pp. 484-503）. Cambridge：Cambridge University Press.（该章呈现了在多元一体社会中文化互动关系的主要特征。）

第15章
跨文化沟通及其训练

本章目录

随着移民、全球化和国际化的不断发展，我们需要增强对跨文化沟通的认识，并运用这些信息去培训人们，以使他们更有能力应对种种文化互动议题。这个领域极富多样性，发表的成果广泛地来自多个学理性和应用性学科，诸如语言学（尤其是社会语言学）、社会学、文化人类学和跨文化心理学。这种多学科性已概要地反映在兰迪斯等人（Landis，Bennett & Bennett，2004）编辑的培训指南手册[①]中。本章主要聚焦于跨文化沟通和训练的心理方面，并且从心理学角度指出该领域若干重要的议题和研究。

---

① 该书已有中文版：丹·兰迪斯著. 跨文化培训指南(第三版). 关世杰译. 北京：北京大学出版社，2009. ——译者注

本章包括三个部分，涉及的是跨文化沟通和训练的三个不同方面。第一部分概述跨文化沟通，介绍了研究者们为探索文化互动场景中哪些沟通元素是问题的根源而所做的努力。在一定程度上，这个部分比本章后面各节的理论性更强，因为主要探讨的是跨文化沟通的本质，而不是这方面知识的应用。第二个部分论述旅居者。这类人（比如说，国际交换学生）大多因为工作或学习而需要生活在另一种文化中。这是一个特别的涵化群体，我们在第十三章已经对其进行过探讨。除了在第十三章讨论过的该群体通常的涵化议题，这里拟描述旅居者涵化的若干特殊方面。最后一部分涉及的是文化互动胜任力及其训练。越来越多的文化互动接触以及接触中出现的失败和难题，激发研究者们开发各种培训项目计划，以增进跨文化沟通的有效性。我们拟呈现有关现有培训的类型，并概述其有效性的证据。

还应说明，与其他许多关于跨文化沟通的论述不同，本章主要涉及的是短期到其他国家居住和游访的人们，因为更持久形式的群体间交流和涵化问题已在第十三章和第十四章加以论述。此外，大量文献强调了跨文化沟通对个人发展和成长的重要性，特别是针对来自西方社会的旅居者（Jandt，2007；Ting-Toomey，2005）。这是一个重要的话题，但通常不作为跨文化心理学的重要组成部分，所以在这里不详细讨论。

跨文化沟通

跨文化沟通的难题

在本书第一部分的各章我们已经论述，社交、语言、认知诸方面的机能运作以及基础过程，很大程度上在不同文化中是共享的。这些相似性，使得来自不同文化和语言背景人们的交流成为可能，至少从原则上是这样的。然而，鉴于潜在性的基础过程与胜任能力和实际操作之间是有区别的（参见第一章关于概括部分），基础过程的相似性并不意味着它们在实际沟通模式中具体表现也相同。由于这些表现的差异，实际中会发生诸多沟通的失败。此外，区分显性的沟通失败和隐形的沟通失误也是很重要的。

语言或非语言的沟通形式都会对跨文化沟通发挥作用。最重要的是语言，它是一种具有高度文化特殊性的媒介。如果两个人没有共同的语言，他们的沟通就会受到严重的制约。当交流者有共同的语言，只是掌握程度不够完美时，交流时的困难就不那么明显了。在空中交通管制中所用英语的发音和用法的差别，早就成为人们所关注的一点（Ruffel Smith，1975）。

语言的韵律方面，包括重音和语调升降曲线也会偶尔造成误解。固伯兹（Gumperz，1982）进行过一项经典的研究。在英国一家员工餐厅里工作的印度和巴基斯坦妇女被认为是无礼、不合作的。固伯兹观察到，她们言语不多，而且其中有些词可能被曲解了。为客人端上食物时，英国的服务员会用升调说："肉汁?"印度和巴基斯坦妇女也会用同一个词，但发音时会使用降调。在当时的情况下，对客人来说，用降调就是对既成事实的描述，听起来是多余的，有时候还比较粗鲁。听这类问题的录音时，那些移民妇女一开始还听不出任何差异。经过一些训练之后，她们就发现了问题所在。在训练期间，那些妇女弄清楚了为什么人们对她们的看法总是不好，并且重拾了她们对自己学习能力的信心。

语用（pragmatic）方面，很可能有着跨文化的共性。例如话轮转换、互道称赞之词和礼貌用语及间接沟通方式或直接沟通方式（Blum-Kulka，House& Kasper，1988）。有证据同时表明，语用方面也存在跨文化差异性。例如，就语言和非语言因素而言，安巴蒂等人（Ambady，Koo，Lee & Rosenthal，1996）发现，韩国人的礼貌用语比美国人更受关系线索的影响。此外，巴恩朗德等人（Barnlund & Araki，1985）发现，日本人表达赞美时，没有美国人那么直接，并且用语要相对谦逊一些。

词汇的内涵与外延意义在第七章已经讨论过。虽然有实质性的证据表明，不同语言内涵意义间存在相似性，但也具有某些差异，这些差异很容易导致误解。至于非语言交际，包括面部性和语调性的情感表达，第七章也已探讨过。我们可以看到，在跨文化场景中，即使是同一种表情，其使用的规则、场合却不尽相同。另一种非语言或者体语性沟通方式就是手势的运用。手势是一种普遍的、基本的并被广泛使用的沟通方式（Kendon，1984）。然而，就像有声话语一样，一些特别手势语的意义也存在着跨文化差异。例如，莫里斯等人（Morris，Collett *et al.*，1979）发现，即使在欧洲各国，对于得到良好界定的共同手势语的理解也存在差异，甚至在一个国家内部也存在这种差异。艾克曼和同事（Ekman，1982；Ekman & Friesen，1969）区分了不同的手势语类别，诸如适应类（或者说身体管理类）、调控类、说明类和象征类（emblems）。身体管理类，例如刮自己的鼻子，是从因身体需要和与人际接触相联系的运动发展而来。这类姿势在发展过程中可能会变得碎片化，失去它们的机能。在个体陷入沉思时的挠鼻子，可以看成掏鼻孔的残余动作。人们对儿童的培训会包括对这类适应动作的纠正，尤其是那些在别人面前被视为不适当的适应类动作。调控类包括头和胳膊的动作或者身体的姿势，这在两个以上参与者构成的对话中，在轮流听说时扮演着重要的角色。这些经常都是无意识的，所以这就会使来自不同文化的人们产生误解。说明类姿势与言语动作是直接相关的，它们可用来强调或者描绘所说的内容，并与语言特征相关。

象征类姿势本身具有认知意义，且这种意义是被同一文化的成员所熟知的。使用这类姿势就是为了传递这种意义，并且在口语中通常有对等的表达法。莫里斯等人（Morris *et al.*，1979）所做的研究就是基于象征类姿势。象征类姿势很容易导致意义的跨文化差异，因为他们与特定概念极为相关。然而，对于一些象征类姿势，即使感受者并不了解姿势发出者的文化，仍可能理解。例如，用手臂所示"到我这里来"这一姿势，全球范围内很可能都能理解。但是，伸出手指的拳头表示枪这一姿势，对于先前不认识枪的个体来说，是不能识别的。艾克曼等人（Ekman & Friesen，1969）区别了两类象征性姿势。一是指称性象征姿势（referential emblem）。该姿势的形状和指称物（被描述的事物）之间的差异是很小的。二是习俗性象征姿势。该姿势的这方面差异很大，因此更依赖于先前的文化知识。普尔廷戈等人（Poortinga，Schoots & Van de Koppel，1993）发现，荷兰学生不仅能识别中国人和库尔德人所发出的指称性象征姿势的意义，而且还报告说，大多数的这些姿势在他们自己的文化中也存在。这表明，在一系列文化中至少广泛存在一个共同的指称性象征姿势库。然而，习俗性象征姿势的识别率则多种多样。例如，对于若干习俗性象征姿势，诸如像表示一个汉语数字的姿势，（异文化者的）正确解释率要低于做多项选择题测试时的机会水平。大多数研究聚焦（不同文化间）这方面的差异。例如，派卡等人（Pika，Nikolada & Marentett，2009）分析了三个西方群体（英裔加拿大人、法裔加拿大人和德国人）如何运用手指手势示意数字。其中最重要的差异是，表现数字 1 时德国人用拇指，而加拿大人用食指。

与手势相关的还有身体位置和个人空间（personal space）。这方面的大多数研究都进行得较早，艾尔特曼等人（Altman & Chemers，1980）对这些研究做了综述。个人空间的概念是基于每个人四周都会有一个属于私人的领域这一理念。当有人走向我们且站得太靠近我们时，会被我们体验为入侵。人类学家霍尔（Hall，1966）首次注意到了个人空间的跨文化差异。他指出，阿拉伯人、南部欧洲人和拉丁美洲人在谈话时站得很近。他们倾向于拥抱对方，甚至是吻对方的脸，而北欧人则保持一个更大的物理距离。霍尔假定，不同文化间存在这样一个维数，其变化范围是从高接触文化到低接触文化。萨斯曼等人（Sussman & Rosenfeld，1982）发现，在用他们自己的语言交谈时，在美国的日本学生会坐得较远，而来自委内瑞拉的学生则较近。他们讲英语时这种差异消失了：这时美国学生观察到，来自日本和委内瑞拉的学生们保持一个类似的距离。这表明，这种跨文化的差异有情境特殊性。

探讨跨文化沟通的文献表明，大多数问题的根源是风俗及其意义方面的特殊情境性差异（参见本书第十二章跨文化差异心理建构部分有关文化习俗的讨论）。与本书第四章中价值观之类心理偏好研究不同的是，这方面的研究还没有提出关于跨文化差异的基础性维度。尚不清楚的是，若对语言的韵律和语用方面的理解不足，或非言语交流出现错误，在多大频率和多大严重程度上会使跨文化交际活动中断。若不熟悉社会规则和习俗，肯定会加剧一个陌生人（面对跨文化沟通时）的无知和拙劣。看来，大多数日常社会交往中明显的误解，往往产生于陌生人对具体习俗的曲解或是无意识。特里安迪斯（Triandis，1975）举了一个希腊村民邀请人去他家吃饭并说"随时"欢迎的例子。对于美国人来说，这等于没邀请，因为其时间的不明确使得这个邀请没有任何承诺性。而那位希腊村民实际上的确是想表达他随时欢迎客人到访。

跨文化沟通的理论

就跨文化沟通问题的根源而言，大多数研究倾向于关注特定情况下的特定问题，或者交流的模态形式。我们认为，各种各样的问题彼此没有什么共同点，而且当时的这些研究事先又没有提出理论维度或模型来组织它们。不过，对于跨文化沟通，人们已经发展出各种理论路径，这些路径的确试图提供种种组织这些问题的框架。这是本节将要讨论的内容。

种种跨文化沟通理论，都试图从广泛的社会文化因素角度，为沟通困难提供解释（Gudykunst，2005；Gudykunst & Mody，2002）。根据古迪昆斯特等人（Gudykunst，Lee，

Nishida & Ogawa，2005)的研究，将文化纳入关于沟通的研究中有三种方式。第一，将文化明确整合到(交际)理论中。第二，所建构的理论力求解释交际中的文化差异。第三，理论力求解释来自不同文化背景个体相互作用时的交际模式。

言语代码理论(Speech Code Theory)是上述第一类理论的例子(Philipsen，1997；Philipsen，Coutu Covarrubias，2005)。它建立在一系列的命题之上。其中一个假设是，各个文化的特征在于一种独特的言语代码："一种言语代码是一个系统，包括社会建构性象征符号、其意义、前提性假设以及关于交际行为的规则。"(Philipsen，1997，p.126)这个公式化表述说明，该理论具有主体间性(参见本书第十章)和社会建构论的倾向(见第十二章)，强调的是将(符号的)意义表述视为有意图的交际行为，而交际行为在不同文化中是不同的。另一个命题则进一步强调，言语代码意味着具有文化独特性的心理特点和修辞法。因此，就人类生活可解释的其他方面而言，包括个人和社会行为，言语扮演着中心性质的角色。菲利普森等人(Philipsen et al.，2005)承认，这一理论的大多数命题不能直接验证，但已有的间接性实证证据是与该理论一致的。

上述第二类理论往往参照价值观维度，例如个体主义—集体主义维度，来解释文化差异(Gudykunst et al.，2005)。虽然价值观维度本来不是作为交际理论而提出的，但可被视为理解交际中跨文化差异的框架。例如，在探讨交际模式是更具有平等性还是更具有社交支配性这一问题时，就可以与霍夫斯泰德(Hofstede，1980)的权力距离维度联系起来。

另一个维度是指低语境文化和高语境文化之间的差异(Hall，1976)。例如，廷-图米(Ting-Toomey，1985，2005)所提出的面子协商理论(face-negotiation theory)关注两个焦点："脸"(反映的是个体与他人种种关系中的身份感和自我价值感)和冲突处理。其中，冲突情形被视为情绪性的和有损颜面的。就国家间的区分而言，低语境与高语境文化的区别，或多或少与低接触和高接触文化之间的区别相类似。在高语境文化中，交流过程中的大量信息，是由消息的发出者和接收者所能共享的，或者说在语境中本来就存在。在低语境文化中，在所传递的消息中大部分信息会明确表达出来。大多数西方国家可以被认为是低语境文化，而日本、韩国和越南是高语境文化。在更近期的著作中，个体主义—集体主义维度，以及相互依存性自我构念(interdependent construal of the self)和独立性自我构念，已经成为文化分类的主要参数(Ting-Toomey，2005)。实证研究的一些结果支持这些划分(Oetzel Ting-Toomey，2003)。

上述第三类理论的一个例子是，古迪昆斯特等人所提出的焦虑/不确定性管理(AUM)理论。其观点是，为了实现有效的沟通，焦虑和不确定性都需要设法管理，以使其维持在某一水平上(不太高且不太低)。这些管理过程存在跨文化差异，主要是体现出个体主义—集体主义维度方面的差异。在AUM总体理论建构中，部分研究针对的是旅居者文化互动适应问题。旅居者被视为他们正在访问文化中的陌生人。对其特点的界定是，他们倾向于将自己与当地人的互动感知为"一系列危机"(Gudykunst，2005，p.421)。在研究中，其在所客居社会中对有关待人处事方面不确定性和焦虑的管理，被视为跨文化调适的先在条件。自我概念、自尊、与客居文化成员互动之动机以及对他们的反应，都可根据古迪昆斯特（Gudykunst，2005）精心设计的一套理论原理，详细地加以概念化。

前面部分所论述的文化沟通难题之源的研究，和现在讨论的文化沟通理论建构，二者间有显著的差异。大部分实证研究会针对具有情境特殊性的沟通问题，而大多数理论则倾向于借用概括性的文化维度来描述交际模式的差异。（研究中的）一个中心问题是，最适合文化沟通难题的是什么类型的解释，是属于特定情境的解释，还是一般的维度性解释。例如，研究发现，在一些国家中，人们和更高地位者互动时会垂下眼光；而在另一些国家，同样情形下，人们会保持眼神交流。这种差异不仅可以被视为这样一种具体表现，即反映了具有高度情境依赖性（situation-dependent）的当地习俗（人们不会在任何情境下都下垂眼光），而且也可以作为权力距离维度的一个实例（Hofstede，1980，2001）。后一解释明显运用了关于跨文化差异性质的更一般假设，而不是就其风俗或惯例的解释。

旅居者

第十三章已经讨论过旅居者或者侨居者的地位。他们被视为不得不应对种种涵化过程的一个特别群体（Bochner，2006；Ward，Bochner & Furnham，2001）。如上所述，许多关于旅居者的研究都密切从跨文化沟通和训练的视角进行。旅居者一般会预期，他们只会在其他国家或文化中驻留有限的时间（例如，其合同或课程学习所持续期限），而且他们倾向于从他们的雇主或大学获得制度性支持，甚至定期通过互联网与位于母国的组织机构进行"视频电话"性质的见面。因此，比起永久性移民，旅居者遭遇的涵化问题应更受特别重视。对旅居者而言，某一种类型的涵化总是必要的。但他们知道最终要回到自己原有的文化，这就导致他们重视社会文化技能的习得，而更少考虑身份和其他行为的改变（Berry，出版中 b）。此外，大多数旅居者的访问都是事先计划好了的，因此他们就会更大力重视有关的抉择、准备和训练，以促进跨文化沟通的有效性。我们将在本章后面看到，前期的准备常常会更多聚焦于实现语言熟练运用，而不是文化的熟知。

旅居者的调适

"文化震荡"这一术语最初由人类学家奥伯格（Oberg，1960）提出，指的是人们身处不熟悉的环境时遇到的各种困难，包括适应新环境的压力、失落感、对自身角色的困惑和种种焦虑感。我们已经看到，在前述古迪昆斯特（Gudykunst，2005）的 AUM 理论中，与陌生人的互动被称为一系列危机。古斯理斯（Guthrie，1966）曾提到过因微妙的文化差异阻碍社会互动而导致的挫折感。一大型研究项目对 11 个国家中来自 139 个国度的留学生进行调查后发现，其中四分之一的学生报告说有种种抑郁感（Klineberg & Hull，1979）。旅居者们所经受的困难不都相同，其主要的变量包括母国文化（home culture）与客居国文化（host culture）间的距离、融入客文化的方式、建立联系时间的长短以及访问者在客文化中的社会地位（Bochner，1982，2006）。

这方面曾引起争论的是，旅居者对新环境的调适，会随着时间的推移而形成（Ward et al.，2001）。这种调适有时是一种 U 形曲线，旅居者一开始遇到的问题比较少，那时他们对新的经历感到既兴奋又着迷。过了一段时间，主要感受则是抑郁、孤独、焦躁。再过一段时间，由于旅居者学会了处理问题，因此主观幸福感又增强了。当旅居者回到自己的祖国需要再次适应环境时，这个 U 形曲线就发展为一个双 U 形，或者说 W 形曲线用来描述整个过程（Brein & David，1971）。回国初期，回到熟悉环境、会见亲朋好友是相当令人激动的。接下来，由于失去了一些在国外才有的积极方面，就会感到失望。最后，过了一阵，就开始重新调整了。

尽管 U 形曲线和 W 形曲线假设从直觉上看是有吸引力的，但却没有经过很好的实证性审视。沃德等人（Ward et al.，2001，2004）概述有关研究后表明，一些人的适应符合这样的模式，但许多人不是这样。而且随着时间的推移，许多旅居者体会到的涵化压力会降低而不是增加（Ward and Kennedy，1994）。U 形曲线和 W 形曲线的效用可能会被质疑，因为涉及确切形式与曲线的时间跨度时有太多的不确定性（见 Furnham & Bochner，1986）。

无疑，从日常生活来讲，进入一种文化的初来乍到者会遭遇各种问题，因为他们不熟悉当地盛行的种种规则、社会规范和其他文化习俗，且常常感到不安。渐渐地，旅居者将获得恰当地应对社会交往所需要的知识和技能。沃德等人（Ward，Okura，Kenedy，& Kojima，1999）进行了一个纵向研究，让新西兰的日本留学生完成了一系列问卷调查以评估他们一年中不同时节的心理适应与社会文化适应程度。他们发现，适应的问题在开始时最大，之后就逐渐减少了。

人格与文化互动

尽管学界认识到，不同个体参与涵化过程的程度不一样，但有关人格与涵化的明确研究结果尚未出现（Kosic，2006）。研究主要考察的是个体个别性特征的不同方面（广义的人格），以及这些特点如何促进或阻碍适应过程。这类研究聚焦于，个体的某些特征（如，民族中心主义的倾向）是如何影响其调适的。其目标之一是探明所谓"海外人类型"（overseas type），这类人能够轻易地适应新的文化环境（Church，1982）。涵化和人格的相关研究通常考察一个或多个人格特征或认知能力，以弄清它们对适应过程中减压的影响。

众多有关探索中，能令人信服地证明人格特质在跨文化适应中所发挥作用的成功研究不多（Bakker et al.，2004；Valentine，2001；Ward et al.，1999，2004）。吉利（Kealey，1989）对加拿大人在国外工作的早期研究发现，对于 14 个不同的结果变量来说，人格特质的预测性很差。当人们运用标准人格特质（例如"大五"人格、EPQ 等，参见第五章）维度进行研究时发现，除了更具体的技能外，人格特质似乎并不能预测文化互动适应结果（Matsumoto et al.，2004）。其他的一些研究发现，人格特质对这种适应有其预言的作用，但这种影响不能夸大（Mak & Tran，2001）。对 30 个有关实证研究的元分析发现，就工作绩效而言，"大五"人格对外派人员的预测效度，近似于对国内员工的研究结果（Mol et al.，2005）：外倾性、情绪稳定性、宜人性和尽责性对外派人员工作绩效有预测作用，但开放性则没有；一般人格特质在这方面可能还有间接的影响，即它们会促进或阻碍诸如情绪调节或批判性思维之类特定技能的发展，进而可预测文化互动适应（Matsumoto et al.，2007）。

就人格在跨文化适应中的作用而言，研究中经常出现的难题是，"调适"（adjustment）是一个定义欠明了的概念。在第十三章我们已经提到，跨文化调适已从不同的方面进行过考察（例如，心理健康指标、与客居社会成员的互动、接纳感、学业成绩、工作绩效和生活满意度）。我们曾指出，这就使得要确定人格的预测力很难（Ward & Chang，1997）。莫尔等人（Mol，Born & Van der Molen，2005）认为，调适应仅仅被视为预测因素和外派人员工作绩效有效性之间的中介变量。故他们提出，要在外派人员工作绩效方面进行更充足的抽样，以测试包括技能、条件和人格类型等因素预测效力。

关于旅居者人格探讨可以进一步拓展的是，将个体与情境的交互作用纳入研究。个体特征和新文化环境中的规范之间的"适合"（fit）与否，可能是比人格本身更好的预测因素。这就是所谓"文化适应假说"（cultural fit hypothesis）（Searle & Ward，1990）。沃德等人（Ward et al.，1997）表明，住在新加坡的美国人比新加坡人更外向，因此他们试图与当地人开始和维持社会关系时经历到挫折或被拒绝。外向性和心理健康不直接相关，那些认为所客居社会的规范与自己社会差异更小的旅居者，其心理压力和抑郁会处于较低水平。然而，沃德等人（Ward et al.，2004）对来自澳大利亚和新加坡的学生和移民的研究，未能支持文化适应假说。这两个旅居者样本表明，神经质和外向性与心理和社会文化适应是相关的。

在这方面的研究中，另一个可以进一步发展的方向，可能是开发更具体的工具以专门评估旅居者人格中那些与工作绩效最为相关的方面。这方面的一个例子是"文化互动调适潜力量表"（ICAPS）。它是一个具体切合预测文化互动适应的工具（Matsumoto et al.，2001）。它可以测量与文化互动胜任力更为相关的特质，诸如情绪管控、开放性、灵活性和批判性思维等，而非像大五人格量表所测的一般特质。松本等人（Matsumoto et al.，2007）指出，与传统人格量表相比，ICAPS 的确预测了在美国的国际学生样本的文化互动适应。多元文化人格问卷是这类工具的另一个例子，其目标就是具体测量与在国际和多元文化环境中工作者相关的特质（Van der Zee et al.2000，2001）。它所衡量的文化移情、思维开放、社交主动性、情绪稳定性和灵活性等若干特质，与大五人格相关，但更切合具体预测文化互动适应效果的需要。已有一些研究结果表明，该量表所测量的特质与个体在异国的心理和社会交往幸福感方面都是相关的（Van Oudenhoven & Van der Zee，2002）。

总之，旅居者的个体因素对其成功具有重要意义，且这方面的证据是相对缺乏的。许多专业实践人员认为，与关注特质式维度相比，关注条件和技能可以更有助于理解旅居者成功和幸福感的原因。关注这些技能和条件的好处还在于，通过使用文化互动胜任力培训（将在下节讨论）等干预使它们更具有针对性。然而，至今仍然迫切需要寻求可以预测旅居者成功的个人品质。这个传统的最近成果之一是"文化智力"，具体参见文本框 15.1。

文化互动胜任力

本章的前面各节主要关注了文化互动交际问题出现的根源和旅居者调适与幸福感的先在条件。但还有一个虽然存在部分重叠，与文化互动胜任力（intercultural competence）更直接相关的研究领域（Deardorff，2009）。文化互动胜任力领域的理论发展会使人想到跨文化交际领域（本章前面已探讨过）。这两个领域都有这样的特点，即其概念图式把包容性大的高阶（high order）概念联系在一起。斯皮兹伯格等人（Spitzberg & Chagnon，2009）已概述过这样的文化互动胜任力图式。

一个更具应用性的问题是，可以通过干预措施来提高旅居者的文化互动交际和工作表现。文化互动胜任力有很多培训模块，大多已经在商业情境中得到了运用。文化互动胜任力培训领域的一个特点是它一直受语言实际运用方面的需求所推动。有关文化互动胜任力或交际能力的实证研究主要始于 20 世纪 60 年代，是在来自美国和平队的志愿者中展开的，当时处理文化接触和沟通问题的需要不断增加。

或许是由于培训有效性的实证检验具有实践指向，它往往落后于新培训的发展（Van de Vijver & Breugelmans，2008；Van de Vijver & Leung，2009）。在本节，我们将会主要概述关于旅居有效性的研究、可用的培训类型和关于它们有效性的已收集的证据。

旅居的有效性

关于旅居有效性和胜任力的研究主要关注了三种类型变量：外部条件、技能和人格（Van de Vijver & Breugelmans，2008）。其中，前两个对于干预研究来说更重要（外部条件可以调整，且技能可以培训），然而第三个变量对于样本选择（哪种类型的旅居者更容易成功）来说更重要。柯利、普罗瑟罗等人（Kealey，Protheroe et al.，2005）强调，对于国外旅居而言，有必要兼顾环境和个人素质。他们的结论是，人际技能、文化知识、项目的组织和环境条件（客居国的规章制度、经济因素）都是重要的。

展示外部条件重要性的一个研究案例，是由托槟（Torbiörn，1982）对 800 名瑞典外派雇员进行的标志性研究。他在 26 个国家抽样，每个国家大约 30 人（商人及其妻子），用邮寄调查的方式向他们收集数据。他发现，只有 8% 的回信者报告说不开心，这是一个很低的比例。其他研究则发现了高得多的比例。尤其是董（Tung，1981）发现，美国高达 30% 的经理缺乏成功体验，尽管在后来的调查中，这个比例要低得多（Tung，1998；Harzing，1995）。

托槟还发现，没有证据可以证明，工作人员的随行配偶比他们更经常性地感到不开心。然而，他有力证实，若家庭不幸福，个体是不能拥有成功旅居生活的。托槟的研究最引人注目的结论也许是：决定一个人的满意度的重要因素是与客居国的人民结交朋友，而不只是与旅居同伴来往。一开始，那些只与旅居同胞交往的人也许会有更多正向体验，但从长远来看，与客居国人民建立个人友情对旅居者来说非常重要。这一研究结果也适用于其他旅居群体，包括学生（Klineberg & Hull，1979）和技术顾问（Kealey，1989）。

并不是所有研究都证明外部因素同等重要。希南吉尔和厄内什（Ones，Sinangil & Ones，1997）对在土耳其工作的 220 名旅居者以及每个旅居者的一名当地同事进行了数据收集。其因素分析表明，在东道国公民看来，在五个因素中，业务知识与动机对任务的成功完成最为重要，其次才是社交技能。家庭情况仅列为第五个因素。根据托槟的调查结果，家庭情况的影响往往被业务主办国国民低估。不过，这些因素的名次确实与旅居者调适情况以及留在当地的意向相关。这表明，技术与动机是影响工作表现的重要因素，且独立于文化之外。

15.1　CQ（文化智力）

根据厄尔利和昂（Earley & Ang，2003，p.59）的理论，文化智力（Cultural Intelligence，后简称为 CQ）是指"一个人有效适应新文化环境的能力"。这是与现有的关于一般智力的定义相比而言的。一般智力通常被描述为一个人适应其所处环境的能力。一个具有 CQ 的人在必要时能获得新的行为，以满足种种需要。他两将文化智力分为以下四个方面：一般性认知或元认知、认知、动机和行为。其中，每个方面又被细分为不同的元素。这表明，文化智力是一个涵盖多方面内容的概念。在近几年里，CQ 已成为一个流行的话题。

在《文化智力手册》中，昂等人（Ang & Van Dyne，2008）汇集了有关 CQ 的概念性分析和经验性数据。其中，格尔范德等人（Gelfand，Imai & Fehr，2008，p.376）在总结性的一章中赞赏 CQ 观，认为该概念在这方面大有可为："使关于文化胜任力的文献发生转向和质变。"这个概念可以说有以下新意：(1)简约性，因为它聚焦于少数几个方面；(2)理论上的合成性和一致性，因为其四个方面是以统一构建的方式加以整合的；(3)理论精确性；(4)揭示了文化胜任力被忽视这一现象，因为到目前为止，其受到较少的关注；(5)能跨越学科边界，联通有关研究；(6)能够将文化胜任力和智力两方面的文献联系起来。

对于该概念，是什么在支持如此强有力的主张？CQ 有其评估工具（文化智力量表，CQS），该工具所包含的二十个题目是从更大的题目库中选取的（Van Dyne，Ang & Koh，2008）。这个量表用四个分量表来代表上述四个方面的事实，每个分量表有四到六个题目。这些题目是自陈式的，用七点计分法。分量表中的题目表述相似。例如，认知分量表中的六个题目，都以"我知道……"开始（如"我知道其他文化中表达非语言行为的规则"）；其他三个方面的题目也主要以"我能改变"（行为方面）或"我喜欢"（动机方面）开始。新加坡和美国样本的测量结果表明，上述四个方面的数据反映了四因子结构，该发现在其他研究中得以复制（Shannon & Begley，2008）。范戴因等人（Van Dyne et al.，2008）通过比较美国 MBA 学生与其同班同学的自我评估，审视了方法上的差异。这两组评估表明，四方面的量表间有 0.37 至 0.54 的相关性，这是一个很有前景的发现。

昂等人(Ang & Van Dyne，2008)所做的理论分析，主要是将 CQ 与其他概念合并。例如，斯腾伯格(Sternberg，2008)对这两者进行了比较，一是他和同事所进行的有关本土技能的研究，二是将 CQ 作为"跨文化场景中实用智力的灵活性应用"(2008，p.314)的研究。结果发现，两研究结果相似。梁和李(Leung & Li，2008)认为，CQ 可能是文化互动有效性的近端原因，而社会交往公理(见本书第四章)则是其远端的原因。贝理等人(Berry & Ward，2006)认为，CQ 与心理学现有的两个研究领域很相似，即一般智力与涵化，它们已经在跨文化心理学中有一席之地。正如本书第六章所示，一般智力概念的跨文化运用已经出现了许多概念和经验实证方面的问题。贝理等人认为，这些困难也会伴随在 CQ 的概念建构与实际测量中，但现在还没有受到关注。就涵化领域而言(本书第十三章)，他们认为，与现有的涵化研究文献相比，在概念与结果方面，CQ 几乎没有添加多少价值。

昂等人(Ang & Van Dyne，2008)所报告的实证研究主要有两种：运用文化智商量表(CQS)的研究，以及联系其他证据阐述 CQ 的概念或其所包括四个方面的研究。后一类研究的例子之一是詹森斯等人(Janssens & Cappellen，2008)进行的。他们回顾和评述了对经理们一系列访谈后所得出的种种观点，结果发现，这些观点与 CQ 所做的界定是一致的。其样本是在爱尔兰学习商科的国际学生，同时研究者让其同学结合"这个人能有效地应对多元文化环境吗"这一问题进行评判。他们发现，国际学生整体 CQ 得分和同学判定结果之间相关系数不超过 r＝0.16。鉴于该相关性所解释方差的低比例，作者却认为，(因为其统计学意义)这是一个正面的发现，会让人吃惊。此书还有几章统计结果也大致相似，未能发现正面的证据。沃德等人(Ward & Fischer，2008)对于一个动机性 CQ 模型所做的测试，也属于这种情况。

塔里克等(Tarique & Takeuchi，2008)报告的结果很可能是最正面的发现。其样本是在纽约学习的 212 名多国留学生。他们发现，其元认知 CQ 方面的得分，与其"非工作性国际经历数量"的相关系数是 r＝0.61。换句话说，访问国家数量更多的学生，其 CQS 得分往往更高。

近期，范·德·维杰威等人(Van de Vijver & Breugelmans，2008，p.119)抱怨说，(这方面的研究)"很少明确论证其确保有效性的方法程序，而大多数培训方法则明显缺乏证实数据效度的证据"。昂等人(Ang & Van Dyne，2008)所报告的研究试图克服 CQS 研究领域的这个缺点，但其工作绩效标准的预测效度仍然缺乏。这方面仍然存在的两个问题是，这些结果是否足以保证对 CQS 的应用，以及 CQS 在对文化互动有效性的预测上是否优于其他量表，如多元文化人格问卷和文化互动发展清单(Hammer & Bennett，2002；Hammer，Bennett & Wiseman，2003)。这些量表通常都包括有相当数量的题目，但其理论范围却更有限。

总之，看来你可以用多种不同的方式解读这个文本框。在一个极端，你可能会因为在概念的大肆宣传与有限的证据之间存在很大差距而吃惊。在另一个极端，你可以看到在跨文化沟通领域，对于 CQ 作为革命性的概念化和 CQS 作为其创造性的操作手段，若干研究人员抱有很大的期待。换句话说，你必须回答这个问题：这位新皇帝穿了结实的衣服吗，或他(仍然)在本质上是裸体？

文化互动技能可以成为干预和培训活动的目标(Bhawuk，Landis & Lo，2006)。在下一节中，我们将会看到，为了提高旅居者文化互动交际和适应的技能，人们已设计出许多培训模块。关于这个话题的文献相当多，但关于这些培训项目实际效果的研究却很少。在跨文化互动有效性方面最常被提及的一些技能包括对来自其他文化者的移情能力(有时也被称为敏感性)、情绪稳定性、处理文化互动遭遇所致压力的灵活性以及语言胜任力(Arthur & Bennett，1995；Gudykunst，1998；Hammer，Gudykunst & Wiseman，1978)。基利(Kealey，1995)则列举了三种类型的技能：适应技能，包括灵活性和抗压性，还有创设类似维持婚姻稳定的条件技能；跨文化技能，包括对文化的现实主义态度和参与；伙伴关系技能，包括对他人和新异倡议的开放性。其中，许多技能都与已提及的旅居有效性所需人格特征很类似(参见下节)。之所以把它们看作技能而不是人格特征，其主要原因是，研究人员认为，在一定程度上它们是可以通过文化互动培训而达到的目标。

基于对 70 名在中国工作的美国商人的文化互动有效性和生活满意度的主观测量结果进行分析，崔和范登伯格(Cui & Van den Berg，1991)发现，有证据表明，文化互动有效性可分为交际胜任力、文化移情力和交际行为。范登伯格和范欧霍文(Van der Zee & Van Oudenhoven，2000，2001)则区分了五种技能：文化移情、思维开放性、社交主动性、情绪稳定性以及灵活性。然而，旨在提高这些技能的培训项目，在多大程度上可以提高旅居者适应能力、有效性和幸福感，这一点还不是很清楚(Van de Vijver & Breugelmans，2008)。

近年来，文化距离(cultural distance)作为旅居者适应的预测指标脱颖而出。感知到的更大文化距离与旅居者的心理和社会文化适应呈负相关(Ward & Searle，1991)。罗德曼(Redmond，2000)研究了美国大学中的 644 位国际学生。其中，他把生源国和美国在霍夫斯泰德(1980)理论四维度上的差异作为文化距离的操作定义。当然，这样的操作化意味着学生匹配了其所属国家的文化特征，这与霍夫斯泰德问卷调查对回答者处理的方式相似。罗曼发现，在文化互动技能(例如，适应结果、交际有效性和社交去中心化)与压力的体验和处理这两方面的关系上，来自与美国文化距离大国家的学生和来自与美国文化距离小国家的学生是不同的。

同样地，盖彻柯和范·德·维杰威(Galchenko & Van de Vijver，2007)基于被试报告发现，与俄罗斯国际学生的涵化风格和人格特点相比，所感知的文化距离可以更有力地预测涵化结果。并非每个研究结果都表明，文化互动距离具有预测性。例如，贝理等人(Berry et al.，2006)发现，没有证据表明，青年人之间的文化距离(霍夫斯泰德四价值维度方面的差异)与歧视经历或定居社会的取向之间存在相关。这可能与一个事实有关，那就是该研究针对的不是旅居者，而是住在不同国家的少数族裔青年。

文化互动培训

如果旅居者不得不学会如何在客居国文化中发挥职能，那么事先做好准备是很有意义的。这个论断是文化互动培训（intercultural training）的基础（Bhawuk，Landis & Lo，2006）。在旅居者文化培训模式中，人们力求把贝理（Berry，2004）涵化框架的各方面和兰迪斯与巴哈武克（Landis & Bhawuk，2004）所提出的文化互动培训框架整合起来。基于以前有关培训的研究和应用成果，这个模型包含了许多重要的背景变量，包括：中心目标、过去的文化互动经历、所感知的文化差异、文化互动敏感性和涵化策略。结果变量包括：行为意图、源自主流文化（如公共政策和实践与机构的政策和实践）的强化、行为的演练和学习，以及最终的文化互动行为。一个关键的主张是，互动双方的涵化策略需要相互匹配，而这些策略又需要与文化互动培训方法相匹配。

北美和西欧的大部分培训项目计划是为了帮助即将承担外派任务的人员在异文化中工作和生活做准备，虽然有时也针对（其他国家）外派人员到西方国家的调适（Herfst，Van Oudenhoven & Timmerman，2008）。有些项目持续数周甚至数月，而其他项目只持续几小时。较长的项目通常包括针对客居国语言的精读性课程。除了语言，这些项目的许多内容会受到跨文化交际文献中观点和知识的启发。在布瑞斯林和尤史达所编的著作中（1994）可以找到有关各种技术的描述。

为了在各种各样可用的技术中创建某种分类秩序，人们已经做了许多尝试。种种精细的培训方案已开发出来（Fowler & Blohm，2004），在此基础上古迪昆斯特等人（Gudykunst & Hammer，1983；Gudykunst，Guzley， & Hammer，1996）提出了一个简便的分类方案。他们提出，从两个主要维度对培训方法进行分类：其一，讲授式（didactic）—体验式（experiential）；其二，文化一般性（culture-general）—文化特殊性（culture-specific）。这个方案可以用四象限式图展示（参见图15.1）。

位于第一象限中的训练方法，侧重的是受训者个人的经历，以帮助其认识自身的刻板印象与态度是怎样影响其行为的。培训者们假定，这些方法会提高受训者在任何文化中的交际能力。此象限中的种种方法强调的是与各种其他文化人们交往的直接经验。其中，一种方式是运用文化互动工作坊形式，即针对来自各种不同文化的参与者，通过学习使其进一步意识到，自己的文化背景和价值观会如何影响自己对文化他者理解的方式以及和他们交流的方式。另一类培训方案则包括敏感性训练和T小组训练（T-group sessions）。这类20世纪六七十年代广泛运用的训练方法，旨在增强自我意识和促进个人成长；一个有自知的人被假定可以理解他人，不管他们来自何种文化。

此象限的第三类技术是关于文化一般性的模拟游戏。这种游戏已大量存在，大多基于相似的原则。首先是运用简要描述形式，提出数种虚构性的价值观对立的文化。然后，所有学员会

直接经验中体悟

```
                        I                          II
                  体验—总体文化              体验—特定文化

   总体文化 ———————————————————————————————— 特定文化

                       III                         IV
                  讲授—总体文化              讲授—特定文化
```

讲授/说明

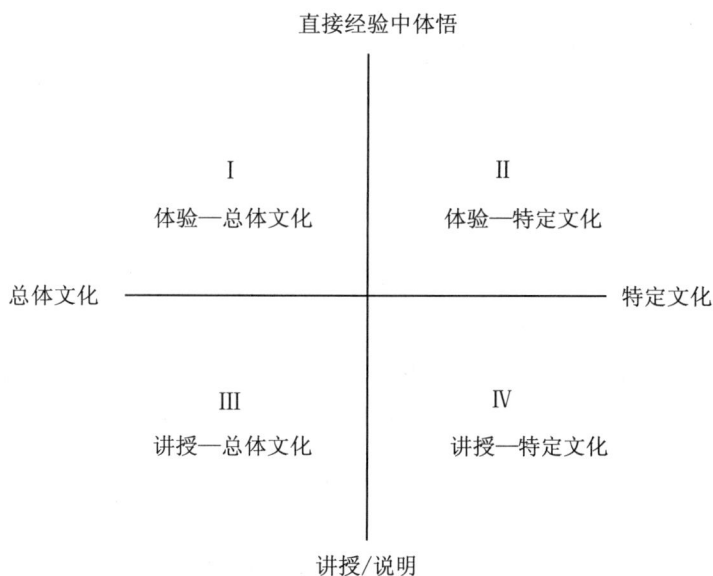

图 15.1   古迪昆斯特和翰墨提出的训练方法分类图式

分配到不同的文化中，各分小组会得到其中一种文化的简介，组员要熟悉该文化。接下来就是某种形式的互动（比如，针对一个贸易或条约的讨价还价）。游戏设计的预期是互动会出现问题并很可能失败。游戏结束时会有一个简要汇报环节，以讨论互动出现困难的原因。许多这样的游戏都是由训练机构根据自身的需求自行开发的，尚未出版。经典的例子是被称为 BAFA-BAFA(Shirts，1973)的游戏。这类游戏所受的非议是，其规范与习俗是虚构的，在任何真实社会中都不存在。大多数这类游戏的评估结果还未公布，所以还不明确它们是否能够提高文化互动的有效性。

属于第二象限的是两类重要的训练技术。第一类技术涉及的是真实存在的双文化接触，属于敏感度训练。它们会针对一个现有的国际冲突，并让相关国家的成员参与。这类培训方案可能出现问题，因为参与者会强烈认可自己国家的观点。第二类方法是国际专题工作坊，其中来自两个国家的参与者要共同讨论，从各自文化的角度分析两国间互动中发生的重要事件。

图 15.1 的下半部分涉及讲授式技术，即受训者通过接受教学进行学习。第三象限指的是文化普同性讲授法，文化心理学或文化交际学方面的传统学术课程就属于这一类。古迪昆斯特等人(Gudykunst，Guzley，& Hammer，1996)还提到了录像法和后面要说明的一种方法——"文化一般性同化法"(culture-general assimilators)。图 15.1 右下方的第四象限指的是针对特定文化的训练，其中语言课程是最重要的形式。另外，受训者还要参加大量有关拟旅居目标国家（区域）取向的基本情况介绍会，其内容包括该国的经济与政治形势，移居者可能会遇到的问题以及主要习俗及态度。

为文化互动培训开发出来的最系统化的方法是"文化同化法(culture assimilator)"，也被称为"文化互动敏感性培训"(intercultural sensitizer)。此方法首先由菲德勒、米切尔和特里安迪斯(Fiedler，Mitchell & Triandis，1971)提出。它由大量短小片段组成，这些片段描述两个文化——目标文化和受训者所属文化的人们间的互动，通常是一系列严重事件，比如说，一次出了问题的互动。每个片段后面都附有 4 到 5 个导致交际失败的可能原因，受训者要从中选出正确答案。其理想的案例是，这些原因中有一种是目标文化成员一般会选择的解释，其他三四种解释则是基于受训者所属文化、其成员可能会想到的原因而进行编写的。受训者做出选择后，会被告知为什么他们所选答案是正确或是错误的。在一个好的"文化同化培训"中，这种反馈通常包括大量与文化相关的信息。

　　大多数文化同化培训是为训练美国人完成海外任务而设计的（Albert，1983；Cushner & Landis，1996），但该技术已被推荐到其他地方（Thomas & Wagner，1999）。本来所有的文化同化培训都是针对特定文化的，但是布里斯林、库什纳、彻里和扬（Brislin，Cushner，Cherrie，& Yong，1986）创建了文化一般性同化培训模式。这种训练旨在提高受训者在自己所属文化与拟接触目标文化之外的文化互动效果。文本框 15.2 展示了该方法所用工具的 100 个题目之一。这些题目，当人们从表面看会信以为真，但非西方人会发现，这些题目的主题和关注点相当具有"美国味"。不过，这是多元文化同化培训的第一步。另一种方法是基于霍夫斯泰德的个体主义集体主义维度（参见本书第四章）。据此，巴武克（Bhawuk，1998）开发了所谓基于文化理论的同化培训法。他提供一些证据表明，对于文化互动培训来说，该方法可能会比针对特定文化的或针对文化一般性的同化培训法的效果更好。

　　对于同化培训的建构和验证是一项单调的工作。它需要收集大量事件。对于各个事件，设计者必须找出导致交际失误的种种可能归因，且必须弄清正确答案。这些题目的效度必须得到验证，即检验来自不同文化个体所选答案的分布是否确实存在差异（即有关归因是否确实是非同构的）。此外，设计者必须写清楚对每个答案的反馈信息，即解释它正确与否的原因。最后还需要收集关于该培训工具有效性的依据：同化培训的实施是否有助于提高文化互动有效性。（Albert，1983；Cushner，1989；Herfst *et al*.，2007）。

　　许多文化互动交际培训计划往往聚焦于内部心理特征（无论是以特质还是意义的形式），以及这些特征是如何具有跨文化差异的。这些项目计划有助于我们理解，其他群体的人们可能会以不同的方式看待事物，这种方式与我们在自己文化环境中看到的方式是不同的。很多项目计划还强调了一个方面，那就是刻板印象和民族中心主义的影响（在第四章和第十四章中已讨论）。培训中还强调了本书前面数章所倡导的从多样化视角看待行为—文化关系。例如，从生态文化视角来看，跨文化差异最重要的维度是世界上不同群体所处生活的实际经济条件。

　　一般来讲，文化互动培训项目计划的弱点之一是缺乏对其效果的评估。在培训结束时，通常会有一个简短的调查问卷，但是，它表明了学员是否喜欢这个项目，而不是它是否真的有效。布莱克等人（Blake，Heslin & Curtis，1996）对该如何进行正确的评价做出了描述，但他们几乎列举不出符合这些标准的评价研究。同样，莫尔等人（Mol，Born & Van der Molen，2005）强调，按照工作绩效指标进行文化互动有效性评估具有重要意义，而不能仅通过主观测量之类的间接措施。他们认为，很难找到客观的评估标准。在我们看来，对于文化互动培训的进一步发展，这是一个主要的挑战。

"跨文化交际培训"这一术语长期以来都指的是针对特定目标群体的项目，其目的是帮助学员应对其所在国以外履行职责而做好准备。然而，越来越多的人认识到，世界变成了一个全球性的村庄，而且在多元文化的社会中，有关文化问题方面的教育应该是学校课程的一部分。布利斯林等人（Brislin & Horvath，1997，p. 345）写道，"培训和教育的许多目标是相同的：提升文化差异意识，增加知识，超越刻板印象，触及情感冲突，满足日常目标的不同行为，等等"。可以说，这样的教育应该是学习外语的一部分（Krumm，1997）。根据本内特等人（Bennett，Bennett & Allen，1999）的观点，可以把语言学习与文化互动学习结合起来，平行地发展语言胜任力和文化胜任力。丹娜等人（Dana & Allen，2008）进一步阐述了这种趋势。他们认为，社会正在变得日益多样，需要使培育心理学家的专业教育和训练进一步拓展，使其在提供专业服务时，更好地应对多样性。

15.2　文化同化项目

下面的题目经过改编，资料来源：Brislin，Cushner，Cherrie & Yong，1986，pp. 212-223）。

热切的教师：刚从大学毕业、拿到英语教育学士学位并辅修西班牙语的里克·迈尔斯（Rick Meyers），接受了在墨西哥尤卡坦州首府一所学校的聘书。该校是男女合校，规模相当大，且持续发展。在那年早些时候的一次墨西哥春季休假旅游中，里克就遇见了该校的语言教育主任并与其愉快相处。里克热切地想一开学就投入工作，他花了大量的时间准备要上的课与所需的资料并额外花时间帮助学生。看起来他似乎总是在做一些与学校相关的事情，他把自己的午饭时间、自由休息时间和校外时间都花在许多学生小组身上。

尽管他跟学生的感情与日俱增，最初的几个星期过去之后，里克发现他的同事似乎对他很冷漠，并且远离他。很少有人邀请他参加校外聚会或周末联欢，在学校的闲暇时段也很少有人来找他。里克不知道这是怎么一回事，他变得越来越不与人来往，寂寞与被拒绝的感觉有增无减。

对里克来说，最大的问题是什么呢？

1. 在墨西哥，教师对学生投入那么多关心是不寻常的，也是不被接受的。

2. 里克没能花最基本的社交时间与同事相处。

3. 因为大多数学生认为里克很特别，并给予了他更多的关注，使得其他教师对此不满。

4. 里克期望被当成专家，当事实并不如他所愿时，他就觉得很失望，觉得自己的才华没有得以充分施展。

备择性解释的基本原理

回答者在经过一番思考并做出选择后，就被建议翻到书上另外记录着各选项基本原理的一页（调查发现，被试通常阅读的不仅仅是与自己的答案匹配的部分，而是全部）。以下是由布里斯林等为以上训练项所做的解释。

1. 尽管我们调查的样本显示有这种可能，但作者的第一手资料中有一项显示事实并非如此。尤其在较大的、更有发展的学校，教师与学生间的联系是经常的，并且应该如此（被期待是通过多种方式的）。请再做选择。

2. 这是最佳答案。尽管教学能力强，工作很成功，里克与其他教职工的接触已经少到不能再少。在许多地方，一个人与他人的交往程度是至关重要的。尽管与美国人想有效完成任务的想法是相反的，（里克）还是要关心社会标准与同事们的期待，这样才能在工作的地方保持成功。

3. 故事中并没有指出，学生们除了对里克真诚付出的时间与帮助做出回应之外还有什么额外的表示。还有更好的答案，请再试一次。

4. 也许某些人在某些情况下会遇到这种问题，但没有迹象表明对里克来说，这是个问题。还有更好的答案，请再做选择。

　　来自不同文化和社会的人们的见面和互动越来越频繁，跨文化交际沟通和培训成为一个越来越受关注的领域。在本章，我们首先指出，跨越文化边界的交际存在多种困难，而不只是彼此的语言不通。我们已指出，很多例子表明，在种种交际方法操作层面（例如语言的韵律和语用方面、手势和个人空间）存在跨文化差异性。我们也看到，大多数情况下，跨文化误解往往由于非常具体的原因，而且只有很有限的证据可以证明跨文化差异的广泛维度。然后，我们转向了跨文化沟通的理论部分。我们看到，这些理论多是建构于较高的抽象层次，集中在一个或几个主要的文化维度（例如，个体主义—集体主义），它们在本书其他部分中得到了广泛讨论。这使得有关文化互动误解的研究结果存在差异。

　　第二部分论述了有关旅居者的调适和有关文化互动人格的研究。基于研究证据，我们讨论了关于特定技能、外部条件尤其是旅居者人格的意义。研究者对于这些技能、条件或人格特质的应有贡献，取得了相当的共识，但实证性支持证据却是相当不一致。本章还指出，许多很有前景的因素（如与客居国的联系、文化距离）已经得到确认，但也存在相当多的挑战，诸如需要开发一个明确的"调适"的概念以检验什么因素影响最大。

　　最后部分探讨的第一个问题是，旅居者的个人素质、对于客居国的知识以及在多种文化中的先前经历，在多大程度上会有助于他成为一个成功的旅居者。第二小节讨论了有关干预措施和培训项目计划，它们旨在帮助旅居者在文化互动方面表现得更好。研究者从两个维度对培训项目进行了区分：讲授法—体验法、文化一般性视角—文化特殊性视角。各种有前景的培训项目计划（例如，文化同化训练）也被纳入讨论。

　　在本章我们发现，研究者倾向于选择那些从数个宽泛文化维度出发来解释跨文化差异的理论。特别是，许多研究者将个体主义和集体主义用作解释大量差异的原因。然而，我们也已发现，最大的差异在于情境和地域的特殊性。理论和实证证据间的这种不一致的可能原因之一是，文化互动交际和培训某些领域苦于缺乏坚实的实证基础。这方面还存在着其他一些挑战，例如，需要清晰地定义旅居者有效性，已进行的许多研究和观察所用样本局限于相对较少的数个文化，而对此几乎没有寻求区分效度的批判性研究（参见第十二章）。

尽管如此，关于跨文化沟通和培训的研究显然是跨文化心理学中一个非常重要的应用领域。对该领域的知识和干预措施的需求日益迫切。我们认为，对文化互动交际疑难、旅居者的表现和帮助人们在不同文化情境正常工作做准备方面的议题进行详细分析，可能是跨文化心理学的主要贡献之一。然而，我们也认为，为了实现这一目标，有必要针对各种观点开发更具批判性的测试，并且避免做出空泛的概括。

拓展阅读

Brislin, R., and Horvath, A.-M. (1997). Cross-Cultural training and multicultural education. In J. W. Berry, M. H. Segall, and C. Kağitçibaşi (eds.), Social and Behavioral Applications (pp. 327-369). Vol. III of *Handbook of cross-cultural psychology* (2nd ed.). Boston, MA: Allyn and Bacon. （该书的这一章综述的不仅仅是旅居者培训这一更为传统的领域，也包括了有关针对学生的教育。）

Carr, S. (edn.) (2010). *The psychology of mobility in a global era*. New York: Springer. （该书汇总了一系列文章，论述了日益加强的国际流动、全球社会和心理变化之间的关系。）

Landis, D., Bennett, M., and Bennett, J. M. (2004). *Handbook of intercultural training* (3rd edn.). Thousand Oaks, Calif.: Sage. （该书广泛收集了关于解决文化互动培训一系列问题的文献。）

Ward, C., Bochner, S., and Furnham, A. (2001). *The Psychology of Culture Shock* (2nd edn.). Hove: Routledge. （该书对旅居者如何适应在异文化中生活进行了全面的整合性论述。）

第 16 章

工作与组织

　　工作与组织的跨文化研究是一个庞大且活跃的领域，以至单用一章不能够充分反映其广度和深度。因此，本章挑选了跨文化心理研究中具有清晰历史的若干主题进行讨论，虽然其他主题本来是可以纳入本章的(Bhagat & Steers，2009；Gelfand，Erez & Aycan，2007；Smith，Peterson & Thomas，2008)。尽管如此，本章还是为你概述了有关工作与组织重要主题的跨文化研究。

　　本章以分层方式进行编排，即按照国家—组织—个体三个层面的顺序分析有关变量。各种不同的社会都具有组织，故第一部分讨论的是不同社会中组织的结构性特点。第二部分拟探讨组织文化，所基于的构思是将一个工作组织设想为一种文化，规模较小，但其他方面与社会文化意义相似。我们将会谈到与组织文化相近、更具心理学特点的概念，即组织氛围。第三部分论述工作价值观，这不仅是跨文化组织研究中得以广泛探索的主题，也在商业和管理文献中有广泛的研究。尽管价值观是个体基本的心理特征，但大量研究也从国家（见本书第四章）和工作组织两个层面进行。第四部分将聚焦于作为工作组织运行核心的管理者。我们将综述管理功能运作研究中常见的两个方面：领导力和决策。最后一部分将主要论述与组织雇员有关的两个主题：工作动机和工作满意度。

组织结构

复杂组织的一个重要特征是分配任务，因为并不是所有的员工都要承担相同的责任和相同的任务。这种组织所要完成的总体工作是需要分配到不同的部门与亚部门，因而形成组织结构。有关研究中最常见的问题是，不同国家的组织是否具有以及多大程度上具有相似的结构。在有关组织的社会学研究和科学研究中，组织结构已经主要在机构层面这一视角得以探讨，但组织结构对于员工个体功能的发挥也具有诸多意义。

在 20 世纪 70 年代和 80 年代初，有关组织结构的研究强调政治因素的重要性。例如，一个名为"欧洲产业民主"（IDE，1981）的国际研究小组对国家法规和立法与组织机构和行为之间是否存在关联，尤其是从工人参与状况角度进行探讨。该项研究以 11 个欧洲（主要是西欧）国家和以色列为研究对象。结果发现，参与特别是通过工会进行的集体层面参与，确实受到法律中有关保障工人参与程度的规定的影响。IDE 小组的研究结果表明，产业民主更多受社会政治因素的影响，而不是受技术或者结构性需求的影响。

政治变量与文化中的其他变量，诸如价值观、信念和习俗，常常被混淆，未能截然分开。这为一种研究取向所强调，该取向对有关文化因素在组织中所起作用的研究已经产生了显著影响，这种取向被称为"权变理论视角"（contingency approach）。在组织理论中，一种组织结构被视为因一些变量而定的，这些变量涉及诸如规模（员工的人数）、技术、资源和组织的历史等方面。从广义上讲，条件变量（权重变量）也包括组织运行的环境，例如，国家的政府组织形式和劳动力的受教育水平。

权变理论的一种形式是"文化无涉"假说，这使我们联想到第十二章所提出的绝对普同主义观。根据这一假设，情境需求是导致组织变革的唯一决定性因素，有关组织的理论是有效度的，因为它可以独立于一个组织有效运行所处的文化。即便文化变量有影响，也被更强有力的技术影响所压抑了。由此可以推出，结构和情境变量之间的关系在不同文化中应当是不变的（Miller，1987）。在工业化发展程度相近的国家，其组织的结构就应该表现出很大的相似性。那种认为技术的发展对组织具有同质化影响的观点，被称为"趋同假设（convergence hypothesis）"（Ronen，1986）。英国阿什顿小组（Pugh & Hinings，1976）的研究支持这一假设。研究发现雇员人数的变化能够影响组织的结构，但是技术起到的影响作用很小（Pheysey，1993）。

　　然而，一些国际比较研究发现，属于同一个产业部门、规模也差不多的企业，其组织结构却存在着很大的差异。这使持相对论立场的莫里斯（Maurice，1979）认为，权变理论视角的跨国比较研究，不过是以单一国家为对象的研究的扩大。正如莫里斯所说，有人可能认为，这种研究所持的趋同视角（convergence approach），是一种强加的客位（imposed etics）思维（参见文本框 1.2）。他认为，社会文化是组织本质的一部分，故不能够脱离其所处的文化背景来理解组织。从更实际的层面来讲，跨国公司想要在全球范围内寻求实现统一的组织结构将面临严峻的挑战（Bartlett & Ghoshal，1998）。

　　关于趋同视角的讨论对近年来的研究分析仍旧产生着较大的影响。加兰与桑切斯-比诺（Galan & Sánchez-Bueno，2009）研究了政治和经济事件，诸如私有化、开放国内市场和加入欧共体，是否对西班牙公司策略的改变有影响。该研究包含西班牙 100 家最大的公司，他们发现，组织的结构特点（多样化和划分部门）与其他欧洲经济体趋同。他们解释这些发现与向着一个共同形式演变的普遍性预测相一致。有关苏丹 30 个工业企业的另一项研究，更加支持阿什顿研究团队的观点（Mohamed，2007）。公司规模（员工数量）是影响组织机构标准化和正规化的主要因素。相比之下，技术（从自动化和大规模生产方面加以评估）只显示出适度的影响。

　　另一方面，斯蒂尔斯等人（Steers，Nardon & Sanchez-Runde，2009）对八个国家（中国、日本、法国、德国、马来西亚、墨西哥、尼日利亚、美国）"典型的"组织进行了比较研究。其结论是，虽然这些国家内部存在相当大的差异，但每个国家中的组织都显示出共同的国别倾向。他们认为，足够精确的跨文化比较研究能够提供这方面的信息，即为什么世界上不同地区的公司往往基于不同的原则进行组织。他们的分析不仅揭示了受公司控制的方面，例如分层结构，也包括独立部门，例如，金融和法律服务、工会以及供需链。

　　斯蒂尔斯等人（Steers et al.，2009）还运用图表描述了这些国家的典型公司，包括其附属的部门。这些图表显示出很大的差异。美国公司的特点是实行自上而下的决策，依靠外包服务公司，以及灵活运用劳动力（员工容易被解雇）。德国公司的共同特点是，设有监事会以监督管理委员会（即负责公司战略和运营的高层管理者）的活动。德国公司的另一种机制是设有代表雇员和工会的劳工委员会，这些委员会受法律保护并且在公司监事会中有其代表。在中国，典型的家族企业几乎没有正式的结构，资历是重要因素，管理风格倾向于家长式的作风。其家族成员与企业的供应商和经销商会有交情，这反映了中国传统的文化观念，例如关系和面子。这里，"关系"指强有力的私人关系以及基于相互信任和利益互惠的良好联系，"面子"指的是某人应得的且有权获得的尊严和威望。

　　斯蒂尔斯等人（Steers et al.，2009）所做出的分类是基于有关组织的结构和价值观的文献以及广泛的专业经验。他们所提供的描述性解释，是定性取向而不是量化取向。若将加兰与桑切斯-比诺（Galan & Sánchez-Bueno，2009）和穆罕默德（Mohamed，2007）所做的研究与斯蒂尔斯等人（Steers et al.，2009）的研究进行比较，很难拒绝这一观点，即分析方法的选择与报告结果的内容有关。若要更强调文化差异，就会更多运用描述性的质性研究。

尽管趋同性可能出现在组织的结构和技术等层面（这些属于宏观层面变量）上，而这并未排除这样的可能性，即组织的个体在态度及价值观（这些属于微观层面变量）方面仍然存在着文化差异。德伦斯和同事（Drenth & Den Hartog，1999；Drenth & Groenendijk，1997）认为，几乎没有理由可以假定组织的结构特点会受到文化因素的强烈影响。文化变量可能与一个组织如何结构化没有什么关系，但与其如何运行有很大的关系。在他们看来，结构方面的变量，例如正规化（即具有正式规则和程序），是很少受文化规则的支配的，但是，员工在多大程度上遵守这些规则则在不同文化之间存在差异。同样，从各地组织的结构上看，尽管战略性决策权大多集中在高层管理人员的手中，但在决策的集中性方面，就下层人员的实际影响而言，不同的文化会有很大的差异。

因此我们可以得出结论，就文化如何影响或者不影响组织的结构而言，已经出现若干观点，但是关于这些观点的实证性证据存在差异。有关分歧主要体现在这两个维度。一是关于文化作用的观点，这存在两种截然不同的观点（这与第十二章论述的普同主义和相对主义相对应）。二是关于机构层面和个体层面之间的对比。组织结构是一个主要属于组织社会学的概念，故倾向于从机构层面加以界定。心理学家（Drenth & Groenendijk，1997）则倾向于强调组织运行过程和个体行为的重要性。后一层面所承受的文化影响很可能强于前一层面。

组织文化

传统上，文化概念包含生活的许多方面，是在社会层面进行界定的。组织文化则是在机构层面进行界定的，其根本的假设是，组织间的差异不仅表现在生产技术、市场营销以及员工的态度等变量上，而且也体现在深层次的信念、意义以及价值观上。迪尔和肯尼迪（Deal & Kennedy，1982）写道，一个组织的"内部价值观""例行仪式"和"英雄"是其成败的决定因素。其中，"英雄"是指（组织的）显赫人物，即公司的创立者或者是具有极大影响力的行政主管。研究者观察到这样的现象，即一些国家中组织的绩效要远好于其他国家，在此基础上提出了组织文化概念。尤其是从20世纪50年代到80年代，日本的种种产业表现出惊人的发展速度。很大程度上，这一腾飞曾被归因为其社会政策以及管理实践，这种政策和实践又被认为是植根于日本文化（Ouchi，1981），而不是日本劳动力长时间的劳作所得。

为了捕捉一个组织的文化本质，曾经被推崇的是质性研究方法。早期所建议的是与民族志相类似的方法（Allaire & Firsirotu，1984；Frost，Moore et al.，1985），包括格尔茨（Geertz，1973）所倡导的"深描法"（thick description）。沙因（Schein，1985，2004）是其中较有影响且具有心理学背景的研究者。他将文化划分为三个层面：（1）可观察的行为和人文制品；（2）价值观；（3）有关与环境的关系、实在（reality）的本质方面等属于无意识的基本假设。沙因认为："也许文化作为一种概念最有趣的一面是向我们揭示了种种现象，这些现象隐藏于表面之下，具有强大的影响力，但又是无形的，在相当程度上是意识不到的。"（Schein，2004，p.8）沙因提出，要去"感觉"一个组织，并建议在研究中使用更加主观的方法，比如访谈，特别是（无标准化方案）观察以及团体讨论法等。质性研究已经建构出了众多组织变量，这些变量能够与组织文化建立其联系（Ashkanasy，Wilderom & Peterson，2000a）。

　　这方面基于量化方法的经验性研究数量较少，但范围更广泛。霍夫斯泰德等人（Hofstede，Neuijen et al.，1990）的研究具有里程碑意义。这项调查包括了丹麦和荷兰的 20 个公司。首先是（按照访谈提纲）进行访谈，收集了关键报告人提供的数据。然后通过分层抽样，对各个公司发放了内容广泛的问卷。最后，通过反馈性讨论的方式对调查结果进行核实。该研究发现，员工间价值观差异更多的是取决于其人口学变量（例如，国籍、年龄和教育水平），而非其所属公司成员身份。这方面公司间的主要差异是员工所感知的公司日常实践。看来，组织文化的核心更多地体现于员工共享的日常实践惯例而非共享的价值观。霍夫斯泰德等人认为，文化价值观主要是个体在早年生活中习得的，因此后来就难以改变。与之不同的，组织机构的实践习惯则是从工作场所习得的。在第十二章中，有一部分是关于跨文化差异的心理结构，其中提到了关于跨文化差异的一系列可能的解释。在霍夫斯泰德等人（Hofstede et al.，1990）的前述研究中，组织文化以一系列惯例或者实践呈现出来，作为现象的组织文化和国家层面文化出现的顺序不同。所以霍夫斯泰德和他的同事甚至认为，若在这两个不同层面使用"组织文化"这一相同术语，就会导致误解。不过，他们并未放弃使用组织文化这一术语。

　　这方面的量化研究继续使用综合性的组织文化概念（Ashkanasy et al.，2000a）。比如，范缪因等人（Van Muijen，Koopman & De Witte，1996）区分了两种层面的组织文化。其中，第一级层面的文化，即可见的、有形的外显方面（如建筑、法规、技术），第二级层面的文化，即价值观和规范，是行为的基础。霍夫斯泰德等人（Hofstede et al.，1990）和范缪因等人（Van Muijen et al.，1996）使用的是典型的量化方法：问卷法和调查法。阿什克纳齐等人（Ashkenasy，Broadfoot & Falkus，2000）对有关测量工具综述后发现，大多数测量工具关注的是诸如领导力、创新、计划以及沟通等维度，并且这些维度已经成为进一步研究的目标。

　　人们常常将组织氛围和组织文化加以区分。詹姆斯等人（James et al.，2008）指出，作为一个合成性指标，组织氛围测量的是员工基于其福祉（well-being）对工作环境的感知。当员工赞同其所处的工作环境时，这种共享的观念即组织氛围。詹姆斯等人强调，组织氛围保持有员工个体所具有的属性，而组织文化是指组织作为一个系统所具有的特性，包括规范信念和价值观。个体和系统之间的区别被视为区分组织氛围和组织文化的关键因素。其他研究者认为，组织氛围和组织文化并没有强烈的差异（Ashkenasy，Wilderom & Peterson，2000b；Schneider，2000），这一观点似乎是说得通的，因为评估组织氛围和组织文化的量表通常看起来很相似（Ashkenasy，Broadfoot et al.，2000）。关键问题在于个体层面与文化层面之间的分析区分。将个体所收集的调查数据聚合（aggregation）到文化层面后，是否反映的是与个体（未聚合）的心理特点相同的文化层面的特征？组织领域的研究者已经开始解决这一问题，这一问题在第十二章有所讨论（Fischer，2008；Smith & Fischer，2008）。

看来，我们需要当心的是，不要在作为国家或者族群特性的文化与组织员工特性的文化之间画等号。除了个体和机构层面的混淆外，还有一个问题，即分散的研究发现很难整合获得一个连贯的图像，这一连贯的图像有助于发现组织在文化方面有多大的差异，以及发现其所暗示的事情。另外一个难题在于，组织文化并不能真正满足我们在第一章抽样部分所提到的用于识别不同文化的两个准则，即区分性和恒定性。目前，这些准则的约束力逐渐削弱，因为员工能够在不同雇主之间相对容易和成功地转移；在接纳创新和与其他组织合并方面，工作组织比国家更具有动力。总之，组织文化概念尽管被广泛使用，但含义多少仍有些含混不清。

工作价值观

霍夫斯泰德（Hofstede，1980）在 IBM 各国分公司进行的调查，是与工作相关的价值观（work-related values）方面的研究，此研究标志着在跨文化心理学领域一种重要研究传统的诞生。在 20 世纪 90 年代，这是跨文化研究领域引用频率最高的研究结果，既是心理学领域的参考文献，也是文化人类学和跨文化交际研究的参考文献。此外，霍夫斯泰德所提出的维度也已经在有关组织和管理的研究领域被广泛运用。这无论是在个体层面还是国家层面都有大量的研究，但很少有将两个层面的数据加以整合的成果（Kirkman，Lowe & Gibson，2006；Tsui，Nifadkar & Ou，2007）。鉴于此原因，除了第四章的论述外，我们将增加一些关于霍夫斯泰德研究的评论。

其最初的数据是在 1968 年和 1972 年分两轮收集的，样本包括从经理到行政人员七个层次职位的人员，总共有 116000 多名样本使用 20 种语言进行答卷。调查工具包含了大约 160 个题目，其中用于跨文化分析的 63 个题目主要是关于价值观。在本书第四章价值观部分，我们已经对霍夫斯泰德的研究进行了讨论，因为它也是与社会心理学相关的。我们前面已说明，霍夫斯泰德揭示了四个维度，分别是权力距离、不确定性规避、个体主义—集体主义以及男性气质—女性气质。对于本章来说，重要的是要考量这一点，即这些维度是通过国家层面的分数得出的，而国家层面的分数又是通过整合国别样本中各个题目的分数得来的。不确定性规避和权力距离指数，各包含 3 个题目，通过"折中性分析"获得（Hofstede，1980，pp. 76—77）。个体主义和男子气质的操作指标的提出，则来自因素分析，即对 22 个（后改为 14 个）关于工作目的重要性的各种题目进行分析得出的。要发现国家间有意义的差异，只能是通过逐国地对各个国家样本在有关工作目的方面的数据矩阵进行因素分析。经过若干调整后，由 32 个题目形成了一个三因素的设计方案，该三因素方案对国家层面差异的解释率为 49%。第一个因素是个体主义和权力距离（题目具有反向性）的整合，第二个因素是男子气质，第三个因素与不确定性规避对应。鉴于概念方面的原因，霍夫斯泰德仍然坚持对构成了第一个因素的两个维度——个体主义和权力距离进行了区分。他对这一分法的理由的论证是，如果对国民（人均）财富所致的方差这一变量进行控制后，这两个维度的相关(r＝－0.67)就会实质性地消失①。

　　研究者们为获得上述维度的趋同性证据而进行了广泛探索，这又导致关于各个维度的大量支持性论点的出现(Hofstede，1980)。比如，权力距离维度得分较低国家的下属，排斥严密监督，喜欢协商式的决策方式。在接受调查的 40 个国家中，权力距离最具有预测力的指标是地理维度。霍夫斯泰德对此的解释是：在越冷的地方，越需要人们发展科技来提高人类的生存能力。他并不认为环境温度和权力距离之间存在着直接的相关关系，但认为环境因素是因果链中的最初因素，进而通过一个长期的适应过程，最终导致社会结构上的跨文化差异。另外一个例子就是个体主义和经济财富(人均 GDP)之间存在着高相关(r＝0.82)。在个体主义得分较低的社会中，人们喜欢从众，自主性被认为并不是很重要。在个体主义得分较高的社会中，多样多变性是要努力追求的，而安稳被认为是次要的。

　　研究者们已经提出了与霍夫斯泰德(Hofstede，1980)所提出的维度相似的若干维度。第四章已经指出了对这些维度的若干忧虑。对有关组究的研究而言，最严重的问题是，大量研究结果没有发现基于霍夫斯泰德理论所期待的模式和相关性(Elis，1988；Fernandez，Carlson *et al.*，1997；Fijneman *et al.*，1996)。这些研究很可能存在种种不足，但很难说它们就是明确为了验证霍夫斯泰德的研究结果是否可以重复而进行的。霍普(Hoppe，1990)对 17 个国家经理样本的研究试图复制霍夫斯泰德所说的四因素，但并未成功(Smith & Schwartz，1997)。梅里特(Merritt，2000)和斯贝克特等人(Spector，Cooper & Sparks，2001)对其中的两个因素(不确定性规避和男子气质)的研究结果显示，其可复制性不高。

　　其中，梅里特的发现值得进一步关注，因为它们是基于一个大型项目的研究。她实施了一个包含 82 个题目的问卷调查，其中包括霍夫斯泰德工作价值观调查所用的大部分原始题目。该研究对来自 19 个国家的 9000 多名飞行员进行了调查。结果发现，霍夫斯泰德(Hofstede，1980)所报告的四个维度指数和该研究所得飞行员国别得分的相关系数分别是：权力距离 r＝0.74，男子气质 r＝0.16，个体主义 r＝0.48，以及不确定规避 r＝0.25。这样，权力距离和个体主义两个维度基本上得到了实质性复制，但是对其他两个维度的复制却失败了，尽管梅里特曾试图对未得到证实的两个维度重新建构测量量表。

　　价值观维度很有吸引力。它们为经营者和研究者提供了一个"描述世界各国的地图"，从而使其得以克服将"文化"看成一个模糊概念的弊端(Smith & Schwartz，1997；Nardon & Steers，2009)。建构这种地图的方式之一是采用聚类分析，这是霍夫斯泰德使用的方法(Hofstede，1980)。研究者(基于历史论点)对数据结果进行一些修正后，出现了八个群组：较为发达的拉丁区群、不发达的拉丁区群、较发达的亚洲区群、不发达的亚洲区群、中东区群、日耳曼语区群、盎格鲁区群、北欧区群，而日本则构成了一个独特的文化区群。这些群组以及那些有关动机和态度变量研究所发现的群组，都倾向于从地理邻近性来界定其组别(Ronen，1986)。

---

　　①　如果考虑至少部分遗留变量必定呈现误差，那么可能就不会剩下太多的差异以分别解释这两个独立维度。——原书注

价值观维度的另一个用途是探寻种种相关性。考察组织机构这些维度的一个主要意图是，为与工作相关的种种现象的其他方面的差异提供富有潜力的解释。我们在此讨论文献中数以百计的研究之一，即史密斯、彼得森和同事（Smith，Peterson *et al*.，2002；Smith，Bond，& Kağitçibaşi，2006）对来自47个国家的数据进行研究，以考察经营者所主要依赖的指南的来源。由于经理们需要处理工作情境中所发生的大量事件，因此研究问题是，他们从哪里寻求处理这些事件的指南。研究设计时，对于其中每个事件（诸如因下属工作糟糕而需填补人员空缺），列出具体的八个指南来源（诸如正式规则和程序、下属、上级）。史密斯等人使用各国在价值观问卷方面的分数，去寻求其样本在指南来源方面分数的相关性。各国在霍夫斯泰德所提出的权力距离与相关价值观维度的得分，能够解释各国在依赖上级和正式规则（获得指南）方面的大部分差异。然而，价值观维度几乎未能解释依赖同事方面所发现的任何差异。这提醒我们，当将价值观作为跨文化差异的一种解释因素时，不可过于强调其重要性。

很多研究想当然地按照个体主义和集体主义维度对社会分类，有时还按其他维度分类（Klassen，2004；Kirkman *et al*.，2006）。依据罗纳（Lonner，2010）的观点，关注文化和行为关系的研究者，包括其中的文化人类学家和生物学家，倾向于用普同性术语来思考并且追求普同性维度。在有关文献中，价值观已经成为反映文化差异的最重要方式，并且在可预见的未来，此思路在跨文化组织心理学领域的地位不可能动摇。然而，很可能的是，仅次于霍夫斯泰德维度（Hofstede，1980，2001）的其他人所提出的维度系统，诸如第四章所提及的维度（Inglehart，1997；Inglehart & Baker，2000；Schwartz，1992，1994b，2006），将在组织研究文献中得到更多的关注。

管理行为

在这部分，我们将焦点转移到对组织机构内部个人行为的研究。一个组织的经营与管理被视为制度性活动，这是管理者的任务。我们选取了两个主题——领导风格和决策行为。至于其他相关方面的研究则可参考种种文献，诸如阿迪蒂亚、豪斯和克尔（Aditya，House & Kerr，2000）以及史密斯等人（Smith *et al*.，2008）的相关研究成果。

领导风格

一个好的领导者能够对员工施加影响以实现组织的目标，但影响的方式却各种各样，故管理者拥有不同的领导风格。在更早的美国研究文献中，描述典型的有效领导者时出现了两个行为分类范畴，即体谅型结构和发起型（initiating）结构（Wexley & Yukl，1984）。体谅是指领导者要关心和支持下属。发起型结构是指领导者对于他们自己以及下属在工作中所担当的角色及任务进行定义和分配。布莱克和穆顿（Blake & Mouton，1964）把这些维度分别称为"关心人"和"关注产品"，而李克特（Likert，1967）则称之为"剥削式"（或权威式）行为和"参与式"行为。辛哈(J. B. P. Sinha，1980，2008)和三隅(Misumi，1985)在对印度和日本研究时，就分别对这些范畴的跨文化差异进行了描述。

三隅(Misumi)提出的 PM 领导方式理论区分了(领导对)一个团队的两种主要功能：一种是有助于团队目标的实现和解决问题(即业绩或 P)，另一种则有助于团队的自我维持和团队方法的增强(即维持或 M)。无论是 P 功能还是 M 功能都能在任何领导过程中发挥作用。该理论把领导行为分为四个基本类型，命名为 PM，Pm，pM，pm(大写字母表示对此维度赋予的权重值高，而小写则表示权重值较低)。三隅认为，此分类法是对西方(经典)理论的扩展，因为这些理论常常强调业绩和维持两个维度的相互垂直性(orthogonal)，而三隅提出的维度能够彼此促进。三隅期待 PM 理论能够在世界范围内得到验证，因为世界其他地方有关领导行为的形态学分类和动力应该是和日本相似的。史密斯和彼得森(Smith & Peterson，1988)总结了支持这一期待的研究成果。来自英国、中国香港、美国以及印度的研究数据显示，下属对其实际工作情形的评定，与他们对其领导在 P 和 M 测量方面的评分之间存在着正相关。

针对印度的实际，辛哈(J. B. P. Sinha，1980，1984)最初提出的是"任务—培育型领导"概念。这种管理风格包括两类成分：关注任务和培养下属。这种类型的领导能够创造出一种目的明确的工作氛围，并且使组织保持较高的生产率；重视下属的情绪和幸福感，并且愿意为员工的专业成长做出贡献。这类管理方式灵活度很高，而且当员工为完成任务所需的指示和指导较少时，领导风格便应该逐渐转换为参与式领导。在他提出的连续体中，两极分别是权威式领导风格(在美国的文献中，这经常是与任务取向领导风格相联系的)和参与式领导风格，而培育—任务型领导则居中。参与式领导被认为是最为理想的领导风格，但是这种领导风格的运作需要一定的社会环境，而印度还不具备这样的环境。

近来，辛哈(Sinha，2008)所提出的"培育性任务—参与型"(nurturant task-participative，NT-P)领导风格，则更强调这种风格中的参与性。该风格适用于依赖型下属，因为他们会认可领导者的优越性。在印度，甚至当部下变得更具独立性并且更有自信去处理他们自己的任务时，他们仍旧会继续尊重上级并且寻求其鼓励和指导。

培育性任务型领导风格让人联想到家长式领导风格，在这种风格中上级倾向于扮演父亲的角色，为下属提供指导和保护，但也期待换取其忠诚和服从。艾肯、凯南格等人(Aycan, Kanungo et al.，2000)在 10 个国家对 4 个维度(家长式作风、权力距离、对组织共同体的忠诚度、宿命论)的测量发现，其中家长式作风维度能解释最大比例的差异性。这方面印度、土耳其和中国的分数最高，而德国和以色列的分数最低。程、周等人(Cheng, Chou et al.，2004)也发现，与西方的转变型(transformational)领导风格相比，家长式领导风格在中国普遍存在，且对下属的反应有着重要和独特的影响。这表明，西方通常用以描述领导风格的维度，可能需要其他维度来补充。

与此同时，西方有关领导的思维方式也已经发生变化，即从强调交换关系的种种模型(指"交易"型领导风格)，发展为转变型领导或者个人魅力型(charismatic)领导，并且一般地更重视情感在组织行为中的更广泛的作用(Barsade, Brief & Spataro，2003)。有个人魅力的领导者被视为富有动力，善于激励，并且支持下属的发展(转变)。他们也被认为是在情感上对其下属有吸引力，并且有力量控制下属。魅力型领导风格被视为普遍有效的风格(Bass，1997)，并且是迄今为止最广泛的跨文化领导力研究——"全球领导力和组织行为有效性"(GLOBE)项目的一个重要维度。

GLOBE 研究计划最初由豪斯发起，已对 62 个国家 951 个公司的 17000 名管理者进行调查，收集了有关价值观和管理实践方面的数据(House，Hanges et al.，2004)。这一项目建立在之前的研究基础之上，并且扩展了之前的研究，特别是超越了霍夫斯泰德(Hofstede，1980，2001)的成果。GLOBE 团队基于现有文献开发题目和量表，并就具体题目的编写及其适切性，向一系列国家的合作调查人员进行咨询。项目借助于因素分析方法，对构成 21 个子量表的 112 个关于领导力的题目进行分析，从而得到了有关领导力和组织行为有效性的 6 个维度，即个人魅力型领导(有远见卓识、善于激励)、团队取向领导(合作、团队建设)、参与型领导(容纳他人参与)、人性化取向领导(支持和体谅他人)、自主型领导(独立行事、与下属保持较大距离)以及自我保护型领导(自我中心、官僚作风、精英主义)。

该项目将文化分为 9 个维度，涵盖 78 个题目。该项目的一个亮点是，获得的不是单单一个测量的评分，而是一组具有区分性的测量评分，即区分了"事实上"(实践)和"应该是"(价值观)的问题。调查对象还要评定本国大多数其他人会如何应对这些问题(典型性评定)。其区分文化的 9 个维度是：未来取向、性别平等、自信敢为、人性化取向、内群体性集体主义、制度性集体主义、业绩导向、权力集中(对应霍夫斯泰德权力距离的概念)以及不确定性规避。从它们的命名就可以清楚地看出其大多数文化维度的大致意思(制度性集体主义指集体分配资源和奖赏；内群体性集体主义反映的是对所属组织或家庭的自豪感、忠诚度以及凝聚力；人性化取向指的是公平、利他主义、慷慨以及对他人友善)。

该项目中最有意思的问题是，在不同文化中是否存在共同的优秀领导风格，以及存在哪些重要的差异。两种领导风格，即魅力型领导风格和团队取向领导风格，在世界各地都得到强有力的赞同。至于其他领导风格，则存在更多的跨文化差异。例如，参与式领导风格在欧洲日耳曼国家得到较高的分数，但在中东获得较低的分数。与北欧国家相比，自我保护的领导风格在南亚获得相对较高的评价。

该项目的其他问题则涉及社会特征、领导风格与行为之间的关系问题。研究发现，总体上是文化价值观而不是实践习俗与诸领导维度相关联。依据豪斯等人(House et al.，2004)的观点，这是因为这两者都反映的是个体赞成的目标状态。此外，研究发现，组织文化与组织所处的社会文化相似。对于所有前述的 9 个维度，国家层面的文化实践习俗是组织层面文化实践习俗的一个重要预测因素，能解释 21% 到 47% 的差异(Brodbeck et al.，2004)。

该项目最意想不到的主要发现是，就大部分维度而言，在关于"事实上"(实践)问题和"应该是"(价值观)问题分数之间，呈强烈的负相关。在霍夫斯泰德(Hofstede，2006)看来，这是可挑战该项目所用价值观的操作定义和题目的一个主要理由。对此，嘉韦丹、豪斯等人(Javidan，House et al.，2006；Smith，2006)回应说，人们以某些方式表现其行为，并不是因为他们可能持有特有的观点，而是他们对于领导行为应该是什么样这个问题所持的观点，是基于他们所看到发生的事情。如果在一个社群中领导实践与一种价值观极为一致，那么，与对这种实践评分较低的社群相比，人们对于这种实践的愿望就会增加。与之相类似的观点中，范·马西兰和范·霍恩（Van Maseland & Van Hoorn，2009）认为，关于价值观的调查难以充分地区分开这两者：其一是一种价值观的重要性，其二是在何种程度上某现状能够满足该价值观。这就抨击了价值观维度的核心意义，因此应呼吁对实践与价值观之间的关系进行更多的研究。

　　一个与这方面多少有些相关的趋势是，寻求当地的理论和数据的支持，而不是追求本地数据和外部（西方的）理论的适合性。在这种情况下，迪克森等人（Dickson，Den Hartog & Castaño，2009）对辛哈（J. B. P. Sinha，2008）在印度所做的工作给予了积极的评论。因此，在价值观和领导行为维度都比以往任何时候显得更有说服力之时，组织领域的研究者看来还在纠结这样的问题，即他们如何才能促进对跨文化差异的理解。

决策

　　管理者的主要任务之一是对他们所负责的领域内出现的问题做出决策。尽管至今许多关于决策行为的跨文化研究并没有具体地聚焦于组织所处的情境，但是鉴于其对管理者发挥功能的重要性，本部分将论述之。对决策的研究多种多样，从描述性说明到种种模型的建构。其中，这些模型处理的是想象性博弈结果的概率。

　　赖特（Wright，1985）曾对早期有关决策的跨文化研究进行过总结，其评述包括了在实际组织情境中的研究和实验情境中的研究。描述性研究是基于观察印象和临床性的访谈（Abegglen，1958），所揭示的是可以用文化因素解释的差异。那些数据收集方式更加系统化的研究（Pascale，1978），则更倾向于揭示明显的相似处。赖特当时的结论是，有关的差异和共性还不是很清楚。当时，有关组织研究文献中讨论最广泛的主题是，为何日本组织机构的有效性要比美国组织高。研究者们认为，日本式管理的优越性应归因于其广纳雅言或参与分享型决策风格。该风格体现在"禀议制"（ringi）的过程中：计划是在组织结构的更低层面起草，机构鼓励员工在计划中注入他们的想法；计划草稿会在所涉及的部门传阅，并且在传阅过程中反复修改；计划会逐级提交到各管理层进行批准。这种方法使很多员工的知识和经验得以采纳，并且能够促进共识。禀议制系统是一个自下而上的决策程序，这种方式能够使更多的员工参与组织管理，并且提高了员工对成功完成计划的奉献精神，因为每个人都对组织有着责任感。然而，该体系也存在缺陷。例如，一个计划要获得官僚机构的通过会花费较长的时间，还有需要相应地做大量的文字工作（Misumi，1984）。

　　斯蒂尔斯等人（Steers et al.，2009）则将日本人的决策方式称为协商式决策（consultative decision-making）。他们假设还存在一种模式：具有"盎格鲁"传统国家（美国、澳大利亚等）特征的集权式决策（centralized decision-making）。此模型的管理方式是对问题进行分析，很可能会听取外部专家的建议，从而提供解决方案。其实施起来容易受阻，因为员工不理解其原理，往往将决策结果视为一种威胁。第三种模式是协同决策(collaborative decision-making)，在德国较为典型。该模式中，问题的分析和对策要经过包括有工作委员会和工会代表的管理机构的讨论。由于工人代表具有发言权，这就对政策的实施具有促进作用。

赖特(Wright，1985；Wright & Phillips，1980；Wright，Phillips & Wisudha，1983)报告说，关于在西方样本(主要是英国人)和东南亚样本(包括马来西亚、印度尼西亚)之间，概率思维(probabilistic thinking)方面存在着相当一致的差异。赖特和他的同事在其研究中要求被试回答一个问题，并要求被试指出他们在多大程度上认为他们的意见是正确的。被试尤其是亚洲被试经常是过度自信。但是，赖特所提出的日本人是非概率思维的假说，并没有得到耶茨等人的证实(Yates et al.，1989)。耶茨、李等人(Yates，Lee et al.，1998)在后来的研究报告中总结道，当研究中为调查对象提供了决策所必须基于的信息时，在日本、中国和美国调查对象之间判断准确性方面就存在实质性差异。如果研究要求决策者主动从指定的信息源获得信息，那么所获的结果表明，差异性在很大程度会消失。

韦伯等人(Weber & Hsee，2000；Hsee & Weber，1999)在文献综述时描述了若干关于现实生活风险(如有危险的技术)判断的因素分析研究。这些研究表明，存在两个相同的因素，即恐惧(灾难的潜在性和失控)以及关于未知事物(未观察到的和可能长期存在危害的事物)的风险。有关中国调查对象与西方人(主要是美国人)的对比研究表明，中国人更倾向于为做出风险投资决策的选择而做准备，这被归因为，在中国，在灾难发生时，社会关系网络能够产生缓冲效应。韦伯等人(Weber & Hsee，2000)回顾有关研究后呼吁，该方面的研究需要基于理论，使用多种方法，并且对不同的主题领域分别进行专题研究。看来，他们的建议与第十二章有关心理学如何组织差异部分中所讨论的这样一个理念相似，即跨文化差异存在着有限的通则性。

在跨文化研究的其他领域，所报告的差异大小在一定程度至少取决于所用的研究方法。基于案例分析和文献解释而来的证据(而不是元分析中以效应值大小为主要切入点)往往倾向于寻求主要的差异。萨杰和艾肯(Sagie & Aycan，2003)在一篇旨在区分概念的文章中认为，参与决策在不同文化具有不同的含义。他们假定，在不同文化中，参与在两个维度上存在差异，即个体主义—集体主义和权力距离。他们没有坚持霍夫斯泰德(Hofstede，1980)所发现的这两者间存在高相关性这一主张，而是对这些维度做了低位和高位的区分，并将此作为二阶矩阵表格的基础，该矩阵描述了四种风格的参与式决策。低个体主义和高权力距离导致的是家长式决策风格。此风格的特点是，原则上资深员工要参与所有事务的决策，但实际在很少问题上可以参与。这种风格的决策通常可见于正在进行工业化的国家，诸如印度、韩国、土耳其和墨西哥。另一种决策风格的特点是，属于高个体主义和低权力距离，上级和下级凭专业知识和实践经验进行面对面的参与式决策；这种参与涉及的是有关工作的战术性议题，而不是战略问题，战略问题是由顶层管理者决定的。面对面决策风格则运用自我管理团队，可见于西方工业化国家。依据萨杰和艾肯的观点，他们所说的二阶矩阵图式并不适用于分析所有国家。例如，西方国家决策中，权威和参与之间常存在种种张力；而在日本，由于劳资双方团结一致，就没有发现此类紧张关系。

在回顾了跨文化文献关于决策的研究之后，耶茨等人（Yates *et al.* ，2002）提出了一个令人兴奋的问题，即在一个组织中，当一个群体的决断总体上比另一群体做出的决策更好时，各种差异意味着什么？他们认为，这很可能是因为，他人和自己所经验过的先例会导致各种策略，而在这些策略中，概率性思维的结果和本部分所提到过的各种差异，可能会不相关。换句话说，实际上决策结果可能取决于一系列因素，而不仅仅是对种种概率的评估。然而，在国际员工互动中（例如国际团队中），缺乏对决策习俗方面差异性的意识，就很容易成为一种障碍。耶茨等人指出，对导致各种差异原因的意识和理解，有助于避免这种消极影响。

工作情境中的心理学变量

有关个体在组织中行为的诸多方面，诸如工作态度、对组织的忠诚以及信任，人们已经结合具体的文化情境进行了研究（Bhagat & Steers，2009；Gelfand *et al.* ，2007）。在本部分，我们关注两个方面，即工作动机和工作满意度。文本框 16.1 讨论的是人员筛选，这是一个职业心理方面的典型话题，但在有关组织的跨文化研究中，论述此话题的文献相对少见。

动机

在所有关于动机或需要的理论中，麦克兰德（McClelland，1961）和马斯洛（Maslow，1954）提出的动机理论是跨文化研究中使用最多的。麦克兰德的基本主张是，经济发展的原因必须通过社会和心理变量进行解释，成就动机（获得生涯成功的动机）特别能够在国家发展过程中发挥明显的作用。正如那个时期的其他研究者一样，他几乎不重视教育以及特定生态文化情境给予个人发展机遇等因素的作用。这些议题只是在最近的分析中被强调（Sen，2000）。

马斯洛（Maslow，1954）认为，种种需要会激发人们去获得满足感，并提出包含六个层级的需要层次理论。只有较低水平的需要得到满足，至少达到某种程度的满足，个体才会追求较高层次的需求。首个有关工作动机的重要的国际调查是由海尔等人（Haire，Ghiselli & Porter，1966）进行的。在实际研究时，他们对马斯洛的理论框架略有改动，调查了以下需要：安全、社交、自尊、自主和自我实现。其数据所依的样本是 200 多名管理者，他们来自 14 个国家，其中有 9 个欧洲国家以及美国、阿根廷、智利、印度和日本。在所有的需要中，自我实现的需要在所有的国家中都被认为是最重要的。在大多数国家中，第二重要的需要就是自主（自己独立思考和独立行动的机会）需要。在对马斯洛框架所提出的种种需要的相对重要性的认识上，国家之间的差异相对来讲是很小的。相对大的差异呈现在需要的满意度方面。在所有的国家中，两个最重要的需要的满足感最低。研究发现，（就综合所有层次的需要而言）满意度最高的是日本和北欧这一群组中的管理者，发展中国家（在本研究中作为一个独立的样本群组）和欧洲拉丁支系国家的管理者满意度程度是最低的。

16.1 对具有多样文化背景申请者的甄选和安置

与心理学家所从事的任何其他专业活动相比,使用测试将会影响更多人的生活。恰当的标准化测试的潜在优势在于,可将其作为未来工作表现的预测因素,这是毋庸置疑的。对于人员的甄选,元分析已经提出强有力的证据说明,这些测试具有预测性效度和实用性。一个公司雇佣合适的员工,可能会有利于生产力的提高。其中,智力(或者一般心智能力)测试结果和工作样本的测试结果往往是最有效的预测因素(Schmidt & Hunter,1998)。

组织机构常常必须从有多样文化背景的应聘人才库中招聘员工。这种情况一般发生在(由于移民或民族多样性)拥有文化异质性群体的国家中。另外,越来越普遍的现象是,求职者来自不同的国家。文化多样性就意味着要注意选择的公平这一问题。本书若干章已经论述过这一问题,即诸如智力测试之类的心理测量分数,在不同文化间的分布可能会存在差异。毋庸置疑,得分较低的群体成员被雇佣的概率更低。

公平有若干意义(AERA,1999;Camilli,2006),其中一些意义侧重评估工具和评估程序。例如,在测量实施条件方面需要公平对待所有的申请者,或(通过测试培训)使所有的申请者有机会熟悉将要实施的测量任务类型。公平性也会涉及申请人的感知方面。例如,挑选木匠时,若以一个国家主流群体语言进行阅读测试,就可能被视为歧视移民,即使当测试的目的是为了考核阅读工作手册和书面说明书的技能时也是如此。

一种相当常见的主张是,公平就是参与测试的各群体要反映出相等的结果。从这个意义上来说,公平意味着对于其中可识别的群体(例如族群、男性和女性),获得及格分数者的比例应当相同。不满足此条件的测试或实验程序,就被认为是会对得分较低的群体产生"负面影响"(adverse effect)。这方面的经验之谈是,如果不同群体间及格分数(或获得雇佣)的比率低于4:5,那么这一测试(或筛选程序)就会产生负面影响。

对于心理测量人员而言,测量工具的公平性主要指剔除预测的偏差,即对不同的群体,应当运用相同的测试标准回归函数。这是一个令人觉得棘手的要求。如果不同群体间分数分布存在差异,而又使用不同的回归函数,长久以来的实践证明,在完全剔除不同群体成员分数分布预测性偏差的情况下,不能够形成确定的规则(Petersen & Novick,1976)。然而,当分数分布和效度系数如此相似以至于对负面影响有所限制时,可以形成的确定规则几乎不会偏离理想结果。有关公平性更严重的问题在于工具及选择策略方面。

为了提高公平性,必须对工具的等效性进行优化。有相当数量的研究是关于如何识别测试题目和测试分数层面上的文化偏差(即确认其缺乏等效性)。在第一和十二章中,我们已经提到了等效性分析的问题,包括题目的偏差。国际测试委员会已经就跨文化测试的调适准备了一系列重要指南(http://www.intestcom.org/guidelines;Bartram,2008;

Gregoire & Hambleton，2009）。

　　选择策略是为了减少负面影响。重要的是要注意，并不是所有的差异都可能来自测试偏差。就工作表现而言，评估可能会反映不同群体间有效的（"真正的"）差异，例如，由于所受教育的质量，或对主流语言的掌握情况所致的差异。对于如何应对结果公平这一问题而言，没有一个单一的答案。弄清楚这一问题的方法之一是，通过在选择决策过程中，区分以下三个主要的利益相关者。

　　1. 申请者个体。要维护各个申请者的利益，就要在布置工作时使其能够最大限度发挥自己的潜能。这就是一种"安置"决策，即每一位申请者都获得雇佣并且给予其最合适的职位。这种情况发生在（理想情况下）教育系统中，所有的学生被安置在最能匹配他们能力的一类学校中。

　　2. 雇主或用人单位。在工作岗位多于申请者的劳动力市场中，一般会使雇主利益/效用最大化。雇主倾向于雇佣那些有前途的求职者，即测试得分最高的人。如果本文本框第一段关于效用的主张是正确的，这种选择策略对寻求经济利益最大化的雇主是有意义的。

　　3. 社会总体层面。这里考虑的实用性包括社会政治因素（特别是少数民族的整合）和经济因素（生产力）。

　　对于从事人员招聘和晋升的心理学家和人力资源经理来说，其职业责任不仅限于上述第二点，也包括社会利益方面（Messick，1995）。若要承担更广泛的社会责任，公平方程的参数应当包括如下因素：所涉及群体的失业率、预估所选人员对机构的效益（Hunter & Schmidt，1998）、（雇佣欠合格的员工）生产力受损所产生的经济投入，以及弥补个体/群体（以前）在受教育方面的不利处境。

　　这种方法是困难和麻烦的，并且要求利益相关者（代表工人利益的工会与用人单位、弱势群体和政府各方代表）之间进行协商。理想情况下，种种互动的结果应使各方在选择策略上达成若干共识，平衡各方利益，例如采用配额招聘的形式（所涉及群体的人员要达到的最低雇佣比）。

　　多元文化情境中的这种选择的复杂性可以通过南非案例来阐明。在南非，就业平等法案（Employment Equity Act）（Theron，2007）规定，不公平的选择是违法的。其种族隔离时期遗留下一大批弱势群体，并且官方认可的语言达 11 种。在选择过程中，申请者有权使用他们的母语，这被认为是公平的，但对所有文化群体而言，没有一种标准化的单一心理测量工具（Meiring，Van de Vijver et al.，2005）。政治权力和部分经济权力掌握在少数黑人精英的手中，但是工业和商业中极高级的工作仍继续由少数白人掌控，甄选程序也有助于这种不平衡性的延续。同时，突然中断任何现行测试方法可能导致巨大的经济成本。正如 1995 年至 2010 年津巴布韦的经济崩盘所示，在从白人所有者手中拿取农场来弥补之前的不公制度后，农业生产陷入崩溃状态。

　　除了由工作带来的对一般需要和动机的满足感外，由工作实践和工作成果本身带来的满足感也已得到研究。社会哲学对工作意义的研究已有很长的历史，而社会科学中的相关研究则是不久前开始的。极负盛名的是韦伯(Weber，1905/1976)在他的研究专著中，把资本主义的兴起归因为新教的教义和职业伦理。这种被广泛认可的理论假设，新教信仰与高成就动机的关联性是导致西欧工业发展的前提。门罗等人(Munroe & Munroe，1986a)在早期罕见的实证性测试中，比较了来自肯尼亚西部巴鲁亚部落的两个样本的成就动机：一个样本是中学生，这些学生的家庭在几代人之前已经转信新教教义，另一个样本则坚持传统的(万物有灵论)信仰。结果，与成就动机相关的变量中，若干与韦伯的假说相一致。但作者注意到，它们所产生的影响很小，并且对于每个支持性发现都有若干不支持性结果。一个关于工作意义最详尽的研究并没有支持韦伯的理论，该研究由"工作意义国际研究"小组发表(MOW，1987)，下面文本框16.2将会描述。也许对于韦伯论点最具有说服力的批判，是对来自德国历史数据的分析。该研究表明，新教徒较高的教育水平可以解释经济繁荣的差异性，而韦伯将此归因为宗教信仰(Becker & Woessmann，2009)。

16.2　工作的意义

　　这里我们报告一个经典的项目，在我们看来，这是关于跨文化差异的有趣而重要的结果。这个项目的主要概念是工作中心性，其定义为"对工作在人生中价值的一般信念"(MOW，1987，p.17)。通过直接询问被试工作对他们有多么重要，工作对他们生活中的其他方面(休闲、社区生活、宗教和家庭)有多么重要，来评定"工作中心性"这一概念。结果发现，能最有效说明工作重要性的有以下两点：第一，86%的人表示，即使他们有足够的钱来维持后半辈子的舒适生活，他们仍愿意继续工作；第二，在人生的五个方面，工作的重要性为第二，只有家庭这一角色超过了工作。

　　工作意义(MOW)研究基于这样一个综合模型，即以"工作中心性"为核心，有关的社会规范是中间层，有价值的工作结果和钟爱的工作目标处于边缘层。此外，这个模型还进一步考虑了有关工作中心性的前因和结果变量。社会规范(它会表现出文化差异)被认为是对工作进行规范性评估的基础。本研究还区分了两个概念：权利(即获得有意义、有趣味的工作的权利)以及义务(通过工作为社会做贡献的职责)。

　　这里，将该研究中来自8个国家的被试，按照被试认为的工作重要性的程度从高到低进行排列：日本、(前)南斯拉夫、以色列、美国、比利时、荷兰、(西)德和英国。每个国家取两种类型的样本，一是用来代表国家总体水平国民样本(约为450人)，另一个是各种不同的目标群体(90人左右)。这些目标群体在人口学特征或与工作相关的特征上是同质的，比如，年龄或者所从事的职业等。在南斯拉夫没有抽取国家样本，所以这方面的数据来源于目标群体。

　　不同的人们对工作重要性的认识的确存在差异。得分最高的是专业人员，得分最低的是临时工。技术工人和失业人员在工作中心性方面的分数为中等。除了比利时和美国以外，女性的得分要低于男性，日本性别差异最为显著。国民层面分数间的差异要比职业群体间的差异大 1.5 倍。日本人得分是最高的，英国人得分最低，这在 MOW 研究小组的预期之中。德国倒数第二低，南斯拉夫名列第二高，这却超出了研究者的预想。MOW 小组对此的试探性解释是，工业化实现的历史长度与工作中心性的函数关系是非线性的。由英国带头的西欧这方面的历史是最长的，而日本和南斯拉夫是前不久才实现工业化的。

　　与社会规范有关的(工作)权利和(工作)义务这两方面，都发现了有意义的差异。在权利方面，美国得分低，而荷兰、比利时和德国的得分高。在义务上，荷兰得分低，而南斯拉夫和以色列得分高。尤其有趣的是这两个变量之间的平衡问题，就是有关权利和义务之间的平衡。在日本、英国、南斯拉夫和以色列，这两个变量大体是平衡的。在美国，人们对有关义务的赞同要高于权利。在其余的三个国家——荷兰、德国和比利时中，与义务相比，人们更赞同权利。MOW 团队(凭直觉)认为，工作权利和工作义务之间存在着平衡，是最可取的状态。更进一步，我们可以推断，过度强调工作权利会伴随着较低的工作中心性(比如在荷兰)，从长远来看，这可能对一个国家的经济活动水平产生消极的影响。

　　较晚的研究关注的问题是关于马斯洛提出的需要层次，以及上述研究结果可用以解释低收入员工群体的程度。桑切斯-朗德等人(Sanchez-Runde，Lee & Steers，2009)指出，对工业化程度较低的国家和低收入工人的研究极少。然而，有迹象表明，对于这些人口数量大的工作群体而言，工作保障的需要比追求自我实现更重要。总之，有关工作动机的研究结果似乎表明，实际工作条件有助于解释这方面的跨文化差异。对工作满意度的研究支持这一观点，下面我们转入此话题的讨论。

工作满意度

　　数十年的研究发现，在许多国家中年龄和地位一贯被认为是与员工个体的工作满意度相关联的(Berry，Poortinga et al.，1992)。该结果为近来很多以更大样本和更多国家为对象的研究所重复。不过，这些研究设计得更加细腻，故可使用多层分析(见第一、第十二章分析部分)来加以证实。回等人(Hui，Au & Fock，2004)对以 33 个国家大样本为对象的世界价值观调查(WVS)数据进行再次分析后发现，在个体层面上，年龄、收入、生活自由(即掌控自己生活的结果)和工作自主性(即具有决定自己工作的自由)是工作满意度的重要预测因素。研究者然后将 WVS 个体层面上的数据与国家层面上的预测因素——权力距离(Hofstede，1980)和国民财富相结合。在国家层面上，权力距离被证明是工作满意度最重要的预测因素。此外，回等人发现了跨层次交互作用现象：权力距离会调节工作自主性和工作满意度之间的关系。在高权力距离的国家中，工作自主性的影响实质上被剥夺了，因此，这一变量对工作满意度几乎没有积极的影响。

另一项研究针对的是一家国际公司，其在 41 个国家设立了分公司，它的 129000 名员工中有 51％的蓝领员工和 49％的白领员工，黄和范·德·弗利特（Huang & Van de Vliert，2004）在研究中表明，在个体层面上工作满意度与其在公司中的层级性职位高度相关。他们使用了一种多层分析模型，在此模型中个体层面的工作状态（或者工作水平）被视为工作满意度的一个预测因素。作者期望，国家层面个体主义的文化特征会调节这种关系。多层分析证实，在个体主义指数得分高的国家中，工作水平与工作满意度呈正相关，但在个体主义指数得分低的国家中并未呈现这种关系。在此分析中，研究者考虑到国民收入而控制个体主义方面的差异，因此，富裕程度不能解释这一发现。黄和范德佛利特也发现，个体使用自己技能的机会与工作满意度相关联。当使用自己能力的机会受限时，正如个体主义得分低的国家中案例分析的那样，与蓝领相比，白领对他们的工作有较低的满意度。

在一个相关研究中，黄和范·德·弗利特（Huang & Van de Vliert，2003）也运用了一种类似的多层模型，但他们将内在的工作特性（挑战性、社会认可和自主性）和外在的工作特性（薪酬、工作安稳和工作条件）作为工作满意度的预测因素。此研究考察了四种国家层面指数的调节效应：个体主义、权力距离、国民财富和社会保障。最值得注意的发现是，在更富裕和更具个体主义的国家中，内在的工作特性与工作满意度有更强的联系，在具有更好的政府社会福利计划和更低权力距离的国家也体现了此关联。同时，在良好的社会福利和低权力距离的国家中，内在的工作特性往往是与满意度相关联的，然而在没有这些条件的国家中，则不存在此种关联。

回等人（Hui et al.，2004）和黄等人（Huang & Van der Vliert，2003，2004）的研究都展示了当明确区分国家层面和个体层面时，如何得到关于工作满意度更精确的结果。多层分析方法在组织研究领域正越来越受欢迎，并且有关不同层次之间的各种交互作用的研究成果也已发表（Smith & Fischer，2008）。应期待的是，有更多的研究重视对不同层次（国家、公司、部门、工作小组）之间做进一步的区分（Fischer，2008）。

本部分一直聚焦的是工作满意度。在此，我们还要提醒读者，还有若干与此相关的主题，其中"组织忠诚"（organization commitment）和"组织公民身份"（organizational citizenship）尤其值得注意（Wasti，2008；Farh，Hackett & Chen，2008）。在某种程度上，研究者关注这些主题反映了研究取向上的转变，激发他们的是所感知到的这一现象，即东亚国家中组织的员工具有高度忠诚感和主动性。如此的概念拓宽在有关领导风格那部分也提到。这凸显的是，跨文化心理学整合不同地区文化中的本土见解极为重要。

巴加特和麦奎德（Bhagat & McQuaid，1982）早就认为，工作和组织心理学领域的跨文化研究进展令人很不满意。后来巴加特等人（Bhagat，Kedia *et al.*，1990）对这一领域研究的评价则倾向于肯定。他们注意到，尽管该领域缺乏严谨的理论和方法论支撑，但在这些方面有进步，即对西方研究成果在其他地方的适用性方面提出了质疑，并开始引入种种理论去解释研究结果。巴加特（Bhagat，2009）赞成对该领域持一种积极的观点，并注意这一趋势，即该领域研究正进一步重视更严谨的理论和方法，而且将文化、组织和工作联系起来。跨文化组织心理学领域的很多研究者都共同持有这种积极的观点。知识更新早已发生，其应用范围巨大，尤其是持续进行的全球化加速了这些趋势。现今最关键的问题可能是，现有相关知识运用于解决日常工作情境具体问题时，其适切性如何。

本章各部分所讨论的主题的总体方向是，从广泛的文化变量转移到更具体的个体变量。第一部分，我们讨论国家文化在塑造组织结构方面所起的作用，以及怎样才能在建构组织过程中减少文化变量的影响，而怎样才能让文化在员工发挥效能方面扮演更强有力的作用。之后，我们转向对组织文化的讨论，该概念在有关组织的研究者和顾问中已获得极大知名度。我们对此概念持保留意见，因为本书中所采用的文化概念与组织文化中的文化概念在范围上不同。此外，组织文化更富于主观色彩，对此只能使用质性研究方法，而这又导致人们不断提出效度方面的疑问。

第三部分讨论的是种种价值观维度，它们连接不同的分析层面。它们都被视为兼有文化（从国家文化的意义来说）属性和个体属性。就研究数量而言，这是一个尤为丰富的研究领域。学界广泛认为，价值观差异有助于解释组织和工作变量方面的国际差异。

在管理行为部分，最中心的研究主题是领导风格。我们论述了日本和印度两个国家的领导风格的相关研究，这两个国家的领导风格看起来也适用于其他国家。我们也讨论了到目前为止关于领导风格和价值观方面最广泛的跨文化研究——GLOBE 项目，该项目最突出的发现可能是，人格魅力型领导风格在广泛的工业化国家和正经历工业化的国家都能奏效。对决策行为则是简要的综述，受人们关注的主要议题已在若干章中提及，即研究结果存在相当大的跨文化差异，以及如何概括这些差异的共同性。

在最后部分，我们讨论了关于工作动机和工作满意度的跨文化研究，这方面我们借鉴了历史上的研究和现代的研究。现代的研究运用多层分析模式来完善研究结果。通过更大规模的研究和更完善的研究设计，我们可望获得更具有一致性的结果，而这样的结果将证明，跨文化组织心理学有理由成为一个活跃的研究领域。同时，我们还意识到，在全球化时代下，对文化背景多样性的理解是组织机构成功的一个重要条件。这种意识也会促进研究结果的一致性。

拓展阅读

Bhagat, R. S., and Steers, R. M. (eds.) (2009). *Cambridge handbook of culture, organizations, and work*. Cambridge：Cambridge University Press. （该卷对工作和组织心理学领域的研究新进展作了一个广泛的概述。）

Gelfand, M. J. Erez, M., and Aycan, Z. (2007). Cross-cultural organizational behavior. *Annual Review of Psychology*，58，479-514.（该文简要综述了影响组织行为的系列广泛因素。）

Hofstede, G. (2001). *Culture's consequences：International differences in work related values*(2nd edn.). Beverly Hills：Sage. （该书描述了霍夫斯泰德最初对价值观维度的"经典"研究，其中包括了丰富的文献概述，其初版于 1980 年出版。）

House, R. J., Hanges, P. J., Javidan, M., Dorfman, P. W., and Gupta, V. (eds.) (2004). *Culture, leadership and organizations：The GLOBE study of 62 societies*. Thousand Oaks, Calif.：Sage. （基于有关价值观的测量和领导风格的感知，该卷报道了目前为止最广泛的跨文化情境下的领导力研究。）

Smith, P. B., Peterson, M. F., and Thomas, D. C. (eds.) (2008). *The handbook of cross-cultural management research*. Los Angeles：Sage. （手册中包含大量跨文化管理研究主题，具有广泛的参考资料清单，是丰富的资料来源。）

第*17*章
健康行为

健康的重要性

本章小结

拓展阅读

    这一章聚焦的是与文化情境有关的健康问题。首先介绍了若干概念性议题，包括一些核心术语的定义、如何比较健康问题，并简要概述了如何探讨文化与健康的关系。本章也考察了文化与心理疾病间可能的联系（精神病理学），以及不同社会怎样试图缓解心理健康方面的遭遇和问题（心理治疗）。本章还关注积极的心理保健和联合国千禧年发展目标提到的健康行为，以及生态和人口是如何可能与健康相关联等议题。

    世界卫生组织（WHO）对健康做如下定义："健康是一种在生理、心理和社会交往诸方面完满、良好的存在状态，而不仅仅是没有疾病和病症。"（WHO，1948）然而，研究表明，不同文化中健康这一概念具有不同的含义（Helman，2008）。在西方，健康的概念建构通常运用生物医学模型，从是否具有疾病的角度去考察。而疾病又被认为来源于身体内部或外部的具体的、明确的原因。其他文化则认为，健康是一种平衡。例如，中医认为，健康是阴和阳两类力量之间的平衡；印度阿育吠陀医学认为，健康是元素成分（bhutas）与源于食物的废物（vayu，pitta and kaph）之间的平衡；类似地，盖伦－伊斯兰传统（Galenic-Islamic）的医学基于体液说，即认为疾病来源于体液的过多或不足（Tseng，2001）。不同文化所采用的健康模型决定了人们对健康的定义以及治疗时采用的方法。

    过去几十年，人们关于健康的思维方式发生了变化。在获得一致认可的"2000年全民健康"的阿拉木图宣言（WHO，1978）以及"关于健康保健的渥太华宪章"（WHO，1986）中，人们对待健康的思维方式已经由等到发病后再治疗，转变为（通过诸如基本的医疗保健之类的公共健康举措）对疾病的预防，甚至要（通过恰当的饮食与运动、避免接触不健康物质等措施）更为根本地提升健康。该转向强调的是要把健康放在国家发展政策的中心位置（Brundtland，2005），政府要对民众的健康负责任（Kickbusch，2003）。健康政策的核心是政府有责任给人民提供社会和经济方面都具有生产力的生活所需的种种机遇。在21世纪初，更基本的转向是，从疾病的预防转变为将"健康能力建设"视为一个社会目标（Breslow，1999）。

    在疾病预防方面，一个主要措施是减少危险因素。世界卫生组织已经确认若干具有风险的因素，例如，偏瘦/超重、不安全的性行为、高血压、烟草和酒精的过度摄入、水质量的不安全、环境卫生和个人卫生、铁缺乏、固体燃料所致的室内烟雾、高胆固醇和肥胖等。总体上说，世界上超过三分之一的死亡都是这些因素造成的（WHO，2002）。在很多发展中国家，至少30％的死亡都是由这些因素中的不到五个所造成的。这些风险因素中很多都能够通过改变人们的生活方式与行为而降低或消除。

    显然，心理学在这方面可发挥基础性的作用，即应用已得到确认的技术和方案改变人们的行为。由于上述健康目标的转变，有关工作路径也发生改变，即过去是完全依靠高科技的生物取向策略，而现在人们则认识到，社会科学和行为科学在健康领域具有潜在的作用（Mac-Lachlan，2006）。首先应当指出，社会科学和行为科学的作用不仅仅局限在心理健康方面：这种路径也坚持这样的理念，即心理学和跨文化心理学知识也与体质健康和社会健康议题相关。这一主张与世界卫生组织的观点是一致的（WHO，1982，p.4），正如该组织所明确指出的："心理社会因素（psychosocial factors）越来越被认为是保健举措和社会举措成功的关键因素。疾病预防、促进健康和幸福感方面的举措若要切实有效，就必须建立在对文化、传统、信念以及家庭互动模式理解的基础之上。"

跨文化心理学能够促进上述理解的一些具体方式包括，首先是对一个文化群体中共享的和已经习惯的健康行为进行研究，然后考察个体的健康信念（什么是健康）、态度和价值观（赋予健康的重要意义）以及真实的与健康相关的行为。这种考察健康的双层面路径主张，文化层面和个体层面都值得研究，为此可首先应用人类学和心理学的方法分别探讨，然后把这两个层面的研究结合起来。这可参见贝理和萨姆（Berry & Sam，2007）为理解健康与文化情境之间的关系而提出的框架。

若干定义与概念化

在医学人类学和医学社会学中，疾病（disease）、病痛（illness）和患病（sickness）常常被区分开来，分别用以表示人类病患所涉及的医学、个人和社会诸方面（Caplan，McCartney & Sisti，2004；Hofmann，2002）。疾病是生理功能障碍引起的健康问题，这种疾病会导致实际或潜在的体能下降，和/或减少寿命预期（Twaddle，1994）。它是外显的，临床表现为生理功能障碍或感染。病痛是人对功能障碍的经历和感知。它是一个主观解释的不理想健康状态，是由不良的身体功能状态带来的主观感受。个人怎样感知、经历、处理疾病基于我们对病痛的解释。患病则侧重一个社会理解和应对个体对病痛感知的方法，以及（疾病）基础性病理学（Kleinman，Eisenberg & Good，2006）。简言之，患病是疾病与病痛的叠加。

疾病、病痛和患病这几个词的区别，表明这样一个事实，即个体可能有病痛（主观方面），但是没有疾病（客观方面，例如，不存在病理学性质的条件）。同样，一个人也可能患有疾病（例如，表现出病理学条件），但是没有病痛。区分这两种情形有助于解释健康与健康求助行为方面的跨文化差异，例如，个人健康行为和遵医行为。

与疾病和病痛的区分相似，治疗（curing）和治愈（healing）也具有不同的含义。治疗意味着需要消除身上的疾病，而治愈是一个能让主观感觉变好，或者使不舒服的身体好起来的行为。实际上，一个人可能被治疗了一种疾病，但是该个体很可能没有感觉到治愈。反之，一个人感觉治愈了，但是疾病可能并没有被治疗（即疾病或病因的消失）。这个区分可以解释艾滋病的现状，至今人们尚不能治疗艾滋病的感染，但他们可能会感觉已经被治愈了。

跨文化心理学不仅关注个人的健康，同时也关心个人所属文化群体的健康，这是因为群体层面的因素总是会影响个人。在群体层面，健康指标，诸如儿童的死亡率和预期寿命，可能是在特定时间社会健康的一个指标（Lindstrand，Bergström，Rosling *et al.*，2006）。这些指标可能会有助于解释社会中的个人健康。在 20 世纪 90 年代，世界卫生组织和世界银行联合哈佛大学公共卫生学院提出了疾病总体负担（Global Burden of Disease，GBD）这一概念（Lopez，Mathers *et al.*，2006）。GBD 旨在能就 107 种疾病和伤害以及 10 种风险因素所导致的死亡率和伤残，进行一个综合的地区性和全球性评估。与 20 世纪 90 年代初次进行的 GBD 评估相比，现今有关评估所用的疾病、伤害和风险因素的数量已经增长。具体而言，疾病负担表现在这两者间存在一个明显的差距：一是目前人们的健康状况；二是一种理想情形，即每个人都能够免受疾病和伤害的困扰而安度晚年①的状况。早逝、伤病和面临某些会导致病痛的风险因素，会加大这个差距。疾病负担概念的中心内容是伤残调整寿命年（Disability Adjusted Life Years，DALY），它是总体疾病负担的测量单位。具体来说，它是（因为早死所致的）总的寿命损失年数（YLL）和个体带残生活年数（YLD）之和（DALY＝YLL＋YLD）。虽然一个伤残调整寿命年（DALY）与失去健康生活的一年是等效的，但是 GBD 经常用 DALY 的百分数（%）来表示。运用 GBD 可以（在全球和地区范围）比较不同健康问题的严重程度，以及它们在全球的或地区的健康问题总体状况中所占比例。

　　GBD 中大约有 14% 归因于精神疾病，其中大多数是由于抑郁、精神分裂症和其他常见的精神疾病、酒精使用和药物使用所导致的障碍。GBD 其余的 86% 归因于生理健康方面，诸如心血管疾病、传染病（例如艾滋病和疟疾），以及不会传染的疾病（例如癌症）。疾病所致负担因年龄、性别、文化和地区而不同，并且随时间而变化。在本章后面部分，我们考察一些具体的疾病时，将会表明疾病带来了多少负担。

不同文化中的精神病理学

　　在 20 世纪初，被誉为现代精神病学之父的埃米尔·克雷佩林（Emil Kraepelin）在巡回演讲时观察到，他偶然遇到的一些亚洲和北美病人，不能用德国和北欧病人所具有的典型症状来表述他们的疾病。他提出，在精神病学下建立比较精神病学（Vergleichende Psychiatrie）这个分支学科，以研究精神病理方面的文化差异。自从克雷佩林提出这个观点之后，精神病理学这个领域虽然发展缓慢，但已取得进步，表现为不同的名称，包括民族精神病学、文化精神病学、跨文化精神病学、文化和精神病理学、文化临床心理学。这个领域主要关心的是异常行为。然而，这是一个很难理解的领域，部分是由于其话题的专业性，以及事实上精神疾病的很多方面很难客观地验证：人们的感受和思维因涉及隐私而具有主观性（Angel & Williams，2000），而且当这类想法和情绪由于疾病和病痛变得扭曲时，对其理解就变得更加复杂。

----

　　① 平均寿命通常以日本作为标准，因为该国的平均寿命通常更长。——原书注

　　心理学家和精神病学家所说的"异常行为与状态"，通常指个体的行为或体验具有这样的特征，即被归类为"病态"或者"障碍"（而不仅仅是"行为古怪"），并且被与其在日常生活中发生互动的人认为是奇怪或奇异的。这些行为的怪异程度也远远超出了应激性情境所导致的较为常见的行为困难，并具有较大的文化差异（Sewell，2008）。在这一章，我们所使用的"精神障碍"这个术语与"精神疾病""异常行为"和"精神病理（psychopathology）"是同义词。尽管精神病学文献所提出的有关定义更正式，但关于不寻常行为与奇怪行为的日常定义，可以使我们看清我们所关注的领域范围。

若干心理健康障碍流行度的国际比较

　　判定精神病理学是普同的还是文化相对的一个方法是，考察其在不同文化场景中的流行度。不同国家和文化群体间相似的发病率可以表明，精神病理学是普同的。患病率的差异则可能意味着精神病理学或是相对的，或者具有温和普同主义特点（即文化以一种形式或者另一种形式关联）。温和的普同精神病理学存在的初步证据来自 WHO 的一个研究。该研究在 14 个国家进行，包括土耳其的安卡拉、德国的柏林和意大利的维罗纳（Goldberg & Lecrubier，1995；Üstün & Sartorius，1995）。该研究使用了 3 种不同的方法（简短的屏幕检测仪器测试、详细的结构化访谈以及医生的临床诊断），对初级医疗护理中心的患者进行诊断。若干精神疾病发病率的调查结果可以在 2001 年世界卫生报告的第 22 页中找到（WHO，2001）。此研究发现，发病率存在国别差异。例如，目前抑郁症的发病率在智利圣地亚哥为 29.5%，然而在日本长崎却是 2.3%，在土耳其的安卡拉是 11.6%。焦虑症的发病率在安卡拉是 0.9%，而在里约热内卢是 22.6%。

　　基于不同国家的发病率差异，我们可以得出这样一个结论：精神病，至少说是基于诊断的精神病，在所有社会中都存在，这表明精神病具有某种形式的普同性。发病率的巨大差距则表明，至于什么是精神病以及它是如何表达的，在不同社会存在差异。这表明，某种形式的温和普同主义是存在的。例如，在安卡拉门诊病人中，所识别出的一般化焦虑患病率相对较低，这可能是对这里相对高比例的现有抑郁症的"补偿"。大量证据表明，不同精神疾病高共病率（共同发病）的存在，意味着不同疾病之间有很大的重叠（Lowe，Spitzer *et al.*，2008）。另一个可能的原因是，在初级看护中心识别出的诊断类别，反映了精神病理学方面一个特定的外源性文化观（即强加的客位视角）。该观点来源于对精神疾病的分类偏见（Widiger & Clark，2000）。在很大程度上这是由于在其他文化群体中强加了西方的疾病分类方式。这个现象被克兰曼（Kleinman，1977）称为"类别谬误"（category fallacy），即实际的精神病分类和实践，与专业的精神病理论和实践所处的文化背景有关。这个谬误可能发生在研究者和临床医生将其文化中的疾病分类强加于其他文化中的时候（强加的客位视角）。这种分类谬误的可能例子是，（中国的）神经衰弱在西方被视为抑郁症，在日本被视为社交恐惧症。

文化与精神病理学的关联

程（Tseng，2007）认为，文化影响精神病理学可能有六种不同的方式，研究者们已将这些方式进一步与不同的文化综合征联系起来。这六种方式是："病源发生性"（pathogenic）效应（即环境中的文化信仰引起压力和焦虑，从而导致精神障碍的形成）、"病态的选择性"（pathoselective）效应（即环境中的文化会选择一个独特的、尽管是病态的模式应对压力）、"病态的可塑性"（pathoplastic）效应（即文化会改变精神障碍的具体表现）、"病态的精致性"（pathoelaboration）效应（即文化会把精神障碍精心解释为一个独特的性质）、"发病的促进性"（pathofacilitating）（即文化会增加某种精神障碍的发生频率）、"致病的反应性"（pathoreactive）（即文化会塑造对临床状况的反应方式）。克玛耶尔和萨特里厄斯（Kirmayer & Sartorius，2007）基于文献综述也表明，个体运用文化提供的解释模型确定病因，这会影响他们的生理机能，从而导致具有文化特性的精神障碍类型，诸如惊恐障碍、疑病焦虑和医学上尚未解释的症状。

为了说明文化与精神病理的联系，以及关于精神病理的表述是否具有跨文化一致性，我们将具体考量三种精神病（器质性精神障碍、精神分裂症、抑郁症），及其与文化综合征这一广泛领域的联系。

器质性精神障碍

器质性精神障碍指的是有明显病理或病因的精神障碍，或者直接来源于医学性障碍（即疾病）的精神障碍。与此相对的其他精神障碍被称为功能性障碍。20世纪70年代之前，精神病学区分器质性障碍和功能性障碍时，暗含的假设是只有前者是与大脑有关的障碍，故是生物性障碍（Walker & Tessner，2008）。但是，这样的区分受到批评，因为所有的精神障碍都具有生物、环境（例如社会和文化）和心理诸方面的基础。不过，该观点仍然坚持认为，器质性障碍具有清晰可辨的生物性条件。两个主要的器质性障碍是"痴呆"和"谵妄"。其他由可辨识的医学条件导致的器质性障碍也是精神障碍，例如由梅毒引发的神经性梅毒。

器质性障碍具有强有力的生物基础，故最有可能成为支持极端普同主义的备选证据。器质性障碍在定义上就没有给"病源发生性"（pathogenic）效应和"病态的可塑性"（pathoplastic）效应等文化影响方式留下余地。然而，该观点只是基于逻辑性质的可能性。能切实支持它的现有研究还很少，就是现有研究也表明，文化因素，诸如一个群体共有的独特生活方式，可能会间接影响有关精神障碍的发生、比例和表述形式（Tseng，2001）。

精神分裂症

现在普遍认为，精神分裂症（schizophrenia）不是单一的障碍，而可能是由异质的一组障碍组成（Jenkins & Barrett，2004）。但是，在本章我们将根据有关精神分裂症的单一规则进行分类。这种障碍的迹象是思维混乱、言语无逻辑性、幻觉、错觉以及运动行为失调，诸如紧张

症、退缩和情绪表达的迟钝(Jenkins & Barratt，2004)。精神分裂症发病率低，每十万人中有
15.2 个新增病例(McGrath et al.，2004)，因此相应地其终生患病率低，为千分之四(Saha et
al.，2006)。尽管如此，精神分裂症是世界上最使人衰弱的精神障碍(Stompe & Friedman，
2007)，且占总 DALY 的 1.1%，占残疾所致总寿命损失年数的 2.8%。

　　研究者已经运用一致性的低患病率作为提出这一论点的理由，即精神疾病有生物学基础，
且可能会遗传(Cannon，2005；Siegert，2001)。另外，经过药物治疗的病人已经显示出有好转
(Adams et al.，2000)，这表明了疾病的生物学基础。这些发现会给极端普同主义观提供支持
(Jarskog，Miyamoto & Lieberman，2007；Miyamoto et al.，2005)。然而，精确的生物标志很
难确定，药物治疗如何会起作用这一点仍不清楚。有关的主要调查研究已经鉴别出大量潜在的
遗传变异(等位基因)，它们被认为是可能的因素，但还没有发现明确的模式(Ross & Margolis，
2009)。更复杂的问题是，精神分裂症的诊断边界具有相当的不确定性，甚至不能排除这一点，
即不止一种疾病会导致精神分裂症症状的出现(International Schizophrenia Consortium，2009；
Stefansson et al.，2009)。

　　自 20 世纪初以来，由于运用多种多样的指标，精神分裂症在若干社会得以确认(Draguns
& Tanaka-Matsumi，2003)。这些研究指出，文化因素对该病可能会有影响，某些文化经验可
以使其提前发生，并预测解释其预后效果(Kulhara & Chakrabarti，2001)。有证据表明，(在该
病的定义和诊断偏好方面的)文化习俗可能会明显影响患病率，这也可以部分解释发病率方面
微小的跨文化差异。在不同社会中，精神分裂症"真正的"发病率与诊断程序的多样化间存在微
妙的相互作用，这导致了研究者 20 世纪 60 年代在不同群体中进行的有关精神分裂症和其他精
神疾病的比较研究。在近 30 年里，WHO 在 17 个国家和地区，包括哥伦比亚、捷克共和国、
丹麦、印度、尼日利亚、中国台湾、英国和美国，建立了 20 个研究中心(Leff，Sartorious et
al.，1992；WHO，1973，1979a)。这些中心对精神分裂症的过程及结果进行了 3 个主要研究。
这些研究的特色是，同时进行案例发掘和数据收集，使用标准的测量工具、经过培训的精神病
学家以及多重跟踪评估。这些研究已发掘到 2000 多个精神分裂症及与其相关疾病的病例，收
集到有关的丰富信息。

　　虽然 WHO 研究提出了"核心的普遍症状"，包括社会交往和情绪方面的退缩、妄想和平淡
的情感，但是不同中心的后续研究发现，这些方面存在实质性的差异。例如，美国精神分裂症
与丹麦和尼日利亚的精神分裂症相比，在症状上缺乏洞察力和幻听(两者都更少)，尼日利亚比
其他两国有更频繁的"其他幻觉"(如视觉和触觉)。其他研究也发现妄想内容的不同，夸大妄想
在农村人群中很少见(Stompe et al.，1999)。类似的，宗教妄想和妄想性内疚在基督教文化中
很普遍，但在伊斯兰教、印度教或佛教中很少见(Stompe et al.，1999，2006)。在 WHO 的研
究中，偏执型精神分裂症在所有国家中都是最常见的形式，除了尼日利亚(该病大多得以诊
断)；在所有的调查点，紧张型的发病率都很相似。但是，墨菲(Murphy，1982)做的研究发现，
欧裔美国人中紧张型很少见。墨菲的发现与 WHO 组织的研究不一致，可能是因为 WHO 研究

运用了更具全纳性的标准(Stompe *et al.*，1999)。假定存在所谓"核心的普遍症状"(以及诊断中使用共同工具时可部分减少差异)，起初(WHO组织的)研究的作者和后评述者所得出的结论很相似，即精神分裂症可以被很充分地理解为一种具有中度普同性的疾病，它在所有文化中都存在且可以加以识别，但是，其在不同文化中的实际发病率和表述方式，看来会存在差异。

　　WHO所组织研究的另一个重要发现是有关跟踪评估该疾病的判病结局或预后(prognosis)方面。这里的预后是用表现出精神病特点患者所占的百分比来定义的。结果发现，发展中国家的病人比发达国家同龄的病人表现出更好的恢复结果(Jablensky，2007)。尽管若干其他研究已经证实，发展中国家的精神分裂症病人预后更好(Hopper & Wanderling，2000；Thara，2004)，但是，对这一结果的解释，尚缺乏确切的社会文化因素的知识。

　　在完全接受温和的普同主义结论之前，需要慎重考虑这几点：首先，就所涉及的工具、概念以及研究人员等方面而言，这些研究在很大程度上属于西方文化取向；其次，所选取的患者群并不是能表征世界范围内文化差异的代表性样本(并且在某种程度上他们已经适应了西方的生活方式)。克兰曼批评世界卫生组织发起的研究中纳入和排除的有关标准，是基于"相似性是人为方法的产物"这一观点(Kleinman，1988，p.19)。预后方面的差异也被质疑是这方面的原因，即在发展中国家，所谓精神分裂症患者可能遭受的是反应性(reactive)精神病症而不是经典意义上的精神分裂症(Kleinman，1988)。并非罕见的是，一些传染病和寄生虫病，诸如在非洲常见的锥虫病，看起来可能会像精神分裂症。然而，对WHO数据的更新分析否认了这一说法，即发展中国家的精神分裂症是属于别的其他疾病(Jablensky，2007)，并得出结论说，非西方国家人群所患的精神分裂症可以有效地与急性短暂的精神病区别开来。我们的结论是，精神分裂症是一个普同性疾病，已发现于所有已知的社会。然而，其亚型、妄想和幻想的内容以及疾病的预后，可能会随着文化的不同而不同。

　　WHO发起研究精神分裂症的另一个目的是，调查在精神分裂症发作前几周发生的压力性生活事件所起的作用(Day *et al.*，1987)。尽管发达国家的有关研究中心已经确认，若干个人、家庭方面的压力性事件会对该病有影响，这些在发展中国家并没有发现。田中松和德拉冈斯(Tanaka-Matsumi & Draguns，1997)认为，这可能是由于不同社会中构成压力源所存在的文化差异所致。其他已有的研究结果支持这一点，即压力与精神分裂症的发病(Corcoran，Walker *et al.*，2003)和复发有联系。一项为期一年的跟踪研究表明，压力性生活事件对该疾病复发的时间具有显著影响(Hirsch *et al.*，1996)。此外，有研究发现，精神分裂症和诸如每天的烦恼之类更微妙的日常因素之间也有关联(Norman & Malla，1993)。这类日常烦恼的形式之一是表达出的情绪，即家庭成员对病人的消极性情绪反应。这也可能是精神分裂症复发的一种压力源。在这类情绪反应低的家庭中，其复发率为15%，而在精神分裂症病人回归家庭后，若遭遇高水平的批评和消极性情绪反应，其复发率则会高达50%(Butzlaff & Hooley，1998；Corcoran *et al.*，2003；Vaughn & Leff，1976)。有关压力和精神分裂症间的关系问题具有因果性和方向性。事实上，一些研究者提出，病人和家属间的互动存在双向性(Barrowclough & Parle，

1997)。

抑郁症

抑郁症是西方建构的概念，故以前该病被认为不存在于非西方社会（Bebbington & Copper，2007），然而现今人们公认它已出现在所有社会中，并且影响所有文化和族群的成员（虽然该病的表达和处理方式在不同社会有所不同，Kleinman，2004）。而且，药物治疗技术的种种开发已得到论证，以支持这样的因果性理论主张，即抑郁症为神经传递缺陷所致，故有其生物学基础。脑成像技术的使用可弄清（病症的）生物标记和内表型，这也已经为探明大脑中涉及抑郁的区域提供了帮助（Peterson et al.，2009）。即便如此，为准确探明该病发展的特定路径而已做出的种种努力，仍难有成效。相反，该病的发病率和流行程度在不同社会存在着巨大的差异，这使我们想到文化可能会对其产生某种形式的影响。

尽管抑郁症不如精神分裂症那般使人逐渐衰弱，但它仍是世界上最常见的心理健康难题之一。该病具有相当高的终生发病率（2%～15%），此外，它也与相当严重的身心残障相关。据估计，在2000年时抑郁症已经在疾病负担的主要病因中名列第四位，并占DALY的4.4%。该病也占据着最大比例的非致命性健康问题所致的疾病负担，导致了近12%的全球残疾生活年数（YLD）（Moussavi，Chatterji et al.，2007）。种种预测表明，抑郁将在总疾病负担方面攀升至第二位，占据DALY的5.7%（Murray & Lopez，1997）。

在世界精神卫生调查（World Mental Health Survey，2010）基础上倡议发起过28个调查项目，总样本超过154000人（每个项目调查样本为1300～3600人），结果发现，持续12个抑郁症患病率不等，从1.0%（在尼日利亚）到10.3%（在美国）（Kessler & Üstün，2008）。患抑郁症的女性更常见，是男性的1.5倍到3倍（Gorman，2006）。发病率差异的原因，被认为是研究的人为性，诸如样本的选择（即涉及的是参加初级保健中心的人们），以及精神科医生诊断抑郁时使用了不同的方法。贝宾顿和科珀（Bebbington & Copper，2007）认为，其发生率的这些差异也可能是由于获得治疗的途径、国家的保健系统以及对医生的态度方面存在差异。

至于说不同文化中精神科医生诊断抑郁时所使用方法的差别，种种分析表明，对此的答案很可能是"不"，因为这方面没有所谓有差别诊断这类事（Draguns & Tanaka-Matsumi，2003）。然而，根据患者所操的语言差异，以及语言中情绪术语方面的差异，"患上抑郁"在各个地方的文化中所代表的意义存在广泛差异（Kleinman & Kleinman，2007；Okello & Musisi，2006）。人们也认为，英语中的"抑郁"这个单词在一些语言中没有对等的词汇，例如，在美国印第安人和一些南亚人群的语言中就是如此（Manson，1995）。尼日利亚纽鲁巴人抑郁症发病率很低（终生发病率2.3%，12个月发病率1.0%，Gureje et al.，2006）。这可能是因为纽鲁巴语言只用一个词来表达抑郁、焦虑和愤怒（Abusah，1993）。然而，尽管这并不意味着纽鲁巴人没有经历过像西方文献里描述的抑郁症状态，但这也意味着西方人可能很难在纽鲁巴人中识别这种障碍（Thakker & Ward，1998）。特别是，缺少经验的医生可能会错误地将该群体成员的抑郁症诊断为焦虑。

借鉴精神分裂症领域的经验，世界卫生组织（WHO，1983）在四国（加拿大、伊朗、日本、瑞士）进行了有关抑郁症诊断和分类的跨文化调查，其目的是审视是否可建构一个标准化工具——抑郁症标准评估表（SADD），以供精神病医生用来有效地诊断抑郁症。其总样本是573，使用开放性问题，围绕建构SADD考量了39种抑郁的症状。结果，该项目鉴别出该病的若干核心的症状（接受调查的患者中超过76%的人带有这些症状）。这些症状包括具有悲伤心境、缺乏活力、缺少兴趣和生活无乐趣。这些症状通常伴随着情绪变异（如负罪感、愤怒及焦虑）、生理变异（如睡眠障碍、做事倦怠、食欲不振、体重下降以及无力感）、行为变异（如哭泣、退缩、忧虑急躁）以及自我评价的变化（如，低自尊、悲观、无望感、无价值感），严重者还会伴有自杀倾向。这些症状在参与研究的大多数国家中都得到证实，且经常被认为是核心症状。其中一些症状，比如身体不适或内疚感，在一些国家少见，但在其他国家多见。这种差异已被视为文化因素在抑郁症上的表现。对于生理症状的体验，诸如头痛，而非伤心之类心理症状，已引发了许多关于抑郁症普同性的激烈争论（Lai & Surood，2008）。这类生理症状或身体症状被认为与潜在的心理障碍有关。这种状况在西方社会是少见的，而在非西方社会很常见（Mukherji，1995）。故在陈述个人的抑郁症状时是否包括躯体化症状，被作为区别西方人和非西方人的一种方法，但对此已有异议存在（Gray-Little，2009）。伊萨（Al-Issa，1995）和陈（Chen，1995）认为，在非西方人眼里，明显的高躯体化可能是不赞成表达强烈负性情绪做法的结果。在上述许多国家中，以任何形式公开表达情绪的做法都不为社会所接受。因此，将这些情绪感受说成身体不适，才更具合法性（Mukherji，1995）。

需要注意的问题是，躯体化（在DSM-IV中被大致归类为"躯体形式障碍"）是特定文化群体表达抑郁的方式，还是一种独立的疾病形式。该议题为克兰曼所观察到，在中国大量患者（93%）被诊断为患有神经衰弱，其特点是身体虚弱、疲劳、困倦、头痛以及头晕，这本来也可以归类为患有抑郁症。神经衰弱在很大程度上看起来像躯体化障碍（Kleinman & Kleinman，2007）。田中松和德拉冈斯（Tanaka-Matsumi & Draguns，1997）提示说，我们需要注意区分有关身体不适症状的表述，例如烦躁不安，其表述是"自发的"（spontaneous）还是"引发的"（elicited）。根据这一区分，非西方患者在接触健康专业人员时，会自发报告躯体不适，但是通过细致的访谈，可能会引发这些非西方患者讲述他们的情绪难题。程（Tseng，2001）补充说，非西方患者自发报告的躯体症状就是内在情绪问题的前奏。

尽管存在以上不同认识，大多数研究者（Draguns & Tamaka-Matsumi，2003）仍然认为，如同精神分裂症一样，抑郁症也具有"共同的核心"症状。正因为这些症状的存在，使抑郁症得以在所有文化中都能够被识别出来。因此，抑郁症可以说具有中度的普同性，但和其他普同性事物一样，相关研究方法以及被试群体的选取存在西方偏见，而这可能已经对抑郁症的概念化和症状描述产生很大的影响。

文化关联综合征

文化关联综合征(culture-bound syndromes)被认为是变态的或精神病态的行为模式，只在特定的文化群体中存在。当提到文化与精神疾病之间的联系时，文化关联综合征最容易被认为是心理问题，在常见的精神科、临床以及变态心理学的教科书中介绍的治疗很少。通常它们被放在无关紧要的位置，因为不值得慎重考虑。

文献中有大量文化角度的精神病理学研究。在这一研究领域，显然最能引起人们兴趣的是发现另一种独特的"发疯"方式。有关文化关联综合征的研究报告丰富多彩，极大地助长了极端相对主义的立场，并且导致了这样的观点，即存在独特的、本地化的精神疾病，它们对于特定文化之外的人来说是尚未知晓的[①]。

文化关联综合征已被代之以不同名称，包括心因性精神病、族群精神病、族群神经症、歇斯底里精神病、异域精神病、文化反应综合征和特定文化关联综合征(Simons & Hughes，1993)。各种文化关联综合征都有一组标志和症状，这些标志和症状因其某些社会心理特征而仅见于有限的若干文化中。其通常被关注的一个问题是，这些症状是一些已经被识别和分类的普同性疾病的地方性表达呢，还是具有文化独特性(Bhugra，Sumathipala & Siribaddana，2007)。这个问题可以用 Dhat 综合征来说明。

前面已提到的观点是，文化在某种程度上会影响每一种精神病，不论其在本质上主要是生物的还是心理的。因此人们的疑问是，为什么一些精神障碍被划分为与文化相关，而其他的则不是。除非文化影响非常大，否则这个疾病不可能被定义为文化关联综合征。程(Tseng，2007)提示，文化与精神病联系的不同方式可用作文化关联综合征分类的基础。根据程的研究，致病效应是定义文化关联综合征的根本和充分条件；同样地，致病选择性效应是另一个根本和充分条件。致病可塑性、致病详尽性和致病促进性可能会导致精神病理学的发展，但是它们本身不能充分发展成文化关联综合征。致病反应性不是文化综合征的充分条件。这是一个采用标签形式的继发效应。前面提及的六种文化效应不具有文化上的排斥性。它们是多种方式共同作用。

应如何看待精神病的普同性？阿布德(Aboud，1998)将这个一般性问题的答案分为多种不同的组成部分。首先，所有文化都对正常行为和异常行为进行了区分。其次，在不同的文化中，共同的症状是普遍存在的，但在表现上会有所差异，有时会以"文化关联症状"的形式出现。再次，对这些症状进行分类仍显得五花八门，尽管分类标准已在国际上得到很普遍的使用。最后，心理障碍的发生过程及结果常常会因文化而具有差异性，但独一无二的文化特征是不常见的。应该明确的是，这方面大多数证据支持温和的普同主义观点。一方面，即使那些具

---

① 并不是所有的症状都是被当地识别的。在日本，"薪水工(salarymen)"经常在工作之后和他们的同事在一起，而不是直接回家。这被称作"回家恐惧综合征"；然而，当做调查的时候，一个普遍的回答是"这不是综合征，这是很正常的!"——原书注

有很明显生物学基础的精神障碍，也有着重要的文化模式（这使绝对普同主义立场站不住脚）。另一方面，种种研究起初就既要探寻主要精神疾病在不同文化中存在的"共同的核心"症状，也要探明明显"文化关联症状"所需的基础性分类原则，这两方面都取得了一定程度的成功。当然，这样的结论是暂定的，我们需要进一步做研究，其观点、样本应明确避免只是根植于单一的（西方的）文化传统。

心理治疗

正如文化因素与精神病的发展和表现有关，它们也通过心理治疗这一方法被卷入试图缓解这些疾病的过程中（Tseng，2004）。心理治疗是一个统称性术语，指的是在患者和治疗师间以个人关系方式进行的任何专业实践活动，其目的是为了减轻患者由于心理问题或障碍而导致的痛苦。然而，这个定义并没有把文化考虑进去。德拉冈斯从文化视角将心理治疗定义为"这样一种方法，即其目的具有社会文化性，其手段具有人际性，故发生在两个或更多的个体之间，并且嵌入在一个更广泛的、不明显的但真实的文化情境，该情境具有共享的社会学习、意义系统、象征符号以及关于社会生活本质的内隐性假设"（Draguns，1975，p. 273）。我们倾向于德拉冈斯的这个观点，我们认为心理治疗作为一种专门的实践活动，涉及指定的治疗者（或治疗师）、确定的来访者（或患者），双方特定的目标是解释使来访者痛苦的问题，或者促进来访者的心理健康。实践能采取各种形式，基本的导向可能是超自然的、自然的、生物医学的、社会哲学的或心理学的（Tseng，2001）。我们也看到，心理治疗中来访者、治疗师、社会之间存在着三角关系。通常，一个社会盛行的文化观念和习俗会渗透到精神治疗的过程中，因为他们是治疗者和患者对有关精神疾病的界定和理解的组成部分。

在治疗场景中，我们能区分本土心理疗法和跨文化心理疗法。在充满全球化和人口流动的当代社会，我们可以增加多元文化的心理治疗。地方性的心理治疗和其他健康干预措施，不涉及多种文化交互的情况，所有三个元素（来访者、心理治疗师、社会）共享一个共同的文化。本土心理疗法通常具有文化镶嵌性（culture-embedded），即镶嵌于其所形成的文化系统之中，故很难移植到另一个文化场景中。至于（要跨越国际边界的）跨文化心理治疗（Tantam，2007），以及（针对一国内的不同族裔文化群体）文化交互咨询服务（Cuéllar & Paniagua，2000），则可能遭遇严重的误解。这是因为，源于西方的理论和方法常用于诊断和帮助其他文化的人们。但多元文化的心理治疗，则比普通的跨文化心理治疗更进一步，因为它应用具有文化敏感性和文化适宜性的心理治疗方法，并兼顾治疗师和患者的文化、族群背景以及不同文化接触的涵化情境（Tanaka-Matsumi，2008）。多元文化心理疗法的核心是从文化视角调适和修订由实证研究所支撑的心理疗法。这需要将"具有文化适切性（culture-relevant）和文化敏感性的信息整合于心理治疗实践，以服务多样性的患者"（Tanaka-Matsumi，2008，p. 178）。

本土心理治疗

几乎在所有的社会中都可见本土心理治疗法，有时它们与西方的治疗法联合运用，有时则是单独使用。这些本土心理疗法在实践中是作为解决问题的治疗方法，但治疗师和患者通常都不认为这是对情绪障碍的心理治疗，而将其视为宗教仪式或者有关超自然和自然力量的治愈习俗(Castillo，2001；Mpofu，Peltzer & Bojuwoye，出版中)。从心理健康的角度来讲，本土治疗习俗会产生心理治疗的效果，可以被认为是"民间心理治疗法"(Tseng，2001)。它们是内在地作为上述所提到的文化三角关系的一部分，故通常是有效的。然而，它们之所以奏效可能是因为其他的原因，或是因为符合患者的信念(Simwaka，Peltzer & Banda，2007)。吉莱克(Jilek，1993)注意到，本土治疗师对于那些需要帮助的人来说是更容易接近的，他们更容易接受患者对病症的描述，他们常常是善解人意的，且富有人格魅力，故有利于建立信任关系和更有效的潜在性治疗关系。

在西方的工业化社会，心理治疗已经采用了不同的形式，并基于心理学的各种理论(如，学习理论、格式塔理论、人本主义理论)。目前，认知行为派是许多西方国家所偏好的理论(Hays，2006)。我们认为，这是西方的本土疗法，但是这里不细述，虽然它们是跨文化心理治疗中最常见的基础。相反，我们将探明一些在非西方文化中发展出来的本土疗法。

本土疗法或民间疗法实际上涵盖了广泛的实践。如果治疗习俗与宗教密切相关，这可能被称为"宗教治愈疗法"或"治疗仪式"。如果这些涉及神灵的中介，它可能被称为"萨满教"或"占卜"或"算命"。研究者已分辨出这些情形下不同形式的实践(Winkelman，1992)。

下面讨论的本土心理治疗方法是根植于日本文化和思想之中的森田疗法(Morita，1998)和内观疗法(Tanaka-Matsumi，1979)。根据穆拉斯(Murase，1982，p.317)的观点，这两种疗法都是"信仰的复兴，定位于日本社会核心价值观的再次发现"。这些核心价值是"撒娇式依赖(amae)"和"诚实的服服帖帖(sunao)"，并分别与森田疗法和内观疗法相关。不过，这两种治疗在一定程度上都体现了这两种价值观。

森田疗法是由精神病医生森田(Morita，1874—1938)为了治疗神经症在 20 世纪 20 年代在日本发展起来的。在同一时间，奥地利的弗洛伊德发展了精神分析。这个方法的基础是独处和休息，而非言语互动。广泛地说，这种治疗涉及行为建构方案，目的是鼓励跳出自我来看生活以及增强社会交往功能(He & Li，2007)。

内观疗法是由日本佛教学者吉本伊信(Ishin Yoshimoto，1916—1988)开创和发展起来的。这是一个短期结构化治疗，主要针对婚姻和家庭冲突、人际关系问题、抑郁和焦虑、自尊问题、行为障碍和成瘾行为(Sheikh & Sheikh，1989)。病人治疗的整体目标是增强其自我意识和不带评价地接纳自己(Maeshiro，2009)。内观这一词源于日本词语 Nai("向内")和 kan("看")，其诗意的翻译是"用心灵之眼看自己"。这种自我反省的结构化方法可帮助个体理解他们自己、他们的人际关系和人类生存的本质。

伏都教(Voodoo)是融合非洲信仰、罗马天主教以及当地信仰和习俗而成的海地民间宗教。它曾使海地人具有一种独特的身份感。除了其他目的，它也具有治疗的目的。这种将宗教与医学联系起来的做法，在世界其他地方并不少见。伏都教最突出的特征是仪式性的被附失神状态(possession trance)。这时候，人们认为已进入天堂的死者的灵魂(loa)进入并占领仪式信仰者的身体，该信仰者既可以是信徒(没有任何心理问题的)，也可以是病人，或是寻求治疗的医生或牧师。圣徒(loa)进入并控制专业实践者。

程(Tseng，2001)和温克尔曼(Winkelman，1992)发现了多种多样的灵魂附体(possession)现象，包括病人被一个死者的有害灵魂或病人被保护性神灵所控制，以及伏都教牧师被有助于诊断和治愈病人的神灵控制。因此，伏都教治疗习俗中有一个亲密的关系群，它不仅仅包括病人和治疗师间的关系，还有病人—信徒间的关系、治疗师—牧师间的关系，以及许多善灵和恶灵间的关系。它们都处于一个复杂的医疗—宗教信仰体系中。另一方面，这一体系根植于文化接触(涵化)情形，这使其得以发展，并且为民众的广泛接受创造了条件。

我们如何理解这些(非西方)本土心理疗法呢？它们仅仅只是毫无价值的迷信活动吗？或者只是在相信迷信的人们中产生作用？或者正如弗洛伊德精神分析法在某些西方社会有其地位，它们各自在其所属社会文化体系中有其地位，那么它们和西方疗法是否可以并行？一些批评家认为，两套治疗体系都可以被视为纯粹的迷信而抛弃。它们在一定程度上有效，仅仅是因为人们认为它们会起作用(正如安慰剂效应)。它们没有"科学基础"或"科学证据"，本来是可以被怀疑论者轻易地击倒的。然而，罗和冯(Lo & Fung，2003)指出，大多数本土心理治疗法的确有效，至少取得了与西方心理治疗学所用的种种方法同等的疗效。例如，北西宪二等人(Kitanishi, Fujimoto & Toyohara，1992)以及何与李(He & Li，2007)发现，森田疗法对病情具有良好的预后效果。同样，郄和薛(Qie & Xue，2003)发现用内观疗法的病人也有良好的预后效果。因此，这些本土疗法不可能因没有效果而被摒弃。此外，很多(非西方的)本土心理治疗方法(或其派生疗法)目前正被纳入西方医学思想，作为其他心理治疗方法的补充(Jilek，1988)。也许，所有这些疗法在某种程度上是有效的，的确是因为患者相信它们的价值，而且将之作为他们包罗万象的文化信念体系的一个组成部分而加以接受。这种信念允许"调动本土的内生资源"(Prince，1980，p.297)，也包括利用家庭和社群的参与，以缓解患者的疼痛。这些信念和资源属于什么性质不重要，重要的是只要它们被患者悦纳(Gielen，Draguns & Fish，2008；Gielen，Fish & Draguns，2004)。

跨文化心理治疗

上述结论提出了这样一个问题：跨文化心理疗法在多大程度上有效？即在治疗过程中，来自一种文化的医学观念和实践能否在另一种文化情境中起作用？要回答此问题，可能有必要考虑极端的普同主义、温和的普同主义和相对主义各自的立场。在对本土心理治疗方法的讨论中我们已注意到，各地的治疗中存在的独特文化理念和习俗是更大的一个文化信念和价值观复合体的一部分，并且文献也声称，它们在当地情境中可能有着积极的疗效。所有这些方法中存在一种共同的维度，即通过人们所信奉的医疗—宗教习俗调动个人所拥有的种种资源，这也是贯穿其中的主线。因此，本土治疗方法可能存在某种潜在的普同性基础，这一结论可能是合理的，但仍是暂定的结论。种种心理治疗实践可能存在一种共同的核心，但它们各自根植于不同的历史文化，并且在语言表述上也有很大的文化差异。例如，若从极端普同主义角度来探索这一议题，就会试图将弗洛伊德精神分析理论和治疗方法运用于非西方文化。对此我们要问：精神分析构想是否就是关于人类发展和心理治疗的客位性（etic）规律？尽管精神分析学派相信它就是如此（Fenichel，1955），但是若由未受过西方精英教育的人们使用这种技术，则会制约实效验证（Prince，1980）。如果这种说法是正确的，那么我们就可以将精神分析理论的跨文化运用视为极端普同主义心理治疗的候选者而放弃，而且可能将其在当地的使用作为一种本土治疗法。我们可以尝试对各种心理疗法进行文化调适，这样做时，我们就从极端普同论立场转变为温和普同论立场（Christopher，2001；Lo ﹠ Fung，2003）。

为了确定经过文化调适后的心理治疗法的有效性，格里纳和史密斯（Griner ﹠ Smith，2006）对涉及25000多个被试的76项研究结果进行了元分析。这些研究都包括对文化调适过的心理干预法和"传统"心理干预法的比较。结果发现，"文化调适过的心理健康干预法总体上取得积极效果。所有76项研究随机加权平均效应量是 d＝0.45；对于62项研究的实验和准实验设计，它的加权平均效应量是 d＝0.40。平均效应量的大小与很多潜在的调节变量有关……通常范围从 d＝0.30 到 d＝0.60"（Griner ﹠ Smith，2006，p.541）。这个结果表明，就有效性而言，文化调适过的心理疗法可能具有温和的普同性。

多元文化心理治疗

正如以上指出，多元文化心理疗法的核心就是，对那些已被科学证明是有效的心理治疗方法进行文化调适。至于如何成功地对治疗方法进行文化调适，大量的引导性问题可以在有关多元文化治疗文献中找到（Tanaka-Matsumi，2008）。一个重要的步骤是治疗师和咨询师要意识到自己的族群观和偏见，以及这些是如何与来访者的族群观和偏见发生互动而妨碍治疗过程的。ADDRESSING 模式是一个力求解决这方面问题的方案（Hays，2001），治疗师可以使用它来形成有关来访者信念、价值观、情绪表达、健康信念系统及症状表述方面的假设。这里，ADDRESSING 是其英文要点词首字母的缩写，分别代表的是年龄、成长中出现和后来患得的残障、宗教和精神性、族群特点、社会经济地位、性取向、本土文化遗产、国籍来源、社会性别。治疗师要根据这些把握各方面信息。此外，治疗师还需要对认知和行为疗法进行功能分析，尽可能使具体治疗法适用于多种不同族群背景人们的需要。这里的功能分析，需要确定先因、行为和这两者的后果。功能分析的目标是"弄清适合来访者个人的一系列具体目标行为的种种重要的、可控的、因果功能性关系"（Haynes ﹠ O'brien，1990，p.654）。一旦目标行为确定，"有关任务是监控目标行为的发生及其前因事件和情境，以及目标行为的后果"（Tanaka-

Matsumi，2008，p. 187），包括来访者所处社会场景中其他人的反应。

积极的心理健康

　　本章的最后两部分考察心理健康问题和社会如何解决这些问题的尝试。在本节中，我们转向心理健康更积极的方面，符合当前 WHO 定义的健康的概念（Kok，2007；Seligman，2008）。为了促进全球健康，WHO 发起了一个关于生活质量的长期项目（Skevington，Lotfy & O'Connell，2004；WHOQOL，1995），目的是开发一个国际性的跨文化比较的生活质量评估工具。评估个人在他们的文化和价值体系背景下的观念，以及他们个人的目标、标准和关切。这个项目的关键问题是"什么是一个好的或令人满意的生活"？生活质量的概念是在经济学、生态学、法律、政治学和社会福利以及健康心理学中广泛使用的。虽然这个概念是共享的，结果却并不总是相关。例如，它通常认为收入的增加并不一定与主观的（心理）幸福（Diener & Seligman，2009；Kahneman & Krueger，2006）有关，或不一定与更普遍的健康状况有关（Diener & Biswas-Diener，2002），这一现象在经济学中被称为伊斯特林悖论。这个悖论"暗示社会经济发展水平和其成员的总体幸福程度无关"（Stevenson & Wolfers，2008，p. 1）。

　　生活质量的概念也是多维度的，在多学科中的使用导致了这一特点。然而，其中两个基本维度已被归纳出来，一个是代表文化环境的客观因素，另一个是代表对这些客观因素的主观评价和反应。费尔南德斯-巴列斯特罗斯等人（Fernandez-Ballesteros *et al*.，2001）将这两组因素命名为"社会环境（因素）"和"个体（因素）"。前者包括环境质量、财务状况和社会支持等，后者包括生活满意度、健康、机能能力以及闲暇活动等。可见这种区分与我们跨文化心理学的研究有相似之处，即我们试图将情境变量与心理变量联系起来。总之，生活质量已经被定义为"个体生活所处的外部条件和（个体）对这些条件的内在感知间的动态互动"的产物（Browne *et al*.，1994，p. 235）。心理学对生活质量的测量通常聚焦于其主观方面，而其他学科则是对更客观的条件的评估。

　　生活质量中更具个体性方面的核心是主观幸福感（subjective well-being，SWB）这一概念，被定义为个体在认知和情感上对其生活的评价（Diener，Lucus & Oishi，2002）。更具体地说，它包括生活满意度和个体生活中消极与积极情绪间的平衡。关于主观幸福感的跨文化研究已经持续了半个多世纪。有研究表明，一些国家中的大多数人都相当幸福，但就什么使人们感到幸福而言，不同文化间存在差异（Biswas-Diener，Vittersø & Diener，2005；Eid & Larsen，2008）。总体上研究显示，对于世界上的大多数人来说，积极情绪比消极情绪更占主导地位（Dolan，Peasgood & White，2008）。这些研究还提示，个人的幸福感与国家的幸福感在某种程度上是经常不变的。根据更早的调查，幸福感并不会因繁荣和不幸的出现而改变。个体在经历"快乐水车"期后（Biswas-Diener，2008；Inglehart，Foa *et al*.，2008），总是会回归他们幸福水平的基线。

在一系列的国际调查中（从 1981 年到 2007 年），"世界价值观调查"（WVS）发现，与幸福感是相对稳定的这一论点相反，参与研究的大多数国家的总体幸福感水平已经发生改变，即人们变得更幸福（Ingelhart *et al.*，2008）。研究发现，幸福感的增长与经济发展、民主化和社会包容度的提升相关，因为这些因素使人们感知到有选择的自由。而且这些研究也表明，最富有或者经济最发达国家的人并不是幸福感最高的。丹麦是目前幸福感最高的国家，波多黎各和哥伦比亚分别位居第二和第三，亚美尼亚和津巴布韦则是最后两名。美国这个最富有的国家则排在第 16 位。

关于财富和主观幸福感的关系，迪纳和比斯瓦斯-迪纳（Diener & Biswas-Diener，2002，p. 119）总结出以下关系。

1. 国家财富和所报告的幸福感均分间有很大的相关性；2. 在国家内部，收入和主观幸福感间的相关性在多数时候不大，尽管在贫穷国家这些相关性看起来更大，且穷人面临的不幸福的风险也更高；3. 在大多数经济发达的社会，随着过去几十年的经济增长，主观幸福感提升的幅度极小，并且个人收入的增加会带来可变的产出；4. 那些标榜物质目标高于其他价值观的人往往会更加不幸福，除非他们很富有。（Diener & Biswas-Diener，2002，p. 119）

迪纳（Diener，1996）提出，尽管在世界各地，幸福感与财富（购买力）在不同国家间呈正相关（+0.62），但是在国家内部，可以更好预测主观幸福感的因素并不是收入水平，而是近来收入的增长。这意味着，个人可以适应他们的经济环境，并且对经济环境的变化而非他们长期的财富状况会有更多的反应。这可能是，不同文化间不存在单一的促进性关系，即不同的文化中，会有不同的因素影响主观幸福感。

借鉴提升心理健康确有实效的方法，近年来心理学感兴趣的是，为促使积极情绪、积极品格形成和发展，其方式方法、原理和条件是什么（Gable & Haidt，2005；Seligman，2002；Seligman，Steen *et al.*，2005）。这种新的兴趣还伴随着心理学重心的转向，即从过分关注人类苦难和失调，转向于对人类及其福祉更加平衡的理解。积极心理学倡导的一个方面是，寻找人类积极的品质，并且关注这些品质是如何与生活满意度关联的。彼得森和同事（Park，Peterson & Seligman，2004；Peterson & Seligman，2004；Peterson，Park & Seligman，2005a and b）近年来辨别出了 24 种优势品格，这些品格已为 50 多个国家的成年人样本有力证实。它们包括善良、公平、真诚、感恩和心灵开放等。所鉴别的这些品格在不同国家间存在很强的相关性，通常在 0.80 以上。这些调查暗示，这些研究结果揭示了某种形式的人类普同性的本性和/或者特点，它们是一个自主发展的社会最低限度的需要。此外，这些优势品格与生活满意度相关：个体的优势品格得分越高，其报告的生活满意度也越高（Park，Peterson & Seligman，2004）。

健康行为

在本章的开头我们就指出，文化（包括许多行为、社会以及环境方面）因素的重要性，不仅体现在心理健康方面，还体现在一般意义的健康方面。在这里我们要更明确地讨论这些关系，我们将聚焦的，除了治疗方面，还包括健康的促进与疾病的预防。在进一步讨论之前，我们想要强调健康促进和疾病预防二者间的区别。这两个术语经常在一起使用，有时还作为同义词。疾病预防首要关注的是，通过防止慢性病和传染病的发展，以减少其造成的损失。它可能是通过减少或消除危险因素或进行早期干预，以阻止疾病发展得更为严重（Heggenhougen，2008）。健康促进更关注的是个人怎样对健康的生活方式做出选择，以促进其健康。

对健康促进和疾病预防的聚焦，已经为社会科学和行为科学领域的专家在公共健康计划的制订与实施方面发挥作用创造了用武之地。举例来说，在减少药物滥用与酒后驾驶、摄入低热量食物与体育锻炼方面，社会心理学中态度改变的专业知识，以及临床心理学在行为改善方面的专长，显然都能够扮演重要的角色（Seligman，Steen *et al.*，2005）。尽管社会科学在疾病预防和健康促进方面具有巨大的潜力，但就计划的具体实施来说，这些学科的进展缓慢（Mittlemark，2009）。故本部分其余内容将以 3 个联合国千禧年的发展目标（MDG）为出发点，着重强调健康促进措施方面的若干具体的案例（United Nations，2001；参见第十八章国家发展部分）。千禧年发展计划提出的 8 个发展目标，被视为应对目前发展所面临挑战的必需，已被189 个国家采纳，也获得了联合国的批准。就本学科而言，相关的目标是：消除贫困和饥饿，降低儿童死亡率，以及抗击艾滋病病毒/艾滋病、疟疾及其他疾病。这 3 个目标紧密联系着其他 5 个发展目标，努力实现一个目标对于其他目标的实现都是有重要意义的。由于这些目标紧密联系，我们将从以下几个方面对它们进行探讨：贫困、饥饿与营养不良；婴儿与儿童的存活率；艾滋病病毒/艾滋病；疟疾。

贫困、饥饿与营养不良

贫困事关食物的不足，饥饿是贫困的最极端形式，这种条件下，个人对食物的基本需要不能满足（Bread for the World Institute，2010）。除了影响世界上成千上万的人口的饥饿与饥荒之外，挨饿的人们还不得不与慢性营养不良和微量元素不足做斗争（被称为隐形饥饿，例如，维生素 A、铁、碘、锌缺乏），而这可能会导致发育不良，也会导致与大面积负性学业失败有关的认知发展迟缓，以及对疾病和传染病的抵抗力减弱（Dalmiya & Schultnik，2003；Grantham-McGregor，Cheung *et al.*，2007）。这些问题在低收入的国家尤其普遍。有关贫穷测量的另一面是所谓"营养转变"（nutrition transition），同样出现在低收入和中等收入的国家。这是指从一种膳食状况，即主要与日常生活中大量体力劳动有关的包括淀粉、低脂和高纤维性质的食物种类，转变为脂肪和糖含量高的食物，并采用久坐不动的生活方式（Lindstrand *et al.*，2006）。这种转变导致人们从饥饿变为肥胖。目前大约40％的世界人口正遭受饥饿或肥胖，这两类营养问题有差不多相同的比例。营养不良与营养过剩造成了"双重疾病负担"。

从生物学上看，人类身体可以很好地应对短期的食物稀缺，但是不能应对持续的大量营养过剩的饮食。人体在生理上生来就不适合过度消费。这要求减少对含有大量营养食物的过度消费行为，特别是脂肪和糖类过多的饮食。关于肥胖症对于心理发展的影响的研究很少。但是，肥胖和其他的健康问题也有联系，例如糖尿病和心血管疾病。现很难评估营养不良和营养过剩所导致的伤残调整寿命年数（DALY）方面的损失，这是因为这些情形本身并不是疾病，而是疾病的原因。在本小节的最后部分，我们将讨论营养缺乏，因为它与营养不良有关，影响经济地位低下、接受医疗帮助受限的人们。改变生活方式可能是处理这个问题的一个方法。

对营养不良和健康行为进行研究的意图，是为了对人类发展中生理和心理之间的联系有更好的理解（Aboud，1998；Dasen，Inhelder *et al.*，1978）。这方面的理论在很短的时间中发生了巨大的变化：早在20世纪70年代初期，占主导地位的简单假设是，减少食物摄入量对脑细胞数量有影响；但是现在已经进一步认识到，这是一个包含多重交互关系的复杂模型（Grantham-McGregor *et al.*，2007）。这些研究的最终应用性目的是为了更好地理解营养不良的原因，这些原因不仅仅是缺少食物，还包括腹泻性痢疾（Black *et al.*，2008），以及其对心理发展的影响机制，以便能够综合地预防营养不良，或者至少降低它所带来的危害。由于营养不良发生在一个复杂的生态、经济、社会以及文化系统中，解决方法不能仅仅只是简单地提供更多的食物，即便这很可能是首要的最紧急的措施（Gibson，2006）。纵向和横向研究都表明，改进孕妇的饮食可以防止婴幼儿发育不良（Engle *et al.*，2007）。同样，在生命的第二年和第三年的食物补充可以改善儿童的认知发展（Li，Barnhart *et al.*，2001）。

婴儿与儿童的存活率

与由贫困和营养不良所致心理发展问题密切相关的是婴儿死亡率问题。2002年，全球每1000名活产婴儿死亡数是56。其变化范围是每1000人中有3～165人死亡，在撒哈拉以南非洲的死亡率最高。在全球范围内，每年约有750万儿童死于他们出生的第一年。婴儿死亡率通常分为"新生儿"（即出生到第一个月之间）死亡率和"新生儿后期"（即第一个月到生命的第一年之间）死亡率。"童年"死亡率指在个体生命最开始5年的死亡率。当今估计的童年死亡率是每1000人中有82人。据估计，在2001年，有1040万个孩子死在其5岁前（Linstrand *et al.*，2006）。该死亡率最高的地方也是在撒哈拉以南非洲地区，每1000中有175人死亡。

哈克尼斯等人（Harkness，Wyon & Super，1988）已经将"儿童存活率"（一个比"儿童死亡率"更积极的取向）作为行为科学的一个领域，它在减少疾病所带来的负担中有积极的影响。一个由联合国儿童基金会在世界各地发起的，旨在提高存活率的特定方法是"GOBI战略"。GOBI最初关注四个技术（Gatrell，2002）：

1. 成长监测（Growth monitoring），其目的是确诊早期的生长障碍及营养不良案例。

2. 口服补液疗法（Oral rehydration therapy），针对的是严重腹泻的婴儿和儿童，以降低脱水导致的高死亡率。

3. 提倡母乳喂养（Breastfeeding promotion），与不卫生的奶瓶喂养相比，母乳喂养减少了间接污染，具有直接获得营养和免疫的好处。

4. 注射疫苗（Immunization），以防止儿童期主要的传染性疾病。

虽然这些技术最初的结果令人印象深刻，但是也发生一些明显的失误，对这些失误问题的社会行为分析是有益的。例如，仅仅知道儿童健康问题（例如，腹泻）的特点和原因，对要纠正这些问题而言，显然是远远不够的。一个受过教育的女人可能更好地理解，这可能是由于食物的感染。因此，自从考德威尔（Caldwell，1979）关于儿童生存的母亲教育的重要性的论文发表以来，整个20世纪80年代的有关努力是阐述母亲教育在儿童存活方面的作用。最初的GOBI战略关注的是各种途径，扩展后的GOBI-FFF战略则包括对女性三方面的支持（Cash、Keusch & Lamstein，1987），FFF包括女性教育、生育间隔（Family spacing）和食物补给。研究表明，与其他措施相比，母亲教育有助于妇女推迟要孩子的年龄，要更少的孩子（部分原因是她们开始生育就晚），受过教育的女性中孕产妇死亡率降低，因此孩子们不会成为孤儿。此外，研究还发现，受过教育的女性会通过控制她们自己的生活而得以赋权（empowerment）或者使用避孕药，以控制生育间隔。

性传播疾病和艾滋病病毒/艾滋病

世界范围内对于艾滋病病毒/艾滋病流行的关注，已经激发了许多跨文化心理学家对性和生殖健康（Wellings *et al*. 2006）以及健康教育的研究（Pick，Givaudan & Poortinga，2003；Pick，Poortinga & Givaudan，2003）。在2007年，约有3300万人携带艾滋病病毒，270万人新感染了病毒。自从20世纪80年代，即这种疾病变得众所周知以来，已经约有2500万人因它而死亡。感染HIV病毒和死于艾滋病的人在地理上是分布不均的。虽然这种疾病在一些国家的流行程度已经下降，但是在一些国家仍然有很高的患病比例。超过90％的HIV感染者生活在发展中国家（UNAIDS，2008）。

HIV病毒通过三种途径传播：无保护措施的性交（约占感染者的70％）及男性（非女性）同性恋关系（约占10％）、血液传播（受感染的针头和输血，占5％～10％），以及孕期、分娩和哺乳期的母婴传播（在整体中约占10％，但是这在儿童感染病例中约占90％）。在20世纪80年代中期，性传播疾病率有所下降，但是自1995年以来，又逐步持续地增长到57％（Hedge，2007，p.875），其中淋病增长率由最初的15％增长到139％，衣原体感染增长196％，以及梅毒感染增长了1058％（Hedge，2007）。虽然其他性传播疾病约占伤残调整寿命年数（DALY）的1％，但是艾滋病所致的 DALY 损失已超过 6％。此外，其他性传播疾病还有若干有效的医学治疗方法，而目前尚未发现药物能治愈和预防艾滋病病毒的感染，虽然在高收入国家的抗病毒疗法已经延长了艾滋病感染者的寿命高达十年。因此，大量的注意力一直是在预防，这也是为什么行为科学和社会科学在这个领域的意义如此凸显的原因（Piot，Bartos *et al.*，2008）。

科学和社会科学在这方面已经强调的是 ABC 预防法：节欲、忠实于自己的爱人、使用避孕套。然而，这样的预防计划涉及心理和文化方面的议题，包括男性和女性的角色，性行为的规范，使用安全套的态度，宣传媒体与公开讨论性关系的规范。绝大多数 HIV 预防计划都使用了一种被称为 KAP（知识、态度和实践）的方法（Toovey，Jamieson & Holloway，2004），以了解一个群体对健康问题的取向。调查的问题诸如，"人是如何感染艾滋病的？"（K-知识方面），"你是否觉得自己可能感染艾滋病？"（A-态度方面），"最近一次性生活中你是否使用避孕套？"（P-实践）。基于这方面的初步评估数据，就可以发起侧重 K（知识）、A（态度）或 P（实践）的预防计划。举例来说，如果（某一目标群体）普遍具备了相关知识，并且有关态度也是恰当的（例如降低风险），那么项目计划就直接以改变行为习惯为目标。然而，如果必要的知识或态度没有到位，那么项目就需要按 KAP 序列实施。这种项目计划同样适用于特定的目标人群，例如青少年、已婚夫妇或性工作者及其客户，或者甚至是卫生保健提供者，这取决于调查结果（Pick，Givuadan *et al.*，2007）。

疟疾

全球 90 多个国家中，近一半以上的人口会遭受疟疾带来的风险（Carter，2007）。据估计，每年有 3 亿到 5 亿的临床疟疾病例，其中有 130 万人死亡，而且大多数是在发展中国家（WHO，2002）。这个估计可能只是实际发病的一部分，通常还有没有报告的或者低估的。即使是这样，疟疾占 DALY 的近 3％（WHO，2008）。疟疾是由寄生虫即疟原虫引起的，疟原虫有四种类型。疟疾的严重性取决于被感染的病原虫的类型。疟疾虫以蚊子作为寄生的载体，将死水作为生殖环境。因此，预防的工作应该意在消除蚊子，或防止蚊虫叮咬。另外，可以采取预防性药物，防止寄生虫发展为成熟的疟疾虫。一旦疾病确诊，可能需要药物治疗。相对其他人，疟疾更容易出现在孕妇身上，因为孕妇免疫力会降低。这种疾病对于儿童来说更具有破坏性。成年人若自出生起重复暴露于感染疟疾的地区，在一定程度上会获得其免疫力，可免于严重的疾病。相反，来自非病区的游人则极易得此病（Carter，2007）。从严重的病情中恢复过来的孩子被认为达到了完全康复，但是新的证据表明，严重的疟疾可能与持久的神经和认知障碍的损伤有关（Carter，Ross *et al.*，2005）。

使用奎宁或其他药物如氯喹进行治疗（"治愈"取向）是对此疾病最常见的处理方式，然而很多人也会普遍使用预防疾病的方式（如使用蚊帐）。从 20 世纪 50 年代开始，更有效的治疗药物以及控制蚊虫的杀虫剂（较为显著的是滴滴涕，DDT）的研发，使得世界范围内根除疟疾的运动成为可能。尽管杀虫剂很有效，但是也伴随着其他问题的出现。杀虫剂被证明对人体和环境都是有害的。寄生虫对于药物治疗也有了抗药性，使药物不那么有效。虽然以前根除疾病的努力失败了，但是一些健康倡导者和盖茨基金等非政府组织又已开始讨论如何完全消除这种疾病（Roberts & Enserink，2007）。

虽然一些地区实际上早已消除了疟疾，但是由于蚊子和寄生虫对化学物质（包括杀虫剂和药物）耐药性的产生，近年来该病又有了大幅度抬头的趋势（Bray，Martin et al.，2005；Gregson & Plowe，2006）。控制该病的替代性方法是使用社会科学与行为科学的技术（Panter-Brick，Clarke et al.，2006）。潘特-布里克等人（Panter-Brick et al.，2006）将社会生态学模型用于冈比亚农村地区。该模型将行为置于社会和自然环境下，聚焦的是人类行为和形成其能动性的外部因素之间的相互作用。具体说就是，这个方法"考察人们在其社会和自然环境中的交互作用，进行历时性和多层次的分析：个人、家庭、文化和制度"（Panter-Brick et al.，2006，pp. 2811-2812）。将这个方法与疟疾预防联系起来时，在这个项目的第一阶段，在蚊帐使用有很长历史的农村地区，让居民大量利用蚊帐。然而，由于贫困与新蚊帐的成本，他们使用的蚊帐都很破旧，带有洞孔。因此，预防计划意在鼓励居民修复（低成本）孔网，实施是以文化适宜的方式（通过唱歌）进行的，并以策略性张贴海报方式提醒人们歌词的内容，以此表明修复蚊帐的重要性与成本效价。

生态、人口和健康

贯穿本书的一个话题就是，生态、文化及个体行为总是环环相扣的。在第一章和第十章中，文化是从适应生态系统和变革生态系统两个方面定义的；行为被描绘为既受文化影响，同时也影响文化；而生态系统也被认为既影响着个体行为，也被个体行为所影响（参见图1.1）。在过去的几十年中，人们关于这些关系对公众及个体健康影响的认识有了很大的提高（McMichael，2002；Pimentel et al.，2007）。这些关系中的关键联结点是人口增长（Erhlich & Erhlich，1997；Townsend，2003）和社会发展不均衡（Farmer，2005），这两者都会对健康资源的水平、分配及其发展潜能产生影响（McMichael，2002）。接下来的这节，我们将简述两个问题：生育行为和健康的重要性。

生育行为

20世纪50年代早期，人们开始对世界上的人口数量产生了兴趣（Lindstrand et al.，2006）。预计世界上的人口在2150年之前会增长到108亿到270亿，大部分人口的增长来自发展中国家。在20世纪60年代晚期，埃利希（Ehrlich，1968）出版了《人口爆炸》一书，他认为，按照当时的世界人口的增长率，世界可能会面临食物和原材料的缺乏。他当时错误地消极评价了这个世界，因为人类一直在创新，以新的技术产生足够多的食物，人类同时也在控制世界的人口增长。

　　尽管如此，人们再次对人口变化感兴趣（APA，2003；Trommsdorff，Kim & Nauck，2005），因为人口增长会影响环境，抵消克服贫困的努力。从全球来看，人口增长率从 20 世纪 60 年代的 2.0％下降到 2000 年的 1.5％。20 世纪 60 年代妇女的生育率是每个妇女会生 6 个孩子，2002 年下降到每个妇女生 2.8 个孩子。尽管目前全球的生育水平高于 2.1 这一"生育更替水平"，但在世界的某些地区，尤其是在撒哈拉以南的非洲地区（马里和尼日尔），生育率是 7.3，在欧洲和亚洲的一些国家（如意大利 1.3；日本 1.2），生育率却低于全球平均水平（Nation Master，2008），更不用说是低于生育更替水平的。目前人们感兴趣的关键点是西方国家生育率的降低和人口老龄化，这些国家在维持持续的经济发展和提高社会福利计划方面可能会面临问题（Caldwell，Caldwell & McDonald，2002）。与此同时，发展中国家的人口增长可能会导致贫穷、粮食短缺和生态系统的变化（Townsend，2003）。全球人口增长的这种不平衡性可能导致推动和吸引人口流动的因素，以及随之而来的涵化和文化互动关系方面的挑战（见第十三、第十四章）。

　　那么，是否存在可能有助于解释这些戏剧性趋势的社会和行为因素？如果存在，这些相同的因素可以用来控制这种人口增长吗？首先，我们要承认影响人口增长的若干其他因素：医疗保健水平的改善，包括治疗和预防措施以及营养的改善，都改变了婴儿存活及长寿的模式。疾病的减少是生物医学与行为科学共同干预的结果，生育率的下降同样也是这些科学共同作用的结果。医学提供了生育控制技术，行为科学在研究及推广这些技术的使用方面起到了重要的作用（如前面所提的 KAP 计划的实施）。在这一节中，我们来看看其他相关的社会及心理因素。

　　福西特（Fawcett，1973）早期研究强调了多种不同的因素，包括儿童对父母的价值、家庭结构（包括婚姻形式）、对生育控制技术的知晓和使用、对堕胎的价值观与态度以及规划未来的能力。这些因素（以及其他非心理的社会因素）已经开始被看作一个大系统中的一部分，在该系统中的人口统计学、政治、社会、文化及心理诸方面的变量相互作用，影响着人口增长。

　　在这些研究中，一个心理学变量是成年人给出的生孩子的理由。有两项名为"儿童价值研究"的主要国际合作性研究，聚焦于人们为什么要孩子这一问题。第一项研究（Kaġitçibaşi，1984）是在 20 世纪 60 年代末期发起的，包括 9 个国家和地区（德国、印尼、韩国、菲律宾、新加坡、中国台湾、泰国、土耳其以及美国）。第二项研究是在 30 年以后进行的（Nauck & Klaus，2007；Trommsdorff，Kim & Nauch，2005），尽管是复制第一项研究，但是拓展了代际关系方面的调查。第二项研究包括三代女性：青少年女孩、其母亲和祖母。除了最初的参与国，两个撒哈拉沙漠以南的非洲国家——加纳和西非也包括在内。

　　该研究采取的一个基本思路是，"所赋予孩子的价值观被概念化为一个中介变量，即是先前背景、社会心理变量和随之产生的与生育有关的结果之间的中介"（Kaġitçibaşi，1984；Kaġitçibaşi，1996）。该研究的两个相关议题分别是想要孩子的原因和想要在自己孩子身上看到所期望的品质。此研究表明，人们要孩子有三个原因（Kaġitçibaşi，2007）：经济的/功利主义的、心理的/情绪的、社会的/规范的。经济/功利主义价值指的是儿童年轻时或长大成人后所具有的物质性收益，后者指其对父母养老的贡献，前者与孩子对家庭经济和家务的贡献有关。孩子的心理价值与快乐、乐趣、友谊、自豪的情感和拥有孩子带给父母的成就感有关。最后，社会/规范指的是当人们有了孩子后会被社会接纳，例如社会分别赋予一个男人或女人以父亲或母亲的角色。虽然最初的一些研究结果已被重复证实（Kağitçibaşi & Ataca，2005），但其他结果却仍遭到质疑，比如这三类价值是否真的在所有被研究的社会中都能够被识别（Sam，Amponsah & Hetland，2008；Sam，Peltzer & Mayer，2005）。然而，这些知识可以用于生育率还很高的地方以降低生育率。

健康的重要性

健康是生态系统的一部分，这已被流行病学百余年的研究结果所证明。人口的增长常常伴随着工业化，反过来又导致污染、压力、高血压以及各种疾病（如肺部疾病、心脏病、癌症）。这些"因果关系网"为理解多种疾病提供了很好的材料（Kawachi & Subramanian，2005）。与此同时，人口增长和工业化增加着人均财富，反过来又促进医学研究和健康护理。然而，在这一关系中最令人吃惊的方面之一，不是财富平均水平（人均收入），而是财富的公平分配（以及相应的健康服务的公平分配）程度，这可以预测大致的健康状况和寿命（Farmer，2005；Marmot & Wilkinson，2005）。这一结论也是最富有的国家并未占据"人类发展指数排行榜"榜首的原因之一，占据首位的是那些具有中等水平财富并有着更为公正的财富分配制度的国家（UNDP，2009）。这种不公平的卫生资源分配不仅存在于不同阶层，而且存在于不同地区，在不同的国家更是如此。对健康支持方面的国际差异是巨大的，最需要支持的人却得到最少的支持（Farmer，2005）。

然而，上述广泛系列变量之间的关系并未能很好地说明社会经济状况与健康之间联系的深层次原因。张伯伦（Chamberlain，1997）提出，如果我们想知道贫穷和健康之间为什么相关，对个体和家庭成员经历的研究是至关重要的。他的研究显示了众多的因素是如何混杂在这一关系当中的，包括与健康专家的接触、健康的意义和价值以及多种保健习俗（饮食、运动和药物使用）。

　　这一章集中讨论了文化在各种健康议题中的作用，包括健康的消极方面（例如，精神病理学）、健康的积极方面（生活质量领域）以及更好的健康预防和健康促进（例如在艾滋病和营养不良方面）。把这章放在本书的应用领域，目的是强调如何用文化知识来改善个体健康和提高公共健康。这里所采取的方法也强调了社会和行为科学对健康提升和预防策略的贡献。千禧年发展目标的核心不只是经济发展，还要实现个体健康的改善和公共健康问题的减少。

　　跨文化心理学的应用可以改善健康，无疑其推行也需谨慎，并需要关注其在各文化场景的效度。这方面已经有一些重要的成果，诸如性别教育可用作战胜贫穷的基础（Pick & Sirkin, 2010）。但是，很多社会中健康的信念、态度和行为是深入其文化中的，这使得其更难理解，并对跨文化变革方面的计划不那么敏感。例如，在我们与健康问题的战斗中，要从文化角度修改一种心理治疗方法，或者说采用在文化方面具有说服力的方法，而不仅仅是运用具有文化适宜的方法，这还会有很长的路要走。

拓展阅读

　　Ayers, S., Baum, A., McManus, C., Newman, S., Wallston, K., Weinman, J., and West, R. (eds.) (2007). *The Cambridge handbook of psychology, health and medicine*. Cambridge：Cambridge University Press. ［该手册约由 250 个简短的章节组成，涵盖健康、医疗与心理领域的大多数议题。大多数议题的讨论并不是从文化的视角入手，而是从当前某一具体的健康问题的信息入手。该书被许多专业的医护人员（包括护士、心理学家）界定为一本医学学术参考用书，其中涉及了大量与健康相关的问题。］

Bhugra，B.，and Bhui，K.（eds.）（2007）．*Textbook of cultural psychiatry*．Cambridge：Cambridge University Press.（该教材为多元文化、多种族社会以及全球经济中的精神卫生保健条款提供了框架。该书描述了不同社会中的文化精神病学，且包含了实例和案例研究。）

Helman，C.（ed.）（2008）．*Medical anthropology*．Surrey：Ashgate.（该教材包括相关主要论文，概述了医学人类学的历史、概念、研究成果以及健康疾病和医疗的跨文化研究。主题涵盖跨文化精神病学、食物和营养、传统治疗人员、分娩和丧亲以及医学人类学在国际健康问题中的应用，诸如艾滋病、疟疾预防和家庭方面。）

MacLachlan，M.（2006）．*Culture and health：A critical perspective towards global health*．Chichester：Wiley.（对于健康、疾病、护理与文化之间如何进行互动，以及这些知识如何运用于健康促进的问题，该书进行了有意义的、整体性的探讨。）

Tseng，W.-S.（2001）．*Handbook of cultural psychiatry*．San Diego：Academic Press.基于（跨）文化视角，该手册50个章节全面概述了精神疾病的各个方面。该书聚焦于文化精神病学领域的发展历史、关键概念、主位与客位的理论观点，当前诊断手册中的大多数疾病的诊断、表达、治疗与预后，也包括尚未记载的疾病，例如文化关联的综合征。

第18章
构建通晓文化和适宜文化的心理学

本章目录

现代心理学是在西方世界发展起来的，故本章探讨心理学的科学研究与专业实践之间的关系，希望心理学能成为一门了解文化、具有文化适切性（culturally relevant）和适宜性（appropriate）的学科，使它能服务于全世界人口。西方世界的心理学知识［此后称"西方心理学"（western psychology）］，对（西方之外）"多数人口生活的世界"（majority world）①来说，适宜性不大。我们非常希望建设一种全球心理学，一种对所有文化群体都富有效度和用途的心理学。这一目标的实现存在若干可行的路径，包括审视现有的西方心理学对其他社会的心理学产生的影响，在不同社会发展出种种本土心理学（indigenous psychologies），最后将所有这些心理学汇聚为一种具有全球视野的普同性心理学。

近些年来，这类追求全球视野的举措已日益彰显其重要意义，无论对撰写心理学历史

---

① "majority world"是由卡奇茨巴西（Kağitçibaşi，2007）等人所用的一个术语，指人口数量大且贫困的地区，以表示对"发展中世界"和"第三世界"等说法的不满。——原书注

（Brock，2006），传授心理学知识（Karandashev & McCarthy，2006）还是从事心理学专业实践（Stevens and Gielen，2007）都有裨益。本书所倡导的温和普同主义立场，是考量切实实现上述目标可能性的理论基础：如果全人类具有共同的基本心理过程，那么对来自不同文化的心理学概念和研究成果加以整合这一追求是存在机遇的。

　　在本章中，我们首先考察西方心理学对非西方世界的影响，包括这种心理学知识及其专业实践服务的可获得性、被需求感及其传播流向。其次，我们进一步关注世界上许多地区的本土心理学及其发展。最后，我们将反思这样一个问题：对于通过本土方式所获得的心理学知识而言，当其应用于各类社会和国家时，其可能的益处是什么。

通晓文化的心理学

　　通读本书后我们已经发现，跨文化心理学力求促进对人类行为的这样一种理解，即人类行为与文化场景密切相关，因为其具体发展和表现发生在不同的文化场景中。在这一章，我们探讨此问题的两个特点：其一，认识到统治世界的现行心理学，很大程度上仍然不了解文化；其二，寻求一种植根于世界不同社会文化传统的心理学。

西方心理学的影响

　　很明显，心理学的学科知识和专业服务，无论是从其根源还是实践运作上看，都是绝对属于西方工业化社会中的事物。这一点对于从国际视角研究心理学的每一个人来说，都是显而易见的（Pawlik & Rosenzweig，2000）。西方工业化社会之外的其他国家经常扮演"消费者"和"被试"的角色，因此心理学的成果被"出售"或"被试验"到其他民族的身上。由阿代尔等人（Adair & Kağitçibaşi，1995；Adair，Coehlo & Luna，2002；Allwood & Berry，2006；Cole，2006）所撰写的著述能够非常清晰地呈现这方面的状况。例如，科尔（Cole，2006，p.905）注意到，国际心理学特别是国际心理科学联盟（IUPU）的领导权，仍然牢牢掌握在欧美人士手中。"尽管目前此联盟会议的与会者已来自近100个国家，但欧美国家仍掌控着该会议的参与权和管理权。"（Rosenzweig，Holtzman *et al.*，2000）

　　由于西方心理学已有的知识与世界多数国家的需要可能严重不匹配，因而对欠发达地区来说，这种不平衡是会导致问题的（Moghaddam，Erneling *et al.*，2007）。这是因为，西方心理学其实只是众多本土心理学的一支（Allwood，1998），却占据着心理学的支配角色和地位。面对西方心理学的统治，"本土心理学"被（不恰当地）用来指那些反映欠发达地区的传统、信仰和意识形态的心理学。如果全球或国际心理学运动只是既有状况的延续，即西方心理学在国际范围内传播，而第三世界国家只是接受西方心理学，那么，这种运动就不可能促进我们对于全世界人口的理解，且对他们来说也是没有多大用处的。

　　解决该不平衡和霸权问题的部分答案就是，发展出一种对文化差异具有敏感性同时兼具全球视野的心理学。因此，我们就可以将跨文化心理学的出现，看成在此正确方向上迈出的重要一步。尽管在一定意义上这种观点已成为事实，但同时也存在这样的事实，即跨文化心理学也曾为自己将西方以外的广大世界当成某种"自然实验室"而感到内疚，而且已经是旧闻的是，该新兴学科使用多种其他方式剥削欠发达地区的人口（Drenth，2004；Warwick，1980）。正如在本书第十章所说，在文化人类学中，多数早期的田野工作是"抽取性质"（Gasché，1992），即仅从文化群体中捞取信息。在沃里克（Warwick，1980，p.323）看来，"从研究主题的选择到研究结果的出版和传播，跨文化研究难免会与政治发生联系"。这种跨文化学术活动可能会在研究目标、学术权力以及研究结果使用意图（甚至误用）等方面存在差异。为了解决这一问题，沃特金斯等人（Watkins & Shulman，2008）已经提倡一种"解放心理学"（psychology of liberation），即由欠发达地区的心理学家掌控他们自己的研究和专业议程。

　　那种简单输出和引进心理学的做法，导致在其他国家进行的心理学研究不需要考虑当地的文化环境或需要，这就是所谓全球化总体进程的一部分。然而，贝理（Berry，2008）认为，同化并非全球化的唯一结果，因为同化会使世界各国的文化趋于同质，且效仿占统治地位的西方世界。拒绝和回击这些外来影响的可选择措施是常见的，也是与多重文化影响共处的或创新分析方式。《国际文化互动关系》（*International Journal of Intercultural Relations*）中论述全球化的一期专刊，已分析了为应对同化现象的多种可选方法提供的证据（Kim & Bhawuk，2008）。

　　高蒂尔（Gauthier，2008）已试图通过提出"世界心理学家伦理原则宣言"（UDEPP），来解决上述有关伦理的问题。该宣言的主要目标和原则大纲见文本框 18.1。

18.1　世界心理学家伦理原则宣言

　　世界心理学家伦理原则宣言（UDEPP）的提出，是"为了明确如下的若干原则和价值观，即它们能为全球心理学家们提供一个共同遵循的道德框架，并且它们能够为开发适宜于不同文化场景的相应标准提供道德方面的正当理由和指南"（国际心理科学联合会，2008）。该宣言是在国际心理科学联合会、国际应用心理学协会和国际跨文化心理学协会的共同支持下完成的，其工作委员会的成员来自全球五大洲，由加拿大心理学家詹妮·高赛尔（Janel Gauthier）担任主席。该宣言基于多个国家的现有（学术）伦理准则以及大量针对伦理的历史观点和当代成果；然后该工作委员会对其进行了比较，并从中析取了共同内容，旨在成为心理学家的伦理和道德指南。故该宣言可用作一个指导在不同社会中开发伦理准则的模板。

　　该宣言所描述的伦理原则基于人类共享的价值观。它重申了心理学共同体的伦理义务，其最终目的是有助于建立一个更美好的世界，在此世界中和平、自由、责任感、正义、人性和道德终将取胜。它所明确的原则和相关价值观具有通则性和励志性，而不是具体的办法和硬性的规范。就具体行为标准的开发而言，这些原则和价值观的运用将会随着文化的不同而有所变化，而且为了确保它们与当地文化或区域文化、习俗、信念和法律的适切性，必须要体现当地或区域的特点。

其原则如下。

1. 尊重个人和各族人民的尊严。"对尊严的尊重，意味着要承认全人类所固有的内在价值，而不管其在社会地位、族性出身、社会性别、能力或其他类似的特征上有多少感知到的或真正的差别。这个固有价值意味着，全人类都值得在道德上受到平等的关怀。"

2. 具有关爱个人和各族人民福祉的胜任力。"有胜任力地关爱个人和人民的福祉，包括为其利益而工作，最重要的是，不要伤害他们。这包括使种种受益最大化，使潜在伤害最小化，以及补偿和矫正伤害。"

3. 正直诚信。"在心理学这一学科中，对促进科学知识和维系公众信心而言，正直诚信至关重要。它建立在诚实品质和真实、开放和准确的交流基础之上。它意味着要识别、监控和管理种种潜在的偏差、多重的关系和其他利益冲突，否则其结果可能会对个人和人民产生危害。"

4. 为社会承担种种专业实践责任和科学探索责任。"作为一门科学和一种专业实践，心理学对社会有许多义务。这些义务包括贡献出关于人类行为与个体对自身和他人理解的知识，并用这些知识改善个体、家庭、群体、社区和社会的条件。"

该宣言中的"普同性"概念与本书中该概念的用法是一致的。它是这样一个文件，即接受全人类互动中常见的基本原则。它认为，不同的文化经验将会使这些原则的建构出现差异；心理学家的专业实践规范和学术研究规范将会受到文化性制约，并会进一步使这些原则在相关场景中出现表达上的差异。这样，该宣言就将在世界范围内的心理学实践中避免出现一种双重危险，即对各种差异要么过度规范或约束（强势普同主义），要么过度包容（相对主义）。

借鉴跨文化心理学对研究策略已经做出的若干区分，也可能有助于解决上述问题。我们首先可以看到的是这样的策略，即心理学可以"原封不动"地从西方文化"出口"到其他国家。这代表的是一种所谓"科学同化"（scientific assimilation），所指的仅是局限于某一特定文化的心理学（Berry，1978）。第二种策略是在（欠发达地区）当地与此平行地发展出的本土心理学，或者通过对外来心理学进行本土化调适后所引进的心理学。第三种策略是尝试把所有这些可用的心理学整合成一种具有普同性的心理学。

拉格梅（Lagmay，1984，p.31）认为，西方（主要是美国）心理学进入这些社会是"文化传播"的案例，并且是包括语言、教育、法律系统和大众媒体在内的更为一般的文化要素输入的一部分。近50年美国殖民活动的总体影响是，"西方的科学及其具有文化性质的观念，已变为所有那些接受现代学校教育者的言语和思维方式……菲律宾社会科学研究所用的语言、数据阐述和理论建构……无疑都已经非常明显地美国化和西方化了"。所以，对于欠发达地区而言，如此的西方心理学出口或进口是不可能建构出"普同心理学"的（Moghaddam & Taylor，1986），最近，普阿（Pe-Pua，2006）对菲律宾的研究，迪亚兹-罗文和同事（Diaz-Loving et al.，2008）对墨西哥的研究，迪亚兹-罗文（Diaz-Loving，2005）更广泛地对拉丁美洲的研究，以及南萨蒙等人（Nsamenang et al.，2008）对非洲的研究，都阐释了各自所研究的社会被西方心理学以各种方式改变的方方面面。

在一项关于阿拉伯语世界采用西方心理学的实证研究中，夏蒂拉等人使用内容分析法，分析了过去50年阿拉伯语国家发表的英文研究。他们审视的是，"对本土研究成果的引用率……研究者对开展本土研究和满足本地人类发展需要的认可程度和实际努力程度……对带有显著文化倾向的方法程序和所建构概念的意识……影响进程和建设的程度……（这些指标）可表明，对现存的方法、概念及理论的可应用性和可移植性方面的批判意识……以及研究在有助于更好地理解本土场景下个体心理机能运作方面的贡献程度（Zebian et al.，2007，pp. 91-92）"。他们的结论是"研究者并没有开展具有文化敏感性的研究实践，这种状况并未随着时间的推移而显著变化"（2007，p. 112）。大多数问题与这样的现象有关，即仅仅是基于翻译和替换一些字词后，就直接借用西方心理学的概念、方法及测量工具。

撒哈拉沙漠以南的非洲国家的状况也已充分证实了这一问题（Nsamenang，1995，2001）："心理学是民族中心主义性质的科学，主要建构于发达国家，然后再出口到撒哈拉沙漠以南的非洲世界。"（1995，p. 729）尽管有相当多的证据证明这一结论（Carr & MacLachlan，1998），然而问题在于，若（当地）没有进口的愿望，（西方国家）怎么能够实现出口。也就是说，在此知识流动中，与"供货方"相对应的必定还有"需求方"（Berry，2001b）。虽然在原则上西方之外的广大国家可以拒绝西方心理学（正如现今许多国家主张，通过全球化在全球范围内获得产品和服务，参见 Laird，2009），但是两方在相对的（政治，经济）力量上存在着明显的不均衡。

在这种情况下，欠发达地区的心理学家在被要求解释或说明人们的行为时，会面临两难处境。在为教育、就业领域的筛选所做的意见调查和评定中，在临床实践工作中，无论对大众，还是对政府和其他机构中的关键决策者而言，心理学家都经常处于极具影响力的地位。如果他们所接受的专业培训、价值观和技术都将根植于西方心理科学，而对本土的文化知识和心理学知识知之甚少，那么，他们的这种影响能具有多大的"文化适宜性"呢？除非这种可能性是实质上的，否则欠发达地区的心理学家将有可能最终扮演"不经意的文化涵化者"的角色。当这种培训极为专业化（聚焦于西方当地课题），不能帮助受训的心理学家在复杂的本地文化环境中，为应对更广泛议题而做好准备时，这就更不适合（Moghaddam，1989）。取代这种依赖进口心理学的方法，就是努力发展出一门适合本地的心理学。

这种替代性对策方面的工作已经由研究者描述出来。按照卡尔和麦克拉克的研究（Carr &

MacLach，1989），当面对占统治地位的心理学时，首先应努力的是"同化到该主流中去……其方式是在欠发达地区复制西方的研究"。然而，当这种工作面临缺乏适切性问题时，一些心理学家接下来就会进一步去寻找"文化特征中的积极方面"。第三步替代工作是，"超越第一阶段的依从性和第二阶段的反依从性（anti-conformity），独立地评估本社会的'需求'，以便与其他文化进行比较"（Carr & Maclachlan，1998，p.13）。应对上述问题的这些新策略，已经使本土心理学得以生成并迅速发展（Adair & Diaz-Loving，1999；Allwood & Berry，2006；Kim & Berry，1993；Yang & Hwang，2006；D. Sinha，1997）。莫伽达姆等人（Moghaddam *et al.*，2007）已经展示了若干这类"替代性心理学"及其实施研究的策略。很多替代性心理学采用了本土心理学的各种形式，这些形式拒绝西方心理学，并代之以更具文化适宜性的方法来考量和解释人类行为。

我们该如何评估西方心理学对欠发达地区人民的生活的影响呢？一方面，心理学只是西方思想的一小部分，实际上可能并未直接或广泛影响一种在正常运行着的文化及其成员个体。另一方面，心理学可能是种种濡化影响所构成的宽泛包裹的一部分，该包裹会影响很多核心制度（教育、工作或宗教），大多数人在其发展历程中需要经历这些制度。尽管实质性的濡化的确可能发生，但这可以采取不同形式，而且很难具体指出心理学在这一过程中的特别贡献。

本土心理学

所谓"本土心理学"，我们指的是这样一套学科视角，即"在人类行为形成和展示的种种文化情境内部去理解这些行为，它们也可视为这样的努力，即将心理学研究根植于一种文化的内生性概念系统，包括哲学、神学和科学诸方面的观点，这些观点已成为该文化人们的历史、当代生活和制度的一部分"（Allwood & Berry，2006，p.241）。此概念能够与若干其他分支学科的观念相关联，包括民族心理学（ethnopsychology）（可参见第十章关于认知人类学的讨论）和常识或通俗心理学（naive psychology，Heider，1958）。这种本土心理学源于文化科学（*Geisteswissenschaften*）而不是自然科学（*Naturwissenschaften*）（Kim & Berry，1993）的知识传统。

吉姆和帕克（Kim & Park，2006）强调，文化科学的方法不同于自然科学。他们认为心理学研究需要一种"互动交易型"（transactional）研究方法。在这种方法中，人们是决定其自身行为的能动者（agents），（植根于个体间的）互动而非个体是理解人类活动的重要单元。从更一般的意义上看，金等人（Kim *et al.*，2006）则力求混淆本土心理学和文化心理学的研究方法，声称这两种方式与跨文化心理学相对立，因为后者是与自然科学研究方法的联姻。波斯基（Boski，2006）也同样支持这一立场。这种强调本土心理学和文化心理学相似性，以及它们与文化比较方法间关系的论点，提醒我们需要更好地理解三种流派对文化与心理关系的主张，这已在第一章和第十二章讨论。《亚洲社会心理学期刊》出过一期特刊（Hwang and Yang，2000），用以专门讨论这些关系。就像在第一章表述的，我们认为，这三种方法可以合并和运用于更广阔的跨文化心理学的研究领域（Berry，2000）。

奥尔伍德和贝理（Allwood & Berry，2006）发起了一项关于当前本土心理学状况的全球研究项目。他们向来自 12 个国家的 15 位权威心理学家提出涉及 4 方面的问题：(1)全球范围内本土心理学的历史；(2)本土心理学在其所在国家的发展历程；(3)全球范围内本土心理学的主要特征；(4)其所在国家本土心理学的主要特征。他们对答案的分析揭示了该领域的若干共同特征。首先，本土心理学存在一些积极品质，这包括受访者广泛认识到，各自文化的历史和哲学概念以及当前社会的特点，对发现适切性本土心理学成果具有重要意义；并且都共同认为，本土心理学可以通过以下两种方法来促进心理学的发展：一是创建一个更加有效和有用的当地心理学，二是通过"跨本土"（cross-indigenous）比较的方法来追求全球心理学。其次，受访者都认为，存在三种消极现象。这包括：本土心理学被视为对西方心理学概念、方法及成果的统治地位所做出的后殖民性反抗；本土心理学代表这样的认识，即那种舶来的心理学不能满足他们社会发展的需要；当地及国际的同行反对他们所做的本土心理学研究，其理由是，这种研究会损害其（专业）生涯发展。此外，受访者对本土心理学也存在一些不同的看法：一些人认为美国心理学的统治是主要威胁，而另一些人视欧洲心理学为威胁。就宗教作为洞察本土心理的源泉的重要性而言，受访者的看法不一。

其中，最重要的差异在于关于这一问题的不同观点，即"本土的，还是使本土化的"。该领域发展的起点是仅仅植根于他们自己的历史、社会和文化而建立本土心理学呢，还是在引进西方心理学后对其所做的改良？这一议题由辛哈（Sinha，1997）提出，他将这两种路径看作是互补的。无论是考察当地的文化主题，还是利用西方心理学，都属于本土化进程，其结果形成各种本土心理学，从而最终建立一种普同或全球心理学。

辛哈以前曾发现，把西方心理学输入印度被视为"总体现代化进程的一部分"（Sinha，1986，p. 10），其特征是"完全脱离印度传统，并排斥本地知识的智慧"（1986，p. 11），导致无穷地"重复外国研究"（1986，p. 33）。其他研究者则认为，这种引进是"美国佬的欺骗"，或仅仅是玩弄西方心理学。辛哈注意到，该领域在印度有四个历史阶段。起初是前独立阶段：印度心理学"受西方控制，并未表现出任何走向成熟的迹象"（1986，p. 36）。然后是独立后的扩张阶段：研究迅速发展，但与其说是服务于政策和实践措施，不如说是为了学术声望。第三个阶段是问题取向研究：主要强调打破对西方的依附性，并进行更多的应用研究。最后是本土化阶段：所引进的西方心理学经历了文化转型的过程，更加关注印度的社会和文化传统，从而与印度经济和政治需求更加适切。

辛哈（Sinha，1997）后来进一步对欠发达地区的许多地方的这个过程进行了系统化的阐述。其主要立场之一包括两个互补的主张：首先，需要所有心理学研究都要镶嵌于特定的文化情境；其次，需要确立心理学实施基础和原则的普遍性。他认为，"本土化可以看作心理学全球化的一个重要阶段"（Sinha，1997，p. 131；Berry & Kim，1993；Yang，2000）。他的第二个立场是坚持认为，本土化的成果(本地心理学)和过程应当加以区分。前者指的是一种具有四个属性的心理学：既不是外来的也不是进口的心理学知识；它被人们的日常活动(而不是实验或测量)所验证；理解人类行为要参照当地的观念框架；其内容包括与文化群体生活相联系的知识。相对而言，本土化进程包括：对所借用的、移植的或进口的心理学进行转化，进而使心理学能够更好地满足文化群体的需要。

然而一些研究者认为，"本土心理学的目标是……将一种进口的学科转化为一种成熟的、自立的学术学科"(Adair，2004，p.115)。这需要大学及心理学专业实践建立心理学研究机构。显然，其思路是，初始时引进西方心理学，也是建立本土心理学的一部分。阿代尔将这一进程概括为四个阶段：引进、植入(implantation)、本土化及自主化(autochthonization)(Adair，2004，p.118)。所谓引进，是指通过聘用在国外受过培训而归来的本地学者，或使用外国课本，将西方心理学纳入课程体系或研究活动。当所引进的心理学被广泛接受为心理学系科或诊所工作的正规部分，这就是植入。当西方心理学因为缺乏社会需要的适切性而受到批判或挑战时，这就进入本土化阶段。当学者们大量的批判为人们所接受，并认为需要在编写教材和进行研究，使之与当地文化主题和需要相关联时，这就到了自主化阶段。这一转化阶段或许能够也或许不能够促进本土心理学的发展。早期接触西方心理学带来的挥之不去的影响以及继续玩"国际化生涯游戏"，会阻止植根于当地社会和文化的本土心理学的发展。

已经出版的若干著作概述了以建立本土心理学为目标、在特定社会所进行的心理学研究。这方面主要有拉奥等人(Rao，Paranjpe & Dalal，2008)对印度的研究，迪亚兹-罗文及其同事(Diaz-Loving et al.，2008)对墨西哥的研究，津琴科和彼得连科(Zinchenko & Petrenko，2008)对德国的研究，阿梅德和吉伦(Ahmed and Gielen，1998)对讲阿拉伯语世界的研究。其中，那本印度手册(见文本框18.2)被认为是里程碑式的成果，它既包括本土性主题，也包括结合印度文化场景对西方心理学概念和实证研究的扩延。

在这里我们考察三个从文化基础出发而发展本土心理学的例子：墨西哥、菲律宾以及中国台湾。首先是迪亚兹-格罗雷等人(Diaz-Guerrero，1975，1982，1993；Diaz-Loving & Lozano，2009)在"历史—社会文化假设"下发展出了墨西哥心理学。他将其定义为"在一个文化中大多数人所坚持的一系列具有显著文化意义的表述"(1975，p.xx)。在墨西哥，这些主题包括隶属性质的服从、男子汉气概、尊重和保护女性以及忠贞。其中尤其重要的就是克己自制(Diaz-Guerrero，2000)，即自我牺牲的倾向或在强者面前自卑的状态。这与自负完全相反。他指出了影响这种自我克制(abnegation)的三个关键因素：家庭中的自我奉献、社交中的亲和力、对快乐的追求。这些特点或许源于墨西哥长期的殖民历史，以及当前与强权邻国的关系。对迪亚兹-格罗雷(2000，p.83)来说，"墨西哥是一种关于爱的文化，而美国是关于权力的文化"。他甚至认为，这种性情倾向可能会在"所有传统社会中被发现"(2000，p.85)。在殖民社会与被殖民社会这样的关系中，自我克制仅仅是功能性的。

18.2 印度心理学手册（Rao Paranjpe and Dalal，2008）

印度是世界上建立宗教哲学思想体系最古老的国家之一（其他还有中国和希腊-罗马地区）。印度心理学的内容可望包括这些话题：意识、冥想（meditation）、瑜伽、精神信念和健康，以及借鉴佛教、印度教和耆那教方法对人类行为的研究。这些话题需要由在印度及世界各地研习和进行专业实践的高水平学者加以剖析。

该手册的资深编辑拉奥认为，印度心理学领域很好地超越了上面的话题。他认为，"印度心理学是非常复杂的学科，内容深奥且关注精神性，富有哲学味和思辨性，重视实践和仪式，当然，我们相信它是一种关于人类本性的系统和科学的理解。这些特点是真实存在的"（Rao，2008，p. xvii）。拉奥表达了他对于印度心理学实然和应然状态的看法。他首先批判了这种现象，即当代许多"在印度的心理学研究"只是对有关西方概念的西式研究的一种复制。他也多少关注到，印度心理学已经成为类似于"关于印度人的心理学"的学科。他的观点是，"印度心理学是一种本土心理学，它源于本土的种种思维体系，故显然适合论述有印度特点的种种心理学话题和问题"（Rao，2008，p. 3）。

然而，像研究本土心理学的其他学者一样，拉奥更倾向于将这些关注文化特殊性的探讨看作对一种更广泛的全球心理学的贡献。印度心理学"不只是本土心理学，因为尽管它源于印度传统思维，却提供了丰富的心理学研究模式和理论，这体现了一种泛人类的兴趣"。这种普同性的视角源于他的这一主张："印度心理学不排除任何当前心理学研究的事物，却包含更多主题。"（Rao，2008，p. 8）要是我们能够说西方心理学具有同样的包容性和研究范畴就好了。

拉奥在引言中介绍了印度心理学的特征和范畴之后，又将该书总体分为三个部分，论述了"体系与学派""主题和话题"以及"应用和启示"。第一部分主要讨论文化和宗教对印度心理学的广泛影响。然而，值得注意的是它没有包括伊斯兰教的贡献。第二部分的话题是从印度文化视角透视西方心理学中典型的主题，包括动机、人格、认知、情感和意识。在第三部分，作者试图将印度心理学中的具体知识，诸如冥想与健康、组织效率等应用于专业实践。

本书呈现的是异常丰富的文献汇编。如果针对当代世界主要的文化区域，包括东亚、伊斯兰世界、撒哈拉以南非洲以及大洋洲、澳洲和美洲的原住民地区，我们也能够编写出这样的手册，我们就在切实迈向建构普同性心理学的目标了。

第二个例子是恩里克斯(Enriquez，1981，1993)撰写的著述，后来普阿(Pe-Pua 2006)和普塔西奥-德·卡斯特罗(Protacio-De Castro，2006)续写了这方面的论述。恩里克斯不懈地批评西方对菲律宾学术生活的影响，其对策是应该发展植根于本土文化和历史的菲律宾心理学。对此，他强调以下四方面。

1. 重视身份和民族国家意识，特别是将社会科学作为对人、意识和意义(diwa)的研究，或者探讨本土的观念及其对心理的定义，使之成为社会心理学研究的焦点。

2. 社会性觉知和卷入可通过对社会事件和问题的客观研究而得知。

3. 重视国家、族群的文化和语言，包括早期或传统的心理学思想，萨拉查(Salazar，1983)称之为"kinagisnang sikolohiya"(传统心理学)。

4. 兼顾本土心理学的基础性和应用性研究，包括健康实践、农业、艺术、大众媒体、宗教，等等，也包括行为科学和西方心理学中已证明同样适用于菲律宾环境的有关人类行为的知识。(Enriquez，1989，p. 21)

该地区的本土心理学运动包含三个重要的领域，它反对沿用有关菲律宾殖民地状态下国民心智的心理学，反对把发展于并适用于工业化社会的心理学强加到多数人口世界，反对压榨广大人民的心理学。对于恩里克斯来说：

这种新兴的意识被称为"菲律宾人的心理学"(Sikolohiyang Pilipino)，反映了菲律宾的心理学知识，同以菲律宾人为研究对象而发展起来的科学成果一起，源于将当地语言作为工具对本土原有观念进行认定和重新发现，"菲律宾人的心理学"是对菲律宾客观现实的整体描述和透视的媒介。(Enriquez，1989，p. 21)

在其极为综合性的论著中，恩里克斯说明，"菲律宾人的心理学"是历史上长期偏见和反抗的结果。他提出两个相互对抗的过程(分别源于外来和内部的本土化)：第一个是由西方国家所激起或对其做出的反应(参见"出口")，第二个是由菲律宾文化的根本利益所激发的(参见拒绝"进口")。恩里克斯越过了对本土观念的详细说明，创立了本土化的方法(Sahoo，1993)，提出了"随意询问"，用本地人的"自然习惯"与人们交流，以及建立和保持共感关系这三种方法，因为此三种方法适合于菲律宾本土心理学的研究。对于非菲律宾人来讲，要理解菲律宾一些文化的意义是非常困难的，而理解菲律宾人心理潜在的情感态度和长期性的含义，是较为容易的。

这类研究中的第三个范例是杨国枢和同事(Yang，1999，2000，2006；Hwang，2005)探索的华人本土心理学。杨教授聚焦于与华人文化联系最密切的心理生活的三大领域，即华人的家族主义(familism)、华人的传统主义和现代性，以及华人文化中的自我概念。在第一个领域，他针对家庭中个体间强烈的彼此关联性，建构出包括认知、情感和意向特点方面的概念及测量工具。认知特点包括和睦、稳定、健康及声誉；情感方面的要素包括家庭整体团结感、归属感、爱、责任感及安全；意向特点包括相互依存、忍耐、谦虚、顺从、尊敬长辈及圈内人优先。他发现，这种家庭主义的观念已经跨越传统意义的家庭，扩展到工作或其他场景中。

在第二个领域，他将华人的传统主义和现代主义作为两个独立的维度加以概念化和测量，但发现二者通常是共存的（而不是心理冲突的来源）。传统主义包括服从权威、孝心、祖先崇拜、忍耐力、宿命论以及男权主义。华人现代主义包括平等主义、开放观念、自力更生、自信、享乐主义以及性别平等。在第三个领域，他强调了华人传统关于个体取向和社会取向间的区分。个体取向的自我概念强调自由，弱化和谐；而社会取向的自我概念则强调和谐，弱化自由。社会取向进一步划分为四种关系：横向上的、纵向上的、与家庭的以及与家人之外的他人的。实证研究所揭示的这些多种多样的华人的自我概念，源于对华人学生和成人所做的因素分析研究。这些概念化及实证研究为华人本土心理学的建立奠定了稳固基础。

加布里埃尔等人（Gabrenya，Kung & Chen，2006）审查并分析了该研究项目后认为，它超越西方心理学传统的视野，可看成在中华文化中理解心理现象的一场运动。他们通过研究一系列话题来了解这场运动的发展历程，包括话题的文化适切性、方法的适宜性、意识形态相关性以及研究所用语言（英语和中文）。他们以 100 名中国台湾心理学家为样本（分为四个子群体），考察这些话题的重要性，（发现不同人群）对这场运动的支持程度存在差异：受过海外教育培训的人和实验心理学家不太支持；在本地接受教育的人和在社会心理学及临床领域研究的人更支持。这种分歧源于在社会科学领域关于局内人和局外人（与主位和客位视角类似）的争论，也就是说，我们研究者"不得不成为我们需要认识的那种人吗"？

对本土化举措常见的一个批评是，它将会导致心理学的激增。若每个群体都有自己的心理学，可能会生成无穷尽的个别化心理学。或者没有这么具体，那么退至省、市或者村级层面的心理学也是可以想象的。除了面临激增这一问题外，普尔廷戈（Poortinga，1999）认为，心理学的本土化过多地强调了跨文化情境中人们的差异行为，而对相似心理的关注程度不够，尤其是对潜藏于各种行为表层下的共有过程和功能关注不够。他认为，"那些对行为只持文化论的研究者，不仅要解释不同文化群体间的不同行为，同时也要指出其一致的行为"（Poortinga，1999，p. 430）。普尔廷戈（Poortinga，2004）对这一假设也表示忧虑：文化局内人比文化局外人更了解心理现象。这里我们想起派克（Pike，1967）将兼顾主位与客位视角比作双目望远镜，即局内人和局外人的观点提供了对同一现象的不同视角。

我们的观点是寻找平衡点（Berry，2000a；Poortinga，1997；Dasen & Mishra，2000）。一方面，忽视（主要属于）西方心理学的成就，和在每一种文化中重复地发明车轮一样，都是很不明智的。另一方面，西方心理学存在民族中心主义，这使我们在研究人类行为时必须考虑其他视角。跨文化心理学最终的目标之一，就是发展出能够整合所有本土性质的（包括西方）普同性心理学。我们不能预料最终的普同性心理学是否能够包括这些多样化的数据和文化观念，可是我们应尽量地扩大研究网络，将所有可获得的信息收集于其中。

适宜文化的心理学

心理学怎样摆脱西方心理学的统治地位以及本土心理学的出现所导致的种种议题，进而发展到这样的状态，即能切实运用我们的观念和知识来改善全人类的生活？为了向这个方向努力，必须对"发展"这一词的意义达成某种共识。

在2001年联合国试图通过"联合国千禧年计划"来阐明国家发展目标。该计划提出了8项目标：消除严重贫困和饥饿，普及初等教育，促进性别平等和提升女性权利，减少儿童死亡率，提升妇女健康水平，与艾滋病，疟疾及其他疾病抗争，保持环境可持续发展，促进全球合作以谋发展。

很明显，这些领域的诸多方面提出了当今该面对的难题。同时，我们也应该看到，所有这些问题的解决都涉及心理维度，包括态度和价值的转变。欠发达地区和发达国家的研究者，包括来自很多国家的跨文化心理学家，现在都重视这些问题的心理基础。

国家发展

在本书第十三章中，我们讨论了群体层面和个体层面上发生的涵化和变化。我们区分了产生接触的两种文化之间的特征，并指出它们为改变文化和心理所做的贡献。根据该框架，本节将"国家发展"定义为群体层面上的改变（在经济、政治和社会指标方面）和个体层面上的变化（在态度、价值观、动机等方面）。为了实现构成发展要素的这些改变，我们需要使其向着某种有价值的目标状态这一方向发展，这些目标应该为参与到这个进程的群体或个体所清楚地意识到（见文本框18.3）。下面的文本框中对发展的定义，与近30年来出现在心理学文献上的观念是一致的（Sinha，1997）。

18.3　心理学与发展

在国家发展这一领域，心理学对研究和应用的潜在贡献是相当大的。如果我们将发展定义为个体和群体从某种现在的状态转变到某种更有价值的目标境界的过程，那么心理学在以下方面做出了相应的贡献。

1. 对现状的理解。这一点无疑是发展的出发点，心理学的许多构念对此现状的描述是适切的：技能（认知的、技术的、社会的等），对变化的态度，可能支持和反对变革的人格特征，有关保持过去（现在）事物状况的价值观，以及对多种多样可选择的变革方案的兴趣。这就是说，该学科可构建有关群体的"心理轮廓"，或者说，对其心理特点的分布进行研究，从而有助于理解拟出现的发展所基于的人力资源（Allen *et al.*，2007）。当然，在我们进行现状描述的时候，必须要考虑政治因素（例如，这些人力资源的社会组织和分配）和经济因素（比如自然资源），但心理学确实可用其所长帮助我们从整体上理解现状。

2. 理解值得重视的目标状态。除了联合国（2001）所提出的全球发展总体目标之外，心理学可进一步发掘一个本土意义的概念。这可能是心理学对国家发展研究的又一贡献。在不同社会中"发展"究竟有何含义呢？发展是与都市化、工业化和组织化程度的增强有关呢（这是西方所持的"发展"观所蕴含的内容），还是要包括诸如促进和平、满足感与和谐以及减少人类苦难之类的重要的人文变量？当然，心理学家也可以使用通俗的概念，比如志向、需要、价值观和偏好，来对值得重视的目标进行研究。总之，心理学能够帮助我们找到"（如果可能的话）人们希望从生活中得到什么"这一问题的答案。

3. 理想变迁的过程。人们怎样才能从现在的状态转变为值得追求的将来的目标状态？除了曾提到的人力和物质资源外，人们还拥有才能、动机、驱动力、应对机制等心理资源。心理学已经拥有这些概念的确定无疑的知识。对这些动力性因素的审视，包括提升一个群体组织的水平和效能的可能途径，是心理学对国家发展的又一潜在重要贡献。

4. 设计、实施和评估发展计划。心理学家通常乐于提供认识人类行为所需的研究方法方面的可靠培训。行为的文化差异曾一直被忽视，这也正是许多发展计划以失败告终的原因。心理学背景知识能够极大地帮助实施发展计划的团队理解，发展计划是否正在产出预想的效用。在这些方面，无论是量化还是质性研究方法，诸如观察、访谈、抽样、控制组的使用以及基于统计分析评估随时间变化而发生的变化（这包括在纵向设计和横向设计间做出有依据的选择），心理学都能够做出显著的贡献。

我们同样也能够在文献中找到对此发展定义的反对意见。比如，里斯特等人（Rist，1997；Rist & Sabelli，1986）对国家发展这一观念怀有疑问，尤其是它的普同性。他们将发展作为西方世界钟爱的神话之一，系统地对西方"发展者"所认可的关于发展方面已经被接受的事实进行了批判。他们认为，并不是所有的文化中都有"发展"这一概念，而且即使具有这一概念，也和西方国家"发展者"的计划是不一致的。但是，若按照文本框 18.3 所列出的程序，那么对发展这一概念的误解要先于发展计划的实施。因为发展的意义到底"存在"或不存在，以及发展意义有何重要差别，应该在心理学取向的前期研究中给予说明，然后在此基础上做出恰当的决策。

近年来，心理学家（例如 MacLachlan *et al.*，2010）、经济学家和其他社会科学家（例如，Maathai，2009；Moyo，2009；Sen，2005），审视并挑战了这一发展概念及有关发展援助的后果。麦克拉兰等人（MacLachlan *et al.*，2010）对本来旨在促进国家发展的国际援助计划给予了致命性批判。他们认为，根据四个核心心理原则——社会优先（social dominance）、正义观念、文化身份和善于学习，国际援助无效甚至产生毁灭性结果的原因如下：国际援助计划缺乏公平性，实施过程中缺乏正义感，挑战本土文化身份，以及缺乏从失败经验中的学习。

马塔伊（Maathai，2009）认为，非洲国家和人民已经习惯接受发展援助，因而失去了他们的文化身份、共同目标感和动机，取而代之的是消极惰性和道德下降，其结果是地方性的贫困、腐败和内战。解决这些问题的出路，不是更多来自西方社会的援助，而是在非洲社会内部建立新型的领导体制。也就是说，非洲应该依靠内生性努力来解决国际发展援助带来的这些后果。同样，莫约（Moyo，2009）也认为，外国援助已对非洲造成伤害，这是因为，发展援助已导致了非洲国家政府更多的对外依附，鼓励了腐败，并加剧了不良治理和贫困。既然外国援助致使贫穷的恶性循环，阻碍非洲经济的发展，因此应该被取缔。对非洲发展援助所带来影响的这些特点，导致了一种与上文格雷罗（Diaz-Guerrero，2000）所提出的墨西哥人自我牺牲的心理是相似的。

森（Sen，2005）所概述的"才能"（capabilities）这一概念，是指一个人做选择并行动的能力和自由。才能不单指人们能做什么，还包括具有做自己想做事情的自由。森区分了两类差异，一是才能上的差异，二是有利条件（例如资源）和机能运作（例如带来幸福感的活动）方面的差异。第二类差异中，前者强调人们赖以生存的社会和政治条件的特点，而后者则取决于个体的各种个人特征。皮克和施金（Pick & Sirkin，2010）描述了一系列在墨西哥及其他拉美国家进行的干预项目，这些项目致力于提升能动性和赋权，这些项目实际上践行了森的若干主张。

就所有这三类批判而言，其对欠发达地区当前状况和个体面临的问题的描述，显然包括心理基石。因而这两者的联系为跨文化心理学家的考察提供了成熟条件。然而，心理学家还没有就这二者的联系做出系统研究。

不过，扎曼夫妇（Zaman & Zaman，1994）详细阐明了心理学应扮演的合作角色。他们认为，心理学的确可以扮演该角色（与其他学科一起），可是所应用的心理学必须具有文化适宜性才能显示其作用。他们提出了可以在巴基斯坦发展中使用的三个观念。这三个观念涉及的都是对个体和社会文化情境的共同关注。他们提出了以下适切性显著的构想：第一，个体的和情绪上的效能感概念；第二，对无助感给予更多关注；第三，在发展计划中将人类能动性作为一个基本因素。

尽管心理学存在前述局限，穆贾达姆等人（Moghaddam，Branchi et al.，1999）对心理学的角色进行了定义和论述。他们也提倡构建"普同心理学"，即既承认西方和发展中世界之间的文化差异，也承认其间的权力关系。当心理学不合适，且权力间差异悬殊时，人们就会"抵制"发展或导致发展计划的失败，也可能是两者皆会发生。

解放心理学运动（Watkins & Shulman，2008）已经采纳了其中的一些批评，并将其扩展到与欠发达地区相关的许多领域。在其对西方心理学的批判中，沃特金斯和舒尔曼（Watkins & Shulman，2008，p.1）表明了其意图，即"在具有扰乱性的全球化时代重新思考心理学目标和实践惯例"。按照居斯达沃(Esteva，1992)对发展概念提出的挑战，他们(2008，p. 34)认为，"发展"这一术语只简单地提醒人们"他们不是什么"，这致使人们成为"他人梦想的奴隶"，而不是追求自己的梦想。他们所提出的一个可替代性策略是，实施真正的发展，即"让每个人从缺乏人性过渡到充满人性的状况"。另一个策略是，实施"反向性(counter)发展"，即拒绝无限增长的观点，代之以谦逊和朴素。根据贝理(Berry，2008)所论述的全球化和涵化之间的关系，要拒绝被西方主导的发展机构倡导的发展愿景所同化，而应回到类似分离策略那样的本土生活方式。从某些方面来讲，这些策略也和迪亚兹-格雷罗(Diaz-Guerrero，1993)所识别出的自我克制策略相类似。

对这场争论做出很大贡献的是卡奇茨巴西。按照她的观点，探索人类发展需要在个体层面和文化层面上开展理论性与实证性工作(Kağitçibaşi，2007；Kağitçibaşi & Poortinga，2000)，而这就需要心理学家与其他领域的研究者在研究和应用方面进行合作。值得注意的是，她将发展的(个体的和社会的)两种含义进行了合并。她认为，若缺少实现人类(个体)的最佳发展的规划，那么实现人类(社会或国家)发展的希望就会渺茫。目前，此论点对其他学科的影响面正在扩大(Jayasuriya & Lee，1994)。尽管卡奇茨巴西对心理学家，尤其是那些使用"现代化"概念或持个体主义立场的心理学家，以前冒昧涉足发展领域之做法持批判态度(Kağitçibaşi，2007)，她仍然倡导，心理学要加强其与所有发展问题的适切性，这包括早期儿童教育、健康和家庭作用，尤其是强化对母亲赋权和培训的作用。更一般意义上说，就是运用心理学提升社会、文化和经济生活方面的质量。

普尔廷戈(Poortinga，2009)提倡，不同文化在实施干预项目时，要注意移植文化方面的文化敏感性。他区分了采用(adoption)、调适(adaptation)和全新集成(assembly)这三个概念，这些概念原本是跨文化地实施迁移性质的心理学测量时所形成的概念，采用指的是迁移时所使用的研究计划与起初的计划很相近(强加式客位视角)，调适指的是对迁移前原研究计划中不适宜的方面进行调整改动(主位视角)，而全新集成是指基于这样的序列中前两个步骤而开发出全新计划(派生式客位视角)。

心理学对有关国家发展而发挥研究和促进方面的作用，在印度尤其得到了倡导，印度还编辑了名为《心理学和社会发展》的期刊。该期刊发表的文章论述了关于国家发展的一系列议题，包括领导力、具有本地适宜性的评估及专业实践。除了本章前面提到的 D. 辛哈(Sinha，1990)的研究外，J. B. P. 辛哈(Sinha，1970，1980，1984)也为有关国家发展的研究做出了贡献。他的研究采取整合性路径，其中心理学被认为是"发展方面的伙伴"，无论是和其他学科的合作，还是工业化国家和欠发达地区心理学家之间的合作而言。他追踪了"发展"含义的演化过程及其变化，以及心理学家在该演化中所起的作用。在 20 世纪 50 年代，国家发展通常"被认为是经济发展的同义词，经济学家自然是占主导……但是……新兴独立国家的经济发展并没有遵守节约、投资和成长的合理公式，因为在传统社会中社会和文化特征之间充满交互作用"(Sinha，

1984b，p. 169)。有一本专门评述 J. B. P. 辛哈成果的书(Pandey，Sinha & Sinha，2010)强调，他在国家发展研究方面做出了种种贡献。在他的研究中，我们能观察到跨文化心理学的重要贡献之一：来自其他文化的知识和观念能够为西方心理学的研究和应用提供特别必要的视角和行为模式。最为重要的是，有关国家发展的这些讨论彰显的是，跨文化心理学可以为我们提供一条双行路。

　　如何在多种不同的文化中应用跨文化心理学解决问题，是本书第三部分的主题。原则上，本学科知识可以应用于诸多领域（涵化、群体间关系、教育、工作、沟通和健康）。而在本章中，我们试图确立该学科的知识应用在观念上和实践中所反映出的特色和限度。尤为重要的是，我们需要确定特定科学知识和实际问题是相匹配的。本书第一部分的基础知识和第二部分的方法和理论工具可为我们提供相应的知识储备，这些知识让我们相信实现这种匹配的确是可能的。但为实现这一目标，我们工作上需要建立理论与实践合作的伙伴关系，以及促进心理学知识的双向交流。

拓展阅读

　　Allwood，C. M. and Berry，J. W.（2006）（Eds）．Special issue on indigenous psychologies. *International Journal of Psychology*，41. no. 4，241-303.（该期刊登的论文分析了针对本土心理学研究者的调查结果，并以实证性论文说明了有关主题。）

　　Cole，M.（2006）. Internationalism in psychology：We need it now more than ever. *American Psychologist*，61，904-917.（此文是关于作者考察国际心理学之旅程的个人描述，其中包括了如何实现该领域中平衡的重要举措。）

　　Hwang，K. K. and Yang，C. F.（2000）（eds.）Indigenous，cultural and cross-cultural psychologies. *Special Issue*，*Asian Journal of Social Psychology*，No 3.（该期刊登的论文对理解文化—行为关系的三种视角进行了比较。）

　　Kağitçibaşi，C.（2007）. *Family，self and human development across cultures*.（*2nd ed.*）Mahwah：Lawrence Erlbaum Associates.（该

书展示了作者关于心理学在欠发达地区角色的研究视角。)

Kim，U.，and Berry，J. W.（eds.）（1993）. *Indigenous psychologies：Research and experience in cultural context*. Newbury Park，CA：Sage.（该书各章是不同国家作者的原创性文章，展示了其所属文化的本土心理学的观点和研究成果。)

Kim，U.，Yang，K-S，and Hwang，K-K.（2006）（eds）. *Indigenous and cultural psychology：Understanding people in context*. New York：Springer.（该书具有纲要性质，包括了关于世界各地本土心理学的观点和实证研究。)

Kim，Y. Y. and Bhawuk，D.（2008）（eds）. Globalization and diversity. Special issue，*International Journal of Intercultural Research*，33.（该期刊中的系列论文考察全球化过程的各方面，尤其是有关人的各种心理过程和所受的影响。)

Nsamenang，B.（2008）（Ed.）. Special issue on culture and human development. *International Journal of Psychology*，43，No 2，73-113.（该期刊汇集了各种不同社会解决发展议题的论文。)

Stevens，M. and Gielen，U.（2007）（eds）. *Toward a global psychology：Theory，research and pedagogy*. Mahwah：Lawrence Erlbaum Associates.（该书概述了心理学本土化运动。)

结　语

　　读到此，读者将会发现，本书是在有选择地呈现一个多样化的学科领域。该领域不少重要的观点、经验性实证研究和应用项目没有被提及，也就没有进行实质性的论述了。不过，本书所关注的内容并不是随便选取的，而是依据关于文化和行为之间关系的主要讨论和主题确定的。

　　我们也坚持这样的立场，即各种心理过程具有为整个人类所共享的特点。这些共同的心理品质是由濡化和社会化所培育和形塑，有时候还进一步受到涵化的影响，最终表现为种种明显的人类行为。尽管在人生相对早的时候，各种行为方式就已被这些（文化）传递过程所确立，但在后来的生活中，它们还会继续受到生态、文化和社会政治因素的直接影响和引导。简言之，我们在本书所关注的是，文化，究其最广泛的意义上说，是人类行为多样性的主要源泉，这就是说，是文化导致了针对（共同）人生基本主题的人类行为表现出差异性。正是心理品质的共同性，使得（对人类行为的）比较研究成为可能，也正是差异性才使得比较研究具有意义。

　　我们所从事的事业已有若干明确的目标，因此合理的考量是，一般地说是跨文化心理学这个领域，具体来说就是这本书，是否实现了这些目标。在我们看来，第一章所提出目标的其中一个尚未实现：离通过对比较性心理学研究结果的全面整合以建立一门普同性的心理学这一目标还差得很远。然而，就切实论证这一目标而言，即无论是对不同文化间人类心理机能运行何以相似这一议题的揭示，还是对行为系统如何表现出（文化之间）重要差异这一议题的论证，我们都已经朝这个目标迈出了若干重要的步伐。本书从第二章到第九章，通过综述跨文化心理学各领域的实证研究以表明，无论就人类心理品质广泛的共同性，还是这些品质的实际形成和具体展露所存在的差异性而言，都已有充足的研究证据。

　　在本书的第二部分，我们关注了三方面的思考和研究，因为它们界定了跨文化心理学已经广泛操作的领域：文化、生物学以及方法和理论。本部分不仅将这些方面的知识和相关学科联系起来，而且进一步将其和比较类科学研究的基本议题结合进行分析，这就为本书之前所综述的材料提供了一个根本的解释框架。通过这样做，我们希望把第一部分整体上从描述水平提升到各种可能的（和备择性的）阐释水平。实现这种提升的核心问题是，要弄清多种形式的相对主义与普同主义间的区别。这是因为，不同文化中心理的相似性和差异性常常表现出令人费解的和复杂的交互作用，而这种主张可以作为考量这种交互作用的思维方式。尽管本书已表现出赞成适度普同主义的立场，但是仍可能出现这种情况：生物科学和文化科学未来的发展，可能会强化人们对激进普同主义或相对主义的拥护，因为这两种主张至少对于人类总体行为中某些部分的阐释是适用的。

对跨文化心理研究结果的评估，不仅可以参照学科、方法论和理论诸方面的准则，而且还可以考量其是否有助于解决世界上的日常问题这一实践标准。因此，在本书第三部分的论述中，我们再次有选择地关注了世界上许多地方的许多人群确实关心的领域。通过分析来自跨文化心理学基本研究的结果、工具和观点的实际应用，我们探讨了跨文化方法的研究（对实践）可以变得有所作为的方式。在一个正处于快速变化并且相互联系日益紧密的世界，对涵化和文化互动关系的关注，对工作、交流、健康和国家发展的关注，都已成为本学科引人瞩目的课题，并已激发许多同人投身于相关的研究。（现有研究给出的）答案是不完整的，而且还有许多议题尚有待我们去开拓。但是，我们相信，我们所挑选的（该领域知识应用方面的）证据表明，就帮助解决世界面临的若干主要问题而言，跨文化心理学可以发挥中心和重要的作用。

科学的分析并非存在于真空中。对人类福祉的贡献而言，其研究成果，无论是它已经展示出的，还是将来可望做出的，最终都必须经受合法性的检验。我们意识到，这是一个极高的要求，而且对"人类福祉"这一概念的界定，本身就是一个值得精心讨论的课题。然而，跨文化心理学界自称有资格跨越自己所属的文化去观察，进而从全球的角度看，不同社会间福祉的差异是如此的惊人，以至于有关（人类福祉）细节的辩论很快就变得是一种矫情。尽管全球化是现实（这主要对于那些控制着生产和分配方式的社会来说，是有利可图的），但世界上的富裕社会和贫穷社会之间的主要差距依然存在，而且不容忽视。这引出了一个问题，即跨文化心理学家需要具备什么样的具体的专业知识，才能去改善这种状况。回顾心理学的历史，一个显然的事实是，心理学的理论基础不是很强。即使是已成为了（心理学领域的）巨人，诸如弗洛伊德、皮亚杰和维果斯基，其理论的成功也好景不长，他们的许多观点也未经得起后来的批判性分析。

那么，我们能否这样自命不凡地宣称，跨文化心理学界有丰富的知识，可以用来改善现状，尤其是改善这个世界上穷人的现状？我们认为，这种情况是可能实现的。如果我们精心准备，能够在这两者间寻求一种平衡：其一，承认科学的限制（只使用经过充分验证的知识）；其二，接受种种风险，因为现存的问题需要此时此地着手解决。在许多应用研究领域，同样总是要应对这样一个问题，即在只运用很确实的知识与果断地处理迫切需求之间，如何实现最佳平衡？

当然，跨文化研究者不仅仅是知识的探索者，他们不可避免地也是一个文化互动过程中的一部分。在这个过程中，获取（研究所需）信息以外的许多其他因素也会对其发生影响。在一些章节中，我们已经提到了经常会出现的政治和伦理问题：为什么做这个研究，它将服务于谁的利益，谁将共享（该研究获得的）信息？尽管该领域以前的研究具有索取性（extractive），跨文化研究者现在开始认识到，保护被调查群体的种种利益也是他们责任的一部分。研究者不仅仅在研究一个群体，还要参与到他们中，分析他们认为是重要的问题。这肯定属于干预（当地事务）。事实上，干预计划在制订时就要考虑到应满足目标群体的需求，而且在界定计划所要满足的需求和实现的目标时，明确要有该群体的参与。

本书还表明，（该领域研究所需要的）合作不仅包括"（当地的）文化合作伙伴"，而且还应延伸到"（研究所需其他相关）学科中的合作伙伴"。跨文化心理学本质上是一个"不同学科互动"的领域，不仅运用心理学知识，而且还要涉及其他学科，诸如社会学、生物学和生态学。这样，该学科就拥有了科学研究所需的一个重要的良好生境，因为人类问题（以及从而实现人类幸福可能性的探索）显然不是独一无二地只属于心理方面的。很多当代问题是由社会和政治的变迁所导致，例如（去）殖民化和全球化（有时近乎是新殖民化）。这些因素造成了移民和难民的迁移，经济和政治的不平等，心理、社会和生理问题的流行（包括种族主义、民族间的冲突和战争，以及艾滋病的蔓延）。所有这些问题都有明显的心理和文化维度。但是，我们需要注意，本学科关注的核心问题是文化对于行为的影响，但这并非意味着我们仅仅关注行为的文化差异。本学科早期曾有过这样的倾斜，而且这可能有时实际助长了偏见和文化间的敌意。因此，在本书中，我们既强调文化间存在相似性，也强调文化会持续地变迁。

为了不辜负跨文化心理学应有的前景，该领域需要实现三个重要的变化：其一，针对特定主题，需要持续不懈、多方协作地拓展现有研究；其二，团结所有社会中的心理学家，使其参与到跨文化心理学的事业中；其三，说服我们的学生和同事都接受这一观点，即文化确实是对人类行为做出贡献的最重要的因素之一。如果本书能够激发出这三大变化中任意的一个，那么我们就认为我们（撰写本书）的付出得到了回报。

关键术语

绝对主义（Absolutism）：这样一种理论取向，即认为人类行为本质上不受文化影响，研究行为时不考虑个体的文化背景。

涵化（Acculturation）：文化群体或个体在与其他文化群体接触过程中产生的变迁（参见"心理涵化"）。（国内心理学界有的译为"文化适应"，但不是很贴切。——译者注）

涵化策略（Acculturation strategies）：个体和族裔文化群体使自己适应涵化过程的方法。一般有四种策略，即同化、整合、分离和边缘化。

涵化压力（Acculturative stress）：对涵化经历的一种负性的心理反应，其特征通常为焦虑、抑郁和多种其他心身失调问题。

（涵化）适应［Adaptation(to acculturation)］：应对涵化经验的过程，通常分为心理适应（个体幸福感与自尊感）和社会文化适应（在主流社会中的生活胜任力）。

（生物）适应［Adaptation(biological)］：一个种群在适应环境的过程中经历自然选择而发生的遗传结构之改变。

（社会）适应［Adaptation(social)］：个体或群体在适应生态环境或社会环境过程中所发生的行为系统之改变。

等位基因（Allele）：单个基因的不同形式变体。等位基因形成了同一物种个体间差异之最重要基础。

撒娇式依赖（Amae）：这是一个源于日本的概念，指的是一种被动的爱或依赖，其源于婴儿和母亲的关系。

人类学（Anthropology）：力求从不同（文化、社会、生物和心理等）的方面理解各式各样人类社会的一门学科。

同化（Assimilation）：不愿意保持本文化而努力参与到主流社会中去的涵化策略。

依恋（Attachment）：婴儿在出生后第一年中与母亲之间的亲密关系，许多发展心理学家认为这种关系会影响婴儿一生。

基本颜色词（Basic color terms）：用来指示主要颜色的一系列单词组；一些作者认为，所有语言会发展出这些基本颜色词。

基本情绪（Basic emotions）：指被假定在全世界范围内均可识别的情绪状态，通常可通过面部肌肉表现特征进行识别。

人格"大五"维度（Big Five dimensions of personality）：可能有生物基础、可视为持久性情的五个维度，它涵盖了不同个体间的主要人格差异。

生物传递（Biological transmission），参见基因传递（genetic transmission）。

儿童训练（Child training）：家长和其他人为确保文化传递实现而采取的实践活动。

认知人类学（Cognitive anthropology）：致力理解文化和特定群体认知生活之间关系的人类学分支学科。

认知风格（Cognitive styles）：指认知活动的一种概念，即强调认知过程之组织和使用的方式，而不是认知能力的发展水平。

颜色分类（Color categorization）：根据颜色名称对可见光谱上的颜色进行分类的方法。

接触假说（Contact hypothesis）：指这样一种主张，即认为文化群体和族裔文化群体之间、群体成员之间的接触，将导致更积极的文化互动态度。

情境化认知（Contextualized cognition）：指这样一种认知活动观念，即强调认知方法的发展和使用与特定的文化背景和实践之间的关联。

聚合效度（Convergent validity）：指效度的证据源于出现这样结果的研究，即不同变量间的关系与理论期待是一致的。

跨文化心理学（Cross-cultural psychology）：指这样的研究，即对不同文化群体和族裔文化群体中个体心理机能的相似性和差异性的研究；对心理变量和社会文化、生态、生物变量之间的关系的研究；对这些变量正在发生变化的研究。

文化单位（Cultunit）：指属于同一文化群体的人们的集合。根据研究意图，一个文化的界定可能会基于有限的一系列变量（例如讲某种语言，就业于某个机构，属于某个青年俱乐部）

文化偏差（Cultural bias）：指并非是一个测量工具（或某种其他方法）预期要测量的那种特质或概念上的跨文化差异，以及那些倾向于对这些差异进行扭曲解释的跨文化差异。

文化进化（Cultural evolution）：指认为文化在适应其所在生态系统及其他影响因素的过程中发生了变迁的一种观点。

文化认同（Cultural identity）：个体关于自己与所交往文化群体或族裔文化群体间关系的看法和感觉。

文化心理学（Cultural psychology）：指这样的理论视角，即认为文化和行为之间实质上不可分割的观点；该视角与文化相对主义和心理人类学密切相关。

文化相对主义（Cultural relativism）：是指这样一种观点，即认为应该用文化自身的观点理解它，而不是用其他群体的标准来判断该文化的观点（参见种族中心主义）。

文化传递（Cultural transmission）：指将一个群体的文化特征传递给该种群个体成员的种种

过程(参见"濡化"和"社会化")。

文化(Culture)：一个群体成员共享的生活方式，包括他们的人文制品(例如社会制度和科技，即外显文化)和象征符号(例如信息和神话，即内隐文化)。

文化关联综合征(Culture-bound syndromes)：指被认为只发生在特定文化群体中的异常的或心理机能障碍的行为模式。

文化比较研究(Culture-comparative research)：指关注行为的跨文化相似性和差异性之研究传统。

依赖(Dependency)：指这样的事实状态，即群体或个体习惯地依赖他人。这也通常用来指长期接受国际援助的个体或民族国家。

抑郁症(Depression)：一种心理疾病，其特征是悲伤、缺乏活力、缺乏对生活的兴趣和乐趣。

伤残调整寿命年(Disability Adjusted Life Years，DALY)：这是整体性全球疾病负担(global burden of disease，GBD)的测量单位。具体说，它由两部分合成，其一，(因早产儿死亡而导致的)损失生命年数(Years of Life Lost，YLL)的总数；其二，伤残所致寿命损失年数(Years one Lives with Disability，YLD)，即 DALY＝YLL＋YLD. 一个伤残调整寿命年(DALY)等价于一个损失了的健康寿命年。

解聚(Disaggregation)：指在多层次设计中，一个较高层面(例如，国家层面)的得分，被用作较低层面元素(例如，个体层面)的同等性判断指标。

歧视(Discrimination)：因个体所具有的文化群体或族裔文化群体身份而实施区别对待的行为。

区分效度(Discriminant validity)：指效度的证据源于出现这样的研究结果，即不同变量间关系与理论期待是不一致的。

疾病(Disease)：指这样的外显的、临床的表现，即身体在健康方面出现机能不良或感染。

生态文化框架(Ecocultural framework)：指这样一种概念性视角，即依据个体和群体对环境的适应来理解不同文化中人类行为的相似性和差异性。

主位视角(Emic approach)：指在某一文化中对行为进行研究，通常强调的是与该文化关联的特别方面。

情绪成分(Emotion components)：一种情绪状态与其他情绪状态相区别的部分，包括面部表情、评价、情绪前因等。

濡化(Enculturation)：文化传承的一种方式，即一个社会通过其发展中的成员，以适当模式将其文化和行为传递给身边的社会成员。

等效性(Equivalence)：使从不同文化中获得的心理学数据得以用相同方式解读(也叫"数据的可比性")；数据可以具有结构等效性(跨文化测量同一特质)、计量等效性(应以具有同一计量的量表去测量同一特质)和满分等效性(用同一量表测量同一特质)。

民族中心主义(Ethnocentrism)：指这样一种观点，即将一个人自己所属群体标准视为最佳标准，并以之去评判其他群体。

族裔文化群体(Ethnocultural group)：指存在于多元一体社会中的一个群体，该群体源于同一文化传统，但由于与主流社会接触的涵化过程而已经发生变迁。

民族志档案(Ethnographic archives)：由各不同文化的相关民族志报道汇集而成，以用于比较研究(参见人类关系区域档案)。

民族志(Ethnography)：文化人类学的分支之一，其寻求描述和理解特定文化群体的特点。

民族学(Ethnology)：文化人类学的分支之一，其寻求一般地理解种种文化的基本特点，包括社会结构、语言和技术。它不同于民族志，后者寻求理解特定文化。

族群心理学(Ethnopsychology)：即认为人类行为是基于其所属特定文化世界观的学科视角(参见"本土心理学")。

族群科学(Ethnoscience)：指特定文化中存在的各种分支科学知识(诸如族群生物学和族群药物学)。

习性学(Ethology)(动物行为学)：生物学家对自然环境中动物行为的研究。

客位视角(Etic approach)：指对不同文化中行为的比较研究，通常假设行为的心理基础具有某种普世性。

日常认知(Everyday cognition)：一种认知研究路径，即寻求理解个体在日常生活中如何进行认知活动。

进化心理学(Evolutionary psychology)：基于动物行为学和社会生物学的进化论思想的一种心理学流派。

侨民(Expatriates)：参见旅居者(sojourners)。

外在文化(External culture)：参见文化，外在的和内在的。

外倾性(Extraversion)：从爱好交际、开朗(外向)到安静、被动(内向)的一个人格维度。

弗林效应(Flynn effect)：指这样的现象，即随着时间流逝，一个文化群体或国家国民一般智力的平均分提高。

基因(Gene)：是有特定位点和特定功能的 DNA 片段；基因是遗传物质的功能单位。

一般智力(General intelligence)：关于个体认知功能水平的一种统一观点，以一系列的认知测验(尤其是智商成套测验)得分之间的正相关指数为基础(参见"g 因素")。

概括(Generalization)：指将阐释或推论推广到数据来源的集合或领域之外。

基因传递(也称生物性传递)[Genetic transmission(also biological transmission)]：基因信息从父母到其子女的转移。每个个体都可以看作在当前群体的基因信息库中对基因特征的一种特殊选择。

全球化(Globalization)：指这样的变化过程，即导致个体、文化群体和民族国家之间(经济、政治等方面)相互联系增强的过程。

祖母假说(Grandmother hypothesis)：指这样的假设，即更年期罕见于人类之外的物种；更年期是人类的一种适应，能使老年妇女投资于(照料)孙辈而非她们自己的新生儿。

国民生产总值(Gross National Product，GNP)：指一国居民一年内通过劳动或资产所提供的所有物品和服务的市场价值。

健康(Health)：一种身体上、精神上和社交上完全良好的状态，不仅仅是没有疾病或残疾。

人类关系区域档案(HRAF)[Human Relations Area Files(HRAF)]：以文化为主题分类记录世界上许多社会信息的民族志档案。

患病(Sickness)：指人类对一种机能性健康障碍的体验和感知，这是个体主观认为的一种健康状态。

移民悖论(Immigrant paradox)：这是一种不符合直觉的发现，即尽管移民社会经济条件较差，适应结果却显示出比移居国的土生国民同龄人要好。该术语也用来指这样的研究结果，即第一代移民的适应结果要好于第二代及其以后的后代。

独立的自我与互相依存的自我(Independent self and interdependent self)：两种看待自我的方式；即将自我视为一个从他者身上寻找独立性的分离的、独立的个体，或者将自我视为一个生来就与他者相联系的个体。(一个相似的分法是"关系性的自我"与"分离的自我")

本土化(Indigenization)：从外输入的心理学向一种更具文化适宜性的心理学的转变过程。

(智力的)本土性概念化[Indigenous conceptualizations(of intelligence)]：一种研究一个文化群体认知的路径，其力求理解的是，个体如何运用其所属文化中的术语设计和实施认知活动。

本土人格概念(Indigenous personality concepts)：源于非西方文化并根植于当地人对人类机能看法的概念。(注：大多数的人格概念都是源于西方本土的观点。)

本土心理学(Indigenous psychologies)：对于人类行为的不同视角，即认为人类行为根植于特殊的文化世界观。

个体主义与集体主义(Individualism and collectivism)：主要考虑自己或主要考虑自己所在群体的两种倾向之间的区别。

推论(Inference)：根据被认为与数据相关的一些行为或特征领域对数据做出的解释。

内群体(Ingroup)：指个体所属于的群体，诸如族裔文化群体或社会群体。

整合(Integration)：人们希望保持自己的文化传统，同时努力参与到多元文化社会中的涵化策略。

文化互动胜任力(Intercultural competence)：能与来自不同文化背景的人进行充分互动的能力。人们通常认为这种能力不仅包含某些特定的技能与知识，还应包含更多基本的人格特质。

文化互动策略(Intercultural strategies)：指多元化社会的成员应对文化互动关系所运用的策略，包括熔炉策略、多元文化主义策略、分离策略和排斥策略(参见涵化策略)。

内在文化(Internal culture)：参见内在文化与外在文化。

工作满意度(Job satisfaction)：指员工对其工作感到满意或不满意的程度。

领导风格(Leadership styles)：领导(尤其是工业组织的管理者)影响下属表现的不同方式。通常根据领导最终关心雇员还是生产力来区分为不同的维度。

毕生发展(Life span development)：指这种观点，即发展不仅处于出生到成熟这段时间，也要进一步包括从成熟到最后去世这段时间。

语言相对性(也称沃尔夫假说)[Linguistic relativity(also Whorf's hypothesis)]：该理论认为一种语言的特征与使用该语言的人的思维方式有密切的联系。

控制点(Locus of control)：将发生在自己身上的事情视为自己行为的结果(内控)；或者视为超越自己控制的偶然力量的结果(外控)。

多数人口世界(Majority world)：指世界上的人口大国。该词与经济贫困和缺少教育机会密切联系。

营养不良(Malnutrition)：由于食物摄入量不足造成的身体状态，意味着营养不良的人的体重和身高低于该年龄的正常标准。

边缘化(Marginalization)：人们既不保持他们自身的文化传统，也不参与更大的社会中的涵化策略。

月经初潮(Menarche)：第一次月经持续时间。

混合方法(Mixed methods)：指这样的研究方法，即同一研究中将质性方法和量化方法整合起来。

(有关工作的)动机[Motivation(work-related)]：促使人们在工作中追求成功的动力(或驱力)与需要的综合体。

多元文化意识形态(Multicultural ideology)：个体对多元一体社会中的文化多样性所持的积极倾向，包括对少数族群和他们参与主流社会的接纳。

多元文化主义(Multiculturalism)：该术语指的是这样一种情形，即多个族裔群体在大社会共同生存的现实，以及支持这种情形的政策。它包括大社会保持多种多样的族裔群体，以及这些族群对大社会的参与。

多元文化主义假说(Multiculturalism hypothesis)：指这样的假设，即当个体或群体对自己的文化身份感到安全时，他们就能够接纳那些与自己不同的人。反过来，当他们在这方面感到受威胁时，他们就会拒绝那些与自己不同的人。

多层次分析(Multilevel analysis)：指这样的研究设计，即一个层面的要素镶嵌于另一层面；分析数据时要明确考虑这两个层面的交互作用(参见分析层面 levels of analysis)。

国民性格(National character)：指这样的一系列(数量小的)人格特质，即被认为在一个国家很突出的或经常出现的人格特质。

国家发展(National development)：指一个社会在心理、社会、经济与政治方面特征的变迁过程，这个过程导致该社会实现它自身的目标。

自然选择(Natural selection)：处在特定环境中的个体有机体因某些基因特征而具有不同的繁殖概率。

神经质(或情绪性)[Neuroticism(or emotionality)]：一种从不稳定(例如，"喜怒无常的""过分敏感的")到稳定(甚至温和)的人格维度。

个体发展(Ontogenetic development)：个体一生中行为的系统性变化。

组织文化(Organizational culture)：一个组织内部成员所共享的并区别于其他组织的根深蒂

固的信仰、意义和价值观。有时，该概念更侧重于组织内盛行的实践惯例，或者更加强调诸如生产技术和员工态度等变量(也可使用"组织气氛"，尤其在论及后一个含义时)。

组织结构(Organizational structure)：一个组织中任务的分配。指需要完成的一项工作的整体，被分配到不同的部门和子部门中去，并最终将不同的任务分配到种种工作小组和个体。

外群体(Outgroup)：指这样的群体，即个体不属于该群体，故拒绝其规范。

范式(Paradigm)：指这样一种元理论性的、常有哲学性的立场，它涉及的是一门科学所研究现象的性质，以及他们能被研究的方式。

亲子冲突(Parent-offspring conflict)：指有关父母亲在培育后代方面的冲突。

族群育儿理论(Parental ethnotheories)：指父母有关恰当的育儿方式所持的一系列文化观念和实践习俗。(也可参见儿童训练)

人格特质(Personality traits)：个体在不同时间和场景中所具有的一致性特征。通过这些特征他们能把自己与其他人区别开来。(随着时间和情况变化个体保持一致的个性特征，通过这些特征他们能把自己与其他人区别开来。)

(基因)多效性(Pleiotropy)：一个基因对有机体发展所能产生的多种多样影响。

多元一体社会(Plural society)：许多族群在一个共享的政治与经济框架中共同生活的社会。

(族群)偏见[Prejudice(ethnic)]：对一个异于自身的文化群体或族群持总体上否定的倾向(也可参见民族中心主义)。

(健康的)促进[Promotion(health)]：通过公共教育与公共保健计划来倡导和支持健康事业取得成就。

心理涵化(Psychological acculturation)：个体因与另一个文化群体的接触而在心理特征方面所发生的变化(参见涵化)。

心理人类学(以前被称为"文化与人格学派")[Psychological anthropology(formerly known as culture-and-personality)]：人类学的分支学科，该学科力图运用心理学的概念和方法来理解不同文化群体。

(影响健康的)心理社会因素[Psychosocial factors(health)]：导致健康成就(或健康受损)的生态环境和社会政治环境(而不是生物物理环境)特征。

心理治疗(Psychotherapy)：病人与医治者在双方私人关系中产生的活动，其目的在于减轻患者的痛苦。

生活质量(QOL)[Quality of life(QOL)]：该概念强调一个人生活中的积极方面，尤其是促成生活满足感的那些方面。

准实验(Quasi-experiment)：指这样的实验研究，其中研究者不完全控制实验条件。

相对主义(Relativism)：一种理论取向，即假定人类行为受文化的强烈影响，并认为只有考虑到一个人所属的文化时才能研究这个人的行为。

精神分裂症(Schizophrenia)：一种以缺乏理解力、产生幻觉、情绪反应减少为特征的心理疾病。

安全感(Security)：指这样的感受，即个体或文化群体感到，他们在社会中的文化或经济地位是安全的，且没有受到他人威胁（参见威胁）。

衰老（Senescence）：指有机体成熟后随着年龄增加而出现的生物变化。

敏感期（Sensitive period）：指个体发展过程中的一段"关键"时期，其间个体能够快速学会某种技能；而在此前后，该技能的学习往往会缓慢得多。

感觉刺激（Sensory stimuli）：在感官（眼、耳等）中寻求过程的刺激，但也被认为包含一些其他的心理功能，如知觉和认知。

分离（Separation）：希望保持自身的文化传统，但设法避免参与到主流社会中去的涵化策略。

性传播疾病（Sexually transmitted disease）：通过性关系而感染上的任何疾病。

病患（Sickness）：指一个社会理解和应对个体所感知到的机能障碍（illness）和潜在病理（disease）。简言之，病患包括生病和病理。

社会公理（Social axioms）：人们关于世界会如何运行的一般信念。

社会表征（Social representations）：指这样的一个价值观、理念和信念系统，它们为一个群体共享，且被用以组织社会世界和群体成员间的交流。

社会化（Socialization）：社会借助教化有意识地塑造发展中成员行为的文化传承形式。

社会生物学（Sociobiology）：根据进化生物学的原则对社会行为所进行的解释，包括对人类社会行为的解释（参见人类习性学）。

旅居者（也称移居者）［Sojourners（also called expatriates）］：在另一个国家生活一段时间，从几个星期到几年不等，并且因工作或学习目的与当地的居民有频繁交往的一些人。

空间定向（Spatial orientation）：人们对物体和自身在空间中定位的方式。特别是指这一问题，即他们是利用自身位置作为方向指示（自我参照定向），还是对绝对的或地心空间的协调有一种偏爱。

（族群）刻板印象［Stereotypes（ethnic）］：指对一个文化群体或族裔文化群体成员典型特征的共享信念。

主观文化（Subjective culture）：一种文化中的成员怎样看待他们自己，怎样评价他们自己的生活方式。

主观幸福感（Subjective well-being）：一个人对自身生活的认知和情感上的评价。

心理理论（Theory of mind）：指将心理状态归因于自身和其他人的倾向；心理理论可以用来理解其他人和自身的行为以及心理状态。

威胁感（Threat）：指这样的感受，即个体或文化群体感到，他们在社会中的文化或经济地位正受到威胁，尤其是受到其他文化群体的威胁（参见安全感）。

宽容（Tolerance）：指对个体或文化群体的接纳。其反面是偏见（prejudice）。

乌班图（Ubuntu）：关于个体发挥功能时要具有为人们着想的一种方式，意味"人道地对待他人"。

普同主义（Universalism）：一种理论取向，即将基本的心理过程视为所有人共享的特征，而文化会影响这些心理过程的发展和表现。

普同性(Universality)：如果心理学的概念或概念间的关系对于描述任何文化中人的行为都是恰当的，那么这些心理学概念或概念间的关系就具有普同性。

效度(Validity)：研究结果与解释显示出对现实中事件假定状态的近似程度，独立于科学家们先前的设想。

价值观(Values)：关于什么是可取的并影响着行为方式和目标之选择的观念。

视错觉(Visual illusions)：当客观现实呈现给知觉者时，在客观现实的视知觉中出现有规律的变形。（通常用简单的图形来研究，如缪勒-莱耶错觉，就被认为引起了这种变形。）

西方心理学(Western psychology)：指基于西方（欧美）地区文化的大量的心理学知识和专业实践。

沃尔夫假说(Whorf's hypothesis)：参见语言相对性。

与工作相关的价值观(Work-related values)：在组织的跨文化研究中得出的人们渴望的地位与结果（见价值观）通常以价值观维度的形式呈现出来（例如，个人主义—集体主义，权力距离）。

仇外心理(Xenophobia)：指对不知道的或外国的事物的害怕或厌恶；常用作偏见的同义词。

参考文献

Abegglen, J. C. (1958). *The Japanese factory*. Glencoe, Ill. : The Free Press.

Aberle, D. F. , Cohen, A. K. , Davis, A. , Levy, M. , and Sutton, F. X. (1950). Functional prerequisites of society. Ethics, 60, 100-111.

Aboud, F. (1998). *Health psychology in global perspective*. Thousand Oaks, Calif. : Sage.

Aboud, F. , and Alemu, T. (1995). Nutritional status, maternal responsiveness and mental development of Ethiopian children. *Social Science and Medicine*, 41, 725-732.

Abraido-Lanza, A. F. , Chao, M. T. , and Gates, C. Y. (2008). Acculturation and cancer screening among Latinas: Results from the National Health Interview Survey. *Annals of Behavioural Medicine*, 29, 22-28.

Abu-Lughod, L. (1991). Writing against culture. In R. Fox (ed.), *Recapturing anthropology* (pp. 137-162). Santa Fe, N. Mex. : School of American Research.

Abusah, P. (1993). Multi-cultural influences in case management: Transcultural psychiatry. *Mental Health in Australia*, 5, 67-75.

Adair, J. (2004). On the indigenization and authochthonization of the discipline of psychology. In B. Setiadi, A. Supratiknya, W. J. Lonner and Y. H. Poortinga (eds.), *Ongoing themes in psychology and culture* (pp. 115-129). Yogakarta: International Asociation for Cross-Cultural Psychology.

Adair, J. G. (2006). Creating indigenous psychologies: Insights from empirical social studies of the science of psychology. In U. Kim, K. -S. Yang and K. -K. Hwang (eds.), *Indigenous and cultural psychology: Understanding people in context* (pp. 467-487). New York: Springer.

Adair, J. , and Diaz-Loving, R. (1999). Indigenous psychologies: The meaning of the concept and its assessment. *Applied Psychology*, 48, 397-402.

Adair, J. , and Kağitçibaşi, C. (eds.) (1995). National development of psychology: Factors facilitating and impeding progress in developing countries. Special issue, *International Journal of Psychology*, 30, 6.

Adair, J. , Coelho, A. , and Luna, J. (2002). How international is international psychology? *International Journal of Psychology*, 37, 160-170.

Adamopoulos, J. (2008). On the entanglement of culture and individual behavior. In F. J. R. Van de Vijver, D. A. van Hemert and Y. H. Poortinga (eds.), *Individuals and cultures in multilevel analysis* (pp. 27-62). Mahwah, N. J. : Erlbaum.

Adams, C. , Wilson, P. , Gilbody, S. , Bagnall, A. -M. , and Lewis, R. (2000). Drug treatments for schizophrenia. *Quality in Health Care*, 9, 73-79.

Adams, M. (2007). *Unlikely utopia: The surprising triumph of Canadian pluralism*. Toronto: Viking.

Aditya, R. N. , House, R. J. , and Kerr, S. (2000). Theory and practice of leadership: Into the new millennium. In C. L. Cooper and E. A. Locke (eds.), *Industrial and organizational psychology: Linking theory with practice* (pp. 130-167). Oxford: Blackwell.

AERA (1999). American Educational Research Association, American Psychological Association, and National Council for Measurement in Education. *Standards for educational and psychological testing*. Washington, DC: American Educational Research Association.

Ager, A. (ed.) (1999). Refugees: *Perspectives on the experience of forced migration*. London: Cassell.

Ahmed, R. A. , and Gielen, U. (eds.) (1998). *Psychology in the Arab countries*. Cairo: Menoufia Press.

Ainsworth, M. D. S. (1967). *Infancy in Uganda: Infant care and the growth of love*. Baltimore: Johns Hopkins University Press.

Ainsworth, M. D. S., Blehar, M. C., Waters, E., and Wall, S. (1978). *Patterns of attachment: A psychological study of the strange situation*. Hillsdale, N. J.: Erlbaum.

Ajzen, I., and Fishbein, M. (1977). Attitude-behavior relations: A theoretical analysis and review of empirical research. *Psychological Bulletin*, 84, 888-918.

Alasuutari, P. (1995). *Researching culture: Oualitative method and cultural studies*. London: Sage.

Albas, D. C., McCluskey, K. W., and Albas, C. A. (1976). Perception of the emotional content of speech. *Journal of Cross-Cultural Psychology*, 7, 481-490.

Albert, R. D. (1983). The intercultural sensitizer or cultural assimilator: A cognitive approach. In D. Landis and R. W. Brislin (eds.), *Handbook of intercultural training*, Vol. II (pp. 186-217). New York: Pergamon.

Alegria, M., Canino, G., Shrout, P. E., Woo, M., Duan, N., Vila, D., Torres, M., Chen, C., and Meng, X. -L. (2008). Prevalence of mental illness in immigrant and non-immigrant U. S. Latino groups. *American Journal of Psychiatry*, 165, 359-369.

Alexander, R. D. (1987). *The biology of moral systems*. New York: Aldine de Gruyter.

Alexander, R. D. (1990). Epigenetic rules and Darwininian algorithms-The adaptive study of learning and development. *Ethology and Sociobiology*, 11, 241-303.

Al-Issa, I. (ed.) (1995). *Handbook of culture and mental illness*. Madison, Wisc.: International University Press.

Al-Issa, I., and Tousignant, M. (eds.) (1997). *Ethnicity, immigration and psychopathology*. New York: Plenum.

Ali, J. (2002). Mental health of Canada's immigrants. Supplement to mental health Reports, Volume 13, Statistics Canada. Retrieved May 19, 2009, from www. statcan. gc. ca/cgi-bin/af-fdr. cgi? 1 = eng€tloc = http://www. statcan. gc. ca/pub/82-003-s/2002001/pdf/82-003-s2002006-eng. pdf€tt = Mental health of Canada's immigrants

Allaire, Y., and Firsirotu, M. E. (1984). Theories of organizational culture. *Organization Studies*, 5, 193-226.

Allen, J., Vaage, A. B., and Hauff, E. (2006). Refugees and asylum seekers in societies. In D. L. Sam and J. W. Berry (eds.), *The Cambridge handbook of acculturation psychology* (pp. 198-217). Cambridge: Cambridge University Press.

Allen, M., Ng, S., Ikeda, K., Jawan, J., Sufi, A., Wilson, M., and Yang, K. -S. (2007). Two decades of change in cultural values and economic development in eight East Asian and Pacific Island nations. *Journal of Cross-Cultural Psychology*, 38, 247-269.

Allik, J. (2005). *Personality dimensions across cultures. Journal of Personality Disorders*, 19, 212-232.

Allik, J., and McCrae, R. R. (2004). Toward a geography of personality traits: Patterns of profiles across 36 cultures. *Journal of Cross Cultural Psychology*, 35, 13-28.

Allik, J., and Realo, A. (1996). The hierarchical nature of individualism and collectivism. *Culture €t Psychology*, 2, 109-117.

Allik, J., Mõttus, R., and Realo, A. (in press). Does national character reflect mean personality traits when both are measured by the same instrument? *Journal of Research in Personality*, 44.

Allison, A. C. (1964). Polymorphism and natural selection in human populations. *Cold Spring Harbor Symposium in Ouantitative Biology*, 24, 137-149.

Allport, F., Allport, G., Brown, J., Cantril, H., Doob, L., and English, H. (1939). Resolution and manifestoes of scientists. *Science*, 89, 166-169.

Allport, G. W. (1954). *The nature of prejudice*. Reading, Mass. : Addison-Wesley.

Allport, G. W. (1961). *The individual and his religion*. New York: Macmillan.

Allport, G. W., and Ross, J. M. (1967). Personal religious orientation and prejudice. *Journal of Personality and Social Psychology*, 5, 432-443.

Allport, G. W., Vernon, P. E., and Lindzey, G. (1960). *A study of values*. Boston: Houghton Mifflin.

Allwood, C. (1998). The creation and nature of indigenized psychologies from the perspective of the anthropology of knowledge. *Knowledge and Society*, 11, 153-172.

Allwood, C. M., and Berry, J. W. (2006). Origins and development of indigenous psychologies: An international analysis. *International Journal of Psychology*, 41, 241-268.

Altman, I., and Chemers, M. M. (1980). Cultural aspects of environment-behavior relationships. In H. C. Triandis and R. W. Brislin (eds.), *Handbook of cross-cultural psychology*, Vol. V (pp. 335-394). Boston: Allyn €t Bacon.

Ambady, N., and Bharucha, J. (2009). Culture and the brain. *Current Directions in Psychological Science*, 18, 342-345.

Ambady, N., Koo, J., Lee, F., and Rosenthal, R. (1996). More than words: Linguistic and nonlinguistic politeness two cultures. *Journal of Personality and Social Psychology*, 70, 996-1011.

American Psychiatric Association (APA) (1987). Diagnostic and statistical manual of mental disorders (revised 3rd edn.). Washington, DC: American Psychiatric Association.

American Psychiatric Association (APA) (1980). Diagnostic and statistical manual of mental disorders (3rd edn.). Washington, DC: American Psychiatric Association.

American Psychiatric Association (2000). *Diagnostic and statistical manual of mental disorders* (4th edn.). Washington, DC: American Psychiatric Association.

Amir, Y., and Sharon, I. (1987). Are social psychological laws cross-culturally valid? *Journal of Cross-Cultural Psychology*, 18, 383-470.

Anastasi, A. (1982). *Psychological testing* (6th edn.). New York: Macmillan.

Andriessen, I., Phalet, K., and Lens, W. (2006). Future goal setting, task motivation, and learning of minority and non minority students in Dutch schools. *British Journal of Educational Psychology*, 76, 827-850.

Ang, S., and Van Dyne, L. (eds.) (2008). *Handbook of cultural intelligence: Theory, measurement, and applications*. New York: Sharpe.

Angel, R. J., and Williams, K. (2000). Cultural models of health and illness. In I. Cuellar and F. R. Paniagua (eds.), *Handbook of multicultural mental health* (pp. 25-44). San Diego: Academic Press.

APA (2003). International perspectives: Population and reproduction. Special Issue, *American Psychologist*, 58, 193-234.

APA (2008). Members say no to psychologist involvement in interrogations in unlawful detention settings. *Monitor on Psychology*, 30, 10.

Aptekar, L., and Stöcklin, D. (1997). Children in particularly difficult circumstances. In J. W. Berry, P. R. Dasen and T. S. Saraswathi (eds.), *Handbook of cross-cultural psychology*, *Vol. II*, *Basic processes and human development* (pp. 377-412). Boston: Allyn Et Bacon.

Archer, J. (1992). *Ethology and human development*. New York: Harvester Wheatsheaf.

Arends-Tóth, J., and Van de Vijver, F. (2003). Multiculturalism and acculturation: Views of Dutch and Turkish-Dutch. *European Journal of Social Psychology*, 33, 249-266.

Arends-Tóth, J., and Van de Vijver, F. J. R. (2006). Assessment of psychological acculturation. In D. L. Sam and J. W. Berry (eds.), *The Cambridge handbook of acculturation psychology* (pp. 142-160). Cambridge: Cambridge University Press.

Arends-Tóth, J., and Van de Vijver, F. J. R. (2007). Acculturation attitudes: A comparison of measurement methods. *Journal of Applied Social Psychology*, 7, 1462-1488.

Argyle, M. (1969). Social interaction. London: Methuen.

Ariès, P. (1960). *L'enfant et la vie familiale sous l'Ancien Régime* [Child and family life in the Old Order]. Paris: Éditions du Seuil.

Armstrong, R. E., Rubin, E. V., Stewart, M., and Kuntner, L. (1970). *Susceptibility to the Müller-Lyer, Sander parallelogram, and Ames Distorted Room illusions as a function of age, sex and retinal pigmentation among urban Midwestern groups*. Research report. Northwestern University, Department of Psychology.

Arnett, J. (1995). Broad and narrow socialization: The family in the context of cultural theory. *Journal of Marriage and the Family*, 57, 617-628.

Arnett, J. (1999). Adolescent storm and stress, reconsidered. *American Psychologist*, 54, 317-326.

Arnold, M. B. (1960). *Emotion and personality*. New York: Columbia University Press.

Arrow, H., and Burns, K. L. (2004). Self-organizing culture: How norms emerge in small groups. In M. Schaller and C. Crandall (eds.), *The psychological foundations of culture* (pp. 171-199). Mahwah, N. J.: Erlbaum.

Arthur, W., and Bennett, W. (1995). The international assignee: The relative importance of factors perceived to contribute to success. *Personnel Psychology*, 48, 99-113.

Asch, S. E. (1956). *Studies in independence and conformity*. Psychological Monographs, 70 (Whole No. 416), 1-70.

Ashkanasy, N. M., Broadfoot, L. E., and Falkus, S. (2000). Questionnaire measures of organizational culture. In N. M. Ashkanasy, C. P. M. Wilderom and M. F. Peterson (eds.), *Handbook of organizational culture and climate* (pp. 131-146). Thousand Oaks, Calif.: Sage.

Ashkanasy, N. M., Wilderom, C. P. M., and Peterson, M. F. (eds.) (2000a). *Handbook of organizational culture and climate*. Thousand Oaks, Calif.: Sage.

Ashkanasy, N. M., Wilderom, C. P. M., and Peterson, M. F. (2000b). Introduction. In N. M. Ashkanasy, C. P. M. Wilderom and M. F. Peterson (eds.), *Handbook of organizational culture and climate* (pp. 1-18). Thousand Oaks, Calif.: Sage.

Atran, S. (1998). Folk biology and the anthropology of science: Cognitive universals and cultural particulars. *Behavioral and Brain Sciences*, 21, 547-609.

Atran, S. (2007). Religion's social and cognitive landscape. In S. Kitayama and D. Cohen (eds.), *Handbook of cultural psychology* (pp. 437-453). New York: Guildford Press.

Atran, S., and Medin, D. (2008). *The native mind and the cultural construction of nature*. Cambridge, Mass.: The MIT Press.

Atran, S., and Norenzayan, A. (2004). Religion's evolutionary landscape: Counterintuition, commitment, compassion, communion. *Behavioral and Brain Sciences*, 27, 713-770.

Au, T. K. (1983). Chinese and English counterfactuals: The Sapir-Whorf hypothesis revisited. *Cognition*, 15, 155-187.

Au, T. K. (1984). Counterfactuals: In reply to Alfred Bloom. *Cognition*, 17, 289-302.

Austad, S. N. (1997). Postreproductive survival. In K. W. Wachter and C. E. Finch (eds.), *Between Zeus and the salmon: The biodemography of longevity* (pp. 161-174). Washington, DC: National Academy Press.

Averill, J. R. (1974). An analysis of psychophysiological symbolism and its influence on theories of emotion. *Journal for the Theory of Social Behaviour*, 4, 147-190.

Ayabe-Kanamura, S., Schicker, I., Laska, M., Hudson, R., Distel, H., Kobayakawa, T., and Saito, S. (1998). Differences in perception of everyday odors: A Japanese-German cross-cultural study. *Chemical Senses*, 23, 31-38.

Aycan, Z. (1997). Expatriate adjustment as a multifaceted phenomenon: Individual and organizational level predictors. *The International Journal of Human Resource Management*, 8, 434-456.

Aycan, Z., and Berry, J. W. (1996). Impact of employment-related experiences on immigrants' psychological well-being and adaptation to Canada. *Canadian Journal of Behavioural Science*, 28, 240-251.

Aycan, Z. , Kanungo, R. N. , Mendonca, M. , Yu, K. , Deller, J. , Stahl, G. , and Kurshid, A. (2000). Impact of culture on human resource management practices: A ten-country comparison. *Applied Psychology: An International Review*, 49, 192-220.

Ayers, S. , Baum, A. , McManus, C. , Newman, S. , Wallston, K. , Weinman, J. , and West, R. (eds.) (2007). *The Cambridge handbook of psychology, health and medicine.* Cambridge: Cambridge University Press.

Bakker, W. , Van Oudenhoven, J. P. , and Van Der Zee, K. I. (2004). Attachment styles, personality, and Dutch emigrants' intercultural adjustment. *European Journal of Personality*, 18, 387-404.

Baldassare, M. , and Feller, S. (1975). Cultural variations in personal space: Theory, methods, and evidence. *Ethos*, 3, 481-503.

Baltes, P. (1997). On the incomplete architecture of human ontogeny. *American Psychologist*, 52, 366-380.

Baltes, P. B. , Lindenberger, U. , and Staudinger, U. M. (2006). Life span theory in developmental psychology. In W. Damon and R. M. Lerner (eds.), *Handbook of child psychology, Vol. I, Theoretical models of human development* (6th edn. , pp. 569-664). New York: Wiley.

Bandura, A. (1969). *Principles of behavior modification.* Oxford: Holt, Rinehart et Winston.

Bandura, A. (1977). *Social learnling theory.* Englewood Cliffs, N. J. : Prentice-Hall.

Bandura, A. (1997). *Self-efficacy: The exercise of control.* New York: Freeman.

Barnlund, D. C. , and Araki, S. (1985). Intercultural encounters: The management of compliments. *Journal of Cross-Cultural Psychology*, 16, 9-26.

Baron, R. M. , and Kenny, D. A. (1986). The moderator-mediator variable distinction in social psychological research: Conceptual, strategic, and statistical considerations. *Journal of Personality and Social Psychology*, 51, 1173-1182.

Barr, R. G. , Konner, M. , Bakeman, R. , and Adamson, L. (1991). Crying in! Kung San infants: A test of the cultural specificity hypothesis. *Developmental Medicine and Child Neurology*, 33, 601-610.

Barrett, K. C. (2006). Solving the emotion paradox: Categorizations and the experience of emotion. *Personality and Social Psychology Bulletin*, 10, 20-46.

Barrett, L. F. , Lindquist, K. , and Gendron, M. (2007). Language as a context for emotion perception. *Trends itl Cognitive Sciences*, 11, 327-332.

Barrett, L. F. , Mesquita, B. , Ochsner, K. N. , and Gross, J. J. (2007). The experience of emotion. *Annual Review of Psychology*, 58, 373-403.

Barrett, P. T. , Petrides, K. V. , Eysenck, S. B. G. , and Eysenck, H. J. (1998). The Eysenck Personality Questionnaire: An examination of the factorial similarity of P, E, N, and L across 34 countries. *Personality and Individual Differences*, 25, 805-819.

Barrowclough, C. , and Parle, M. (1997). Appraisal, psychological adjustment, and expressed emotion in relatives of patients suffering from schizophrenia. *British Journal of Psychiatry*, 171, 26-30.

Barry, H. (1980). Description and uses of the Human Relations Area Files. In H. C. Triandis and J. W. Berry (eds.), *Handbook of cross-cultural psychology, Vol. II, Methodology* (pp. 445-78). Boston: Allyn et Bacon.

Barry, H. , and Schlegel, A. (eds.) (1980). *Cross-cultural samples and codes.* Pittsburgh: University of Pittsburgh Press.

Barry, H. , Bacon, M. , and Child, I. (1957). A cross-cultural survey of some sex differences in socialization. *Journal of Abnormal and Social Psychology*, 55, 327-332.

Barry, H. , Child, I. , and Bacon, M. (1959). Relation of child training to subsistence economy. *American Anthropologist*, 61, 51-63.

Barsade, S. G. , Brief, A. P. , and Spataro, S. E. (2003). The affective revolution in organizational behavior: The emergence of a paradigm. In J. Greenberg (ed.), *Organizational behavior* (2nd edn. , pp. 3-52). Mahwah, N. J. : Erlbaum.

Barth, F. (2002). An anthropology of knowledge. Current Anthropology, 43, 1-18.

Bartlett, C. A. , and Ghoshal, S. (1998). Managing across borders: *The transnational solution* (2nd edn.). Boston: Harvard Business School.

Bartram, D. (2008). Introduction to the special issue on global norming. *International Journal of Testing*, 8, 303.

Bass, B. M. (1997). Does the transactional-transformational leadership paradigm transcend organizational and national boundaries? *American Psychologist*, 52, 130-139.

Baumeister, R. F. (2005). *The cultural animal.* New York: Oxford University Press.

Bayley, N. (1969). *Bayley scales of infant development.* New York: Psychological Corporation.

Bebbington, P. , and Copper, C. (2007). Affective disorders. In D. Bhugra and K. Bhui (eds.), *Textbook of cultural psychiatry* (pp. 224-241). Cambridge: Cambridge University Press.

Becker, S. O. , and Woessmann, L. (2009). Was Weber wrong? A human capital theory of Protestant economic history. *Quarterly Journal of Economics*, 124, 531-596.

Bedford, O. (1994). Guilt and shame in American and Chinese culture. Unpublished Ph. D. dissertation, University of Colorado.

Beh, H. G. , and Diamond, M. (2000). An emerging ethical and medical dilemma: Should physicians perform sex assignment on infants with ambiguous genitalia? *Michigan Journal of Gender et Law*, 7, 1-63.

Belsky, J. , Steinberg, L. , and Draper, P. (1991). Childhood experience, interpersonal development, and reproductive strategy: An evolutionary theory of socialization. *Child Development*, 62, 647-670.

Bender, M. , and Chasiotis, A. (2010). Number of siblings in childhood explains cultural variance in autobiographical memory in Cameroon, PR China, and Germany. *Journal of Cross-Cultural Psychology*, 41, 1-20.

Benedict, R. (1934). *Pattertns of culture*. New York: Mentor.

Benet-Martinez, V. , and Haritatos, J. (2005). Bicultural identity integration (BII): Components and psychological antecedents. *Journal of Personality*, 73, 1015- 1050.

Benet-Martinez, V. , Lee, F. , and Leu, J. (2006). Biculturalism and cognitive complexity: Expertise in cultural representations. *Journal of Cross-Cultural Psychology*, 37, 386-407.

Benet-Martinez, V. , Leu, J. , Lee, F. , and Morris, M. (2002). Negotiating biculturalism: Cultural frame-switching in biculturals with oppositional vs. compatible cultural identities. *Journal of Cross-Cultural Psychology*, 33, 492-516.

Bennett, J. M. , Bennett, M. J. , and Allen, W. (1999). Developing intercultural competence in the language classroom. In R. M. Paige, D. M. Lange and Y. A. Yershova (eds.), *Culture as the core: Integrating cultare into the language curriculum*. CARLA Working Paper #15, 13-45. Minnesota: University of Minnesota.

Bennett, J. W. (1999). Classical anthropology. *American Anthropologist*, 100, 951-956.

Berk, L. (2003). *Development through the lifespan* (3rd edn.). New York: Pearson.

Berlin, B. , and Kay, P. (1969). *Basic color terms: Their universality and evolution*. Berkeley: University of California Press.

Berlyne, D. E. (1980). Psychological aesthetics. In H. C. Triandis and W. J. Lonner (eds.), *Handbook of cross-cultural psychology*, Vol. III (pp. 323-361). Boston: Allyn &t Bacon.

Bernard, H. (ed.) (1998). *Handbook of methods in cultural anthropology*. Walnut Creek, CaliL: AltaMira Press.

Bernard, R. (2002). *Research methods in anthropology*. Walnut Creek, Calif. : AltaMira Press.

Bernhard, G. (1988). *Primates in the classroom: An evolutionary perspective on children's learning*. Amherst: University of Massachusetts Press.

Berry, J. W. (1966). Temne and Eskimo perceptual skills. *International Journal of Psychology*, 1, 207-229.

Berry, J. W. (1967). Independence and conformity in subsistence level societies. *Journal of Personality and Social Psychology*, 7, 415-418.

Berry, J. W. (1969). On cross-cultural comparability. *International Journal of Psychology*, 4, 119-128.

Berry, J. W. (1971). Müller-Lyer susceptibility: Culture, ecology or race? *International Journal of Psychology*, 6, 193-197.

Berry, J. W. (1974). Psychological aspects of cultural pluralism. *Topics in Culture Learning*, 2, 17-22.

Berry, J. W. (1976). *Human ecology and cognitive style: Comparative studies in cultural and psychological adaptation*. New York: Sage/Halsted.

Berry, J. W. (1978). Social psychology: Comparative, societal and universal. *Canadian Psychological Review*, 19, 93-104.

Berry, J. W. (1979). A cultural ecology of social behaviour. In L. Berkowitz (ed.), *Advances in experimental social psychology*, Vol. XII (pp. 177-206). New York: Academic Press.

Berry, J. W. (1980). Acculturation as varieties of adaptation. In A. Padilla (ed.), *Acculturation: Theory, models and some new findings* (pp. 9-25). Boulder, Colo. : Westview.

Berry, J. W. (1984). Multicultural policy in Canada: A social psychological analysis. *Canadian Journal of Behavioural Sciences*, 16, 353-370.

Berry, J. W. (1989). Imposed etics-emics-derived etics: The operationalization of a compelling idea. *International Journal of Psychology*, 24, 721-735.

Berry, J. W. (1990). Psychology of acculturation. In J. Berman (ed.), *Cross-cultural perspectives: Nebraska Symposium on motivation*, Vol. XXXVII (pp. 201-234). Lincoln, Nebr. : University of Nebraska Press.

Berry, J. W. (1994). Ecology of individualism-collectivism. In U. Kim, H. C. Triandis, C. Kağitçibaşi, S-C. Choi and G. Yoon (eds.), *Individualism and collectivism: Theory, method and applications* (pp. 77-84). Thousand Oaks, Calif. : Sage.

Berry, J. W. (1997). Immigration, acculturation and adaptation. *Applied Psychology: An International Review*, 46, 5-68.

Berry, J. W. (2000). Cross-cultural psychology: A symbiosis of cultural and comparative approaches. *Asian Journal of Social Psychology*, 3, 197-205.

Berry, J. W. (2001a). A psychology of immigration. *Journal of Social Issues*, 57, 615-631.

Berry, J. W. (2001b). Interamerican or Unter-American? Trafficking in international psychology. Invited address. Interamerican Society of Psychology. Santiago, July.

Berry, J. W. (2003). Conceptual approaches to acculturation. In K. Chun, P. Balls Organista and G. Matín (eds.), *Acculturation: Advances in theory, measurement and applied research* (pp. 17-37). Washington, DC: APA Press.

Berry, J. W. (2004). Fundamental psychological processes in intercultural relations. In D. Landis and J. Bennett (eds.), *Handbook of intercultural research and training* (3rd edn. , pp. 166-184). Thousand Oaks, Calif. : Sage.

Berry, J. W. (2006a). Stress perspectives on acculturation. In D. L. Sam and J. W. Berry (eds.), *The Cambridge handbook of acculturation psychology* (pp. 43-57). Cambridge: Cambridge University Press.

Berry, J. W. (2006b). Design of acculturation studies. In D. L. Sam and J. W. Berry (eds.), *The Cambridge handbook of acculturation psychology* (pp. 129-141). Cambridge: Cambridge University Press.

Berry, J. W. (2006c). Attitudes towards immigrants and ethnocultural groups in Canada. *International Journal of Intercultural Relations*, 30, 719-734.

Berry, J. W. (2007a). Socialization. In J. Grusec and P. Hastings (eds.), *Handbook of socialization* (pp. 543-558). New York:

Guilford Press.

Berry, J. W. (2007b). Acculturation and identity. In D. Bhugra and K. Bhui (eds.), *Textbook of cultural psychiatry* (pp. 169-178). Cambridge: Cambridge University Press.

Berry, J. W. (2007c). Integration: A cultural and psychological perspective. In Estonian Integration Foundation (eds.), *The meaning of integration* (pp. 124-141). Tallinn: Estonian Integration Foundation.

Berry, J. W. (2008). Globalization and acculturation. *International Journal of Intercultural Relations*, 32, 328-336.

Berry, J. W. (2009). A critique of critical acculturation. *International Journal of Intercultural Relations*, 33, 361-371.

Berry, J. W. (2010). Mobility and acculturation. In S. Carr (ed.), *The psychology of mobility in a global era* (pp. 193-210). New York: Springer.

Berry, J. W. (in press). The ecocultural framework: A stocktaking. In F. J. R. Van de Vijver, A. Chasiotis and S. M. Breugelmans (eds.), *Fundamental questions in cross-cultural psychology*. Cambridge: Cambridge University Press.

Berry, J. W., and Bennett, J. A. (1989). Syllabic literacy and cognitive performance among the Cree. *International Journal of Psychology*, 24, 429-450.

Berry, J. W., and Bennett, J. A. (2002). Cree conceptions of cognitive competence. *International Journal of Psychology*, 27, 1-16.

Berry, J. W., and Cavalli-Sforza, L. L. (1986). Cultural and genetic influence on Inuit art. Unpublished report to the Social Science and Humanities Research Council of Canada.

Berry, J. W., and Irvine, S. H. (1986). Bricolage: Savages do it daily. In R. Sternberg and R. Wagner (eds.), *Practical intelligence: Nature and origins of competence in the everyday world* (pp. 271-306). New York: Cambridge University Press.

Berry, J. W., and Kalin, R. (1979). Reciprocity of inter-ethnic attitudes in a multicultural society. *International Journal of Intercultural Relations*, 3, 99-112.

Berry, J. W., and Kalin, R. (1995). Multicultural and ethnic attitudes in Canada: Overview of the 1991 survey. *Canadian Journal of Behavioural Science*, 27, 301-320.

Berry, J. W., and Kalin, R. (2000). Multicultural policy and social psychology: The Canadian experience. In S. Renshon and J. Duckitt (eds.), *Political psychology in cross-cultural perspective* (pp. 263-284). New York: Macmillan.

Berry, J. W., and Kim, U. (1993). The way ahead: From indigenous psychologies to a universal psychology. In U. Kim and J. W. Berry (eds.), *Indigenous psychologies* (pp. 277-280). Newbury Park: Sage.

Berry, J. W., and Sam, D. L. (2003). Accuracy in scientific discourse. *Scandinavian Journal of Psychology*, 44, 65-68.

Berry, J. W., and Sam, D. L. (2007). Culture and ethnic factors in health. In S. Ayers., A. Baum, C. McManus, S. Newman, K. Wallston, J. Weinman and R. West (eds.), *The Cambridge handbook of psychology, health and medicine* (pp. 64-79). Cambridge: Cambridge University Press.

Berry, J. W., and Triandis, H. C. (2006). Culture. In K. Pawlik and G. d'Ydewalle (eds.), *Psychological concepts: An international and historical perspective* (pp. 47-62). Hove: Psychology Press.

Berry, J. W., and Ward, C. (2006). Cultural intelligence: A critique. *Group & Organization Management*, 31, 64-77.

Berry, J. W., Bennett, J., Denny, P., and Mishra, R. (2000). Ecology, culture, and cognitive processing. Paper presented to Congress of International Association for Cross-Cultural Psychology, Pultusk, Poland.

Berry, J. W., Irvine, S. H., and Hunt, E. B. (eds.) (1988). *Indigenous cognition: Functioning in cultural context*. Dordrecht: Nijhoff.

Berry, J. W., Kalin, R., and Taylor, D. (1977). *Multiculturalism and ethnic attitudes in Canada*. Ottawa: Supply and Services.

Berry, J. W., Kim, U., Minde, T., and Mok, D. (1987). Comparative studies of acculturative stress. *International Migration Review*, 21, 491-511.

Berry, J. W., Phinney, J. S., Sam, D. L., and Vedder, P. (eds.) (2006). *Immigrant youth in cultural transition: Acculturation identity, and adaptation across national contexts*. Mahwah, N. J.: Erlbaum.

Berry, J. W., Poortinga, Y. H., Segall, M. H., and Dasen, P. R. (1992). *Cross-cultural psychology: Research and applications*. Cambridge: Cambridge University Press.

Berry, J. W., Poortinga, Y. H., Segall, M. H., and Dasen, P. R. (2002). *Cross-cultural psychology: Research arid applications* (2nd edn.). Cambridge: Cambridge University Press.

Berry, J. W., Kim, U., Power, S., Young, M., and Bujaki, M. (1989). Acculturation attitudes in plural societies. *Applied Psychology: An International Review*, 38, 185-206.

Berry, J. W., Poortinga, Y. H., Pandey, J., Dasen, P. R., Saraswathi, T. S., Segall, M. H., and Kağitçibaşi, C. (eds.) (1997). *Handbook of cross-cultural psychology* (2nd edn., Vols. I-III). Boston: Allyn & Bacon.

Berry, J. W., Van de Koppel, J. M. H., Senechal, C., Annis, R. C., Bahuchet, S., Cavalli-Sforza, L. L., and Witkin, H. A. (1986). *On the edge of the forest: Cultural adaptation and cognitive development in Central Africa*. Lisse: Swets & Zeifiinger.

Bertino, M., Beauchamp, G. K., and Jen, K. C. (1983). Rated taste perception in two cultural groups. *Chemical Senses*, 8, 3-15.

Best, D. L. (2010). Gender. In M. H. Bornstein (ed.), *Handbook of cultural developmental science* (pp. 209-222). New York: Taylor & Francis.

Best, D. L., and Williams, J. E. (1993). Cross-cultural viewpoint. In A. E. Beall and J. Sternberg (eds.), *Perspectives on the psychology of gender* (pp. 215-248). New York: Guilford Press.

Beveridge, W. M. (1935). Racial differences in phenomenal regression. *British Journal of Psychology*, 26, 59-62.

Beveridge,W. M. (1940). Some differences in racial perception. *British Journal of Psychology*,30,57-64.

Bhagat,R. S. (2009). Culture, work and organizations: A future agenda. In R. S. Bhagat and R. M. Steers (eds.), *The Cambridge handbook of culture,organizations,and work* (pp. 519-525). Cambridge:Cambridge University Press.

Bhagat, R. S. , and McQuaid, S. J. (1982). Role of subjective culture in organizations: A review and directions for future research. *Journal of Applied Psychology* (*Monograph*),67, 653-685.

Bhagat,R. S. , and Steers, R. M. (eds.) (2009). *The Cambridge handbook of culture, organizations, and work*. Cambridge: Cambridge University Press.

Bhagat,R. S. , Kedia, B. L. , Crawford, S. E. , and Kaplan, M. R. (1990). Cross-cultural issues in organizational psychology: Emergent trends and directions for research in the 1990's. In C. L. Cooper and I. T. Robertson (eds.), *International review of industrial and organizational psychology* (pp. 59-99). New York:Wiley.

Bhawuk, D. P. S. (1998). The role of culture-theory in cross-cultural training: A multimethod study of culture-specific, culture general, and culture theory-based assimilators. *Journal of Cross-Cultural Psychology*,29,630-655.

Bhawuk,D. P. S. , Landis,D. , and Lo,K. D. (2006). Intercultural training. In D. L. Sam and J. W. Berry (eds.), *The Cambridge handbook of acculturation psychology* (pp. 504-524). Cambridge:Cambridge University Press.

Bhugra,B., and Bh. ui, K. (eds.) (2007). *Textbook of cultural psychiatry*. Cambridge:Cambridge University Press.

Bhugra,D. ,Sumathipala,A. , and Siribaddana, S. (2007). Culture-bound syndromes: A re-visitation. In D. Bhugra and K. Bhui (eds.), *Textbook of cultural psychiatry* (pp. 141-156). Cambridge:Cambridge University Press.

Biederman,I. , Yue,X. ,and Davidoff,J. (2009). Representation of shape in individuals from a culture with minimal exposure to regular simple artifacts: Sensitivity to nonaccidental versus metric properties. *Psychological Science*,20,1437-1442.

Birch,J. (1997). Efficiency of the Ishihara test for identifying red-green colour deficiency. *Ophthalmic and Physiological Optics*, 17,403-408.

Birdwhistell,R. L. (1970). *Kinesics and context*. Philadelphia: University of Philadelphia Press.

Birg, H. (1995). *World population projections for the 21st century-Theoretical interpretations and quantitative simulations*. New York:St. Martin's Press.

Birman,D. ,and Trickett,E. J. (2001). Cultural transitions in first-generation immigrants:Acculturation of Soviet Jewish refugee adolescents and parents. *Journal of Cross-Cultural Psychology*,32,456-477.

Birman,D. ,Trickett,E. J. ,and Buchanan,R. M. (2005). A tale of two cities: Replication of study on the acculturation and adaptation of immigrant adolescents from the Former Soviet Union in different community context. *American Journal of Community Psychology*,35,83-101.

Bischof-Köhler, D. (1991). The development of empathy in infants. In M. E. Lamb and H. Keller (eds.), *Infant development: Perspectives from German speaking countries* (pp. 245-273). Hillsdale,N. J. :Erlbaum.

Bischof-Köhler,D. (1998). Zusammenhainge zwischen kognitiver, motivationaler und emotionaler Entwicklung in der frühen Kindheit und im Vorschulalter [Correlations between cognitive, motivational and emotional development in early childhood and preschool age]. In H. Keller (ed.), *Lehrbuch Entwicklungspsychologie* [Textbook developmental psychology] (pp. 325-377). Bern:Huber.

Biswas-Diener,R. M. (2008). Material wealth and subjective well-being. In M. Eid and R. J. Larsen (eds.), *The science of subjective well-being* (pp. 307-322). New York:Guilford Press.

Biswas Diener, R. M. , Vitterso, J. , and Diener, E. (2005). Most people are pretty happy, but there is cultural variation: The Inughuit,Tile Amish, and The Maasai. *Journal of Happiness Studies*,6,205-226.

Bjorklund, D. F. (1997). The role of immaturity in human development. *Psychological Bulletin*,122,153-169.

Bjorklund, D. F. , and Pellegrini, A. D. (2002). *The origins of human nature: Evolutionary developmental psychology*. Washington,DC:American Psychological Association.

Black,R. E. , Allen, L. H. , Bhutta, Z. A. , Caulfield, L. E. , De Onis, M. , Ezzati, M. , Mathers, C. , and Rivera, J. (2008). Maternal and child undernutrition: Global and regional exposures and health consequences. *The Lancet*,371,243-260.

Blake, B. F. , Heslin, R. , and Curtis, S. C. (1996). Measuring impacts of cross-cultural training. In D. Landis and R. S. Bhagat (eds.),*Handbook of intercultural training* (2nd edn. ,pp. 61-80). Thousand Oaks,CaliL:Sage.

Blake, R. R. , and Mouton, J. S. (1964). The managerial grid. Houston:Gulf Publishing.

Blakemore,S. -J. ,and Choudhury, S. (2006). Development of the adolescent brain:Implications for executive function and social cognition. *Journal of Child Psychology and Psychiatry*,47, 296-312.

Bleichrodt, N. ,Drenth, P. J. D. , and Querido, A. (1980). Effects of iodine deficiency on mental and psychomotor abilities. *American Journal of Physical Anthropology*,53,55-67.

Bloom,A. (1981). *The linguistic shaping of thought:A study in the impact of language on thinking in China and the West*. Hillsdale,N. J. :Erlbaum.

Blum-Kulka, S. , House, J. , and Kasper, G. (1988). Investigating cross-cultural pragmatics: An introductory overview. In S. Blum-Kulka, J. House and G. Kasper (eds.), *Cross-cultural pragmatics:Requests and apologies* (pp. 1-34). Norwood, N. J. :Ablex.

Boas, F. (1911). *The mind of primitive man*. New York: Macmillan.

Bochner,S. (1972). Problems in culture learning. In S. Bochner and P. Wicks (eds.), *Overseas students in Australia* (pp. 65-81). Sydney: University of New South Wales Press.

Bochner, S. (ed.) (1982). *Cultures in contact: Studies in cross-cultural interaction*. Oxford: Pergamon.

Bochner, S. (1986). Observational methods. In W. J. Lonner and J. W. Berry (eds.), *Field methods in cross-cultural research* (pp. 165-201). London: Sage.

Bochner, S. (2006). Sojourners. In D. L. Sam and J. W. Berry (eds.), *The Cambridge handbook of acculturation psychology* (pp. 181-197). Cambridge: Cambridge University Press.

Bock, P. K. (1999). *Rethinking psychological anthropology* (2nd edn.). Prospect Heights, Ill: Waveland Press.

Boesch, C. (1991). Teaching among wild chimpanzees. *Animal Behavior*, 41, 530-532.

Boesch, C. (1993). Aspects of transmission in wild chimpanzees. In K. Gibson and T. Ingold (eds.), *Tools, language and cognition in human evolution* (pp. 171-183). Cambridge: Cambridge University Press.

Boesch, C. (1995). Innovation in wild chimpanzees (Pan troglodytes). *Interational Journal of Primatology*, 16, 1-16.

Boesch, E. E. (1986). Science, culture and development. In M. Gottstein and G. Link (eds.), *Cultural development, science and technology in Sub-Saharan Africa* (pp. 19-29). Berlin: German Foundation for International Development.

Boesch, E. E. (1991). *Symbolic action theory and cultural psychology*. Heidelberg: Springer.

Boesch, E. E. (2002). The myth of lurking chaos. In H. Keller, Y. H. Poortinga and A. Schölmerich (eds.), *Biology, culture and development: Integrating diverse perspectives* (pp. 116-135). Cambridge: Cambridge University Press.

Bogin, B. (1999). *Patterns of human growth* (2nd edn.). Cambridge: Cambridge University Press.

Botmemeyer, J. (1998a). *Time relations in discourse: Evidence from a comparative approach to Yukatek Maya*. Wageningen: Ponsen Et Looijen.

Botmemeyer, J. (1998b). Temporal reference from a radical pragmatics perspective: Why Yucatec do not need to express "after" and "before." *Cogntive Linguistics*, 9, 239-282.

Boldt, E. D. (1978). Structural tightness and cross-cultural research. *Journal of Cross-Cultural Psychology*, 9, 151-165.

Bolhuis, J. J., and Wynne, C. D. L. (2009). Can evolution explain how minds work? *Nature*, 458, 832-833.

Bollen, K. A. (2002). Latent variables in psychology and the social sciences. *Annual Review of Psychology*, 53, 605-634.

Bond, M. H. (ed.) (1988). *The cross-cultural challenge to social psychology*. Newbury Park, CaliL: Sage.

Bond, M. H. (1991). Chinese values and health: A cultural investigation. *Psychology Et Health*, 5, 137-152.

Bond, M. H., and Van de Vijver, F. J. R. (in press). Making scientific sense of cultural differences in psychological outcomes: Unpackaging the magnum mysterium. In D. Matsumoto and F. Van de Vijver (eds.), *Cross-cultural Research Methods*. Cambridge: Cambridge University Press.

Bond, M. H., Leung, K., Au, A. et al. (2004). Culture-level dimensions of Social Axioms and their correlates across 41 cultures. *Journal of Cross-Cultural Psychology*, 35, 548-570.

Bond, R., and Smith, P. B. (1996). Culture and conformity: A meta-analysis of studies using Asch's (1952b, 1965) line judgment task. *Psychological Bulletin*, 119, 111-137.

Bornstein, H. (1997). Selective vision. *Behavioral and Brain Sciences*, 20, 180-181.

Bornstein, M. H. (1973). Colour vision and colour naming: A psychophysiological hypothesis of cultural differences. *Psychological Bulletin*, 80, 257-285.

Bornstein, M. H. (1994). Cross-cultural perspectives on parenting. In G. d'Ydewalle, P. Eelen and P. Bertelson (eds.), *International perspectives on psychological science*, Vol. II (pp. 359-369). Hove: Erlbaum.

Bornstein, M. H. (ed.) (1991). *Cultural approaches to parenting*. Hillsdale, N. J.: Erlbaum.

Bornstein, M. H. (ed.) (2010). *Handbook of cultural developmental science*. New York: Taylor Et Francis.

Bornstein, M. H., and Lansford, J. (2010). Parenting. In M. H. Bornstein (ed.), *Handbook of cultural developmental science* (pp. 259-278). New York: Taylor Et Francis.

Bornstein, M. H., Kessen, W. H., and Weiskopf, S. (1976). The categories of hue in infancy. *Science*, 191, 201-202.

Bornstein, M. H., Tal, J., Rahn, C., Galperin, C. Z., Pecheux, M.-G., Lamour, M., Toda, S., Azuma, H., Ogino, M., and Tamis-LeMonda, C. S. (1992). Functional analysis of the contents of maternal speech to infants of 5 and 13 months in four cultures: Argentina, France, Japan and the United States. *Developmental Psychology*, 28, 593-603.

Boroditsky, L., Schmidt, L. A., and Phillips, W. (2003). Sex, syntax and semantics. In D. Gentner and S. Goldin-Meadow (eds.), *Language in mind: Advances in the study of language and thought* (pp. 61-79). Cambridge, Mass.: The MIT Press.

Boski, P. (2006). Humanism-materialism: Centuries-long Polish cultural origins and 20 years of research in cultural psychology. In U. Kim, K. -S. Yang and K. -K. Hwang (eds.), *Inldigenous and cultural psychology: Understanding people in context* (pp. 373-402). New York: Springer.

Bouchard, T., Lykken, D., McGue, M., Segal, N., and Tellegen, A. (1990). Sources of human psychological differences: The Minnesota study of twins reared apart. *Science*, 212, 1055-1059.

Boucher, J. D., and Carlson, G. E. (1980). Recognition of facial expression in three cultures. *Journal of Cross-Cultural Psychology*, 11, 263-280.

Bourdieu, P. (1998). *Practical reason: On the theory of action*. Stanford: Stanford University Press.

Bourhis, R., Moise, C., Perreault, S., and Senecal, S. (1997). Towards an interactive acculturation model: A social psychological approach. *Intenational Journal of Psychology*, 32, 369-386.

Bouvy, A.-M., Van de Vijver, F. J. R., Boski, P., Schmitz, P., and Krewer, B. (1994). Introduction. In A.-M. Bouvy, F. J. R. Van de Vijver, P. Boski and P. Schmitz (eds.), *Journeys into cross-cultural psychology* (pp. 1-6). Lisse: Swets & Zeitlinger.

Bowerman, M. (1996). The origins of children's spatial semantic categories: Cognitive versus linguistic determinants. In J. J. Gumperz and S. C. Levinson (eds.), *Rethinking linguistic relativity* (pp. 145-202). Cambridge: Cambridge University Press.

Bowerman, M., and Choi, S. (2001). Shaping meanings for language. In M. Bowerman and C. Levinson (eds.), *Language acquisition and conceptual development* (pp. 475-511). Cambridge: Cambridge University Press.

Bowlby, J. (1969). *Attachment and loss, Vol. I, Attachment.* New York: Basic Books.

Bowles, S., Choi, J.-K., and HopfensBz, A. (2003). The co-evolution of individual behaviors and social institutions. *Journal of Theoretical Biology*, 223, 135-147.

Boyd, R., and Richerson, P. J. (1985). *Culture and the evolutionary process.* Chicago: The University of Chicago Press.

Boyd, R., and Richerson, P. J. (2005). *The origin and evolution of cultures.* New York: Oxford University Press.

Boyd, R., Gintis, H., Bowles, S., and Richerson, P. J. (2003). The evolution of altruistic punishment. *Proceedings of the National Academy of Sciences of the United States of America*, 100, 3531-3535.

Brandt, M. E., and Boucher, J. D. (1985). Judgements of emotions from antecedent situations in three cultures. In I. Reyes Lagunes and Y. H. Poortinga (eds.), *From a diffcrent perspective: Studies of behaviour across cultures* (pp. 348-362). Lisse: Swets & Zeitlinger.

Bray, P. G., Martin, R. E., Tilley, L., Ward, S. A., Kirk, K., and Fidock, D. A. (2005). Defining the role of PfCRT in Plasmodium falciparum chloroquine resistance. *Molecular Microbiology*, 56, 323-333.

Brazelton, T. B. (1973). *Neonatal behavioural assessment scale.* London: National Spastics Society.

Bread for the World Institute. (2010). The hungry report 2010: A just and sustainable recovery. Washington, DC: Bread for the World Institute. Rentrieved July 30, 2010, from www.hungerreportorg/2010/

Brein, M., and David, K. H. (1971). Intercultural commnmication and the adjustment of the sojourner. *Psychological Bulletin*, 76, 215-230.

Breland, K., and Breland, M. (1961). The misbehaviour of organisms. *American Psychologist*, 16, 681-684.

Breslow, L. (1999). From disease prevention to health promotion. *Journal of the American Medical Association*, 281, 1030-1033.

Bresnahan, M. J., Levine, T. R., Shearman, S. M., Lee, S. Y., Park, C.-Y., and Kiyomiya, T. (2005). A multimethod multitrait validity assessment of self-construal in Japan, Korea,

and the United States. *Human Communication Research*, 31, 33-59.

Breugehnans, S. M. (in press). The relationship between individual and culture. In F. J. R. Van de Vijver, A. Chasiotis and S. M. Breugehnans (eds.), *Fundamental questions in cross-cultural psychology.* Cambridge: Cambridge University Press.

Breugehnans, S. M., and Poortinga, Y. H. (2006). Emotion without a word: Shame and guilt with Rarámuri Indians and rural Javanese. *Journal of Personality and Social Psychology*, 91, 1111-1122.

Breugehnans, S. M., and Van de Vijver, F. (2004). Antecedents and components of majority attitudes towards multiculturalism in the Netherlands. *Applied Psychology: Ann International Review*, 53, 400-422.

Breugehnans, S. M., Van de Vijver, F., and Schalk-Soekar, S. (2009). Stability of majority attitudes toward multiculturalism in the Netherlands between 1999 and 2007. *Applied Psychology: Ann International Review*, 58, 653-671.

Breugehnans, S. M., Poortinga, Y. H., Ambadar, Z., Setiadi, B., Vaca, J. B., and Widiyanto, P. (2005). Body sensations associated with emotions in Raramuri Indians, rural Javanese, and three student samples. *Emotion*, 5, 166-174.

Brewer, M. (1997). The social psychology of intergroup relations: Can research inform practice? *Journal of Social Issues*, 53, 197-211.

Brewer, M. (1999). The psychology of prejudice: Ingroup love or outgroup hate? *Journal of Social Issues*, 55, 429-444.

Brewer, M. (2007). The importance of being we: Human nature and intergroup relations. *American Psychologist*, 62, 728-738.

Brewer, M., and Campbell, D. T. (1976). *Ethnocentrism and intergroup attitudes: East African evidence.* London: Sage.

Brewer, M., and Yuki, M. (2007). Culture and social identity. In S. Kitayama and D. Cohen (eds.), *Handbook of cultural psychology* (pp. 307-322). New York: Guilford Press.

Bril, B. (1989). Die kulturvergleichende Perspektive: Entwicklung und Kultur [The cross-cultural perspective: Development and culture]. In H. Keller (ed.), *Handbuch der Kleinkindforschung* (1. Aufi., S. 71-88) [Handbook of research in early childhood]. Heidelberg: Springer.

Bril, B., and Sabatier, C. (1986). The cultural context of motor development: Postural manipulations in the daily life of Bambara babies (Mali). *International Journal of Behavioural Development*, 9, 439-453.

Brislin, R. W. (1974). The Ponzo illusion: Additional cues, age, orientation and culture. *Journal of Cross-Cultural Psychology*, 5, 139-161.

Brislin, R. W. (2009). Theory, critical incidents and the preparation for intercultural experiences. In R. Wyer, C. Chiu and Y. Hong (eds.), *Understanding culture: Theory, research and application* (pp. 379-392). Hove: Psychology Press.

Brislin, R. W., and Horvath, A. M. (1997). Cross-cultural training and multicultural education. In J. W. Berry, M. H. Segall and C. Kağitçibaşi (eds.), *Handbook of cross-cultural psychology*,

Vol. III, *Social behavior and applications* (2nd edn. , pp. 327-369). Boston: Allyn Et Bacon.

Brislin, R. W. , and Keanng, C. (1976). Cross-cultural differences in the perception of a three-dimensional Ponzo illusion. *Journal of Cross-Cultural Psychology*, 7, 397-411.

Brislin, R. W. , Lonner, W. J. , and Thorndike, R. M. (1973). *Cross-cultural research methods*. New York: Wiley.

Brislin, R. W. , Cushner, K. , Cherrie, C. , and Yong, M. (1986). *Intercultural interactions : A practical guide*. Beverly Hills: Sage.

Brock, A. (ed.) (2006). *Internationalizing the history of psychology*. New York: New York University Press.

Brodbeck, F. C. , Hanges, P. J. , Dickson, M. W. , Gupta, V. , and Dorfman, P. W. (2004). Societal culture and industrial sector influences on organizational culture. In R. J. House, P. J. Hanges, M. Javidan, P. W. Dorfman and V. Gupta (eds.), *Culture, leadership and organizations : The GLOBE study of 62 societies* (pp. 654-668). Thousand Oaks, Calif. : Sage.

Bronfenbrenner, U. (1979). *The ecology of human development*. Cambridge, Mass. : Harvard University Press.

Bronfenbrenner, U. , and Morris, P. A. (2006). The bioecological model of human development. In R. M. Lerner (ed.), *Handbook of Child Psychology*, Vol. I, *Theoretical models of human development* (6th edn. , pp. 793-828). Hoboken, N. J. : Wiley.

Broodryk, J. (2002). *Ubuntu : Life lessons from Africa*. Pretoria: National Library.

Brosnan, S. F. , Newton-Fisher, N. E. , and Van Vugt, N. (2009). A melding of the minds : When primatology meets personality and social psychology. *Personality and Social Psychology Review*, 13, 129-147.

Brouwers, S. , Van de Vijver, F. , and Van Hemert, D. (2009). Variation in Raven's Progressive Matrices scores across rime and place. *Learning and Individual Differences*, 19, 330-338.

Brouwers, S. , Van Hemert, D. , Breugelmans, S. M. , Van de Vijver, F. (2004). A historical analysis of empirical studies published in the *Journal of Cross-Cultural Psychology* 1970-2004. *Journal of Cross-Cultural Psychology*, 35, 251-262.

Brown, D. E. (1991). *Human universals*. New York: McGraw-Hill.

Brown, R. W. , and Lenneberg, E. H. (1954). A study of language and cognition. *Journal of Abnormal and Social Psychology*, 49, 454-462.

Browne, J. P. , O'Boyle, C. A. , McGee, H. M. , Joyce, C. R. B. , MacDonald, N. J. , O'Malley, K. , and Hiltbrunner, B. (1994). Individual quality of life in the healthy elderly. *Ouality of Life Research*, 3, 235-244.

Brundfiand, G. H. (2005). Right to health : The Anna Lindh Lecture of 2005. Retrieved June 15, 2009, from www. rwi. lu. se/publicseminars/annalindh/al05. shtml

Bruner, J. S. (1990). *Acts of meaning*. Cambridge, Mass. : Harvard University Press.

Brunet, O. , and Lezine, I. (1951/1971 〔3rd edn. 〕). *Le développement psychologique de la première enfance* 〔Psychological development in infancy〕. Paris: PUF.

Brunswik, E. (1956). *Perception and the representative design of psychological experiments*. Berkeley: University of California Press.

Bshary, R. , Grutter, A. S. , Willener, A. S. T. , and Leimar, O. (2008). Pairs of cooperating cleaner fish provide better service quality than singletons. *Nature*, 455, 964-967.

Buchan, N. R. , Croson, R. T. A. , and Dawes, R. M. (2002). Swift neighbors and persistent strangers : A cross-cultural investigation of trust and reciprocity in social exchange. *American Journal of Sociology*, 108, 168-206.

Buckle, L. , Gallup, G. G. , and Rodd, Z. A. (1996). Marriage as a reproductive contract : Patterns of marriage, divorce, and remarriage. *Ethology and Sociobiology*, 17, 363-377.

Burman, E. (2007). Between orientalism and normalization : Cross-cultural lessons from Japan for a critical history of psychology. *History of Psychology*, 10, 179-198.

Burnstein, E. , Crandall, C. , and Kitayama, S. (1994). Some neo-Darwinian decision rules for altruism : Weighing cues for inclusive fitness as a function of the biological importance of the decision. *Journal of Personality and Social Psychology*, 67, 773-789.

Buss, D. M. (1989). Sex differences in human mate preferences : Evolutionary hypotheses tested in 37 cultures. *Behavioral and Brain Sciences*, 12, 1-49.

Buss, D. M. , Abbott, M. , Angleimer, A. et al. (1990). International preference in selecting mates : A study of 37 cultures. *Journal of Cross-Cultural Psychology*, 21, 5-47.

Buss, D. M. , Haselton, M. G. , Shackelford, T. K. , Bleske, A. L. , and Wakefield, J. C. (1998). Adaptations, exaptations and spandrels. *American Psychologist*, 53, 533-548.

Butzlaff, R. L. , and Hooley, J. (1998). Expressed emotion and psychiatric relapse. *Archives of General Psychiatry*, 55, 547-552.

Byrne, B. M. (2006). *Structural equation modeling with EQS : Basic concepts, applications and programming* (2nd edn.). Mahwah, N. J. : Erlbaum.

Byrne, B. M. (2010). *Structural equation modeling with AMOS : Basic concepts, applications and programming* (2nd edn.). New York: Roufiedge.

Caldwell, J. C. (1979). Education as a factor in mortality decline : An examination of Nigerian data. *Population Studies*, 33, 395-413.

Caldwell, J. C. , Caldwell, P. , and McDonald, P. (2002). Policy responses to low fertility and its consequences : A global survey. *Journal of Population Research*, 19, 1-12.

Camerer, C. F. (2003). *Behavioral game theory : Experiments on strategic interaction*. Princeton: Princeton University Press.

Camilli, G. (2006). Test fairness. In R. L. Brennan (ed.), *Educational measurement* (4th edn. , pp. 221-256). Washington, DC: American Council on Education.

Campbell,D. T. (1967). Stereotypes and the perception of group differences. *American Psychologist*,22,812-829.

Campbell, D. T. (1969). Reforms as experiments. *American Psychologist*,24,409-429.

Campbell,D. T. (1970). Natural selection as an epistemological model. In R. Naroll and R. Cohen (eds.), *A handbook of method in cultural anthropology* (pp. 51-85). New York: Natural History Press.

Campbell,D. T. (1975). On the conflicts between biological and social evolution and between psychology and moral tradition. *American Psychologist*,30,1103-1126.

Campbell, D. T., and Fiske, D. W. (1959). Convergent and discriminant validation by the multitrait-multimethod matrix. *Psychological Bulletin*,56,81-105.

Candia, S. (2009). *Government defends need to legislate on homosexuality*. Retrieved December 29, 2009, from www. gayrightsuganda,org/

Cann, R. L., Stoneking, M., and Wilson, A. C. (1987). Mitochondrial DNA and human evolution. *Nature*,325,31-36.

Cannon, T. (2005). The inheritance of intermediate phenotypes in schizophrenia. *Current Opinion in Psychiatry*,18,135-140.

Caplan,A. L., McCartney, J. J., and Sisti, D. A. (eds.) (2004). *Health,disease and illness:Concepts in medicine*. Georgetown: Georgetown University Press.

Carlson,S. M., and Moses, L. J. (2001). Individual differences in inhibitory control and children's theory of mind. *Child Development*,72,1032-1053.

Carr,S. (ed.) (2010). *The psychology of mobility in a global era*. New York:Springer.

Carr, S., and MacLachlan, M. (1998). Psychology in developing countries:Reassessing its impact. *Psychology and Developing Societies*,10,1-20.

Carr, S. C., and Sloan, T. S. (eds.) (2003). *Poverty and psychology*. New York:Kluwer.

Carroll, J. B. (1993). *Human cognitive abilities:A survey of factor-analytic studies*. Cambridge: Cambridge University Press.

Carroll,J. B., and Casagrande, J. B. (1958). The function of language classifications in behavior. In E. Maccoby, T. Newcomb and E. L. Hartley (eds.), *Readings in social psychology* (3rd edn., pp. 18-31). New York: Holt, Rinehart & Winston.

Carter,J. A. (2007). Malaria. In S. Ayers, A. Baum,C. McManus, S. Newman,K. Wallston,J. Weinman and R. West (eds. , *The Cambridge handbook of peychology,health and medicine* (pp. 64-79). Cambridge:Cambridge University Press.

Carter,J. A., Ross, A. J., Neville, B. J. R., Obiero, E., Katana, K., Mung'ala-Odera, V., Lees, J. A., and Newton, C. R. J. C. (2005). Developnrental impairments following severe falciparum malaria in children. *Tropical Medicine and International Health*,10,3-10.

Cash,R., Keusch, G., and Lamstein, J. (1987). *Child survival:*

The UNICEF GOBI-FFF program. Beckenham:Croom Hehn.

Castillo,R. J. (2001). Lessons from folk healing practices. In W.-S. Tseng and J. Stretzer (eds.),*Culture and psychotherapy:A guide to clinical practice* (pp. 81-101). Washington, DC: American Psychiatric Press.

Castro, V. S. (2003). *Acculturation and psychological adaptation*. Westport,Conn. :Greenwood Press.

Cavalli-Sforza, L. L., and Feldman, M. (1981). *Cultural transmission and evolution: A quantitative approach*. Princeton:Princeton University Press.

Cawte, J. (1972). *Cruel, poor and brutal nations*. Honolulu: Hawaii University Press.

Ceci,S. J., and Williams, W. (eds.) (1999). *The nature-nurture debate*. Oxford:Blackwell.

Celano,M. P., and Tyler, F. B. (1991). Behavioral acculturation among Vietnamese refugees in the United States. *Journal of Social Psychology*,131,373-385.

Chamberlain, K. (1997). Socioeconomic health differentials:From structure to experience. *Journal of Health Psychology*,2,399-412.

Chao, R. K. (1995). Chinese and European American cultural models of the self reflected in mother's childrearing beliefs. *Ethos*,23,328-354.

Chasiotis,A. (1999). *Kindheit und Lebenslauf:Untersuchungen zur evolutionären Peychologie der Lebensspanne* [Childhood and life course:Investigations into the evolutionary psychology of the life-span]. Bern:Huber.

Chasiotis, A. (2010). Developmental psychology without dualistic illusions:Why we need evolutionary biology to understand developmental psychology. In U. Frey, B. Störmer and K. Willführ (eds.), *Homo horus—A human without illusions* (pp. 147-160). Berlin:Springer.

Chasiotis, A. (in press). An epigenetic view on culture:What evolutionary developmental psychology has to offer for cross-cultural psychology. In S. M. Breugehnans, A. Chasiotis and F. J. R. Van de Vijver (eds.), *Fundamental questions in Cross-Cultural Psychology*. Cambridge:Cambridge University Press.

Chasiotis,A.,and Hofer,J. (2003). Die Messung impliziter Motive in Deutschland,Costa Rica und Kamerun [The measurement of implicit motves in Germany, Costa Rica, and Cameroon]. Research report to the German Research Foundation (DFG).

Chasiotis,A.,Hofer,J.,and Campos,D. (2006). When does liking children lead to parenthood? Younger siblings,implicit prosocial power motivation, and explicit love for children predict parenthood across cultures. *Journal of Cultural and Evolutionary Psychology*,4,95-123.

Chasiotis,A.,Keller,H.,and Scheffer,D. (2003). Birth order,age at menarche, and intergenerational context continuity:A comparison of female somatic development in West and East Germany. *North American Journal of Psychology*,5,153-170.

Chasiotis,A.,Bender, M., Kiessling, F., and Hofer, J. (2010). The emergence of the independent self:Autobiographical memory as a mediator of false belief understanding and motive orientation in Cameroonian and German preschoolers. *Journal of Cross-Cultural Psychology*,41,368-390.

Chasiotis,A. , Kiessling, F. , Hofer, J. , and Campos, D. (2006). Theory of mind and inhibitory control in three cultures:Conflict inhibition predicts false belief understanding in Germany,Costa Rica, and Cameroon. *International Journal of Behavioral Development*,30,192-204.

Chasiotis, A. , Kiessling, F. , Winter, V. , and Hofer, J. (2006). Sensory motor inhibition as a prerequisite for theory of mind-A comparison of clinical and normal preschoolers differing in sensory motor abilities. *International Journal of Behavioral Development*,30,178-190.

Chasiotis, A. , Scheffer, D. , Restemeier, R. , and Keller, H. (1998). Intergenerational context discontinuity affects the onset of puberty:A comparison of parent-child dyads in West and East Germany. *Human Nature*,9,321-339.

Chen,D. (1995). Cultural and psychological influences on mental health issues for Chinese Americans. In L. L. Adler and B. R. Mukherji (eds.),*Spirit vs. scalpel:Traditional healing and modern psychotherapy* (pp. 185-196). Westport,Conn. :Bergin Et Garvey.

Chen,S. X. , Benet-Martinez, V. , and Bond,M. (2008). Bicultural identity, biculturalism, and psychological adjusment in multicultural societies: hnmigration-based and globalization-based acculturation. *Journal of Personality*,76,803-838.

Chen,S. X. ,Bond,M. H. ,Chan,B. , Tang,D. , and Buchtel,E. E. (2009). Behavioral manifestations of modesty. *Journal of Cross-Cultural Psychology*,40,603-626.

Chen, Y. F. (2002). Chinese classification of mental disorders (CCMD-3):Towards integration on international classification. *Psychopathology*,35,171-175.

Cheney,D. ,and Seyfarth,R. (1999). *How monkeys see the world*. Chicago:The University of Chicago Press.

Cheng,B. -S. , Chou, L. -F. , Wu, T. -Y. , Huang, M. -P. , Farh, J. L. (2004). Paternalistic leadership and subordinate responses: Establishing a leadership model in Chinese organizations. *Asian Journal of Social Psychology*,7,89-117.

Cheung,F. M. (2004). Use of Western and indigenously developed personality tests in Asia. *Applied Psychology: An International Review*,53,173-191.

Cheung, F. M. , and Leung, K. (1998). Indigenous personality measures:Chinese examples. *Journal of Cross-Cultural Psychology*,29,233-248.

Cheung,F. M. ,Fan, W. , Cheung, S. F. , and Leung, K. (2008). Standardization of the Cross-cultural [Chinese] Personality Assessment Inventory for adolescents in Hong Kong:A combined emic-etic approach to personality assessment. *Acta Psychologica Sinica*,40,839-852.

Cheung,F. M. , Leung, K. , Zang, J. X. , Sun, H. F. , Gan, Y. Q. , Song, W. Z. , and Xie, D. (2001). Indigenous Chinese personality constructs:Is the Five-Factor Model complete? *Journal of Cross-Cultural Psychology*,32,407-433.

Cheung,G. W. ,and Rensvold,R. B. (2002). Evaluating goodness-of-fit indexes for testing measurement equivalence. *Structural Equation Modeling*,9,233-255.

Chiao, J. Y. , and Ambady, N. (2007). Cultural neuroscience: Parsing universality and diversity. In S. Kitayama and D. Cohen (eds.),*Handbook of cultural psychology* (pp. 615-644). New York:Guildford Press.

Child, I. L. (1954). Socialization. In G. Lindzey (ed.), *Handbook of social psychology*, Vol. II (pp. 655-692). Cambridge, Mass. :Addison-Wesley.

Childs, C. P. , and Greenfield, P. M. (1980). Informal modes of learning and teaching:The case of Zinacanteco weaving. In N. Warren (ed.), *Studies in cross-cultural psychology*,Vol. II (pp. 269-316). London:Academic Press.

Chinese Culture Connection (1987). Chinese values and the search for culture-free dimensions of culture. *Journal of Cross-Cultural Psychology*,18,143-164.

Chinese Society of Psychiatry (2001). The third edition of The Chinese classification and diagnostic criteria of mental disorders (in Chinese). Jinan:Shandong Science and Technology Press.

Chirkov, V. I. (2009). Critical psychology of acculturation:What do we study and how do we study it, when we investigate acculturation? *International Journal of Intercultural Relations*,33,94-105.

Chishohn,J. S. (1993). Death, hope, and sex:Life-history theory and the development of reproductive strategies. *Current Anthropology*,34,1-24.

Chiu,C. -Y. , and Kim, Y. H. (in press). Rethinking culture and the self:Some basic principles and their implications. In F. J. R. Van de Vijver, A. Chasiotis and S. M. Breugehnans (eds.), *Fundamental questions of cross-cultural psychology*. Cambridge:Cambridge University Press.

Choi, I. , Nisbett, R. , and Norenzayan, A. (1999). Causal attribution across cultures: Variation and universality. *Psychological Bulletin*,125,47-63.

Choi,S. , and Bowerman, M. (2001). Learning to express motion events in English and Korean:The influence of language-specific lexicalization patterns. *Cognition*,41,83-121.

Chomsky,N. (1965). *Aspects ora theory of syntax*. Cambridge, Mass. :The MIT Press.

Chomsky, N. (1980). *Rules and representations*. Oxford: Blackwell.

Chomsky,N. (2000). *New horizons in the study of language*. Cambridge:Cambridge University Press.

Chrea, C. , Ferdenzi, C. , Valentin, D. , and Abdi, H. (2007). Revisiting the relation between language and cognition:A cross-cultural study with odors. *Behaviour, Brain Et Cognition*, 22 (2).

Chrea,C. , Valentin, D. , Sulmont-Rossé, C. , Nguyen, D. H. , and Abdi,H. (2005). Semantic, typicality and odor representation: A cross-cultural study. *Chemical Senses*,30,37-49.

Christopher,J. C. (2001). Culture and psychotherapy:Toward a hermeneutic approach. *Psychotherapy*,38,115-128.

Chua,H. F. ,Boland,J. E. ,and Nisbett,R. E. (2005). Cultural variation in eye movements during scene perception. *Proceedings of the National Academy of Sciences*,102,12629-12633.

Church,A. T. (1982). Sojourner adjustment, *Psychological Bulletin*,91,540-572.

Church,A. T. (2000). Culture and personality: Toward an integrated cultural trait psychology. *Journal of Personality*,68,651-703.

Church,A. T. (2009). Prospects for an integrated trait and cultural psychology. *European Journal of Personality*,23,153-182.

Church,A. T. ,Katigbak,M. S. ,Ortiz,F. A. ,Del Prado,A. M. ,Vargas-Flores,J. ,Ibáñez-Reyes,J. ,Reyes,J. A. S. ,Pe-Pua,R. ,and Cabrera,H. F. (2005). Investigating implicit trait theories across cultures. *Journal of Cross-Cultural Psychology*,36,476-496.

Cisse,Y. (1973). Signes graphiques,representations,concepts et tests relatifs à la per-sonne chez les Malinka et les Bambasa du Mali [Graphic signs,representations,concepts and tests relative to personality among the Malinka and the Bambasa of Mali]. In Colloques Internationaux, *Le notion de Pcrsonne en Afrique Noir* [The idea of the person in black Africa]. Paris:Editions du CNRS.

Cohen,R. (1970). Entry into the field. In R. Naroll and R. Cohen (eds.), *Handbook of method in cultural anthropology* (pp. 220-245). New York:Natural History Press.

Cole,M. (1975). An ethnographic psychology of cognition. In R. W. Brislin,S.

Bochner and W. Lonner (eds.), *Cross-cultural perspectives on learning* (pp. 157-175). Beverly Hills:Sage.

Cole,M. (1988). Cross-cultural research in the sociohistorical tradition. *Human Development*,31,137-157.

Cole,M. (1992a). Culture in development. In M. H. Bornstein and M. Lamb (eds.), *Developmental psychology: An advanced textbook* (3rd edn. ,pp. 731-789). Hillsdale,N. J. :Erlbaum.

Cole,M. (1992b). Context, modularity and the cultural constitution of development. In L. Winegar and J. Valsiner (eds.),*Childrens' development within social contexts*,*Vol. II* (pp. 5-31). Hillsdale,N. J. :Erlbaum.

Cole,M. (1996). *Cultural psychology: A once and future discipline*. Cambridge,Mass. :Belknap.

Cole,M. (2006). Internationalism in psychology:We need it now more than ever. *American Psychologist*,61,904-917.

Cole,M. ,and Cole,S. R. (2004). *The development of children* (5th edn.). New York:Freeman.

Cole,M. ,and Engeström Y. (2007). Cultural-historical approaches to designing for development. In J. Valsiner and A. Rosa (eds.), *The Cambridge handbook of sociocultural psychology* (pp. 484-507). Cambridge:Cambridge University Press.

Cole,M. ,and Scribner,S. (1977). Developmental theories applied to cross-cultural cognitive research. *Annals of the New York Academy of Sciences*,285,366-373.

Cole,M. ,Gay,J. ,Glick,J. ,and Sharp,D. (1971). *The cultural context of learning and thinking*. New York:Basic Books.

Collins,W. ,Maccoby,E. ,Steinberg,L. ,Hetherington,E. ,and Bornstein,M. (2000). Contemporary research on parenting: The case of nature and nurture. *American Psychologist*,55,218-232.

Comer,R. J. (2009). *Abnormal psychology* (6th edn.). New York:Worth Publishers.

Constant,A. F. ,and Zimmermann,K. F. (2008). Measuring ethnic identity and its impact on economic behaviour. *Journal of the European Economic Association*,6,424-433.

Corcoran,C. ,Walker,E. ,Huot,R. ,Mittal,V. ,Tessner,K. ,Kesfier,L. ,and Malaspina,D. (2003). The stress cascade and schizophrenia:Etiology and onset. *Schizophrenia Bulletin*,29,671-692.

Corsaro,W. ,and Johannesen,B. (2007). The creation of new cultures in peer interaction. In J. Valsiner and A. Rosa (eds.), *The Cambridge handbook of sociocultural psychology* (pp. 444-459). Cambridge:Cambridge University Press.

Costa,P. T. ,Jr. ,and McCrae,R. R. (1992). *Revised NEO Personality Inventory (NEO PI-R) and NEO Five Factor Inventory (NEO-FFM) professional manual*. Odessa,Fla. : Psychological Assessment Resources.

Costa,P. T. ,Jr. ,and McCrae,R. R. (1994). "Set like plaster": Evidence for the stability of adult personality. In T. Heatherington and J. Weinberger (eds.), *Can persotnality change?* (pp. 21-140). Washington, DC: American Psychological Association.

Costello, E. J. ,and Angold, A. (2006). Developmental epidemiology. In D. Cicchetti and D. J. Cohen (eds.), *Developmental psychopathology* (2nd edn. ,pp. 41-75). New York:Wiley.

Cousins,S. (1989). Culture and selfhood in Japan and the U. S. *Journal of Personality and Social Psychology*,56,124-131.

Creswell, J. W. (2009). *Research design: Qualitative, quantitative, and mixed methods approaches* (3rd edn.). Thousand Oaks,CaliL:Sage.

Crisp, R. J. ,and Abrams, D. (2008). hnproving intergroup attitudes and reducing stereotype threat:An integrated contact model. *European Review of Social Psychology*,19,242-284.

Cronbach,L. J. ,Gleser, G. C. ,Nanda, H. ,and Rajaratnam, N. (1972). *The dependability of behavioral measurements*. New York:Wiley.

Cronk, L. (1994). Evolutionary theories of morality and the manipulative use of signals. *Zygon*,29,81-101.

Cudlar, I. ,and Paniagua, F. R. (eds.) (2000). *Handbook of multicultural mental health*. San Diego:Academic Press.

Cudlar,I. ,Harris, L. C. ,and Jasso, R. (1980). An acculturation scale for Mexican American normal and clinical populations. *Hispanic Journal of Behavioral Sciences*,2,199-217.

Cui, G. ,and Van den Berg, S. (1991). *Testing the construct* validity of intercultural effectiveness. *International Journal of Intercultural Relations*,15,227-241.

Cushner,K. (1989). Assessing the impact of a culture general-assimilator. *International Journal of Intercultural Relations*, 13,125-146.

Cushner,K. , and Landis,D. (1996). The intercultural sensitizer. In D. Landis and R. S. Bhagat (eds.), *Handbook of intercultural training* (2nd edn. , pp. 185-202). Thousand Oaks,Calif. ;Sage.

D'Andrade, R. (1995). *The development of cogntive anthropology*. Cambridge;Cambridge University Press.

Dalmiya, N. , and Schultnik, W. (2003). Combating hidden hunger: The role of international agencies. *Food Nutrition Bulletin*,24,569-577.

Daly,M. ,and Wilson, M. (1983). *Evolution and behavior* (2nd edn.). Boston;Willard Grant Press.

Daly,M. ,and Wilson,M. (1988). *Homicide*. New York;Aldine.

Dana,R. H. , and Allen, J. (eds.) (2008). *Cultural competency training in a global society*. New York;Springer.

Dansereau, F. , Alutto, J. A. , and Yammarino, F. J. (1984). *Theory-testing in organizational behavior: The "variant" approach*. Englewood Cliffs,N. J. ;Prentice Hall.

Darwin,C. (1859). *The origin of species by means of natural selection*. London;Murray.

Darwin,C. (1871). *The descent of marl,arid selection in relation to sex*. London;Murray.

Darwin,C. (1872/1998). *The expression of the emotions in marl and animals* (3rd edn.). London;HarperCollins.

Dasen,P. R. (1984). The cross-cultural study of intelligence: Piaget and the Baoulé *International Journal of Psychology*, 19,407-434.

Dasen,P. R. (1999). Représentations sociales de l'adolescence:une perspective interculturelle [Social representations of adolescents: An intercultural perspective]. In B. Bril, P. R. Dasen,C. Sabatier and B. Krewer (eds.),*Propos sur l'enfant et l'adolescent:Quels enfants Four quelles cultures?* [Remarks on children and adolescents: Which children for which cultures?] (pp. 319-338). Paris;L'Harmattan.

Dasen, P. R. (2000). Rapid social change and the turmoil of adolescence:A cross cultural perspective. *International Journal of Group Tensions*,29,17-50.

Dasen,P. R. ,and Akkari,A. (eds.) (2008). *Educational theories and practices from the majority world*. New Delhi;Sage.

Dasen,P. R. , and Mishra, R. C. (2000). Cross-cultural views on human development in the third millennium. *International Journal of Behavioral Development*,24,428-434.

Dasen, P. R. , and Mishra, R. C. (2010). *Development of geocentric spatial language and cognition: An ecocultural perspective*. Cambridge;Cambridge University Press.

Dasen, P. R. , Inhelder, B. , Lavallee, M. , and Retschitzky, J. (1978). *Naissance de l'intelligence chez l'enfant Baoulé de Côte d'Ivoire* [The birth of intelligence among Baoulé children in the Ivory Coast]. Berne;Hans Huber.

Davis,C. M. ,and Carlson,J. A. (1970). A cross-cultural study of the strength of the Müller-Lyer illusion as a function of attentional factors. *Journal of Personality and Social Psychology*,16,403-410.

Dawkins, R. (1976). *The selfish gene*. New York: Oxford University Press.

Dawkins,R. (1979). Defining sociobiology. Nature,280,427-428.

Day,R. , Nielsen, J. A. , Korten, A. , et al. (1987). Stressful life events preceding the acute onset of schizophrenia: A cross-national study from the World Health Organization. *Culture, Medicine and Psychiatry*,11,123-205.

De Raad, B. , and Peabody, D. (2005). Cross-culturally recurrent personality factors: Analyses of three factors. *European Journal of Personality*,19,451-474.

De Raad, B. , Barelds, D. P. H. , Levert, E. , et al. (2010). Only three factors of personality description are fully replicable across languages:A comparison of 14 trait taxonomies. *Journal of Personality and Social Psychology*,98,160-173.

De Waal, F. B. M. (2009). Darwin's last laugh. *Nature*,460,175.

Deal,T. E. , and Kennedy, A. A. (1982). *Corporate cultures: The rites and rituals of corporate life*. Reading, Mass. ; Addison Wesley.

Deardorff, D. K. (ed.) (2009). *The SAGE handbook of intercultural competence*. Thousand Oaks,Calif. ;Sage.

Dennett,D. (1995). *Darwins dangerous idea: Evolution and the meanings of life*. New York;Simon Et Schuster.

Denzin, N. K. , and Giardina, M. D. (eds.) (2006). *Qualitative inquiry and the conservative challenge*. Walnut Creek,Calif. ; Left Coast Press.

Denzin,N. K. , and Lincoln, Y. S. (eds.) (2000). *Handbook of qualitative research* (2nd edn.). Thousand Oaks,CaliL;Sage.

Denzin, N. K. , and Lincoln, Y. S. (2005a). Introduction: The discipline and practice of qualitative research. In N. K. Detzin and Y. Lincoln (eds.), *The Sage Handbook of qualitative research* (3rd edn. ,pp. 1-32). Thousand Oaks,Calif. ;Sage.

Derzin,N. K. , and Lincoln, Y. S. (eds.) (2005b). *The Sage Handbook of qualitative research* (3rd edn.). Thousand Oaks, CaliL;Sage.

Deregowski J. B. (1968). Difficulties in pictorial depth perception in Africa. *British Journal of Psychology*,59,195-204.

Deregowski, J. B. (1980). *Illusions, patterns arid pictures: A cross-cultural perspective*. London;Academic Press.

Deregowski,J. B. (1989). Real space and represented space:Cross-cultural perspectives. *Behavioral and Brain Sciences*, 12, 51-74.

Deregowski, J. B. , and Benfiey, A. M. (1986). Perception of pictorial space by Bushmen. *International Journal of Psychology*,21,743-752.

Deregowski,J. B. , and Parker, D. M. (1994). The perception of spatial structure with oblique viewing, an explanation for Byzantine perspective? *Perception*,23,5-13.

Deregowski, J. B. , and Serpell, R. (1971). Performance on a sorting task: A cross-cultural experiment. *International Journal of Psychology*, 6, 273-281.

Deregowski, J. B., Muldrow, E. S., and Muldrow, W. F. (1972). Pictorial recognition in a remote Ethiopian population. *Perception*, 1, 417-425.

Dettwyler, K. A. (1995). A time to wean. In P. Stuart-Macadam and K. Dettwyler (eds.), *Breast feeding: Biocultural perspectives* (pp. 39-73). Hawthorne, N. Y.: Aldine de Gruyter.

Devereux, G., and Loeb, E. M. (1943). Antagonistic acculturation. *American Sociological Review*, 8, 133-147.

Dezutter, J., Soenens, B., and Hutsebaut, D. (2006). Religiosity and mental health: A further exploration of the relative importance of religious behaviors vs. religious attitudes. *Personality and Individual Differences*, 40, 807-818.

Diamond, M. (1997). Sexual identity and sexual orientation in children with traumatized or ambiguous genitalia. *Journal of Sex Research*, 34, 199-222.

Diaz-Guerrero, R. (1975). *Psychology of the Mexican: Culture and personality*. Austin: University of Texas Press.

Diaz Guerrero, R. (1982). The psychology of the historic-sociocultural premise. *Spanish Language Psychology*, 2, 382-410.

Diaz-Guerrero, R. (1993). A Mexican ethnopsychology. In U. Kim and J. W. Berry (eds.), *Indigenous psychologies: Experience and research in cultural context*. Newbury Park, Calif.: Sage.

Diaz-Guerrero, R. (2000). Is abnegation a basic experiential trait in traditional societies? The case of Mexico. In J. W. Berry, R. C. Mishra and R. C. Tripathi (eds.), *Psychology in human and social development: Lessons from diverse cultures* (pp. 68-85). Delhi: Sage.

Diaz-Loving, R. (2005). Emergence and contributions of a Latin American indigenous social psychology. *International Journal of Psychology*, 40, 213-227.

Diaz-Loving, R., and Lozano, I. (2009). Rogelio Diaz-Guerrero: A legacy of psychological creation and research. In A. Gari and K. Mylonas (eds.), *Quod erat demonstratum* (pp. 45-54). Athens: Pedio.

Diaz-Loving, R., Rivera Aragón, S., Reyes Lagunes, I., Rocha Sánchez, T., Reidl Martínez, L., Sánchez Aragón, R., et al. (2008). *Etnopsicología Mexicana: Siguiendo la huella teórica y empírica de Diaz-Guerrero*. Mexico City: Trillas.

Dickinson, D. L. (2000). Ultimatum decision-making: A test of reciprocal kindness. *Theory and Decision*, 48, 151-177.

Dickson, M. W., Den Hartog, D. N., and Castaño, N. (2009). Understanding leadership across cultures. In R. S. Bhagat and R. M. Steers (eds.), *The Cambridge handbook of culture, organizations, and work* (pp. 219-244). Cambridge: Cambridge University Press.

Diener, E. (1996). Subjective well-being in cross-cultural perspective. In H. Grad, A. Blanco and J. Georgas (eds.), *Key issues in cross-cultural psychology* (pp. 319-330). Lisse: Swets Et Zeitlinger.

Diener, E., and Biswas-Diener, R. (2002). Will money increase subjective well-being? A literature review and guide to needed research. *Social Indicators Research*, 57, 119-169.

Diener, E., and Seligman, M. E. P. (2009). Beyond money: Towards an economy of well being. In E. Diener (ed.), *The science of well-being: The collected works of Ed Diener* (pp. 201-265). Social Indicators Research Series 3. Dordrecht: Springer.

Diener, E., Diener, M., and Diener, C. (1995). Factors predicting subjective well-being of nations. *Journal of Personality and Social Psychology*, 69, 851-864.

Diener, E., Lucas, R. E., and Oishi, S. (2002). Subjective well-being: The science of happiness and life satisfaction. In C. R. Snyder and S. J. Lopez (eds.), *Handbook of positive psychology* (pp. 63-73). Oxford: Oxford University Press.

Dissanayake, E. (1992). Homo aestheticus: *Where art comes from and why*. New York: The Free Press.

Distel, H., Ayabe-Kanamura, S., Martínez-Gómez, M., Schicker, I., Kobayakawa, T., Saito, S., and Hudson, R. (1999). Perception of everyday odors: Correlation between intensity, familiarity and strength of hedonic judgment. *Chemical Senses*, 24, 191-199.

Dobzhansky, T., Ayala, F. J., Stebbins, G. L., and Valentine, J. W. (1977). *Evolution*. San Francisco: Freeman.

Doi, T. (1973). *The anatomy of dependence*. Tokyo: Kodansha International.

Doi, T. (1984). Psychotherapy: A cross-cultural perspective from Japan. In P. Pedersen, N. Sartorius and A. Marsella (eds.), *Mental health services: The cross-cultural context* (pp. 267-279). London: Sage Publishers.

Dolan, P., Peasgood, T., and White, M. (2008). Do we really know what makes us happy? A review of the economic literature on the factors associated with subjective well-being. *Journal of Economic Psychology*, 29, 94-122.

Donh, G., and Ackermann, L. (2006). Refugees in camps. In D. L. Sam and J. W. Berry (eds.), *The Cambridge handbook of acculturation psychology* (pp. 218-232). Cambridge: Cambridge University Press.

Donh, G., and Berry, J. W. (1994). Acculturation attitudes and acculturative stress of Central American refugees in Canada. *International Journal of Psychology*, 29, 57-70.

Doty, R. L. (1986). Cross-cultural studies of taste and smell perception. In D. Duvall, D. Muller-Schwarze and R. Silverstein (eds.), *Clinical signals in vertebrates*, Vol. IV. New York: Plenum.

Doty, R. L. (2001). Olfaction. *Annual Review of Psychology*, 52, 423-452.

Dougherty, J. W., and Keller, C. (1982). Task autonomy: A practical approach to knowledge structure. *American Ethnologist*, 9, 763-774.

Dovidio, J., Glick, P., and Rudman, A. (eds.) (2005). *On the* nature of prejudice: Fifty years after Allport. Oxford: Blackwell.

Draguns, J. G. (1975). Resocialization into culture: The complexities of taking a worldwide view of psychotherapy. In R. W. Brislin, S. Bochner and W. J. Lonner (eds.), Cross-cultural perspectives on learning (pp. 273-289). Beverly Hills: Sage.

Draguns, J. G. (1982). Methodology in cross-cultural psychopathology. In I. Al-Issa (ed.), Culture and psychopathology (pp. 33-70). Baltimore: University Park Press.

Draguns, J. G., and Tanaka-Matsumi, J. (2003). Assessment of psychopathology across and within cultures: Issues and findings. Behaviour Research and Therapy, 41, 755-775.

Draper, P., and Harpending, H. (1988). A sociobiological perspective on human reproductive strategies. In K. B. MacDonald (ed.), Sociobiological perspectives on human development (pp. 340-372). New York: Springer.

Drenth, P. J. D. (2004). Ethics and social responsibility. In C. Spielberger (ed.), Encyclopedia of applied psychology (pp. 841-844). Amsterdam: Elsevier.

Drenth, P. J. D., and Den Hartog, D. H. (1999). Culture and organizational differences. In W. J. Lonner, D. L. Dinnel, D. K. Forgays and S. A. Hayes (eds.), Merging past, present and future in cross-cultural psychology (pp. 489-502). Lisse: Swets & Zeifiinger.

Drenth, P. J. D., and Groenendijk, B. (1997). Organisatiepsychologie in cross-cultureel perspectief [Organizational psychology in cross-cultural perspective]. In P. J. D. Drenth, H. Thierry and C. J. de Wolff (eds.), Nieuw handboek arbeids-en organisatiepsychologie, Vol. II [New handbook of work and organization psychology] (pp. 1407-1451). Houten: Bohn.

Ducci, L., Arcuri, L. W., Georgis, T., and Sineshaw, T. (1982). Emotion recognition in Ethiopia. Journal of Cross-Cultural Psychology, 13, 340-351.

Dunbar, R. I. M. (1995). Neocortex size and group size in primates: A test of the hypothesis. Journal of Human Evolution, 28, 287-296.

Dunbar, R. I. M. (1996). The trouble with science. Cambridge, Mass.: Harvard University Press.

Dunbar, R. I. M., and Barrett, L. (2007). Oxford handbook of evolutionary psychology. Oxford: Oxford University Press.

Dunbar, R., and Spoors, M. (1995). Social networks, support cliques, and kinship. Human Nature, 6, 273-290.

Duncan, H. F., Gourlay, N., and Hudson, W. (1973). A study of pictorial perception among Bantu and White primary school children in South Africa. Johannesburg: Witwatersrand University Press.

Durham, W. H. (1982). Interactions of genetic and cultural evolution: Models and examples. Human Ecology, 10, 289-323.

Durkheim, E. (1915). The elementary forms of the religious life. London: George Allen & Unwin Ltd.

Duveen, G. (2007). Culture and social representations. In J. Valsiner and A. Rosa (eds.), The Cambridge handbook of sociocultural psychology (pp. 543-559). Cambridge: Cambridge University Press.

Dwairy, M. (2006). Counseling and psychotherapy with Arabs and Muslims: A culturally sensitive approach. New York: Teachers College Press.

Dyal, J. A. (1984). Cross-cultural research with the locus of control construct. In H. M. Lefcourt (ed.), Research with the locus of control construct, Vol. III (pp. 209-306). New York: Academic Press.

Dziurawiec, S., and Deregowski, J. B. (1986). Construction errors as a key to perceptual difficulties encountered in reading technical drawings. Ergonomics, 29, 1203-1212.

Eagly, A. H., and Wood, W. (1999). The origins of sex differences in human behavior: Evolved dispositions versus social roles. American Psychologist, 54, 408-423.

Earley, P. C., and Ang, S. (2003). Cultural intelligence: Individual interactions across cultures. Stanford: Stanford University Press.

Eckensberger, L. (1972). The necessity of a theory for applied cross-cultural research. In L. J. Cronbach and P. J. D. Drenth (eds.), Mental tests and cultural adaptation (pp. 99-107). The Hague: Mouton.

Eckensberger, L. H. (1979). A metamethodological evaluation of psychological theories from a cross-cultural perspective. In L. Eckensberger, W. Lonner and Y. H. Poortinga (eds.), Cross-cultural contributions to psychology (pp. 255-275). Lisse: Swets & Zeitlinger.

Eckensberger, L. H. (1996). Agency, action, and culture: Three basic concepts for cross-cultural psychology. In J. Pandey, D. Sinha and D. P. S. Bhawuk (eds.), Asian contributions to cross-cultural psychology (pp. 72-102). New Delhi: Sage.

Eckensberger, L. H. (2002). Paradigms revisited: From inconnnensurability to respected complementarity. In H. Keller, Y. H. Poortinga and A. Schölmerich (eds.), Biology, culture, and development: Perspectives in Ontogenetic Development (pp. 341-383). Cambridge: Cambridge University Press.

Eckensberger, L. H., and Hath, I. (2002). Soziale Kognition [Social cognition]. In W. Schneider and B. Sodian (eds.), Kognitive Entwicklung [Cognitive development] (Enzyklopedie der Psychologie, CV Bd 2, pp. 409-493). Göttingen: Hogrefe.

Edelman, R. J., and Iwawaki, S. (1987). Self-reported expression and the consequences of embarrassment in the United Kingdom and Japan. Psychologia, 30, 205-216.

Editorial. (2001). Global campaign to eradicate malaria. British Journal of Medicine, 322, 1191-1192.

Edwards, C., and Weisner, T. (eds.) (2010). The contribution of John and Beatrice Whiting. Special Issue, Journal of Cross-cultural Psychology, 41, 483-632.

Ehfiich,P. R. (1968). *The population bomb*. New York: Ballantine Books.

Ehrlich, P. R. , and Ehrlich, A. H. (1997). The population explosion: Why we should care and what we should do about it. *Environmental Law*, 27.

Eibl-Eibesfeldt, I. (1979). Human ethology: Concepts and implications for the sciences of man. *Behavioral and Brain Sciences*, 2, 1-57.

Eibl Eibesfeldt, I. (1989). *Human ethology*. New York: Aldine de Gruyter.

Eid, M. , and Larsen, R. J. (eds.) (2008). *The science of subjective well-being*. New York: Guildford Press.

Eimas, P. D. (1975). Auditory and phonetic coding of the cues for speech. Discrimination of the [r-1] distinctions by young infants. *Perception and Psychophysics*, 18, 341-347.

Ekman, P. (1973). Cross-cultural studies of facial expression. In P. Ekman (ed.), *Darwin and facial expression* (pp. 169-222). New York: Academic Press.

Ekman, P. (1980). *The face of man*. New York: Garland Press.

Ekman, P. (1992). Are there basic emotions? *Psychological Review*, 99, 550-553.

Ekmn, P. (1994). Strong evidence for universals in facial expression: A reply to Russell's mistaken critique. *Psychological Bulletin*, 115, 268-287.

Ekman, P. (ed.) (1982). *Emotion in the human face* (2nd edn.). Cambridge: Cambridge University Press.

Ekman, P. , and Friesen, W. V. (1969). The repertoire of nonverbal behavior: categories, origins, usage and coding. *Semiotica*, 1, 49-98.

Ekman, P. , and Friesen, W. V. (1971). Constants across cultures in the face and emotion. *Journal of Personality and Social Psychology*, 17, 124-129.

Ekman, P. , and Friesen, W. V. (1986). A new pancultural expression of emotion. *Motivation and Emotion*, 10, 159-168.

Ekman, P. , Friesen, W. , O'Sullivan, M. , et al. (1987). Universals and cultural differences in the judgments of facial expressions of emotion. *Journal of Personaliliy and Social Psychology*, 53, 712-717.

Ekstrand, L. H. , and Ekstrand, G. (1986). Developing tile emic/etic concepts for cross-cultural research. In L. H. Ekstrand (ed.), *Ethnic minorities and immigrants in a cross-cultural perspective* (pp. 52-66). Lisse: Swets & Zeitlinger.

Elfenbein, H. A. , and Ambady, N. (2002). On the universality and cultural specificity of emotion recognition: A meta-analysis. *Psychological Bulletin*, 128, 203-235.

Elias, N. , and Blanton, J. (1987). Dimensions of ethnic identity in Israeli Jewish families living in the United States. *Psychological Repons*, 60, 367-375.

Ellis, B. (1988). Hofstede's culture dimensions and Rokeach's values: How reliable is the relationship? In J. W. Berry and R. C. Annis (eds.), *Ethnic psychology: Research arid practice with immigrants, refugees, native peoples, ethnic groups, and sojourners* (pp. 266-274). Lisse: Swets & Zeifiinger.

Ellis, B. J. (2004). Timing of pubertal maturation in girls: An integrated life history approach. *Psychological Bulletin*, 130, 920-958.

Ellis, H. D. , Deregowski, J. B. , and Shephard, J. W. (1975). Description of white and black faces by white and black subjects. *International Journal of Psychology*, 10, 119-123.

Ember, C. , and Ember, M. (2009). *Cross-cultural research methods* (2nd edn.). Lanham, Md. : AltaMira.

Ember, M. , Ember, C. , and Peregrine, P. (2007). *Cultural anthropology* (12th edn.). New York: Prentice Hall.

Engle, P. L. , Black, M. M. , Behmann, J. R. , Cabral de Mello. , M. , Gertler, P. J. , Kapiriri, L. , Martorell, R. , and Eming Young, M. (2007). Strategies to avoid the loss of developmental potential in more than 200 million children in the developing world. *The Lancet*, 369, 229-242.

Engestr6m, Y. (ed.) (2005). *Putting activity theory to work: Contributions from developmental work research*. Berlin: Lehmanns Media.

Enriquez, V. G. (1981). *Decolonizing the Filipino psyche*. Quezon City: Psychology Research and Training House.

Enriquez, V. G. (1989). *Indigenous psychology arid national consciousness*. Tokyo: Institute for the Study of Languages and Cultures of Asia and Africa.

Enriquez, V. G. (ed.) (1990). *Indigenous psychologies*. Quezon City: Psychology Research and Training House.

Enriquez, V. G. (1993). Developing a Filipino psychology. In U. Kim and J. W. Berry (eds.), *Indigenous psychologies: Research and experience in cultural context* (pp. 152-169). Newbury Park, Calif. : Sage.

Erikson, E. (1968). *Identity: Youth and crisis*. New York: Norton.

Escobar, J. I. , Nervi, C. H. , and Gara, M. A. (2000). hnmigration and mental health: Mexican Americans in the United States. *Harvard Review of Psychiatry*, 8, 64-72.

Esteva, G. (1992). Development. In W. Sachs (ed.), *The development dictionary* (pp. 6-25). London: Zed Books.

Estonian Integration Foundation (eds.) (2007). *The meaning of integration*. Tallinn: Estonian Integration Foundation.

Eurobarometer (2000). *Attitudes toward minority groups in the European Union: A special analysis of the Eurobarometer* 2000 *opinion poll on behalf of the European Union Monitoritig Centre on racism and Xenophobia*. Eurobarometer Opinion Poll. Retrieved January 12, 2006, from http://europa.eu. int/comm/ public opinion/indexen. htm

European Monitoring Centre on Racism and Xenophobia (2008). Migrants' experiences of racism and xenophobia in 12 EU Member States. Retrieved July 30, 2010, from www.libertysecurity.org/auteur655. html

European Union (2005). *Common basic principles for immigrant integration policy in the EU*. Retrieved July 30, 2010, from www.enaro. eu/dsip/download/eu-Common-Basic-Principles. pdf

Evans, N., and Levinson, S. C. (2009). The myth of language universals: Language diversity and its importance for cognitive science. *Behavioral and Brain Sciences*, 32, 429-448.

Eysenck, H. J., and Eysenck, S. B. G. (1975). *Manual of the Eysenck Personality Questionnaire*. San Diego: Hodder & Stoughton.

Fandrem, H., Strohmeier, D., and Roland, E. (2009). Bullying and victimization among Norwegian and immigrant adolescents in Norway: The role of proactive and reactive aggressiveness. *Journal of Early Adolescence*, 29, 898-923.

Farh, L. J. -L., Hacket, R. D., and Chen, Z. (2008). Organizational citizenship behavior in global context. In P. B. Smith, M. E Peterson and D. C. Thomas (eds.), *The handbook of cross-cultural management research* (pp. 165-184). Los Angeles: Sage.

Farmer, P. (2005). *Pathologies of power: Health, human rights and new war on the poor*. Berkeley: University of California Press.

Fawcett, J. T. (ed.) (1973). *Psychological perspectives on population*. New York: Basic Books.

Feather, N. (1975). *Values in education and society*. New York: The Free Press.

Fehr, E., and Fischbacher, U. (2003). The nature of human altruism. *Nature*, 425, 785-791.

Fehr, E., and Fischbacher, U. (2004). Third party punishment and social norms. *Evolution and Human Behavior*, 25, 63-87.

Feldman-Barrett, L., Mesquita, B., Ochsner, K. N., and Gross, J. J. (2007). The experience of emotion. *Annual Review of Psychology*, 58, 373-403.

Fenichel, O. (1955). *The psychoanalytic theory of neurosis*. London: Routledge & Paul Kegan.

Ferguson, G. (1956). On transfer and the abilities of man. *Canadian Journal of Psychology*, 10, 121-131.

Fernald, A. (1989). Intonation and communicative intent: Is the melody the message? *Child Development*, 60, 1497-1510.

Fernald, A. (1992). Human maternal vocalizations to infants as biologically relevant signals: An evolutionary perspective. In J. H. Barkow, L. Cosmides and J. Tooby (eds.), *The adapted mind: Evolutionary psychology and the generation of culture* (pp. 391-428). New York: Oxford University Press.

Fernandez, D. R., Carlson, D. S., Stepina, L. P., and Nicholson, J. D. (1997). Hofstede's country classification 25 years later. *Journal of Social Psychology*, 137, 43-54.

Fernandez-Ballesteros, R., Zamarrón, M. D., and Ruíz, M. A. (2001). The contribution of socio-demographic and psychosocial factors to life satisfaction. *Ageing & Society*, 21, 25-43.

Fiedler, F. E., Mitchell, T., and Triandis, H. C. (1971). The culture assimilator: An approach to cross-cultural training. *Journal of Applied Psychology*, 55, 95-102.

Figueredo, A. J., Corral-Verdugo, V., Frias-Armenta, M., Bachar, K. J., White, J., McNeill, P. L., Kirsner, B., and Del PilarCastell-Ruiz, I. (2001). Blood, solidarity, status, and honor: The sexual balance of power and spousal abuse in Sonora, Mexico. *Evolution and Human Behavior*, 22, 295-328.

Fijneman, Y., Wfilemsen, M., and Poortinga, Y. H. in cooperation with Erelcin, E G., Georgas, J., Hui, H. C., Leung, K., and Malpass, R. S. (1996). Individualism-collectivism: An empirical study of a conceptual issue. *Journal of Cross-Cultural Psychology*, 27, 381-402.

Fischbacher, U., Gächter, S., and Fehr, E. (2001). Are people conditionally cooperative? Evidence from a public goods experiment. *Economic Letters*, 71, 397-404.

Fischer, R. (2008). Multilevel approaches in organizational settings: Opportunities, challenges and implications for cross-cultural research. In F. J. R. Van de Vijver, D. A. van Hemert and Y. H. Poortinga (eds.), *Individuals and cultures in multilevel analyisis* (pp. 173-196). Mahwah, N. J.: Erlbaum.

Fischer, R. (in press). About chicken and eggs: Four methods for investigating culture-behaviour links. In F. J. R. Van de Vijver, A. Chasiotis and S. M. Breugehnans (eds.), *Fundamental questions in cross-cultural psychology*. Cambridge: Cambridge University Press.

Fischer, R., and Schwartz, S. H. (in press). Whence value priorities? Individual, cultural, and social sources of variation. *Journal of Cross-Cultural Psychology*.

Fischer, R., Ferreira, M. C., Assmar, E., et al. (2009). Individualism-collectivism as descriptive norms. *Journal of Cross-Cultural Psychology*, 40, 187-213.

Fischer, R., Vauclair, C. M., Fontaine, J. R. J., Schwartz, S. H. (2010). Are individual-level and country-level value structures different? Testing Hofstede's legacy with the Schwartz Value Survey. *Journal of Cross-Cultural Psychology*, 41, 135-151.

Fish, J. M. (2000). What anthropology can do for psychology: Facing physics envy, ethnocentrism, and a belief in race. *American Anthropologist*, 102, 552-563.

Fishbein, M., and Ajzen, I. (2010). *Predicting and changing behaviour: The reasoned action approach*. NewYork: Psychology Press.

Fishman, J. (1960). A systematization of the Whorfian hypothesis. *Behavioral Science*, 5, 323-338.

Fiske, A. P. (1991). *Structures of social life: The four elementary forms of human relations*. New York: The Free Press.

Fiske, A. P. (2002). Using individualism and collectivism to compare cultures—a critique of the validity and measurement of the constructs: Comment on Oyserman *et al*. *Psychological Bulletin*, 128, 78-88.

Fiske, A., Kitayama, S., Markus, H., and Nisbett, R. (1998). The cultural matrix of social psychology. In D. Gilbert, S. Fiske and G. Lindzey (eds.), *Handbook of social psychology* (pp. 915-981). New York: McGraw-Hill.

Fiske, D. W. (1971). *Measuring the concepts of personality*. Chicago: Aldine.

Fiske,S. T. ,Cuddy,A. J. ,Glick,P. ,and Xu,J. (2002). A model of (often mixed) stere-otype content:Competence and warmth respectively follow from perceived status and competition. *Journal of Personality arid Social Psychology*,82,878-902.

Fivush,R. ,and Fromhoff, F. A. (1988). Style and structure in mother-child conversations about the past. *Discourse Processes*, 11,337-355.

Flatz, G. , and Rotthauwe, H. W. (1977). The human lactase polymorphism:Physiology and genetics of lactose absorption and malabsorption. *Progress in Medical Genetics*,2,205-249.

Flynn,J. R. (1987). Massive IQ gains in 14 nations:What IQ tests really measure. *Psychological Bulletin*,101,171-191.

Flynn,J. R. (1999). Searching for justice:The discovery of IQ gains over time. *American Psychologist*,54,5-20.

Flynn,J. R. (2007). *What is intelligence? Beyond the Flynn effect*. Cambridge:Cambridge University Press.

Fontaine, J. R. J. (2005). Equivalence. In K. Kempf-Leonard (ed.), *Encyclopedia of social measurement*,*Vol. I* (pp. 803-813). New York:Academic Press.

Fontaine,J. R. J. (in press). A fourfold conceptual framework for cultural and cross-cultural psychology:Relativism, consntruct universalism,repertoire universalism, and absolutism. In F. J. R. Van de Vijver,A. Chasiotis and S. M. Breugehnans (eds.), *Fundamental questions in cross-cultural psychology*. Cambridge:Cambridge University Press.

Fontaine,J. R. J. , Poortinga, Y. H. , Setiadi, B. , and Markam, S. S. (2002). Cognitive structure of emotion terms in Indonesia and the Netherlands. *Cognition &t Emotion*,16,61-86.

Fontaine,J. R. J. , Scherer,K. R. ,Roesch, E. R. , and Ellsworth, P. (2007). The world of emotions is not two-dimensional. *Psychological Science*,18,1050-1057.

Fontaine, J. R. J. , Luyten, P. , De Boeck, P. , Corveleyn, J. , Fernandez, M. , Herrera, D. , Ittzes, A. , and Tomcsanyi, T. (2006). Untying the Gordian knot of guilt and shame:The structure of guilt and shame reactions based on situation and person variation in Belgium, Hungary, and Peru. *Journal of Cross-Cultural Psychology*,37,273-292.

Forrest,B. ,and Gross,P. R. (2004). *Creationism's Trojan horse: The wedge of intelligent design*. Oxford:Oxford University Press.

Fournier, M. , Schurmans, M. N. , and Dasen, P. R. (1999). Représentations sociales de l'intelligence:effets de l'utilisation de langues différentes [Social representations of intelligence: The effects of using different languages]. In B. Bril, P. R. Dasen,C. Sabatier and B. Krewer (eds.), *Propos sur l'enfant et l'adolescent:quels enfants Pour quelles cultures?* [Remarks on children and adolescents:Which children for which cultures?] (pp. 279-296). Paris:L'Harmattan.

Fowler,S. M. ,and Blohm,J. M. (2004). An analysis of methods for intercultural training. In D. Landis,J. M. Bennett and M. J. Bennett (eds.), *Handbook of intercultural training* (3rd edn. ,pp. 37-84). Thousand Oaks,CaliL:Sage.

Fox,N. A. (1995). Of the way we were:Adult memories about attachment experiences and their role in determining infant-parent relationships:A commentary on Van Ijzendoorn (1995). *Psychological Bulletin*,117,404-410.

Frank, H. , Harvey, O. J. , and Verdun, K. (2000). American responses to five categories of shame in Chinese culture: A preliminary cross-cultural construct validation. *Personality and Individual Differences*,28,887-896.

Frazer, J. G. (1890/1995). *The golden bough*. London: Touchstone.

Freeman,D. (1983). *Margaret Mcad arid Samoa:The Making and unmaking of an anthropological myth*. Cambridge,Mass. : Harvard University Press.

Freud, S. (1928). *Totem arid taboo:Resemblances between the psychic lives of savages and neurotics*. New York:Dodd.

Freud, S. (1938). *An outline of psychoanalysis*. London:Hogarth.

Frijda,N. H. ,Kuipers,P. , and Ter Schure, E. (1989). Relations among emotion, appraisal, and emotional action readiness. *Journal of Personality and Social Psychology*,57,212-228.

Frijda,N. H. , Markam, S. S. , Sato, K. , and Wiers, R. (1995). Emotions and emotion words. In J. A. Russell, A. J. R. Manstead,J. C. Wellenkamp and J. M. Fernandez-Dols (eds.), *Everyday conceptions of emotions:An introduction to the psychology,anthropology,and linguistics of emotions* (pp. 121-143). Dordrecht:Kluwer Academic.

Frisbie,W. P. ,Cho,Y. ,and Hummer,R. A. (2001). hnmigration and the health of Asian and Pacific Islander Adults in the United States. *American Journal of Epidemiology*, 153, 372-380.

Frost,P. J. , Moore, L. F. , Louis, M. R. , Lundberg, C. C. , and Martin, J. (eds.) (1985). *Organizational culture*. Beverly Hills:Sage.

Fuligni, A. J. (1997). The academic achievement of adolescents from immigrant families:The roles of family background, attitudes,and behavior. *Child Development*,68,351-363.

Fuligni,A. J. (1998). The adjustment of children from immigrant families. *Current Directions in Psychological Science*, 7, 99-103.

Fuligni, A. J. , Yip, T. , and Tseng, V. (2002). The impact of family obligation on the daily activities and psychological well-being of Chinese Americans. *Child Development*,73,302-314.

Furnham, A. , and Bochner, S. (1986). *Culture shock: Psychological reactions to unfamiliar environments*. London: Methuen.

Gable,S. L. ,and Haidt,J. (2005). What (and wily) is positive psychology? *Review of General Psychology*,9,103-110.

Gabrenya, W. , Kung, M. -C. , and Chen, L. -Y. (2006). Understanding the Taiwan indigenous psychology movement:A sociology of science approach. *Journal of Cross-Cultural Psychology*,37,597-622.

Gabrenya,W. K. ,Jr. ,Wang,Y. E. ,and Latané,B. (1985). Cross-cultural differences in social loafing on an optimizing task: Chinese and Americans. *Journal of Cross cultural Psychology*,

16,223-264.

Galán, J. I. , and Sanchez-Bueno, M. J. (2009). Strategy and structure in context: Universalism versus institutional effects. *Organization Studies*,30,609-627.

Galchenko, I. , and Van de Vijver, F. J. R. (2007). The role of perceived cultural distance in the acculturation of exchange students in Russia. *International Journal of Intercultural Relations*,31,181-197.

Gallois, C. , Franklyn-Stokes, A. , Giles, H. , and Coupland, N. (1988). Communication accommodation theory and intercultural encounters: Intergroup and interpersonal considerations. In Y. Y. Kim and W. B. Gudykunst (eds.), *International and intercultural communication anual*, *Vol. XII*,*Theories in intercultural communication* (pp. 157-185). Newbury Park,Calif. :Sage.

Gann, P. H. , Hennekens, C. H. , Ma, J. , Longcope, C. , and Stampfer,M. J. (1996). Prospective study of sex hormone levels and risk of prostate cancer. *Journal of the National Cancer Institute*,88,1118-1126.

Garcia, J. , and Koelling, R. A. (1966). Relation of cue to consequence in avoidance learning. *Psychonomic Science*,4,123-124.

Garcia Coil, C. T. , Lamberty, G. , Jenkins, R. , McAdoo, H. P. , Cmic,K. , Wasik, B. H. , and Vázquez Garcia, H. (1996). An integrative model for the study of developmental competencies in minority children. *Child Development*,67,1891-1914.

Garcia Coil,C. , Patton, F. , Marks, A. ,Dimitrova, R. , Yang, H. , Suárez-Aviles,G. ,and Batchelor, A. (in press). Who succeeds and why: Developmental and contextual considerations. In A. Masten,D. Hernandez and K. Liebkind (eds.),*Capitalizing on migration*:*The potential of immigrant youth*. Cambridge: Cambridge University Press.

Gardner,R. C. (1985). *Social psychology and second language learning*:*The role of attitudes and motivation*. London: Edward Arnold.

Gardner, R. C. (2000). Correlation, causation, motivation, and second language acquisition. *Canadian Psychology*,41,10-24.

Gardner, R. C. , and Clément, R. (1990). Social psychological perspectives on second language acquisition. In H. Giles and W. P. Robinson (eds.), *Handbook of language and social psychology* (pp. 495-515). London:Wiley.

Gasché,J. (1992). Apropos d'une expérience d'éducation bilingue au Perou: L'indigénisation d'un programme: sa critique de l'anthropologie [On an experience of bilingual education in Peru: The indigenisation of a programme: its critique of anthropology]. *Journal de la Société Suisse de Américanistes*, 53-4,131-142.

Gatewood,J. B. (1985). Actions speak louder than words. In J. W. D. Dougherty (ed.), *Directions in cognitive anthropology*. Chicago:University of Illinois Press.

Gatrell, A. C. (2002). *Geographies of health*:*An introduction*. Oxford:Blackwell.

Gauthier,J. (2008). Universal Declaration of Ethical Principles for Psychologists. International Union of Psychological Science. Retrieved August 1, 2010, from www. am. org/iupsys/resources/ethics/univdecl2008. html

Geber,M. ,and Dean, M. F. (1957). The state of development of newborn African children. The Lancet,272,1216-1219.

Geertz,C. (1973). *The interpretation of cultures*. New York: Basic Books.

Geertz,C. (1984). From the native's point of view:On the nature of anthropological understanding. In R. A. Shweder and R. A. LeVine (eds.), *Culture theory*: *Essays on mind*, *self*, *and emotion* (pp. 123-136). New York: Cambridge University Press.

Geertz, H. (1959). The vocabulary of emotion: A study of Javanese socialization processes. Psychiatry,22,225-237.

Gelfand, M. J. , Erez, M. , and Aycan, Z. (2007). Cross-cultural organizational behavior. *Annual Review of Psychology*, 58, 479-514.

Gelfand, M. J. , Imai, I. , and Fehr, R. (2008). Thinking intelligenfiy about cultural intelligence:The road ahead. In S. Ang and L. van Dyne (eds.), *Handbook of cultural intelligence*:*Theory*,*measurement*,*and applications* (pp. 375-387). New York:Sharpe.

Gelfand,M. J. ,Nishii,L. ,and Raver,J. (2006). On the nature and importance of cultural tightness-looseness. *Journal of Applied Psychology*,91,1225-1244.

Gehnan,R. (1998). Domain specificity in cognitive development: Universals and nonuniversals. In M. Sabourin,F. Craik and M. Robert (eds.), *Advances in Psychological Science*,*Vol. II*, *Biological and cognitive aspects* (pp. 557-579). Hove: Psychology Press.

Gehnan, S. A. (2003). *The essential child*:*Origins of essentialism in everyday thought*. Oxford:Oxford University Press.

Gentner,D. , and Goldin-Meadow, S. (2003). Whither Whorl. In D. Genmer and S. Goldin-Meadow (eds.),*Language in mind*: *Advances in the study of language and thought* (pp. 3-14). Cambridge,Mass. :The MIT Press.

Georgas,J. , Van de Vijver, F. , and Berry, J. W. (2004). The ecocultural framework, ecosocial indices and psychological variables in cross-cultural research. *Journal of Cross-Cultural Psychology*,35,74-96.

Georgas, J. , Weiss, L. , Van de Vijver, F. , and Saklofske, D. (2003). *Culture and children's intelligence*. San Diego: Academic Press.

Georgas,J. ,Berry,J. W. , Van de Vijver,F. , Kağitçibaşi,C. ,and Poortinga,Y. (eds.) (2006). *Families across cultures*:*A 30-nation psychological study*. Cambridge:Cambridge University Press.

Gergely, G. , Bekkering, H. , and Kiraly, I. (2002). Rational imitation in preverbal infants. *Nature*,415,755.

Gergely,G. ,Nadasdy,Z. ,Csibra,G. ,and Biro,S. (1995). Taking the intentional stage at 12 months of age. *Cognition*, 56, 165-193.

Gergen, M. M. , and Gergen, K. J. (2000). Qualitative inquiry:

Tensions and transfomations. In N. K. Denzin and Y. Lincoln (eds.), *Handbook of qualitative research* (2nd edn., pp. 1025-1046). Thousand Oaks,Calif.:Sage.

Gesell, A. (1940). *The first five years of life: A guide to the study of the preschool child (Part I)*. New York:Harper.

Gesell, A., and Amatruda, C. (1947). *Developmental diagnosis*. New York:Harper Bros.

Gibbons, J. L. (2000). Adolescence in international and cross-cultural perspective:An introduction. *International Journal of Group Tensions*,29,3-16.

Gibson, J. J. (1966). *The senses considered as perceptual systems*. Boston:Houghton Mifflin.

Gibson, R. S. (2006). Zinc:The missing link in combating micronutrient malnutrition in developing countries. *Proceedings of the Nutrition Society*,65,51-60.

Gielen, U. P., Draguns, J. G., and Fish, J. M. (eds.) (2008). *Principles of multicultural counseling and therapy*. New York:Routledge.

Gielen, U. P., Fish, J. M., and Draguns, J. G. (eds.) (2004). *Handbook of culture, therapy, and healing*. Mahwah, N. J.: Lawrence Efibaum Publishers.

Gintis, H., Smith, E. A., and Bowles, S. (2001). Costly signaling and cooperation. *Journal of Theoretical Biology*, 213, 103-119.

Girndt, T., and Poortinga, Y. H. (1997). Interculturele communicatie:Conventies en misverstanden [Intercultural communication:Conventions and misunderstandings]. *De Psycholoog*,32,299-304.

Gladwin, T. (1970). *East is a big bird:Navigation and logic on Puluwat atoll*. Cambridge,Mass.:Harvard University Press.

Glazer, N. (1997). *We are all multiculturalists now*. Cambridge, Mass.:Harvard University Press.

Goldberg, D. P., and Lecrubier, Y. (1995). Form and frequency of mental disorders across centres. In T. B. Üstün and N. Sartorius (eds.), *Mental illness in general health care:An international study* (pp. 323-334). Chichester:Wiley.

Goldin-Meadow, S., and Mylander, C. (1998). Spontaneous sign systems created by deaf children in two cultures. *Nature*,391, 279-281.

Gonzalez, K. V., Verkuyten, M., Weesie, J., and Poppe, E. (2008). Prejudice towards Muslims in the Netherlands:Testing integrated threat theory. *British Journal of Social Psychology*,47,667-685.

Goodall, J. (1986). *The chimpanzees of Gombe*. Cambridge, Mass.:Belknap.

Goodenough, W. (1956). Componential analysis and the study of meaning. *Language*,32,195-216.

Goodenough, W. (1980). Ethnographic field techniques. In H. C. Triandis and J. W. Berry (eds.), *Handbook of cross-cultural psychology*,*Vol. II*,*Methodology* (2nd edn.). Boston:Allyn & Bacon.

Goodenough, W. H. (1996). Culture. In D. Levinson and M. Ember (eds.), *Encyclopedia of cultural anthropology*,*Vol. I* (pp. 291-299). New York:Henry Holt.

Goody, J., and Watt, I. (1968). The consequences of literacy. In J. Goody (ed.), *Literacy in traditional societies* (pp. 27-68). New York:Cambridge University Press.

Gordon, M. M. (1964). *Assimilation in American life:The role of race, religion and national origins*. New York: Oxford University Press.

Gorman, J. L. (2006). Gender differences in depression and response to psychotropic medication. *Gender Medicine*, 3, 93-109

Gorsuch, L. R. (1988). Psychology of religion. *Annual Review of Psychology*,39,201-221.

Goswami, U. (2008). *Cogntive develoFment*. New York: Psychology Press.

Gottlieb, G. (1998). Normally occurring environmental and behavioral influences on gene activity:From central dogma to probabilistic epigenesis. *Psychological Review*,105,792-802.

Gottlieb, G., Wahlsten, D., and Lickliter, R. (1998). The significance of biology for human development: A developmental psychobiological system view. In W. Damon (Chief Ed.) and R. M. Lerner (Vol. Ed.), *Handbook of child Fsychology*,*Vol. I*,*Theoretical models of human development* (5th edn., pp. 233-273). New York:Wiley.

Gould, J. L., and Marler, P. (1987). Learning by instinct. *Scientific American*,256,1,62-73.

Gould, S. J. (1991). Exaptation:A crucial tool for evolutionary psychology. *Journal of Social Issues*,47,43-65.

Gould, S. J., and Lewontin, R. C. (1979). The spandrels of San Marco and the Panglossian paradigm:A critique of the adaptationist programme. *Proceedings of the Royal Society of Loddon* (Series B),205,581-598.

Government of Canada (1971). *Policy statement to House of Commons on multiculturalism*. Ottawa:Government of Canada.

Grantham-McGregor, S., Cheung, Y. B., Cueto, S., Glewwe, P., Richter, L., and Strupp, B., *et al.* (2007). Child development in developing countries:Developmental potential in the first 5 years for children in developing countries. *The Lancet*, 359, 60-70.

Graves, T. D. (1967). Psychological acculturation in a tri-ethnic community. *South-western Journal of AnthroFology*, 23, 337-350.

Gray Little, B. (2009). The assessment of psychopathology in racial and ethnic minorities. In J. N. Butcher (ed.), *Oxford handbook of personality assessment* (pp. 396-414). Oxford: Oxford University Press.

Green, E. (2007). Guarding the gates of Europe:A typological analysis of immigration attitudes across 21 countries. *International Journal of Psychology*,42,365-379.

Greenberg, J. H. (1957). The nature and uses of linguistic typologies. *International Journal of American Linguistics*,23, 68-77.

Greenfield, P. M. (1997). Culture as process:Empirical methods for cultural psychology. In J. W. Berry, Y. H. Poortinga and J. Pandey (eds.), *Handbook of cross-cultural Fsychology*, Vol. 1, *Theory and method* (2nd edn., pp. 301-346). Boston: Allyn Et Bacon.

Greenfield, P. M. (2000). What psychology can do for anthropology, or why anthropology took postmodernism on the chin. *American Anthropologist*, 102, 564-576.

Greenfield, P. M. (2004). *Weaving generations together*. Santa Fe, N. Mex.: School of American Research Press.

Greenfield, P. M., and Lave, J. (1982). Cognitive aspects of informal education. In D. Wagner and H. Stevenson (eds.), *Cultural perspectives on child development* (pp. 181-207). San Francisco: Freeman.

Greenfield, P. M., Maynard, A. E., and Childs, C. P. (2003). Historical change, cultural learning, and cognitive representation in Zinacantec Maya children. *Cognitive Development*, 18, 455-487.

Greenfield, P. M., Keller, H., Fuligni, A., and Maynard, A. (2003). Cultural pathways through universal development. *Annual Review of Psychology*, 54, 461-490.

Gregoire, J., and Hambleton, R. K. (2009). Advances in test adaptation research: A special issue. *International Journal of Testing*, 9, 75-77.

Gregson, A., and Plowe, C. V. (2006). Mechanisms of resistance of malaria parasites to Antifolates. *Pharmacological Review*, 57, 117-145.

Greve, W., and Bjorklund, D. (2009). Tile Nestor effect: Extending evolutionary developmental psychology to a lifespan perspective. *Developmental Review*, 29, 163-179.

Griesel, R. D., Richter, L. M., and Belciug, M. (1990). Electroencephalography and performance in a poorly nourished South African population. *South African Medical Journal*, 78, 539-543.

Griffiths, R. (1970). *The abilities of young children: A comprehensive system of mental measurement for the first 8 years of life*. London: Young Et Son.

Griner, D., and Smith, T. B. (2006). Culturally adapted mental health interventions: A meta-analytic review. *Psychotherapy: Theory, Research, Practice, Trainling*, 43, 531-548.

Gross, P. R., Levitt, N., and Lewis, M. W. (eds.) (1996). *The flight from science and reason*. Annals of the New York Academy of Sciences, Vol. 775. New York: The New York Academy of Sciences.

Guanzon-Lapeña, Ma. M., Church, A. T., Carlota, A. J., and Katigbak, M. S. (1998). Indigenous personality measures: Philippine examples. *Journal of Cross-Cultural Psychology*, 29, 249-270.

Guba, E. G., and Lincoln, Y. S. (1994). Competing paradigms in qualitative research. In N. K. Denzin and Y. S. Lincoln (eds.), *Handbook of qualitative research* (pp. 105-117). Thousand Oaks, Calif.: Sage.

Gudykunst, W. B. (1993). Toward a theory of effective interpersonal and intergroup communication: An anxiety/ uncertainty management (AUM) perspective. In R. L. Wiseman and J. Koester (eds.), *Intercultural communcation competence* (pp. 33-71). Thousand Oaks, CaliL: Sage.

Gudykunst, W. B. (1995). Anxiety/Uncertainty Management (AUM) theory: Current status. In R. L. Wiseman (ed.), *Intercultural communcation theory* (pp. 8-58). Thousand Oaks, Calif.: Sage.

Gudykunst, W. B. (1998). *Bridging differences: Effective intergroup communication* (3rd edn.). Thousand Oaks, Calif.: Sage.

Gudykunst, W. B. (ed.) (2005a). *Theorizing about intercultural communication*. Thousand Oaks, Calif.: Sage.

Gudykunst, W. B. (2005b). An anxiety/uncertainty management (AUM) theory of effective communication. In W. B. Gudykunst (ed.), *Theorizing about intercultural communication* (pp. 281-322). Thousand Oaks, CaliL: Sage.

Gudykunst, W. B. (2005c). An anxiety/uncertainty management (AUM) theory of strangers' intercultural adjustment. In W. B. Gudykunst (ed.), *Theorizing about intercultural communication* (pp. 419-457). Thousand Oaks, CaliL: Sage.

Gudykunst, W. B., and Hammer, M. R. (1983). Basic training design: Approaches to intercultural training. In D. Landis and R. W. Brislin (eds.), *Handbook of intercultural training*, Vol. I (pp. 118-154). New York: Pergamon.

Gudykunst, W. B., and Kim, Y. Y. (1984). *Communicating with strangers: An approach to intercultural communication*. New York: Random House.

Gudykunst, W. B. and Lee, C. M. (2003). Assessing the validity of self-construal scales: A response to Levine *et al*. *Human Communication Research*, 29, 253-274.

Gudykunst, W. B., and Mody, B. (eds.) (2002). *Handbook of international and intercultural communication*. Thousand Oaks, Calif: Sage.

Gudykunst, W. B., Guzley, R. M., and Hammer, M. R. (1996). Designing intercultural training. In D. Landis and R. S. Bhagat (eds.), *Handbook of intercultural training* (2nd edn., pp. 61-80). Thousand Oaks, CaliL: Sage.

Gudykunst, W. B., Lee, C. M., Nishida, T., and Ogawa, N. (2005). Theorizing about intercultural communication: Introduction. In W. B. Gudykunst (ed.), *Theorizing about intercultural communication* (pp. 3-32). Thousand Oaks, Calif.: Sage.

Gumperz, J. J. (1982). *Discourse strategies*. Cambridge: Cambridge University Press.

Gureje, O., Lasebikan, V. O., Kola, L., and Makanjuola, V. A. (2006). Lifetime and 12-month prevalence of mental disorders in the Nigeria survey of mental health and well-being. *Journal of Psychiatry*, 188, 465-471.

Guthrie, G. M. (1966). Cultural preparation for the Philippines. In R. B. Textor (ed.), *Cultural frontiers of the Peace Corps*. Cambridge, Mass.: The MIT Press.

Hagen, M. A., and Jones, R. K. (1978). Cultural effects on

pictorial perception: How many words is one picture really worth? In R. D. Walk and H. L. Pick (eds.), *Perception and experience* (pp. 171-209). New York: Plenum.

Haidt, J., and Keltner, D. (1999). Culture and facial expression: Open-ended methods find more expressions and a gradient of recognition. *Cognition & Emotion*, 13, 225-266.

Haire, M., Ghiselli, E. E., and Porter, L. W. (1966). *Managerial thinking: An international study*. New York: Wiley.

Hall, E. T. (1966). *The hidden dimension*. New York: Doubleday.

Hall, E. T. (1976). *Beyond culture*. Garden City, N. Y.: Anchor Press.

Hamberger, A. (2009). Immigrant integration: Acculturation and social identity. *International Journal of Identity and Migration Studies*, 3, 2-21.

Hamilton, D. L. (ed.) (1981). *Cognitive processes in stereotyping and intergroup behavior*. Hillsdale, N. J.: Erlbaum.

Hamilton, W. D. (1964). The genetical evolution of social behavior, I, II. *Journal of Theoretical Biology*, 7, 1-52.

Hammer, M. R., and Bennett, M. J. (2002). *The Intercultural Development Inventory (IDI) manual*. Portland, Oreg.: Intercultural Communication Institute.

Hammer, M. R., Bennett, M. J., and Wiseman, R. (2003). Measuring intercultural sensitivity: The Intercultural Development Inventory. *International Journal of Intercultural Relations*, 27, 421-443.

Hammer, M. R., Gudykunst, W. B., and Wiseman, R. L. (1978). Dimensions of intercultural effectiveness: An exploratory study, *International Journal of Intercultural Relations*, 2, 382-393.

Hammersley, M. (2008). *Questioning qualitative inquiry*. Los Angeles: Sage.

Hardin, C. L., and Maffl, L. (eds.) (1997). *Color categories in thought and language*. Cambridge: Cambridge University Press.

Hardy, J. L., Frederick, C. M., Kay, P., and Werner, J. S. (2005). Color naming, lens aging, and grue: What the optics of the aging eye can teach us about color language. *Psychological Science*, 16, 321-327.

Harkness, S., and Super, C. H. (eds.) (1995). *Parents' cultural belief systems: Their origins, expressions, and consequences*. New York: Guilford Press.

Harkness, S., Wyon, J., and Super, C. (1988). The relevance of behavioural sciences to disease prevention and control in developing countries. In P. Dasen, J. W. Berry and N. Sartorius (eds.), *Cross-cultural psychology and health: Towards applications* (pp. 239-255). London: Sage.

Hanow, H. F. (1958). The nature of love. *American Psychologist*, 13, 673-685.

Hanow, H. F., and Hanow, M. K. (1962). Social deprivation in monkeys. *Scientific American*, 207, 136-146.

Harris, P. R., and Moran, R. T. (1991). *Managing cultural differences*. Houston: Golf.

Harzing, A. W. K. (1995). *The persistent myth of high expatriate failure rates*. The International Journal of Human Resource Management, 6, 457-474.

Harzing, A. W. K. (2006). Response styles in cross-national mail survey research: A 26-country study. *International Journal of Cross-Cultural Management*, 6, 243-266.

Hauser, M. D., Chomsky, N. A., and Fitch, W. T. (2002). The faculty of language: What is it, who has it, and how did it evolve? *Science*, 298, 1569-1579.

Hawkes, K., and Blurton Jones, N. (2005). Human age structures, paleodemography, and the grandmother hypothesis. In E. Voland, A. Chasiotis and W. Schiefenhövel (eds.), *Grandmotherhood: The evolutionary significance of the second half of female life* (pp. 118-140). New Brunswick, N. J.: Rutgers University Press.

Hayfron, J. E. (2006). Immigrants in the labour market. In D. L. Sam and J. W. Berry (eds.), *The Cambridge handbook of acculturation psychology* (pp. 439-451). Cambridge: Cambridge University Press.

Haynes, S. H., and O'Brien, W. H. (1990). Functional analysis in behavior therapy. *Clinical Psychology Review*, 10, 649-668.

Haynes, S. H., and O'Brien, W. H. (2000). *Principles of behavioral assessment: A functional approach to psychological assessment*. New York: Plenum/Kluwer Press.

Hays, P. A. (2001). *Addressing cultural complexities in practice: A framework for clinicians and counsellors*. Washington, DC: American Psychological Association.

Hays, P. A. (2006). Introduction: Developing culturally responsive cognitive-behavioral therapies. In P. A. Hays and G. Y. Iwamasa (eds.), *Culturally responsive cognitive-behavioral therapy: Assessment, practice, and supervision* (pp. 3-19). Washington, DC: American Psychological Association.

He, Y., and Li, C. (2007). Morita therapy for schizophrenia. *Cochrane Database of Systematic Reviews* Issue 1. Art. No.: CD006346. DOI: 10. 1002/14651858. CD006346.

Hebb, D. 0. (1949). *The organization of behavior*. New York: Wiley.

Hedden, T., Ketay, S., Aron, A., Markus, H. R., and Gabriel, J. D. E. (2009). Cultural influences on neural substrates of attentional control. *Psychological Science*, 19, 12-17.

Hedge, B. (2007). Sexually transmitted disease. In S. Ayers, A. Baum, C. McManus, S. Newman, K. Wallston, J. Weinman and R. West (eds.), *The Cambridge handbook of psychology, health and medicine* (pp. 875-877). Cambridge: Cambridge University Press.

Hedges, L. V., and Olkin, I. (1985). *Statistical methods for meta-analysis*. Orlando, Fla.: Academic Press.

Heggenhougen, K. (ed.) (2008). *International encyclopedia of public health*. Amsterdam: Elsevier.

Heider, F. (1958). *The psychology of interpersonal relations*. New York: Wiley.

Heine, S. J. (2005). Where is the evidence for pancultural self-enhancement? A reply to Sedikides, Gaertner, and Toguchi,

Journal of Personality and Social Psychology,89,531-538.

Heine,S. J. (2008). *Cultural psychology.* New York:Norton.

Heine,S. J. ,and Buchtel,E. E. (2009). Personality:The universal and the culturally specific. *Annual Review of Psychology*,60, 369-394.

Heine,S. J. ,Buchtel,E. E. ,and Norenzayan, A. (2008). What do cross national comparisons of personality traits tell us? The case of conscientiousness. *Psychological Science*,19,309-313.

Heine, S. J. , Kitayama, S. , and Hamamura, T. (2007). Which studies test whether self enhancement is pancultural? Reply to Sedikides,Gaertner,and Vevea,2007. *Asian Journal of Social Psychology*,10,198-200.

Heine, S. J. , Lehman, D. R. , Markus, H. R. , and Kitayama, S. (1999). Is there a universal need for positive self-regard? *Psychological Review*,106,766-794.

Heine,S. J. ,Lehman,D. R. ,Peng,K. ,and Greenholtz,J. (2002). What's wrong with cross-cultural comparisons of subjective Likert scales? The reference-group effect. *Journal of Personality and Social Psychology*,82,903-918.

Hehnan, C. (ed.) (2008). *Medical anthropology.* Surrey: Ashgate.

Hehns-Lorenz, M. , Van de Vijver, F. , and Poortinga, Y. H. (2003). Cross-cultural differences in cognitive performance and Spearman's hypothesis:g or c? *Intelligence*,31,9-29.

Henrich,J. (2001). In search of Homo economicus:Behavioral experiments in 15 small-scale societies. *American Economic Review*,91,73-78.

Henrich,J. , and McElreath, R. (2007). Dual-inheritance theory: The evolution of human cultural capacities and cultural evolution. In R. I. M. Dunbar and L. Barrett (eds.), *Oxford handbook of evolutionary psychology* (pp. 555-570). Oxford: Oxford University Press.

Henrich,J. , Boyd, R. , Bowles, S. , Camerer, C. , Fehr, E. , and Gintis, H. (eds.) (2004). *Foundations of human sociality.* Oxford:Oxford University Press.

Henrich, J. , Boyd, R. , Bowles, S. , Gintis, H. , Fehr, E. , and Camerer,C. (eds.) (2004). *Foundations of human sociality: Ethnography and experiments in 15 small-scale societies.* Oxford:Oxford University Press.

Henrich,J. ,Boyd,R. ,Bowles,S. ,et al. (2005). "Economic man" in cross-cultural perspective:Behavioral experiments in 15 small-scale societies. *Behavioral and Brain Sciences*, 28, 795-815.

Herfst, S. L. , Van Oudenhoven, J. P. , and Timmerman, M. E. (2008). Intercultural effectiveness training in three western immigrant countries:A cross-cultural evaluation of critical incidents. *International Journal of Intercultural Relations*, 32,67-80.

Heritage Canada (1999). *Annual report.* Ottawa:Government of Canada.

Herrnstein, R. J. , and Murray, C. (1994). *The bell curve: Intelligence and class structure in American life.* New York: The Free Press.

Herskovits,M. J. (1948). *Marl and his works:The science of cultural anthropology.* New York:KnopL.

Hespos,S. J. ,and Spelke, E. S. (2004). Conceptual precursors to language. *Nature*, 430,453-456.

Hewlett, B. S. (1991). *Intimate fathers:The nature and context of Aka Pygmy paternal infant care.* Ann Arbor:University of Michigan Press.

Hill, K. (2002). Altruistic cooperation during foraging by the Ache, and the evolved human predisposition to cooperate. *Human Nature*,13,105-128.

Hill, K. , and Hurtado, A. M. (1996). *Ache life history:The ecology and demography of a foraging people.* New York: Aldine.

Hinde,R. A. (1974). *Biological bases of human social behaviour.* New York:McGraw Hill.

Hinde,R. A. (1982). *Ethology:Its nature and relations with other sciences.* Oxford:Oxford University Press.

Hirsch,S. , Bowen, J. , Emami, J. , Cramer, P. , Jolley, A. , Haw, C. ,and Dickinson, M. (1996). One year prospective study of the effect of life events and medication in the aetiology of schizophrenic relapse. *British Journal of Psychiatry*, 168, 49-56.

Hirschfeld,L. A. ,and Gehnan,S. A. (eds.) (1994). *Mapping the mind:Domain specificity in cognition and culture.* New York: Cambridge University Press.

Ho, D. Y. F. (1996). Filial piety and its psychological consequences. In M. H. Bond (ed.), *Handbook of Chinese psychology* (pp. 155-165). Hong Kong:Oxford University Press.

Ho,D. Y. F. , Peng, S. , Lai, A. C. , and Chan, S. F. (2001). Indigenization and beyond:Methodological relationalism in the study of personality across cultural traditions. *Journal of Personality*,69,925-953.

Hofer,J. ,Busch,H. ,Chasiotis, A. ,Kairtner,J. ,and Campos,D. (2008). Concern for generativity and its relation to implicit pro-social power motivation,generative goals,and satisfaction with life:A cross-cultural investigation. *Journal of Personality*,76, 1-30.

Hofmann,B. (1992). On the triad disease, illness and sickness. *Journal of Medicine and Philosophy*,27,651-673.

Hofstede, G. (1980). *Culture's consequences: International differences in work-related values.* Beverly Hills:Sage.

Hofstede, G. (1983). The cultural relativity of organizational practices and theories. *Journal of International Business Studies*,14,75-89.

Hofstede,G. (1991). *Cultures and organizations:Software of the mind.* London:McGraw-Hill.

Hofstede, G. (2001). *Culture's consequences:Comparing values, behaviors,institutions,and organizations across nations* (2nd edn.). Thousand Oaks,Calif. :Sage.

Hofstede, G. (2006). What did GLOBE really measure? Researchers' minds versus respondents' minds. *Journal of International Business Studies*,37,882-896.

Hofstede,G. ,and McCrae,R. R. (2004). Personality and culture revisited: Linking traits and dimensions of culture. *Cross-Cultural Research*,38,52-88.

Hofstede,G. ,Neuijen,B. ,Ohayv,D. D. ,and Sanders,G. (1990). Measuring organizational cultures: A qualitative/quantitative study across twenty cases. *Administrative Science Quarterly*, 35,286-316.

Holden,G. W. , and Vittrup,B. (2009). *Religion*. In M. H. Bornstein (ed.), *Handbook of developmental science* (pp. 279-295). New York:Psychology Press.

Holland P. W. ,and Wainer,H. (eds.) (1993). *Differential item functioning*. Hillsdale,N. J. :Erlbaum.

Hong,Y. (2009). A dynamic constructivist approach to culture: Moving from describing culture to explaining culture. In R. Wyer,C. Chiu and Y. Hong (eds.),*Understanding culture: Theory, research, and application* (pp. 3-23). Hove: Psychology Press.

Hong,Y. ,Morris,M. ,Chiu,C. ,and Benet-Martinez,V. (2000). Multicultural minds: A dynamic constructivist approach to culture and cognition. *American Psychologist*,55,709-720.

Hoorens, V. , and Poortinga, Y. (2000). Behavior in social context. In K. Pawlik and M. Rosenzweig (eds.), *International handboole of psychology* (pp. 40-63). London:Sage.

Hopkins,B. (1977). Considerations of comparability of measures in cross-cultural studies of early infancy from a study on the development of black and white infants in Britain. In Y. H. Poortinga (ed.), *Basic problems in cross-cultural psychology* (pp. 36-46). Lisse:Swets Et Zeitlinger.

Hopkins,B. ,and Westra,T. (1990). Motor development,maternal expectations,and the role of handling, *Infant Behavior and Development*,13,117-122.

Hoppe, M. H. (1990). A comparative study of country elites: International differences in work-related values and learning and their implications for management training development. Unpublished Ph. D. dissertation,University of North Carolina.

Hopper,K. ,and Wanderling,J. (2000). Revisiting the developed versus developing country distinction in course and outcome in schizophrenia: Results from ISoS, the WHO collaborative follow-up project. *Schizophrenia Bulletin*,26,835-846.

Horenczyk,G. , and Tatar,M. (in press). Conceptualizing the school acculturative context: School, class, and the immigrant student. In A. Masten,D. Hernandez and K. Liebkind (eds.), *Capitalizing on immigration: The potential of immigrant youth*. Cambridge:Cambridge University Press.

Horton,R. (1993). *Patterns of thought in Africa and the West: Essays on magic, religion and science*. Cambridge: Cambridge University Press.

House,R. J. , Hanges, P. J. , Javidan, M. , Dorfman, P. W. , and Gupta,V. (2004). *Culture, leadership and organizations: The GLOBE study of 62 societies*. Thousand Oaks,Calif. :Sage.

Hox, J. J. (2002). *Multilevel analysis: Techniques and applications*. Mahwah,N. J. :Erlbaum.

Hrdy,S. B. (1999). *Mother nature :A history of mothers,infants, and natural selection*. New York:Pantheon.

Hrdy,S. B. (2005). Cooperative breeders with an ace in the hole. In E. Voland, A. Chasiotis and W. Schiefenhövel (eds.), *Grandmotherhood :The evolutionary significance of the second half of female life* (pp. 295-317). New Brunswick, N. J. : Rutgers University Press.

Hsee,C. K. ,and Weber,E. U. (1999). Cross-national differences in risk preference and lay predictions. *Journal of Behavioral Decision Making*,12,165-179.

Hsu,F. L. K. (1972). *Psychological anthropology* (new edn.). Oxford:Schenkman.

Hsu, F. L. K. (1985). The self in cultural cross-cultural perspective. In A. G. Marsella, G. de Vos and F. L. K. Hsu (eds.),*Culture and self* (pp. 24-55). London:Tavistock.

Huang,X. , and Van de Vliert, E. (2003). Where intrinsic job satisfaction fails to work: National moderators of intrinsic motivation. *Journal of Organizational Behavior*,24,159-179.

Huang,X. ,and Van de Vtiert,E. (2004). Job level and national culture as joint roots of job satisfaction. *Applied Psychology: An International Review*,53,329-348.

Huberman,A. M. ,and Miles,M. B. (1994). Data management and analysis methods. In N. K. Denzin and Y. S. Lincoln (eds.), *Handbook of qualitative research* (2nd edn. , pp. 428-444). Thousand Oaks,Calif. :Sage.

Hudson, W. (1960). Pictorial depth perception in sub-cultural groups in Africa. *Journal of Social Psychology*,52,183-208.

Hudson, W. (1967). The study of the problem of pictorial perception among unacculturated groups. *International Journal of Psychology*,2,89-107.

Hui, H. (1982). Locus of control: A review of cross-cultural research. *International Journal of Intercultural Relations*,6, 301-323.

Hui,M. K. ,Au,K. , and Fock, H. (2004). Empowerment effects across cultures. *Journal of International Business Studies*,35, 46-60.

Humphreys, L. G. (1985). Race differences and the Spearman hypothesis. *Intelligence*,9,275-283.

Hunt, E. , and Agnoli, F. (1991). The Whorfian hypothesis: A cognitive psychology perspective. *Psychological Review*, 98, 377-389.

Hunt,R. (2007). *Beyond relativism :Rethinking comparability in cultural anthropology*. Walnut Creek,Calif. :AltaMira Press.

Huntsinger, C. S. , and Jose, P. E. (2006). A longitudinal investigation of personality and social adjustment among Chinese American and European American adolescents. *Child Development*,77,1309-1324.

Hupka,R. B. ,Zaleski,Z. ,Otto,J. ,Reidl,L. ,and Tarabrina,N. V. (1996). Anger,envy,fear,and jealousy as felt in the body:A five-nation study. *Cross-Cultural Research*,30,243-264.

Humik, N. (1986). Patterns of ethnic minority identification and models of social adaptation. *Ethnic and Racial Studies*, 9, 150-167.

Humik, N. （1991）. *Ethnic minority identity: A social psychological perspective*. Oxford: Clarendon Press.

Hwang, K.-K. （2001）. The deep structure of confucianism: A social psychological approach. *Asian Philosophy*, 11, 179-204.

Hwang, K.-K. （2004）. The epistemological goal of indigenous psychology: The perspective of constructive realism. In B. Setiadi, A. Supratiknya, W. J. Lonner and Y. H. Poortinga （eds.）, *Ongoing themes in psychology and culture* （pp. 169-185）. Yogakarta: International Association for Cross-Cultural Psychology.

Hwang, K.-K. （2005）. A philosophical reflection on the epistemology and methodology of indigenous psychologies. *Asian Journal of Social Psychology*, 8, 5-18.

Hwang, K.-K. （2006）. Constructive realism and Confucian realtionalism. In U. Kim, K.-S. Yang, and K.-K. Hwang （eds.）, *Indigenous and cultural psychology: Understanding people in context* （pp. 73-108）. New York: Springer.

Hwang, K.-K., and Yang, C.-F. （eds.） （2000）. Indigenous, cultural and cross-cultural psychologies. Special issue, *Asian Journal of Social Psychology*, 3, 183-293.

Hyman, I. （2001）. Immigration and health. Health Policy Working Paper Series. Ottawa: Health Canada. Retrieved June 12, 2009 from www. hc-sc. gc. ca/iacb-dgiac/arad-draa/english/rmdd/wpapers/immigration01. html

IDE （Industrial Democracy in Europe International Research Group） （1981）. *Industrial democracy in Europe*. Oxford: Clarendon Press.

Imperato-McGinley, J., Peterson, R. E., Gautier, T., and Sturla, E. （1979）. Androgens and the evolution of the male gender identity among male pseudohermaphrodites with 5a-reductase deficiency. *New England Journal of Medicine*, 300, 1233-1237.

Ingelhart, R., Foa, R., Peterson, C., and Welzel, C. （2008）. Development, freedom, and rising happiness: A global perspective （1981-2007）. *Perspectives on Psychological Science*, 3, 264-285.

Inglehart, R. （1997）. *Modernization and postmodernization: Cultural, economic and political change in 43 societies*. Princeton: Princeton University Press.

Inglehart, R. （2000）. *Modernization and postmodernization: Cultural, economic, and political change in 43 societies* （2nd edn.）. Princeton: Princeton University Press.

Inglehart, R., and Baker, W. E. （2000）. Modernization, cultural change, and the persistence of traditional values. *American Sociological Review*, 65, 19-51.

Ingman, M., Kaessmann, H., Pääbo, S., and Gullensten, U. （2000）. Mitrochondrial genome variation and the origins of modern humans. *Nature*, 408, 708-712.

International Schizophrenia Consortium （2009）. Common polygenic variation contributes to risk of schizophrenia and bipolar disorder. *Nature*, 460, 748-752.

International Union of Psychological Science （2008）. Universal Declaration of Ethical Principles for Psychologists. Montreal:

IUPsyS. Retrieved August 13, 2010 from www. am. org/iupsys/resources/ethics/univdecl2008. html

Irvine, S. H. （1979）. The place of factor analysis in cross-cultural methodology, and its contribution to cognitive theory. In L. Eckensberger, W. Lonner and Y. H. Poortinga （eds.）, *Cross-cultural contributions to psychology* （pp. 300-341）. Lisse: Swets & Zeitlinger.

Irvine, S. H., and Berry, J. W. （1988）. The abilities of mankind: A reevaluation. In S. Irvine and J. W. Berry （eds.）, *Human abilities in cultural context* （pp. 3-59）. New York: Cambridge University Press.

Ishii, R., Yamaguchi, S., and O'Mahony, M. （1992）. Measures of taste discriminability for sweet, salty and umami stimuli: Japanese versus Americans. *Chemical Senses*, 17, 365-380.

Jablensky, A. （2007）. Schizophrenia and related psychoses. In D. Bhugra and K. Bhui （eds.）, *Textbook of cultural psychiatry* （pp. 207-233）. Cambridge: Cambridge University Press.

Jackson, J. S., Brown, K., Brown, T., and Marks, B. （2001）. Contemporary immigration policy orientations among dominant group members in Western Europe. *Journal of Social Issues*, 57, 431-456.

Jahoda, G. （1954）. A note on Ashanti names and their relationship to personality. *British Journal of Psychology*, 45, 192-195.

Jahoda, G. （1971）. Retinal pigmentation, illusion susceptibility and space perception. *International Journal of Psychology*, 6, 199-208.

Jahoda, G. （1975）. Retinal pigmentation and space perception: A failure to replicate. *International Journal of Psychology*, 97, 133-134.

Jahoda, G. （1979）. A cross-cultural perspective on experimental social psychology. *Personality and Social Psychology Bulletin*, 5, 142-148.

Jahoda, G. （1980）. Theoretical and systematic approaches in cross-cultural psychology. In H. C. Triandis and W. W. Lambert （eds.）, *Handbook of cross-cultural psychology*, Vol. I, *Perspectives* （pp. 69-141）. Boston: Allyn & Bacon.

Jahoda, G. （1982）. *Psychology and anthropology: A psychological perspective*. London: Academic.

Jahoda, G. （1986）. Nature, culture and social psychology. *European Journal of Social Psychology*, 16, 17-30.

Jahoda, G. （1990）. Variables, systems, and the problem of explanation. In F. J. R. Van de Vijver and G. J. M. Hutschemaekers （eds.）, *The investigation of culture* （pp. 115-130）. Tilburg: Tilburg University Press.

Jahoda, G. （1992）. *Crossroads between culture and mind*. New York: Harvester Wheatsheaf.

Jahoda, G. （in press）. Past and present of cross-cultural psychology. In F. J. R. Van de Vijver, A. Chasiotis and S. M. Breugelmans （eds.）, *Fundamental questions in cross-cultural psychology*. Cambridge: Cambridge University Press.

Jahoda, G., and Krewer, B. （1997）. History of cross-cultural and cultural psychology. In J. W. Berry, Y. H. Poortinga and J.

Pandey（eds.）, *Handbook of cross-cultural psychology*, Vol. 1, *Theory & Method*（2nd edn. , pp. 1-42）. Boston: Allyn & Bacon.

Jahoda, G. , and Stacey, B.（1970）. Susceptibility of geometrical illusions according to culture and professional training. *Perception and Psychophysics*, 7, 179- 184.

Jahoda, G. , Cheyne, W. M. , Deregowski, J. B. , Sinha, D. , and Collingbourne, R.（1976）. Utilization of pictorial information in classroom learning: A cross-cultural study. *AV Communication Review*, 24, 295-315.

James, L. R. , Choi, C. C. , Ko, C. -H. E. , McNeil, P. K. , Minton, M. K. , Wright, M. A. , and Kim, K.（2008）. Organizational and psychological climate: A review of theory and research. *European Journal of Work and Organizational Psychology*, 17, 5-32.

James, W.（1884）. What is an emotion? *Mind*, 9, 188-205.

Jandt, F.（2007）. *An introduction to intercultural communication*（5th edn. ）. Thousand Oaks, Calif. : Sage.

Janssens, M. , and Cappellen, T.（2008）. Contextualizing cultural intelligence: The case of global managers. In S. Ang and L. van Dyne（eds.）, *Handbook of cultural intelligence: Theory, measurement, and applications*（pp. 159-173）. New York: Sharpe.

Jarskog, F. , Miyamoto, S. , Lieberman, J. A.（2007）. Schizophrenia: New pathological insights and therapies. *Annual Review of Medicine*, 58, 49-61.

Jasinskaja-Lahti, I. , and Maihonen, T. A.（2009）. *Identities, intergroup relations and acculturation: The cornerstones of intercultural encounters*. Helsinki: Helsinki University Press.

Jasinskaja-Lahti, I. , Liebkind, K. , Solheim, E.（2009）. To identify or not to identify? National dis-identification as an alternative reaction to perceived ethnic discrimination. *Applied Psychology: An International Review*, 58, 105-128.

Jasinskaja-Lahti, I. , Liebkind, K. , Jaakkola, M. , and Reuter, A.（2006）. Perceived discrimination, social support networks, and psychological well-being among three immigrant groups. *Journal of Cross-Cultural Psychology*, 37, 293-311.

Javidan, M. , House, R. J. , Dorfman, P. W. , Hanges, P. J. , and Sully de Luque, M.（2006）. Conceptualizing and measuring cultures and their consequences: A comparative review of GLOBE's and Hofstede's approaches. *Journal of International Business Studies*, 37, 897-914.

Jayasuriya, L.（1990）. Rethinking Australian muticulturalism: Towards a new paradigm. *The Australian Quarterly*, 62, -22.

Jenkins, J. H. , and Barratt, R. J.（2004）. Introduction. In J. H. Jenkins and R. J. Barratt（eds.）, *Schizophrenia, culture, and subjectivity: The edge of experience*. Cambridge: Cambridge University Press.

Jensen, A. R.（1982）. Reaction time and psychometric g. In H. J. Eysenck（ed.）, *A model for intelligence*（pp. 93-132）. Berlin: Springer Verlag.

Jensen, A. R.（1985）. The nature of Black-White difference on various psychometric tests: Spearman's hypothesis. *Behavioral and Brain Sciences*, 8, 193-263.

Jensen, A. R.（1998）. *The g factor: The science of mental ability*. Westport, Conn. : Praeger.

Ji, C. , and Suh, K.（2008）. Doctrinal faith and religious orientations in right-wing authoritarianism: A pilot study of American and Korean protestant college students. *Journal of Psychology and Christianity*, 27, 253-265.

Ji, L. -J. , Peng, K. , and Nisbett, R.（2000）. Culture, control and perception of relationships in the environment. *Journal of Personality and Social Psychology*, 78, 943-955.

Jilek, N. G.（1988）. *Indian healing: Shamanic ceremonialism in the Pacific Northwest*. Vancouver: Hancock House.

Jilek, W.（1993）. Traditional medicine relevant to psychiatry. In N. Sartorius, G. de Giromano, G. Andrews, G. A. German and L. Eisenberg（eds.）, *Treatment of mental disorders: Review of effectiveness*（pp. 341-390）. Washington, DC: American Psychiatric Press.

Jing, Q. , and Zhang, H.（1998）. China's reform and challenges for psychology. In J. Adair, D. Belanger and K. Dion（eds.）, *Advances in psychological science*, Vol. I, *social, personal and cultural aspects*（pp. 271-291）. Hove: Psychology Press.

Jodelet, D.（2002）. Les representations sociales dans le champs de la culture［Social representations in the cultural field］. *Social Science Information*, 41, 111-133.

Johnstone, R.（1976）. The concept of the "marginal man": A refinement of the term. *Australian and New Zealand Journal of Science*, 12, 145-147.

Joppke, C.（1996）. Multiculturalism and immigration: A comparison of the United States, Germany, and Great Britain. *Theory and Society*, 25, 449-500.

Jost, J. , and Hamilton, D.（2005）. Stereotypes in our culture. In J. Dovidio, P. Glick and A. Rudman（eds.）, *On the nature of prejudice: Fifty years after Allport*（pp. 208-224）. Oxford: Blackwell.

Kagan, J.（2007）. *What is emotion?* New Haven: Yale University Press.

Kağitçibaşi, C.（1982）. *The changing value of children in Turkey*. Honolulu, HI: East-West Population Institute.

Kağitçibaşi, C.（1984）. Socialization in a traditional society: A challenge to psychology. *International Journal of Psychology*, 19, 145-157.

Kağitçibaşi, C.（1990）. Family and socialization in cross-cultural perspective: A model of change. In J. Berman（ed.）, *Cross-cultural perspectives: Nebraska Symposium on Motivation*, 1989（pp. 135-200）. Lincoln: University of Nebraska Press.

Kağitçibaşi, C.（1994）. A critical appraisal of individualism and collectivism: Toward a new formulation. In U. Kim, H. C. Triandis, C. Kağitçibaşi, S. -C. Choi and G. Yoon（eds.）, *Individualism and collectivism*（pp. 52-65）. Thousand Oaks, CaliL: Sage.

Kağitçibaşi, C.（1996）. *Family and human development across cultures: A view from the other side*. Hillsdale, N. J. : Erlbaum.

Kağitçibaşi,C. (1997a). Individualism and collectivism. In J. W. Berry,M. H. Segall and C. Kağitçibaşi (eds.), *Handbook of cross-cultural psychology*, *Vol. III*, *Social behavior and applications* (pp. 1-49). Boston: Allyn Et Bacon.

Kağitçibaşi, C. (1997b). Whither multiculturalism? *Applied Psychology:An International Review*, 46,44-49.

Kağitçibaşi, C. (2005). Autonomy and relatedness in cultural context: Implications for self and family. *Journal of Cross-Cultural Psychology*,36,403-422.

Kağitçibaşi,C. (2007). *Families, self and human development across cultures:Theory and applications* (2nd edn.). Mahwah, N. J. :Lawrence Erlbaum Associates.

Kağitçibaşi,C. ,and Ataca,B. (2005). Value of children and family change: A three-decade portrait from Turkey. *Applied Psychology:An International Review*,54,317-337.

Kağitçibaşi, C., and Poortinga, Y. H. (2000). Cross-cultural psychology:Issues and overarching themes. *Journal of Cross-Cultural Psychology*,31,129-147.

Kahneman,D. , and Krueger, A. B. (2006). Developments in the measurement of subjective well-being. *Journal of Economic Perspectives*,20,3-24.

Kalin, R. , and Berry, J. W. (1996). Interethnic attitudes in Canada: Ethnocentrism, consensual hierarchy and reciprocity. *Canadian Journal of Behavioural Science*,28,253-261.

Kahnus, H. (1969). Ethnic differences in sensory perception. *Journal of Biosocial Science*,Supplement 1,81-90.

Kang,S. -M. (2006). Measurement of acculturation,scale format, and language competence: Their implication for adjustment. *Journal of Cross-Cultural Psychology*,37,660-693.

Kaniasty, K., and Norris, F. (1995). Mobilization and deterioration of social support following natural disasters. *Contemporary Directions in Psychological Science*,4,94-98.

Kaplan, H. ,Hill,J. ,Lancaster,J. , and Hurtado, A. M. (2000). A theory of human life history evolution: Diet, intelligence, and longevity. *Evolutionary Anthropology*,9,156-185.

Kappeler,P. M. ,and Pereira, M. E. (eds.) (2003). *Primate life history and socioecology*. Chicago:The University of Chicago Press.

Kappeler,P. M. , and Van Schaik, C. P. (eds.) (2004). *Sexual selection in primates: New and comparative perspectives*. Cambridge:Cambridge University Press.

Karandashev,V. , and McCarthy, S. (eds.) (2006). International practices in the teaching of psychology. Special issue, *International Journal of Psychology*,41,1-71.

Karasz, A. , and Singelis, T. M. (2009). Qualitative and mixed metods research in cross-cultural psychology. *Journal of Cross-Cultural Psychology*,40,909-916.

Kardiner, A. , and Linton, R. (1945). *The individual and his society*. New York:Columbia University Press.

Kärtner,J. , Keller, H. , and Yovzi, R. D. (2010). Mother-infant interaction during the first 3 months:The emergence of culture-specific contingency patterns. *Child Development*,81,540-554.

Kashima, Y. (2005). Is culture a problem for social psychology? *Asian Journal of Social Psychology*,8,19-38.

Kashima, Y. ,and Triandis, H. C. (1986). The self-serving bias in attributions as a coping strategy. *Journal of Cross-Cultural Psychology*,17,83-97.

Kaufmann,J. (1996). *Conference diplomacy* (3rd edn.). London: Macmillan.

Kawachi,I. ,and Subramanian, S. V. (2005). Health demography. In D. L. Poston and M. Micklin (eds.), *Handbook of population* (pp. 787-808). New York: Kluwer Academic/ Plenum.

Kay, P. , and Maffi, L. (1999). Color appearance and the emergence and evolution of basic color lexicons. *American Anthropologist*,101,743-760.

Kay,P. ,and McDaniel,C. K. (1978). The linguistic significance of the meanings of basic color terms. *Language*,54,610-646.

Kay,P. ,Berlin,B. , Maffi, L. , and Merrifield, W. R. (2003). *The World Color Survey*. Stanford, Calif: Center for the Study of Language and Information.

Kazarian, S. , and Evans, D. (eds.) (1998). *Cultural clinical psychology:Theory,research and practice*. New York:Oxford University Press.

Kealey, D. J. (1989). A study of cross-cultural effectiveness: Theoretical issues, practical applications. *Intercultural Journal of Intercultural Relations*,13,387-428.

Kealey,D. J. (1996). The challenge of international personnel selection. In D. Landis and R. S. Bhagat (eds.), *Handbook of intercultural training* (2nd edn. ,pp 81-105). Thousand Oaks, Calif. :Sage.

Kealey,D. J. , and Ruben, B. D. (1983). Cross-cultural personnel selection criteria,issues and methods. In D. Landis and R. W. Brislin (eds.), *Handbook of intercultural training*,Vol. I (pp. 155-175). New York:Pergamon.

Kealey, D. J. , Protheroe, D. R. , MacDonald, D. , and Vulpe, T. (2005). Re-examining the role of training in contributing to international project success: A literature review and a new model training program. *International Journal of Intercultural Relations*,29,339-353.

Kearins, J. M. (1981). Visual-spatial memory in Australian aboriginal children of desert regions. *Cogntive Psychology*,13, 434-460.

Keller,H. (1980). *Beobachtung, Beschreibung und Interpretation von Eltern-Kind-Interaktionen im ersten Lebensjahr. Beobachtungsmanual fuer die ersten vier Lebensmonate* [Observation, description and interpretation of parent-child interactions in the first year of life. Observation manual for the first four months of life]. Unpublished manuscript,Institute of Psychology,Technical University of Darmstadt,Germany.

Keller,H. (2007). *Cultures of infancy*. Mahwah,N. J. :Erlbaum.

Keller,H. , and Chasiotis, A. (2007). Maternal investment. In C. A. Sahnon and T. K. Shackelford (eds.),*Family relationships: An evolutionary perspective* (pp. 91-114). New York:Oxford University Press.

Keller, H. , Chasiotis, A. , and Runde, B. (1992). Intuitive parenting programs in German, US-American, and Greek parents of 3-month-old infants. *Journal of Cross-Cultural Psychology*, 23, 510-520.

Keller, H. , Poortinga, Y. H. , and Schölmerich, A. (2002). *Between culture and biology: Perspectives on ontogenetic development*. Cambridge: Cambridge University Press.

Keller, H. , Schöhnerich, A. , and Eibl-Eibesfeldt, I. (1988). Communication patterns in adult-infant interactions in western and non-western cultures. *Journal of Cross-Cultural Psychology*, 19, 427-445.

Keller, H. , Yovsi, R. D. , and Voelker, S. (2002). The role of motor stimulation in parental ethnotheories: The case of Cameroonian Nso and German women. *Journal of Cross-Cultural Psychology*, 33, 398-414.

Keller, H. , Kärtner, J. , Borke, J. , Yovzi, R. , and Kleis, A. (2005). Parenting styles and the development of the categorical self: A longitudinal study on mirror self-recognition in Cameroonian Nso and German families, *International Journal of Behavioral Development*, 34, 496-504.

Keller, H. , Lohaus, A. , Völker, S. , Cappenberg, M. , and Chasiotis, A. (1999). Temporal contingency as a measure of interactional quality. *Child Development*, 70, 474-485.

Keller, H. , Otto, H. , Lamm, B. , Yovsi, R. D. , and Kärtner, J. (2008). The timing of verbal/vocal communications between mothers and their infants: A longitudinal cross-cultural comparison, *Infant Behavior & Development*, 31, 217-226.

Keller, H. , Lohaus, A. , Kuensemueller, P. , Abels, M. , Yovsi, R. D. , and Völker, S. (2004). The bio-culture of parenting: Evidence from five cultural communities. *Parenting: Science and Practice*, 4, 25-50.

Kendon, A. (1984). Did gestures escape the curse at the confusion of Babel? In A. Wolfgang (ed.), *Nonverbal behavior: Perspectives, applications, intercultural insights* (pp. 75-114). Lewiston, N. Y. : Hogrefe.

Kenrick, D. T. , and Keefe, R. C. (1992). Age preferences reflect sex differences in human reproductive strategies. *Behavioral and Brain Sciences*, 15, 75-133.

Kenworthy, J. , Turner, R. , Hewstone, M. , and Voci, A. (2006). Intergroup contact: When does it work and why? In J. Dovidio, P. Glick and A. Rudman (eds.), *On the nature of prejudice: Fifty years after Allport* (pp. 278-292). Oxford: Blackwell.

Kessen, W. (1979). The American child and other cultural inventions. *American Psychologist*, 34, 815-820.

Kessler, R. C. , and Üstün, T. B. (eds.) (2008). *The WHO world mental health surveys: Global perspectives on the epidemiology of mental disorders*. Cambridge: Cambridge University Press.

Ketfiewell, H. B. D. (1959). Darwin's missing evidence. *Scientific American*, 200, 3, 48-53.

Kickbusch, I. (2003). The contributions of the World Health Organization to a new public health and health promotion. *American Journal of Public Health*, 9, 383-388.

Kilbride, P. L. (1980). Sensorimotor behavior of Baganda and Samia infants: A controlled comparison. *Journal of Cross-Cultural Psychology*, 11, 131-152.

Kim, C. , Laroche, M. , and Tomiuk, M. A. (2001). A measure of acculturation for Italian Canadians: Scale development and construct validation, *International Journal of Intercultural Research*, 25, 607-637.

Kim, H. , and Markus, H. R. (1999). Deviance or uniqueness, harmony or conformity? A cultural analysis. *Journal of Personality and Social Psychology*, 77, 785-800.

Kim, M. S. , and Raja, N. S. (2003). When testing lacks validity. *Human Communication Research*, 29, 275-290.

Kim, U. (2001). Culture, science, and indigenous psychologies: An integrated analysis. In D. Matsumoto (ed.), *Handbook of culture and psychology* (pp. 51-76). Oxford: Oxford University Press.

Kim, U. , and Berry, J. W. (eds.) (1993). *Indigenous psychologies: Research and experience in cultural context*. Newbury Park, Calif: Sage.

Kim, U. , and Park, Y. -S. (2006). The scientific foundations of indigenous and cultural psychology: The transactional approach. In U. Kim, K. -S. Yang and K. -K. Hwang (eds.), *Indigenous and cultural psychology: Understanding people in context* (pp. 27-48). New York: Springer.

Kim, U. , Park, Y. -S. , and Park, D. (2000). The challenge of cross-cultural psychology: The role of indigenous psychologies. *Journal of Cross-Cultural Psychology*, 31, 63-75.

Kim, U. , Yang, K. -S. , and Hwang, K. -K. (eds.) (2006). *Indigenous and cultural psychology: Understanding people in context*. New York: Springer.

Kim, U. , Triandis, H. C. , Kağitçibaşi, C. , Choi, S. -C. , and Yoon, G. (eds.) (1994). *Individualism and collectivism: Theory, method and application*. Thousand Oaks, Calif. : Sage.

Kim, Y. H. , Chiu, C. Y. , Peng, S. Q. , Cai, H. J. , and Tov, W. (2010). Explaining East-West differences in the likelihood of making favorable self-evaluations: The role of evaluation apprehension and directness of expression. *Journal of Cross-Cultural Psychology*, 41, 62-75.

Kim, Y. Y. , and Bhawuk, D. (eds.) (2008). Globalization and diversity. Special issue, *International Journal of Intercultural research*, 33, 301-368.

Kirlman, B. L. , Lowe, K. B. , and Gibson, C. B. (2006). A quarter century of culture's consequences: A review of empirical research incorporating Hofstede's cultural values framework. *Journal of International Business Studies*, 37, 285-320.

Kirmayer, L. J. , and Sartorius, N. (2007). Cultural models and somatic syndromes. *Psychosomatic Medicine*, 69, 832-840.

Kita, S. (2009). Cross-cultural variation of speech accompanying gesture. *Language and Cogntive Processes*, 24, 145-167.

Kitanishi, K. , Fujimoto, H. , Toyohara, T. (1992). Treatent results and objects in Morita therapy institute between 20 years. *Morita-ryohoshitsu-kiyo* [Bulletin of Morita Clinical Therapy], 14, 2-7.

Kitayama,S. ,and Cohen,D. (eds.) (2007). *Handbook of cultural psychology*. New York:Guildford Press.

Kitayama,S. ,and Markus, H. R. (1994). Introduction to cultural psychology and emotion research. In S. Kitayama and H. R. Markus (eds.), *Emotion and culture:Empirical studies of mutual infiuence* (pp. 1-22). Washington, DC: American Psychological Association.

Kitayama,S. , Duffy, S. , and Uchida, U. (2007). Self as cultural mode of being. In S. Kitayama and D. Cohen (eds.), *Handbook of cultural psychology* (pp. 136-174). New York: Guilford Press.

Kitayama,S. ,Markus,H. R. ,and Kurokawa, M. (2000). Culture, emotion and well-being:Good feelings in Japan and the United States. *Emotion and Motivation*,14,93-124.

Kitayama,S. ,Duffy,S. ,Kawamura,T. ,and Larsen,J. T. (2003). Perceiving an object and its context in different cultures:A cultural look at New Look. *Psychological Science*,14,201-206.

Kitayama,S. ,Markus,H. R. ,Matsumoto,H. ,and Norasakkunit, V. (1997). Individual and collective processes in the construction of the self:Self-enhancement in the United States and self-criticism in Japan. *Journal of Personality and Social Psychology*,72,1245-1267.

Klassen,R. M. (2004). Optimism and realism:A review of self-efficacy from a cross-cultural perspective. *International Journal of Psychology*,39,205-230.

Klein,R. C. , Weller, S. C. , Zeissig, R. , Richards, F. O. , and Ruebush II,T. K. (1995). Knowledge,beliefs,and practices in relation to malaria transmission and vector control in Guatemala. *American Journal of Tropical and Medical Hygiene*,52,383-388.

Kleinman, A. (1977). Depression, somatisation and the "new cross-cultural psychiatry. " *Social Science and Medicirle*,11,3-9.

Kleinman, A. (1988). *Rethinking psychiatry: From cultural category to personal experience*. New York:The Free Press.

Kleinman,A. (2004). Culture and depression. *The New England Journal of Medicine*,351,951-953.

Kleinman, A. , and Kleinman, J. (2007). Somatization: The interconnections in Chinese society among culture,depressive experiences and the meanings of pain. In M. Lock and J. Farquhar (eds.), *Beyond the body proper:Reading the anthropology of material life* (pp. 468-473). Durham,N. C. : Duke University Press.

Kleinman, A. , Eisenberg, L. , and Good, B. (2006). Culture, illness,and care:Clinical lessons from anthropologic and cross-cultural research. *FOCUS:The Journal of Life Long Learning in psychiatry*,4,140-149.

Kleiwer,E. V. (1992). Epidemiology of diseases among migrants. *International Migration Quartely Review*,30,141-165.

Klineberg,O. (1940). *Social psychology*. New York:Henry Holt.

Klineberg,O. ,and Hull,W. F. (1979). *At a foreign university: An international study of adaptation and coping*. New York: Praeger.

Kloos,P. (1988). *Door her oog van de anthropoloog* [Through the eyes of the anthropologist]. Muiderberg:Coutinho.

Kluckhohn,C. (1951). Values and value orientations in the theory of action. In T. Parsons and E. Shils (eds.), *Toward a general theory of action*. Cambridge,Mass. :Harvard University Press.

Kluckhohn,F. , and Strodtbeck,C. (1961). *Variations in value orientations*. Evanston,Ill. ;Row,Peterson.

Kochanska,G. ,and Thompson,R. A. (1997). The emergence and development of conscience in toddlerhood and early childhood. In J. E. Grusec and L. Kuczynski (eds.), *Parenting and children's internalization of values: A handbook of contemporary theory* (pp. 53-77). New York:Wiley.

Kok, G. (2007). Health promotion. In S. Ayers, A. Baum, C. McManus,S. Newman, K. Wallston, J. Weinman and R. West (eds.), *The Cambridge handbook of psychology,health and medicine* (pp. 355-359). Cambridge: Cambridge University Press.

Komisarof, A. (2009). Testing a modified Interactive Acculturation Model in Japan: American-Japanese coworker relations. *International Journal of Intercultural Relations*,33, 399-418.

Koneru, V. K. , Weisman de Mamani, A. G. , Flynn, P. M. , and Betancourt, H. (2007). Acculturation and mental health: Current findings and recommendations for future research. *Applied and Preventive Psychology*,12,76-96.

Konner,M. (1981). Evolution of human behavior development. In R. H. Munroe, R. L. Munroe and B. B. Whiting (eds.), *Handbook of cross-cultural human development* (pp. 3-51). New York:Garland.

Konner, M. (2007). Evolutionary foundations of cultural psychology. In M. Kitayama and D. Cohen (eds.), *Handbook of cultural psychology* (pp. 77-105). New York: Guilford Press.

Kosic, A. (2006). Personality and individual factors in acculturation. In D. L. Sam and J. W. Berry (eds.), *The Cambridge handbook of acculturation psychology* (pp. 113-128). Cambridge:Cambridge University Press.

Kosic, A. , and Phalet, K. (2006). Ethnic categorization of immigrants: The role of prejudice, perceived acculturation strategies and group size. *International Journal of Intercultural Relations*,30,769-782.

Kosic, A. , Kruglanski, A. W. , Pierro, A. , and Mannetti, L. (2004). The social cognition of immigrants' acculturation: Effects of the need for closure and the reference group at entry. *Journal of Personality and Social Psychology*,86,796-813.

K6vecses,Z. (2000). *Metaphor and emotion:Language,culture, and body in human feeling*. Cambridge:Cambridge University Press.

Kozhevnikov,M. (2007). Cognitive styles in the context of modem psychology: Toward an integrated framework of cognitive style. *Psychological Bulletin*,133,464-481.

Kraepelin,E. (1974). Comparative psychiatry. In S. R. Hirsch and M. Shepherd (eds.), *Themes and variations in European*

Psychiatry (pp. 3-6). Bristol: Wiley. (Original work published 1904 in *Zentralblatt für Nervenheilkunde und Psychiatrie*, 15, 433-437.)

Kring, A. M., Davison, G. C., Neale, J. M., and Johnson, S. L. (2006). *Abnormal psychology* (10th edn.). New York: Wiley.

Kroeber, A. L. (1917). *The superorganic. American Anthropologist*, 19, 163-213.

Kroeber, A. L., and Kluckhohn, C. (1952). *Culture: A critical review of concepts and defintions*. Cambridge, Mass.: Peabody Museum, Vol. 47, no. 1.

Kruger, D. J. (2001). Psychological aspects of adaptations for kin directed altruistic helping behaviors. *Social Behavior and Personality*, 29, 323-331.

Krumm, H. J. (1997). Der Erwerb und die Vermitfiung von Fremdsprachen [Acquiring and transmitting foreign languages]. In F. E. Weinert (ed.), *Psychologie des Unterrichts und der Schule* [Psychology of teaching and the school] (pp. 503-534). Göttingen: Hogrefe.

Kuhn, M. H., and McPartland, T. S. (1954). An empirical investigation of self-attitudes. *American Sociological Review*, 19, 68-76.

Kuhn, T. S. (1962). *The structure of scientific revolutions*. Chicago: The University of Chicago Press.

Kulhara, P., and Chakrabarti, S. (2001). Culture and schizophrenia and other psychotic disorders. *Psychiatric Clinics of North America*, 24, 449-464.

Kumagai, H. A., and Kumagai, A. K. (1986). The hidden "T" in Amae: "Passive love" and Japanese social construction. *Ethos*, 14, 305-319.

Kuwano, S., Namba, S., and Schick, A. (1986). A cross-cultural study on noise problems. In A. Schick, H. Höge and G. Lazarus-Mainka (eds.), *Contributions to psychological acoustics* (pp. 370-395). Oldenburg: Universität Oldenburg.

Kvernmo, S. (2006). Indigenous peoples. In D. L. Sam and J. W. Berry (eds.), *The Cambridge handbook of acculturation psychology* (pp. 233-250). Cambridge: Cambridge University Press.

Kwak, K. (2003). Adolescents and their parents: A review of intergenerational family relations for immigrant and non-immigrant families. *Human Development*, 46, 115-136.

Kymlicka, W. (2007). *Multicultural odysseys: Navigating the new international politics of diversity*. Oxford: Oxford University Press.

LaFromboise, T., Coleman, H., and Gerton, J. (1993). Psychological impact of biculturalism: Evidence and theory. *Psychological Bulletin*, 114, 395-412.

Lagmay, A. (1984). Western psychology in the Philippines: Impact and response. *International Journal of Psychology*, 19, 31-44.

Lai, D. W. L., and Surood, S. (2008). Socio-cultural variations in depressive symptoms of aging in South Asian Canadians. *Asian Journal of Gerontology and Geriatrics*, 3, 84-91.

Laird, G. (2009). *The price or a bargain: The quest for cheap and the death of globalization*. Toronto: McClelland & Stewart.

Lakatos, I. (1974). Falsification and the methodology of scientific research programmes. In I. Lakatos and A. Musgrave (eds.), *Criticism and the growth of knowledge* (pp. 91-196). Cambridge: Cambridge University Press.

Laland, K. N., Odling-Smee, J., and Feldman, M. W. (2000). Niche construction, biological evolution, and cultural change. *Behavioral and Brain Sciences*, 23, 131-146.

Lamb, M. (ed.) (1986). *The father's role: Applied perspectives*. New York: Wiley.

Lamb, M., and Sutton-Smith, B. (eds.) (1982). *Sibling relationships: Their nature and significance across the lifespan*. Hillsdale, N. J.: Erlbaum.

Landers, C. (1989). A psychobiological study of infant development in South India. In J. K. Nugent, B. M. Lester and T. B. Brazelton (eds.), *The cultural context of infancy* (pp. 169-207). Norwood: Ablex.

Landis, D., and Bhawuk, D. (2004). Synthesizing theory building and practice in intercultural training. In D. Landis, J. M. Bennett and M. J. Bennett (eds.), *Handbook of intercultural training* (3rd edn., pp. 451-466). Thousand Oaks, Calif.: Sage.

Landis, D., Bennett, J. M., and Bennett, M. J. (eds.) (2004). *Handbook of intercultural training* (3rd edn.). Thousand Oaks, Calif.: Sage.

Lange, C. G. (1885). *Om Sindsbevoegelser: Et psykofysiologiske Studie* [The Emotions: A psycho-physiological study]. Copenhagen: Kronar.

Lantz, D., and Steffire, V. (1964). Language and cognition revisited. *Journal of Abnormal and Social Psychology*, 69, 472-481.

Laroche, M., Kim, C., and Hui, M. K. (1997). A comparative investigation of dimensional structures of acculturation for Italian Canadians and Greek Canadians. *Journal of Social Psychology*, 137, 317-331.

Larson, J. (1999). The conceptualization of health. *Medical Care Research and Review*, 56, 123-136.

Laryea, S. A., and Hayfron, J. E. (2005). African immigrants and the labour market: Exploring career opportunities, earning differentials and job satisfaction. In W. T. Tettey and K. P. Puplampu (eds.), *The African diaspora in Canada: Negotiating identity and belonging* (pp. 113-131). Calgary: Univesity of Calgary Press.

Lave, J., and Wenger, E. (1991). *Situated learning: Legitimate peripheral participation*. Cambridge: Cambridge University Press.

Lawrence, R. A. (1994). *Breastfeeding: A guide for the medical profession* (4th edn.). St. Louis: Mosby.

Lay, C., Fairlie, P., Jackson, S., Ricci, T., Eisenberg, J., Sato, T., Teeaar, A., and Melamud, A. (1998). Domain-specific allocentrism-idiocentrism. *Journal of Cross-Cultural Psychology*, 29, 434-460.

Lazarus, R. S., and Folkman, S. (1984). *Stress, appraisal and* coping. New York:Springer.

LCHC (Laboratory of Comparative Human Cognition) (1982). Culture and intelligence. In R. Sternberg (ed.), *Handbook of human intelligence* (pp. 642-719). New York: Cambridge University Press.

LCHC (Laboratory of Comparative Human Cognition) (1983). Culture and cognitive devdopment, In P. H. Mussen and W. Kessen (eds.), *Handbook of child psychology*,*Vol. I* (pp. 295-356). New York:Wiley.

Lee,N. Y. L. , and Johnson-Laird, P. N. (2006). Are there cross-cultural differences in reasoning? *Proceedings of the 28th Annual Meeting of the Cognitive Science Society*,459-464.

Lee,R. D. (2003). Rethinking the evolutionary theory of aging: Transfers, not births, shape senescence in social species. *Proceedings of the National Academy of Science*, 100, 9637-9642.

Lee, T. , and Fiske, S. (2006). Not an outgroup, not yet an ingroup: Immigrants in the Stereotype Content model. *International Journal of Intercultural Relations*,30,751-768.

Leenen,L, Givaudan, M. , Pick, S. , Venguer, T. , Vera, J. , and Poortinga, Y. H. (2008). Effectiveness of a Mexican health education program in a poverty-stricken rural area of Guatemala. *Journal of Cross-Cultural Psychology*, 39, 198-214.

Leff,J. , Sartorious, N. ,Jablensky, A. ,Korten, A. , and Ernberg, G. (1992). International pilot study of schizophrenia:Five-year follow-up findings. *Psychological Medicine*,22,131-145.

Leibowitz,H. W. , Brislin, R. , Perhnutrer, L. , and Hennessey, R. (1969). Ponzo perspective illusion as a manifestation of space perception. *Science*,166,1174-1176.

Lenneberg,E. H. (1953). Cognition in linguistics. *Language*,29, 463-471.

Lenneberg, E. H. (1967). *Biological foundations of language*. New York:Wiley.

Leong,C. -H. (2008). A multilevel research framework for the analyses of attitudes toward immigrants. *International Journal of Intercultural Relations*,32,115-129.

Leong,C. -H. ,and Ward,C. (2006). Cultural values and attiudes towards immigrants and immigration: The case of the Eurobarometer survey on racism and xenophobia. *International Journal of Intercultural Relations*,30,769-810.

Lerner, R. M. (2006). Developmental science, developmental systems, and contemporary theories. In R. M. Lerner (ed.), *Handbook of child psychology*,*Vol. I*,*Theoretical models of human development* (pp. 1-17). Hoboken, N. J. :Wiley.

Leung, A. K. , Maddux, W. W. , Galinsky, A. D. , and Chui, C. (2008). Multicultural experience enhances creativity:The when and how. *American Psychologist*,63,169-181.

Leung, A. K. , and Chiu, C. (in press). Multicultural experience, idea receptiveness, and creativity. *Journal of Cross-Cultural Psychology*.

Leung,K. ,and Bond, M. H. (2004). Social axioms: A model for social beliefs in multi-cultural perspective. *Advances in experimental social psychology*,*Vol. XXXVI* (pp. 119-197). San Diego:Academic Press.

Leung, K. , and Li, F. (2008). Social axioms and cultural intelligence:Working across boundaries. In S. Ang and L. Van Dyne (eds.), *Handbook of cultural intelligence: Theory, measurement,and applications* (pp. 332-341). Sharpe: New York.

Leung,K. ,and Van de Vijver, F. J. R. (2008). Strategies for strengthening causal inferences in cross cultural research:The consilience approach. *International Journal of Cross-Cultural Management*,8,145-169.

Levenson, R. W. , Ekman, P. , Heider, K. , and Friesen, W. V. (1992). Emotion and autonomic nervous system activity in the Minangkabau of West-Sumatra. *Journal of Personality and Social Psychology*,62,972-988.

Lévi-Strauss,C. (1962). *La pensée sauvage*. Paris:Plon.

Lévi-Strauss,C. (1966). *The savage mind*. London:Weidenfeld Et Nicolson.

LeVine,R. A. (1990). Infant environments in psychoanalysis: A cross-cultural view. In J. W. Stigler, R. A. Shweder and G. Herdt (eds.), *Cultural psychology: Essays on comparative human development* (pp. 454-474). Cambridge: Cambridge University Press.

LeVine, R. A. , and Campbell, D. T. (1972). *Ethnocentrism*. New York:Wiley.

Levine,R. V. , and Norenzayan, A. (1999). The pace of life in 31 countries. *Journal of Cross-Cultural Psychology*,30,178-205.

Levine,T. R. , Bresnahan, M. J. , Park, H. S. , Lapinsky, M. K. , Wittenbaum,G. M. , Shearman, S. M. , Lee, S. Y. ,Chung, D. , and Ohashi, R. (2003). Self-construal scales lack validity. *Human Communication Research*,29,210-252.

Levinson,D. J. (1978). *The seasons ora man's life*. New York: Knopf.

Levinson,D. J. (1996). *The seasons of a woman's life*. New York: Knopf.

Levinson,S. C. (1998). Studying spatial conceptualization across cultures:Anthropology and cognitive science. *Ethos*,26,7-24.

Levinson,S. C. (2000). Yélî Dnye and the theory of basic colors. *Journal of Linguistic Anthropology*,10,1-53.

Levinson, S. C. (2003). *Space in language and cognition*. Cambridge:Cambridge University Press.

Levy,R. I. (1984). The emotions in comparative perspective. In K. R. Scherer and P. Ekman (eds.),*Approaches to emotion* (pp. 397-412). Hillsdale,N. J. :Erlbaum.

Levy-Bruhl,L. (1910). *Les fonctions mentales dans les societes infcrieures* [*Mental functions in primitive societies*]. Paris: Alcan.

Lewis, J. R. , and Ozaki, R. (2009). Amae and Mardy: A comparison of two emotion terms. *Journal of Cross-Cultural Psychology*,40,917-934.

Lewis,O. (1966). *La vida*. New York:Random House.

Lewontin,R. C. (1978). Adaptation. *Scientific American*,239,3,

156-169.

Li, H. , Barnhart, H. X. , Stein, A. D. , and Martorell, R. (2001). Effects of early childhood supplementation on the educational achievement of women. *Pediatrics*, 112, 1156-1162.

Li, J. C. , Dunning, D. , and Malpass, R. S. (1998). Cross-racial identification among European-Americans: Basketball fandom and the contact hypothesis. *Paper presented at the biennial meeting of the American Psychology-Law Society*, Redondo Beach, Calif. , March.

Li, P. , and Gleitman, L. (2002). Turning the tables: Language and spatial reasoning. *Cognition*, 83, 265-294.

Liebkind, K. (2001). Acculturation. In R. Brown and S. Gaertner (eds.), *Blackwell handbook of social psychology*, Vol. IV (pp. 386-406). Oxford: Blackwell.

Liebkind, K. (2006). Ethnic identity and acculturation. In D. L. Sam and J. W. Berry (eds.), *The Cambridge handbook of acculturation psychology* (pp. 78-96). Cambridge: Cambridge University Press.

Liebkind, K. , and Jasinskaja-Lahti, I. (in press). Specifying social psychological adaptation of immigrant youth: Integroup attitudes, interactions and identity. In A. Masten, D. Hernandez and K. Liebkind (eds.), *Capitalizing on immigration: The potential of immigrant youth*. Cambridge: Cambridge University Press.

Liepke, C. , Adermann, K. , Raida, M. , Magert, H. -J. , Forssmann, W. -G. , and Zucht, H. -D. (2002). Human milk provides peptides highly stimulating the growth of bifidobacteria. *European Journal of Biochemistry*, 269, 712-718.

Likert, R. (1967). *The human organization: Its management and values*. New York: McGraw-Hill.

Lillard, A. (1998). Ethnopsychologies: Cultural variations in theories of mind. *Psychological Bulletin*, 123, 3-32.

Lin, E. J. -L. , and Church, A. T. (2004). Are indigenous Chinese personality dimensions culture-specific? *Journal of Cross-Cultural Psychology*, 35, 586-605.

Lincoln, Y. , and Guba, E. G. (2000). Paradigmatic controversies, contradictions, and emerging conflicts. In N. K. Denzin and Y. Lincoln (eds.), *Handbook of qualitative research* (2nd edn. , pp. 163-188). Thousand Oaks, Calif. : Sage.

Lindhohn, C. (2007). *Culture and identity: The history, theory, and practice of psychological anthropology*. New York: Cambridge University Press.

Lindsey, D. T. , and Brown, A. M. (2002). Color naming and the phototoxic effects of sunlight on the eye. *Psychological Science*, 13, 506-512.

Lindsey, D. T. , and Brown, A. M. (2004). Sunlight and "blue": The prevalence of poor lexical discrimination within the "grue" range. *Psychological Science*, 15, 291-294.

Lindstrand, A. , Bergström, S. , Rosling, H. , Rubenson, B. , Stenson, B. , and Tylleskär, T. (2006). *Global health: An introductory textbook*. Lund: Studentlitertur.

Linton, R. (1936). *The study of man*. New York: Appleton-Century-Crofts.

Linton, R. (1949). The distinctive aspects of acculturation. In R. Linton (ed.), *Acculturation in seven American Indian tribes* (pp. 501-520). New York: Appleton-Century.

Liu, J. , and Hilton, D. (2005). How tim past weighs on the present: Social representations of history and their role in identity politics. *British Journal of Social Psychology*, 44, 1-21.

Liu, L. A. (1985). Reasoning counteffactually in Chinese: Are there any obstacles? *Cognition*, 21, 239-270.

Lo, H. -T. , and Fung, K. P. (2003). Culturally competent psychotherapy. *Canadian Journal of Psychiatry*, 48, 161-170.

Lomax, A. , and Berkowitz, N. (1972). The evolutionary taxonomy of culture. *Science*, 177, 228-239.

Longabaugh, R. (1980). The systematic observation of behavior in naturalistic settings. In H. C. Triandis and J. W. Berry (eds.), *Handbook of cross-cultural psychology*, Vol. I , Perspectives (pp. 57-126). Boston: Allyn & Bacon.

Lonner, W. J. (1980). The search for psychological universals. In H. C. Triandis and W. W. Lambert (eds.), *Handbook of cross-cultural psychology*, Vol. I Perspectives (pp. 143-204). Boston: Allyn & Bacon.

Lonner, W. J. (2004). JCCP at 35: Commitment, continuity and creative adaptation. *Journal of Cross-Cultural Psychology*, 35, 123-136.

Lonner, W. J. (in press). The continuing challenge of discovering psychological "order" across cultures. In F. J. R. Van de Vijver, A. Chasiots and S. M. Breugelmans (eds.), *Fundamental questions in cross-cultural psychology*. Cambridge: Cambridge University Press.

Lonner, W. J. , and Berry, J. W. (eds.) (1986). *Field methods in cross-cultural research*. London: Sage.

Lonner. W. J. , and Adamopoulos, J. (1997). Culture as antecedent to behavior. In J. W. Berry, Y. H. Poortnga and J. Pandey (eds.), *Handbook of cross-cultural psychology*, Vol. h Theory and method (2nd edn. , pp. 43-83). Boston: Allyn & Bacon.

L6pez, A. D. , Mathers, C. D. , Ezzat, M. , Jamison, D. T. , and Murray, C. J. L. (eds.) (2006). *Global burden of disease and risk factors*. New York: Oxford University Press.

L6pez, S. R. , and Guarnaccia, P. J. J. (2000). Cultural psychopathology: Uncovering the social world of mental illness. *Annual Review of Psychology*, 51, 571-598.

Lorenz, K. (1965). *Evolution and modification of behavior*. Chicago: The University of Chicago Press.

Low, B. S. (1989). Cross-cultural patterns in the training of children: An evolutionary perspective. *Journal of Comparative Psychology*, 103, 311-319.

Lowe, B. , Spitzer, R. L. , Williams, J. B. W. , Mussell, M. , Shellberg, D. , and Kroemge, K. (2008). Depression, anxiety and somatzation in primary care: Syndrome overlap and functional impairment. *General Hospital Psychiatry*, 30,

191-199.

Lucas, R. E., and Diener, E. (2008). Can we learn about national differences in happiness from individual responses? A multilevel approach. In F. J. R. Van de Vijver, D. A. van Hemert and Y. H. Poortinga (eds.), *Individuals and cultures in multilevel analysis* (pp. 221-246). Mahwah, N. J.: Erlbaum.

Lucy, J. A., and Shweder, R. A. (1979). Whorf and his critics: Linguistic and nonlinguistic influences on color memory. *American Anthropologist*, 81, 581- 615.

Lumsden, C. J., and Wilson, E. O. (1981). *Genies, mind and culture: The coevolutionary process*. Cambridge, Mass.: Harvard University Press.

Luria, A. R. (1971). Towards the problem of the historical nature of psychological processes. *International Journal of Psychology*, 6, 259-272.

Luria, A. R. (1976). *Cognitive development: Its cultural and social foundations*. Cambridge, Mass.: Harvard University Press.

Lutz, C. (1988). *Unnatural emotions: Everyday sentiments on a Micronesian atoll and their challenge to western theory*. Chicago: The University of Chicago Press.

Lynn, R. (2006). *Race differences in intelligence: An evolutionary analysis*. Augusta, Ga.: Washington Smnmit Publishers.

Lynn, R., and Vanhanen, T. (2002). *IQ and the wealth of nations*. Westport, Conn.: Praeger.

Maass, A., Karasawa, M., Politi, F., and Suga, S. (2006). Do verbs and adjectives play different roles in different cultures? A cross-linguistic analysis of person representation. *Journal of Personality and Social Psychology*, 90, 734-750.

Maathai, W. (2009). *The challenge for Africa: A new vision*. London: Heinemann.

Maccoby, E. E. (1984). Middle childhood in the context of the family. In W. A. Collins (ed.), *Development during middle childhood: The years from 6-10* (pp. 184-239). Washington, DC: National Academy Press.

Maccoby, E. E. (1998). *The two sexes: Growing up apart, coming together*. Cambridge, Mass.: Belknap Press.

MacDonald, K. (1998). Evolution, culture and the five-factor model. *Journal of Cross-Cultural Psychology*, 29, 119-149.

MacDonald, K. B. (1988). *Social and personality development: An evolutionary synthesis*. New York: Springer.

MacDonald, K. B. (1992). Warmth as a developmental construct: An evolutionary analysis. *Child Development*, 63, 753-773.

MacLachlan, M. (2006). *Culture and health: A critical perspective towards global health*. Chichester: Wiley.

MacLachlan, M., McAuliffe, E., and Carr, S. (2010). *The aid triangle: Recognizing the human dynamics of dominance, justice and identity*. London: Zed Books.

MacLin, O. H., Malpass, R. S., and Honaker, S. (2001). Racial categorization of faces: The ambiguous race face effect. *Psychology, Public Policy and Law*, 7, 98-118.

Maddux, W. W., and Galinsky, A. D. (2009). Cultural borders and mental barriers: The relationship between living abroad and creativity. *Journal of Personality and Social Psychology*, 96, 1047-1061.

Maeda, F., and Nathan, J. H. (1999). Understanding *taijin kyofusho* through its treatment, Morita therapy. *Journal of Psychosomatic Research*, 46, 525-550.

Maeshiro, T. (2009). Naikan Therapy in Japan: Introspection as a way of healing. Introduction to Naikan Therapy. *World Cultural Psychiatry Review*, 4, 33-38.

Main, J., and Solomon, J. (1990). Procedures for identifying infants as disorganized/ disoriented during the Ainsworth Strange Situation. In T. M. Greenberg, D. Cicchetti and E. M. Cummings (eds.), *Attachment in the preschool years: Theory, research and intervention* (pp. 121-160). Chicago: The University of Chicago Press.

Main, M., Kaplan, N., and Cassidy, J. (1985). Security in infancy, childhood and adulthood: A move to the level of representation. In I. Bretherton and E. Waters (eds.), *Growing points of attachment theory and research*, Vols. I-II (pp. 66-106). Chicago: The University of Chicago Press.

Majid, A., Boster. J. S., and Bowerman, M. (2008). The cross-linguistic categorization of everyday events: A study of cutting and breaking. *Cognition*, 109, 235-250.

Majid, A., Bowerman, M., Kita, S., Haun, D. B. M., and Levinson, S. C. (2004). Can language restructure cognition? The case for space. *Trends in Cognitive Sciences*, 8, 108-114.

Mak, A., and Tran, C. (2001). Big Five personality and cultural relocation in Vietnamese Australian students' intercultural self-efficacy. *International Journal of Intercultural Relations*, 25, 181-201.

Malinowski, B. (1922). *Argonauts of the Western Pacific*. New York: Dutton.

Malinowski, B. (1944). *A scientific theory of culture*. Chapel Hill, N. C.: University of North Carolina Press.

Malpass, R. S. (1996). Face recognition at the interface of psychology, law and culture. In H. Grad, A. Blanco and J. Georgas (eds.), *Key issues in cross-cultural psychology* (pp. 7-21). Lisse: Swets Et Zeifiinger.

Malpass, R. S., and Kravitz, J. (1969). Recognition for faces of own and other races. *Journal of Personality and Social Psychology*, 13, 333-334.

Mange, E. J., and Mange, A. P. (1999). *Basic human genetics* (2nd edn.). Sunderland, Mass.: Sinauer.

Mann, J. (1992). Nurturance or negligence: Maternal psychology and behavioral preference among preterm twins. In J. Barkow, L. Cosmides and J. Tooby (eds.), *The adapted mind: Evolutionary psychology and the generation of culture* (pp. 367-390). New York: Oxford University Press.

Manson, S. M. (1995). Culture and major depression: Current challenges in the diagnosis of mood disorders. *Psychiatric Clinics of North America*, 18, 487-501.

Marcia, J. E. (1980). Identity in adolescence. In J. Adelson (ed.),

Handbook of adolescent psychology (pp. 159-187). New York: Wiley.

Marcoen, A. (1995). Filial maturity of middle-aged adults in the context of parent care: Model and measures. *Journal of Adult Development*, 2, 125-136.

Marcoen, A., Grommen, R., and Van Ranst, N. (eds.) (2006). *Als de schaduwen langer worden* [When the shadows become longer]. Leuven: Lanoo.

Markon, K. E., Krueger, R. F., and Watson, D. (2005). Delineating the structure of normal and abnormal personality: An integrative hierarchical approach. *Journal of Personality and Social Psychology*, 88, 139-157.

Markus, H. R., and Hamedani, M. G. (2007). Sociocultural psychology: The dynamic interdependence among self system and social systems. In S. Kitayama and D. Cohen (eds.), *Handbook of cultural psychology* (pp. 3-39). New York: Guildford Press.

Markus, H. R., and Kitayama, S. (1991). Culture and the self: Implications for cognition, emotion and motivation. *Psychological Review*, 98, 244-253.

Markus, H. R., and Kitayama, S. (1994). The cultural shaping of emotion: A conceptual framework. In S. Kitayama and H. R. Markus (eds.), *Emotion and culture: Empirical studies of mutual influence* (pp. 339-351). Washington, DC: American Psychological Association.

Markus, H. R., and Kitayama, S. (1998). The cultural psychology of personality. *Journal of Cross-Cultural Psychology*, 29, 63-87.

Marmot, M., and Wilkinson, R. G. (eds.) (2005). *Social determinants of health*. Oxford: Oxford University Press.

Maseland, R., and Van Hoorn, A. (2009). Explaining the negative correlation between values and practices: A note on the Hofstede-GLOBE debate. *Journal of International Business Studies*, 40, 527-532.

Masgoret, A.-M., and Gardner, R. C. (2003). Attitudes, motivation, and second language learning: A meta-analysis of studies conducted by Gardner and associates. *Language Learning*, 53, 167-211.

Masgoret, A.-M., and Ward, C. (2006). The cultural learning approach to acculturation. In D. L. Sam and J. W. Berry (eds.), *The Cambridge handbook of acculturation psychology* (pp. 58-77). Cambridge: Cambridge University Press.

Maskarinec, G., and Noh, J. J. (2004). The effect of migration on cancer incidence among Japanese in Hawaii. *Ethnicity & Disease*, 14, 431-439.

Maslow, A. H. (1954). *Motivation and personality*. New York: Harper.

Masuda, T., Ellsworth, P. C., Mesquita, B., Leu, J., Tanida, S., Van de Veerdonk, E. (2008). Placing the face in context: Cultural differences in the perception of facial emotion. *Journal of Personality and Social Psychology*, 94, 365-381.

Matsumoto, D. (1996). *Culture and psychology*. Pacific Grove, Calif: Brooks/Cole.

Matsumoto, D. (1999). Culture and self: An empirical assessment of Markus and Kitayama's theory of independent and interdependent self-construals. *Asian Journal of Social Psychology*, 2, 289-310.

Matsumoto, D. (2006). Culture and cultural wofidviews: Do verbal descriptions about culture reflect anything other than verbal descriptions about culture? *Culture & Psychology*, 12, 33-62.

Matsumoto, D., and Van de Vijver, F. J. R. (eds.) (in press). *Cross-cultural research methods in psychology*. Cambridge: Cambridge University Press.

Matsumoto, D., and Yoo, S. H. (2006). Towards a new generation of cross-cultural research. *Perspectives on Psychological Science*, 1, 234-250.

Matsumoto, D., Nezlek, J., and Koopmann, B. (2007). Evidence for universality in phenomenological emotion response system coherence. *Emotion*, 7, 57-67.

Matsumoto, D., LeRoux, J. A., Bernhard, R., and Gray, H. (2004). Personality and behavioral correlates of intercultural adjustment potential. *International Journal of Intercultural Relations*, 28, 281-309.

Matsumoto, D., LeRoux, J. A., Robles, Y., and Campos, G. (2007). The intercultural adjustment potential scale (ICAPS) predicts adjustment above and beyond personality and general intelligence. *International Journal of Intercultural Relations*, 31, 747-759.

Matsumoto, D., LeRoux, J. A., Ratzlaff, C., Tatani, H., Uchida, H., Kim, C., and Araki, S. (2001). Development and validation of a measure of intercultural adjustment potential in Japanese sojourners: The Intercultural Adjustment Potential Scale (ICAPS). *International Journal of Intercultural Relations*, 25, 483-510.

Matsumoto, D., Yoo, S. H., Fontaine, J., et al. (2008). Mapping expressive differences around the world: Tile relationship between emotional display rules and individualism v. collectivism. *Journal of Cross-Cultural Psychology*, 39, 55-74.

Maurice, M. (1979). For a study of the "societal effect": Universality and specificity in organization research. In C. J. Lamners and D. J. Hickson (eds.), *Organzations alike and unlike* (pp. 42-60). London: Routledge & Kegan Paul.

Mauro, R., Sato, K., and Tucker, J. (1992). The role of appraisal in human emotions: A cross-cultural study. *Journal of Personality and Social Psychology*, 62, 301-317.

Maxwell, J. (1992). Understanding and validity in qualitative research. *Harvard Educational Review*, 62, 279-300.

Maynard Smith, J. (1982). *Evolution and the theory of games*. Cambridge: Cambridge University Press.

Mayr, E. (1983). How to carry out the adaptationist program. *American Naturalist*, 121, 324-334.

Mayr, E. (1984). *The growth of evolutionary thought*. Cambridge, Mass.: Harvard University Press.

Mayr, E. (1997). *This is biology. Cambridge*, Mass.: Harvard

University Press.

Mbigi, L. (1997). *Ubuntu: The African dream in management*. Randburg: Knowledge Resources.

McAdams, D. P. (2001a). The psychology of life stories. *Review of General Psychology*, 5, 100-122.

McAdams, D. P. (2001b). Generativity in midlife. In M. E. Lachman (ed.), *Handbook of midlife development* (pp. 395-443). New York: Wiley.

McClelland, D. C. (1961). *The achieving society*. Princeton: Van Nostrand.

McCluskey, K., Albas, D., Niemi, R., Cuevas, C., and Ferrer, C. (1975). Cross-cultural differences in the perception of the emotional content of speech. *Developmental Psychology*, 11, 551-555.

McCrae, R. R. (2002). NEO-PI-R data from 36 cultures: Further intercultural comparisons. In R. R. McCrae and J. Allik (eds.), *The five-factor model of personality across cultures* (pp. 105-125). New York: Kluwer.

McCrae, R. R. (2009). Personality profiles of cultures: Patterns of ethos. *European Journal of Personality*, 23, 205-227.

McCrae, R. R., and Allik, J. (eds.) (2002). *The five-factor model of personality across cultures*. New York: Kluwer.

McCrae, R. R., and Costa, P. T., Jr. (1996). Toward a new generation of personality theories: Theoretical contexts for the Five-Factor Model. In J. S. Wiggins (ed.), *The five-factor model of personality: Theoretical perspectives* (pp. 51-87). New York: Guilford Press.

McCrae, R. R., and Costa, P. T., Jr. (2008). The five-factor theory of personality. In O. P. John, R. W. Robins and L. A. Pervin (eds.), *Handbook of personality: Theory and research* (3rd edn., pp. 159-181). New York: Guilford Press.

McCrae, R. R., and Terracciano, A. (2006). National character and personality. *Current Directions in Psychological Science*, 15, 156-161.

McCrae, R. R., and Terracciano, A. (2008). The five-factor model and its correlates in individuals and cultures. In F. J. R. Van de Vijver, D. A. van Hemert and Y. H. Poortinga (eds.), *Multilevel analyses of individuals and cultures* (pp. 249-283). Mahwah, N. J.: Efibaum.

McCrae, R. R., Terracciano, A., Realo, A., and Allik, J. (2007). Climatic warmth and national wealth: Some culture-level determinants of national character stereotypes. *European Journal of Personalffy*, 21, 953-976.

McCrae, R. R., Costa, P. T., Jr., Del Pilar, G. H., Rolland, J.-P., and Parker, W. D. (1998). Cross-cultural assessment of the five-factor model: The Revised NEO Personality Inventory. *Journal of Cross-Cultural Psychology*, 29, 171-188.

McCrae, R. R., Terracciano, A., and 78 Members of the Personality Profiles of Cultures Project (2005a). Universal features of personality traits from the observer's perspective: Data from 50 cultures. *Journal of Personality and Social Psychology*, 88, 547-561.

McCrae, R. R., Terracciano, A., and 79 Members of the Personality Profiles of Cultures Project (2005b). Personality profiles of cultures: Aggregate personality traits. *Journal of Personality and Social Psychology*, 89, 407-425.

McDonough, L., Choi, S., and Mandler, J. M. (2003). Understanding spatial relations: Flexible infants, lexical adults. *Cognitive Psychology*, 46, 229-259.

McElreath, R., and Henrich, J. (2007). Modeling cultural evolution. In R. I. M. Dunbar and L. Barrett (eds.), *Oxford handbook of evolutionary psychology* (pp. 571-585). Oxford: Oxford University Press.

McGrath, J., Saha, S., Welham, J., El Saadil, O., MacCauley, C., and Chant, D. (2004). A systematic review of the incidence of schizophrenia: The distribution of rates and the influence of sex, urbanicity, migrant status and methodology. *BMC Mcdicine*, 2. Retrieved from www.biomedcentral.com/1741-7015/2/13

McGrath, R. E., and Goldberg, L. R. (2006). How to measure national stereotypes? *Science*, 311, 776-777.

McGrew, W. C. (1992). *Chimpanzee material culture*. Cambridge: Cambridge University Press.

McLuhan, M. (1971). *The Gutenberg galaxy: The making of typographic man*. London: Routledge and Kegan Paul.

McMichael, A. J. (2002). Population, environment, disease, and survival: Past patterns, uncertain futures. *The Lancet*, 359, 1145-1148.

McNett, C. (1970). A setfiement pattern scale of cultural complexity. In R. Naroll and R. Cohen (eds.), *A handbook of method in cultural anthropology* (pp. 872-886). New York: Natural History Press.

Mead, M. (1928). *Coming of age in Samoa: A psychological study of primitive youth for Western civilization*. New York: Morrow Quill Paperbacks.

Medin, D. L., and Atran, S. (2004). The native mind: Biological categorization and reasoning in development and across cultures. *Psychological Review*, 111, 960-983.

Medin, D. L., Unsworth, S. J., and Hirschfeld, L. (2007). Culture, categorization, and reasoning. In S. Kitayama and D. Cohen (eds.), *Handbook of cultural psychology* (pp. 615-644). New York: Guildford Press.

Meiring, D., Van de Vijver, F. J. R., Rothmann, S., and Barrick, M. R. (2005). Construct, item, and method bias of cognitive and personality tests in South Africa. *South African Journal of Industrial Psychology*, 31, 1-8.

Meissner, C. A., and Brigham, J. C. (2001). Thirty years of investigating the own-race bias in memory for faces: A meta-analytic review. *Psychology, Public Policy and Law*, 7, 3-35.

Mendenhall, M., and Oddou, G. (1985). The dimensions of expatriate acculturation. *Academy of Management Review*, 10, 39-47.

Mendoza-Denton, R., and Mischel, W. (2007). Integrating system approaches to culture and personality: The cultural cognitive-affective processing system. In S. Kitayama and D. Cohen (eds.), *Handbook of cultural psychology* (pp. 175-195). New

York: Guilford Press.

Mendoza Denton, R. , Ayduk, O. N. , Shoda, Y. , and Mischel, W. (1997). Cognitive-affective processing system analysis of reactions to the O. J. Simpson criminal trial verdict. *Journal of Social Issues* , 53, 563-581.

Menon, U. , and Shweder, R. A. (1994). Kali's tongue: Cultural psychology and the power of shame in Orissa, India. In S. Kitayama and H. R. Markus (eds.), *Emotion and culture* (pp. 241-284). Washington, DC: APA Press.

Mergler, N. L. , and Goldstein, M. D. (1983). Why are there old people? Senescence as biological and cultural preparedness for the transmission of information. *Haman Development* , 26, 72-90.

Merritt, A. (2000). Culture in the cockpit: Do Hofstede's dimensions replicate. *Journal of Cross-Cultural Psychology* , 31, 283-301.

Mesquida, C. G. , and Wiener, N. I. (1996). Human collective aggression: A behavioral ecology perspective. *Ethology and Sociobiology* , 17, 247-262.

Mesquida, C. G. , and Wiener, N. I. (1999). Male age composition and severity of conflicts. *Politics and the Life Sciences* , 18, 181-189.

Mesquita, B. , and Frijda, N. H. (1992). Cultural variations in emotions: A review. *Psychological Bulletitt* , 112, 179-204.

Mesquita, B. , and Karasawa, M. (2002). Different emotional lives.

Cognition & Emotion , 16, 127-141.

Mesquita, B. , Frijda, N. H. , and Scherer, K. R. (1997). Culture and emotion. In J. W. Berry, P. R. Dasen and T. S. Saraswathi (eds.), *Handbook of cross-cultural psychology* , Vol. II , Basic processes and human development (2nd edn. , pp. 255-297).

Boston: Allyn & Bacon.

Messick, S. (1995). Validity of psychological assessment. *American Psychologist* , 50, 741-749.

Mezzich, J. E. , Kleinman, A. , Fabrega, H. , and Parron, D. E. (eds.) (1996). *Culture and psychiatric diagnosis: A DSM-IV perspective*. Washington, DC: APA Press Inc.

Michotte, A. (1954). *La perception de la causalité* [The perception of causality]. Leuven: Publications Universitaires de Louvain.

Milinski, M. , Semmann, D. , and Krambeck, H. J. (2002). Reputations help solve the "tragedy of the commons. " *Nature* , 415, 424-426.

Milinski, M. , Semmann, D. , Bakker, T. , and Krambeck, H. J. (2001). Cooperation through indirect reciprocity: Image scoring or standing strategy? *Proceedings of the Royal Society of London* , Series B-Biological Sciences , 268, 2495-2501.

Miller, G. (2000). *The mating mind: How sexual choice shaped the evolution of human nature*. New York: Random House.

Miller, G. A. (1987). Meta-analysis and the culture-free hypothesis. *Organzation Studies* , 8, 309-325.

Miller, J. G. (1984). Culture and the development of everyday social explanation. *Journal of Personality and Social Psychology* , 46, 961-978.

Miller, W. R. , and Thoresen, C. E. (2003). Spirituality, religion and health: An emerging research field. *American Psychologist* , 58, 24-35.

Mischel, W. (1968). *Personality and assessment*. New York: Wiley.

Mischel, W. (1973). Toward a cognitive social learning reconceptualization of personality. *Psychological Review* , 80, 252-283.

Mischel, W. (1990). Personality dispositions revisited and revised: A view after three decades. In L. A. Pervin (ed.), *Handbook of personality: Theory and research* (pp. 111-134). New York: Guilford Press.

Mischel, W. , and Shoda, Y. (1995). A cognitive-affective system theory of personality: Reconceptualizing situations, dispositions, dynamics, and invariance in personality structure. *Psychological Review* , 102, 246-268.

Mishra, R. C. (1997). Cognition and cognitive development. In J. W. Berry, P. R. Dasen and T. S. Saraswathi (eds.), *Handbook of cross-cultural psychology* , Vol. II , Basic processes and human development (pp. 143-176). Boston: Allyn & Bacon.

Mishra, R. C. , and Berry, J. W. (2008). Cultural adaptations and cognitive processes of tribal children in Chotanagpur. In N. Srinivasan, A. K. Gupta and J. Pandey (eds.), *Advances in cognitive science* (pp. 289-301). New Delhi: Sage.

Mishra, R. C. , Dasen, P. R. , and Niraula, S. (2003). Ecology, language, and performance. *International Journal of Psychology* , 38, 366-383.

Mishra, R. C. , Singh, S. , and Dasen, P. R. (2009). Geocentric dead reckoning in Sanskrit-and Hindi-medium school children.

Culture & Psychology , 15, 386- 408.

Mishra, R. C. , Sinha, D. , and Berry, J. W. (1996). *Ecology, acculturation and adaptation: A study of Adivasi in Bihar*. New Delhi: Sage.

Misumi, J. (1984). Decision-making in Japanese groups and organizations. In B. Wilpert and A. Sorge (eds.), *International perspectives on organizational democracy* , Vol. II (pp. 525-539). Chichester: Wiley.

Misumi, J. (1985). *The behavioral science of leadership*. Ann Arbor, Mich. : University of Michigan Press.

Mitfiemark, M. B. (2009). Editorial. *Global Health Promotion* , 16, 3-4.

Miyamoto, S. , Duncan, G. E. , Marx, C. E. , and Lieberman, J. A. (2005). Treatments for schizophrenia: A critical review of pharmacology and mechanisms of action of psychotic drugs. *Molecular Psychiatry* , 10, 79-104.

Miyamoto, Y. , Nisbett, R. , and Masuda, T. (2006). Culture and the physical environment. *Psychological Science* , 17, 113-119.

Mkhize, N. (2004). Psychology: An African perspective. Chapter 4 in K. Ratele, N. Duncan, D. Hook, N. Mkhize, P. Kiguwa and A. Collins (eds.), *Self, community and psychology* (pp. 1-29). Cape Town: UCT Press.

Moghaddam, F. (1989). Specialization and despecialization in psychology: Divergent processes in the three worlds. *International Journal of Psychology*,24,103-116.

Moghaddam, F. (2008). *Multiculturalism and intergroup relations*. Washington,DC:APA Books.

Moghaddam,F., and Taylor, D. M. (1986). What constitutes an "appropriate psychology" for the developing world? *International Journal of Psychology*,21,253-267.

Moghaddam,F.,Erneling,C.,Montero, M., and Lee, N. (2007). Toward a conceptual foundation for a global psychology. In M. Stevens and U. Gielen (eds.), *Toward a global psychology: Theory,research and pedagogy* (pp. 179-206). Mahwah, N. J.:Erlbaum.

Moghaddam,F.,Branchi,C.,Daniels,K.,Apter,M., and Harré, R. (1999). Psychology and national development. *Psychology and Developing Societies*,11,119-141.

Mohamed, H. E. (2007). Structure-context alignment: Evidence from a developing country (Sudan). *Cross-Cultural Management:An International Journal*,14,23-42.

Mol,S. T.,Born, M. Ph., and Van der Molen, H. T. (2005). Developing criteria for expatriate effectiveness: Time to jump off the adjustment bandwagon. *International Journal of Intercultural Relations*,29,339-353.

Mol,S. T.,Born,M. Ph.,Willemsen,M. E.,and Van der Molen, H. T. (2005). Predicting expatriate job performance for selection purposes: A quantitative review. *Journal of Cross-Cultural Psychology*,36,1-31.

Monk,C.S.,McClure,E. B.,Nelson,E. E.,Zarahn,E.,Bilder,R. M.,Leibenluft,E.,Charney,D. S.,Ernst,M., and Pine,D. S. (2003). Adolescent immaturity in attention-related brain engagement to emotional facial expressions. *Neuro Image*,20, 420-428.

Moore,C.,and Mathews, H. (eds.) (2001). *The psychology of cultural experience*. Cambridge:Cambridge University Press.

Morita,S. (1974). The therapeutic result of special treatment for shinkeishitsu. In T. Kora (ed.), *Morita Shomazenshu,Vol. III* (pp. 67-71). Tokyo:Hakuyosha.

Morita,S. (1998). *Morita therapy and the true nature of anxiety based disorders*. Albany:State University of New York Press.

Morris, D., Collett, P., Marsh, P., and O'Shaughnessy, M. (1979). *Gestures: Their origin and distribution*. London: Jonathan Cape.

Morris,M.,and Peng,K. (1994). Culture and cause:American and Chinese attributions for social and physical events. *Journal of Personality and Social Psychology*,67,949-971.

Moscovici, S. (1972). Society and theory in social psychology. In J. Israel and H. Tajfel (eds.), *The context of social psychology* (pp. 17-68). London:Academic Press.

Moscovici, S. (1982). The phenomenon of social representations. In R. M. Farr and S. Moscovici (eds.), *Social representations* (pp. 3-70). Cambridge:Cambridge University Press.

Motti-Stefanidi,F.,Berry,J. W.,Chryssochoou,X.,Sam,D. L., and Phinney, J. S. (in press). Positive immigrant youth in context: Developmental, acculturation and social psychological perspectives. In A. Masten, D. Hernandez and K. Liebkind (eds.), *Capitalizing on immigration: The potential of immigrant youth*. Cambridge:Cambridge University Press.

Motti-Stefanidi,F.,Pavlopoulos,V.,Obradovic,J., and Masten, A. S. (2008). Acculturation and adaptation of immigrants in Greek urban schools. *International Journal of Psychology*,43, 45-58.

Moussavi,S.,Chatter ji,S.,Verdes, E.,Tandon, A.,Patel, V., and Üstiin, B. (2007). Depression, chronic diseases, and decrements in health:Results from the World Health Surveys. *The Lancet*,370,851-858.

MOW (Meaning of Working International Research Team) (1987). *The meaning of working*. London:Academic Press.

Moyo,D. (2009). *Dead aid:Why aid is not working and how there is a better way for Africa*. London:Penguin.

Mpofu, E.,Peltzer, K., and Bojuwoye, O. (in press). Indigenous healing practices in sub-Saharan Africa. In E. Mpofu (ed.), *Counselling people of African ancestry*. New York:Cambridge University Press.

Mukher ji, B. R. (1995). Cross-cultural issues in illness and wellness: Implications for depression. *Journal of Social Distress and the Homeless*,4,203-217.

Munroe,R. H., and Munroe, R. L. (1994). Field observations of behavior as a cross-cultural method. In P. K. Bock (ed.), *Hanbook of psychological anthropology* (pp. 255-277). Westport,Conn.:Greenwood.

Munroe,R. L.,and Gauvain, M. (2009). The cross-cultural study of children's learning and socialization:A short history. In D. F. Lancy,J. Bock and S. Gaskins (eds.), *The Anthropology of learning in childhood* (pp. 35-63). Lanham,Md.:AltaMira.

Munroe,R. L.,and Munroe, R. H. (1975). *Cross-cultural human development*. Monterey,Calif.:Brooks/Cole.

Munroe,R. L.,and Munroe, R. H. (1986a). Weber's Protestant ethic revisited:An African case. *Journal of Psychology*,120, 447-456.

Munroe,R. L.,and Munroe, R. H. (1986b). Field work in cross-cultural psychology. In W. J. Lonner and J. W. Berry (eds.), *Field methods in cross-cultural research* (pp. 111-136). London:Sage.

Munroe, R. L.,and Munroe, R. H. (1997). A comparative anthropological perspective. In J. W. Berry, Y. H. Poortinga and J. Pandey (eds.), *Handbook of cross-cultural psychology, Vol. I,Theory and method* (2nd edn.,pp. 171-213). Boston: Allyn & Bacon.

Murad,S. D.,Joung. I. M.,Van Lenthe, F. J.,Bengi-Arslan,L., and Crijnen,A. A. (2003). Predictors of self-reported problem behaviours in Turkish immigrant and Dutch adolescents in the Netherlands. *Journal of Child Psychology and Psychiatry*, 44,412-423.

Muramoto, Y. (2003). An indirect self-enhancement in relationships among Japanese. *Journal of Cross-Cultural*

Psychology, 34, 552-566.

Murase, T. (1982). Sunao: A central value in Japanese psychotherapy. In A. Marsella and G. White (eds.), *Cultural conceptions of mental health and therapy* (pp. 317-329). Dordrecht: Reidel.

Murdock, G. P. (1937). Comparative data on the division of labor by sex. *Social Forces*, 15, 551-553.

Murdock, G. P. (1949). *Social structure*. New York: Macmillan.

Murdock, G. P. (1967). *Ethnographic atlas*. Pittsburgh: University of Pittsburgh Press.

Murdock, G. P. (1975). *Outline of world cultures* (5th edn.]. New Haven, Conn. : Human Relations Area Files.

Murdock, G. P., Ford, C. S., Hudson, A. E., Kennedy, R., Simmons, L. W., and Whiting, J. W. M. (2008). *Outline of cultural materials* (5th edn.). New Haven, Conn. : Human Relations Area Files Press.

Murphy, H. B. M. (1982). Culture and schizophrenia. In I. Al-Issa (ed.), *Culture and psychopathology* (pp. 221-249). Baltimore: University Park Press.

Murray, C. J. L., and Lopez, A. D. (2007). Alternative projections of mortality and disability by cause 1990-2020: Global Burden of Disease Study. *The Lancet*, 349, 1498-1504.

Muthén, B. O. (1994). Multilevel covariance structure analysis. *Sociological Methods & Research*, 22, 376-398.

Naidu, R. K. (1983). A developing program of stress research. *Paper presented at the seminar on Stress, Anxiety and Mental Health*. Allahabad, Dec.

Nardon, L., and Steers, R. M. (2009). The culture theory jungle: Divergence and convergence in models of national culture. In R. S. Bhagat and R. M. Steers (eds.), *The Cambridge handbook of culture, organizations, and work* (pp. 3-22). Cambridge: Cambridge University Press.

Naroll, R. (1970a). What have we learned from cross-cultural surveys? *American Anthropologist*, 72, 1227-1288.

Naroll, R. (1970b). The culture bearing unit in cross-cultural surveys. In R. Naroll and R. Cohen (eds.), *Handbook of method in cultural anthropology* (pp. 721-765). New York: Natural History Press.

Naroll, R. (1970c). Galton's problem. In R. Naroll and R. Cohen (eds.), *Handbook of method in cultural anthropology* (pp. 974-989). New York: Natural History Press.

Naroll, R., and Cohen, R. (eds.) (1970). *Handbook of method in cultural anthropology*. New York: Natural History Press.

Naroll, R., Michik, G., and Naroll, F. (1980). Holocultural research methods. In H. C. Triandis and J. W. Berry (eds.), *Handbook of cross-cultural psychology*, Vol. II, *Methodology* (pp. 479-521). Boston: Allyn & Bacon.

Naton Master (2008). People Statistics: Fertility rate by country. Retrieved November 20, 2009 from www. nationmaster, com/graph/peo-tot-fer-rat-people-total-fertility-rate&tdate=2008

Nauck, B. (2008). Acculturation. In F. J. R. Van de Vijver, D. A. Van Hemert and Y. H. Poortinga (eds.), *Multilevel analysis of individuals and cultures* (pp. 379-410). Mahwah, N. J. : Erlbaum.

Nauck, B., and Klaus, D. (2007). The varying value of children: Empirical results from eleven societies in Asia, Africa and Europe. *Current Sociology*, 55, 487-503.

Navas, M., Rojas, A. J., Garcia, M., and Pumares, P. (2007). Acculturation strategies and attitudes according to the Relative Acculturation Extended Model (RAEM): The perspectives of natives versus immigrants. *International Journal of Intercultural Relations*, 31, 67-86.

Navas, M., García, M. C., Sánchez, J., Rojas, A. J., Pumares, P., and Fernández, J. S. (2005). Relative Acculturation Extended Model: New contributions with regard to the study of acculturation. *International Journal of Intercultural Relations*, 29, 21-37.

Neisser, U., Boodoo, G., Bouchard, T. J., Boykin, W. A., Brody, N., Ceci, C. J., Halpern, D. F., Loehlin, J. C., Perloff, R., Sternberg, R. J., and Urbina, S. (1996). Intelligence: Knowns and unknowns. *American Psychologist*, 51, 77-101.

Nelson, E. A. S., Schiefenhovel, W., and Haimerl, F. (2000). Child care practices in nonindustrialized societies. *Pediatrics*, 105, e75.

Nesdale, D., and Mak, A. S. (2003). Ethnic identification, self-esteem and immigrant psychological health. *International Journal of Intercultural Relations*, 27, 23-40.

Neto, F. (2001). Satisfaction with life among adolescents from immigrant families in Portugal. *Journal of Youth and Adolescence*, 30, 53-67.

Neyer, F. J., and Lang, F. R. (2003). Blood is thicker than water: Kinship orientation across the life span. *Journal of Personality and Social Psychology*, 84, 310-321.

Nguyen, H. H., Messe, L. A., and Stollak, G. E. (1999). Toward a more complex understanding of acculturation and adjustment: Cultural involvements and psychosocial functioning in Vietnamese youth. *Journal of Cross-Cultural Psychology*, 30, 5-31.

Nicholas, L. J., and Cooper, S. (2001). *The status of psychology in South Africa*. Pretoria: Report for the Foundation for Research Development.

Niiya, Y., Ellsworth, P. C., Yamaguchi, S. (2006). Amae in Japan and the United States: An exploration of a "culturally unique" emotion. *Emotion*, 6, 279-295.

Nisbett, R. E. (2003). *The geography of thought: How Asians and Westerners think differently … and why*. New York: The Free Press.

Nisbett, R. E. (2006). Cognition and perception: East and West. In Q. Jing, M. Rosenzweig, G. d'Ydewale, H. Zhang, H.-C. Chen and K. Zhang (eds.), *Progress in psychological science around the world: Social and applied issues* (pp. 209-228). Hove: Psychology Press.

Nisbett, R. E. (2007). A psychological perspective: Cultural psychology-past, present, and future. In S. Kitayama and D.

Cohen (eds.), *Handbook of cultural psychology* (pp. 837-844). New York: Guildford Press.

Nisbett, R. E., and Cohen, D. (1996). *Culture of honor: The psychology of violence in the South*. Boulder, Colo.: Westview Press.

Nisbett, R., Peng, G., Choi, I., and Norenzayan, A. (2001). Culture and systems of thought: Holistic vs analytic cognition. *Psychological Review*, 108, 291-310.

Norasakkunkit, V., and Kalick, M. S. (2002). Culture, ethnicity, and emotional distress measures: The role of self-construal and self-enhancement. *Journal of Cross-Cultural Psychology*, 33, 56-70.

Norenzayan, A., Choi, I., and Peng, K. (2007). Perception and cognition. In S. Kitayama and Cohen, D. (eds.), *Handbook of cultural Fsychology* (pp. 569-594). New York: Guilford Press.

Norman, R. M., and Malla, A. K. (1993). Stressful life events and schizophrenia. I: A review of the research. *British Journal of Psychiatry*, 162, 161-166.

Norman, W. T. (1963). Toward an adequate taxonomy of personality: Replicated factor structure in peer nomination personality ratings. *Journal of Abnormal and Social Psychology*, 66, 574-583.

Nosaka, A., and Chasiotis, A. (2005). Exploring the variation in intergenerational relationships among Germans and Turkish immigrants: An evolutionary perspective on behaviour in a modern social setting. In E. Voland, A. Chasiotis and W. Schiefenhövel (eds.), *Grandmotherhood: The evolutionary significance of the second half of female life* (pp. 256-276). New Brunswick, N. J.: Rutgers University Press.

Nowak, M. A., and Sigmund, K. (1998). Evolution of indirect reciprocity by image scoring. *Nature*, 393, 573-577.

Nsamenang, A. B. (1992). *Human development in cultural context: A third world perspective*. Newbury Park, Calif.: Sage.

Nsamenang, A. B. (1995). Factors influencing the development of psychology in sub-Saharan Africa. *International Journal of Psychology*, 30, 729-738.

Nsamenang, A. B. (2001). Perspective africaine sur le développement social: hnplications pour la recherche développementale interculturelle [African perspective on social development: Implications for developmental cross-cultural research]. In C. Sabatier and P. R. Dasen (eds.), *Contextes, cultures, développement et éducation: Autres enfants, autres écoles* [Contexts, cultures, development and education: Other children, other schools]. Paris: L'Harmattan.

Nsamenang, A. B., and Lo-Oh, J. L. (2010). Afrique noir. In M. H. Bornstein (ed.), *Handbook of cultural developmental science* (pp. 383-407). New York: Taylor & Francis.

Nsamenang, B. (ed.) (2008). Culture and human development. Special Issue, *International Journal of Psychology*, 43, 2, 73-113.

Nuechterlein, K. H., Dawson, M. E., Ventura, J., Gitlin, M.,

Subotnik, K. L., Snyder, K. S., Mintz, J., and Bartzokis, G. (1994). The vulnerability/stress model of schizophrenic relapse: A longitudinal study. *Acta Psychiatrica Scandinavica*, 89, 58-64.

Numbers, R. L. (2006). *The Creationists: From scientific creationism to intelligent design* (expanded edn.). Cambridge, Mass.: Harvard University Press.

Nursey-Bray, P. F. (1970). Négritude and the McLuhan thesis. *African Quarterly*, 10, 237-250.

Nusche, D. (2009). What works in migrant education? A review of evidence and policy options. *OECD Education Working Papers*, No. 22. Paris: OECD Publishing.

Oberg, K. (1960). Cultural shock: Adjustment to new cultural environments. *Practical Anthropology*, 7, 177-182.

Odling-Smee, F. J., Laland, K. N., and Feldman, M. W. (2003). *Niche construction: The neglected process in evolution*. Princeton: Princeton University Press.

Oetzel, J., and Ting-Toomey, S. (2003). Face concerns in interpersonal conflict: A cross-cultural empirical test of the face-negotiation theory. *Communications Research Reports*, 20, 105-155.

Oishi, S., and Roth, D. P. (2009). The role of self-reports in culture and personality research: It is too early to give up on self-reports. *Journal of Research in Personality*, 43, 107-109.

Okello, E. S., and Musisi, S. (2006). Depression as a clan illness (eByekika): An indigenous model of psychotic depression among the Baganda of Uganda. *World Cultural Psychiatric Research Review*, 1, 60-72.

Oliver, R. A. C. (1932). The musical talents of natives in East Africa. *British Journal of Psychology*, 22, 333-343.

Oliver, R. A. C. (1933). The adaptation of intelligence tests to tropical Africa, I, II. *Overseas Education*, 4, 186-191; 5, 8-13.

O'Mahony, M., and Ishii, R. (1986). A comparison of English and Japanese taste languages: Taste descriptive methodology, codability and the umami taste. *British Journal of Psychology*, 77, 161-174.

Onishi, K. H., and Baillargeon, R. (2005). Do 15-month-old infants understand false beliefs? *Science*, 308, 255-258.

Oppedal, B. (2006). Development and acculturation. In D. L. Sam and J. W. Berry (eds.), *The Cambridge handbook of acculturation psychology* (pp. 97-112). Cambridge: Cambridge University Press.

Osgood, C. E. (1977). Objective cross-national indicators of subjective culture. In Y. H. Poortinga (ed.), *Basic problems of cross-cultural psychology* (pp. 200-235). Lisse: Swets & Zeitlinger.

Osgood, C. E. (1979). From yang and yin to and or but in cross-cultural perspective. *International Journal of Psychology*, 14, 1-35.

Osgood, C. E. (1980). *Lectures on language performance*. New York: Springer Verlag.

Osgood, C. E., May, W. H., and Miron, M. S. (1975). *Cross-cultural universals of affective meaning. Urbana, Ill. : University of Illinois Press.

Osgood,C. E. , Suci, G. J. , and Tannenbaum, P. H. (1957). *The measurement of meaning*. Urbana:University of Illinois Press.

Ouchi,W. G. (1981). *Theory Z:How American business can meet the Japanese challenge*. Reading,Mass. :Addison-Wesley.

Overman,E. S. (ed.) (1988). *Methodology and epistemology for social science: Selected papers of Donald T. Campbell*. Chicago:University of Chicago Press.

Oyama, S. (2000a). *Evolution's eye:A systems view of the biology-culture divide*. Durham,N. C. :Duke University Press.

Oyama,S. (2000b). *The ontogeny of information:Developmental systems and evolution* (2nd edn.). Durham, N. C. : Duke University Press.

Oyserman,D. , and Lee, S. W. S. (2008). Does culture influence what and how we think? Effects of priming. *Psychological Bulletin*,134,311-342.

Oyserman,D. , and Sorensen, N. (2009). Understanding cultural syndrome effects on what and how we think: A situated cognition model. In R. Wyer, C. Chiu and Y. Hong (eds.), *Understanding culture:Theory,research and application* (pp. 25-52). Hove:Psychology Press.

Oyserman, D. , Coon, H. M. , and Kemmehneier, M. (2002). Rethinking individualism and collectivism: Evaluation of theoretical assumptions and meta-analyses. *Psychological Bulletin*,128,3-72.

Oyserman,D. ,Sorensen, N. ,Reber,R. ,and Chen,S. X. (2009). Connecting and separating mind-sets: Culture as situated cognition. *Journal of Personality and Social Psychology*,97, 217-235.

Padilla,A. M. (ed.) (1995). *Hispanic psychology:Critical issues in theory and research*. Thousand Oaks,Calif. :Sage.

Pande,N. ,and Naidu,R. K. (1992). Anasakti and health:A study of non-attachment. *Psychology and Developing Societies*,4, 91-104.

Pandey, J. , Sinha, T. N. , and Sinha, A. K. (eds.) (2010). *Dialogue for development:Essays in honour of J. B. P. Sinha*. New Delhi:Concept Publishers.

Panter-Brick,C. ,Clarke,S. ,Lomas,H. ,Pinder,M. ,and Lindsey, S. W. (2006). Culturally compelling strategies for behaviour change:A social ecology model and case study in malaria prevention. *Social Science & Medicine*,62,2810-2825.

Papoušek,H. , and Papoušek, M. (1987). Intuitive parenting:A dialectic counterpart to the infant's integrative competence. In J. D. Osofsky (ed.), *Handbook of infant development* (pp. 669-720). New York:Wiley.

Papoušek, H. , and Papoušek, M. (1991). Innate and cultural guidance of infants' integrative competencies:China,the United States, and Germany. In M. H. Bornstein (ed.), *Cultural approaches to parenting* (pp. 23-44). Hillsdale, N. J. : Erlbaum.

Paramei, G. V. (2005). Singing the Russian blues:An argument for culturally basic color terms. *Cross-Cultural Research*,39, 10-34.

Paranjpe, A. C. (1984). *Theoretical psychology:The meeting of East and West*. New York:Plenum.

Paranjpe, A. C. (1998). *Self and identity in modern psychology and Indian thought*. New York:Plenum.

Park,N. ,Peterson,C. ,and Seligman, M. E. P. (2004). Strengths of character and well-being. *Journal of Social and Clinical Psychology*,23,603-619.

Park,N. ,Peterson,C. ,and Seligman, M. E. P. (2006). Character strengths in fifty-four nations and the fifty US states. *The Journal of Positive Psychology*,1,118-129.

Pascale,R. T. (1978). Communication and decision making across cultures:Japanese and American comparisons. *Administrative Science Quarterly*,23,91-110.

Pavot,W. ,and Diener,E. (1993). Review of the Satisfaction with Life Scale. *Psychological Assessment*,5,1964-1972.

Pawlik, K. , and d'Ydewalle, G. (eds.) (2006). *Psychological concepts:An international and historical perspective*. Hove: Psychology Press.

Pawlik, K. , and Rosenzweig, M. (eds.) (2000). *International handbook of psychology*. London:Sage.

Peabody,D. (1967). Trait inferences:Evaluative and descriptive aspects. *Journal of Personality and Social Psychology Monographs*,7 (Whole No. 644).

Peabody, D. (1985). National characteristics. Cambridge: Cambridge University Press.

Peccei,J. S. (2005). Menopause:Adaptation and epiphenomenon. In E. Voland, A. Chasiotis and W. Schiefenhövel (eds.), *Grandmotherhood:The evolutionary significance of the second half of female life* (pp. 38-58). New Brunswick, N. J. : Rutgers University Press.

Peeters, H. (1988). Vijf eeuwen gezin in Nederland [Five centuries of nuclear family in the Netherlands]. In H. Peeters, L. Dresen-Coenders and T. Brandenberg (eds.),*Vijf eeuwen gezinsleven* [Five centuries of family life] (pp. 11-30). Nijmegen:SUN.

Pellicano,E. (2007). Links between theory of mind and executive function in young children with autism:Clues to developmental primacy. *Developmental Psychology*,43,974-990.

Pelto,P. (1968). The difference between "tight" and "loose" societies. *Transaction*,April,37-40.

Pelto,P. J. , and Pelto, G. H. (1981). *Anthropological research*. Cambridge:Cambridge University Press.

Peng,K. ,and Nisbett,R. (1999). Culture,dialectics and reasoning about contradiction. *American Psychologist*,54,741-754.

Peng,K. , Nisbett, R. , and Wong, N. (1997). Validity problems comparing values across cultures, and possible solutions. *Psychological Methods*,2,329-344.

Penn,D. C. , Holyak, K. J. , and Povinelli, D. J. (2008). Darwin's mistake: Explaining the discontinuity between human and nonhuman minds. *Behavioral and Brain Sciences*,31,109-178.

Pe-Pua, R. (2006). From decolonising psychology to the development of a cross-indigenous perspective in methodology:

The Philippine experience. In U. Kim, K. -S. Yang and K. -K. Hwang (eds.), *Indigenous and cultural psychology: Understanding people in context* (pp. 109-137). New York: Springer.

Petersen, A. C. (1988). Adolescent development. *Annual Review of Psychology*, 39, 583-607.

Petersen, N. S. , and Novick, M. R. (1976). An evaluation of some models of culture-fair selection. *Journal of Educational Measurement*, 13, 3-29.

Peterson, B. S. , Warner, V. , Bansal, R. , Zhu, H. , Hao, X. , Liu, J. , Durkin, K. , Adams, P. B. , Wickramaratne, P. , and Weissman, M. M. (2009). Cortical thinning in persons at increased familial risk for major depression. *Proceedings of the National Academy of Sciences*, 106, 6273-6278.

Peterson, C. , and Seligman, M. E. P. (2004). *Character strengths and virtues: A handbool and classification*. Washington, DC: American Psychological Association.

Peterson, C. , Park, N. , and Seligman, M. E. P. (2005a). Assessment of character strengths. In G. P. Koocher, J. C. Norcross and S. S. Hill III (eds.), *Psychologists' desk reference* (2nd edn. , pp. 93-98). New York: Oxford University Press.

Peterson, C. , Park, N. , and Seligman, M. E. P. (2005b). Orientations to happiness and life satisfaction: The full life versus the empty life. *Journal of Happiness Studies*, 6, 25-41.

Peterson, M. F. , and Ruiz-Quintanilla, S. A. (2003). Cultural socialization as a source of intrinsic work motivation. *Group & Organization Management*, 28, 188-216.

Pettigrew, T. (2006). A two-level approach to anti immigrant prejudice and discrimination. In R. Mahalingam (ed.), *Cultural psychology of immigrants* (pp. 95-112). Mahwah, N. J. : Erlbaum.

Pettigrew, T. (2008). Future directions for intergroup contact theory and research. *International Journal of Intercultural Relations*, 32, 187-189.

Pettigrew, T. (2009). Probing the complexity of intergroup prejudice. *International Journal of Psychology*, 44, 40-42.

Pettigrew, T. , and Tropp, L. (2000). Does intergroup contact reduce prejudice? Recent meta-analytic findings. In S. Oskamp (ed.), *Reducing prejudice and discrimination* (pp. 93-114). Mahwah, N. J. : Erlbaum.

Pettigrew, T. , and Tropp, L. (2006a). Allport's intergroup contact hypothesis. In J. Dovidio, P. Glick and A. Rudman (eds.), *On the nature of prejudice: Fifty years ater Allport* (pp. 262-277). Oxford: Blackwell.

Pettigrew, T. , and Tropp, L. (2006b). A meta-analytic test of intergroup contact theory. *Journal of Personality and Social Psychology*, 90, 751-783.

Pettigrew, T. , and Tropp, L. (2008). How does intergroup contact reduce prejudice? Meta-analytic tests of three mediators. *European Journal of Social Psychology*, 38, 922-934.

Pettigrew, T. , Christ, O. , Wagner, U. , and Stelhnacher, J.
(2007). Direct and indirect intergroup contact effects on prejudice: A normative interpretation. *International Journal of Intercultural Relations*, 31, 411-425.

Pfeiffer, W. (1982). Cultural-bound syndromes. In I. Al-Issa (ed.), *Culture and psychopathology*. Baltimore: University Park Press.

Phalet, K. , and Andriessen, I. (2003). Acculturation and educational attainment: Towards a contextual approach of minority school achievement. In L. Hagendoorn, J. Veenman and W. Vollebergh (eds.), *Integrating immigrants in the Netherlands* (pp. 145-172). Aldershot: Ashgate.

Phalet, K. , and Schönpflug, U. (2001). Intergenerational transmission of collectivism and achievement values in two acculturation contexts: The case of Turkish families in Germany and Turkish and Moroccan families in the Netherlands. *Journal of Cross-Cultural Psychology*, 32, 189-201.

Pham, T. B. , and Harris, R. J. (2001). Acculturation strategies among Vietnamese-Americans. *International Journal of Intercultural Relations*, 25, 279-300.

Pheysey, D. C. (1993). *Organzational cultures: Types and transformations*. London: Routledge.

Philipsen, G. (1997). A theory of speech codes. In G. Philipsen and T. L. Albrecht (eds.), *Developing communication theories* (pp. 119-156). Albany: State University of New York Press.

Philipsen, G. , Coutu, L. M. , and Covarrubias, P. (2005). Speech code theory: Restatement, revisions and response to criticisms. In W. B. Gudykunst (ed.), *Theorizing about intercultural communication* (pp. 55-68). Thousand Oaks, Calif. : Sage.

Phinney, J. S. (1989). Stages of ethnic identity development in minority group adolescents. *The Journal of Early Adolescence*, 9, 34-49.

Phinney, J. S. (1990). Ethnic identity in adolescents and adults: A review of research. *Psychological Bulletin*, 108, 499-514.

Phinney, J. S. (1992). The Multi-group Ethnic Identity Measure: A new scale for use with diverse groups. *Journal of Adolescent Research*, 7, 156-176.

Phinney, J. S. (1993). A three-stage model of ethnic identity development. In M. Bernal and G. Knight (eds.), *Ethtnic identity: Formation and transmission among Hispanics and other minorities* (pp. 61-79). Albany: State University of New York Press.

Phinney, J. S. (2006). Acculturation is not an independent variable: Approaches to studying acculturation as a complex process. In M. H. Bornstein and L. R. Cote (eds.), *Acculturation and parent-child relationships: Measurement and development* (pp. 79-95). Mahwah, N. J. : Erlbaum.

Phinney, J. S. , and Chavira, V. (1992). Ethnic identity and self-esteem: An exploratory longitudinal study. *Journal of Adolescence*, 15, 271-281.

Phinney, J. S. , and Devich-Navarro, M. (1997). Variations in bicultural identification among African American and Mexican American adolescents. *Journal of Research on Adolescence*, 7, 3-32.

Phinney,J. S. , and Ong, A. (2007). Conceptualization of ethnic identity: Current status and future directions. *Journal of Counselling Psychology*,54,271-281.

Phinney,J. S. , and Vedder, P. (2006). Family relationship values of adolescents and parents: Intergenerational discrepancies and adaptation, In J. W. Berry, J. S. Phinney, D. L. Sam and P. Vedder (eds.), *Immigrant youth in cultural transitions: Acculturation, identity, and adaptation across national contexts* (pp. 167-184). Mahwah,N. J. :Erlbaum.

Phinney, J. S. , Cantu, C. , and Kurtz, D. (1997). Ethnic and American identity as predictors of self-esteem among African American,Latino,and White adolescents. *Journal of Youth and Adolescence*,26,165-185.

Phinney, J. S. , Jacoby, B. , and Silva, C. (2007). Positive intergroup attitudes: The role of ethnic identity. *International Journal of Behavioral Development*,31,478-490.

Phinney,J. S. , Lochner, B. T. , and Murphy, R. (1990). Ethnic identity development and psychological adjustment in adolescence. In A. R. Stiffman and L. E. Davis (eds.), *Ethnic issues in adolescent mental health* (pp. 53-72). Thousand Oaks, Calif. :Sage.

Piaget,J. (1970a). *The science of education and the psychology of the child*. New York:Grossman.

Piaget, J. (1970b). Piaget's Theory. In P. H. Mussen (ed.), *Carmichael's manual of child psychology* (3rd edn. ,pp. 703-732). New York:Wiley.

Piaget, J. (1975). La psychogenèse des connaissances et sa signification epistémologique [Psychogenesis of knowledge and its epistemological meaning]. In M. Piatelli-Palmarini (ed.), *Théories du langage, théories de l'apprentissage* [Theories of language,theories of teaching]. Paris:Editions du Seuil.

Pick,S. ,and Sirkin,J. (2010). *Breaking the cycle of poverty: The human basis for sustainable development*. New York: Oxford University Press.

Pick,S. , Givaudan, M. , and Poortinga, Y. H. (2003). Sexuality and life skills education: A multstrategy intervention in Mexico. *American Psychologist*,58,230-234.

Pick,S. ,Poortnga, Y. H. , and Givaudan, M. (2003). Integrating intervention theory and strategy in culture-sensitive health promoton programs. *Professional Psychology: Research and Practice*,34,422-429.

Pick, S. , Givaudan, M. , Sirkin, J. , and Ortega, L (2007). Communicaton as a protective factor:Evaluation of a life skills HW/AIDS prevention program for Mexican elementary-school students. *AIDS Education and Prevention*,19,408-421.

Piedmont, R. L. , and Leach, M. M. (2002). Cross-cultural generalizability of the Spiritual Transcendence Scale in India: Spirituality as a universal aspect of human experience. *American Behavioral Scientist*,45,1888-1901.

Pika,S. ,Nikolada,E. ,and Marentette,P. (2009). How to order a beer:Cultural differences in the use of conventional gestures for numbers. *Journal of Cross-Cultural Psychology*,40,70-80.

Pike,K. L. (1967). *Language in relation to a unified theory of the structure of human behavior*. The Hague:Mouton.

Pimentel, D. , Cooperstein, S. , Randell, H. , Filiberto, D. , Sorrentno, S. , Kaye, B. , Nicklin, C. , Yagi, J. , Brian, J. , O'Hern,J. , Habas, A. , and Weinstein, C. (2007). Ecology of increasing diseases: Population growth and enviromnental degradation. *Human Ecology*,35,653-668.

Pinker,S. , and Bloom, P. (1990). Natural language and natural selection. *Behavioral and Brain Science*,13,707-726.

Plot, P. , Bartos, M. , Larson, H. , Zewdie, D. , and Mane, P. (2008). Coming to terms with complexity:A call to action for HIV prevention. *The Lancet*,372,845-859.

Playford,K. ,and Safdar, S. (2007). Various conceptualizations of acculturation and the prediction of international students' adaptations. In A. Chybicka and M. Kazmierczak (eds.), *Appreciating diversity:Cultural and gender issues* (pp. 37-66). Cracow:hnpuls.

Plomin,R. , and De Fries, J. (1998). The genetics of cognitive abilities and disabilities. *Scientific American*,May,62-69.

Plotkin,H. C. , and Odling-Smee, F. J. (1981). A multiple-level model of evolution and its implications for sociobiology. *Behavioral and Brain Sciences*,4,225-268.

Pollack,R. H. (1963). Contour detectability thresholds as a function of chronological age. *Perceptual and Motor Skills*,17, 411-417.

Pollack,R. H. ,and Silvar,S. D. (1967). Magnitude of the Müller-Lyer illusion in children as a function of pigmentation of the Fundus oculi. *Psychonomic Science*,8,83-84.

Poortinga,Y. H. (1971). Cross-cultural comparison of maximum performance tests: Some methodological aspects and some experiments. *Psychologia Africana*, Monograph Supplement, No. 6.

Poortinga, Y. H. (1972). A comparison of African and European students in simple auditory and visual tasks. In L. J. Cronbach and P. J. D. Drenth (eds.), *Mental tests and cultural adaptation* (pp. 349-354). The Hague:Mouton.

Poortinga, Y. H. (1985). Empirical evidence of bias in choice reaction time experiments. *Behavioral and Brain Sciences*,8, 236-237.

Poortinga, Y. H. (1989). Equivalence of cross-cultural data: An overview of basic issues. *International Journal of Psychology*, 24,737-756.

Poortinga, Y. H. (1992). Towards a conceptualization of culture for psychology. In S. Iwawaki, Y. Kashima and K. Leung (eds.), *Innovations in cross-cultural psychology* (pp. 3-17). Lisse:Swets Εt Zeifiinger.

Poortinga,Y. H. (1995). The use of tests across cultures. In T. Oakland and R. K. Hambleton (eds.), *International perspectives on academic assessment* (pp. 187-206). Boston: Kluwer.

Poortinga, Y. H. (1997). Towards convergence? In J. W. Berry,Y. H. Poortnga and J. Pandey (eds.), *Handbook of cross-cultural psychology*,*Vol. L Theory and Method* (2nd edn. ,pp. 347-

387). Boston: Allyn & Bacon.

Poortinga, Y. H. (1999). Do differences in behaviour imply a need for different psychologies? *Applied Psychology*, 48, 419-432.

Poortinga, Y. H. (2003). Coherence of culture and generalizability of data: Two questionable assumptions in cross-cultural psychology. In J. Berman and J. Berman (eds.), *Cross-cultural differences in perspectives on the self*, Vol. 49 of the Nebraska Symposium on Motivation (pp. 257-305). Lincoln, Nebr. : University of Nebraska Press.

Poortinga, Y. H. (2004). Is cultural imposition less of an issue with indigenous psychologies? In B. Setiadi, A. Supratiknya, W. Lonner and Y. Poortinga (eds.), *Ongoing themes on psychology and culture* (pp. 187-199). Yogyakarta: Kanisius.

Poortinga, Y. H. (2009). Adapting intervention programs for use across societies: Between valid transfer and cultural imposition. In S. Bekman and A. Aksu-Koc (eds.), *Perspectives on development, family and culture* (pp. 301-313). Cambridge: Cambridge University Press.

Poortinga, Y. H., and Foden, B. I. M. (1975). A comparative study of curiosity in black and white South African students. *Psychologia Africana*, Monograph Supplement, No. 8.

Poortinga, Y. H., and Soudijn, K. (2002). Behavior-culture relationships and ontogenetic development. In H. Keller, Y. H. Poortinga and A. Schölmerich (eds.), *Biology, culture and development : Integrating diverse perspectives* (pp. 320-340). Cambridge: Cambridge University Press.

Poortinga, Y. H., and Van de Vijver, F. J. R. (1987). Explaining cross-cultural differences: Bias analysis and beyond. *Journal of Cross-Cultural Psychology*, 18, 259-282.

Poortinga, Y. H., and Van de Vijver, F. J. R. (1997). Is there no cross-cultural evidence in colour categories of psychological laws, only of cultural rules? *Behavioral and Brain Sciences*, 20, 205-206.

Poortinga, Y. H., and Van de Vijver, E J. R. (2004). Cultures and cognition: Performance differences and invariant structures. In R. Sternberg and E. Grigorenko (eds.), *Culture and competence: Contexts of life success* (pp. 139-162). Washington, DC: APA Press.

Poortinga, Y. H., and Van Hemert, D. A. (2001). Personality and culture: Demarcating between the common and the unique. *Journal of Personality*, 69, 1033-1060.

Poortinga, Y. H., Schoots, N. H., and Van de Koppel, J. M. H. (1993). The understanding of Chinese and Kurdish emblematic gestures by Dutch subjects. *International Journal of Psychology*, 28, 31-44.

Poortinga, Y. H., Van de Vijver, F. J. R., and Van Hemert, D. A. (2002). Cross-cultural equivalence of the Big Five: A tentative interpretation of the evidence. In R. R. McCrae and J. Allik (eds.), *The five-factor model of personality across cultures* (pp. 271-293). New York: Kluwer.

Popper, K. R. (1959). *The logic of scientific discovery*. New York: Basic Books.

Popper, K. R. (1963). *Conjectures and refutations*. London: Routledge & Kegan Paul.

Porteus, S. D. (1937). *Primitive intelligence and environment*. New York: Macmillan.

Posner, M. I. (1978). *Chronometric explorations of mind*. Hillsdale, N. J. : Erlbaum.

Post, R. H. (1962). Population differences in red and green color vision deficiency: A review, and a query on selection relaxation. *Eugenics Quarterly*, 9, 131-146.

Post, R. H. (1971). Possible cases of relaxed selection in civilized populations. *Human Genetics*, 13, 253-284.

Powell, L. H., Shahabi, L., and Thoresen, C. (2003). Religion and spirituality: Links to physical health. *American Psychologist*, 58, 36-52.

Premack, D., and Woodruff, G. (1978). Does a chimpanzee have a theory of mind? *Behavioral and Brain Sciences*, 4, 515-526.

Prince, M., Patel, M., Saxena, S., Mai, M., Maselko, J., Phillips, M. R., and Rahman, A. (2007). No health without mental health. *The Lancet*, 370, 859-877.

Prince, R. (1980). Variations in psychotherapeutic procedures. In H. C. Triandis and J. Draguns (eds.), *Handbook of cross-cultural psychology*, Vol. VI, *Psychopathology* (pp. 291-349). Boston: Allyn & Bacon.

Protacio-De Castro, E. (2006). The case of the Philippines. Special Issue on Indigenous Psychologies, *International Journal of Psychology*, 41, 252-254.

Przeworski, A., and Teune, H. (1970). *The logic of comparative social inquiry*. New York: Wiley.

Pugh, D. S., and Hinings, C. R. (eds.) (1976). *Organizational structure: Extensions and replications*. London: Saxon House.

Pullum, G. K. (1989). The great Eskimo vocabulary hoax. *Natural Language and Linguistic Theory*, 7, 275-281.

Qie, F., and Xue, L. (2003). Application of Naikan therapy in China. *Psychiatria et Neurology Japonica*, 105, 982-987.

Raihani, N. J., Grutter, A. S., and Bshary, R. (2010). Punishers Benefit From Third-Party Punishment in Fish. *Science*, 327, 171.

Ramadan, A., and Gielen, U. (eds.) (1998). *Psychology in the Arab countries*. Cairo: Menoufia Press.

Ramírez-Esparza, N., Gosling, S., Benet-Martínez, V., Potter, J., and Pennebaker, J. (2006). Do bilinguals have two personalities? A special case of cultural frame-switching. *Journal of Research in Personality*, 40, 99-120.

Rao, K. R., Paranjpe, A., and Dalal, A. (eds.) (2008). *Handbook of Indian psychology*. New Delhi: Cambridge University Press.

Ratner, C. (2002). *Cultural psychology: Theory and method*. New York: Kluwer.

Raudenbush, S. W., and Bryk, A. S. (2002). *Hierarchical linear models* (2nd edn.). Newbury Park, Calif. : Sage.

Ray, V. F. (1952). Techniques and problems in the study of human color perception. *South Western Journal of Anthropology*, 8,

251-259.

Raybeck, D. (2005). The case for complementarities. *Cross-Cultural Research*, 39, 235-251.

Rayner, K., Castelhano, M., and Yang, J. (2009). Eye movements when looking at unusual/weird scenes: Are there cultural differences? *Journal of Experimental Psychology Learning, Memory, and Cognition*, 35, 254-259.

Realo, A., Allik, J., Lönnquiest, J.-E., Verkasalo, M., Kwialowska, A., Kööts, L., Kütt, M., Barkauskiene, R., Laurinavicius, A., Karpinski, K., Kolyshko, A., Sebre, S., and Renge, V. (2009). Mechanisms of the national character stereotype: How people in six neighbouring countries of Russia describe themselves and the typical Russian. *European Journal of Personality*, 23, 229-249.

Rebelsky, F. (1967). Infancy in two cultures. *Nederlands Tijdschrifi voor de Psychologie*, 22, 379-387.

Redfield, R., Linton, R., and Herskovits, M. J. (1936). Memorandum on the study of acculturation. *American Anthropologist*, 38, 149-152.

Redmond, M. V. (2000). Cultural distance as a mediating factor between stress and intercultural communication competence. *International Journal of Intercultural Relations*, 24, 151-159.

Reese, E., Haden, C. A., and Fivush, R. (1993). Mother-child conversations about the past: Relationships of style and memory over time. *Cognitive Development*, 8, 403-430.

Reichard, U. H. (2003). Monogamy: Past and present. In U. H. Reichard and C. Boesch (eds.), *Monogamy: Mating strategies and partnerships in birds, humans, and other mammals* (pp. 3-25). Cambridge: Cambridge University Press.

Reichardt, C. S., and Rallis, S. F. (1994). Qualitative and quantitative inquiries are not incompatible: A call for a new partnership. In C. S. Reichardt and S. F. Rallis (eds.), *The qualitative-quantitative debate: New perspectives* (pp. 85-91). San Francisco: Jossey-Bass.

Relethford, J. H. (1997). *The human species: An introduction to biological anthropology* (3rd edn.). Mountain View, CaliL: Mayfield.

Rentfrow, P. J., Gosling, S. D., and Potter, J. (2008). A theory of the emergence, persistence, and expression of geographic variation in personality characteristics. *Perspectives on Psychological Science*, 3, 339-369.

Reuning, H., and Wortley, W. (1973). Psychological studies of the Bushmen. *Psychologia Africana*, Monograph Supplement, No. 7.

Reynolds, V, and Tanner, R. (1995). *The socioecology of religion*. New York: Oxford University Press.

Reynolds, V, Falger, V, and Vine, I. (eds.) (1987). *The sociobiology of ethnocentrism*. London: Croom Hehn.

Rhee, E., Uleman, J. S., and Lee, H. K. (1996). Variations in collectivism and individualism by ingroup and culture: Confirmatory factor analyses. *Journal of Personality and Social Psychology*, 71, 1037-1054.

Rhee, E., Uleman, J., Hoon, L., and Roman, R. (1995). Spontaneous self-descriptions and ethnic identities in individualistic and collectivistic cultures. *Journal of Personality and Social Psychology*, 69, 142-152.

Richerson, P. J., and Boyd, R. (2005). *Not by genes alone: How culture transformed human evolution*. Chicago: The University of Chicago Press.

Riek, B., Mania, E., and Gaertner, S. (2006). Intergroup threat and outgroup attitudes: A meta-analytic review. *Personality and Social Psychology Review*, 10, 336- 353.

Rime, B., and Giovanni, D. (1986). The physiological patterns of reported emotional states. In K. R. Scherer, H. G. Wallbott and A. B. Summerfleld (eds.), *Experiencing emotion: A cross-cultural study* (pp. 84-97). Cambridge: Cambridge University Press.

Rist, G., and Sabelli, F. (eds.) (1986). *Il était une fois le développement* [Once upon a time there was development]. Lausanne: Editions d'en Bas.

Rivers, W. H. R. (1901). Vision. In *Physiology and psychology, Part I*. Reports of the Cambridge Anthropological Expedition to Torres Straits (Vol. II). Cambridge: Cambridge University Press.

Rivers, W. H. R. (1924). *Social organization*. London: Kegan Paul, Trench, Trubner Et Co.

Robbins, R. (2006). *Cultural anthropology: A problem-based approach*. Behnont, Calif.: Thomson.

Roberson, D., Davies, I., and Davidoff, J. (2000). Color categories are not universal: Replications and new evidence from a stone-age culture. *Journal of Experimental Psychology: General*, 129, 369-398.

Roberson, D., Davidoff, J., Davies, I. R. L., and Shapiro, L. R. (2004). The development of color categories in two languages: A longitudinal study. *Journal of Experimental Psychology: General*, 133, 554-571.

Roberts, G., and Sherratt, T. N. (1998). Development of cooperative relationships through increasing invesment. *Nature*, 394, 175-179.

Roberts, L., and Enserink, M. (2007). Malaria: Did they really say... eradication? *Science*, 318, 1544-1545.

Rogoff, B. (1990). *Apprenticeship in thinking: Cogntive development in social context*. New York: Oxford University Press.

Rogoff, B. (2003). *The cultural nature of human development*. Oxford: Oxford University Press.

Rogoff, B., and Gauvain, M. (1984). The cognitive consequences of specific experiences: Weaving vs. schooling among the Navajo. *Journal of Cross-Cultural Psychology*, 15, 453-475.

Rogoff, B., Mistry, J., Göncü, A., and Mosier, C. (1993). Guided participation in cultural activity by toddlers and caregivers. *Monographs of the Socieiy for Research in Child Development*, 58, 8 (No. 236).

Rokeach, M. (1973). *The nature of human values*. New York: The Free Press.

Romney, A. , and D'Andrade, R. (1964). Cognitive aspects of English kin terms. *American Anthropologist*, 66, 146-170.

Romney, A. K. , and Moore, C. (1998). Toward a theory of culture as shared cognitive structures. *Ethos*, 26, 314-337.

Ronen, S. (1986). *Comparative and multinational management*. New York: Wiley.

Rosaldo, M. (1980). *Knowledge and passion: Ilongot notions of self and social life*. Cambridge: Cambridge University Press.

Rosch (Heider), E. (1972). Universals in color naming and memory. *Journal of Experimental Psychology*, 93, 10-20.

Rosch (Heider), E. (1977). Human categorization. In N. Warren (ed.), *Studies in cross-cultural psychology*, Vol. 1 (pp. 1-49). London: Academic Press.

Rosch, E. (1978). Principles of categorization. In E. Rosch and B. B. Lloyd (eds.), *Cognition and categorization* (pp. 27-48). Hillsdale, N. J. : Erlbaum.

Rosch, E. , and Mervis, C. B. (1975). Family resemblance: Studies in the internal structure of categories. *Cognitive Psychology*, 7, 573-605.

Roseman, I. J. , Wiest, C. , and Swarm, T. S. (1994). Phenomenology, behaviors, and goals differentiate discrete emotions. *Journal of Personality and Social Psychology*, 67, 206-221.

Rosenberger, N. R. (ed.) (1994). *Japanese sense of self*. Cambridge: Cambridge University Press.

Rosenzweig, M. R. , Holtzman, W. , Sabourin, M. , and Belanger, D. (2000). *History of the International Union of Psychological Science* (IUPsyS). Hove: Psychology Press.

Ross, C. A. , and Margolis, R. L. (2009). Schizophrenia: A point of disruption. *Nature*, 458, 976-977.

Ross, N. (2004). *Culture and cognition: Implications for theory and method*. Thousand Oaks, Calif. : Sage.

Rothbaum, F. , Kakinuma, M. , Nagaoka, R. , and Azuma, H. (2007). Attachment and AMAE: Parent-child closeness in the United States and Japan. *Journal of Cross-Cultural Psychology*, 38, 465-486.

Rotter, J. B. (1954). *Social learning and clinical psychology*. Englewood Cliffs, N. J. : Prentice Hall.

Rotter, J. B. (1966). *Generalized expectancies for internal versus external control of reinforcement*. Psychological Monographs, 80 (Whole no. 609).

Royal Anthropological Institute (1951). *Notes and queries on anthropology* (6th edn.). London: Routledge.

Rozin, P. (2007). Food and eating. In S. Kitayama and D. Cohen (eds.), *Handbook of cultural psychology* (pp. 391-416). New York: Guildford Press.

Rubin, D. C. , Wetzler, S. E. , and Nebes, R. D. (1986). Autobiographical memory across the adult lifespan. In D. C. Rubin (ed.), *Autobiographical memory* (pp. 202-221). Cambridge: Cambridge University Press.

Rudmin, F. W. (2003). Critical history of the acculturation psychology of assimilation, separation, integration and marginalization. *Review of General Psychology*, 7, 3-37.

Rudmin, F. W. (2009). Constructs, measurements and models of acculturation and acculturative stress. *International Journal of Intercultural Relations*, 33, 106-123.

Rudmin, F. W. , and Ahmadzadeh, V. (2001). Psychomtric critique of acculturation psychology: The case of Iranian migrants in Norway. *Scandinavian Journal of Psychology*, 42, 41-56.

Ruffell Smith, H. (1975). Some problems of voice communication for international aviation. In A. Chapanis (ed.), *Ethnic variables in human factors engineering* (pp. 225-230). Baltimore: Johns Hopkins University Press.

Ruffman, T. , Perner, J. , Naito, M. , Parkin, L. , and Clements, W. (1998). Older (but not younger) siblings facilitate false belief understanding. *Developmental Psychology*, 34, 161-174.

Rushton, J. P. (2000). *Race, evolution and behavior*. Port Huron: Charles Darwin Research Institute.

Russell, J. A. (1980). A circumplex model of affect. *Journal of Personality and Social Psychology*, 39, 1161-1178.

Russell, J. A. (1983). Pancultural aspects of the human conceptual organization of emotions. *Journal of Personality and Social Psychology*, 45, 1281-1288.

Russell, J. A. (1991). Culture and the categorisation of emotions. *Psychological Bulletin*, 110, 426-450.

Russell, J. A. (1994). Is there universal recognition of emotion from facial expression? A review of cross-cultural studies. *Psychological Bulletin*, 115, 102-141.

Russell, J. A. (1995). Facial expressions of emotion: What lies beyond minimal universality? *Psychological Bulletin*, 118, 379-391.

Russell, J. A. , Lewicka, M. , and Niit, T. (1989). A cross-cultural study of a circumplex model of affect, *Journal of Personality and Social Psychology*, 57, 848-856.

Russell, P. A. , Deregowski, J. B. , and Kinnear, P. R. (1997). Perception and aesthetics. In J. W. Berry, P. R. Dasen and T. S. Saraswathi (eds.), *Handbook of cross-cultural psychology*, Vol. II, *Basic processes and human development* (2nd edn. , pp. 107-142). Boston: Allyn Et Bacon.

Russon, A. E. (2002). Comparative developmental perspectives on culture: The great apes. In H. Keller, Y. H. Poortinga and A. Schölmerich (eds.), *Biology, culture and development: Integrating diverse perspectives* (pp. 30-56). Cambridge: Cambridge University Press.

Ruzgis, P. (1994). Culture and intelligence: Cross-cultural investigation of implicit theories of intelligence. *Voprosy-Psikhologii*, 1, 142-146.

Ryder, A. , Alden, L. , and Paulhus, D. (2000). Is acculturation undimensional or bidimensional? A head-to-head comparison in the prediction of personality, self-identity and adjustment, *Journal of Personality and Social Psychology*, 79, 49-65.

Sabatier, C. (1999). Adolescents issus de l'immigration: les clichés à l'épreuve des faits [Adolescents of immigrant origin: Cliches and facts]. In B. Bril, P. R. Dasen, C. Sabatier and B. Krewer (eds.), *Propos sur l'enfant et l'adolescent: quels enfants pour* quelles cultures? [Remarks on children and adolescents: Which children for which cultures?] (pp. 357-382). Paris: L'Harmattan.

Sabatier, C. , and Berry, J. W. (2008). The role of family acculturation, parental style, and perceived discrimination in the adaptation of second-generation immigrant youth in France and Canada. *European Journal of Developmental Psychology*, 5, 159-185.

Sabbagh, M. A. , Xu, F. , Carlson, S. M. , Moses, S. J. , and Lee, K. (2006). The development of executive functioning and theory of mind: A comparison of Chinese and U. S. preschoolers. *Psychological Science*, 17, 74-81.

Sabini, J. , and Silver, M. (2005). Why emotion names and experiences don't neatly pair. *Psychological Inquiry*, 16, 1-10.

Safdar, S. , Lewis, J. R. , and Daneshpour, M. (2006). Social axioms in Iran and Canada: Intercultural contact, coping and adjustment. *Asian Journal of Social Psychology*, 9, 123-131.

Sagie, A. , and Aycan, Z. (2003). A cross-cultural analysis of participative decision-making in organizations. *Human Relations*, 56, 453-473.

Saha, S. , Welham, J. , Chat, D. , and McGrath, J. (2006). Incidence of schizophrenia does not vary with economic status of the country: Evidence from a systematic review. *Social Psychiatry and Psychiatric Epidemiology*, 4, 338-340.

Sahlins, M. (1976). Colors and cultures. *Semiotica*, 16, 1-22.

Sahlins, M. (1977). *The use and abuse of biology*. London: Tavistock Publications.

Sahlins, M. , and Service, E. (eds.) (1960). *Evolution and culture*. Ann Arbor, Mich. : University of Michigan Press.

Sam, D. L. (1995). Acculturation attitudes among young immigrants as a function of perceived parental attitudes towards cultural change. *Journal of Early Adolescence*, 15, 238-258.

Sam, D. L. (2002). Psychometric properties of acculturation strategies: A structural equation modelling perspective. Symposium paper presented at the XVIth International Congress of the International Association for Cross-cultural Psychology. Indonesia, July 15-19.

Sam, D. L. (2006a). Adaptation of children and adolescents with immigrant background: Acculturation or development? In M. H. Bornstein and L. Cote (eds.), *Acculturation and parenchild relationship: Measurement and development* (pp. 97-111). Mahwah, N. J. : Efibaum.

Sam, D. L. (2006b). Acculturation and health. In D. L. Sam and J. W. Berry (eds.), *The Cambridge handbook of acculturation psychology* (pp. 452-468). Cambridge: Cambridge University Press.

Sam, D. L. , Amponsah, B. , and Hetland, J. (2008). Values of children among sub-Saharan African women: The case of Ghanaian women. *Journal of Psychology in Africa*, 18, 521-530.

Sam, D. L. , and Berry, J. W. (eds). (2006). *The Cambridge handbook of acculturation psychology*. Cambridge: Cambridge University Press.

Sam, D. L. , and Berry, J. W. (2010). Acculturation: When individuals and groups of different cultural backgrounds meet. *Perspectives on Psychological Science*, 5, 472-481.

Sam, D. L. , Peltzer, K. , and Mayer, B. (2005). The changing values of children and preferences regarding family size in South Africa. *Applied Psychology: An International Review*, 54, 355-377.

Sam, D. L. , Vedder, P. , Ward, C. , and Horenczyk, G. (2006). Psychological and sociocultural adaptation of immigrant youth. In J. W. Berry, J. S. Phinney, D. L. Sam and P. Vedder (eds.), *Immigrant youth in cultural transitions: Acculturationn. identity, and adaptation across national contexts* (pp. 117-141). Mahwah, N. J. : Erlbaum.

Sam, D. L. , Vedder, P. , Liebkind, K. , Neto, F. , and Virta, E. (2008). Migration, acculturation and the paradox of adaptation in Europe. *European Journal of Developmental Psychology*, 5, 138-158.

Sanchez, J. I. , and Fernandez, D. M. (1993). Acculturative stress among Hispanics: A bidimensional model of ethnic identification. *Journal of Applied Social Psychology*, 23, 654-668.

Sanchez Runde, C. , Lee, S. M. , and Steers, R. M. (2009). Cultural drivers of work behavior: Personal values, motivation and job attitudes. In R. S. Bhagat and R. M. Steers (eds.), *The Cambridge handbook of culture, organizations, and work* (pp. 305-333). Cambridge: Cambridge University Press.

Santa, I. L. , and Baker, L. (1975). Linguistic influences on visual learning. *Memory and Cognition*, 3, 445-450.

Sarantakos, S. (2005). *Social research* (3rd edn.). Basingstoke: Palgrave Macmillan.

Saraswathi, T. S. (1999). Adult-child continuity in India: Is adolescence a myth or an emerging reality? In T. S. Saraswathi (ed.), *Culture, socialization and human development: Theory, research and applications in India* (pp. 213-232). New Delhi: Sage.

Saucier, G. , and Goldberg, L. R. (2001). Lexical studies of indigenous personality factors: Premises, products, and prospects. *Journal of Personality*, 69, 847-879.

Saunders, B. , and Van Brakel, J. (eds.) (2002). *Theories, technologies, instrumentalities of culture*. Lanham, Md. : University Press of America.

Saunders, B. A. C. , and Van Brakel, J. (1997). Are there non-trivial constraints on colour categorizations? *Behavioral and Brain Sciences*, 20, 167-179.

Saxe, G. B. (1981). Body parts as numerals: A developmental analysis of numeration among remote Oksapmin village populations in Papua New Guinea. *Child Development*, 52, 302-316.

Saxe, G. B. , and Moylan, T. (1982). The development of measurement operations among the Oksapmin of Papua New Guinea. *Child Development*, 53, 1242-1248.

Sayegh, L. , and Lasry, J. (1993). hnmigrants' adaptation in Canada: Assimilation, acculturation, and orthogonal cultural identification. *Canadian Psychology*, 24, 98-109.

Schachter, S. , and Singer, J. E. (1962). Cognitive, social, and physiological determinants of emotional state. *Psychological Review*, 69, 379-399.

Schaffer, D. R. , and Kipp, K. (2007). *Developmental Psychology: Childhood and adolescence* (8th edn.). Behnont, Calif. : Wadsworth.

Schaller, M. , and Crandall, C. (eds.) (2004). *The psychological foundations of culture*. Mahwah, N. J. : Erlbaum.

Schaller, M. , Conway, L. C. , and Crandall, C. S. (2004). The psychological foundations of culture: An introduction. In M. Schaller and C. S. Crandall (eds.), *The psychological foundations of culture* (pp. 3-12). Mahwah, N. J. : Erlbaum.

Schein, E. H. (1985). *Organizational culture and leadership*. San Francisco: Jossey-Bass.

Schein, E. H. (2004). *Organizational culture and leadership* (3rd edn.). San Francisco: Jossey-Bass.

Scheper Hughes, N. (1995). *Death without weeping*. Berkeley: University of California Press.

Scherer, K. R. (1997). Profiles of emotion-antecedent appraisal: Testing theoretical predictions across cultures. *Cognition Et Emotion*, 11, 113-150.

Scherer, K. R. (2005). What are emotions? And how can they be measured? *Social Science Information*, 44, 693-727.

Scherer, K. R. , and Wallbott, H. G. (1994). Evidence for universality and cultural variation of differential emotion response patterning. *Journal of Personality and Social Psychology*, 66, 310-328.

Scherer, K. R. , Wallbott, H. G. , and Summerfield, A. B. (eds.) (1986). *Experiencing emotion: A cross-cultural study*. Cambridge: Cambridge University Press.

Schiefenhövel, W. (1988). *Geburtsverhalten und reproduktiver Strategien der Eipo: Ergebnisse humanethologischer und ethnomedizinischer Untersuchungen im zentralen Bergland von Irian Jaya (West-Neuguinea), Indonesien* [Birth behavior and reproductive strategies of the Eipo: Results of human-ethological and ethnomedical investigations in the central mountain country of Irian Jaya (west New Guinea), Indonesia]. Berlin: Reimer.

Schlegel, A. , and Barry, H. (1986). The cultural consequences of female contribution to subsistence. *American Anthropologist*, 88, 142-150.

Schlegel, A. , and Barry, H. (1991). *Adolescence: An anthropological enquiry*. New York: The Free Press.

Schliemann, A. , Carraher, D. , and Ceci, S. (1997). Everyday cognition In J. W. Berry, P. R. Dasen and T. S. Saraswatni (eds.), *Handbook of cross-cultural psychology, Vol. II, Basic processes and human development* (2nd edn. , pp. 177-216). Boston: Allyn Et Bacon.

Schmidt, F. L. , and Hunter, J. E. (1998). The validity and utility of selection methods in personnel psychology: Practical and theoretical implications of 85 years of research findings. *Psychological Bulletin*, 124, 262-274.

Schmitt, D. (2003). Universal sex differences in the desire for sexual variety: Tests from 52 nations, 6 continents, and 13 islands. *Journal of Personality and Social Psychology*, 85, 85-104.

Schmitt, D. (2005). Sociosexuality from Argentina to Zimbabwe: A 48-nation study of sex, culture, and strategies of human mating. *Behavioral and Brain Sciences*, 28, 247-311.

Schmitt, D. P. , Allik, J. , McCrae, R. R. , Benet-Martinez, V. , Alcalay, L. , Ault, L. , et al. (2007). The geographic distribution of Big Five personality traits: Patterns and profiles of human self description across 56 nations. *Journal of Cross-Cultural Psychology*, 38, 173-212.

Schneider, B. (2000). The psychological life of organizations. In N. M. Ashkanasy, C. P. M. Wilderom and M. F. Peterson (eds.), *Handbook of organizational culture and climate* (pp. xvii xxi). Thousand Oaks, Calif. : Sage.

Schönpfiug, U. (ed.) (2009). *Cultural transmission: Developmental, psychological, social and methodological perspectives*. Cambridge: Cambridge University Press.

Schönpfiug, W. (1993). Applied psychology: Newcomer with a long tradition. *Applied Psychology: An International Review*, 42, 5-66.

Schulpen, T. W. J. (1996). Migration and child health: The Dutch experience. *European Journal of Pediatrics*, 155, 351-356.

Schwartz, S. H. (1992). Universals in the content and structure of values: Theoretical advances and empirical tests in 20 countries. In M. Zanna (ed.), *Advances in experimental social psychology, Vol. XXV* (pp. 1-65). Orlando, Fla. : Academic Press.

Schwartz, S. H. (1994a). Are there universal aspects in the structure and contents of human values? *Journal of Social Issues*, 50, 19-45.

Schwartz, S. H. (1994b). Beyond individualism and collectivism: New cultural dimensions of values. In U. Kim, H. C. Triandis, C. Kağitçibaşi, S. C. Choi and G. Yoon (eds.), *Individualism and collectivism: Theory, method and applications* (pp. 85-119). Thousand Oaks, CaliL: Sage.

Schwartz, S. H. (2004). Mapping and interpreting cultural differences around the world. In H. Vinken, J. Soeters and P. Ester (eds.), *Comparing cultures: Dimensions of culture in a comparative perspective* (pp. 43-73). Leiden: Brill.

Schwartz, S. H. (2006). A theory of cultural value orientations: Explication and applications. *Comparative Sociology*, 5, 136-182.

Schwartz, S. H. (in press). Values: Cultural and individual. In F. J. R. Van de Vijver, A. Chasiotis and S. M. Breugelmans (eds.), *Fundamental questiotn in cross-cultural psychology*. Cambridge: Cambridge University Press.

Schwartz, S. H. , and Bilsky, W. (1990). Toward a theory of the universal content and structure of values: Extensions and cross-cultural replications. *Journal of Personality and Social Psychology*, 58, 878-891.

Schwartz, S. H. , and Boehnke, K. (2004). Evaluating the structure of human values with confirmatory factor analysis. *Journal of Research in Personality*, 38, 230- 255.

Schwartz, S. H., and Sagiv, L. (1995). Identifying culture specifics in the content and structure of values. *Journal of Cross-Cultural Psychology*, 26, 92-116.

Schwartz, S. H., Melech, G., Lehmann, A., Burgess, S., Harris, M., and Owens, V. (2001). Extending the cross-cultural validity of the theory of basic human values with a different method of measurement. *Journal of Cross-Cultural Psychology*, 32, 519-542.

Scribner, S. (1979). Modes of thinking and ways of speaking: Culture and logic reconsidered. In R. O. Freedle (ed.), *New directions in discourse processing* (pp. 223-243). Norwood, N. J.: Ablex.

Scribner, S., and Cole, M. (1981). *The psychology of literacy*. Cambridge, Mass.: Harvard University Press.

Searle, W., and Ward, C. (1990). The prediction of psychological and sociocultural adjustment during cross-cultural transitions. *International Journal of Intercultural Relations*, 14, 449-464.

Sedikides, C., Gaertner, L., and Toguchi, Y. (2003). Pancultural self-enhancement. *Journal of Personality and Social Psychology*, 84, 60-70.

Sedikides, C., Gaertner, L., and Vevea, J. L. (2005). Pancultural self-enhancement reloaded: A meta-analytic reply to Heine (2005). *Journal of Personality and Social Psychology*, 89, 539-551.

Sedikides, C., Gaertner, L., and Vevea, J. L. (2007). Inclusion of theory-relevant moderators yield the same conclusions as Sedikides, Gaertner, and Vevea (2005): A meta-analytical reply to Heine, Kitayama, and Hamamura (2007). *Asian Journal of Social Psychology*, 2, 59-67.

Segall, M. H. (1984). More than we need to know about culture, but are afraid not to ask. *Journal of Cross-Cultural Psychology*, 15, 153-162.

Segall, M. H., Campbell, D. T., and Herskovits, K. J. (1966). *The infiuence of culture on visual perception*. Indianapolis: Bobbs-Merrill.

Segall, M. H., Dasen, P. R., Berry, J. W., and Poortinga, Y. H. (1999). *Human behavior in global perspective: An introduction to cross-cultural psychology* (rev. 2nd edn.). Boston: Allyn &t Bacon.

Segalowitz, N. S. (1980). Issues in the cross-cultural study of bilingual development. In H. C. Triandis and A. Heron (eds.), *Handboole of cross-cultural psychology, Vol. IV,, Developmental psychology* (pp. 55-92). Boston: Allyn &t Bacon.

Selig, J. P., Card, N. A., and Litfie, T. D. (2008). Latent structural equation modeling in cross-cultural research: Multigroup and multilevel approaches. In F. J. R. Van de Vijver, D. A. Van Hemert and Y. H. Poortinga (eds.), *Individuals and cultures in multilevel analysis* (pp. 93-119). Mahwah, N. J.: Erlbaum.

Seligman, M. E. P. (2002). Positive psychology, positive prevention and positive therapy. In C. R. Snyder and S. J. Lopez (eds.), *Handbook of positive psychology* (pp. 3-9). Oxford: Oxford University Press.

Seligman, M. E. P. (2008). Positive health. *Applied Psychology: An International Review*, 57, 3-18.

Seligman, M. E. P., Steen, T. A., Park, N., and Peterson, C. (2005). Positive psychology progress: Empirical validation and of interventions. *American Psychologist*, 60, 410-421.

Semin, G. (2009). Language, culture and cognition: How do they interact? In R. Wyer, C. Chiu and Y. Hong (eds.), *Understanding culture: Theory, research and application* (pp. 259-270). Hove: Psychology Press.

Semin, G. R., and Fiedler, K. (1988). The cognitive functions of linguistic categories in describing persons: Social cognition and language. *Journal of Personality and Social Psychology*, 54, 558-568.

Semin, G., and Zwier, S. (1997). Social cognition. In J. W. Berry, M. H. Segall and C. Kagitçibaşi (eds.), *Handbook of cross-cultural psychology, Vol. III, Social behavior and applications* (pp. 51-75). Boston: Allyn &t Bacon.

Sen, A. (1995). *Inequality reexamined*. Boston: Harvard University Press.

Sen, A. (2000). *Development as freedom*. Oxford: Oxford University Press.

Sen, A. (2005). Human rights and capabilities. *Journal of Human Development*, 6, 151- 166.

Serpell, R. (1993). *The significance of schooling: Life journeys in an African society*. Cambridge: Cambridge University Press.

Serpell, R., and Deregowski, J. B. (1980). The skill of pictorial perception: An interpretation of cross-cultural evidence. *International Journal of Psychology*, 15, 145-180.

Setiono, K., and Sudradjat, N. W. (2008). A Moslem-oriented approach for teaching psychology. Poster presentation at the Third International Conference on the Teaching of Psychology, St. Petersburg, July 12-16.

Sewell. H. (2008). *Working with ethnicity, race and culture in mental health: A handbook for practitioners*. London: Kingsley.

Shadish, W. R. (2000). The empirical program of quasi-experimentation. In L. Briclmmn (ed.), *Research design, Donald Campbell's legacy, Vol. 2* (pp. 13-35). Thousand Oaks, Calif.: Sage.

Shadish, W. R., Cook, T. D., and Campbell, D. T. (2002). *Experimental and quasi-experimental designs for generalized causal inference*. Boston: Houghton Mifflin.

Shannon, L. M., and Begley, T. M. (2008). Antecedents of the four-factor model of cultural intelligence. In S. Ang and L. van Dyne (eds.), *Handbook of cultural intelligence: Theory, measurement, and applications* (pp. 41-55). New York: Sharpe.

Sheikh, A., and Sheikh, K. S. (eds.) (1989). *Eastern and western* approaches to healing: Ancient wisdom and modern knowledge. New York: Wiley.

Shepher, J. (1983). *Incest. A biosocial view*. New York: Academic Press.

Shirts, R. G. (1973). *BAFA BAFA: A cross-cultural simulation*. Delmar, Calif.: Simile II.

Shostak, M. (1981/2000). *Nisa-The Life and Words of a ! Kung Woman*. Cambridge, Mass.: Harvard University Press.

Shuey, A. (1958). *The testing of Negro intelligence*. New York: Social Science Press.

Shweder, R. A. (1984). Anthropology's romantic rebellion against the enlightenment, or there's more to think than reason and evidence. In R. A. Shweder and R. A. LeVine (eds.), *Culture theory: Essays on mind, self and emotion* (pp. 27-66). Cambridge: Cambridge University Press.

Shweder, R. A. (1990). Cultural psychology-What is it? In J. W. Stigler, R. A. Shweder and G. Herdt (eds.), *Cultural psychology: Essays on comparative human development* (pp. 1-43). Cambridge: Cambridge University Press.

Shweder, R. A. (1991). *Thinking through cultures: Expeditions in cultural psychology*. Cambridge, Mass.: Harvard University Press.

Shweder, R. A. (2007). An anthropological perspective. In S. Kitayama and D. Cohen (eds.), *Handbook of cultural psychology* (pp. 821-844). New York: Guilford Press.

Shweder, R. A., and Bourne, E. J. (1984). Does the concept of the person vary cross-culturally? In R. A. Shweder and R. LeVine (eds.), *Culture theory* (pp. 158-199). New York: Cambridge University Press.

Siantz, M. L. d. L. (1997). Factors that impact developmental outcomes. In A. Booth, A. C. Crouter and N. Landale (eds.), *Immigration and the family: Research and policy on US immigrants* (pp. 149-161). Mahwah, N. J.: Erlbaum.

Sidanius, J., and Pratto, F. (1999). *Social dominance: An intergroup theory of social hierarchy and oppression*. Cambridge: Cambridge University Press.

Siegert, R. (2001). Culture, cognition and schizophrenia. In J. F. Schumaker and R. Ward (eds.), *Cultural cognition and psychopathology* (pp. 171-189). Westport, Conn.: Praeger.

Sigel, I. E., McGillicuddy-De Lisi, A., and Goodnow, J. J. (eds.) (1992). *Parental belief systems: The psychological consequences for children* (2nd edn.). Hillsdale, N. J.: Erlbaum.

Silvar, S. D., and Pollack, R. H. (1967). Racial differences in pigmentation of the Fundus oculi. *Psychonomic Science*, 7, 159-160.

Simons, R. C., and Hughes, C. C. (1993). Culture bound syndromes. In A. C. Gaw (ed.), *Culture, ethnicity and mental illness* (pp. 75-93). Washington, DC: American Psychiatric Press.

Simons, R., and Hughes, C. C. (eds.) (1985). *The culture-bound syndromes*. Dordrecht: Reidel.

Simwaka, A., Peltzer, K., and Banda, D. (2007). Indigenous healing in Malawi. *Journal of Psychology in Africa*, 17, 155-162.

Sinaiko, H. W. (1975). Verbal factors in human engineering: Some cultural and psychological data. In A. Chapanis (ed.), *Ethnic variables in human engineering* (pp. 159-177). Baltimore: Johns Hopkins University Press.

Sinangil, H. K., and Ones, D. S. (1997). Empirical investigations of the host country perspective in expatriate managment. *New Approaches to Employee Managment*, 4, 173-205.

Singelis, T. M., Triandis, H. C., Bhawuk, D. P. S., and Gelfand, M. J. (1995). Horizontal and vertical dimensions of individualism and collectivism: A theoretical and measurement refinement. *Cross-Cultural Research*, 29, 240-275.

Singh, G. (1985). Dhat syndrome revisited, *Indian Journal of Psychiatry*, 11, 119- 122.

Singleton, R. A., and Straits, B. C. (2005). *Approaches to social research* (4til edn.). New York: Oxford University Press.

Sinha, D. (1984). Towards partnership for relevant research in the Third World. *International Journal of Psychology*, 19, 169-177.

Sinha, D. (1986). *Psychology in a Third World country: The Indian experience*. New Delhi: Sage.

Sinha, D. (1990). Interventions for development out of poverty. In R. W. Brislin (ed.), *Applied cross-cultural psychology* (pp. 77-97). Newbury Park, Calif.: Sage.

Sinha, D. (1997). Indigenizing psychology. In J. W. Berry, Y. H. Poortinga and J. Pandey (eds.), *Handbook of cross-cultural psychology*, Vol. I Theory and method (2nd edn., pp. 129-169). Boston: Allyn Et Bacon.

Sinha, J. B. P. (1970). *Development through behaviour modification*. Bombay: Allied Publishers.

Sinha, J. B. P. (1980). *The nurturant-task leader*. New Delhi: Concept Publishing House.

Sinha, J. B. P. (1984). A model of effective leadership styles in India. *International Studies of Management and Organization*, 14, 86-98.

Sinha, J. B. P. (2008). *Culture and organizational behaviour*. New Delhi: Sage.

Sireci, S. G. (in press). Evaluating test and survey items for bias across languages and cultures. In D. Matsumoto and F. J. R. van de Vijver (eds.), *Cross-cultural research methods in psychology*. Cambridge: Cambridge University Press.

Sirin, S. R., and Fine, M. (2007). Hyphenated-selves: Muslim American youth negotiating identities on the fault lines of global conflicts. *Applied Developmental Science*, 11, 151-163.

Skevington, S. M., Lotfy, M., and O'Connell, K. A. (2004). The World Health Organization's WHOQOL-BREF quality of life assessment: Psychometric properties and results of the international field trial. A Report from tim WHOQOL Group. *Quality of Life Research*, 13, 299-310.

Skinner, B. F. (1957). *Verbal behavior*. New York: Appleton-Century-Crofts.

Smith,E. A. ,Bliege Bird,R. ,and Bird,D. W. (2003). The benefits of costly signaling:Meriam turfie hunters. *Behavioral Ecology*,14,116-126.

Smith,J. A. ,Harré,R. ,and Van Langenhove,L. (eds.) (1995). *Rethinking methods in psychology*. London:Sage.

Smith,P. B. (2004). Acquiescent response bias as an aspect of cultural communication style. *Journal of Cross-Cultural Psychology*,35,50-61.

Smith, P. B. (2006). When elephants fight, the grass gets trampled: The GLOBE and Hofstede projects. *Journal of International Business Studies*,37,915-921.

Smith,P. B. ,and Fischer, R. (2008). Acquiescence, extreme response bias and culture:A multilevel analysis. In F. J. R. Van de Vijver, D. A. Van Hemert and Y. H. Poortinga (eds.), *Individuals and cultures in multilevel analysis* (pp. 283-312). Mahwah,N. J. :Erlbaum.

Smith, P. B. , and Peterson, M. F. (1988). *Leadership, organizations and culture:An event management model*. London:Sage.

Smith,P. B. ,and Schwartz,S. H. (1997). Values. In J. W. Berry, M. H. Segall and C. Kağitçibaşi (eds.), *Handbook of cross-cultural psychology*,*Vol. III*,*Social behavior and applications* (pp. 77-118). Boston:Allyn ℰt Bacon.

Smith, P. B. , Bond, M. H. , and Kağitçibaşi, C. (2006). *Understanding social psychology across cultures:Living and working in a changing world*. London:Sage.

Smith,P. B. , Peterson, M. F. , and Thomas, D. C. (2008). *The handbook of cross-cultural management research*. Los Angeles: Sage.

Smith,P. B. ,Trompenaars,F. ,and Dugan, S. (1995). The Rotter locus of control scale in 43 countries:A test of cultural relativity. *International Journal of Psychology*,30,377-400.

Smith,P. B. , Peterson, M. F. , Ahmad, A. H. , *et al.* (2002). Demographic effects on the use of vertical sources of guidance by managers in widely different cultural contexts. *International Journal of Cross-Cultural Management*,5,1-26.

Snauwaert, B. , Soenens, B. , Vanbeselaere, N. , and Boen, F. (2003). When integration does not necessarily imply integration: Different conceptualizations of acculturation orientations lead to different classifications. *Journal of Cross-Cultural Psychology*,34,231-239.

Snow, M. E. ,Jacklin, C. N. , and Maccoby, E. E. (1983). Sex-of-child differences in father-child interaction at one year of age. *Child Development*,54,227-252.

Snustad,D. P. ,and Simmons. M. J. (1997). *Principles of genetics* (2nd edn.). New York:Wiley.

Sokal,A. D. (1996a). Transgressing the boundaries. *Social Text*,46-47,217-252.

Sokal, A. D. (1996b). Transgressing the boundaries: An afterword. *Philosophy and Literature*,20,338-346.

Sonke,C. J. , Poortinga, Y. H. , and De Kuijer, J. H. J. (1999). Cross-cultural differences on cognitive task performance: The influence of stimulus familiarity. In W. J. Lonner,D. L. Dinnel, D. K. Forgays and S. A. Hayes (eds.),*Merging past*,*present*,*and future in cross-cultural psychology* (pp. 146-158). Lisse: Swets and Zeifiinger.

Sonke,C. , Van Boxtel, G. , Griesel, R. , and Poortinga, Y. H. (2008). Brain wave concomitants of cross-cultural differences in scores on simple cognitive tasks. *Journal of Cross-Cultural Psychology*,39,37-54.

Sosis,R. (2003). Why aren't we all Hutterites? Human Nature,14,91-127.

Sosis, R. , and Bressler, E. (2003). Cooperation and commune longevity:A test of the costly signaling theory of religion. *Cross Cultural Research*,37,211-239.

Sow, I. (1977). *Psychiatrie dynamique africaine* [African dynamic psychiatry]. Paris:Payor.

Sow, I. (1978). *Les structures anthropologiques de la folie en Afrique nolte* [The anthropological structures of madness in black Africa]. Paris:Payot.

Spearman,C. (1927). *The abilities of man*. London:Macmillan.

Spector, P. E. , Cooper, C. L. , Sparks, K. , et al. (2001). An international study of the psychometric properties of the Hofstede values survey module 1994: A comparison of individual and country/province level results. *Applied Psychology:An International Review*,50,269-281.

Spitzberg, B. H. , and Chagnon, G. (2009). Conceptualizing intercultural competence. In D. K. Deardorff (ed.), *The SAGE handbook of intercultural competence* (pp. 2-52). Thousand Oaks,Calif. :Sage.

Sporer,S. L. (2001). Recognizing faces of other ethnic groups: Data in search of theory. Psychology,*Public PolioT and Law*,7,36-97.

Sporer, S. L. , Trinkl, B. , and Guberova, E. (2007). Matching faces:Differences in processing sped of out-group faces by different ethnic groups. *Journal of Cross-Cultural Psychology*,38,398-412.

Staudinger,U. M. , and Dömer, J. (2007). Wisdom. In J. Birren (ed.),*Encyclopedia of gerontology* (2nd edn. ,pp. 674-683). Oxford:Elsevier.

Steers,R. M. ,Nardon,L. ,and Sanchez-Runde,C. (2009). Culture and organizational design:Strategy, structure, and decision-making. In R. S. Bhagat and R. M. Steers (eds.), *The Cambridge handbook of culture*,*organizations*,*and work* (pp. 71-117). Cambridge:Cambridge University Press.

Stefansson, H. , Ophoff, R. A. , Steinberg, S. , *et al.* (2009). Common variants conferring risk of schizophrenia,*Nature*,460,744-747.

Steinberg, L. (2008). A social neuroscience perspective on adolescent risk-taking. *Developmental Review*,28,78-106.

Stephan,W. ,Renfro,C. L. ,Esses, V. ,Stephan,C. ,and Martin, .T. (2005). The effects of feeling threatened on attitudes toward immigrants. *International Journal of Intercultural Relations*,29,1-19.

Stephenson, M. (2000). Development and validation of the

Stephenson Multigroup Acculturation Scale (SMAS). *Psychological Assessment*,12,77-88.

Stem, J. M. , Konner, M. , Herman, T. N. , and Reichlin, S. (1986). Nursing behaviour, prolactine and postpartum amenorrhea during prolonged lactation in American and ! Kung mothers. *Clinical Endocrinology*,25,247-258.

Steinberg, R. J. (2002). Cultural explorations of human intelligence around the world. In W. J. Lonner, D. L. Dinnel, S. A. Hayes and D. N. Sattler (eds.), *Online Readings in Psychology and Culture* (Unit 5, Chapter 1). Retrieved August 9, 2010, from http://orpc. iaccp. org/

Steinberg, R. J. (2007). Intelligence and culture. In S. Kitayama and D. Cohen (eds.), *Handbook of cultural psychology* (pp. 547-568). New York:Guilford Press.

Steinberg, R. J. (2008). Successful intelligence as a framework for understanding cultural adaptation. In S. Ang and L. van Dyne (eds.), *Handbook of cultural intelligence: Theory, measurement, and applications* (pp. 306-317). Sharpe: New York.

Sternberg, R. J. , and Grigorenko, E. (eds.) (1997a). *Intelligence, heredity and environment*. New York: Cambridge University Press.

Sternberg, R. J. , and Grigorenko, E. (1997b). Are cognitive styles still in style? *American Psychologist*,52,700-712.

Sternberg, R. J. , and Grigorenko, E. (eds.) (2004). *Culture and competence: Contexts of life success*. Washington, DC: APA Press.

Sternberg, R. J. , Nokes, K. , Geissler, P. W. , Prince, R. , Okatcha, F. , Bundy, D. A. , and Grigorenko, E. L. (2001). The relationship between academic and practical intelligence: A case study in Kenya. *Intelligence*,29,401-418.

Stevens, M. , and Gielen, U. (eds.) (2007). *Toward a global psychology: Theory, research and pedagogy*. Mahwah, N. J. : Lawrence Erlbaum Associates.

Stevenson, B. , and Wolfers, J. (2008). Economic growth and subjective well-being: Re-assessing the Easterlin paradox. *Brookings Papers on Economic Activities*. Retrieved January 17, 2010, from hrtp://muse. jhu. edu/journals/brookings _ papers_on_economic_activity/toc/eca. 2008. 1. html

Stewart, V. M. (1973). Tests of the "carpentered world" hypothesis by race and environment in America and Zambia. *International Journal of Psychology*,8,83-94.

Stompe, T. , and Friedman, A. (2007). Culture and schizophrenia. In D. Bhugra and K. Bhui (eds.), *Textbook of cultural psychiatry* (pp. 314-322). Cambridge: Cambridge University Press.

Stompe, T. , Friedmann, A. , Ortwein, G. , Stroble, R. , Chaudry, H. R. , Najam, N. , and Chaudry, M. R. (1999). Comparison of delusions among schizophrenics in Austria and Pakistan. *Psychopathology*,32,225-234.

Stompe, T. , Bauer, S. , Ortwein-Swoboda, G. , Schanda, H. , Karakula, H. , Rudalevicienne, P. , Chaudhry, H. R. , Idemudia, E. S. , and Gschaider, S. (2006). Delusions of guilt: The attitudes of Christian and Islamic confessions towards good and evil and the responsibility of men. *Journal of Muslim Mental Health*,1,43-56.

Strauss, C. , and Quinn, N. (1997). *A cognitive theory of cultural meaning*. *Cambridge*: Cambridge University Press.

Stroup, E. D. (1985). Navigating without instruments: The voyage of Hokule'a. *Oceanus*,28,68-75.

Stuart, J. , Ward, C. , Jose, P. , and Narayanan, P. (in press). Working with and for communities: A collaborative study of harmony and conflict in well functioning acculturating families, *International Journal of Intercultural Relations*.

Sturtevant, W. (1964). Studies in ethnoscience. *American Anthropologist*,66,99-124.

Suárez-Orozco, C. , and Suárez-Orozco, M. (1995). *Transfonmation: Immigration, family life and achievement motivation among Latino adolescents*. Palo Alto: Stanford University Press.

Suárez-Orozco, C. , Pimentel, A. , and Martin, M. (2009). The significance of relationships: Academic engagement and achievement among newcomer immigrant youth. *Teacher College Board*,111,712-749.

Suárez-Orozco, C. , Suárez-Orozco, M. , and Todorova, I. (2006). *Moving stories: Educational pathways of immigrant youth*. Cambridge, Mass. :Harvard University Press.

Suárez-Orozco, C. , Suárez-Orozco, M. , and Todorova, I. (2008). *Learning a new land: Immigrant students in American society*. Cambridge, Mass. :Harvard University Press.

Suinn, R. M. , Ahuna, C. , and Khoo, G. (1992). The Suinn-Lew Asian self-identity acculturation scale:Concurrent and factorial validation. *Educational and Psychological Measurement*, 52, 1041-1046.

Sulloway, F. (1996). *Born to rebel: Birth order, family dynamics, and creative lives*. New York:Pantheon Books.

Sumner, W. G. (1906). *Folkways*. New York:Ginn and Co.

Sung, B. L. (1985). Bicultural conflicts in Chinese immigrant children. *Journal of Comparative Family Studies*, 16, 255-269.

Super, C. M. (1976). Environmental effects on motor development: The case of "African infant precocity." *Developmental Medicine and Child Neurology*,18,561-567.

Super, C. M. , and Harkness, S. (1986). The developmental niche: A conceptualization at the interface of child and culture. *International Journal of Behavioral Development*,9,545-569.

Super, C. M. , and Harkness, S. (1997). The cultural structuring of child development. In J. W. Berry, P. R. Dasen and T. S. Saraswathi (eds.), *Handbook of cross-cultural psychology, Vol. II, Basic processes and human development* (pp. 1-39). Boston:Allyn &t Bacon.

Super, C. , and Harkness, S. (2008). Globalization and its discontents:Challenges to developmental theory and practice in Africa. *Inernational Journal of Psychology*,43,107-113.

Super, C. M. , and Harkness, S. (in press). Culture and infancy. In

G. Bremner and T. D. Wachs (eds.), *Blackwell handbook of infant development*, Vol. I. Oxford: Blackwell.

Super, C. M., Harkness, S., Van Tijen, N., Vander Vlugt, E., Fintehnan, M., and Dijkstra, J. (1996). The three R's of Dutch childrearing and the socialization of infant arousal. In S. Harkness and C. M. Super (eds.), *Parents' cultural belief systems: Their origins, expressions, and consequences* (pp. 447-465). New York: Guilford Press.

Surian, L., Caldi, S., and Sperber, D. (2007). Attribution of beliefs by 13-month-old infants. *Psychological Science*, 18, 580-586.

Sussman, N. M., and Rosenfeld, H. M. (1982). Influence of culture, language and sex on conversational distance. *Journal of Personality and Social Psychology*, 42, 66-74.

Swets, J. A. (ed.) (1964). *Signal detection and recognition by human observers*. New York: Wiley.

Tajfel, H. (1978). *The social psychology of minorities*. London: Minority Rights Group.

Tajfel, H. (1982). Social psychology of intergroup relations. *Annual Review of psychology*, 33, 1-39.

Tajfel, H. (ed.) (1978). *Diffcrentiation between social groups*. London: Academic Press.

Tajfel, H., and Turner, J. (1986). The social identity theory of intergroup behavior. In S. Worchel and W. Austin (eds.), *Psychology of intcrgroup relations* (pp. 7-24). Chicago: Nelson-Hall.

Takano, Y., and Osaka, E. (1999). An unsupported common view: Comparing Japan and the U. S. on individualism/collectivism. *Asian Journal of Social Psychology*, 2, 311-341.

Tanaka-Matsumi, J. (1979). Cultural factors and social influence techniques in Naikan therapy: A Japanese self-observation method. *Psychotherapy: Theory, Research and Practice*, 16, 385-390.

Tanaka-Matsumi, J. (2004). Japanese forms of psychotherapy: Naikan therapy and Maritan therapy. In W. E. Gielen, J. M. Fish and J. G. Draguns (eds.), *Handbook of culture, therapy and healing* (pp. 277-292). Mahwah, N. J.: Erlbaum.

Tanaka-Matsumi, J. (2008). Functional approaches to evidence-based practice in multicultural counseling and therapy. In U. P. Gielen, J. D. Draguns and J. M. Fish (eds.), *Principles of multicultural counseling and therapy* (pp. 169-198). New York: Routledge.

Tanaka-Matsumi, J., and Draguns, J. (1997). Culture and psychopathology. In J. W. Berry, M. H. Segall and C. Kağitçibaşi (eds.), *Handbook of cross-cultural psychology, Vol. III, Social behavior and applications* (2nd edn., pp. 449-491). Boston: Allyn & Bacon.

Tanon, F. (1994). *A cultural view on planning: The case of weaving in Ivory Coast*. Tilburg: Tilburg University Press.

Tantam, D. (2007). Psychotherapy across cultures. In D. Bhugra and K. Bhui (eds.), *Textbook of cultural psychiatry* (pp. 414-423). Cambridge: Cambridge University Press.

Tarakeshwar, N., Stanton, J., and Pargament, K. I. (2003).

Religion: An overlooked dimension in cross-cultural psychology. *Journal of Cross-Cultural Psychology*, 34, 377-394.

Tarique, I., and Takeuchi, R. (2008). Developing cultural intelligence: The role of international nonwork experiences. In S. Ang and L. van Dyne (eds.), *Handbook of cultural intelligence: Theory, measuremenh, and applications* (pp. 56-70). New York: Sharpe.

Tartakovsky, E. (2008). Psychological well-being and ethnic identities of Jewish adolescents planning emigration from Russia and Ukraine to Israel: Changes during the post-perestroika period. *International Journal of Intercultural Relations*, 32, 553-564.

Taylor, D. M. (1981). Stereotypes and intergroup relations. In R. C. Gardner and R. Kalin (eds.), *A Canadian social psychology of ethnic relations* (pp. 151-171). Toronto: Methuen.

Taylor, H. A., and Tversky, B. (1996). Perspective in spatial descriptions. *Journal of Memory and Language*, 35, 371-391.

Terracciano, A., and McCrae, R. R. (2006). How to measure national stereotypes? Response. *Science*, 311, 777-779.

Terracciano, A., and McCrae, R. R. (2007). Implications for understanding national character stereotypes. *Journal of Cross-Cultural Psychology*, 38, 695-710.

Terracciano, A., Abdel-Khalak, A. M., Ádám, N., *et al*. (2005). National character does not reflect mean personality trait levels in 49 cultures. *Science*, 310, 96-100.

Textor, R. (1967). *A cross-cultural summary*. New Haven, Conn.: Human Relations Area Files.

Thakker, J., and Ward, T. (1998). Culture and classification: The cross-cultural application of the DSM-IV. *Clincal Psychology Review*, 18, 501-529.

Thakker, J., Ward, T., and Strongman, K. T. (1999). Mental disorder and cross-cultural psychology: A constructivist perspective. *Clincal Psychology Review*, 19, 843-874.

Thara, R. (2004). Twenty-year course of schizophrenia. The Madras longitudinal study. *Canadian Journal of Psychiatry*, 49, 564-569.

Theron, C. (2007). Confessions, scapegoats and flying pigs: Psychometric testing and the law. *South African Journal of Industrial Psychology*, 33, 102-117.

Thomas, A., and Wagner, K. H. (1999). Von der Fremheidserfahrung zum interkulturellen Verstehen [From experiencing strangeness to intercultural understanding]. *Praxis*, 46, 227-236.

Thomas, F., Renaud, F., Benefice, E., De Meeus, T., and Guegan, J.-F. (2001). International variability of ages at menarche and menopause: Patterns and determinants. *Human Biology*, 73, 271-290.

Thornhill, N. (1991). An evolutionary analysis of rules regulating human inbreeding and marriage. *Behavioral and Brain Sciences*, 14, 247-293.

Thornicroft, G. (2008). Stigma and discrimination limit access to mental health care. *Epidemiologia e Psichiatria Sociale*, 17,

14-19.

Thouless,R. H. (1933). A racial difference in perception. *Journal of Social Psychology*,4,330-339.

Thurstone,L. L. (1938). Primary mental abilities. *Psychometric Monographs*,1.

Thurnwald,R. (1932). The psychology of acculturation. *American Psychologist*,34,557-569.

Tinbergen, N. (1963). On aims and methods of ethology. *Zeitschrift fuer Tierpsychologie*,20,410-433.

Ting-Toomey,S. (1985). Toward a theory of conflict and culture. *International and Intercultural Communication Annual*, 9, 71-86.

Ting-Toomey, S. (2005a). *Understanding intercultural communication*. Los Angeles：Roxbury.

Ting-Toomey,S. (2005b). The matrix of face：An updated face-negotiation theory. In W. B. Gudykunst (ed.), *Theorizing about intercultural communication* (pp. 71-92). Thousand Oaks,Calif.：Sage.

Tinsley,C. H. (2001). How negotiators get to yes：Predicting the constellation of strategies used across cultures to negotiate conflict. *Journal of Applied Psychology*,86,583-593.

Titchener,E. B. (1916). On ethnological tests of sensation and perception. *Proceedings of the American Philisophical Society*,55,204-236.

Todd,Z. , Nerlich, B. , McKeown, S. , and Clarke, D. D. (2004). *Mixing methods in psychology：The integration of qualitative and quantitative methods in theory and practice*. Hove：Psychology Press.

Tolman, W. (1971). The duplication theorem of social relationships as tested in the general population. *Psychological Review*,78,380-390.

Tomasello,M. (1999). *The cultural origins of human cogntion*. Cambridge,Mass.：Harvard University Press.

Tomkins,S. S. (1962). *Affect,imaginary and consciousness,Vol. I,The positive emotions*. New York：Springer.

Tomkins,S. S. (1963). *Affect,imaginary and consciousness,Vol. II,The negative emotions*. New York：Springer.

Tooby, J. , and Cosmides, L. (1990). The past explains the present：Emotional adaptations and the structure of ancestral environments. *Ethology and Sociobiology*,11,375-424.

Tooby, J. , and Cosmides, L. (1992). The psychological foundations of culture. In J. Barkow,L. Cosmides and J. Tooby (eds.),*The adapted mind：Evolutionary psychology and the generation of culture* (pp. 19-136). New York：Oxford University Press.

Toovey,S. , Jamieson, A. , and Holloway, A. (2004). Travellers' knowledge, attitudes and practices on the prevention of infectious diseases：Results from a study at the Johannesburg airport. *Journal of Travel Medicine*,11,16-22.

Torbiörn,I. (1982). *Living abroad*. New York：Wiley.

Tov, W. , and Diener, E. (2007). Culture and subjective well-being. In S. Kitayama and D. Cohen (eds.), *Handbook of cultural psychology* (pp. 691-713). New York：Guilford Press.

Townsend,J. W. (2003). Reproductive Behavior in the Context of Global Population. *American Psychologist*,58,197-204.

Tracy,J. L. ,and Robins, R. W. (2008). The nonverbal expression of pride：Evidence for cross-cultural recognition. *Journal of Personality and Social Psychology*,94,516-530.

Trafimow,D. , Triandis, H. , and Goto, S. (1991). Some tests of the distinction between the private self and the collective self. *Journal of Pcrsonality and Social Psychology*,60,649-655.

Triandis,H. C. (1975). Culture training,cognitive complexity and interpersonal attitudes. In R. W. Brislin, S. Bochner and W. Lonner (eds.),*Cross-cultural perspectives on learning* (pp. 39-77). Beverly Hills：Sage.

Triandis,H. C. (1989). The self and social behavior in differing cultural contexts. *Psychological Review*,96,506-520.

Triandis, H. C. (1994a). Cross-cultural industrial and organizational psychology. In H. C. Triandis, M. D. Dunnette and L. M. Hough (eds.), *Handbook of industrial and organzational psychology*,*Vol. IV* (2nd edn.). Palo Alto：Consulting Psychologists Press.

Triandis,H. C. (1994b). *Culture and social behavior*. New York：McGraw-Hill.

Triandis, H. C. (1995). *Inividualism and collectivism*. Boulder, Colo.：Westview.

Triandis,H. C. (1996). The psychological measurement of cultural syndromes. *American Psychologist*,51,407-415.

Triandis, H. C. (2000a). Culture and conflict. *International Journal of Psychology*,35,145-152.

Triandis, H. C. (2000b). Dialectics between cultural and cross-cultural psychology. *Asian Journal of Social Psychology*,3, 185-196.

Triandis, H. C. (2009). Ecological determinants of cultural variation. In R. Wyer, C. Chiu and Y. Hong (eds.), *Understanding culture：Theory,research and application* (pp. 189-210). Hove：Psychology Press.

Triandis,H. C. ,and Gelfand,M. (1998). Converging measurement of horizontal and vertical individualism and collectivism. *Journal of Personality and Social Psychology*,74,118-128.

Triandis,H. C. , and Suh, E. M. (2002). Cultural influences on personality. *Annual Review of Psychology*,53,133-160.

Triandis,H. C. ,and Vassiliou, V. (1972). A comparative analysis of subjective culture. In H. C. Triandis (ed.), *The analysis of subjective culture* (pp. 299-335). New York：Wiley.

Triandis,H. C. ,Malpass,R. ,and Davidson,A. R. (1971a). Cross-cultural psychology. *Biennial Review of Anthropology*, 1, 1-84.

Triandis, H. C. , Malpass, R. , and Davidson, A. R. (1971b). Psychology and culture. *Annual Review of Psychology*, 24, 355-378.

Triandis, H. C. , McCusker, C. , and Hui, C. H. (1990). Multimethod probes of individualism and collectivism. *Journal of Pcrsonality and Social Psychology*,59,1006-1020.

Triandis, H. C. , Kashima, E. , Shimada, E. , and Villareal, M. (1988). Acculturation indices as a means of confirming cultural differences. *Intcrnational Journal of Psychology*, 21, 43-70.

Triandis, H. C., Leung, K., Villareal, M. V., and Clark, F. L. (1985). Allocentric versus idiocentric tendencies: Convergent and discriminant validation. *Journal of Research in Personality*, 19, 395-415.

Trivers, R. L. (1971). The evolution of reciprocal altruism. *Ouartcly Review of Biology*, 46, 35-57.

Trivers, R. L. (1972). Parental investment and sexual selection. In B. G. Campbell (ed.), *Sexual selection and the descent of man: 1871-1971* (pp. 136-179). Chicago: Aldine de Gruyter.

Trivers, R. L. (1974). Parent-offspring conflict. *American Zoologist*, 14, 249-264.

Trommsdorff, G., and Nauck, B. (eds.) (2005a). *The value of children in cross-cultural perspective: Case studies from eight societies*. Berlin: Pabst.

Trommsdorff, G., Kim, U., and Nauck, B. (eds.) (2005). Factors influencing value of children and intergenerational relations in times of social change: Analyses from psychological and socio-cultural perspectives. Introduction to the special issue. *Applied Psychology, An International Review*, 53, 313-316.

Tseng, W.-S. (2001). *Handbook of cultural psychiatry*. San Diego: Academic Press.

Tseng, W.-S. (2004). *Culture and psychopathology*. In W.-S. Tseng and J. Streltzer (eds.), *Cultural competence in clinical psychiatry* (pp. 181-189). Washington, DC: American Psychiatric Press.

Tseng, W.-S. (2007). Culture and psychopathology: General overview. In D. Bhugra and K. Bhui (eds.), *Textbook of cultural psychiatry* (pp. 95-112). Cambridge: Cambridge University Press.

Tsui, A. S., Nifadkar, S. S., and Ou, A. Y. (2007). Cross-national, cross-cultural organizational behavior research: Advances, gaps, and recommendations. *Journal of Management*, 33, 426-478.

Tucker, L. R. (1951). *A method for synthesis of factor analysis studies*. Personnel Research Section Report No. 984. Washington, DC: Department of the Army.

Tung, R. L. (1981). Selection and training of personnel for overseas assignments. *Columbia Journal of World Business*, Spring, 69-78.

Tung, R. L. (1998). American expatriates abroad: From neophytes to cosmopolitans. *Journal of World Business*, 33, 125-144.

Twaddle, A. (1994). Disease, illness and sickness revisited. In A. Twaddle and L. Nordenfelt (eds.), *Disease, illness and sickness: Three central concepts in the theory of health* (pp. 1-18). Linkøping: Studies on Health and Society.

Tylor, E. B. (1871). *Primitive culture* (2 vols.). London: Murray.

UNAIDS (2008). Global report on AIDS epidemic. Retrieved January 13, 2010, from www. unaids. org/en/KnowledgeCentre/HIVData/GlobalReport/2008/2008_Global_report, asp

UNDP (2009). Statistics of the human development report. Retrieved January 10, 2010, from http://hdr, undp. org/en/statistics/

United Nations (1948). *Universal Declaration of Human Rights*. New York: United Nations.

United Nations (2001). *United Nations millennium development goals*. New York: United Nations.

Uskul, A., Kitayama, S., and Nisbett, R. E. (2009). Ecocultural basis of cognition: Farmers and fishermen are more holistic than herders. *Proceedings of the (USA) National Academy of Science*, 105, 8552-8556.

Ustiin, T. B., and Sartorius, N. (1995). *Mental illness in general health care: An international study*. Chichester: Wiley.

Vala, J. (ed.) (2009). Expressions of the "new" racism. Special issue, *International Journal of Psychology*, 44, 1-45.

Valentine, S. (2001). Self-esteem, cultural identity, and generation status as determinants of Hispanic acculturation. *Hispanic Journal of Behavioral Sciences*, 23, 459-468.

Valentine, T. (1991). A unified account of effects of distinctiveness, inversion and race on face recognition. *Quarterly Journal of Experimental Psychology*, 43A, 161-204.

Valentine, T., and Endo, M. (1992). Towards an exemplar model of face processing: The effects of race and distinctiveness. *Ouarterly Journal of Experimental Psychology*, 44A, 671-703.

Valins, S. (1972). Cognitive effects of false heart-rate feedback. In R. S. Browne, H. E. Freeman, C. V. Hamilton, J. Kagan and A. Kimball Romney (eds.), *The social scene: A contemporary view of the social sciences* (pp. 87-98). Cambridge, Mass.: Winthrop Publishers.

Valsiner, J., and Rosa, A. (eds.) (2007). *The Cambridge handbook of sociocultural psychology*. Cambridge: Cambridge University Press.

Van Bezooijen, R., Otto, S. A., and Heenan, T. A. (1983). Recognition of vocal expressions of emotion: A three-nation study to identify universal characteristics. *Journal of Cross-Cultural Psychology*, 14, 387-406.

Van de Koppel, J. M. H., and Schoots, N. H. (1986). Why are all trains in Holland painted yellow? *Nederlands Tijdschrifi voor de Psychologie*, 14, 189-196.

Van de Ven, N., Zeelenberg, M., and Pieters, R. (2009). Leveling up and down: The experiences of benign and malicious envy. *Emotion*, 9, 419-429.

Van de Vijver, F. J. R. (1997). Meta-analysis of cross-cultural comparisons of cognitive test performance. *Journal of Cross-Cultural Psychology*, 28, 678-709.

Van de Vijver, F. J. R. (2008). On the meaning of cross-cultural differences in simple cognitive measures. *Educational Research and Evaluation*, 14, 215-234.

Van de Vijver, F. J. R. (in press). Bias and real differences in cross-cultural differences: Neither friends nor foes. In F. J. R. Van de Vijver, A. Chasiotis and S. M. Breugehnans (eds.), *Fundamental questions in cross-cultural psychology*. Cambridge: Cambridge University Press.

Van de Vijver, F. J. R., and Breugehnans, S. M. (2008). Research foundations of cultural competency training. In R. H. Dana and

J. Allen （eds.）, *Cultural competency training in a global society* (pp. 117-133). New York：Springer.

Van de Vijver, F. , and Chasiotis, A. (2010). Making methods meet：Mixed designs in cross-cultural research. In J. A. Harkness,M. Braun, B. Edwards, T. P. Johnson, L. Lyberg, P. P. Mohler, B. E. Pennell and T. W. Smith （eds.）, *Survey methods in multinational, multiregional, and multicultural contexts* (pp. 455-473). Hoboken,N. J.：Wiley.

Van de Vijver, F. J. R. , and Leung, K. (1997). *Methods and data analysis for cross-cultural research*. Newbury Park, CaliL：Sage.

Van de Vijver, F. J. R. , and Leung, K. (2000). Methodological issues in research on culture. *Journal of Cross-Cultural Psychology*,32,33-51.

Van de Vijver, F. J. R. , and Leung, K. (2009). Methodological issues in researching intercultural competence. In D. K. Deardorff （ed.）, *The SAGE handbook of intercultural competence* (pp. 404-418). Thousand Oaks,Calif.：Sage.

Van de Vijver, F. J. R. ,and Leung,K. (in press). Equivalence and bias：A review of concepts, models, and data analytic procedures. In D. Matsumoto and F. J. R. van de Vijver （eds.）, *Cross-cultural research methods in psychology*. Cambridge：Cambridge University Press.

Van de Vijver, F. J. R. , and Phalet, K. (2004). Assessment in multicultural groups：The role of acculturation. *Applied Psychology：An International Review*,53,215-236.

Van de Vijver, F. J. R. , and Poortinga, Y. H. (1982). Cross-cultural generalization and universality. *Journal of Cross-Cultural Psychology*,13,387-408.

Van de Vijver,F. J. R. ,and Poortinga, Y. H. (1997). Towards an integrated analysis of bias in cross-cultural assessment. *European Journal of Psychological Assessment*,13,21-29.

Van de Vijver, F. J. R. , and Poortinga, Y. H. (2002). Structural equivalence in multilevel research. *Journal of Cross-Cultural Psychology*,33,141-156.

Van de Vijver, F. J. R. , and Poortinga, Y. H. (2004). Conceptual and methodological issues in adapting tests. In R. K. Hambleton, P. F. Merenda and C. D. Spielberger （eds.）, *Adapting educational and psychological tests for cross-cultural assessment* (pp. 39-63). Mahwah,N. J. ：Erlbaum.

Van de Vijver, F. J. R. , and Poortinga, Y. H. (2005). Conceptual and methodological issues in adapting tests. In R. K. Hambleton, P. F. Merenda and C. D. Spielberger （eds.）, *Adapting educational and psychological tests for cross-cultural assessment* (pp. 39-63). Mahwah,N. J. ：Erlbaum.

Van de Vijver, F. J. R. , and Tanzer, N. (2004). Bias and equivalence in cross-cultural assessment：An overview. *Revue Européenne de Psychologie Appliquée*,54, 119-135.

Van de Vijver, F. J. R. , Breugehnans, S. M. , and Schalk-Soekar, S. (2008). Multiculturalism：Construct validity and stability. *International Journal of Intercultural Relations*,32,93-104.

Van de Vijver, F. J. R. , Chasiotis, A. , and Breugehnans, S. M. （eds.） （in press）. *Fundamental questions in cross-cultural*

psychology. Cambridge：Cambridge University Press.

Van de Vijver,F. J. R. ,Van Hemert,D. A. ,and Poortinga,Y. H. (2008a). Conceptual issues in multilevel models. In F. J. R. Van de Vijver, D. A. Van Hemert and Y. H. Poortinga （eds.）, *Individuals and cultures in multi-level analyisis* (pp. 3-26). Mahwah,N. J. ：Erlbaum.

Van de Vijver,F. J. R. ,Van Hemert,D. A. ,and Poortinga,Y. H. （eds.） （2008b）. *Individuals and cultures in multi-level analyisis* (pp. 3-26). Mahwah,N. J. ：Erlbaum.

Van de Vliert, E. （2009）. *Climate, affiuence, and culture*. Cambridge：Cambridge University Press.

Van den Heuvel, K. , and Poortinga, Y. H. （1999）. Resource allocation by Greek and Dutch students：A test of three models. *International Journal of Psychology*,34, 1-13.

Van der Zee, K. I. , and Van Oudenhoven, J. P. （2000）. The Multicultural Personality Questionnaire：A multidimensional instrument of multicultural effectiveness. *European Journal of Personality*,14,291-309.

Van der Zee, K. I. , and Van Oudenhoven, J. P. （2001）. The Multicultural Personality Questionnaire：Reliability and validity of self-and other ratings of multicultural effectiveness. *Journal of Research in Personality*,35,278-288.

Van Dyne, L. , Ang, S. , and Koh, C. （2008）. Development and validation of the CQS：The cultural intelligence scale. In S. Ang and L. van Dyne （eds.）, *Handbook of cultural intelligence：Theory, measurement, and applications* （pp. 16-38）. New York：Sharpe.

Van Haaften, E. H. , and Van de Vijver, F. J. R. （1996）. Psychological consequences of environmental degradation. *Journal of Health Psychology*,1,411-429.

Van Haaften,E. H. ,and Van de Vijver, F. J. R. （1999）. Dealing with extreme environmental degradation：Stress and marginalization of Sahel dwellers. *Social Psychiatry and Psychiatric Epidemiology*,34,376-382.

Van Hemert,D. A. （2003）. *Patterns of cross-cultural differences in psychology：A meta-analytic approach*. Amsterdam：Dutch University Press.

Van Hemert,D. A. (in press). Cross-cultural meta-analysis. In D. Matsumoto and F. J. R. Van de Vijver （eds.）, *Cross-cultural research methods in psychology*. Cambridge：Cambridge University Press.

Van Hemert,D. ,Poortinga, Y. H. ,and Van de Vijver,F. J. R. (2007). Emotion and culture：A meta-analysis. *Cognition ε t Emotion*,21,913-941.

Van Herk, H. , Poortinga, Y. H. , and Verhallen, T. M. M. (2004). Response styles in rating scales：Evidence of method bias in data from 6 EU countries. *Journal of Cross-Cultural Psychology*,35,346-360.

Van Ijzendoorn,M. H. (1995). Adult attachment representations, parental responsiveness,and infant attachment：A meta-analysis on the predictive validity of the adult attachment interview. *Psychological Bulletin*,117,387- 403.

Van Leeuwen, M. S. (1978). A cross-cultural examination of psychological differentiation in males and females. *International Journal of Psychology*,13,87-122.

Van Muijen, J. J., Koopman, P. L., and De Witte, K. (1996). *Focus op organisatiecultuur* [Focus on organizational culture]. Schoonhoven:Academic Service.

Van Oudenhoven,J. P. (2006). Immigrants. In D. L. Sam and J. W. Berry (eds.), *The Cambridge handbook of acculturation psychology* (pp. 163-180). Cambridge:Cambridge University Press.

Van Oudenhoven,J. P. ,and Van der Zee, K. I. (2002). Predicting multicultural effectiveness of international students: The multicultural personality questionnaire. *Asian Journal of Social Psychology*,6,159-170.

Van Oudenhoven,J. P. , Prins, K. S. , and Buunk, B. P. (1998). Attitudes of minority and majority members towards adaptation of immigrants. *European Journal of Social Psychology*, 28, 995-1013.

Vandenberg, R. J. , and Lance, C. E. (2000). A review and synthesis of the measurement invariance literature: Suggestions,practices, and recommendations for organizational research. *Organizational Research Methods*,2,4-70.

Vaughn,C. E. ,and Left,J. P. (1976). The influence of family and social factors on the course of psychiatric illness:A comparison of schizophrenic and depressed neurotic patients. *British Journal of Psychiatry*,129,125-137.

Vedder,P. H. , and Horenczyk, G. (2006). Acculturation and the school. In D. L. Sam and J. W. Berry (eds.), *The Cambridge handbook of acculturation psychology* (pp. 419-438). Cambridge:Cambridge University Press.

Vedder,P. H. , Berry,J. , Sabatier,C. , and Sam,D. (2009). The intergenerational transmission of values in national and immigrant families: The role of Zeitgeist. *Journal of Youth Adolescence*,38,642-653.

Veenhoven,R. (1999). Quality-of-life in individualistic society:A comparison of 43 nations in the early 1990's. *Social Indicators Research*,48,157-186.

Veenhoven,R. (2000). Four qualities of life: Ordering concepts and measures of the good life. *Journal of Happiness Studies*, 1,1-39.

Verkuyten, M. (2005a). Ethnic group identification and group evaluation among minority and majority groups: Testing the multiculturalism hypothesis. *Journal of Personality and Social Psychology*,88,121-138.

Verkuyten, M. (2005b). *The social psychology of ethnic identify*,London:Psychology Press.

Verkuyten, M. (in press). Understanding group identification of ethnic minority youth. In A. Masten, D. Hernandez and K. Liebkind (eds.),*Capitalizing on immigration: The potential of immigrant youth*. Cambridge:Cambridge University Press.

Vernon, P. E. (1969). *Intelligence and cultural environment*. London:Methuen.

Vernon,P. E. (1979). *Intelligence,heredity and environment*. San Francisco,Calif. ;Freeman.

Verster, J. M. (1991). Speed of cognitive processing: Cross-cultural findings on structure and relation to intelligence, tempo,temperament,and brain function. In P. L. Dann, S. H. Irvine and J. M. Collis (eds.), *Advances in computer-based human assessment* (pp. 103-147). Dordrecht:Kluwer.

Vogel,F. ,and Motulsky,A. G. (1979). *Human genetics: Problems and approaches*. Berlin:Springer Verlag.

Voland,E. (1998). Evolutionary ecology of human reproduction. *Annual Review of Anthropology*,27,347-374.

Voland,E. (2009). The adaptationist perspective on religiosity, religiousness and religion. In E. Voland and W. Schiefenhövel (eds.), *The biological evolution of religious mind and behavior*. Heidelberg:Springer.

Voland,E. ,and Beise,J. (2002). Opposite effects of maternal and paternal grandmothers on infant survival in 558 historical Krummhörn. *Behavioral Ecology and Sociobiology*, 52, 435-443.

Voland, E. , and Grammer, K. (eds.) (2003). *Evolutionary aesthetics*. Berlin:Springer.

Voland, E. , Chasiotis, A. , and Schiefenhövel, W. (2005). Grandmotherhood-An overview of three related fields of research on the evolutionary significance of postgenerative female life. In E. Voland, A. Chasiotis and W. Schiefenhövel (eds.), *Grandmotherhood: The evolutionary significance of the second half of female life* (pp. 1-17). New Brunswick,N. J. :Rutgers University Press.

Voland,E. ,Chasiotis, A. , and Schiefenhövel, W. (eds.) (2005). *Grandmotherhood: The evolutionary significance of the second half of female life*. New Brunswick,N. J. :Rutgers University Press.

Voland,E. , Dunbar, R. D. , Engel, C. , and Stephan, P. (1997). Population increase and sex biased parental invesment in humans: Evidence from 18th and 19th century Germany. *Current Anthropology*,38,129-135.

Vorster, J. , and Schuring, G. (1989). Language and thought: Developmental perspectives on counterfactual conditionals. *South African Journal of Psychology*,19,34-38.

Vul, E. , Harris, C. , Winkielman, P. , and Pashler, H. (2009). Puzzlingly high correlations in fMRI studies of emotion, personality and social cognition. *Perspectives on Psychological Science*,4,274-290.

Vygotsky, L. S. (1978). *Mind in society: The development of higher psychological processes*. Cambridge, Mass. : Harvard University Press.

Vygotsky, L. (1997). *The collected works of L. S. Vygotsky*,Vol. IV(ed. R. Rieber). New York:Henum.

Wagner, W. , Duveen, G. , Farr, R. , Jovchelovitch, S. , Lorenzi-Cioldi, F. , Markova, I. , and Rose, D. (1999). Theory and method of social representations. *Asian Journal of Social Psychology*,2,95-125.

Walker,E. , and Tessner, K. (2008). Schizophrenia. *Perspectives on Psychological Science*,3,30-37.

Walsh Escarce, M. E. (1989). A cross-cultural study of Nepalese neonatal behaviour. In J. K. Nugent, B. M. Lester and T. B. Brazelton (eds.), *The cultural context of infancy* (pp. 65-86). Norwood: Ablex.

Wan, C., and Chiu, C. (2009). An intersubjective consensus approach to culture. In R. Wyer, C. Chiu and Y. Hong (eds.), *Understanding culture: Theory, research and application* (pp. 79-91). Hove: Psychology Press.

Wang, Q., Ceci, S., Williams, W., and Kopko, K. (2004). Culturally situated cognitive competence: A functional framework. In R. Sternberg and E. Grigorenko (eds.), *Culture and competence: Contexts of life success* (pp. 225-249). Washington, DC: APA Press.

Wang, Q., LeichUnan, M. D., and Davies, K. I. (2000). Sharing memories and telling stories: American and Chinese mothers and their 3-year-olds. *Memory*, 8, 159-177.

Wanigartne, S., Salas, S., and Strang, J. (2007). Substance misuse. In D. Bhugra and K. Bhui (eds.), *Textbook of cultural psychiatry* (pp. 243-254). Cambridge: Cambridge University Press.

Ward, C. (1996). Acculturation. In D. Landis and R. Bhagat (eds.), *Handbook of intercultural training* (2nd edn., pp. 124-147). Thousand Oaks, Calif.: Sage.

Ward, C. (2001). The A, B, Cs of acculturation. In D. Matsumoto (ed.), *The handbook of culture and psychology* (pp. 411-445). Oxford: Oxford University Press.

Ward, C. (2004). Psychological theories of culture contact and their implications for intercultural training and interventions. In D. Landis, J. M. Bennett and M. J. Bennett (eds.), *Handbook of intercultural training* (pp. 185-216). Thousand Oaks, Calif.: Sage.

Ward, C. (2008). Thinking outside the Berry boxes: New perspectives on identity, acculturation and intercultural relations. *International Journal of Intercultural Relations*, 32, 105-114.

Ward, C., and Chang, W. C. (1997). "Cultural fit": A new perspective on personality and sojourner adjustment. *International Journal of Intercultural Relations*, 21, 525-533.

Ward, C., and Fischer, R. (2008). Personality, cultural intelligence and cross-cultural adaptation. In S. Ang and L. van Dyne (eds.), *Handbook of cultural intelligence: Theory, measurement, and applications* (pp. 159-173). New York: Sharpe.

Ward, C., and Kennedy, A. (1993). Where is the "culture" in cross-cultural transition? Comparative studies of sojourner adjustment. *Journal of Cross-Cultural Psychology*, 24, 221-249.

Ward, C., and Kennedy, A. (1994). Acculturation strategies, psychological adjustment, and sociocultural competence during cross-cultural transitions. *International Journal of Intercultural Relations*, 18, 329-343.

Ward, C., and Kennedy, A. (1999). The measurement of sociocultural adaptation. *International Journal of Intercultural Relations*, 56, 1-19.

Ward, C., and Leong, C.-H. (2006). Intercultural relations in plural societies. In D. Sam and J. W. Berry (eds.), *The Cambridge handbook of acculturation psychology* (pp. 484-503). Cambridge: Cambridge University Press.

Ward, C., and Masgoret, A.-M. (2009). Attitudes toward immigrants, immigration, and multiculturalism in New Zealand: A social psychological analysis. *International Migration Review*, 42, 222-243.

Ward, C., and Searle, W. (1991). The impact of value discrepancies and cultural identity on psychological and socio-cultural adjustment of sojourners. *International Journal of Intercultural Relations*, 15, 209-225.

Ward, C., Bochner, S., and Furnham, A. (2001). *The psychology of culture shock*. Hove: Roufiedge.

Ward, C., Chang, W., and Lopez-Nerney, S. (1999). Psychological and sociocultural adjustment of Filipina domestic workers in Singapore. In J. C. Lasry, J. Adair and K. Dion (eds.), *Latest contributions to cross-cultural psychology* (pp. 118-134). Lisse: Swets Et Zeitlinger.

Ward, C., Leong, C.-H., and Low, M. (2004). Personality and sojourner adjustment: An exploration of the Big Five and the cultural fit proposition. *Journal of Cross-Cultural Psychology*, 35, 137-151.

Ward, C., Okura, Y., Kennedy, A., and Kojima, T. (1999). The U-curve on trial: A longitudinal study of psychological and sociocultural adjustment during cross-cultural transition, *International Journal of Intercultural Relations*, 22, 277-291.

Warneken, F., Chen F., and Tomasello, M. (2006). Cooperative activities in young children and chimpanzees. *Child Development*, 77, 640-663.

Warren, N., and Parkin, J. M. (1974). A neurological and behavioral comparison of African and European newborns in Uganda. *Child Development*, 45, 966-971.

Warwick, D. (1980). The politics and ethics of cross-cultural research. In H. C. Triandis and W. W. Lambert (eds.), *Handbook of cross-cultural psychology*, *Vol. I. Perspectives* (pp. 310-371). Boston: Allyn Et Bacon.

Wassmann, J., and Dasen, P. R. (1994a). Yupno number system and counting. *Journal of Cross-Cultural Psychology*, 25, 78-94.

Wassmann, J., and Dasen, P. R. (1994b). "Hot" and "cold": Classification and sorting among the Yupno of Papua New Guinea. *International Journal of Psychology*, 29, 19-38.

Wassmann, J., and Dasen, P. R. (1998). Balinese spatial orientation: Some empirical evidence for moderate linguistic relativity. *The Journal of the Royal Anthropological Institute, incorporating Man* (N. S.), 4, 689-711.

Wasti, S. A. (2008). Organizational commitment: Complication or clarification. In P. B. Smith, M. F. Peterson and D. C. Thomas (eds.), *The handbook of cross-cultural management research* (pp. 95-115). Los Angeles: Sage.

Watkins, D. , Adair, J. , Akande, A. , Gerong, A. , McInerney, D. , Sunar, D. , Watson, S. , Wen, Q. F. , and Wondimu, H. (1998). Individualism-collectivism, gender and the self-concept: A nine culture investigation. *Psychologia*, 41, 259-271.

Watkins, M. , and Shuhnan, H. (2008). *Toward psychologies of liberation*. London: Palgrave Macmillan.

Watts, R. , and Smolicz, J. (1997). *Cultural democracy and ethnic pluralism: Multicultural and multilingual policies in education*. Bern: Peter Lang.

Weber, E. U. , and Hsee, C. K. (2000). Culture and individual decision making. *Applied Psychology: An International Review*, 49, 32-61.

Weber, M. (1905/1976). *The Protestant Ethic and the spirit of capitalism*. New York: Charles Scribner's Sons.

Wechsler, D. (1997). *Wechsler Adult Intelligence Scale-3rd Edition (WAIS-3)*. San Antonio: Harcourt Assessment.

Weisner, T. S. , and Gallimore, R. (1977). My brother's keeper: Child and sibling caretaking. *Current Anthropology*, 18, 169-190.

Wellings, K. , Collumbien, M. , Slaymaker, E. , Singh, S. , Hodges, Z. , Patel, D. , and Bajos, N. (2006). Sexual behaviour in context: A global perspective. *The Lancet*, 368, 1706-1728.

Welhnan, H. M. , Cross, D. , and Watson, J. (2001). Meta Analysis of theory-of-mind development: The truth about false belief. *Child Development*, 72, 655-684.

Wells, G. L. , Memon, A. , and Penrod, S. D. (2006). Eye witness evidence: Improving its probative value. *Psychological Science in the Public Interest*, 7, 45-75.

Welzel, C. , Inglehart, R. , Klingemann, H. -D. (2003). The theory of human development: A cross-cultural analysis. *European Journal of Political Research*, 42, 341-379.

Westemarck, E. (1921). *The history of human marriage*. London: Macmillan.

Westin, C. , Bastos, J. , Dahinden, J. , and Gôis, P. (eds.) (2009). *Identity processes and dynamics in multi-ethnic Europe*. IMISCOE Series. Amsterdam: Amsterdam University Press.

Wexley, K. N. , and Yukl, G. A. (1984). *Organizational behavior and personnel psychology* (revised edn.). Homewood, Ill.: Irwin.

Whitbourne, S. K. , Zuschlag, M. K. , Elliot, L. B. , and Waterman, A. S. (1992). Psychosocial development in adulthood: A 22-year sequential study. *Journal of Personality and Social Psychology*, 63, 260-271.

Whiten, A. , Homer, V. , and Marshall-Pescini, S. (2003). Cultural panthropology. *Evolutionary Anthropology*, 12, 92-105.

Whiten, A. , Goodall, J. , McGrew, W. C. , Nishida, T. , Reynolds, V. , Sugiyama, Y. , Tutin, C. E. G. , Wrangham, R. W. , and Boesch, C. (1999). Cultures in chimpanzees. Nature, 399, 682-685.

Whiting, B. B. (1963). *Six cultures: Studies of child rearing*. New York: Wiley.

Whiting, B. B. , and Whiting, J. W. M. (1975). *Children of six cultures: A psychocultural analysis*. Cambridge, Mass.:

Harvard University Press.

Whiting, B. B. , and Whiting, J. W. M. (1988). Foreword to Adolescents in a Changing World series. In V. C. Burbank (ed.), *Aboriginal adolescence: Maidenhood in an Australian community* (pp. vii-xiv). New Brunswick, N. J.: Rutgers University Press.

Whiting, J. W. M. (1954). The cross-cultural method. In G. Lindzey (ed.), *The handbook of social psychology*, Vol. I (pp. 523-531). Cambridge, Mass.: Addison-Wesley.

Whiting, J. W. M. (1968). Methods and problems in cross-cultural research. In G. Lindzey and E. Aronson (eds.), *Handbook of social psychology*, Vol. II (pp. 693-728). Reading: Addison Wesley.

Whiting, J. W. M. (1974). A model for psychocultural research. *Annual report*. Washington, DC: American Anthropological Association.

Whiting, J. W. M. (1981). Environmental constraints on infant care practices. In R. L. Munroe, R. M. Munroe and B. B. Whiting (eds.), *Handbook of cross-cultural human development* (pp. 151-181). New York: Garland Press.

Whiting, J. W. M. , and Child, I. (1953). *Child training and personality*. New Haven, Conn.: Yale University Press.

WHO (1948). Preamble to the Constitution of the World Health Organization as adopted by the International Health Conference, New York, June 19-22, 1946; signed on July 22, 1947 by the representatives of sixty-one States (Official Records of the World Health Organization, no. 2, p. 100); and entered into force on April 7, 1948.

WHO (1973). *Report of the international pilot study of schizophrenia vol. I*. Geneva: World Health Organization.

WHO (1978). *Primacy health care: Report of the international conference at Alma Ara*. Geneva: World Health Organization.

WHO (1979a). *Schizophrenia: An international follow-up study*. Chichester: Wiley.

WHO (1979b). *International Statistical Classification of Diseases and Related Health Problems 9th Revision Version*. Geneva: World Health Organization. Retrieved August 10, 2010, from www. lumrix. net/icd-9_info. php (The WHO no longer publishes and distributes the ICD-9.)

WHO (1982). *Medium term programme*. Geneva: World Health Organization.

WHO (1983). *Depressive disorders in different cultures*. Geneva: World Health Organization.

WHO (1986). Ottawa Charter for Health Promotion First International Conference on Health Promotion. Geneva: World Health Organization. Retrieved March 12, 2009, from www. who. int/hpr/NPH/docs/ottawa_charter_hp. pdf

WHO (2001). *The world health report 2001: Mental health: New understanding, new hope*. Geneva: World Health Organization. Retrieved February 20, 2010, from www. who. int/whr/2001/en/

WHO (2002). *The World Health Report* 2002: *Reducing risks, promoting healthy life*. Geneva: World Health Organization.

Retrieved January 20, 2006, from www. who. int/whr/2002/ en/index, html

WHO (2005). *Mental health: Facing the challenges, building solutions.* Report from the WHO European Ministerial Conference. Copenhagen: World Health Organization Regional Office for Europe.

WHO (2007a). *International Statistical Classification of Diseases and Related Health Problems 10th revision version for 2007.* Geneva: World Health Organization. Retrieved July 31, 2010, from www. who. int/classifications/icd/en/bluebook, pdf

WHO (2007b). *Mental health: Strengthening mental health promotion.* Geneva: World Health Organization. Retrieved July 12, 2010, from www. who. int/mediacentre/ factsheets/fs220/ en/print, html

WHO (2007c). *International Statistical Classification of Diseases and Related Health Problems 10th Revision Version for 2007.* Geneva: World Health Organization.

WHO (2008). *World malaria report.* Geneva: World Health Organization.

WHOQOL Group (1995). The World Health Organization Quality of Life Assessment. Position paper from the World Health Organization. *Social Science and Medicine,* 42, 1403-1409.

Whorf, B. L. (1956). *Language, thought and reality.* J. Carroll (ed.). Cambridge, Mass. : The MIT Press.

Widiger, T. A., and Clark, L. A. (2000). Towards DSM IV and the classification of psychopathology. *Psychological Bulletin,* 126, 946-963.

Wierzbicka, A. (1996). *Semantics: Primes and universals.* Oxford: Oxford University Press.

Wierzbicka, A. (1998). Angst. *Culture & Psychology,* 4, 161-188.

Wierzbicka, A. (1999). *Emotions across languages and cultures: Diversity and universals.* Cambridge: Cambridge University Press.

Wiggins, J. S. (1973). *Personality and prediction: Principles of personality assessment.* Menlo Park, Calif. : Addison-Wesley.

Willemsen, M. E., and Van de Vijver, F. J. R. (1997). Developmental expectations of Dutch, Turkish-Dutch, and Zambian mothers: Towards an explanation of cross-cultural differences, *International Journal of Behavioral Development,* 21, 837-854.

Williams, G. C. (1957). Pleiotropy, natural selection, and the evolution of senescence. *Evolution,* 11, 398-411.

Williams, G. C. (1966). *Adaptation and natural selection: A critique of some current evolutionary thought.* Princeton: Princeton University Press.

Williams, J. E., and Best, D. L. (1990). *Measuring sex stereotypes: A multination study.* Newbury Park, Calif. : Sage.

Willis, J. W., with Jost, M., and Nilakanta, R. (2007). *Foundations of qualitative research.* Thousand Oaks, Calif: Sage.

Wilson, D. S. (2002). *Darwin's cathedral: Evolution, religion, and the nature of society.* Chicago: The University of Chicago

Press.

Wilson, E. O. (1975). *Sociobiology: The new synthesis.* Cambridge, Mass. : Harvard University Press.

Wilson, J. (2009). The socio-cultural adaptation scale (SCAS) and its correlates: A meta analysis. Paper presented at the 6th Biennial conference of the International Academy of Intercultural Relations. Honolulu, Hawaii, August 15-19.

Wimmer, H., and Perner, J. (1983). Beliefs about beliefs: Representation and constraining function of wrong beliefs in young children's understanding of deception. *Cognition,* 13, 103-128.

Winkelman, M. (1992). *Shamans, priests and witches: A cross-cultural study of magico-religious practitioners. Anthropological Research Papers No. 44.* Tempe, Ariz. : Arizona State University Press.

Wissler, C. (1923). *Man and culture.* New York: Thomas Y. Crowell.

Witkin, H., and Berry, J. W. (1975). Psychological differentiation in cross-cultural perspective. *Journal of Cross-Cultural Psychology,* 6, 4-87.

Witkin, H. A., Goodenough, D. R., and Oltman, P. (1979). Psychological differentiation: Current status. *Journal of Personality and Social Psychology,* 37, 1127-1145.

Witkin, H. A., Dyk, R. B., Paterson, H. F., Goodenough, D. R., and Karp, S. (1962). *Psychological differentiation.* New York: Wiley.

Wober, M. (1966). Sensotypes. *Journal of Social Psychology,* 70, 181-189.

Wolf, A. P., and Huang, C. (1979). *Marriage and adoption in China,* 1845-1945. Stanford: Stanford University Press.

Wolff, P. H. (1972a). Ethnic differences in alcohol sensitivity. *Science,* 175, 449-450.

Wolff, P. H. (1972b). Vasomotor sensitivity to alcohol in diverse Mongoloid populations. *American Journal of Human Genetics,* 25, 193-199.

Wood, D., Bruner, J. S., and Ross, G. (1976). The role of tutoring in problem-solving. *Journal of Child Psychology and Psychiatry,* 17, 89-100.

World Mental Health (2010). The world health survey initiative. Retrieved February 10, 2010, from www. hcp. med, harvard. edu/wmh/

Wright, G. N. (1985). Organizational, group and individual decision making in cross-cultural perspective. In G. N. Wright (ed.), *Behavioral decision making* (pp. 149-165). New York: Plenum.

Wright, G. N., and Phillips, L. D. (1980). Cultural variation in probabilistic thinking: Alternative ways of dealing with uncertainty. *International Journal of Psychology,* 15, 239-257.

Wright, G. N., Phillips, L. D., and Wisudha, A. (1983). Cultural comparison on decision making under uncertainty. In J. B. Deregowski, S. Dziurawiec and R. C. Annis (eds.), *Expositions* in cross-cultural psychology (pp. 387-402). Lisse: Swets Et Zeitlinger.

Wulff, D. M. (1997). *Psychology of religion: Classic and contemporary* (2nd edn.). New York, Wiley.

Wundt, W. (1893). *Grundzüge der physiologischen Psychologie, Vol. II* (4th edn.) [The basics of physiological psychology]. Leipzig: Engelmann.

Wundt, W. (1913). *Elemente der Völkerpsychologie* (2nd edn.) [Elements of Völkerpsychologie]. Leipzig: Alfred Kroner Verlag.

Wyer, R. , Chiu, C. , and Hong, Y. (eds.) (2009). *Understanding culture: Theory, research and application.* Hove: Psychology Press.

Wyndham, C. H. (1975). Ergonomic problems in the transition from peasant to industrial life in South Africa. In A. Chapanis (ed.), *Ethnic variables in human factors engineering* (pp. 115-134). Baltimore: Johns Hopkins University Press.

Yamagata, S. , Suzuki, A. , Ando, J. , *et al.* (2006). Is the genetic structure of human personality universal? A cross-cultural twin study from North America, Europe, and Asia. *Journal of Personality and Social Psychology*, 90, 987-998.

Yamagishi, T. , Hashimoto, H. , and Schug, J. (2008). Preferences versus strategies as explanations for culture-specific behavior. *Psychological Science*, 19, 579-584.

Yamaguchi, S. , and Ariizumi, Y. (2006). Close interpersonal relationships among Japanese: Amae as distinguished from attachment and dependence. In U. Kim, K. -S. Yang and K. -K. Hwang (eds.), *Indigenous and cultural psychology: Understanding people in context* (pp. 163-174). New York: Springer Science.

Yang, K. -S. (2000). Monocultural and cross-cultural indigenous approaches. *Asian Journal of Social Psychology*, 3, 241-263.

Yang, K. -S. (1999). Towards an indigenous Chinese psychology: A selective review of methodological, theoretical and empirical accomplishments. *Chinese Journal of Psychology*, 41, 181-211.

Yang, K. -S. (2003). Beyond Maslow's culture-bound linear theory: A preliminary statement of the double-Y model of basic human needs. In J. Berman and J. Berman (eds.), *Cross-cultural differences in perspectives on the self*, Vol. 49 of the Nebraska Symposium on Motivation (pp. 157-305). Lincoln, Nebr. : University of Nebraska Press.

Yang, K. -S. (2006). Indigenised conceptual and empirical analyses of selected Chinese psychological characteristics. *International Journal of Psychology*, 41, 298-303.

Yap, P. M. (1967). Classification of the culture-bound reactive syndromes. *Australian and New Zealand Journal of Psychiatry*, 1, 172-179.

Yates, J. E, Lee, J. -W. , Shinotsuka, H. , Patalano, A. L. , and Sieck, W. R. (1998). Cross-cultural variations in probability judgment accuracy: Beyond general knowledge overconfidence? *Organizational Behavior and Human Decision Processes*, 74,

89-117.

Yates, J. E, Lee, J. -W. , Sieck, W. R. , Choi, L, and Price, P. C. (2002). In T. Gilovich, D. Griffin and D. Kahneman (eds.), *Heuristics and biases: The psychology of intuitive judgment* (pp. 271-291). New York: Cambridge University Press.

Yates, J. E, Zhu, Y. , Ronis, D. L. , Wang, D. -F. , Shinotsuka, H. , and Toda, M. (1989). Probability judgment accuracy: China, Japan, and the United States. *Organizational Behavior and Human Decision Processes*, 43, 145-171.

Yijälä, A. , and Jasinskaja-Lahti, I. (2010). Pre-migration acculturation attitudes among potential ethnic migrants from Russia to Finland. *International Journal of Intercultural Relations*, 34, 326-339.

Yovsi, R. D. , and Keller, H. (2003). Breastfeeding: An adaptive process. *Ethos*, 31, 147-171.

Zahavi, A. (1975). Mate selection: A selection for a handicap. *Journal of Theoretical Biology*, 53, 205-214.

Zahavi, A. , and Zahavi, A. (1997). *The handicap principle: A missing piece of Darwin's puzzle.* Oxford: Oxford University Press.

Zaman, A. , and Zaman, R. (1994). Psychology and development: A conceptual itinerary. *Psychology and Developing Societies*, 6, 1-20.

Zebian, S. , and Denny, P. (2001). Integrative cognitive style in Middle Eastern and western groups. *Journal of Cross-Cultural Psychology*, 32, 58-75.

Zebian, S. , Alamuddin, R. , Maalouf, M. , and Chatila, Y. (2007). Developing an appropriate psychology through culturally sensitive research practice in the Arabic-speaking world. *Journal of Cross-Cultural Psychology*, 38, 91-122.

Zegers, F. E. , and Ten Berge, J. M. F. (1985). A family of association coefficients for metric scales. *Psychometrika*, 50, 17-24.

Zhang, L. -F. , and Sternberg, R. J. (2006). *The nature of intcllectual styles.* Mahwah, N. J. : Erlbaum.

Zimba, R. F. (2002). Indigenous conceptions of childhood and social realities: Development in Southern Africa. In H. Keller, Y. H. Poortinga and A. Schölmerich (eds.), *Between biology and culture: Perspectives on ontogenetic development* (pp. 89-115). Cambridge: Cambridge University Press.

Zimmermann, L. , Zimmemann, K. F. , and Constant, A. (2007). Ethnic self identification of first-generation immigrants, *International Migration Review*, 41, 769-781.

Zinchenko, Y. , and Pertenko, V. (eds.) (2008). *Psychology in Russia: State of the art.* Moscow: Moscow State University.

Zou, X. , Tam, K. -P. , Morris, M. W. , Lee, S. -L. , Lau, I. Y. -M. , and Chiu, C. -Y. (2009). Culture as common sense: Perceived consensus versus personal beliefs as mechanisms of cultural influence. *Journal of Personality and Social Psychology*, 97, 579-597.

译后记

  本书的翻译出版，是一段难忘的长途之旅。最难忘的是，我们幸得多方帮助，终于到达目的地。在此，我谨表达不尽的感激。

  首先感谢的是本书主编约翰·贝理先生。由于20年前我的博士学位论文，尤其是后来单位学科建设中我所冒昧负责的多数项目都属于民族心理与教育方向，我开始艰难地研习当时国内罕见的跨文化心理学。幸运的是，在2004年第十七届国际跨文化心理学大会上，我在西安惊喜地认识了该学科的集大成者约翰·贝理教授，他对中国的有关研究表现出极大兴趣，并赠送我本教材的第一版。此后我开始研读此教材，但感到心有余而力不足。

  的确，本书的翻译始终得到贝理先生的大力支持。2006年秋，在国家留学基金的资助下，我应邀到贝理任教的加拿大王后大学心理学系做访问学者，研习跨文化心理学。他不仅无偿地让我使用他的实验室和资料，耐心地指导我系统掌握该学科基础，还真诚地邀请我应用所学参与了大型国际合作项目"多民族社会互惠型文化互动关系研究"（Mutual Intercultural Relations In Plural Societies）的设计，并担任中国子项目的协调人。在回国前夕，我提出要翻译本教材，他爽快地答应帮助办理版权事宜，向我赠送了该书刚出的第二版。回国后，2008年我开始组织实施该书的翻译。为此，他不顾近八十高龄，先后三次前来我院讲学，以深化我们对本书的理解。终于，我们在2010年年底完成了该书第二版的50多万字的初译。

  在校对译稿和联系出版之际的2011年年初，贝理先生告诉我，此书第三版已出。与第二版相比，该版不仅新增了约五分之一的章节，而且全书各处都纳入了新近的理论进展和重要的实证研究成果，具体文字内容则改换了70%左右。于是我们决定重译，为便于我们阅读，他又迅速发来该版的电子稿。

  我国心理学界与教育学界的关心和支持，是此书的翻译之所以能坚持不懈、力保质量的特别动力。我们深感荣幸的是，我国心理学界的老前辈张侃、荆其诚等先生充分肯定该书的特别价值。北京师范大学的林崇德和中科院心理学研究所的杨玉芳两位德高望重的心理学家，欣然为本书中文版作序，更是对我们莫大的激励。当时在百忙中给予特别支持的还有，我国民族心理研究的资深开拓者、内蒙古师范大学的陈中永、七十三等教授，西北师范大学的王嘉毅、万明刚、王鉴等教授，西南大学的张诗亚、张庆林等教授，四川师范大学的巴登尼玛、范春林等教授，先后邀请贝理先生专程去讲学。当时北京师范大学的周仁来、刘宝存等教授，北京大学侯玉波教授，西南民族大学陈秋燕教授，我校的张海洋教授等，也热情邀请贝理去本单位讲学。谨向各位致敬！

我得以完成研习和主持翻译此书，还因为我的博士论文导师哈经雄先生不仅睿智和无私地支持我探讨跨文化心理学，而且设法为我提供专门的研习场所；我的硕士论文导师司荫贞先生不仅一直鼓励我钻研新学，而且无偿地为我提供了后来养病和最后定稿所需的最佳住处。真不知如何报答始终待我如子的恩师！

我任教的中央民族大学对本书的翻译则直接提供了长久的支持。学校学科发展规划处、教务处等部门批准了有关专项资助。我院的主要创建者滕星教授则富有远见地鼓励我研习民族心理，在制订学科发展规划时始终重视跨文化心理学。苏德教授不仅在被引进到我院主持工作前后，都周到安排贝理的讲学，而且一直为本书翻译提供了各方面条件。王军、董艳等前任领导也给予我们大力支持。陆小英老师不仅随时耐心解答我翻译上的疑问，而且两度通读校对译稿，连错字和标点都不放过；余红玉、张阳阳两位老师在怀孕前后，都爽快参与译校了特别难懂的章节！其他同事也给予了我积极支持。真诚谢谢各位！

我感谢参与此书翻译的所有人员。杨伊生教授不仅最初是在病床上挂着吊瓶时安排对贝理的接待，和我共同承诺翻译此书，而且在大手术前后都承担了翻译、重译和校对。高兵教授不顾双肩挑的劳累，冬夏多是早晨七点前到校，以完成本书近一半内容的初译和两次校对。

谢谢我的学生们鼎力相助，参与了如此高难度专业文字的翻译、校对和排版。其中，呼和塔拉、韩雪军和李英源等博士生，尽管是在职攻读学位，且家有老小，却承担了最多的翻译和多次校对任务；刘槟、徐姗姗、王佳馨、陈美玲、朱海婧、钟林君、谭瑜、刘玉梅、安晓镜、何花、王帅、李正刚、周伟、薛烨、吴彬、李勇、梁艳、蔡丽娜等同学，尽力参与了初译或校对；学制仅两年的专业硕士杜双萍、刘璐、李书娟、李晓娜、宋征莉、刘斯瑞、樊琳琳、贺柏霖、米茵、玛依努尔、黄朝等同学，也参加了重译或校对。特别令我感动的是，已毕业离校的赵琼、吕娅妲、张越、谢丹、薄其燕、王凯等同学，欣然参加重译和校对排版；胡科、程冬冬、毛冰雪和康苗苗等同学，在毕业之际还较多承担了第三版的紧急重译。永远祝福各位同学！

我要特别感谢家人。为了此书的翻译，我耽误了很多应尽的家庭责任。尤其是很少陪伴小女常怡然，但她对此从不抱怨，也从不用我为其学业操心。永远祝福可爱的丫头！

在此一并真诚感谢为本书的翻译给予支持的所有人！

我想说，对于此书的翻译，团队和我始终尽心尽力，唯望尽力少误读者。我是前期和最终的校对者，故应负全责。我能力实在有限，这个译本必有诸多专业和语言上的错误，故谨请读者批评指正。

最后，谨祝愿跨文化心理学妙用在中华光大，并助力构建人类命运共同体！

常永才

2020 年 3 月于北京魏公村